QUELLEN UND FORSCHUNGEN
ZUR HÖCHSTEN GERICHTSBARKEIT
IM ALTEN REICH

HERAUSGEGEBEN
VON
ANJA AMEND-TRAUT,
FRIEDRICH BATTENBERG, ALBRECHT CORDES,
IGNACIO CZEGUHN, PETER OESTMANN
UND WOLFGANG SELLERT

Band 69

Partikularer Zivilprozess und territoriale Gerichtsverfassung

Das weltliche Hofgericht in Paderborn und seine Ordnungen 1587–1720

von

THORSTEN SÜSS

2017
BÖHLAU VERLAG KÖLN WEIMAR WIEN

Gedruckt mit Unterstützung des Förderungs- und Beihilfefonds
Wissenschaft der VG WORT

Bibliografische Information der Deutschen Nationalbibliothek:
Die Deutsche Nationalbibliothek verzeichnet diese Publikation in der
Deutschen Nationalbibliografie; detaillierte bibliografische Daten
sind im Internet über http://dnb.d-nb.de abrufbar.

D6
Zugleich Dissertation der Rechtswissenschaftlichen Fakultät
der Westfälischen Wilhelms-Universität zu Münster

Erster Berichterstatter: Prof. Dr. Peter Oestmann
Zweiter Berichterstatter: Prof. Dr. Petra Pohlmann
Dekan: Prof. Dr. Ingo Saenger
Tag der mündlichen Prüfung: 9. Juni 2015

Umschlagabbildung:
Das Titelbild ist Ausschnitt einer zeitgenössischen Zeichnung,
die einer Prozessakte des Reichskammergerichts entnommen wurde und den
Instanzenzug von Paderborner Gerichten zu den Reichsgerichten darstellt.
Der Ausschnitt zeigt das weltliche Hofgericht.

Ursulaplatz 1, D-50668 Köln, www.boehlau-verlag.com

Korrektorat: Patricia Simon, Langerwehe
Gesamtherstellung: WBD Wissenschaftlicher Bücherdienst, Köln
Gedruckt auf chlor- und säurefreiem Papier
Printed in the EU

ISBN 978-3-412-50534-9

Für Stefanie

Inhalt

Vorwort

Die vorliegende Monographie ist die leicht veränderte Fassung meiner im Sommersemester 2015 von der Rechtswissenschaftlichen Fakultät der Westfälischen Wilhelms-Universität angenommenen Dissertationsleistung.

Wie viele Doktoranden durchlebte ich bei ihrer Abfassung Höhen und Tiefen, Frustration und Euphorie, Sinnkrisen und fundamentale Erkenntnisse. Diese Zeit durchgestanden zu haben, verdanke ich zu einem sehr großen Teil meinem verehrten „Doktorvater", Professor Dr. Peter Oestmann. An seinem Institut zu arbeiten, seine Lehrveranstaltungen mitzugestalten und von ihm bei der wissenschaftlichen Arbeit beraten und begleitet zu werden, hat mein Leben nachhaltig bereichert. Ich danke ihm von Herzen für eine Zeit, die ich niemals missen möchte.

Auch anderen Menschen gebührt mein Dank. In vielen Archiven und Bibliotheken musste recherchiert werden. All die Personen aufzuzählen, die mir dort mit Rat und Tat zur Seite standen, sprengt den Rahmen. Stellvertretend sei der Verein für Geschichte und Altertumskunde Westfalens mit seinem vormaligen Direktor, Herrn Prof. Dr. Hermann-Josef Schmalor, genannt, der mir erste Anlaufstelle und stete Informationsquelle war. Ehemalige Lehrstuhlkollegen am Institut für Rechtsgeschichte halfen mir durch Kritik und Rat. Viele Gespräche bei Veranstaltungen der Rheinisch-Westfälischen Graduiertenschule „Recht als Wissenschaft" und des Münsteraner Exzellenzclusters „Religion und Politik" schärften die Perspektive. Frau Professor Dr. Petra Pohlmann hat nicht nur ein sehr wohlwollendes, sondern ebenso zügiges Zweitgutachten verfasst. Dem Forderungsfonds Wissenschaft der VG Wort verdanke ich einen großzügigen Kostenzuschuss für die Drucklegung und den Herausgebern dieser Reihe die freundliche Aufnahme.

Mein guter Freund Gregor Albers hat einige Teile der Arbeit gelesen und mit mir diskutiert. Ich danke ihm für sehr viel Unterstützung in den vergangenen Jahren. Ohne meine Familie und Paten wäre die Arbeit jedoch sicher nie zum Schluss gekommen. Der größte Dank gebührt aber meiner Frau Stefanie für alles, was wir zusammen haben, und Marlene. Ihr zeigt mir jeden Tag, was wirklich wichtig ist.

Bergisch Gladbach im Herbst 2016 Thorsten Süß

Die vorliegende Arbeit ist 2016 mit dem Ignaz-Theodor-Liborius-Meyer-Preis für Arbeiten junger Historiker zur Landesgeschichte Ost- und Südwestfalens ausgezeichnet worden. Der Preis wird jährlich vom Verein für Geschichte und Altertumskunde Westfalens, Abteilung Paderborn, vergeben.

Abkürzungsverzeichnis

a. E.	am Ende
a. a. O.	am angegebenen Orte
ADB	Allgemeine Deutsche Biographie
AGBprSt	Allgemeines Gesetzbuch für die preußischen Staaten
ALR	Allgemeines Landrecht für die preußischen Staaten
Anm.	Anmerkung
Art.	Artikel
Bl.	Blatt
Can.	Canon
CCC	Constitutio Criminalis Carolina
Cod.	Codex
DA	Deputationsabschied
ders.	derselbe
dies.	dieselbe/dieselben
Diss.	Dissertation
Dr. iur. (utr.)	Doctor iuris (utriusque)
DRiG	Deutsches Richtergesetz
ebd.	ebenda
f./ff.	folgende
Fn.	Fußnote
GG	Grundgesetz
GVG	Gerichtsverfassungsgesetz
Hg.	Herausgeber
HGO	Hofgerichtsordnung
HZ	Historische Zeitschrift
IPO	Instrumentum Pacis Osnabrugensis
JRA	Jüngster Reichsabschied
lic. iur.	licentiatus iuris
m. E.	meines Erachtens
m. w. N.	mit weiteren Nachweisen
n. Chr.	nach Christi Geburt
NDB	Neue Deutsche Biographie
Nr.	Nummer
NSRA	Neuere Sammlung der Reichsabschiede (vgl. Quellenverzeichnis)
pag.	pagina
Q	Quadrangel
r	recto

RA	Reichsabschied
RDH	Reichsdeputationshauptschluss
reg.	regierend
RHR	Reichshofrat
RHRO	Reichshofratsordnung
RKG	Reichskammergericht
RKGO	Reichskammergerichtsordnung
RKGR	Reichskammergerichtsreform
S.	Seite
scil.	scilicet
Sess.	sessio
s. o./s. u.	siehe oben/siehe unten
Sp.	Spalte
StPO	Strafprozessordnung
Tit.	Titel/Titulus
unv.	unveröffentlicht/e
v	verso
v. Chr.	vor Christi Geburt
vgl.	vergleiche
z. B.	zum Beispiel
ZPO	Zivilprozessordnung
ZRG GA	Zeitschrift der Savigny-Stiftung für Rechtsgeschichte (Germanistische Abteilung)

A. Einleitung

I. Der Fall Alexius Bachmann

Das Reichskammergericht hatte es mit einem ruinierten Mann zu tun[1]. Aber gebrochen war er nicht. Im Gegenteil: Aufzugeben, das kam Alexius Bachmann nicht in den Sinn. Vielmehr wollte er die Ungerechtigkeiten, die ihm widerfahren waren, publik machen[2]. Als Dokument seines Kampfes ließ er deswegen 1790 seine wichtigsten Eingaben und Bittschriften an das hohe Gericht in Wetzlar drucken und veröffentlichen. Aus diesen und den dazugehörigen Anlagen sollte jedermann „im Hochstift Paderborn und angrenzenden Ländern und in entfernteren Gegenden" erfahren, wie der Paderborner Staatsapparat mit ihm umgesprungen, wie er im Kampf David gegen Goliath „ohne Grund gelästert, widerrechtlich denunciirt, und widerrechtlich behandelt" worden war[3]. Das jedenfalls ist der Eindruck, den man gewinnen muss, wenn man die Druckschrift und die dazugehörige Reichskammergerichtsakte heute, mehr als 200 Jahre später, erstaunt und empört liest: der Kampf eines kleinen Mannes, „Mitglied eines Staats, Ehegatte und Vater sieben unerzogener Kinder"[4], gegen Korruption und Dünkel. Alexius Bachmann als Paderborner Michael Kohlhaas.

Aber von vorne: Ursprünglich sahen Bachmanns Lebensumstände und Karriereaussichten, seine gesellschaftliche Stellung gar nicht so schlecht aus. Der promovierte Jurist war 1789 bereits seit 14 Jahren vereidigter Hofgerichtsadvokat in Paderborn gewesen. Seiner eigenen Darstellung nach hatte er sich während dieser Tätigkeit niemals etwas zu Schulden kommen lassen, war unter Anwaltskollegen geschätzt, von den Richtern respektiert und in der Bevölkerung hoch angesehen. Kurzum: Seine Advokatur blühte „vorzüglich stark"[5] und er war geradezu prädestiniert zu höheren Weihen in der Landesverwaltung des Paderborner Hochstifts. Und eine solche Gelegenheit schien sich zu bieten, als der Sekretär des Domkapitels, Wilhelm Anton Wrede, im Jahr 1788 im Sterben lag. Dieser Sekretär war ein wichtiger Mann. Er war nicht nur dem Syndikus des Domkapitels beigeordnet und hatte daher Aufgaben in der ausgeprägten domkapitularischen Rechtsprechung[6]

1 Die Verfahrensakte ist überliefert unter LAW RKG, B 17.

2 Die wichtigsten Eingaben an das Gericht nebst Anlagen ließ er drucken und veröffentlichen: Bachmann, Abdruck, passim.

3 Bachmann, Abdruck, in seinem Vorbericht S. 3 f.

4 Bachmann, Abdruck, in seiner Supplik an das RKG vom 22. Juni 1789, S. 1.

5 Bachmann, Abdruck, in seiner Supplik an das RKG vom 22. Juni 1789, S. 1.

6 Vgl. Rosenkranz, Verfassung, S. 105; Henning, Herrschaft, S. 232.

und den sonstigen Rechtsangelegenheiten dieses ersten Landstandes zu besorgen[7], sondern war dem Herkommen nach in Personalunion auch einer der Beisitzer am weltlichen Hofgericht des Bischofs[8]. Und auf diese herausgehobene, wenngleich auch nur beschränkt lukrative[9] Stelle hatte Bachmann es abgesehen. Ihm zufolge hatte er in der Vergangenheit durch seine „Freimüthigkeit, mit welcher [... er] in mehr als einem Falle gegen die hohe Regierung und ihr Verfahren, zum Vortheile seiner Klienten die Feder" führte, für zu viel Unmut bei einflussreichen Personen im Staatsapparat gesorgt, so dass ihn nun der „Wunsch nach einer andern Versorgung" drängte[10]. Deshalb bat er das Domkapitel, ihn im Falle des Ablebens Wredes für dieses Amt vorzusehen. Hätte er diesen Schritt nur nie gewagt.

Anfangs schien seine Kandidatur zwar noch aussichtsreich zu sein. Er hatte offenbar Gönner im Domkapitel, die ihm den Wunsch, Beisitzer zu werden, gerne erfüllen wollten. Stutzig hätte ihn vielleicht machen müssen, dass das hohe Kollegium im Eilverfahren und einstimmig eine Bestimmung verabschiedete, nach der kapitularische Ämter ab sofort erst auf der übernächsten Sitzung des Generalkapitels nach Vakantwerden einer Stelle vergeben werden sollten. Das mochte unverdächtig wirken; die Regelung lässt sich selbst aus heutiger Sicht noch gut rechtfertigen. Aber bereits kurz darauf wurden ein Ränkespiel, Kabale und Intrigen offenbar, die sich um die Stellenbesetzung des Amtes entsponnen haben sollen. Sie im Einzelnen darzulegen, ist rückblickend schwierig und lohnt kaum, zumal die Darstellungen vor dem Reichsgericht naturgemäß voneinander abwichen. Aber bereits eine kurze Zusammenfassung hat es in sich: Offenbar formierte sich im Domkapitel ein Lager, das mit allen Mitteln einen Kapitelsekretär Bachmann verhindern wollte. Warum, kann nur gemutmaßt werden. Den Wetzlarer Richtern präsentierte Bachmann – neben dem Eindruck, sich durch seine Anwaltstätigkeit bei einflussreichen Männern unbeliebt gemacht zu haben – eine Vetternwirtschaftstheorie, nach der der besonders einflussreiche Dompropst, sozusagen der Chef des Domkapitels, lieber den ebenfalls studierten Benefiziaten Cosmann[11] an seiner statt zum Sekretär gemacht sehen wollte. Und um dieses Ziel zu erreichen,

---

7 Rosenkranz, Verfassung, S. 109 f.

8 Rosenkranz, Verfassung, S. 104. Die Behauptung Rosenkranz' wird durch die RKG-Akte bestätigt. Der Paderborner Bischof Franz Egon trägt am Reichskammergericht jedenfalls vor, die Personalunion sei auch bei beiden Vorgängern Wredes üblich gewesen; LAW RKG, B 17 II, Bl. 346r.

9 Keinemann, Hochstift Paderborn II, S. 264.

10 Bachmann, Abdruck, in seiner Supplik an das RKG vom 22. Juni 1789, S. 3.

11 Vermutlich ist der Jurist und Publizist Dr. Friedrich Wilhelm Cosmann gemeint. Vgl. dazu auch Keinemann, Hochstift Paderborn I, S. 33, Anm. 15 und ders., Hochstift Paderborn II, S. 264, Anm. 1233.

scheute man vor Einschüchterungen, Stimmenkauf und Verleumdungen nicht zurück, die in der Konsequenz Bachmanns persönliche und wirtschaftliche Existenz massiv bedroht haben sollen. Trotzdem zeigten sich die Befürworter Bachmanns unbeeindruckt und er wurde mit knapper Mehrheit am 30. Januar 1789 „per Majora, gleichwohler Cum Appellatione a Minore Parte Interposita zu dem erledigten Secretariat und Assessorat ernant [...], die wirckliche Verpflichtung alß Domsecretarius aber bis dahin Er sich von den ihme zu Schulden gelegten anscheinenden Factis völlig gereiniget, noch ausgestellet“[12]. Bachmann wurde also zwar von der Mehrheit des Kapitels zum Hofgerichtsassessor gewählt, seine tatsächliche Amtseinsetzung sollte aber bis zu einer offiziellen Untersuchung der gegen ihn erhobenen Vorwürfe aufgeschoben werden. Inzwischen war nun aber – wiederum angeblich durch verleumderische Schmähschrift – der letzte Paderborner Fürstbischof Franz Egon (von Fürstenberg; reg. 1789–1803/25)[13] in das Verfahren einbezogen worden. Der Landesherr hatte im Verfahren der Ernennung neuer Hofgerichtsassessoren das letzte Wort; er musste die ihm vom Domkapitel präsentierten[14] Kandidaten bestätigen[15]. Nur richtig überblicken konnte der erst wenige Tage zuvor in sein Amt eingeführte Bischof die Lage offensichtlich nicht. Er beauftragte daher ausgerechnet seine Regierung[16], „Männer, die größtentheils ihn [scil.: Bachmann] so oft gerichtlich, und aussergerichtlich ihren Unwillen hatten fühlen lassen“[17], mit der Aufarbeitung aller Vorgänge, die Bachmann selbst dem neuen Oberhirten schriftlich suppliziert hatte. Die Regierungsmitglieder waren nach Bachmanns Darstellungen darüber hinaus bereits im Vorfeld des Verfahrens als Protegés seines Konkurrenten Cosmann aufgetreten und vereinzelt sogar mit diesem verwandt. Einige Zeit tat sich im Ermittlungsverfahren dann erst einmal gar nichts. Als neue schwere Vorwürfe gegen Bachmann lanciert wurden und sich das Verfahren bereits fünf Monate hinzog, ohne dass dem Inquisiten Einblick in die Verfahrensakten gewährt wurde, wandte er sich schließlich 1789 mit dem Antrag an das Reichsgericht, ein *Mandatum sine clausula*[18] gegen den Bischof zu erlassen, das das rechtswidrige Ermittlungsverfahren kassieren, ihn in

12 Aus dem Sitzungsprotokoll des Domkapitels vom 30. Januar 1789, abgedruckt bei Bachmann, Abdruck, Anlagen zu seiner Supplikationsschrift an das RKG vom 22. Juni 1789, S. 26.

13 Lebensbild bei Brandt/Hengst, Bischöfe, S. 285–289.

14 „Präsentation“ ist ein über den schlichten Vorschlag hinausgehender Rechtsbegriff. Vgl. dazu unten S. 82.

15 Das war jedenfalls die Rechtsauffassung des Bischofs, vgl. dazu unten S. 83.

16 Der Abschlussbericht der Paderborner Regierung findet sich bei LAW RKG, B 17 II Bl. 357r ff. Die Entgegnung Bachmanns darauf ebd. Bl. 397r ff.

17 Bachmann, Abdruck, in seiner Supplikationsschrift vom 22. Juni 1789, S. 19.

18 Bachmann, Abdruck, in seiner Supplikschrift an das RKG vom 22. Juni 1789, S. 32. Zum Mandatsverfahren vgl. unten S. 166 ff.

das Amt eines Beisitzers einweisen und seine Schäden ersetzen, ihm aber jedenfalls Zugang zu den Inquisitionsunterlagen ermöglichen und die Entscheidung durch ausländische Unparteiische zulassen sollte. Immerhin, dieses *Mandat sine clausula* wurde ihm auch zugesprochen[19]. Das aber reichte Bachmann nicht. Er ließ besagte Auszüge aus den Verfahrensschriften in Wetzlar drucken und zur „Ehrenrettung" publizieren.

Der Fortgang des Verfahrens am Reichskammergericht interessiert hier nicht. Man mag sich vielleicht fragen, wieso Alexius Bachmann es überhaupt so weit kommen ließ, warum er sich mit zahlreichen Eingaben an seinen Landesherrn wandte, warum er sich durch seine Klage in Wetzlar endgültig zu Hause in Misskredit brachte und das schmutzige Spiel in Paderborns Hinterzimmern auch noch publik machte[20]. Kurzum: warum er es nicht einfach gut sein ließ. Freilich, er hinterließ den Eindruck, als Spielball eines rücksichtslosen Machtkampfes hin- und hergeworfen zu sein von den Mitgliedern eines korrupten Regimes, das die Justizpflege im Fürstentum Paderborn personell in der Hand hatte und den rechtsuchenden Untertan zerreiben konnte.

Wie gesagt: Es ist nur ein Eindruck, der sich aufdrängt, wenn man die Darstellungen Bachmanns liest. Aber war es so? Das wissen wir nicht. Die Akte des Reichskammergerichts gibt keine eindeutige Antwort, und die Veröffentlichung Bachmanns ist naturgemäß eine schwierige Quelle, der man durchaus kritisch begegnen muss[21]. Aber aus der rückblickenden Betrachtung lässt sich eine Feststellung kaum entkräften: Der Fall Bachmann passt wunderbar in das Bild, das Zeitgenossen um 1800 und die Geschichtsschreibung seit der Säkularisation von der Rechtspflege im Stift Paderborn malen.

---

19 LAW RKG, B 17 II Bl. 5–10, Q2 (24.10.1791).

20 Das öffentlichkeitswirksame Vorgehen kam beim Landesherrn nicht gut an: Der Bischof persönlich verlangte vom Reichskammergericht, „daß der Dr. Bachmann wegen der mir, meiner würde und Regierung in der überreichten, durch öffentlichen druck verbreiteten Schmähschrift zugefügte beleidigungen mit einer wohlverdienten Strafe zu meiner genugthuung belegt werde", LAW RKG, B 17 Bl. 350v. Gleichsam lies er seine „Exceptiones Sub- et Obreptionis" nebst Anlagen 1792 ebenfalls drucken und publizieren.

21 Ein Antwortschreiben des Bischofs vom 17. Oktober 1789 (LAW RKG, B 17 II Bl. 346r ff.), sowie die Äußerungen in seinen Exceptiones Sub- et Obreptionis, z. B. vor S. 1 und S. 8 und 11, und der bereits erwähnte Inquisitionsbericht der Regierung lassen Bachmann in einem anderen Licht dastehen und beschreiben den Hergang abweichend. Etwas zu unkritisch daher Keinemann, Hochstift Paderborn I, S. 30 f., der das Verfahren beiläufig erwähnt und von einem „Einblick hinter die Fassade" spricht, der interne Vorgänge bloßlege.

II. Unter dem finsteren Schatten des Krummstabes?

1. Stimmen

Es ist nicht so, als gäbe es in den Bibliotheken überhaupt keine Hinweise darauf, wie das Gerichtswesen in Paderborn vor der Säkularisation ausgesehen hat. Will man sich nicht die Mühe machen, in den Archiven auf Spurensuche zu gehen, dann stammen die ältesten Hinweise aus der Zeit kurz vor und kurz nach dem Untergang des Kleinstaates 1803:

> Unter dem finsteren Schatten des Krummstabes[22] verbirgt sich auch hier eine langsame und schlechte Justizpflege, mit all Ihren verderblichen Folgen. Es wimmelt von Advokaten und Prokuratoren, die, vorzüglich die letzteren, vom Aufhetzen der streitsüchtigen Gemüter, und der Indolenz der Richter profitieren, um dem Landmanne das etwa Erübrigte allmählig für die Einhaltung seines Rechts zu rauben. Auch ist die Gerichtseinrichtung ganz dazu geeignet. Eine Menge von Instanzen machen es möglich, Prozesse so lange auszudehnen, als die Geduld und das Geld der Landleute dauert.[23]

Das sind recht deutliche Worte, mit denen der junge Jurist und Publizist Justus Gruner[24] 1802 das Gerichtswesen in Paderborn schalt. Gruner hatte auf seiner berühmten *Wallfahrt zur Ruhe und Hoffnung* von Braunschweig an die Nordsee zuvor neben anderen Territorien auch das Fürstbistum Paderborn besucht und seine Eindrücke niedergeschrieben. Andere Reiseberichte der Zeit lassen die Paderborner Justizpflege nicht besser dastehen[25]. Ganz in diesen Kritikreigen einstimmend, behauptete der 1764 geborene Paderborner Advokat Ignatz Philipp Rosenmeyer[26] 1797 in einem anonym[27] veröffentlichten Aufsatz: „Die Justitz ist auf dem platten Lande äußerst geschwind und scharf, wo es was zu strafen und zu brüchten giebt, sonst sieht sie durch die finger", und fügte später hinzu:

> Die Regierungs-Collegien beschäftigen sich nebst den Beamten nur damit, die sogenannte Justitz zu verwalten, wobey denn über Unrichtigkeiten, Verschweifungen, Sportelsucht und andere Dinge nur zu vielfältig geklagt wird, und derjenige mehrentheils in Verfall seiner

22 Gruner verkehrt hier ein zeitgenössisches Sprichwort, laut dem „unter dem Krummstab gut leben" sei, in sein Gegenteil.

23 Gruner, Wallfahrt, S. 107 f.

24 Lebensbilder bei Skalweit, Gruner, S. 227–229 und Dethlefs/Kloosterhuis, Wallfahrt, S. IX.

25 Vgl. z. B. Vieweg, Paderborn, S. 386 f.: „sehr große Mängel".

26 Eine Biographie bei Flaskamp, Rosenmeyer, S. 7–23.

27 Zur Urheberschaft Rosenmeyers vgl. Flaskamp, Rosenmeyer, S. 24.

Nahrung geräth, der das Unglück hat, einen Rechtshandel, nur von mittelmäßiger Beträchtlichkeit, zu bekommen.[28]

Trostlos ist auch das Bild, das von Seiten preußischer Beamter nach dem Untergang des Fürstbistums gemalt wurde. So äußerte sich der berühmte Oberkammerpräsident und spätere Minister Reichsfreiherr vom und zum Stein[29] wenig schmeichelhaft:

> Die Menschen dieses Landes sind an intellectueller und sittlicher Bildung sehr zurück, Unwissenheit, grobe Schwelgerey ist hier herrschend, das Ganze wird durch den Einfluß einer verderbten, adlichen und bureaucratischen Oligarchie regiert. [...] Die Landes Collegien sind nach der einstimmigen Meinung der Commission und des unbefangenen Publicums schlecht besetzt, verkäuflich, absichtlich, die Unterbehörden elend zusammengesetzt, ohne Ansehen, ohne zweckmäßig vertheilte Geschäfts Crayße, ihre Arbeiten sind elend [...].[30]

Der spätere Oberpräsident der preußischen Provinz Westfalen, Freiherr von Vincke, scheint ins Schwarze zu treffen, wenn er von der „elendsten Justiz-Verwaltung und völligen Polizeilosigkeit“[31] seiner Provinz sprach.

Auch außerhalb der Quellen, in der historischen Forschung, kommen die Zustände im Hochstift nicht gut weg. Der Paderborner Jurist Georg Joseph Rosenkranz, der von 1845 bis 1855 auch Direktor des Vereins für Geschichte und Altertumskunde Westfalens war, schreibt bereits 1851, dass die Kompetenz der obersten Landesbehörden von „sehr bunter Mischung war, welches unvermeidlich die Quelle mancherlei Zweifel und Konflikte werden musste“[32]. In seinem Beitrag zur Reorganisation der Paderborner Justiz und Verwaltung nach der preußischen Inbesitznahme behauptet Theodor Kraayvanger 1904, von einer planvollen Anordnung der Gerichte sei „keine Spur zu finden“ gewesen. Jedes der viel zu zahlreichen Gerichte habe vielmehr „eifersüchtig“ darüber gewacht, dass „nur ja keines seiner Rechte geschmälert werde“. Die Zustände seien „in der Tat nicht geeignet [gewesen], den preußischen Beamten Respekt vor der vormaligen Regierung einzuflößen“. Und „das Verfahren im Zivilprozeß [sei] für die Untertanen so drückend geworden“, dass diese „laut ihre Unzufriedenheit äußerten und mit Sehnsucht eine Erleichterung erwarteten“[33], die ihnen freilich erst durch den Einmarsch der Preußen geschenkt wurde. In einer ähnlichen Studie von 1929 nennt Heinrich

---

28 Rosenmeyer, Mängel, S. 547 und S. 552.

29 Lebensbild bei Stern, Stein, S. 614–641.

30 Stein in einem Brief an Johann August Sack vom 20. Dezember 1802; abgedruckt bei Hubatsch, Freiherr vom Stein, S. 611.

31 Bodelschwingh, Freiherr von Vincke, S. 257.

32 Rosenkranz, Verfassung, S. 136.

33 Kraayvanger, Organisation, S. 12 f.

Kochendörffer Paderborn – im ausdrücklichen Gegensatz zu Münster – „den Typ des zurückgebliebenen geistlichen Fürstentums [...] das westfälische Irland“[34]. In neueren Äußerungen ist das Gerichtswesen betreffend etwa von einer „verwirrenden Vielfalt von Zuständigkeiten“[35] und von „sehr unklar verteilter Zuständigkeit“[36] die Rede, oder es wird als „skurril, zumindest nicht leicht verständlich“[37] bezeichnet.

2. Zweifel

Diese Schilderungen klingen einmütig, sind sie vielleicht auch das eine Mal etwas schärfer, das andere Mal etwas weicher formuliert[38]. Im Bistum Paderborn verzweifelten demnach Hilfe suchende Untertanen vor unzähligen, konturlosen Gerichten und blieben letzen Endes doch nur Opfer eines versagenden Staatswesens, das die Gerechtigkeit Leuten überließ, die davon keine Ahnung hatten und ihre Aufgabe eher im Einzug der Gerichtsgebühren sahen als in der Dienerschaft der Sache. Darf man nun angesichts dieser Einmütigkeit noch Zweifel haben? Um es vorwegzunehmen: Man darf, denn die zeitgenössischen Quellen sind alles andere als unproblematisch, die Vorkriegshistoriographie ist wenig zuverlässig und moderne historische Forschung zum Gerichtswesen in Paderborn fehlt weitestgehend. Ein kritischer Blick wird sich daher lohnen.

Am Beginn standen die Worte Justus Gruners. Er war nicht der einzige Zeitgenosse, der Westfalen bereiste und die Öffentlichkeit mit seinen Beschreibungen unterhalten wollte, wenngleich er sicherlich zu den bekanntesten zählt. Durchaus noch einflussreicher war der Braunschweiger Schriftsteller, Pädagoge und Verleger Joachim Heinrich Campe[39]. Nur äußerte er sich zur Rechtspflege in Paderborn höchstens indirekt:

> Man hat in der hiesigen Domkirche dem vor letzten Bischof Wilhelm Anton ein Denkmal errichtet[40]. Am Fuß desselben stehen zwei Figuren die Gerechtigkeit und die Religion. Über demselben zwei sogenannte Putti oder Knaben mit umgestürzten Fackeln [...]; was aber dem Wanderer, der bei diesem Denkmale still steht, gleich beim ersten Anblicke mächtig auffällt, ist die Disproportion, die zwischen den genannten untern und obern Figuren herrscht. Die Gerechtigkeit nämlich und die Religion sind klein und schmächtig, die Jungens hingegen,

34 Kochendörffer, Behördenverfassung, S. 124.
35 Schulze, Gerichtsbarkeit in Westfalen, S. 200.
36 Rempe, Gerichtswesen, S. 12.
37 Keinemann, Hochstift Paderborn II, S. 269.
38 Sie stimmen überdies mit ähnlichen Äußerungen über die vier anderen nordwestdeutschen Fürstbistümer überein. Vgl. dazu Ströhmer, Jurisdiktionsökonomie, S. 42 f.
39 Lebensbild bei Hausmann, Campe, S. 110 f.
40 Ein Foto des Denkmals ist abgedruckt bei Brandt/Hengst, Bischöfe, S. 279 und bei Heggen, Staat und Wirtschaft, nach S. 16.

als wahre Riesenkinder, dick und stark, mit Köpfen von übermenschlicher Größe gemacht. Sollte der schalkhafte Künstler damit wirklich einerseits auf den Zustand der Religion und der Gerechtigkeit in diesem Lande, und andererseits auf die wohlbeleibte Beschaffenheit ihrer Söhne und Diener haben anspielen wollen?[41]

Zu derartiger Publizistik aus der Zeit um 1800, ihren Quellenwert oder -unwert, ist bereits einiges geschrieben worden[42], und das nicht erst von der moderneren Landesgeschichtsschreibung. Bereits unter den Zeitgenossen haben die Veröffentlichungen Gruners, Campes und anderer für heftige Kritik – insbesondere, aber nicht nur, aus Westfalen – gesorgt[43]. Diese Diskussion kann und soll hier nicht ausführlich aufgearbeitet werden. Zu unterstreichen ist aber das Ergebnis: Reiseberichte sind eine ausgesprochen problematische Quelle[44]. Durch sie nimmt der Leser die beschriebenen Gegenden durch das Auge des Berichtenden wahr. Der Berichtende aber blieb oft nur kurz in der bereisten Gegend und sein Auge musste daher schon zwangsläufig selektieren, auswählen, was es für bemerkenswert hielt. Eine Bemerkung schien aber doch meistens das Besondere, Andere, Fremdartige wert zu sein. Und um dabei nicht in Klischees und Einseitigkeiten zu verfallen, muss man sich schon Zeit nehmen, um nicht das Gesehene am Maßstab seiner eigenen Herkunft zu beschreiben. Nicht umsonst werfen Ethnologen und Historiker die Frage auf, ob Reiseberichte ganz allgemein nicht eher als mentalitätsgeschichtliche Quelle wertvoll sind[45], über den Berichtenden also mehr aussagen als über das Gesehene. Es ist daher auch so schwierig, wenn nicht gar unmöglich, in den Aussagen tatsächliche Zustände von kolportierenden Vorurteilen zu trennen[46]. Für die Berichte, die das Fürstentum Paderborn und andere westfälische Territorien betreffen, muss dieser Eindruck aber noch deutlicher pointiert werden: Was wollten Männer wie Gruner und Campe eigentlich erreichen? Wollten Sie wirklich distanzierte Beschreibungen zur Information ihrer Leserschaft abliefern? Das wollten sie erklärtermaßen nicht[47]. Ihre Reiseberichte sollten nicht nur unterhalten, sie

41 Campe, Sammlung, S. 36f.

42 Ohne Anspruch auf Vollständigkeit: Keinemann, Hochstift Paderborn I, S. 78–174; Keinemann, Ansichten die Justiz betreffend insbesondere S. 424; kritisch dazu Heggen, Publizistik, S. 450–453; ders., Staat und Wirtschaft, S. 14–26; Meier, Westfalen, S. 283–287; Neutsch, Religiöses Leben, S. 31–39 und S. 125–131; Probst, Westfalen, S. 16ff.

43 Keinemann, Hochstift Paderborn I, S. 78–174.

44 Zu Problemen bei der Annäherung an diesen Quellentypus vgl. Bönisch-Brednich, Reiseberichte, insb. S. 129–137.

45 Harbsmeier, Reisebeschreibungen; kritisch aber Neutsch, Reisen um 1800, S. 37f.

46 Heggen, Staat und Wirtschaft, S. 25.

47 Deutlich spricht es Gruner selbst aus: Er schrieb, um „zu unterhalten und zu belehren", vgl. seine Wallfahrt, S. 3.

sollten erziehen[48]. Wenn man überspitzt formulieren möchte, so sollten sie zudem ein bereits bestehendes Bild[49] bestätigen und verfestigen. Waren sie vielleicht sogar eine politische Botschaft? Zwei weitere Textstellen Gruners und Campes sollen diesen Eindruck unterstreichen:

> Gruner: Wer Bigotterie mit ihren Jämmerlichkeiten noch nicht kennt, der komme in dieses Land. Zermonieen, Menschensazzungen gelten den Christen hier für das Wesen der Religion, und sie verkennen den Jesus, den sie an jeder Gassen- und Heerstrassenekke feierlich begrüßen[50]. […] Welchen Nuzzen diese vielen Heiligenbilder, Kreuze und Kappellen haben sollen, ist schwer zu begreifen. – Der Sinn für das höchste, edelste Opfer wird in dem Menschen erkältet und ertödtet durch den öfteren Anblik […]. Solche kalte sinn- und herzlose Zeremonieen erstikken den ächten Funken der Religion. […] *Dem ächten Kosmopoliten bleibt kein anderer Wunsch für dieses Land, als die Säkularisation desselben, da es unter einer bessern Regierung seinem natürlichen Flos nothwendig näher kommen muss.*[51]

> Campe: Dahingegen herrscht in dieser Stadt [scil. Paderborn], wie in dem ganzen Lande, der strengste und – es thut mir leid, hinzusetzen zu müssen – der plumpeste und abergläubischste Katholicismus, mit all den schädlichen Misbräuchen, welche gewöhnlich damit verbunden sind. […] Der bloße Anblick des hiesigen Landvolks, flößt einem menschlichgesinnten Zuschauer Mitleiden ein, so weit ist dasselbe von aller Cultur und Veredelung entfernt! So sehr liegen Dummheit, Aberglauben, verschrobene und verunstaltete Menschlichkeit auf jetzlichem Gesichte! […] Die religiösen Begriffe dieser Armen Leute – wenn man anders die stupide und ganz mechanische Frömmelei derselben unter die Bennennung mit begreifen darf – sind bis zum Erbarmen finster und abergläubisch. In die Messe zu gehen, wo sie Worte hermurmeln und absingen hören, die sie nicht verstehen, ihren Rosenkranz mechanisch abzubeten, wobei sie nichts denken […]: Das sind ihre Religionsübungen! Das ist es, was man diesen Christen statt der simplen und erhabenen Lehre Jesu, die von Messe, Rosenkranz und Gnadenbildern keine Silbe sagt, für Christenthum giebt! *Die Versehung erbarme sich dieses armen Geschlechts, und lasse auch für sie die Morgenröthe einer bessern Erkenntniß, deren andere Menschen in anderen deutschen Gegenden sich schon so lange erfreuen, bald anbrechen.*[52]

Die Opposition gegen den westfälischen Katholizismus und das Eintreten für aufklärerische Ideale sind offensichtlich. In der Endphase der europäischen Aufklärung und nach den folgenschweren Umbrüchen in Nordamerika und Frankreich sowie dem sich abzeichnenden Ende des Alten Reiches wollte man wohl ein Zeichen gegen eine Region setzen, die aus dieser Sicht in der Tat als rückschrittig

48 HEGGEN, Staat und Wirtschaft, S. 20.

49 Dass Westfalen schon vorher Spott und Vorurteilen ausgesetzt war, betont NEUTSCH, Religiöses Leben, S. 31. Vgl. auch PROBST, Westfalen, S. 16ff.

50 Gemeint sind die vielen Heiligenbilder im Paderborner Land. Gruner, der seinen Bericht fast durchgehend nach den besuchten Orten gliederte, widmet diesem Punkt gar ein eigenes Kapitel in seiner Wallfahrt, S. 87–90.

51 GRUNER, Wallfahrt, S. 88–90 und weiter auf S. 113f. Hervorhebung im Original.

52 CAMPE, Sammlung, S. 27–31. Hervorhebung im Original.

gelten musste. Berücksichtigt man aber die politischen Hintergründe in Deutschland[53], so dürfen insbesondere die Worte Gruners mit einiger Berechtigung sogar als unmittelbare politische Aussage aufgefasst werden: Die Kriege zwischen Frankreich und den übrigen europäischen Groß- und Mittelmächten hatten Europas Gesicht verändert. Aus deutscher Sicht ist insbesondere der Friedensvertrag von Lunéville[54] vom 9. Februar 1801 zwischen Kaiser Franz II. und Napoleon I. von Bedeutung. In diesem Vertrag erkannte Franz de jure die Abtretung bereits besetzter linksrheinischer Gebiete an Frankreich an[55] und erklärte gleichzeitig verbindlich, eine reichskollektive Entschädigung für die dadurch entrechteten Reichsstände zu finden[56]. Diese Entschädigungsfrage wurde in der Folge nicht dem Reichstag, sondern einer besonderen Reichsdeputation überantwortet[57]. Deren Schluss (sog. Reichsdeputationshauptschluss vom 25. Februar 1803) sah unter anderem die Säkularisation aller geistlicher Staaten mit Ausnahme von Kurmainz und einiger Rechte des Deutsch- und des Malteserordens[58] sowie die Mediatisierung fast aller Reichsstädte[59] vor. Das Bistum Paderborn wurde durch den Reichsdeputationshauptschluss Preußen zugesprochen[60]. Der preußische Staat konnte sich für seine

53 Die historischen Hintergründe lassen sich in der Einleitung bei HUFELD, Reichsdeputationshauptschluss, nachvollziehen.

54 Vgl. dazu jüngst die problematische Arbeit von UHRIG, Frieden von Lunéville, passim.

55 Art. VI des Vertrages: „Se. Maj. Der Kaiser und König willigen sowohl in Ihrem, als des teutschen Reichs Namen ein, daß die Französische Republik in Zukunft mit völliger Landes-Hoheit, und eigenthümlich jene Länder und Domainen besitze, die an dem linken Ufer des Rheins gelegen sind, und die bisher einen Theil des teutschen Reichs ausmachten; dergestalt, daß in Gemäßheit dessen, was bei dem Congreß zu Rastadt von der Reichs-Deputation ausdrücklich bewilligt, und von dem Kaiser genehmigt worden ist, der Thalweg des Rheins hinführan die Gränzscheidung zwischen der französischen Republik und dem teutschen Reiche seyn soll, nehmlich von dem Puncte an […]"; zitiert nach HUFELD, Reichsdeputationshauptschluss, S. 60.

56 Art. VII des Vertrages: „Und da durch die Abtretung, die das teutsche Reich der französischen Republik macht, insbesondere mehrere Fürsten und Stände des Reichs Ihrer Besitzungen, ganz oder zum Theil, entstetzt werden, da es doch dem gesammten teutschen Reiche obliegt, die aus den Stipulationen des gegenwärtigen Tractats entstehenden Verluste zu tragen, so ist […] verabredet worden, daß […] das Reich verpflichtet seyn soll, jenen Erbfürsten, die von ihren Besitzungen auf dem linken Rhein-Ufer entsetzet werden, eine Entschädigung zu geben, welche in dem gedachten teutschen Reiche selbst genommen werden"; zitiert nach HUFELD, Reichsdeputationshauptschluss, S. 60.

57 Zur Diskussion um das Verfahren der Umsetzung des Lunéviller Friedens vgl. HÄRTER, Reichstag und Revolution, S. 570 ff.

58 Vgl. Ausnahmeregelung RDH §§ 25, 26.

59 Die verbliebenen Reichsstädte werden in RDH § 27 aufgezählt.

60 RDH § 3: „[Die Austheilung und endliche Bestimmung der Entschädigung, geschieht wie folgt:] Dem Könige von Preußen, Churfürsten von Brandenburg für das Herzogthum

48 Quadratmeilen umfassenden Flächenverluste links des Rheins durch Mediatisierung und Säkularisation insgesamt um 235 Quadratmeilen Zugewinn entschädigt sehen[61]. Allein schon diese Zahlen verdeutlichen das enorme wirtschaftliche und machtstrategische Interesse hinter der Auflösung der meist kleinen Reichsstände. Geradezu gewaltig sind die absoluten Zahlen der Umverteilung[62]: 25 Fürstbistümer und 44 Reichsabteien, 287 kleinere geistliche Korporationen sowie 41 Reichsstädte und -dörfer wurden aufgehoben. Allein das reichsunmittelbare geistliche Gebiet umfasste 1295 Quadratmeilen mit über 2,3 Millionen Einwohnern und über 12 Millionen Gulden Jahreseinkommen. Mitten in diesen Umbruchprozess fiel die Veröffentlichung Gruners. Dieser stand bereits seit 1802 zunächst als Kammerrat in Diensten der Preußen, machte aber schnell Karriere. So wurde er 1806 zum Direktor der Kriegs- und Domänenkammer in Posen, 1809 erster Berliner Polizeipräsident und 1811 gesamtpreußischer Polizeichef[63]. Gruner war da gerade einmal 34 Jahre alt. Die Frage drängt sich auf, ob sein Reisebericht über alle bereits erwähnten Zweifel seiner Objektivität hinaus nicht auch als politisches Pamphlet eines preußischen Karrieristen bezeichnet werden muss[64], zumal in der Literatur bereits der Frage nachgegangen wurde, ob seine Reise durch Westfalen überhaupt jemals in der Form stattgefunden hat[65]. Eine ähnliche Parteilichkeit könnte man auch Campe vorwerfen, der seine westfälische „Reise, selbst in Gedanken, ungern zum zweitenmal“[66] machen wollte und erst im protestantischen Lippstadt den „ersten blühenden, lachenden und niedlichen Orte, der uns in Westphalen vorgekommen war“[67], angetroffen haben will. Verstärkt wird dieser Eindruck, weil eben auch andere Berichte[68] und Beschreibungen der Zeit – auch zum Justizwesen –

Geldern, und den auf dem linken Rheinufer gelegenen Theil des Herzogthums Cleve; für das Fürstenthum Mörs, die Bezirke von Sevenaer, Huissen und Malburg, und für die Rhein- und Maaszölle: Die Bisthümer, Hildesheim und Paderborn […].“

61 Hufeld, Einleitung, S. 18.

62 Nach Dipper, Wirtschafts- und Sozialgeschichte, S. 128 f.

63 Vgl. Dethlefs/Kloosterhuis, Einleitung, S. XII.

64 Noch vor der Veröffentlichung war Gruner dieser augenmerkliche Zusammenhang selber bewusst, wie man seinen Bemerkungen im Vorwort seiner Wallfahrt, S. 9 entnehmen darf: „Daß man mich, bei meiner vorzüglichen Auszeichnung der preussischen Provinzen Westphalens, als einen Diener dieses Staates, vielleicht der Partheilichkeit schuldig glaubt. – Allein, theils war ich noch nicht in preussischen Diensten, als ich das erste Bändchen dieses Werkes schrieb; theils ist auch jene Dienstanstellung lediglich eine Folge meines aus reiner Ueberzeugung entstandenen lebhaften Wunsches und freiwilliger Bemühungen gewesen“.

65 Dethlefs/Kloosterhuis, Einleitung, S. XXXIV.

66 Campe, Sammlung, S. 18.

67 Campe, Sammlung, S. 39.

68 Vgl. allgemein Meier, Westfalen, S. 285 f.; Heggen, Unbekannter Reisebericht, passim; Keinemann, Hochstift Paderborn I, S. 78–174.

überliefert sind, die die Stimmungsmacher der Zeit aber offenbar nicht erreichten[69]. So schrieb der Göttinger Philosophieprofessor Christoph Meiners etwa 1790 im von ihm herausgegebenen Historischen Magazin:

> Der Gerechtigkeits-Pflege [scil. in Paderborn] werden unverdiente Vorwürfe gemacht; denn die fürstliche Regierung, das weltliche Hofgericht, und das Officialatgericht sind mit geschickten und redlichen Männern besetzt.[70]

Vor diesen Hintergründen und Zweifeln sollte zumindest feststehen, was bereits festgehalten wurde: Reiseberichte sind eine problematische Quelle.

Aber es bleiben die Stimmen aus der geschichtswissenschaftlichen Literatur. Dabei dürfen die bereits angesprochenen Arbeiten von Rosenkranz und Kraayvanger mit Fug und Recht als einzige Studien bezeichnet werden, die sich vor 1945 wenigstens im Ansatz mit der Gerichtsbarkeit in Paderborn beschäftigten, sofern man für den Moment nur die landesherrliche Obergerichtsbarkeit in den Blick nimmt. Der Aufsatz Rosenkranz', 1851 abgedruckt im Vorgängerblatt der Westfälischen Zeitschrift, geht aber über die Beschäftigung mit der Rechtspflege weit hinaus und behandelt auf 162 Seiten nicht nur das gesamte Verfassungsgefüge des Bistums, sondern auch andere, im weitesten Sinne polizeiliche Aspekte des Alltags. Gerade einmal acht Seiten widmet er dabei den „vollziehende[n] Gewalten", zu denen er auch die Justiz zählt[71]. Schon allein dies begründet eine gewisse Vorsicht, mit der man dem Beitrag begegnen sollte. Darüber hinaus schränkt das fast vollständige Fehlen von Zitaten und Belegen – eine Arbeitsweise, die durchaus verbreitet war[72] – die Brauchbarkeit der Schilderungen ein. Die Arbeit Kraayvangers ist eine geschichtswissenschaftliche Dissertation aus dem Jahre 1904 und untersucht die Reformmaßnahmen der preußischen Organisationskommissionen auf dem Gebiet der Verwaltung und Rechtspflege nach der Inbesitznahme des Bistums bis 1806. Sie eignet sich nahezu vorbehaltlos, Zweifel am Wert derartiger älterer Forschungsarbeiten aufzuzeigen, auf die leider auch die modernere Literatur mangels Alternative immer wieder verweisen muss. Man mag vorwegnehmend pointieren: Die Schrift ist ein Kind ihrer Zeit. Dies äußert sich nicht nur in den immer wieder zutage tretenden antisemitischen Parolen des Verfassers. An dieser Stelle ist die Frage nach dem methodischen Vorgehen Kraayvangers und den ideologischen Hintergründen aber weit lehrreicher. Immerhin entstand die Arbeit im Zusammenhang mit dem hundertjährigen Jubiläum der Inbesitznahme Paderborns

69 Ähnlich der Schluss Meiers, Westfalen, S. 286.

70 Meiners, Paderborn, S. 741.

71 Rosenkranz, Verfassung, S. 132–140.

72 Gersmann, Konflikte, S. 426; die fehlenden Angaben machen es schwierig, die Quellennutzung überhaupt einzuschätzen. Ihre Begrenztheit bemerken auch Brandt/Hengst, Bistum, S. 87.

durch Preußen, was für den Autor ein Grund war, den Tag angesichts „evidente[r] Fortschritte in geistiger und materieller Hinsicht“, die unter der neuen Herrschaft gemacht wurden, „feierlich zu begehen“[73]. Kraayvanger stützt seine Untersuchungen nicht nur auf Erzählungen wie die von Justus Gruner, sondern zudem fast ausschließlich auf Berichte und Stellungnahmen aus dem Umfeld der preußischen Reorganisationsbehörden[74]. Der Quellenwert dieser Archivstücke soll nicht geschmälert werden, immerhin standen für Kraayvanger die Reformprozesse im Mittelpunkt. Aber es lässt doch eine Einseitigkeit offenbar werden und am Aussagegehalt zweifeln, wenn man ausschließlich diese Archivalien heranzieht, um die Ausgangssituation zu beschreiben, die die Preußen in Paderborn vorgefunden haben wollen. Die Vorgehensweise des Autors ist daher auch schon in einer zeitgenössischen Rezension kritisiert worden[75], wenngleich zuzugeben ist, dass Kraayvanger den Aussagewert der Quellen vereinzelt selbst anzweifelt[76].

Die Arbeit Kraayvangers lässt sich in einen größeren Zusammenhang einordnen. Seine unterstellte Freude der Paderborner über den Verlust der Selbstständigkeit ihres Bistums lenkt den Blick auf ein allgemeineres Problem im Umgang mit geschichtswissenschaftlichen Forschungsarbeiten insbesondere des 19. und frühen 20. Jahrhunderts. Schon häufig ist in der geschichtswissenschaftlichen Forschung eine Fixierung der Historiographie auf die Ausbildung des preußischen Machtstaates und seine Leitfunktion im Prozess der nationalstaatlichen Einigung Deutschlands betont worden[77]. Geschichtswissenschaft wurde zunehmend zur Vermittlung politischer Überzeugungen dienstbar gemacht. Es ist also kaum verwunderlich, dass Geschichtsschreibung auch der Idee des „Fortschritts“ und der „Modernisierung“ verhaftet war, also dem Gedanken, dass „alles immer mehr und besser wird“[78]. In einer Zeit, in der in Europa das Machtverhältnis alter und aufstrebender Großmächte durch den Zerfall des Alten Reiches neu austariert werden musste, konfessionalisierte sich auch die Geschichtswissenschaft. Der preußische Protestantismus diente einer gesamtdeutschen Identifikation

73 Kraayvanger, Organisation, S. 5.

74 Im Übrigen ist dies ein Vorwurf, der sich auch auf die ähnliche, zeitlich spätere Studie Kochendörffers, Behördenverfassung, übertragen lässt.

75 HZ 98 (1907), S. 231: „Bei Kraayvanger bleibt dagegen in der Darstellung [...] manches unklar, vor allem in dem Abschnitt über das Justizwesen. Die Berichte der preußischen Organisationskammissare genügen nicht, um die alte paderbornische Gerichtsverfassung nach allen Seiten hin klar darzulegen.“

76 Z. B. Kraayvanger, Organisation, S. 12.

77 Jordan, Theorien und Methoden, S. 56 f.; Holtz, Die geistlichen Staaten, S. 50 f.; Wolgast, Sicht des Alten Reiches, passim; Göttmann, Nordwestdeutscher geistlicher Staat, S. 13–15; Hughes, Law and Politics, S. 1; selbst bei Wehler, Gesellschaftsgeschichte, S. 278.

78 Jordan, Theorien und Methoden, S. 56; vgl. auch Hersche, Intendierte Rückständigkeit, S. 133 Anm. 2.

und der Abgrenzung etwa vom katholischen Frankreich[79]. In diesem Dreieck von Borussifizierung, Protestantisierung und Fortschrittsglauben konnten die katholischen und aufgrund ihrer internen Verfassungsstrukturen[80] traditionalistisch-bewahrenden Klein- und Kleinststaaten nur schwer bestehen. Ihre Existenz war schon lange vor der Säkularisation keine Selbstverständlichkeit mehr[81]. Sie zogen Ihre Legitimität nur noch aus dem monströsen Gebilde „Altes Reich", das sie zudem ganz wesentlich mittrugen[82] und dessen Zersplitterung und Uneinigkeit im Spiegel der Historiographie des 19. Jahrhunderts als Negativbeispiel dienen mussten. Ebenso wie das Monstrum im Ganzen litt also das Bild der geistlichen Staaten unter dem ideologischen Wind der Zeit. Dass weite Teile der *Germania Sacra* im Nordwesten des Alten Reiches an Preußen fielen, dürfte zu der späteren Bewertung das Übrige beigetragen haben. Die Perspektive auf das Alte Reich, seine Institutionen und Glieder als Forschungsgegenstand hat sich aber in den vergangenen Jahrzehnten massiv gewandelt[83]. Auch für den geistlichen Staat ist der skizzierte Zusammenhang zur ideologisch gefärbten Historiographie inzwischen oft betont worden[84] und eine kleine Flut an neueren Forschungsarbeiten differenziert das Bild in vielerlei Hinsicht. Dem inzwischen fast vollständig abgelegten Fortschrittsparadigma vergangener Zeiten wurde etwa eine „intendierte Rückständigkeit"[85] der *Germania Sacra* gegenübergestellt. Seine traditionellen Strukturen wurden mitunter als vorbildlich erhalten eingestuft und der Vorteil, Untertan eines geistlichen Herrn zu sein, nach außen gekehrt[86]. Freilich, dabei entsteht mitunter der Eindruck, dass das Pendel der Forschung in die entgegengesetzte Richtung ausschlägt und Strukturprobleme der Fürstbistümer und -abteien aus der Defensive heraus überspielt werden. Es ist daher unbedingt zu verhindern, den geistlichen Staat ein weiteres Mal zum Schauplatz ideologischer Grabenkämpfe zu machen und einen „Hort der guten alten katholischen Staatlichkeit" zu konstruieren.

---

79 Jordan, Theorien und Methoden, S. 56.

80 Erwähnt seien insbesondere die Wahl des Landesherrn und die ausgeprägte Mitbestimmung der Landstände. In besonderem Maße trifft dies auf die Domkapitel zu; vgl. dazu Christ, Selbstverständnis, passim.

81 Vgl. Andermann, Säkularisationen, passim; Andermann, Geistliche Staaten, S. 616 f.

82 Göttmann, Nordwestdeutscher geistlicher Staat, S. 10; Nachweise auch bei Schenk, Reichsgeschichte, S. 111.

83 Vgl. nur, auch zu mitunter gekünstelten Vergleichen zu modernen überstaatlichen Institutionen, Schmidt, Frühneuzeitliches Reich, passim; Nachweise auch bei Schenk, Reichsgeschichte, S. 107 ff.

84 Göttmann, Nordwestdeutscher geistlicher Staat, S. 13–15; Holtz, Die geistlichen Staaten, S. 50 f.; Braun/Göttmann, Geistlicher Staat, S. 60.

85 Hersche, Intendierte Rückständigkeit, passim.

86 Hersche, Intendierte Rückständigkeit, passim; Kissener, Krummstab, passim; Rudolph, Mildes Regiment?, passim.

3. Vermutungen

Die politischen und wirtschaftlichen Interessen hinter der Säkularisation liegen offen da. Ebenso ist nun klar, dass der Aussagegehalt der wenigen Stimmen zur Paderborner Gerichtsbarkeit – von einem Forschungsstand mag man gar nicht sprechen – zusätzlich aus ihrer Zeit heraus zu verstehen ist: das Erschlaffen des Alten Reichs, die Borussifizierung und Protestantisierung der Historiographie und die daraus entstehenden Perspektiven auf die *Germania Sacra*. Was hat das alles mit den Gerichten in Paderborn zu tun? Ebenso, wie sich die Perspektiven auf das Alte Reich mittlerweile geändert haben und die Forschung zur Staatlichkeit geistlicher Herrschaften im Aufbruch ist, ebenso müssen auch die Untersuchungen zu Paderborn alte Vorurteile und ideologische Vorbehalte abschütteln und einen neuen Blick wagen. Wo ein Forschungsstand offensichtlich nicht existiert, haben die Quellen zu sprechen. Dabei darf man nicht davon ausgehen, dass alles über die Rechtspflege bisher Berichtete zwingend falsch ist. Das provozierte seinerseits einen voreingenommenen Blick auf die Überlieferung. Man wird jedoch eine Vermutung wagen dürfen: Es scheint möglich und sogar wahrscheinlich, dass der Zustand der Rechtspflege im Fürstentum Paderborn irgendwo zwischen tatsächlich bestehenden Missständen, der Diskussion um geistliche Staaten sowie der Preußenfixierung und konfessionellen Prägung der Geschichtswissenschaft zerredet worden ist.

Genau dieser Eindruck entsteht, wenn man – zunächst ganz oberflächlich – die monierten Schwächen der Justiz in Paderborn aus den Archiv- und Literaturstimmen herausarbeitet. Demnach gab es zu viele Gerichtsinstanzen, keine Abgrenzung zwischen geistlicher und weltlicher Jurisdiktion, Kompetenzkonflikte und unfähige Gerichtspersonen. Die Verfahren waren zu lang und die Rechtsverfolgung zu teuer. Dabei ist zunächst festzuhalten, dass diese Kritik in den Quellen nur für die Zeit um 1800 überliefert ist und sich die Forschung bislang wohl auch nur darauf bezogen hat. Über frühere Jahrzehnte und Jahrhunderte wissen wir wenig bis gar nichts. Gerade diese Zeit um die Jahrhundertwende ist aber eine der großen Umbruchphasen der Geschichte. Was also sollen die Vergleichsmaßstäbe sein, an denen sich Paderborner Verhältnisse messen lassen sollen? Der preußische Staat nach seinen großen Staatsreformen? Blickt man nur wenige Jahre zurück, stellten sich auch die Verhältnisse im vorbildlichen Preußen alles andere als wohl geordnet dar. Besonders prägnant ist eine Resolution des „Soldatenkönigs“ Friedrich Wilhelm I. aus dem Jahr 1723, um das Bild ein wenig geradezurücken: Aus Anlass einer Neuordnung der provinziellen Verwaltung in Preußen, bei dem der König die unterschiedlichen „Commissariats- und Cammer Collegia“ auflöste und durch eine neue „Kriegs- und Domänen Cammer“ ersetzte, gab Friedrich Wilhelm Einblicke in den vorherigen Geschäftsalltag seiner landesherrlichen Behörden. Der Herrscher zeigte sich dabei sehr „mißvergnügt [über] deren vielfältigen Collissionen, worin dieselbe miteinander verfallen und welche [...] soweit poussiret worden, als ob das eine Collegium nicht eben so woll wie das andere uns [scil. dem König] zugehörig, oder beiderseits eines und desselben Königs und Herren Diener und Unterthanen wären; vielmehr als ob dieselbe unter gantz diversen und zwar solchen Potentaten stünden, deren Interesse einander gantz zuwider lieffe"[87]. Seine Beschwerde gipfelte in der Aussage, dass „es darin auch soweit gekommen, daß man Iuris Consultos und Advocaten bestellet, die aus Unserer Casse salariret werden, umb gegen einander Processe zu führen"[88].

Die Quelle erlaubt einen Blick auf eine frühneuzeitliche Behördenorganisation, die – bei aller Vorsicht – wohl verallgemeinert werden darf. Unstimmigkeiten über Kompetenzen, „organisatorischer Wildwuchs"[89], kennzeichnen die Epoche der Frühen Neuzeit und sind keine Besonderheit der Paderborner Justiz. Das Zitat Keinemanns, nach dem uns diese Gerichtslandschaft skurril und nicht leicht verständlich vorkommt, trifft daher das Problem sehr genau. Der Blick des modernen Juristen ist Eindeutigkeiten gewohnt. Zuständigkeiten von Gerichten sind klar geregelt, und gibt es in den abstrusen Konstellationen des Lebens einmal geringste Zweifel, ist immer eine Stelle vorgesehen, die den Zweifelsfall entscheidet[90]. Dieser Blick lässt sich nicht ohne Weiteres auf die Vergangenheit übertragen. Mitunter ist formuliert worden, eine Kategorie wie die „Zuständigkeit" eigne sich nur sehr bedingt, um vergangene Zeiten zu erfassen[91]. In klar geordneten Instanzenzügen und einer strukturierten Gerichtsverfassung haben Menschen vergangener Jahrhunderte nicht – jedenfalls nicht durchgehend – gedacht[92]. Gerichtsbarkeit wurde auch nicht zuvorderst als Materie staatlichen Handelns verstanden, sondern war in erster Linie ein übertragbares Herrschaftsrecht. Sie ist daher auch nicht von Anbeginn an ausschließlich räumlich, sondern daneben personal begrenzt. Gerichtshoheit des einen ging mit Gerichtsunterworfenheit des anderen einher. Die Menschen aber waren nicht nur Untertan eines Landesherrn, sondern auch Bürger einer Stadt, Mitglied einer Zunft, Student an einer Universität, Gläubige einer Kirche, Soldat einer Kompanie und so weiter. Die unterschiedlichen Gruppen übten – historisch gewachsen – auf vielfältige Weise und meistens nebeneinander konkurrierende Gerichtsbarkeit über eine Person aus. Diese Gerichtsbarkeiten in eine Beziehung und sogar eine Hierarchie zu bringen, ist nicht Ausgangslage, sondern Ergebnis

87 LAW KDK Minden, Nr. 167, Bl. 1r.
88 LAW KDK Minden, Nr. 167, Bl. 2.
89 Reinhard, Staatsgewalt, S. 139.
90 Vgl. zum Beispiel §§ 13a, 14 StPO aber § 35 ZPO.
91 Vgl. Weitzel, Zuständigkeit, Sp. 1815.
92 Vgl. Lück, Gerichtsverfassung, Sp. 192.

und Leistung historischer Prozesse vom Mittelalter zur Moderne. Dementsprechend sind Unstimmigkeiten und Kompetenzkonflikte der Gruppierungen gemeinhin bekannt und zuhauf überliefert[93].

In der Quelle aus Preußen geht es aber nicht einmal um diese ganz übliche vertikale Verteilung von Verwaltungsstrukturen, sondern sogar um ein Kompetenzgerangel auf einer horizontalen, nämlich landesherrlichen Ebene. Das fällt deshalb besonders auf, weil gerade dort aus moderner Sicht Eindeutigkeiten zu erwarten wären, schließlich ließe sich alles Handeln und Richten dort auf die Person des Machthabenden zurückführen. Aber auch dieses Phänomen lässt sich nicht nur historisch erklären, sondern auch verallgemeinern. Die Aufgaben, die Könige und Fürsten ursprünglich hatten, waren im Vergleich zu einem komplexen modernen Staatswesen eher beschränkt. Die *iurisdictio*, die Gerichtsgewalt, war dabei das vielleicht vornehmste Herrschaftsrecht[94]. Rechtsprechung und andere, verwaltende Tätigkeiten waren aber noch nicht eindeutig voneinander getrennt. Entsprechend hieß im Mittelalter „zu Gericht sitzen" nicht zwingend nur, Streitfälle zu entscheiden. Ebenso waren Tätigkeiten eingeschlossen, die wir heute als Akte freiwilliger Gerichtsbarkeit einstufen würden[95]. Mit einer zunehmenden Differenzierung und Spezialisierung der Angelegenheiten erhöhte sich auch die Zahl der verwaltenden Stellen. Insbesondere wurde zunehmend die Verwaltung der Justiz eigenen Einheiten übertragen, ohne dass dies immer aus einer einseitigen politischen Planung heraus geschehen musste. Konzessionen zwischen den intermediären Kräften und das Herkommen steckten den Geschäftsbereich mit ab. In einer Zeit sich stabilisierender Landesherrschaft beförderte dies ein Behördenwachstum in „konzentrischen Ringen"[96] um die Herrschaftsperson herum. Dort entstand eine Stelle nah beim Machthaber, entfernte sich durch Verselbstständigung und Ausdifferenzierung und machte dadurch Platz für neue engere Ratsgremien. Aus dem mittelalterlichen Adelsrat entstand der Rat gleich oder neben der Kanzlei, aus denen sich später Hofgerichte, Hofkammern, Lehnkammer usw. abspalteten. Gleichzeitig wurden neue Instanzen, wie Geheime Ratskollegien oder Rechtsprechungskammern bei den bestehenden Kanzleien, gebildet, die zu den anderen Stellen in Konkurrenz traten. Verstärkt wurde dies durch eine mangelnde Konturschärfe von persönlichen Angelegenheiten des

93 Buchda, Gerichtsverfassung, Sp. 1568; Lück, Gerichtsverfassung, passim.

94 Oestmann, Geistliche Gerichte, S. 62; Costa, Iurisdictio, passim; Stollberg-Rilinger, Des Kaisers alte Kleider, S. 28; Simon, Gerichtsbarkeit, Sp. 524; Spangenberg, Entstehung, S. 265. Zur Bedeutung für die Entwicklung der Territorialgewalt vgl. Willoweit, Rechtsgrundlagen, S. 17–32 und S. 186–195.

95 Lück, Gericht, Sp. 137; Spangenberg, Entstehung, S. 265.

96 Reinhard, Staatsgewalt, S. 139.

Landesherrn einerseits und der Landesverwaltung andererseits, was sich gerade im Bereich der Gerichtsbarkeit am Beispiel von Figuren wie der Evokation oder der Supplikation illustrieren lässt.

Kompetenzgerangel und -unklarheiten waren also in Preußen wie in Paderborn bis zu einem gewissen Zeitpunkt „normal". Auch bezogen auf die Konkurrenz geistlicher und weltlicher Gerichte überraschen die Äußerungen über Paderborn kaum. Es ist bekannt, in welch großem Umfang die Kirche seit dem Mittelalter Gerichtsbarkeit über Sachgegenstände beanspruchte, die man heute als rein weltlich empfinden mag[97]. In einem katholischen geistlichen Staat, in dem der Bischof sowohl Landesherrschaft und weltliche Gerichtsbarkeit als auch Kirchenherrschaft und geistliche Gerichtsbarkeit in sich vereinte, mag dieser Dualismus vielleicht besonders ausgeprägt gewesen sein[98], solange dem Rechtsuchenden die Wahl zwischen den Gerichten blieb. Diese Behauptung wäre allerdings erst noch zu bestätigen. Die Rechtsunterworfenen jedenfalls nutzten weltliche ebenso wie geistliche Gerichte und ignorierten dabei mitunter sogar den für den jeweiligen Gerichtszweig vorgesehenen Instanzenzug. Man braucht nur einen Blick in Repertorien der reichskammergerichtlichen Überlieferungen zu werfen und kann feststellen, dass auch von geistlichen Gerichten an das Reichskammergericht appelliert wurde – und das nicht nur, noch nicht einmal vorwiegend, aus Paderborn. Die Wahlfreiheit zwischen weltlicher und geistlicher Gerichtsbarkeit ist aber bisher kaum erforscht. Neue Forschungsansätze wie das Konzept der Justiznutzung[99] oder jüngst der Jurisdiktionsökonomie[100] könnten hier neue Erkenntnisse zutage fördern.

Es ist zuzugeben, dass der vergleichende Blick bis hierhin oberflächlich war. Aber er reicht aus, um die aufgeworfenen Zweifel an der festgefahrenen Meinung zur Paderborner Rechtspflege zu begründen und die Vermutung zu stärken, dass bestehende Missstände übertrieben und allgemeine Erscheinungen einseitig auf die deutsche Bistumslandschaft beschränkt worden sind. Mit dieser Gewissheit mag er nun auf die weiteren Aufgaben gerichtet werden.

---

97 Trusen, Gelehrte Gerichtsbarkeit, S. 483–487; Fournier, Conflits, passim. Zu Streitigkeiten über die Zuständigkeit vgl. Oestmann, Geistliche Gerichte, passim sowie Wetzstein, Tam inter clericos quam laicos, passim.

98 In zeitgenössischen Quellen werden wohl nicht umsonst Köln, Münster und Lüttich – gelegentlich auch Paderborn – als Territorien genannt, in denen kirchliche Gerichte besonders ausgeprägte Zivilgerichtsbarkeit ausgeübt haben; vgl. Nachweise bei Fn. 218.

99 Grundlegend Martin Dinges, Frühneuzeitliche Justiz: Justizphantasien als Justiznutzung am Beispiel von Klagen bei der Pariser Polizei im 18. Jahrhundert, in: Heinz Mohnhaupt/ Dieter Simon (Hg.), Vorträge zur Justizforschung, Band 1, Frankfurt 1992.

100 Die jüngst erschienene Arbeit Ströhmers, Jurisdiktionsökonomie, passim, beschäftigt sich zwar mit dem Fürstentum Paderborn, ist allerdings auf die Untergerichtsebene beschränkt.

III. Aufgaben

1. Tabula rasa

Zu Beginn dieser Arbeit steht damit als Ergebnis bereits fest, dass es eigentlich keine verlässliche Grundlage für Aussagen über die Gerichtslandschaft im alten Fürstbistum Paderborn gibt. Am angeführten Stimmengewirr, an der fast schon zur Pflicht gewordenen, farblosen Kritik am Paderborner Gerichtswesen, muss der unvoreingenommene Betrachter schlichtweg zweifeln. Und die vorhandene Forschungsliteratur lässt sich fast ausnahmslos auf den Beitrag von Rosenkranz zurückführen, der kaum Belege für seine Beschreibungen liefert[101]. Auszugehen ist daher von der sprichwörtlichen *tabula rasa;* zu wagen ist ein echter Neuanfang. Es fehlen ebenso eine moderne, quellenbasierte Überblicksdarstellung wie fundierte Einzelstudien zur Gerichtsverfassung des hochstiftischen Paderborn. Dies bleibt ein Forschungsdesiderat. Die vorliegende Arbeit will einen kleinen Teil dieser Lücke schließen.

Aber was ist eigentlich eine Gerichtsverfassung? Modern gesprochen ist die Gerichtsverfassung das Substrat desjenigen Rechts, das „die Grundlagen der Gerichtsbarkeit [regelt]. Diese beschränken sich aber nicht auf die Rechtsprechungsartikel der Art. 92 ff. GG […]. Das Gerichtsverfassungsrecht beschränkt sich auch nicht auf die Organisation und Aufgabenverteilung unter den Gerichten. Vielmehr umfasst es neben der Organisation und Aufgabenverteilung auch die materiell-inhaltlichen Grundlagen, die die Rechtsprechungstätigkeit im eigentlichen Sinn und die ihr sachlich zugeordneten Tätigkeiten unabhängig von verfahrensrechtlichen Einzelregelungen als charakteristisch prägen."[102] Schon dieses Verständnis von Gerichtsverfassung hieße, einer durchaus breiten Forschungsaufgabe nachzugehen, selbst wenn Paderborn sicherlich nicht zu den großen Territorien im Alten Reich gehörte. Aus der genannten Definition spricht aber ein Begriffsverständnis, das nicht ausreicht, um die Gerichtslandschaft im Alten Reich zu beschreiben. Denn die bisherige Umschreibung stellt die Begriffe Recht und Regelung in den Mittelpunkt. Recht im Sinne abstrakt-genereller Normen ist aber eine Kategorie, die das Leben in der Vormoderne nicht in gleicher Weise bestimmte wie heute. Die Landesherren und ihre Behörden entdeckten die Möglichkeit der Rechtsetzung erst für sich, wenn auch im 18. Jahrhundert schon in einem Maße, das beachtlich ist. Der Begriff der Gerichtsverfassung muss daher unabhängig von Kategorien wie

101 Vgl. ähnlich Brandt/Hengst, Bistum, S. 87: „Seine Studie ist trotz begrenzter Quellennutzung und mangelnden Systemvergleichs durch jüngere Arbeiten erst teilweise überholt".

102 Walter Zimmermann in: Thomas Rauscher u. a. (Hg.), Münchener Kommentar zur ZPO, Bd. 3, GVG, Einleitung, Rn. 1.

Recht oder Regelung umschrieben werden[103]. Gerhardt Buchda definiert Gerichtsverfassung als „geordnetes Ineinander- und Übereinandergreifen von Gerichten verschiedener Art, in größerer oder geringerer Zahl"[104]. Er verzichtet also definitorisch auf jedes normative Element und legt den Schwerpunkt auf rein tatsächliche Erscheinungen. Und der Untersuchungsgegenstand dieser „Lebenswirklichkeit" kann denkbar weit sein. Jürgen Weitzel etwa schreibt: „Gerichtsverfassung regelt in Aus- und Fortführung der Staatsverfassung, insbesondere der territorialen Gliederungen des Staates und der Prinzipien der Herrschaftsausübung, die Organisation, Besetzung, Zuständigkeit, (Selbst-)Verwaltung, Zusammenarbeit, Öffentlichkeit, Sitzungspolizei, Sprache, Beratung und Abstimmung der Gerichte. Auf ihr ruhen die Verfahrensrechte der einzelnen Gerichtszweige"[105]. Es wird damit klar, dass sich eine Arbeit über die Gerichtsverfassung eines Staates nicht schlicht mit den Rechtsmitteln von einem Gericht an ein anderes befassen kann. Vielmehr umfasst Gerichtsverfassung mehr als die Frage nach instanzieller Zuständigkeit. Es ist die Frage zu stellen, wie Gerichte besetzt waren – gerade vor dem Hintergrund einer zunehmenden Professionalisierung der Justiz in der Frühneuzeit ein wichtiger Gesichtspunkt –, ob sie öffentlich gearbeitet haben, wofür sie sachlich zuständig waren und wie die Aufgaben innerhalb der Institution verteilt waren. Von Bedeutung ist auch, wie das Verfahren vor den Entscheidungsträgern, den Richtern, ausgestaltet war. Der Begriff der Gerichtsverfassung in diesem Sinne ist also ein (mindestens) dreigliedriger: Er umschließt die Verfassung des Gerichtswesens ebenso wie die Verfasstheit der einzelnen Rechtsprechungsbehörden und das Verfahrensrecht.

Dabei stellt sich jedoch sogleich ein weiteres Definitionsproblem, das es hier zu klären gilt: Welche Organisationen sind überhaupt als „Gerichte" zu bezeichnen und wären daher einzubeziehen? Eingangs ist skizziert worden, dass die Ausdifferenzierung von Rechtsprechung und Verwaltung ein Prozess gewesen ist, der in der Vormoderne jedenfalls noch nicht abgeschlossen war. Einzelne Institutionen können also gar nicht auf Anhieb als nur rechtsprechend oder nur verwaltend charakterisiert werden. Der Begriff „Gericht" scheint so komplex und unübersichtlich zu sein, dass selbst das Handwörterbuch zur Deutschen Rechtsgeschichte eine Darstellung in seiner ersten Auflage vermissen ließ. Thomas Simon definiert Gerichte als „streitentscheidende und sanktionierende Institutionen der Justiz"[106] und trifft damit zwar freilich den Kern, produziert jedoch dann einen definitorischen

103 Lück, Kursächsische Gerichtsverfassung, S. 5.

104 Buchda, Artikel Gerichtsverfassung, Sp. 1563 f.

105 Weitzel, Artikel Gerichtsverfassung, Sp. 546 f.; einige dieser Aspekte bezieht freilich auch Buchda, Artikel Gerichtsverfassung, Sp. 1570 ein.

106 Simon, Artikel Gericht, Sp. 514.

Zirkel, wenn man Justiz mit „Einrichtungen der Rechtsprechung"[107] und damit letzten Endes mit Gesamtheit der Gerichte übersetzt. Dasselbe Problem ergibt sich, wenn man mit Gerhard Köbler Gericht „am ehesten [...] als die zur Ausübung der Rechtspflege bestimmte Behörde"[108] bezeichnet. Betrachtet man die unbestrittene Hauptaufgabe der Gerichte, nämlich Rechtsprechung durch Herbeiführung verbindlicher, das heißt notfalls zwangsweise durchsetzbarer Entscheidungen in einem bestimmten Verfahren unter Einhaltung einer besonderen Form[109], rücken die gesuchten Institutionen in den Vordergrund, obwohl eine abschließende Definition vielleicht unmöglich ist[110].

Wie bereits beschrieben, sind diese Institutionen angesichts der zersplitterten Gerichtsherrschaft in der Frühneuzeit sehr zahlreich. Das gilt auch für Paderborn. Die Zusammenhänge zwischen den vielen horizontalen und vertikalen Ebenen sind im Rahmen eines Dissertationsprojektes nicht darstellbar, ohne unbotmäßig auf die soeben kritisierte Forschungsliteratur zurückzugreifen. Hier soll es deshalb zunächst um die Obergerichtsbarkeit des Bischofs gehen. Das hat in erster Linie einen praktischen Grund, denn das Quellenmaterial darf in zentral greifbaren Archiven in Münster und Paderborn erwartet werden, während für Studien zur untergerichtlichen Ebene umfangreichere Besuche in den verstreuten Adels- und Kommunalarchiven notwendig wären. Zum anderen wurde in der Vergangenheit bereits zu einigen Aspekten der niederen, insbesondere der Patrimonialgerichtsbarkeit gearbeitet[111], so dass die Obergerichte als vernachlässigt gelten dürfen. Doch selbst wenn man sich also für die oberste Ebene entscheidet, sind – je nach Definition – immer noch mindestens drei[112] Gerichte zu berücksichtigen, die über mehr als 250 Jahre konkurrierend Recht gesprochen haben sollen: das weltliche Hofgericht, das geistliche Offizialatsgericht sowie die Regierungskanzlei. Da Vorarbeiten fast vollständig fehlen, soll sich diese Arbeit auf ein Gericht, nämlich das weltliche Hofgericht, beschränken. Dafür spricht zunächst der Umstand, dass sich der Ursprung des Gerichts – wie zu zeigen ist – in den Quellen gut nachvollziehen und seine Entwicklung verfolgen lässt. Kanzlei und Offizialat wurzeln hingegen

107 So im selben Werk Dölemeyer, Justiz, Sp. 203.
108 Köbler, Richten-Richter-Gericht, S. 57; Lück, Gericht, Sp. 132.
109 Lück, Kursächsische Gerichtsverfassung, S. 7.
110 Ähnlich Lück, Gericht, Sp. 132.
111 Insbesondere Voss, Patrimonialgerichte, passim und Keinemann, Hochstift Paderborn I, S. 321 ff.; jüngst auch Ströhmer, Jurisdiktionsökonomie, passim.
112 Das Oberamt Dringenberg soll den „Status eines Obergerichts" im Jahr 1700 durch bischöfliche Verordnung verloren haben; vgl. Brandt/Hengst, Bistum, S. 90. Streng genommen müssten sogar Hofkammer, geheimer Rat und einige besondere Kommissionen noch zusätzlich in das Bild einbezogen werden.

in den Anfängen des Bistums. Darüber hinaus hat die Entstehung der Kanzlei auch schon wissenschaftliche Beachtung gefunden[113]. Das Hofgericht lässt sich zudem in einen überregionalen Kontext einarbeiten. Auch in zeitlicher Hinsicht wurde die Arbeit beschränkt auf die Zeit bis 1720. Die in diesem Jahr von Bischof Clemens August (von Bayern, reg. 1719–1761)[114] erlassene Gerichtsordnung hat bereits bescheidene Beachtung gefunden und galt bislang als eigentliche Geburtsstunde des Gerichts[115].

2. Forschungsstand und Quellenlage

Einen Forschungsstand zum weltlichen Hofgericht gibt es nicht. Dabei unterschlagen die bisherigen Ausführungen freilich, dass sich nach 1945 drei Arbeiten auch mit dem weltlichen Hofgericht beschäftigten, die ein Augenmerk verdienen. Zum einen ist die Studie Friedrich-Wilhelm Hennings aus dem Jahr 1964 zu nennen, die aus einer rechtshistorischen Perspektive die soziale und wirtschaftliche Lage der Landbevölkerung in Ostpreußen und Paderborn erarbeitet. Ausführlich geht Henning dabei auch auf die Einbeziehung der ländlichen Bevölkerung in die Gerichtsverfassung und auf die Struktur der Obergerichte ein[116]. Seine Aussagen betreffen allerdings größtenteils die Zeit des 18. Jahrhunderts und sind methodisch problematisch. Er arbeitet fast ausschließlich mit normativen Quellen und bezieht auch die älteren Vorarbeiten zu unkritisch in seine Überlegungen mit ein. Darüber hinaus behandelt er die Gerichtsverfassung als schlichtes Instanzverhältnis verschiedener Behörden[117], was nicht ausreichend ist. Als zweite wichtige Arbeit ist die in jüngerer Zeit erschienene Studie Jürgen Lotterers über gegenreformatorische Anstrengungen Bischof Dietrichs IV. (von Fürstenberg, reg. 1585–1618)[118] und seine „weltlichen“ Reformen zu nennen. Nur ein Aspekt (unter vielen) ist dabei die Entstehung des Hofgerichts in der Regierungszeit Dietrichs und ein sehr sparsamer Überblick über den Inhalt der vermeintlich ersten Hofgerichtsordnung von 1619[119]. Trotzdem bietet die Arbeit sehr solide Ansätze, auf denen es aufzubauen

113 Aubin, Verwaltungsorganisation, S. 62 ff. Das soll nicht darüber hinwegtäuschen, dass die Erforschung von Rat, Regierung und leitenden Beamten zu den „stiefmütterlich behandelten Themen in der Landesgeschichte“ gehört. So zu Recht Brandt/Hengst, Bistum, S. 90; vgl. auch Süss, Kanzleiordnungen, S. 330.

114 Lebensbild bei Brandt/Hengst, Bischöfe, S. 267–275.

115 Rosenkranz, Verfassung, S. 137; Brandt/Hengst, Bistum, S. 91.

116 Henning, Herrschaft, S. 217 ff.

117 Vgl. beispielsweise die Schematisierung bei Henning, Herrschaft, S. 225.

118 Lebensbild Brandt/Hengst, Bischöfe, S. 222–228.

119 Lotterer, Gegenreformation, S. 67 ff. und 239 ff.

gilt. Immerhin ist es ihr Verdienst, weitere Quellengattungen, insbesondere die reichskammergerichtliche Aktenüberlieferung, erstmals in die moderne Forschung zur Paderborner Geschichte einzubeziehen. Schließlich ist die dreibändige Arbeit Friedrich Keinemanns über die administrative, ökonomische und soziale Wirklichkeit des Hochstifts am Ende des 18. Jahrhunderts zu nennen. Der Text ist in erster Linie eine Zustandsbeschreibung, eine Momentaufnahme in der Spätzeit des Bistums und blendet daher frühere Zeiten weitestgehend aus. Außerdem baut seine Darstellung der Obergerichtsbarkeit[120] ausschließlich auf den Berichten der preußischen Organisationskommissionen und den Beiträgen aus der älteren Literatur auf. Lediglich hinsichtlich Besetzung und Dotation der Hofgerichtsstellen fördert sie neue Erkenntnisse zutage – wie erwähnt aber nur für die letzten Jahre des Gerichts und auf Basis der reichskammergerichtlichen Eingaben im eingangs erwähnten Fall Alexius Bachmanns.

Die bescheidene Beachtung, die das Hofgericht bisher in der regionalhistorischen Forschung gefunden hat, mag auch an einer lückenhaften Quellenüberlieferung liegen, die eine aufwendige Archivrecherche notwendig macht und trotzdem unbefriedigend ist. Die zusammengetragenen Erkenntnisse bleiben daher begrenzt. Mit dieser Schwierigkeit ist die Paderborner Landesgeschichte ganz allgemein belastet. Dies mag daran liegen, dass ein funktionierendes Archivwesen im Fürstbistum bis zu seinem Untergang nicht vermutet werden darf[121].

Teilt man die aufschlussreichen Quellen in drei Gruppen ein, ergibt sich folgendes Bild: Die Forschung hat bisher fast ausschließlich mit normativen Quellen gearbeitet. Zu denen sollen hier Hofgerichtsordnungen und andere Rechtsquellen – seien sie als Verordnung, Edikt, gemeiner Bescheid usw. bezeichnet – gezählt werden, welche die Verfasstheit des Gerichts, sein Verhältnis zu anderen Behörden und das Verfahrensrecht festlegen. Sparsames Augenmerk wurde dabei bislang auf eine Hofgerichtsordnung Bischof Ferdinands I. (von Bayern, reg. 1618–1650)[122], die man auf das Jahr 1619 datierte, und auf die bekanntere Hofgerichtsordnung Bischof Clemens Augusts (von Bayern, reg. 1719–1761)[123] aus dem Jahr 1720/21 gelegt. Bisher ging man davon aus, dass die Hofgerichtsordnung Bischof Ferdinands I. nur handschriftlich überliefert ist. In der Tat finden sich mehrere Abschriften in verschiedenen staatlichen und privaten Archiven in Westfalen[124]. Eine Archiv- und

120 Keinemann, Hochstift Paderborn II, S. 252ff.

121 Das jedenfalls ist die Behauptung von Sagebiel/Schütte, Territorialarchive, S. 3.

122 Lebensbild bei Brandt/Hengst, Bischöfe, S. 229–233.

123 Lebensbild bei Brandt/Hengst, Bischöfe, S. 267–275.

124 Ohne Anspruch auf Vollständigkeit: LAW Gerichte Nr. 79 und Nr. 81 (Findbuchangabe falsch); Domkapitel Nr. 261.2; Stadtarchiv Warburg, Coll. Ros. Nr. II.1; AAV Cod. 182; AErp, Akten, Nr. 60.

Bibliotheksrecherche konnte jedoch beweisen, dass wenigsten zwei Exemplare eines Drucks dieser Ordnung aus dem Jahr 1702 überliefert sind, was bisher unbekannt war[125]. Ein Exemplar dieses Drucks befindet sich in den Beständen der Staats- und Universitätsbibliothek Göttingen[126] und ein weiteres Exemplar im Münsteraner Landesarchiv[127]. Völlig unklar ist bisher, warum Bischof Hermann Werner (von Wolff-Metternich zur Gracht, reg. 1683–1704)[128] die Ordnung 80 Jahre nach ihrer Entstehung drucken ließ. Die zweite Ordnung Clemens Augusts ist nicht nur in den seit 1785 in vier Bänden veröffentlichten *Hochfürstlich-Paderbörnischen Landesverordnungen* abgedruckt[129], sondern auch als Einzeldruck erhalten[130]. Neben diesen beiden Ordnungen existiert ein landes- wie rechtshistorisch interessanter Entwurf einer weiteren Hofgerichtsordnung[131], der wohl aus dem Jahr 1666 und damit aus der Regierungszeit des großen Bischofs Ferdinand II. (von Fürstenberg, reg. 1661–1683)[132] stammt und nur handschriftlich überliefert ist. Seine besondere Bedeutung liegt nicht nur darin, den Zusammenhang zwischen den beiden anderen Ordnungen herzustellen, sondern insbesondere in Randglossierungen der Handschrift, die auf Vorbilderordnungen hinweisen, mit denen der Verfasser wohl arbeitete. Ob dieser Entwurf jemals in Kraft trat und wo mögliche Gründe für sein Scheitern liegen, ist bislang völlig unklar. Neben den Hofgerichtsordnungen beschäftigen sich weitere Rechtsquellen mit der Gerichtsverfassung des Hochstifts und einzelnen technischen Fragen des Verfahrensrechts vor dem Hofgericht. Sie stammen insbesondere aus der Spätzeit der Regierung Ferdinands I. und aus dem Pontifikat Hermann Werners.

Diskussionen um die Einrichtung und Reform einer Behörde lassen sich bestenfalls aus der Präambel eines frühneuzeitlichen Gesetzes ablesen. Hintergründe und Motive solcher Gesetze können jedoch nur anhand politischer Quellen nachvollzogen werden – insbesondere wenn handfeste machtstrategische und finanzielle Interessen betroffen sind, wie das bei der Einrichtung eines Landesobergerichts der Fall ist. Der Begriff „politische“ Quelle ist nicht technisch gemeint. Umschrieben werden damit Quellen verschiedener Provenienz, die die Diskussion

125 In einem Beitrag zur Paderborner Hofbuchdruckerei aus dem Jahr 1955 findet sich lediglich eine edierte Rechnung für den Druck von „400 hochfürstliche[n] Gerichtsordnung[en]“, die keine weitere Beachtung in der Forschung fand: vgl. Hoedt, Hofbuchdruckerei, S. 235.

126 Signatur: 8 J STAT IV, 5690.

127 LAW Herrschaft Büren, Nr. 173, Bl. 73–132.

128 Lebensbild bei Brandt/Hengst, Bischöfe, S. 258–262.

129 Band II (1786), S. 101–331.

130 Druck von 1721: AAV Cod. 283; 288; 289.

131 LAW Domkapitel, Nr. 261.1.

132 Lebensbild bei Brandt/Hengst, Bischöfe, S. 249–257.

um die Einrichtung des Hofgerichts in Paderborn nachvollziehbar machen. Die Recherchen dazu gestalten sich aufwendig, wenngleich in einigen Archiven und umfangreicheren Beständen nur Stichproben in den Jahresüberlieferungen erfolgen konnten, in denen mit einer Diskussion um die Einrichtung und Reform des Gerichts gerechnet werden durfte. Dies betrifft insbesondere die Überlieferung der Landtagsverhandlungen des Fürstbistums, die im Landesarchiv Nordrhein-Westfalen erhalten geblieben sind. An diese Verhandlungen kann man sich aus verschiedenen Richtungen nähern. So existiert ein eigener Bestand „Landstände" neben den Aktenüberlieferungen jedes einzelnen Landstandes[133]. Gleichzeitig wurde die Überlieferung der Regierungskanzlei nach Spuren durchsucht. Aufschlüsse geben darüber hinaus die Bestände des Domkapitels, die ebenfalls im Landesarchiv zu finden sind. Von besonderer Bedeutung sind hier verschiedene Visitationsberichte aus der Regierungszeit Ferdinands II. Da das Kapitelarchiv im frühen 19. Jahrhundert zu großen Teilen in das Münsteraner Staatsarchiv überführt wurde[134], verlief die Suche im Archiv des Erzbistums Paderborn weitgehend fruchtlos. Viele Einzelfunde ergeben sich darüber hinaus in den Archiven des Altertumsvereins und den Beständen der Erzbischöflichen Akademischen Bibliothek in Paderborn. Teilweise handelt es sich dabei allerdings um Parallelüberlieferungen zu staatlichen Archiven. Eine besonders aufschlussreiche Quelle sind zudem die edierten Tagebücher des Kaspar von Fürstenberg[135], eines Bruders des Paderborner Bischofs Dietrich IV. Der Jurist Kaspar stand als Rat in Paderborner, Kölner und Mainzer Diensten, nahm an Reichstagsverhandlungen teil und war Herzog der kurkölnischen Provinz Westfalen. In seiner Funktion als Amtmann von Bilstein hatte er zudem Erfahrung in jurisdiktionellen Geschäften[136]. Seine Aufzeichnungen sind für die gesamte westfälische Regionalgeschichte von Bedeutung und versprechen ein herausgehobenes, politisches wie juristisches Verständnis und staatsmännische Erfahrung ihres Verfassers. Allerdings führten seine herausgehobene Stellung und der Dienst für mehrere Landesherren zu Problemen: Er konnte nicht überall sein und daher an vielen Beratungen und Landtagen in Paderborn

133 Stichprobenartig – und erfolglos – verlief die Recherche in den Archiven der vormals landtagsfähigen Städte Paderborn, Warburg, Borgentreich und Brakel. Daneben erfolgte eine Anfrage an die Stadtarchive Willebadessen und Delbrück. Ebenfalls auf Stichproben beschränkt war eine Durchsicht der Beständeübersichten in wichtigen Adelsarchiven. Sie erfolgte in den Archiven der Familien zu Fürstenberg, von Westphalen, von Brenken, von Haxthausen, von Asseburg, von Wolff-Metternich, von und zur Mühlen.

134 Linneborn, Inventar des Archivs des Bischöflichen Generalvikariats zu Paderborn, Münster 1920, S. 3.

135 Lebte 1545–1618. Lebensbild bei Nordhoff, Fürstenberg, S. 245–246.

136 Theuerkauf, Kaspar v. Fürstenberg, S. 10.

mit dem Hinweis auf wichtigere Geschäfte, das schlechte Wetter oder Krankheit nicht teilnehmen. Darüber hinaus sind seine Eintragungen häufig wenig aufschlussreich. Oft liest man einfach, es sei in „wichtigen Dingen" Rat mit dem Bischof gehalten worden. Trotzdem geben seine Tagebücher Auskunft zu Stoßzeiten der Diskussion um das Paderborner Hofgericht. Es gibt Zeiträume, in denen sich die Einträge dazu verdichten.

Die aussagekräftigsten Schlüsse erlaubten mit Sicherheit die Überlieferungen des Hofgerichts selbst. Prozessakten, Urteils- und Protokollbücher ließen farbenfrohe Beschreibungen des Gerichtsalltags und sogar des gelebten Verfahrensrechts zu. Gerade diese Überlieferung ist aber besonders lückenhaft und ergibt keine aussagekräftigen Ergebnisse. Sie wurde daher nur ergänzend herangezogen. Zwar sind Protokollbücher des Gerichts üppig vorhanden. Die Überlieferung ist allerdings auf mehrere Archive verteilt[137], weist Lücken auf und setzt im Wesentlichen erst in den 1640er Jahren ein. Die Protokollbücher lassen zudem nur sehr begrenzte Aussagen zu, denn der Prozess vor dem Hofgericht lief größtenteils schriftlich ab. Protokollbucheinträge erschöpfen sich daher oft in dem Hinweis, dass ein Anwalt vor Gericht erschienen sei und einen bestimmten Schriftsatz überreicht habe. Urteilsbücher sind nur fragmentarisch für das 18. Jahrhundert erhalten[138] und lassen selbstverständlich keine Aussagen zum Prozessrecht und zu gerichtsverfassungsrechtlichen Problemstellungen zu. Eine primäre Überlieferung hofgerichtlicher Akten aus Paderborn gibt es gar nicht. Die Untersuchung ist also auf eine sekundäre Überlieferung des Aktenmaterials beschränkt. Dabei können Aktenabschriften zum einen bei den Prozessbeteiligten vermutet werden. Sie sind aber bestenfalls dann erhalten, wenn Rechtsstreitigkeiten von Adligen geführt wurden. Nur diese Personengruppe hatte ein mehr oder weniger funktionierendes Archivwesen. Entsprechende Ergebnisse wären jedoch völligen Zufälligkeiten ausgesetzt, was die Aussagekraft enorm schmälert. Zum anderen konnten geschlossene Aktenüberlieferungen bei einer Stichprobe in den wichtigsten und besterhaltenen Adelsarchiven nicht aufgefunden werden. Vielversprechend blieb daher zunächst die reichskammergerichtliche Überlieferung. Die frühneuzeitlichen Territorialgerichte hatten bei Rechtsmitteln gegen ihre Urteile die instanzgerichtlichen Akten abzuschreiben und dem Reichsgericht zu übersenden. Vielen Reichskammergerichtsakten liegen diese Aktenabschriften daher bis heute bei und erlauben einen Einblick in das territorialgerichtliche Verfahren. In den Beständen des Landesarchivs in Münster finden sich insgesamt 781 Akten des Reichskammergerichts, die als Vorinstanzen

137 AAV, Acta 22; AAV Acta 25; LAW Gerichte, Nr. 1–78.

138 LAW Gerichte, Nr. 14, 16, 25, 26, 52, 63, 75, 78.

Paderborner Gerichte aufweisen[139]. Nach dem in den 1960er Jahren von Günter Aders und Helmut Richtering bearbeiteten Beständeverzeichnis[140] war an 157 dieser Prozesse das Paderborner Hofgericht als erstinstanzliches und an weiteren 27 Prozessen als zweitinstanzliches Gericht beteiligt. Von diesen 184 Akten betreffen allerdings nur 125 Akten den hier betrachteten Zeitraum bis 1720[141]. Die erste in der Beständeübersicht erwähnte Verfahrensakte stammt aus der Zeit um 1565; die letzte stammt aus der Zeit um 1798. Nun wären 125 Prozessakten eine beachtliche Quellengrundlage, um eine Forschungsarbeit zum Rechtsalltag am Paderborner Hofgericht zu schreiben. Allerdings sind nicht in jedem dieser Vorgänge auch die vorinstanzlichen Akten des Hofgerichts überliefert. Schon nach der Beständeübersicht ist dies nur in etwa zwei Dritteln der Prozesse der Fall. Aber selbst wenn nach der Übersicht eine Reichskammergerichtsakte die vorinstanzlichen Unterlagen einzuschließen scheint, muss dies nicht in einem Umfang der Fall sein, der eine verlässliche Quellenarbeit erlaubte. Im Gegenteil: Häufig sind nur einzelne Blätter oder wenige Teile der hofgerichtlichen Akten überliefert, die zudem vereinzelt schlecht lesbar oder unzureichend erhalten sind. Besteht die Überlieferung dann nur aus Protokollabschriften, hilft auch dieses Aktenmaterial nicht weiter. Betrachtet man schließlich noch den langen Untersuchungszeitraum, wird deutlich, dass sich anhand der Prozessakten kaum erhebliche Daten auswerten lassen, die eine Aussage über die Arbeit des Hofgerichts erlauben. Prozessakten wurden daher lediglich ergänzend hinzugezogen, wo Stichproben erwähnenswertes Archivmaterial zutage förderten. Dabei erweist sich wieder einmal, dass die reichskammergerichtliche Überlieferung auch über das rechtshistorische Interesse hinaus eine Fundgrube für die Regionalgeschichte ist[142].

---

139 Diestelkamp, Rechtsleben des Heiligen Römischen Reichs, S. 16 bemerkt, unter anderem das Fürstbistum Paderborn sei im 16. Jahrhundert zu einem der Hauptlieferanten von Appellationen an das Reichskammergericht geworden.

140 Die Qualität des Beständeverzeichnisses ist dürftig. Es finden sich viele Fehler und Ungenauigkeiten, die die Aussagekraft des hier wiedergegebenen Zahlenmaterials durchaus schmälern.

141 Nicht berücksichtigt sind dabei die Akten, die in der Beständeübersicht ohne Jahresangabe verzeichnet sind.

142 Dies bemerken bereits Diestelkamp, Reichskammergerichtsprozesse, S. 103; Westphal/Ehrenpreis, Stand und Tendenzen, S. 6f. Vgl. beispielhaft auch Süss, Beneficium, passim. Als Beispiel seien die auch wegen § 51 JRA häufig als Beweismittel zur Gerichtsakte gereichten Karten und Abrisse genannt, die oftmals die einzige geographische Quelle vor Entstehung des Katasterwesens darstellen; vgl. dazu Recker, Karten, passim.

3. Methodisches Vorgehen und methodische Probleme

Ziel der Arbeit ist die Darstellung von Geschichte, Rechtsgrundlagen und Verfahrensrecht des Paderborner Hofgerichts vornehmlich im 17. Jahrhundert. Damit soll ein Beitrag sowohl zur Erforschung des Zivilprozessrechts als auch der territorialen Justizverfassung im Alten Reich geleistet werden. Die Arbeit möchte auch denjenigen Leser ansprechen, der sich nicht eigentlich für die Paderborner Landesgeschichte oder Zivilprozessrechtspflege interessiert, sondern der in den Ausführungen Hilfestellungen bei der Analyse frühneuzeitlicher Prozessrechtsquellen sucht. Das komplizierte und formalisierte Prozessrecht dürfte auf viele Historiker zunächst abschreckend wirken[143], so dass der breite Quellenfundus, den die überlieferten Prozessakten versprechen, einem großen Publikum verschlossen bleibt. Rechts- wie landeshistorisches Erkenntnispotenzial bleibt ungenutzt. Das gilt in besonders hohem Maße für Prozessakten, die zivilrechtliche Streitigkeiten zum Gegenstand haben[144]. Die enge Verbindung zwischen territorialem und Reichsprozess verspricht einen breiten Nutzen selbst der Paderborner Quellen. Diese Verbindung zwischen Reichs- und Territorialebene ist aber beileibe nicht nur Chance, sondern auch Risiko und methodisches Problem, das viele Forschungsarbeiten zur territorialen Gerichtsbarkeit nicht erkennen.

Nachdem Forschungsstand und Quellenlage zum Paderborner Hofgericht skizziert sind, ist klar, dass die drei Hofgerichtsordnungen das Grundgerüst der Arbeit bilden werden. Kern des Textes sind daher eine Quellenexegese der Ordnung von 1619 und die weitere Entwicklung durch die nachfolgenden Ordnungen von 1666 und 1720. Die Auslegung dieser normativen Texte kann dabei nur vor einem Verständnishorizont erfolgen, der durch den Kameralprozess und andere territoriale Prozessordnungen vorgeprägt ist. Mithilfe dieses Vorverständnisses gelingt es einerseits erst, die wenig selbsterklärenden Texte aus Paderborn überhaupt irgendwie einordnen zu können. Wo sonst sollte man Begriffe wie *litis contestatio* oder *Diffamation*, *Assessor* oder *Mandat* herleiten, wenn uns nicht der Reichsprozess eine Vorstellung davon vermittelte, was mit den Rechtsfiguren und Gerichtspersonen gemeint sein könnte? Andererseits bestehen zwei Gefahren. Zum einen drohen Besonderheiten der territorialen Rechtspflege unterzugehen, wo ein einseitiger Blick

143 Schwerhoff, Kriminalitätsforschung, S. 73 bezeichnet Zivilakten als Quellenmaterial mit „hohen Zugangshürden"; Oestmann, Zivilprozeß, S. 3 meint, „um die auf den ersten Blick sperrigen Zivilprozeßakten […] haben auch editionsfreudige Regionalhistoriker bisher einen Bogen geschlagen".

144 Nicht umsonst bemerkt Amend-Traut, Zivilverfahren, S. 126–134 ein besonderes Forschungsdesiderat in reichskammergerichtlichen Zivilverfahren; vgl. auch Thauer, Gerichtspraxis, S. 22.

das Quellenmaterial in vorgegebene Deutungsschemata presst. Angesichts der schon von den Zeitgenossen betonten großen Ähnlichkeit der territorialen Hofgerichte mit dem Reichskammergericht[145] sowie der jeweiligen Verfahrensrechte[146] dürfte dieses Problem nicht allzu schwer wiegen, solange man den Blick für Abweichungen nicht verschließt. Problematischer dürfte sein, dass auch die reichsrechtlichen Vorbilder, an denen sich die Exegese orientieren wird, noch nicht so weit erforscht sind, dass eine Grundlage für einen bedenkenlosen Vergleich geschaffen wäre. Zwar existieren grundlegende Vorarbeiten etwa zum Kameralprozess bis in das Jahr 1555[147] sowie zu einzelnen prozessrechtlichen Figuren und Personen[148]. Gerade für das 17. Jahrhundert ist die Forschungslage aber dürftig und das, obwohl mit dem Jüngsten Reichsabschied eines der wichtigsten Prozessgesetze überhaupt in diese Epoche fällt. Die Bearbeitung wird daher die reichsrechtlichen Entwicklungen nicht aus dem Blick lassen dürfen und insbesondere den Verhandlungen vor dem Regensburger Reichstag 1654 Beachtung schenken. Sie wird zudem bemüht sein, eine kritische Distanz zu vorgegebenen Erkenntnissen der Justizgeschichte zu wahren.

Bemerkt sei noch ein weiteres Problem: Vergleiche mit dem Reichsprozessrecht sind auch deshalb schwierig, weil auf Reichsebene verschiedene Kategorien verschwimmen, die in der Rückschau nur schwer zu entwirren sind. Begriffe wie *gemeines Prozessrecht, Reichsprozessrecht* oder *Kameralprozessrecht* sind nicht besonders bedeutungsscharf und können völlig unterschiedliche Rechtsmassen meinen[149]. So meint man mit dem Begriff *Kameralprozess* regelmäßig den Prozess am Reichskammergericht. Dieses spezielle Prozessrecht ist nicht ohne Weiteres mit dem Reichsprozessrecht gleichzusetzen. Dabei ist unklar, ob die Kammergerichtsordnungen überhaupt eine Quelle des Reichsprozessrechts sein konnten. Vollständig undeutlich ist häufig die Verwendung des Begriffs *gemeiner Prozess.* Damit kann der römisch-kanonische Zivilprozess des Mittelalters, das gelehrte, „universale" Prozessrecht der Frühen Neuzeit oder in einem sehr engen Verständnis sogar nur das unkodifizierte gelehrte deutsche Prozessrecht des 19. Jahrhunderts gemeint sein. Über Wechselwirkungen, Hierarchien und Subsidiaritäten waren sich selbst die Zeitgenossen nicht einig. In Forschungsarbeiten gehen die Begriffe mitunter durcheinander. Eng mit den begrifflichen Ungewissheiten ist ein Quellenproblem

---

145 Rudloff, Aehnlichkeit, passim.

146 Sieber, Nutzbarkeit, passim.

147 Grundlegend Dick, Kameralprozess, passim; mit dem Jüngsten Reichsabschied als Quelle arbeitete allerdings auch schon Wiggenhorn, Reichskammergerichtsprozeß, passim.

148 Es sei hier wegen der Vielzahl auf die Literaturnachweise in den folgenden Kapiteln verwiesen.

149 Vgl. zum Folgenden aus der Perspektive des 19. Jahrhunderts Haferkamp, Fortwirkungen, S. 293–300.

in vielen Forschungsarbeiten insbesondere des 19. Jahrhunderts verbunden: Da viele Autoren versucht waren, ein System des Zivilprozessrechts zu konstruieren, das einer Kontinuität, einer Entwicklung aus den römischen Quellen bis zur ZPO folgte, ebneten sie die Rechtsmassen fast vollständig ein. Gerichtsordnungen des 16. Jahrhunderts standen in den Fußnotenapparaten neben Nachweisen aus der Kommentarliteratur des Hochmittelalters, territorialen Rechtsquellen des 19. Jahrhunderts und Autoren des *Usus modernus*[150]. Begriffliche Kontinuitäten setzen aber keine inhaltliche Gleichförmigkeit voraus[151]. Mit der *litis contestatio* des römischen Rechts kann also ein wesentlich anderes Phänomen gemeint sein als mit der *litis contestatio* im Kameralprozess oder einem territorialen Prozessrecht des 19. Jahrhunderts. Eine Normexegese muss das methodische Problem berücksichtigen. Davor zurückzuschrecken braucht sie nicht.

Der stark normativ geprägte Ansatz der Arbeit mag Anlass zur Kritik geben. Denn durch die normativen Quellen erfahren wir nichts über den Prozessalltag am Paderborner Hofgericht. Ein solcher Einwand ist selbstverständlich gerechtfertigt. Abgesehen von den Präambeln frühneuzeitlicher Verordnungen, die auch auf tatsächliches Geschehen Bezug nahmen, beschreiben Gesetze eben nur ein *Sollen* und kein *Sein*. Das ist aber auch nicht Ziel der Arbeit. Sie soll einen Beitrag zum Zivilprozessrecht des 17. Jahrhunderts leisten und Verbindungslinien zum Reichsrecht und dem Recht anderer Territorien aufzeigen. Wo ausreichende Quellen des Rechtsalltags fehlen, ist eben nur eine Normexegese möglich.

Wichtiger Bestandteil der exegetischen Arbeit soll im Übrigen die Edition des Quellenmaterials, also der drei Hofgerichtsordnungen, sein. Editionen sind kein Selbstzweck. Sie sollen Quellen einer breiteren Öffentlichkeit zugänglich machen. Man erhofft sich davon, künftige Forschungen an und mit den Quellen zu ermöglichen oder zumindest zu erleichtern. Die Edition frühneuzeitlicher Rechtsquellen – zumal aus den Territorien – ist ein leider vernachlässigtes Arbeitsgebiet. Der Schwerpunkt der rechtshistorischen Forschung lag in den vergangenen Jahrzehnten verstärkt auf Reichs- und übernationaler Ebene, während regionale Rechtsgeschichte „auf die dritte Ebene“ gerutscht ist[152]. Schlossen sich in der ersten Hälfte des 19. Jahrhunderts noch viele Interessierte zum Zweck der Erforschung regionaler Geschichte zu zahlreichen Geschichtsvereinen zusammen, verschob sich der Fokus des Interesses mit dem Zeitgeist um die Jahrhundertwende. Wurden im 19. Jahrhundert insbesondere regionale Quellen ediert, ging die Editionstätigkeit im 20. Jahrhundert stark zurück. Das ist bedauerlich, denn über ein

150 Eine ähnliche Beobachtung macht Oestmann, Rechtsverweigerung, S. 56.

151 Sehr schön formuliert für Prozessrechtsfiguren bei Sartorius, Contumacia, S. 35, der den Vorgang für „der Rechtsgeschichte eigen“ hält.

152 So der Befund und die Formulierung bei Depping, Regionale Rechtsgeschichte, S. 297.

regionalhistorisches Interesse hinaus kann die Landesgeschichte einen wichtigen Beitrag zur Erforschung der Rechtslandschaft des Alten Reiches leisten, wie auch umgekehrt das Reich und seine Institutionen in der Landesgeschichte nicht unberücksichtigt bleiben können[153]. Editionen spielen dabei eine herausragende Rolle. Die Verbreiterung der Quellenbasis muss daher wieder zu einem Hauptanliegen der (regionalen) rechtshistorischen Forschung werden.

153 SCHENK, Reichsgeschichte, S. 114 betont die Chancen der reichsgeschichtlichen Perspektiven für die Landesgeschichte. Das Justizwesen in Paderborn betreffend stellt er verwundert fest, dass die gängigen Handbücher die Gerichtsverfassung am Paderborner Hofgericht enden lassen, „gerade so, als sei der Instanzenzug auf Ebene des Paderborner Hofgerichts bereits zu Ende gewesen".

B. Hauptteil

I. Hofgerichte

Hofgerichte waren eine reichsweite, geradezu universale Erscheinung. Diese Institution lässt sich daher sehr gut in einen überregionalen Kontext einordnen. In vielen deutschen Ländern existierten Einrichtungen, die als „Hofgerichte" bezeichnet wurden[154]. Gelegentlich führten sie Namenszusätze, die entweder auf eine besondere (hierarchische) Stellung in der Gerichtsverfassung hinweisen, etwa beim Leipziger Oberhofgericht[155], oder eine Einschränkung ihres Zuständigkeitsbereiches nahelegen. Letzteres ist etwa der Fall, wenn Quellen aus geistlichen Territorien vom *geistlichen Hofgericht* als Synonym für *Offizialat* in Abgrenzung zum *weltlichen Hofgericht* erzählen[156]. Begrifflich ist eine Verbindung zwischen der Gerichtsinstitution und dem Herrscherhof offensichtlich. Das gilt nicht nur für den deutschen Begriff, sondern ebenso für den englischen *court* und die französische *cour*. Im Gegensatz zum deutschen *Hof* haben die englischen und französischen Begriffe bis heute in den allgemeinen Sprachgebrauch Eingang gefunden und stehen ganz allgemein für ein Gericht, während sich der Namensbestandteil *-hof* in der deutschen Rechtssprache nur noch bei Obergerichten – etwa dem Bundesgerichtshof, dem Bundesfinanzhof oder den Verwaltungsgerichtshöfen einiger Länder – wiederfindet.

Die begriffliche Verbindung von Herrscherhof und -gericht ist kein Zufall. Der Herrscherhof ist in der Frühen Neuzeit vielfach noch die größte Verwaltungsinstitution – im Reich wie in den Territorien[157]. Auf Reichs- und auf Territorialebene entwickelten sich Hofgerichte aus der eigenen Richtertätigkeit des Herrschers, die sich in zwei Richtungen, räumlich wie personell, verstetigte. Der Landesherr hatte im mittelalterlichen Territorium, ebenso wie der König im Reich, die Gerichtsbarkeit selbst und vor Ort wahrgenommen[158]. Man kann sagen, dass die weltliche Regierung seines Territoriums „den Charakter des Gerichts an sich"[159] trug. Denn

154 Einen (bei Weitem unvollständigen) Überblick liefert Weitzel, Strukturierte Gerichtsverfassung, S. 335–339.

155 Vgl. dazu Lück, Gerichtsverfassung, S. 120 ff.

156 Als Beispiel sei das Münsteraner Offizialat erwähnt, vgl. Oestmann, Geistliche Gerichte, S. 41 ff.

157 Willoweit, Allgemeine Merkmale, S. 300 f.

158 Blell, Hofgericht, Sp. 207; Rosenthal, Gerichtswesen I, S. 109; Döhring, Rechtspflege, S. 3; Willoweit, Spätmittelalterliche Landesherrschaft, S. 114; Schubert, Fürstliche Herrschaft, S. 67; Lotterer, Gegenreformation, S. 67.

159 Spangenberg, Reichskammergericht, S. 265.

das Gericht war in einer Zeit sehr geringer normativer Durchdringung und administrativer Vernetzung des Landes nicht nur der Ort, an dem Rechtsstreitigkeiten geschlichtet, sondern Exempel, Ge- und Verbote aufgestellt, Abgaben eingezogen und Lehnsverhältnisse geklärt wurden. Einen breiten Raum nahmen auch Akte der freiwilligen Gerichtsbarkeit ein[160]. Der Landesherr bereiste sein Land und hielt an verschiedenen Orten Gericht. Sein Hofgericht wurde dabei zur Entscheidung eines Streits ad hoc aus den anwesenden Vornehmen seines Hofes zusammengestellt[161]; er selbst übte den Vorsitz aus, enthielt sich aber der Urteilsfindung. Daneben konnte er jede Rechtsstreitigkeit jederzeit an sich ziehen und aus seiner Machtvollkommenheit auf den Rat seiner Vertrauten hin entscheiden[162]. Die Forschung bezeichnet diese Form der höfischen Rechtsprechung für gewöhnlich als Hofgericht *älteren Typs* oder Hofgericht *im weiteren Sinne*[163]. In Abgrenzung dazu spricht man vom Hofgericht *neueren Typs* angesichts einer räumlichen und personellen Verstetigung der rechtsprechenden Tätigkeit am Hof. Der Landesherr bereiste sein Land nicht mehr, vielleicht, weil es mit zunehmender Stabilisierung seiner Landesherrschaft nicht mehr notwendig war, vor Ort präsent zu sein, vielleicht, weil zunehmende wirtschaftliche und demographische Entfaltung es nicht mehr möglich machten, alle Rechtsstreitigkeiten lokal zu entscheiden. Die Rechtsprechung wurde wie andere Herrscheraufgaben im 15. Jahrhundert zunehmend institutionalisiert[164]. Der Landesherr übertrug diese Aufgabe an vertraute Räte in seiner Umgebung, die adelig oder schon juristisch gelehrt sein konnten, damit diese in seinem Namen Recht sprachen, wenn er nicht selbst tätig wurde[165]. Manche Territorien betreffend steht der Forschungs- aber auch der Quellenbegriff Hofgericht daher für nichts anderes als die rechtsprechende Tätigkeit der (gelehrten) Räte des Ratskollegiums oder der landesherrlichen Kanzlei[166]. In zunehmendem Maße differenzierten sich die Arbeitsfelder des Rates und entwickelte sich eine besondere Verfahrensform mit festen Sitzungsterminen und einer eigenen Geschäftsordnung für die „Parteisachen", die die Rechtshändel von der übrigen Tätigkeit des Rates unterschied[167].

160 Vgl. Lück, Gericht, Sp. 137 f.; ders., Gerichtsverfassung, S. 6.

161 Blell, Hofgericht, Sp. 207; Döhring, Rechtspflege, S. 3; Rosenthal, Gerichtswesen, S. 113.

162 Diestelkamp, Rechtsmittelinstanz, S. 18; Oestmann, Hofgerichtsbarkeit, S. 162; Spangenberg, Reichskammergericht, S. 269.

163 Oestmann, Hofgerichte, Sp. 1087.

164 Schubert, Fürstliche Herrschaft, S. 70.

165 Oestmann, Hofgerichte, Sp. 1089; Blell, Hofgericht, Sp. 207; Willoweit, Spätmittelalterliche Landesherrschaft, S. 115; Döhring, Rechtspflege, S. 4.

166 Stölzel, Gelehrtes Richterthum I, S. 254 f.

167 Die Paderborner Kanzlei betreffend wird erstmals in der Kanzleiordnung von 1622 in § 3 ausdrücklich zwischen Partei- und Regierungssachen unterschieden. Vgl. die Edition bei

Dieses Merkmal unterstreicht Peter Oestmann als eigentliches Differenzierungskriterium zwischen Hofgerichten älteren und neueren Typs[168].

Daneben gab es in vielen Territorien die Tendenz, ein besonderes weiteres Zentralgericht zu schaffen. Die Quellen bezeichnen diese Einrichtung häufig ebenfalls als Hofgericht. Es gibt keine zusammenfassende Forschung zu den Motiven für die Gründung dieser Hofgerichte. Oft ist zu lesen, das Streben nach Appellationsprivilegien habe die Landesherren angeregt, besondere Behörden einzurichten, die dem Reichskammergericht nachgebildet waren[169]. In der Tat ist der Zusammenhang zwischen der Appellation und ihren Privilegien einerseits und der Ausdifferenzierung der territorialen Gerichtsverfassung andererseits häufiger betont worden[170]. Auch lässt sich nachvollziehen, dass die Reform des Justizwesens durchaus als Prestigeprojekt eines Landesherrn verstanden werden kann[171]. Besondere Hofgerichte existieren aber auch in Territorien, die ein Appellationsprivileg nie erhalten haben[172], während andererseits Appellationsprivilegien an Reichsstände verliehen wurden, die keinen zweigliedrigen Gerichtsaufbau aufwiesen, wie ein Blick auf die zahlreichen Privilegien an (Reichs-)Städte beweist. Diestelkamp sieht daneben eine „subtilere Interdependenz" zwischen Reichskammergericht und territorialen Strukturreformen in einer „personellen Osmose"[173]. Gelehrte Juristen nahmen ihre Kenntnisse und Erkenntnisse beim Wechsel des Dienstherrn häufig mit, was insbesondere für die Referendare, Praktikanten und Assessoren des Reichskammergerichts gegolten haben soll. Dieser Erklärungsansatz überzeugt sicherlich. Eine Begründung dafür, warum neue Gerichtsinstitutionen geschaffen wurden, liefert er aber nicht. Gelegentlich wird der Vormarsch des römischen Rechts als Grund für die Einrichtung von Hofgerichten erwähnt[174], was allerdings die Kategorien von Ursache und Wirkung vertauscht und deshalb nicht überzeugt, auch weil sich zunehmend studierte Personen auch in den fürstlichen Ratskollegien wiederfanden. Schließlich wird daneben der Einfluss der Landstände für die Bildung

Süss, Kanzleiordnungen, S. 337.

168 Oestmann, Hofgerichte, Sp. 1089.

169 Wieacker, Privatrechtsgeschichte, S. 177 f.; Oestmann, Hofgerichtsbarkeit, S. 165.

170 Eisenhardt, Privilegia, S. 54 f.; Weitzel, Strukturierte Gerichtsverfassung, S. 339 ff.

171 Schon Stölzel, Gelehrtes Richterthum I, S. 249 formulierte, dass jeder Landesherr bestrebt gewesen sein soll, den kaiserlichen Hof möglichst getreu zu kopieren. Diese Aussage bezieht sich aber wohl eher auf das Hofgericht im Sinne einer ständig rechtsprechenden Ratsbehörde.

172 Das Fürstbistum Paderborn ist dafür gerade ein Beispiel. Freilich widerlegt dieses Argument nicht, dass das Streben nach einem solchen Privileg die Gründung des Hofgerichts beeinflusst haben kann.

173 Diestelkamp, Reichskammergericht im Rechtsleben, S. 229 ff.

174 Duchhardt, Verfassungsgeschichte, S. 57.

von Hofgerichten hervorgehoben[175], mitunter sogar behauptet, die Einrichtung von Hofgerichten sei ein Zugeständnis an den Adel gewesen, ein Versuch über die Übermacht der Kanzleien hinwegzutäuschen[176]. Auch dieses Motiv mag für einige Territorien überzeugen, es ist aber sicher kein allgemeingültiger Erklärungsansatz. Gerade in geistlichen Territorien wie dem Fürstbistum Paderborn hatten die Landstände, allen voran das Domkapitel, enormen Einfluss auf die Landesverwaltung und die Stellenbesetzung der Zentralbehörden[177]. Sie bildeten eine Elite, aus der sich der Landesherr bei der Zusammensetzung seines Rats bedienen musste. Anders formuliert: Der Einfluss der Landstände auf die existierenden Rechtsprechungsorgane darf mitunter als so groß angesehen werden, dass ihr Streben nach der Einrichtung weiterer Behörden nicht ohne Weiteres nachzuvollziehen wäre. Etwa aus den Verhandlungen über die Errichtung eines Hofgerichts in der Grafschaft Lippe ist bekannt, dass die Stände die finanziellen Lasten eines weiteren Gerichts durchaus scheuten, mit der bisherigen Rechtsprechung zufrieden waren und ein Hofgericht daher für überflüssig erachteten[178]. Hinzukommt ein weiterer Gedanke, der die Erklärungsmuster ein Stück weit unvollkommen macht: Studierte Juristen gab es nicht im Überfluss und sie ließen sich ihre Arbeit bezahlen. Das führte gerade in den kleineren Territorien des Reiches zu Ämterkulmulationen, so dass dieselben Personen gleichzeitig Richter und Rat sein konnten[179].

Häufig traten die neuen Hofgerichte in der Folge in Konkurrenz zur Rechtsprechung des Rates[180]. Auch hier wird zur Erklärung meist auf den Interessengegensatz zwischen ständisch geprägtem Hofgericht und landesherrlich dominiertem Rat verwiesen, der den Fürsten veranlasst haben soll, seine alten Behörden jurisdiktionell zu reaktivieren[181]. Wenn der Herrscher sich schließlich vorbehielt, in Rechtsprechungsangelegenheiten „das letzte Wort" zu behalten und auf Suppliken seiner Untertanen Rechtssachen notfalls selbst zu entscheiden, entsteht in der Rückschau leicht der Eindruck eines Kompetenzwirrwarrs, der noch dadurch verstärkt wird, dass bestimmte Streitgegenstände eigenen landesherrlichen Behörden, etwa den Hofkammern, zugewiesen waren[182].

---

175 Oestmann, Hofgerichte, Sp. 1090; Döhring, Rechtspflege, S. 4.

176 Stölzel, Gelehrtes Richterthum I, S. 254.

177 Droege, Westfälische Gebiete, S. 731; vgl. zum Einfluss der Domkapitel allgemein: Christ, Selbstverständnis, S. 281 ff.; Becker, Senatus episcopi, S. 45 ff.; von Oer, Verfassungen, passim.

178 Miele, Hofgericht, S. 42.

179 Stölzel, Gelehrtes Richterthum I, S. 248; Duchhardt, Verfassungsgeschichte, S. 57.

180 Wieacker, Privatrechtsgeschichte, S. 179; Kroeschell/Cordes/Nehlsen-von Stryk, Deutsche Rechtsgeschichte, S. 209.

181 Oestmann, Hofgerichtsbarkeit, S. 165.

182 Vgl. Willoweit, Allgemeine Merkmale, S. 330 ff.; ders., Verfassungsgeschichte, S. 119.

Die skizzenhafte Einordnung des Forschungsgegenstandes in einen überregionalen Kontext sollte eines verdeutlichen: Hofgerichte mag es in fast allen deutschen Territorien gegeben haben. Bei allen strukturellen Ähnlichkeiten verbietet sich aber ein vorschneller Rückschluss bei der Erforschung der Behördenverfassung eines Landes aus bekannten Deutungsschemata[183]. Inhaltliche Ausgestaltung, Zuständigkeiten und personelle Besetzung der jeweiligen Landesbehörden dürften so vielseitig gewesen sein, wie die Motive, die zur Errichtung der Hofgerichte geführt haben. Wenn im Folgenden vom Hofgericht des Fürstbistums Paderborn gesprochen wird, so ist damit das weltliche[184] Obergericht des Bistums gemeint, das als ausschließlich rechtsprechende Behörde vom Rat des Bischofs, seiner Kanzlei oder Regierung zu unterscheiden ist.

II. Die Anfänge des Hofgerichts in Paderborn

1. Die Ausgangslage im 16. Jahrhundert

Es steht außer Frage, dass in Paderborn, ebenso wie andernorts, der Bischof lange vor dem 16. Jahrhundert in seiner Funktion als geistlicher und weltlicher Herr Recht gesprochen und sich dabei des Ratschlags herausgehobener Personen bedient hat. Ein Hofgericht „älteren Typs“ hat es also seit unbestimmter Zeit gegeben. Genauere Untersuchungen zur Entwicklung dieser Rätegerichtsbarkeit fehlen aber bis heute. Teilweise wurde behauptet, eine eigentliche Gerichtshoheit des Bischofs habe es selbst im 15. und 16. Jahrhundert nicht gegeben, sondern der Gerichtszwang des Bischofs habe sich ausschließlich aus freiwilliger Unterwerfung ergeben[185]; Bischof und Räte sollen also zwischen den unmittelbar Unterworfenen nur Schiedsrichter gewesen sein[186]. Eine Überprüfung dieser Thesen ist für die Zeit des hohen und späten Mittelalters an dieser Stelle nicht möglich. Die Tätigkeit des Fürstengerichts als Austrägalgericht, also als Schiedsgericht zwischen Standesgleichen, wäre nicht ungewöhnlich. Es spräche aber für eine bemerkenswerte Entwicklungsverzögerung, wenn es bis in das 16. Jahrhundert noch an jeder Gerichtsunterworfenheit gefehlt haben sollte. Die Behauptung ist daher sehr zweifelhaft, was letztlich auch die weiteren Ausführungen beweisen werden.

183 Vgl. Süss, Kanzleiordnungen, S. 332 und Rosenthal, Gerichtswesen, S. 115.

184 Das Paderborner Offizialat wurde als geistliches Hofgericht bezeichnet. Seine Entstehung, Rechtsprechung und Verfassung ist kaum im Ansatz erforscht. Vgl. aber Droste, Bischöfliche Behörde, passim; Brandt/Hengst, Geistliche Zentralbehörden, passim; Kalde, Wiederherstellung, passim.

185 Aubin, Verwaltungsorganisation, S. 79.

186 Aubin, Verwaltungsorganisation, S. 75.

Anhand der reichskammergerichtlichen Überlieferung kann aber die rechtsprechende Tätigkeit des Bischofs zumindest für die zweite Hälfte des 16. Jahrhunderts nachvollzogen werden. In den entsprechenden Repertorien taucht ein Hofgericht als erste Instanz zwar erst ab 1588 auf, zweitinstanzliche Akten des bischöflichen Gerichts in Paderborn existieren aber seit den 1550er Jahren. Es ist hierbei aber davon auszugehen, dass entweder die Beständeübersicht ungenau oder der Quellenbegriff „Hofgericht" unscharf ist und allgemein für die Rechtsprechung fürstlicher Räte gebraucht wird[187]. Die Prozessakten werden daher im Folgenden genauer betrachtet.

Soweit ersichtlich, ist das Hofgericht in drei frühen Verfahren als Vorinstanz des Reichskammergerichts tätig geworden. Im ersten klagte Konrad Klocke aus Brakel wegen eines Grundstücks gegen die Höxteraner Bürger Johann und Balthasar Kremer[188]. Der Rechtsstreit war wohl zunächst vor dem Gogericht zu Brakel anhängig. Über das Hofgericht gelangte das Verfahren später zum Reichskammergericht. Vorinstanzliche Unterlagen sind in dieser Prozessakte nicht enthalten. Im Appellationslibell Klockes ist aber die Rede davon, er sei vormals „von statthaltere unndt Räedenn deß fürstlichen Paderbornischen Hoffgerichts zum Neuenhauße"[189] geladen worden. Verhandelt wurde in Paderborn also offenbar vor den Räten des Bischofs, seiner Regierung. In einem weiteren Prozess stritten sich Warburger Bürger, teilweise Verwandte, ebenfalls um ein Grundstück[190], und zwar zunächst vor dem Gogericht Warburg und in der Folge vor dem Paderborner Hofgericht und dem Reichskammergericht. Die Akte enthält ausschließlich die vorinstanzlichen Schriftstücke aus Paderborn. Von einem Hofgericht ist hier nirgendwo die Rede. Sämtliche Parteischriften sind an Bischof Rembert (von Kerssenbrock, reg. 1547–1568)[191] persönlich gerichtet. Im Namen des Bischofs ergeht auch eine Ladung „für Unß oder Unseren darzu verordneten Rethen" in das „Cloister abdinckhoiff binnen Unser Stadt Paderborn"[192]. Auch diese Formulierung ist eindeutig. Ein ähnliches Bild ergibt sich im dritten Verfahren. Auch hier ging es wieder um Grundstücke, diesmal allerdings um deren Herausgabe aus einem Pfandversprechen. Die Hofgeismarer Brüder Georg und Heinrich Ludwig verklagten den Geseker Bürgermeister Johann Schlaun und den Geseker Bürger Johann Grote auf Einlösung vor dem Freistuhlgericht zu Stalpe und später dem Hofgericht, dem Werler Offizial und schließlich am Reichskammergericht. Die Paderborner Vorakte ist erhalten.

187 Vgl. zum Folgenden auch Lotterer, Gegenreformation, S. 70 ff.

188 LAW RKG, K 953.

189 LAW RKG, K 953, Bl. 14r; vgl. auch Bl. 4r und Bl. 9r.

190 LAW RKG, F 718.

191 Lebensbild bei Brandt/Hengst, Bischöfe, S. 201–205.

192 LAW RKG, F 718, Bl. 41r.

Wieder richteten sich die Parteischriften an den Bischof, der im eigenen Namen vor sich oder seine Räte und Diener lud[193], die mit ihm zeitweise vor der Pest in Neuhaus auf die Sommerresidenz nach Dringenberg ausweichen mussten[194].

Diese drei Verfahren zeigen, dass mit dem Begriff „Hofgericht" in den Verzeichnissen des Reichskammergerichts kein Gericht mit gefestigten Strukturen gemeint sein muss. Das Wort ist unscharf und eher Synonym für die Rechtsprechung des fürstlichen Rates. Allein anhand dieser Quellen ist es schwierig, einen exakten Zeitpunkt zu bestimmen, ab dem die landesherrliche Gerichtsbarkeit soweit institutionalisiert und organisiert worden war, dass man von einem ständigen landesherrlichen Gericht sprechen kann. Eindeutige Quellen, wie beispielsweise eine Denkschrift oder Chronik, gibt es nicht. Es bleibt also lediglich die mühevolle Suche in den Archiven nach den Überbleibseln einer Diskussion um die Einrichtung einer zentralen Gerichtsbehörde. Wie eingangs angekündigt, konzentriert sich die Suche auf „politische Quellen", also etwa die Protokolle des Landtages und der Sitzungen des Domkapitels. Auch Regierungsordnungen und Wahlkapitulationen geben Anhaltspunkte für die Diskussion. Schließlich sind die Tagebücher des Juristen Kaspar von Fürstenberg für die schwierige Diskussion um die Einrichtung eines festen landesherrlichen Gerichts dienlich.

Zunächst ein Blick auf die spärlichen Annahmen, die die Forschungsliteratur bislang bestimmen: Dort ging man überwiegend davon aus, der Ursprung des Hofgerichtes habe bereits in der Regierungszeit Johanns II. (von Hoya, reg. 1568–1574)[195], Bischof von Münster und Administrator der Stifte Paderborn und Osnabrück, gelegen[196]. Der vormalige Präsident des Reichskammergerichts ist der Landesgeschichte als Reformer des Justizwesens im Stift Münster bekannt[197]. Nach den erfolgreichen Justizreformen dort[198] habe er 1569 auch in Paderborn eine Hofgerichtsordnung erlassen, die in der Literatur mitunter, ohne Verweis auf Archivalien oder sonstige Belegstellen, sogar als „besonders bedeutsam[e]" Rechtsquelle bezeichnet wurde[199].

193 LAW RKG, L 893, Bl. 27v.

194 LAW RKG, L 893, Bl. 8v.

195 Lebensbild bei Brandt/Hengst, Bischöfe, S. 206–211.

196 Bessen, Bisthum, S. 68; Rosenkranz, Verfassung, S. 136; Brandt/Hengst, Bistum, S. 91; Jacobs, Landstände, S. 95 sieht den Beginn gar „zu Beginn des 16. Jahrhunderts" – freilich ohne Beleg.

197 Kloosterhuis, Johann von Hoya, S. 85–108; Jacobi, Reformer, S. 144–147; Die Reform des Gerichtswesens im Hochstift Münster beschreibt Schumacher, Rechtssystem, passim.

198 Erste Ordnungsentwürfe für Münster legte ein von Johann eingesetzter Ausschuss bereits 1569 dem Landtag zur Genehmigung vor; vgl. Kloosterhuis, Johann von Hoya, S. 92. Die neuen Gerichtsordnungen traten dort 1571 in Kraft.

199 Vgl. Wessel, Strafrecht, S. 10. Diese Annahme ist völlig haltlos, wie die weitere Untersuchung zeigen wird.

Mit dem Jahr 1582 geistert eine weitere Jahreszahl durch die Literatur, die für die Einrichtung eines beständigen Gerichts wichtig gewesen sein soll – freilich wiederum ohne die Angabe von Belegstellen[200]. Dieses Jahr fällt in die Zeit des lutherischen Bischofs Heinrich IV. (von Sachsen-Lauenburg, reg. 1577–1585)[201]. Nähere Angaben dazu, warum das Jahr 1582 für die Geschichte des Hofgerichts eine Bedeutung gehabt haben soll, sind nirgends zu finden. Rosenkranz schreibt, das Gericht habe in diesem Jahr eine „feste Einrichtung" erhalten.

Für die Regierungszeit Heinrichs IV. findet sich in den Quellen allerdings überhaupt kein Hinweis auf die Einrichtung oder Reform des bischöflichen Hofgerichts[202]. Mit den vorgeblichen Justizreformen durch Johann II. hat sich in jüngerer Zeit Jürgen Lotterer auseinandergesetzt[203], nachdem bereits Elisabeth Kloosterhuis bemerkt hatte, dass Johanns Vorhaben in Paderborn eigentlich gescheitert waren[204]. Die Annahme, Johann sei auch in Paderborn eine Reform nach münsterischem Vorbild gelungen, geht offenbar auf den bereits erwähnten Beitrag von Rosenkranz zurück. Der Verfasser nennt allerdings keine archivalische Quelle, sondern verweist auf eine Textstelle in Georg Josef Bessens *Geschichte des Bisthums Paderborn*[205]. Dort ist von einer gelungenen Einrichtung allerdings keine Rede. Es heißt lediglich, Johann habe die zuvor für das Stift Münster ausgearbeitete Hofgerichtsordnung auch dem Paderborner Domkapitel „zur Genehmigung"[206] vorgelegt. Allerdings gibt Bessen an anderer Stelle in der Tat an, Johann habe in Paderborn die Hofgerichtsordnung eingeführt[207]. Offenbar, das wird auch aus den Anmerkungen zu der bei *Rosenkranz* zitierten Textstelle deutlich, ist damit aber die 1569 erlassene Regierungsordnung Johanns gemeint, einer Mischung von Programmschrift und konkreten Anordnungen zur stiftischen Verwaltung. Anordnungen zur Einrichtung eines Hofgerichts sucht man in der Regierungsordnung jedoch vergebens. Sie sollte vielmehr eine weitere Diskussion mit den Domkapitularen anstoßen[208]. Die Einrichtung eines festen Hofgerichts betreffend, wird aus der Ordnung sogar das genaue Gegenteil dessen ersichtlich, was Bessen hineinlesen wollte:

---

200 Rosenkranz, Verfassung, S. 136; Wigand, Provinzialrechte, S. 273.
201 Lebensbild bei Brandt/Hengst, Bischöfe, S. 218–221.
202 Ähnlich Lotterer, Gegenreformation, S. 69.
203 Vgl. daher zum Folgenden auch Lotterer, Gegenreformation, S. 69 f.
204 Kloosterhuis, Johann von Hoya, S. 110.
205 Rosenkranz, Verfassung, S. 136.
206 Vgl. Bessen, Bisthum Paderborn, S. 135.
207 Bessen, Bisthum Paderborn, S. 68.
208 So auch Bauermann, Regierungsordnungen, S. 115.

> Ob wyr auch wol bedacht, deßhalb gute policey und in rechtshengigen saichen noittruftige reformation zu verordenen, ßo haidt dannest solichs nach wichtigkeidt der saichen in der ile nicht beschehen kondten, woln gleichewol mit der hilfe Gots kunftigleich allsolichen noitwendigen dingen mit gnediger sorgfeltigkait nachdenken.[209]

Beim Nachdenken ist es in der Regierungszeit Johanns offenbar geblieben. Das beweist die fast wortgleiche Regierungsordnung seines zweiten Nachfolgers Heinrich[210]. Man wird also auch die weitere Annahme Rosenkranz', eine „feste Einrichtung" habe das Hofgericht dann erst 1582 erhalten, als unhaltbar bezeichnen dürfen.

Immerhin finden sich aus der Regierungszeit Johanns auch in der archivarischen Überlieferung erste Denkanstöße. Johann forderte schon früh seine Landstände auf, „uf wege und mitell zutrachten, nach bester gleichmeßigkeit, und gutter gewohnheit dieses stiffts ordentliche gerichts ordnunge und Rechtlichen Proceß aufzuroichten, und nach nohturfft mit taugliche personen zuunterhalten"[211]. Ob er dabei die Einrichtung eines neuen Hofgerichts oder doch „nur" die Reform der bestehenden Gerichte im Auge hatte, erhellt sich weder aus dieser Quelle noch aus der zitierten Regierungsordnung. Das Kapitularstatut von 1568 hatte den zu wählenden Bischof allerdings aufgefordert, „ein stendige Ordenungh beide in geistlichen und weltlichen Gerichten"[212] durchzusetzen. Ein beständiges Hofgericht dürfte es in Paderborn vor der Regierungszeit Dietrichs IV. im Ergebnis aber nicht gegeben haben; vielmehr blieb alles beim Herkommen: Der Bischof bediente sich weiter „gemeinenn oder tagewißen, auß I[hrer] f[ürstlicher] G[naden] Rhetten, Thumbcapittels, ritterschaft und Stetten mittell oder Personen"[213], stellte sein Gericht also ad hoc zusammen oder ließ seine Räte entscheiden.

2. Der Ursprung des institutionalisierten Hofgerichts

Auch Lotterer vermutet den Ursprung des Gerichts in der Zeit Dietrichs[214]. In der Tat scheint sich die Diskussion um die Einrichtung eines ständigen, organisierten Gerichts bereits kurz nach der Amtsübernahme Dietrichs forciert zu haben. Wieso ausgerechnet Dietrich 20 Jahre nach den ersten Versuchen Johanns versucht hat,

209 Zitiert nach Bauermann, Regierungsordnungen, S. 117.

210 Bauermann, Regierungsordnungen, S. 121.

211 LAW Landstände, Nr. 108 I, Bl. 7r.

212 Zitiert nach Keller, Gegenreformation I, S. 569.

213 LAW Landstände, Nr. 108 I, Bl. 32v. Das Zitat betrifft eine Landtagsproposition Dietrichs; zu dieser sogleich.

214 Lotterer, Gegenreformation, S. 239 ff.

die Reform der landesherrlichen Gerichtsbarkeit voranzutreiben, ist kaum aufzuklären. Immerhin ist der Fürstenberger als Bischof der Gegenreformation und als entschlossener Reformer kirchlicher und weltlicher Strukturen bekannt[215].

Unklar ist, wieso Dietrich überhaupt ein Bedürfnis gehabt haben könnte, ein neues Gericht einzusetzen. Immerhin soll der Bischof seinen Offizial mit freier Hand und unbeeinflusst vom Domkapitel eingesetzt haben[216]. In den Wahlkapitulationen musste der Bischof dem Domkapitel lediglich zugestehen, überhaupt einen Offizial anzustellen und denselben „nirgentz anders dan binnen Paderborn wohnen"[217] zu lassen. Darüber hinaus sollte der Offizial aber auch seinen Amtseid gegenüber dem Domkapitel leisten. Dieser Offizial war in Paderborn nicht einfach der oberste geistliche Richter. Das Paderborner Offizialat *(geistliches Hofgericht)* ist neben denen von Köln, Lüttich und Münster eines der geistlichen Gerichte des Alten Reiches, das sich besonders ausgeprägt auch in zivilrechtlichen Streitigkeiten eine Kompetenz angemaßt haben soll[218]. In der Literatur heißt es dazu, spätestens Bischof Ferdinand II. von Fürstenberg habe das Offizialat vollständig dem weltlichen Hofgericht in Zivilsachen gleichgestellt[219]. Tatsächlich dürfte das Offizialat als älteres Gericht von Anfang an konkurrierende Gerichtsbarkeit ausgeübt haben. Organisation, Zuständigkeit und Arbeit des Paderborner Offizialats sind für das Mittelalter und die Frühe Neuzeit allerdings weitestgehend unerforscht[220]. Berichte aus der Zeit der Säkularisation bestätigen lediglich eine Konkurrenzsituation von Offizialat und Hofgericht für die Spätphase des Hochstifts[221].

Es lässt sich also kaum mehr sicher rekonstruieren, warum Dietrich den Plan verfolgte, neben seinem Offizial und seinen Räten eine weitere rechtsprechende Instanz einzurichten. Aber man kann spekulieren. Zum einen war eine entsprechende Forderung des Domkapitels, nach der eine „bestendige Ordnungh, beyde in Geistlichen und weldtlichen gerichtten auffgerichttett und verordnet und auch

---

215 Vgl. zu den weltlichen Reformen Lotterer, Gegenreformation, S. 167–244 und zu den Kirchenreformen Hengst, Reformen, S. 57–161.

216 Hengst, Reformen, S. 39.

217 LAW Domkapitel, Nr. 48.11, Bl. 1r. Zitiert ist aus der Wahlkapitulation Dietrichs. Die Kapitulationen seiner Nachfolger sind in diesem Punkt allerdings wortgleich.

218 Ludolff, Variarum Observationum, S. 31: „Inter Officiales Episcopatuum, qui in causis civilibus exercent Jurisdictionem, et à quibus immediate ad Judicia suprema Imperii appellatur, numeratur etiam Officialis Paderbornensis"; Moser, Justiz-Verfassung, S. 241; vgl. auch Oestmann, Geistliche Gerichte, S. 47.

219 Rosenkranz, Verfassung, S. 139 bezieht sich wohl auf einen fürstlichen Befehl aus dem Jahre 1662: AAV Cod. 182, Bl. 788 ff.

220 Ansätze bei Droste, Behörde, S. 29–36; Brandt/Hengst, Zentralbehörden, S. 156–166; für das 19. Jahrhundert: Kalde, Wiederherstellung, passim.

221 LAW Spezialorganisationskommission Paderborn, Nr. 5, Bl. 26r f.; AAV, Acta 1, Bl. 52r.

darüber gehalten werde[n]"[222] sollte, in der Wahlkapitulation Dietrichs festgeschrieben. Wohlmöglich war es also nicht der Bischof, sondern die Stände, die ihren Einfluss auf die oberste Rechtsprechung auszubauen versuchten. Gleichzeitig wird auch Dietrich den bereits bestehenden Einfluss von Kapitel und Ständen auf den Rat im Auge gehabt haben. Die Besetzung der Ratsposten mit Repräsentanten der Städte, der Ritterschaft und des Domkapitels war bereits lange Zeit üblich[223]. Auch hier erlaubt ein Blick in die Wahlkapitulation genauere Angaben. Während in den „gemeinen sachen" der Bischof freie Hand bei der Auswahl seiner Ratsleute hatte, verlangte die Kapitulation für „Civilsachen" eine stärkere Mitbestimmung der Stände. So sollte er „zwei Capitularherren, so gewohntlich ist, in seinem Rhat mithabe[n], darzu auch zwe von der Ritterschafft", damit „dieselbigen neben den bey verordneten etlicher von der Landtschafft (wan notthigh) in allen Civilsachen Ihme Rhaten helffen und ohn dieselbige In keines nichts verhandelet oder beschloßen werden soll"[224]. Sein Interesse mag dahin gegangen sein, diesen Einfluss von Kapitel und Ständen auf die Rechtsprechung zu umgehen. Dem steht nicht entgegen, dass Dietrich zuvor als Dompropst selbst an der Spitze des Kapitels gestanden hatte und dass er einem weit verzweigten westfälischen Adelsgeschlecht entstammte. Denn Dietrich ist als Reformer bekannt, der auf überkommene Rechte anderer keine Rücksicht nahm, was früh zu Zerwürfnissen mit dem Domkapitel geführt hatte[225]. Schließlich mag Dietrich aus reichsrechtlichen und politischen Gründen angehalten gewesen sein, ein ständiges, dem Reichskammergericht nachgebildetes Gericht einzuführen, um seine Landeshoheit weiter auszubauen. Zwar ist bislang nicht bekannt, dass sich Dietrich beim Kaiser um ein *privilegium de non appellando* bemüht hätte. Entsprechende Bestrebungen kann es aber trotzdem gegeben haben. Die Appellationsprivilegien begünstigten gemeinhin den Ausbau der territorialen Gerichtsbarkeit[226]. Denn nicht nur das Reichsrecht forderte eine nach geordnetem Verfahrensrecht urteilende, zweistufige Gerichtsbarkeit der Reichsstände[227]. Vielmehr noch verpflichtete ein einmal

222 LAW Domkapitel, Nr. 48.11, Bl. 4r.

223 Aubin, Verwaltungsorganisation, S. 67 ff.

224 LAW Domkapitel, Nr. 48.11, Bl. 2v.

225 Honselmann, Kampf um Paderborn, S. 235 f.; Hengst, Reformen, S. 30; Gillner, Stiftsadel, S. 99.

226 Eisenhardt, Privilegia, S. 54 ff.

227 Vgl. bspw. DA 1600 § 15: „Dieweil aber hiebey die höchste Nothdurfft erfordert, daß in allen Churfürstenthumen, Fürstenthumen, Landen, Herrschaften und Orten, wo die in dem Heiligen Reich begriffen, die Unter- Ober- und Hoff-Gericht / in denen Orten es noch nicht geschehen, und noch Mangel und Gebrechen bevor, aufs ehest förderlichst und unverhinderlich visitirt, reformirt, mit verständigen Urtheilern besetzt / und in ein gute richtige, der rechten Reichs- und Cammer-Gerichts Process gemässe Ordnung [...]

erteiltes Privileg die Territorien, diese Gerichte auch zu erhalten[228]. Dem Kaiser gaben die Privilegien daher die Möglichkeit, auf die Verfassung der Territorien Einfluss zu nehmen. Für die Landesherren boten sie im Gegenzug eine Gelegenheit, die eigene Gerichtsbarkeit in der Sache weiter dem Einfluss des Reiches zu entziehen und ihre Jurisdiktionshoheit nach außen abzuschließen. Diese Möglichkeit bestand mit den Offizialaten vermutlich nicht. Der Offizial war in den kirchlichen Rechtsweg eingebunden. Denkbar ist es daher, dass Rechtsmittel einen Rechtsstreit aus dem Hochstift hinaus an den Offizial des Mainzer Metropolitanbistums, den Apostolischen Nuntius und schließlich sogar an die Gerichtshöfe in Rom hätten katapultieren können[229]. Aus anderen Bistümern sind dieser Rechtsweg und die sich darum rankenden Streitigkeiten bekannt[230]. Auf Reichsebene waren sie ein Politikum ersten Ranges, mit dem sich umfangreich noch der Regensburger Reichstag 1654 nach langen Vorarbeiten beschäftigen musste[231].

Die Motive Dietrichs mögen nur schwer rekonstruierbar sein, in den Quellen finden sich aber mehrere Spuren darüber, dass bereits 1587, also zwei Jahre nach seiner Wahl zum Bischof, ein Reformvorhaben im Gange war. Jedenfalls hielt er ausweislich der Tagebucheinträge seines Bruders bereits im Dezember 1587 Rat „in causa reformandorum iudiciorum Paderbornensium et consistorii ordinarii principis“[232]. Offenbar wurden frühzeitig auch die Stände in die Planungen einbezogen, denn nach Kaspar haben diese bereits im Januar 1588 „wegen des neuwen angestelten commissorialis consistorii“[233] Beschlüsse gefasst. Dass die Diskussion nicht einfach war und durch Einwände aus der Ritterschaft aufgehalten wurde, wird man den Überlegungen Dietrichs darüber, „wie die widderspennigen vom adel mit recht zu zwingen und schleunige justici anzustellen“[234], entnehmen dürfen. Warum die stiftische Ritterschaft sich gegen die Einrichtung gewehrt haben soll, lässt sich nicht mehr sicher sagen. Möglicherweise fürchtete der einflussreiche Stiftsadel Einschränkungen seiner

gebracht [...] werde [...] wollen wir hiemit allen und jeden [...] befohlen haben, [...] jetzo bedachte nützliche Anordnung ihrer Unter- Ober- und Hoff-Gericht [...] anzuordnen.“

228 Eisenhardt, Privilegia, S. 54.

229 Kaas, Gerichtsbarkeit, S. 195 f. beschreibt einen Rechtsweg von den Diakonatsgerichten über das Offizialat zum Metropolitangericht.

230 Für die Fürstbistümer Münster, Osnabrück und Hildesheim vgl. Oestmann, Geistliche Gerichte, S. 58 ff., S. 123 ff., S. 238 ff., S. 263 ff. Auch vom Paderborner Offizial hat es ausweislich eines Schreibens Bischof Hermann Werners vom 20. 3. 1687 diesen Instanzenzug gegeben; vgl. LAW Domkapitel, Nr. 1489.22. Näheres ist nicht erforscht.

231 JRA § 164. Die Diskussion ist unter anderem im Deputationsgutachten von 1644 bei Meiern, Acta Comitialia II, S. 211 f. nachzuvollziehen.

232 Eintrag vom 26. 12. 1587 bei Bruns, Tagebücher I, S. 282.

233 Eintrag vom 20. 1. 1588 bei Bruns, Tagebücher I, S. 286.

234 Eintrag vom 30. 9. 1587 bei Bruns, Tagebücher I, S. 276 f.

umfassenden Patrimonialgerichtsbarkeit[235], möglicherweise scheute er eine finanzielle Beteiligung und vielleicht spielte auch die konfessionelle Konfrontation zwischen größtenteils protestantischem Adel und katholischem Landesherrn[236] eine Rolle.

Die Verhandlungen zwischen Landesherr und Ständen lassen sich jedenfalls in der Landtagsüberlieferung nachvollziehen. Auch hier tauchen die ersten Spuren in den Aufzeichnungen des Landtages „an der Capellen zu Rhom“[237] im Dezember 1587 auf. Dort schlug der Bischof den Ständen nämlich vor, „ordentliche Commissarien anstatt der gemeinenn oder tagewißen, auß I[hrer] f[ürstlichen] G[naden] Rhetten, Thumbcapittels, ritterschaft und Stetten mittell oder Personen, zu gebrauchen und haben, vor welche die gerichtlichen Proceß in allen sachen so in erster oder anderer Instanz ahn I[hre] F[ürstliche] G[naden] gehörigh, vorgenohmmen, außgeübet undt allen Partheien zu treuer zuglichen unpartheischen furderlichen und gleichmeßigen Recht verhulffen werdenn muge“[238]. Dietrich plante also, die bisherige Praxis ad hoc zusammengerufener Richter durch eine beständige Institution zu ersetzen. Der Bischof hielt das für sein gutes Recht als Landesherr und sah die Einrichtung eines solchen ständigen Gerichts offenbar nicht unbedingt als zustimmungsbedürftig an, sondern konnte „sich zu erinnern wißen, das nepst Gottes eher, derselbigen fürstlichen Ambt und obliegen, die befurderung, erhaltung und vortsetzungh der Justicien allernegst vor augen zu haben, gepüre“[239]. Die Stände musste er wohl aus anderen Gründen einschalten. So verkündete in der Proposition einer der anwesenden Räte: „Nachdem nun zu diesem heilsamenn und gemeinem besten nutzlichen Werk, nit geringe Kosten und Underhaldtt zugewend werden mußen, so wolle hochg[elobter] meinnn gnediger fürst undt her, sich gnediglich versehen, die gemeine Stifftsstende sei befließenn und willigh einen Zuschus zum underhalt Jahrlichs mitzutheilen.“[240] Das liebe Geld trieb den Bischof also in Verhandlungen mit Rittern, Städten und Domkapitel. Der auch in Kaspars Tagebüchern angedeutete Beschluss der Stände fiel zwiegespalten aus. Einerseits wollten sie sich den Vorschlag, „etliche gewiße Generall Commißarien anzuordnen [...] nicht mißfallen“[241] lassen, konnten sich auf eine

235 Dazu Keinemann, Hochstift I, S. 321–430; Voss, Patrimonialgerichte, passim; Henning, Herrschaft, S. 233–237.

236 Einige Konfrontationslinien der Fürstenberg-Ära sind nachgezeichnet bei Gillner, Stiftsadel, S. 98 ff. und Lotterer, Gegenreformation, S. 245 ff.

237 LAW Landstände, Nr. 108 I, Bl. 35r. Gemeint ist die im Zweiten Weltkrieg zerstörte Römische Kapelle, die sich westlich außerhalb der Stadtmauern Paderborns befand. Sie wird in der Literatur als häufiger Ort der Landtagssitzungen genannt, vgl. Jacobs, Landstände, S. 72; Bessen, Geschichte II, S. 392, Anm. a.

238 LAW Landstände, Nr. 108 I, Bl. 32v.

239 LAW Landstände, Nr. 108 I, Bl. 32r.

240 LAW Landstände, Nr. 108 I, Bl. 32v.

241 LAW Landstände, Nr. 108 I, Bl. 35v.

Mitfinanzierung aber wohl nicht einigen und baten nach ausführlicher Diskussion „seitten der stenden wegen der nöttigen Zusteur und underhalts benenter Commißarien [...] das solch werck zu obangeregter negster Außschus Sammenkunft auch vorgenommen werden muge"[242]. Tagesordnungspunkt vertagt. Der Bischof schien trotzdem gute Erfolgsaussichten für sein Vorhaben zu sehen. Sein Bruder jedenfalls notierte Ende Januar in seinem Tagebuch: „Der lic[entiat] Georg Jacobi und ich machen ordnung mit dem commission gericht"[243]. Kaspar und der spätere Kanzler seines Bruders, Georg Jacobi, arbeiteten also offenbar schon an den Details des Projekts, obwohl die Finanzierung noch überhaupt nicht gesichert war. Tatsächlich ist eine weitere Entscheidung der Stände über ihren Zuschuss nicht überliefert, obwohl die Aufzeichnungen der Landstände in dieser Zeit lückenlos sind. Dennoch richtete Dietrich das Gericht kurze Zeit später bereits ein. „Die generales commissarii sein in pflicht genommen"[244], schreibt Kaspar in sein Tagebuch und notiert wenig später: „Der her lic(entiat) Georgh Jacobi conferirt mit mir aus befelch meins gnedigen hern von wegen vollenfuhrung des commissariatenwerks"[245]. Die endgültige Installation scheint dann am 12. März 1588 erfolgt und gefeiert worden zu sein: „Dißen morgen werden ich und andere abgefertigt nach Paderborn, den commissariis ire generalcomission neben den sigeln zu uberantworten, hoc fit in optima forma, und sie erclern sich ordentliche richter. Wir drinken in dem Abdinckhof hart druf"[246]. Auch die weiteren Schritte nach der Bestallung des Richterpersonals scheinen rasch gefolgt zu sein: „Publication geschicht der hofgerichtsordnung an dem furstlichen consistorio und notarius und procurator beeidet"[247]. Im Juli 1588 waren demnach offensichtlich Richter angestellt, eine Hofgerichtsordnung verabschiedet sowie je ein Prokurator und Notar vereidigt. Innerhalb eines guten halben Jahres hatte Dietrich mit seinem Reformvorhaben also Erfolg. In den Folgejahren verlor Kaspar in seinen Tagebüchern auch kein Wort mehr über das Gericht. Ob es wirklich als ständiger Gerichtshof eingerichtet, wie es besetzt, wann es getagt und ob es überhaupt wirklich gearbeitet hat, lässt sich aus diesen Quellen aber nicht erschließen. Unmittelbares Archivmaterial, etwa Urteilsbücher, -register oder Sitzungsprotokolle sind als eigener Bestand aus dieser Zeit nicht überliefert.

---

242 LAW Landstände, Nr. 108 I, Bl. 36r.

243 Eintrag vom 25.1.1588 bei Bruns, Tagebücher I, S. 286. Georg Jacobi war zunächst kurkölnischer Offizial in Werl und später unter Dietrich Kanzler des Hochstifts Paderborn; vgl. Decker, Verzeichnis, S. 297.

244 Eintrag vom 5.2.1588 bei Bruns, Tagebücher I, S. 287.

245 Eintrag vom 13.2.1588 bei Bruns, Tagebücher I, S. 288.

246 Eintrag vom 12.3.1588 bei Bruns, Tagebücher I, S. 290 f.

247 Eintrag vom 16.7.1588 bei Bruns, Tagebücher I, S. 302 f. Vgl. auch Eintrag vom 14.7.

Hier zeigt sich, wie wertvoll die Überlieferung der Akten des Reichskammergerichts für die landeshistorische Forschung in der Tat ist. Die in den reichsgerichtlichen Prozessakten regelmäßig vorhandenen Abschriften vorinstanzlicher Verfahrensschriftstücke und -protokolle sind vorliegend nämlich die einzigen Quellen, die Einblicke in die praktische Arbeit des Gerichts bieten können. Zwischen 1588 und 1596 wird das Hofgericht in der Beständeübersicht von Aders und Richtering 14-mal als erstinstanzliches und 3-mal als zweitinstanzliches Vorgericht genannt. Eine der Streitigkeiten betrifft ein Verfahren von Abt und Konvent des Klosters Hardehausen gegen einige Mitglieder der bedeutenden Paderborner Adelsfamilie Spiegel zu Desenberg, das zwischen 1588 und 1605 zunächst am Hofgericht in Paderborn und später am Reichskammergericht wegen verschiedener Pacht- und Grundstücksstreitigkeiten geführt worden ist[248]. In der Verfahrensakte findet sich tatsächlich die Abschrift der Generalkommission, die Dietrich den Tagebüchern Kaspars nach zu urteilen am 12. März 1588 durch seinen Bruder und andere an die abgeordneten „commissariis" übermittelt hatte[249]. Das Dokument weist als Ausstellungsdatum den 9. März 1588 aus. Zahlreiche Angaben machen den Fund für die Landesgeschichte interessant. Zunächst stellt der Bischof klar, worin er die Hauptprobleme des bis dahin geübten Verfahrens, „uff der Partheienn Beschehenn gebürlich ansuchenn […] special unnd sonder Commißarien, sowoll auß unserm würdigen Thumbcapittull, alß anderen unseren Stiffts stenden"[250] ad hoc zu berufen, sieht. Er behauptet nämlich, „auß täglicher erfahrung" zu wissen, „daß dabei aller hanndt beschwerungh unndt inconuenientien [sich] erreugnen, sonderlich aber vonn deßwegen, das die Commissarien nicht stetts beieinander, sonder gemeiniglich an verschiedenen ortten geseßen, auch Irer etzliche bißweilenn, mitt vorwendungh allerlei ungelegenheitt die Commissionn anzunehmen sich beschwerenn, dahernn dann offtermaln nicht alleinn die sachen unndt deren außubung unndt erorttterung gefehrlich verzogenn, sondern auch die Partheienn In vergebliche Kostenn unndt schedenn gefürtt werdenn"[251]. Demnach waren die Richter selten alle vor Ort und erfanden mitunter Ausreden, um den Rechtshändel nicht annehmen zu müssen. Für die Parteien soll das eine Verfahrensverzögerung und unnötige Kosten verursacht haben. Diese organisatorischen Probleme wollte der Bischof durch die Verstetigung des Gerichts in den Griff bekommen. Er berief daher vier Personen zu seinen „Generall unndt gemeinenn Commissarien". Dieses ständige Gremium sollte „alle unndt Jede sachenn, so woll ordentlicher weiß, unndt in erster Instants,

248 RKG S 1956.

249 RKG S 1956 III Bl. 2v ff. Die Abschrift findet sich ein weiteres Mal in RKG N 474 II Bl. 98v ff.

250 RKG S 1956 III, Bl. 2v f.

251 RKG S 1956 III, Bl. 3r.

alß durch denn wegh der appellation, an Unß unndt unser Cantzley gehörig unnd respectiue deuoluirt unndt erwachsendt"[252] abhandeln. Er plante also, die Kommissare in seinem Namen Recht sprechen zu lassen, ganz gleich, ob bislang die Kanzlei zuständig gewesen sei, und zwar in erster wie in zweiter Instanz. Darüber hinaus zeigt die Vollmacht, wen der Bischof zu dieser Aufgabe erkoren hatte. Das Schriftstück ist insofern ein Glücksfund, bleibt doch die personelle Besetzung frühneuzeitlicher Zentralbehörden ein großes Forschungsdesiderat. Angesichts der Tatsache, dass für Paderborn mit den „Staatskalendern" erstmals amtliche Aufstellungen der landesherrlichen Beamten für die zweite Hälfte des 18. Jahrhunderts vorliegen[253], muss die Prosopographie der Beamtenschaft eine mühevolle Kleinarbeit bleiben. Auffallend ist, dass mit „Rosirenn vonn Westrum, Seniornn unndt Scholasternn unser Thumbkirchenn, Gottschalcken vonn Haxthaußen, Georgien Jacobi dero Rechten Licentiaten unndt Johann Stallmeister, Bürgermeister unser Stadt Paderbornn"[254] alle drei Ständekorporationen vertreten sind: Mit dem Domscholaster findet sich das Domkapitel, durch Stallmeister die Städte und durch Haxthausen die Ritterschaft in dem Gremium wieder. Georg Jacobi, der aus den Tagebüchern Kaspars bereits als Mitarbeiter an der Justizreform bekannt ist, dürfte als Vertrauter des Bischofs in das Gremium hineingefunden haben. Die Besetzung der Richterbank erstaunt. Offenbar war es den Ständen gelungen, ihren Einfluss auch auf das neue Gericht bei den vorangegangenen Verhandlungen durchzusetzen.

Unklar bleibt leider die Stellung des neuen Gerichts im Behördengefüge des Bistums. Zwar teilte der Bischof den neuerkorenen Urteilern alle diejenigen Verfahren zu, für die er oder seine Kanzlei bislang selbst zuständig gewesen waren. Die Generalkommission ist damit aber nicht unbedingt Vorläufer dessen, was später als weltliches Hofgericht in Quellen und Literatur Eingang gefunden hat. Möglicherweise ist sie als Vorläufer einer ständigen „Prozessabteilung" beim bischöflichen Rat zu begreifen. Immerhin nahm mit Georg Jakobi der nur wenige Zeit später eingesetzte Paderborner Kanzler auf der Richterbank Platz[255]. Solange die Entwicklung, Tätigkeit und personelle Besetzung auch dieser Behörde nicht erforscht ist, lassen sich eindeutige Aussagen daher nicht treffen. Trotz der Anweisung in der neuen Generalvollmacht, „alle unndt Jede sachenn" zukünftig vor dem neuen Gericht zur Klage zu bringen, fanden in den Folgeprozessen einige wenige Prozesse in erster und zweiter Instanz ausdrücklich vor der Paderborner Regierung[256]

252 RKG S 1956 III, Bl. 3v.

253 Repertoriumsübersicht bei Bauer, Amtskalender, S. 451 ff.

254 RKG S 1956 III, Bl. 2v.

255 Im Jahr der Vollmachtserteilung 1588 war aber wohl noch Laurenz Sybel Paderborner Kanzler, vgl. Brandt/Hengst, Bistum, S. 98.

256 LAW RKG, D 16; B 2144; S 1507; S 1916; S 1955; W 845; R 433; R 1184.

und nicht – wie es in den Quellen heißt – vor dem „fürstlichen Hoffgericht" und den „sambt und sonders verordneten Generall hoffgerichtz Commissariis"[257] statt. Soweit ersichtlich, wurde die Zuständigkeit der Paderborner Regierung in diesen Verfahren nicht thematisiert oder diskutiert. Gründe hierfür zu benennen, bliebe reine Spekulation. Der Großteil aller überlieferten Prozesse wurde aber am neuen Hofgericht geführt.

3. Einzelheiten zum neuen Gericht aus den Prozessakten

Nähere Einzelheiten zum neuen Gericht sind der Vollmacht des Bischofs kaum zu entnehmen. Sie enthält nur grobe Instruktionen für das Verfahren. Angeordnet war lediglich, „plenarié unndt nach gelegenheit summarié"[258] zu verfahren, Zeugen selbstständig zu vernehmen und auch um die Vollstreckung der ausgesprochenen Urteile bemüht zu sein. Von einer Verfahrensordnung kann also keine Rede sein. In den Schriftsätzen der Anwälte findet man allerdings bereits zu dieser Zeit hin und wieder Hinweise auf eine „hoffgerichtz ordnungh"[259], insbesondere im Zusammenhang mit Fristen. Vermutlich hat es also ein umfangreicheres Regelwerk gegeben, was auch die bereits zitierten Tagebucheinträge Kaspar von Fürstenbergs nahelegen. Selbstständig überliefert ist diese Ordnung nicht.

Ansonsten legte Dietrich besonderen Wert darauf, dass die gerichtlichen Schriften mit einem eigenen Siegel, dem „gemeinenn Commißionn Siegell"[260] versehen wurden, das er zusammen mit der Vollmacht übersandte. In der Tat findet sich bereits in den frühesten Akten des Gerichts ein Siegel, das später als „großes hoffgerichts Insigell"[261] bezeichnet wurde und durchaus als Indiz dafür zu sehen ist, dass die Einrichtung eines selbstständigen und dauerhaft organisierten Gerichts beabsichtigt war[262]. Trotz dieser symbolischen Eigenständigkeit lehnt sich das Siegel eng an die Person des Bischofs an. Es besteht aus einer Kombination des Stiftswappens mit dem Wappen der Familie von Fürstenberg, das von einigen Ornamenten umrahmt ist. Die Umschrift stellt den Bischof in den Vordergrund: „S THEODORI DG ELECT ET CONFIRM ECCL PADERB AD CAS"[263]. Die Umschrift kann etwa wie folgt aufgelöst werden:

---

257 Z. B. LAW RKG, S 1953 II Bl. 1r; N 474 III, Bl. 2r.

258 LAW RKG, S 1956 III, Bl. 3v.

259 Z. B. LAW RKG, C 32 II Bl. 36r; RKG S 1953 II Bl. 7r, 12r; O 313 II, Bl. 3r.

260 LAW RKG, S 1956 III, Bl. 4r.

261 LAW RKG, S 1953 I, Bl. 12r.

262 Zu Siegeln anderer (mittelalterlicher) Territorialgerichte vgl. Battenberg, Hofgerichtssiegel, insb. S. 192–203.

263 LAW RKG, C 33 II, Bl. 644v.

S[igilum] Theodori D[ei] G[ratiae] Elect[i] Et Confirm[ati] Eccl[esiae] Paderb[ornensis] A[ugustissimi] D[omini] C[onsistorii] A[ulici] S[aecularii]

–

Siegel des weltlichen Hofgerichts Dietrichs von Gottes Gnaden erwählter und bestätigter allererhabenster Herr der Paderborner Kirche

Neben diesem großen Siegel werden einige Aktenabschriften gelegentlich mit einem kleineren Siegel versehen[264], dessen Erhaltungszustand nähere Angaben kaum möglich macht[265]. Gut möglich, dass es sich dabei um das in späterer Zeit gelegentlich erwähnte „kleine hoffgerichts Insiegell"[266] handelt. Wozu zwei verschiedene Siegel verwendet wurden, ist unklar[267].

Auch aus den Akten lassen sich ausführliche Angaben zum Verfahren der neuen Behörde und zum Ablauf der Sitzungen nicht machen. Das folgt unter anderem bereits daraus, dass es sich bei der reichskammergerichtlichen Überlieferung um Aktenkompilationen handelt, was bedeutet, dass alle Verfahrenshandlungen, Protokollbucheinträge, Bescheide und Urteile eines Rechtsstreits zusammenhängend abgeschrieben wurden. Es ist davon auszugehen, dass vor der Generalkommission kein rein schriftliches Verfahren einzuhalten war. Zwar besteht der Großteil der Akten aus Abschriften der für den Kameralprozess typischen wechselseitigen Schriftsätze, jedoch finden sich hin und wieder auch protokollierte mündliche Rezesse und Proteste gegen gerichtliche Handlungen. Rekonstruierbar ist, dass die Gerichtssitzungen für jeden Donnerstag ab 8 Uhr vormittags vorgesehen waren. Seltener fand die Sitzung freitags, ausnahmsweise auch mittwochs statt, was für eine inhaltliche Kontinuität mit den Vorschriften der Hofgerichtsordnung von 1619 spricht[268]. Als Gerichtsort wird durchgehend der „fürstliche houe alhie zu Paderborn gegenn der hohenn Thumbkirchen gelegenn"[269] erwähnt. Damit ist wahrscheinlich der Sternberger Hof gemeint, der Hof des Bischofs in der Stadt Paderborn, der seit der Verlegung der Bischofsresidenz nach Neuhaus an Domherren verpfändet und erst um 1577 wieder ausgelöst wurde, um ihn zum Sitz landesherrlicher Behörden zu machen[270]. In den ersten Jahren des neuen Gerichts ergingen zahlreiche Urteile

264 Z. B. RKG, D 648, Bl. 76r.

265 Die schwer leserliche Umschrift könnte lauten: „S[igilum] Theo[dori] El[ecti] E[t] Conf[irmati] Eccl[esiae] Pad[erbornensis] A[ugustissimi] D[omini] C[onsistorii] A[ulici] S[aecularii] Min[or].

266 Z. B. RKG, N 479 III, Bl. 80v.

267 Zur Unterscheidung am kaiserlichen Hofgericht vgl. Battenberg, Hofgerichtssiegel, S. 70 ff.

268 Vgl. dazu S. 103.

269 LAW RKG, O 313 II, Bl. 2v; S 1953 II Bl. 1r.

270 Nähere Angaben zum Sternberger Hof vgl. S. 103 f.

nach vorheriger Aktenversendung. Auf Antrag der Parteien oder von Amts wegen übersandten die Paderborner Richter die Akten an auswärtige Universitäten und baten um Gutachten und Urteilsvorschlag[271]. Mit einem Begleitschreiben der jeweiligen Fakultät trafen die vorbereiteten Urteilstexte gesiegelt später wieder in Paderborn ein. Erstaunlich ist, dass nicht nur Fakultäten um Rechtsrat gebeten wurden, sondern in einigen Fällen auch zwei rechtsgelehrte Privatpersonen die Urteile gemeinsam ausarbeiteten[272].

Der Großteil der erstinstanzlichen Verfahren hatte Erbschaftsstreitigkeiten zum Gegenstand. Es kamen aber auch Schuldklagen und insbesondere Klagen wegen verschiedener Gerechtsame vor. Den Verfahrensgegenständen entsprachen die vor dem Gericht klagenden und verklagten Parteien. Es stritten hier in der Anfangszeit fast ausschließlich Angehörige des Adels. Dieser Befund verwundert nicht. Im ausgehenden 16. Jahrhundert darf die Landesherrschaft im Hochstift beileibe noch nicht als ausgebildet angesehen werden. Die bäuerliche und städtische Bevölkerung war der Gerichtsbarkeit intermediärer Gewalten unterworfen. Das Gericht des Bischofs, das die Kommission repräsentierte, hatte also vornehmlich Streitigkeiten *inter pares*, unter Gleichen, zu schlichten. Das waren Adlige. Auch an dieser Stelle zeigt sich einige Kontinuität zu den ausdrücklichen Regelungen der Hofgerichtsordnung von 1619, nach der das Hofgericht vornehmlich ein privilegierter Gerichtsstand für die dem Bischof unmittelbar Unterworfenen sein sollte. Zweitinstanzlich wird das Bild jedoch etwas bunter. Das Gericht war, wie in der Generalkommission von 1588 vorgesehen, als Rechtsmittelgericht zuständig. Erhalten haben sich aus dieser Zeit ausschließlich Appellationsverfahren, die vereinzelt mit der Nichtigkeitsbeschwerde[273] verbunden waren. Die Streitgegenstände in den zweitinstanzlichen Verfahren sind facettenreich. Neben schuld- und besitzrechtlichen Fragen kommen auch Injurienklagen vor. Weder in den erst- noch in den zweitinstanzlichen Verfahren geht es allerdings um Kategorien, die heute als strafrechtlich zu bezeichnen wären, was wiederum Parallelen zur Hofgerichtsordnung von 1619 aufweist, in der diese Gegenstände ausdrücklich der Kanzlei zugewiesen wurden. Auch fiskalische Streitigkeiten tauchen in den Quellen nicht auf, obwohl ein Fiskal in den Quellen gelegentlich im Zusammenhang mit den Drohungen über Folgen des Ungehorsams erwähnt wird.

271 Z. B. LAW RKG, N 474 III, Bl. 266r–268r (Universität Helmstedt); B 2156 II, Bl. 533v–535v (Universität Ingolstadt); O 340 II, Bl. 201v–202v (Universität Mainz); N 474, Bl. 3v (Universität Würzburg); O 313 I, Bl. 6r (Universität Heidelberg).

272 Z. B. LAW RKG, S 1953, Bl. 210r–211v (lic. iur. Heinrich Freie und lic. iur. Johannes Baumann aus Münster).

273 Zur Nichtigkeitsbeschwerde vgl. unten S. 163ff.

Die frühen Akten geben auch über die weiteren Gerichtspersonen einigen Aufschluss. Als erste Anwälte werden Jost Otterjeger[274] und Gerhardt Dieckmann genannt, es kamen aber bereits nach kurzer Zeit stetig weitere Anwälte[275] hinzu. Diese wurden in der Regel als „gemeine am hoffgericht geschworne und veraidte Procurator[es]"[276] bezeichnet, was auf ein Zulassungsverfahren hindeutet. Von ihrer Tätigkeit als Anwälte am Hofgericht werden sie jedoch kaum alleine gelebt haben. Einige von ihnen tauchen in den Akten auch in anderer Funktion auf, etwa Ludolph Meier als Kanzleisekretär[277] oder Berthold Stallmeister als Anwalt am Offizialat[278]. Zunächst als Schreiber, später als Hofgerichtsnotar wird Martin Kramer (Kremer) bezeichnet, der um 1603 auch zum kaiserlichen Notar[279] ernannt worden ist. Die ersten Ladungen insinuierten noch Notare, allerdings überbrachte schon im Dezember 1588 erstmals ein Gerichtsbote das Schriftstück. Das waren zunächst Jost Roleves, später Valentin Wernecke (ab 1593), Franz Besebang (1598), Jacob Wiegand (ab 1601) und Johan Brothauß (ab 1608).

Deutlicher als aus der Generalvollmacht erhellt sich die Stellung des neuen Gerichts im Behördengefüge aus den Prozessakten. Dem Grundsatz nach sollte die neue Generalvollmacht bereits beim Bischof anhängige Sachen offenbar nicht berühren, denn der neue Auftrag erging „ohne widderruffungh unser in etzlichenn sachenn vorhin ertheilter Speciall Commissionenn"[280]. Es kam aber vor, dass Dietrich eine ältere Vollmacht nachträglich widerrief und den Streit an das neue Gericht verwies[281]. In einer Verfahrensakte von Bürgermeister und Bewohnern der Stadt Borgentreich gegen einige Angehörige der Familie Spiegel zu Desenberg findet sich etwa die Anweisung Dietrichs, nach der er der bisher beauftragten Spezialkommission die Vollmacht entzogen habe und die Sache nunmehr seinem neuen Gericht zuweise[282]. Der Bischof begründete den Schritt damit, dass die bisherigen Richter ihren Auftrag noch nicht „effectuirt" hätten, in der Sache also noch nicht groß verfahren worden war. Ein ähnliches Vorgehen findet sich anlässlich einer

274 Gestorben vor dem 29. April 1593, vgl. RKG O 313 II, Bl. 69v.

275 Berthold Stallmeister (vor dem 29. Oktober 1598 an der Pest gestorben, vgl. RKG O 313 II, Bl. 144r), Martin Saur (verstorben zwischen dem 12. Januar und dem 27. April 1589, vgl. RKG S 1953, Bl. 36v), Ludolph Meyer, Heinrich Buddenberg, Johannes Steinwart, Hermann Hanxleden.

276 Z. B. LAW RKG, C 33 II, Bl. 1v; S 1953 II, Bl. 5v.

277 LAW RKG, K 187 Bl. 226r.

278 LAW RKG, B 233 I, Bl. 115r.

279 Als solcher hat er z. B. das Notarinstrument bei RKG K 187 Q 36 ausgestellt.

280 LAW RKG, S 1956 III, Bl. 3v.

281 LAW RKG, S 1953 II, Bl. 5r.

282 LAW RKG, S 1953 II, Bl. 3v.

Erbschaftsstreitigkeit der Familie von Westphalen[283]. Hier entzog Dietrich dem vormals tätigen Paderborner Offizial den Auftrag und wies die Angelegenheit der neuen Generalkommission zu. In einem weiteren Prozess kündigte der Bischof seinen Räten die Vollmacht und überwies die Angelegenheit an das neue Gericht, ohne seinen Schritt zu begründen[284]. Daneben bevollmächtigte der Bischof andersherum gelegentlich besondere Kommissare, um bestimmte Rechtsfälle abzuhandeln, wie etwa im Fall der Klage gegen den Juden Samuel, mit dem der fürstliche Rat Franziscus Meinder und der Paderborner Bürgermeister Jobst Bogreve betraut wurden[285]. Im genannten Fall kann das Vorgehen aber mit besonderen Judenregalien zusammenhängen[286]. Selten trat auch das Offizialat als Vorinstanz in den Reichskammergerichtsakten in Erscheinung. Das dort verwendete Amtssiegel[287] spricht für eine gefestigte Struktur des Gerichts, an dem scheinbar auch gesondert angenommene Prokuratoren auftraten[288], wenngleich die Sitzungen des Gerichts offenbar in der Privatwohnung des Offizials abgehalten wurden[289].

Es ist bemerkenswert, dass die Einrichtung des ständigen Gerichts keine überlieferten Streitigkeiten über seine Zuständigkeit oder Zusammensetzung hervorrief. Zwar wurde bereits im ersten Verfahren der Richter Jacobi durch den Beklagtenanwalt Otterjeger abgelehnt und ein Schiedsgericht vorgeschlagen. Die Vorbehalte bestanden aber wohl deshalb, weil die Beklagten Jacobi aufgrund seiner Tätigkeit für die Kläger im Vorfeld des anhängigen Verfahrens für befangen hielten. Dem Einwand nahm Jacobi dann auch dadurch den Wind aus den Segeln, dass er sich für dieses Verfahren aus dem Gericht zurückzog. Er „enteußert[e]" sich seiner Vollmacht und „remittirt[e]" diese an seine Richterkollegen, „damitt doch der Proceß under solchem Punct nicht uffgehalten"[290] wurde. Der Bischof sah offenbar davon ab, einen anderen Richter an seiner statt einzusetzen, wenngleich Otterjeger auch in den folgenden Terminen mit der Zusammensetzung des Gerichts unzufrieden war. Ebenfalls nicht ungewöhnlich scheint es, dass der Beklagtenanwalt Dieckmann im Verfahren des Abts von Corvey gegen Bodhard Drolshagen als Canonicus der

283 LAW RKG, W 848, Bl. 3r.

284 LAW RKG, N 474 II, Bl. 97r.

285 LAW RKG, J 292 II.

286 Battenberg, Juden, Sp. 1405.

287 Vgl. etwa LAW RKG, B 233 I, Bl. 116r und II, Bl. 56r.

288 Vgl. etwa LAW RKG, B 233 I, Bl. 114r, wo Georg Vogelius als „geistlich gerichts [...] Procurator" bezeichnet wird.

289 LAW RKG, B 233 I, Bl. 115v: „In unnser gewohnlich behausung". Im Gegensatz dazu aus dem Jahr 1632: RKG, O 315 I, Q 36: „in des wolehrwürdig Ehrnuest und hochgelehrten Herrn Hermann Hertings fürstlichen paderbornischen officialen Residens houe in der understen Stuben alhie zu Paderborn an der Kolgruben gelegen".

290 Vgl. dazu LAW RKG, S 1956 II, Bl. 39v.

Busdorfkirche, Conradt Vollmers, Heinrich Armbroster und Heinrich von Bermete die *exceptio forideclinatoria,* die Einrede der Unzuständigkeit, erhob. Dieckmann wollte damit nämlich nur die Aufspaltung des Verfahrens erreichen. Gegen Drolshagen sollte vor dem Dekan des Busdorfstifts und gegen die Übrigen vor den weltlichen Ratsgerichten der Städte Warburg bzw. Volkmarsen verhandelt werden, denn es sei „in denn beschriebenenn beiden geistlichen unnd weldtlichen Rechtenn, wie auch deß heiligen Reichs ordnungh die lobliche unnd heilsamb versehung geschehen [...], daß kein Parthey, ohn mittel, vor daß obergericht zu Recht soll gezogen oder fürgefordert werdenn, Sondernn das ein Jeder der geistlich vor seine geistlichenn, der weltlich vor seiner weltlichenn obrigkeitt, der er ohn mittell unterworffen, in prima instantia zubesprechen sey"[291]. Dieckmann zweifelte also die Autorität des neuen Obergerichts nicht grundsätzlich an, sondern hielt es für unzuständig, weil die Beklagten nicht unmittelbar dem fürstlichen Gericht unterworfen waren. Der forideklinatorischen Einrede war im weiteren Verlauf des Verfahrens kein Erfolg beschienen. Anscheinend schloss sich das Gericht den Ausführungen des klägerischen Anwalts Otterjeger an, der unter Verweis auf den Kameralautor Joachim Mynsinger die Auffassung vertrat, in derartigen Fällen, in denen mehrere Beklagten verschiedenen Richtern unterworfen seien, könne vor dem gemeinsamen Obergericht geklagt werden[292]. Will man diesem Zwischenstreit überhaupt etwas Eindeutiges entnehmen, so lässt sich lediglich festhalten, dass auch der Beklagte die Rolle des neuen Gerichts als Obergericht grundsätzlich anerkannte. Hier loderte wohl erstmals der in den folgenden Jahrzehnten immer wieder schwelende Konflikt zwischen Bischof und partikularen Kräften über das Recht auf die erste Instanz im Hochstift auf[293].

4. Neue Diskussionen

Die Aussagen, die über die Anfangszeit des neuen Gerichts gemacht werden können, bleiben also begrenzt. In den Folgejahren entbrannte aber eine neue Auseinandersetzung zwischen dem Landesherrn und insbesondere dem Domkapitel über das Hofgericht[294]. Es ist wahrscheinlich, dass die Einrichtung auf wenig Zufriedenheit gestoßen ist. Jedenfalls lässt sich in den Tagebüchern Kaspars von Fürstenberg acht

291 LAW RKG, D 648, Bl. 11v.

292 Vgl. LAW RKG, D 648, Bl. 16r f.: „quando sunt plures rei eiusdem causae, et ad eundem finem agitur, Nam tales rei onmnes qui sunt diuersis Jurisdictionibus subiecti, diuersasque Judices immediates habent, bene possunt propter eandem causam, coram uno eodemque ipsorum omnium mediato Judice, mediato Judice omisso, conueniri..."

293 Vgl. dazu insbesondere S. 248 ff.

294 Vgl. auch WIGAND, Provinzialrechte, S. 273 f.

Jahre nach der Einrichtung der Generalkommission eine weitere Stoßzeit in der Diskussion feststellen. Was den Anlass für die neuerlichen Beratungen gegeben hat, kann nicht mehr sicher gesagt werden. Gut möglich, dass die starke ständische Besetzung der Generalkommission dem Bischof ein Dorn im Auge war. Ebenso kann die Finanzierung des Gerichts zum Problem geworden sein; immerhin hatten die Verhandlungspartner sich schon vor der Einrichtung des neuen Tribunals mit einer Einigung hier schwergetan[295]. Schließlich ist denkbar, dass eine Erweiterung der Hofgerichtsordnung zu Konflikten zwischen dem Landesherrn und den Ständen geführt hat, bei denen die austarierten Machtverhältnisse der am Verfassungsleben Beteiligten im Vordergrund standen. Auf diese Faktoren deuten die Quellen jedenfalls hin. 1596 schreibt Kaspar in sein Tagebuch: „Ich zihe in die stadt Paderborn und uf beschehene abredt erscheine ich im dumcapittul und conferir mit den hern von hinlegung aller mißverstende zwischen meinem gnedigen fursten und hern und innen, praesertim in jurisdictionalibus und die jacht in der Senden"[296]. Ob es dabei um das Hofgericht ging, geht daraus zwar nicht ausdrücklich hervor, es scheint aber einigermaßen wahrscheinlich. Denn auch in anderen Quellen gibt es Hinweise auf Unstimmigkeiten zwischen dem Landesherrn und den ständischen Korporationen in dieser Zeit. Dabei ging es offenbar insbesondere um die Neubesetzung des Gerichts, seine Finanzierung und um eine Erweiterung der Hofgerichtsordnung. Hinsichtlich der Besetzung schien sich das Personalkarussell unter anderem um den früheren Offizial und fürstlichen Rat Johannes von Hörde[297] zu drehen. Dieser wandte sich offenbar an Kaspar, und begehrte „sich zu befurdern ans hoffgericht zu Paderborn"[298]. Hörde war bis zum Jahr 1593 bereits Offizial in Paderborn gewesen[299], anlässlich seiner Heirat jedoch des Amtes enthoben[300]. Ob er nunmehr versuchte, an das weltliche Hofgericht in Paderborn zu gelangen, ist nicht ganz eindeutig. Möglicherweise ist mit dem Eintrag im Tagebuch Kaspars auch das geistliche Hofgericht, also das Offizialat, gemeint, für das Hörde wieder eingesetzt werden wollte. Dafür sprechen die weiteren Aufzeichnungen Kaspars, der 1597 einträgt, er „intercedir[e] fur Horde pro officio officialatus Paderbornensis ad instantiam judicis in Plettenbergh"[301].

295 Vgl. oben S. 60.

296 Eintrag vom 6.8.1596 bei Bruns, Tagebücher I, S. 661.

297 Er war seit 1589 Offizial und seit 1593 auch bischöflicher Rat. Vgl. Hengst, Reformen, S. 38. Als Offizial findet er sich auch in den Vorakten eines Reichskammergerichtsprozesses von 1593 wieder: LAW RKG, B 233 II.

298 Eintrag vom 12.12.1596 bei Bruns, Tagebücher I, S. 676.

299 Als solcher wird er 1593 noch in Offizialatsakten erwähnt; vgl. LAW RKG, B 233 II.

300 Hengst, Reformen, S. 38.

301 Eintrag vom 27.2.1597 bei Bruns, Tagebücher I, S. 688.

Dietrich selbst schien seinen eigenen Kanzler Georg Jacobi zu bevorzugen, denn Johannes von Hörde wandte sich später ein weiteres Mal an Kaspar und hoffte, dieser werde „fur innen [...] sollicitirn, das er an statt des canzlers am hoffgericht sein möge“[302]. In der Tat wird in einem Insinuationsbericht des Reichskammergerichtsboten Caspar Schernborg vom 26. Juli 1599 Georg Jacobi als „hoffrichter und canzlar“ des Bistums bezeichnet[303]. In diesem Bericht taucht auch zum ersten Mal das Amt des Hofrichters in den Quellen auf. Auf organisatorische Neuerungen kann daraus alleine freilich nicht geschlossen werden. Eine endgültige Lösung des Personalstreits fand man wahrscheinlich nicht. Noch fast zwei Jahre später wurde „Rat [...] gehalten, wie von neuwen das furstlich hoffgericht mit personen zu besetzen“ sei. Kaspar fügt resignierend an: „sed variatur sententiis et nihil certi statuitur“[304]. Man konnte sich also wegen der Meinungsverschiedenheiten nicht einigen. Offenbar setzte sich aber Johannes von Hörde durch, der wiederum bei den Domherren nicht auf Gegenliebe stieß: Bei Verhandlungen im Domkapitel wurde beklagt, die Besetzung des Hofgerichtes „sei auch der Capitulation und beschwerungs Puncten ungemeß, in den I[hre] f[ürstliche] G[naden] denselben ohn Vurwißen und consent, den hoffgericht schon p[rae]ficirt“[305]. Der Bischof hatte wohl Hörde als Hofrichter neben einem Dr. Cloß, einem Advokaten Dr. Jost und dem Kanzler für das Gericht gewonnen. Die Kapitulare befürchteten aber „inconuenientzien“, weil diese Personen eine „Liga“ bildeten, die durch „verwandtschafft, schwagerschafft, freundtschafft“ verbunden sei. Sie schlugen Adrian Schilder, ein Mitglied der Paderborner Erbtormeisterfamilie, vor, der „ein adeliche Person, dahero Cap[i]t[ul]o und adeliche Ritterschaft rhumblich“ sei, und gab lediglich zu bedenken, dass das vorgesehene „salarium zu geringe sein“[306]. Es schimmert durch, dass die Ritterschaft das Amt des Hofrichters für sich sichern wollte.

Wenige Tage später, im Juli 1598, war eine vollständig abgefasste Hofgerichtsordnung Thema auf dem Landtag zu Schonlohe[307]. Dietrich ließ den Ständen offenbar eine ausgearbeitete Ordnung verlesen und hoffte endlich auf deren Genehmigung[308]. Aus den Landtagsprotokollen ergibt sich in diesem Zusammenhang auch, dass bislang vor Gericht wohl nur nach einer „kurtze[n] Instruction an

302 Eintrag vom 28.3.1597 bei Bruns, Tagebücher I, S. 692.

303 RKG D 648, Bl. 8v.

304 Eintrag vom 1.10.1598 bei Bruns, Tagebücher I, S. 761.

305 LAW Domkapitel, Nr. 1954, Bl. 79r (30.6.1598).

306 LAW Domkapitel, Nr. 1954, Bl. 79r.

307 Gemeint ist der Sitz des Schonloher Freistuhlgerichts südlich von Dringenberg. An der Stelle steht die heutige Schonlaukapelle.

308 Keller, Gegenreformation II, S. 497, Nr. 429.; Lotterer, Gegenreformation, S. 239f.

stadtt einer gerichtz ordnungh“[309] verfahren wurde. Wieder entschieden die Stände aber nichts, denn sie hatten noch „bei einem oder mehr Puncten bedenkens“ und wollten sich mit dem Bischof auch noch darüber, „was sonsten zu erhaltung und bedienungh des hoffgerichts“ nötig sei, vergleichen[310]. Ein weiteres Mal war der Tagesordnungspunkt also verschoben, so dass Dietrich seine Proposition auf dem Landtag in Schwaney im August 1599 erneut vortragen ließ. Erneut wurden aber keine eindeutigen Beschlüsse gefasst. Offenbar konnte man sich über die personelle Besetzung nicht einigen. Das Domkapitel nahm für sich in Anspruch, die Hofrichterstelle zu besetzen, und wollte zwei Assessoren durch Ritterschaft und Städte eingesetzt wissen[311].

Auch am 12. Oktober 1599 in Salzkotten und am 4. Januar 1600 im Kloster Abdinghof wurde in einem Landtagsausschuss über die Reform des Hofgerichts diskutiert. Die anwesenden bischöflichen Räte drangen, „weill das hofgericht bekleidet und verwaltet wurde“, darauf, zu klären, „wie es mit der besoldungh zuhaltenn, denn der substituirter Hofrichter unnd Assessorn darumb anhilten“[312]. Im Protokoll wird später aber nur festgehalten: „Auf besoldung der hofgerichts Personnen kontenn sich jegenwärtige Stende nitt erkleren noch einlaßen, mußten solches zu einem gemeinen Landtag verschieben“[313]. Inzwischen standen also wieder Finanzierungsfragen im Vordergrund. In der Proposition zur Ausschusssitzung im Kloster Abdinghof drängte der Bischof darüber hinaus darauf, dass die Stände sich endlich zu dem seit Längerem zugestellten Entwurf einer Hofgerichtsordnung erklären[314]. Das Domkapitel signalisierte auch Zustimmung, jedoch musste im Protokoll auch diese Frage wiederum vertagt werden, „weill aber Ritterschafft und stette dieselb noch nicht gelesen“[315] hatten und nochmalige Abschrift erbaten.

Weitere zwei Jahre später wurde auf dem Landtag in Lichtenau „Im nahmen der semptlichen Stenden die iüngst uff dem Landtag zum dringeberg zum hoffgericht praesentirte Personen nochmalß f[ürstlicher]. G[naden]. vorgestelt und um zulaßung underthenig gebetten“[316]. Man hatte sich also offenbar immer noch nicht über die Neubesetzung geeinigt. Die Quelle gibt zudem erstmals Aufschluss über die weiteren Details, um die der Landesherr und die Stände stritten. Letztere erklärten zwar, „daß Hoffgericht betreffend [...] wegen dero begriffener Hoffgerichts ordnung sich

309 LAW Landstände Nr. 108, Bl. 66r.
310 LAW Landstände Nr. 108, Bl. 66v.
311 Keller, Gegenreformation II, S. 498, Nr. 431.
312 LAW Landstände Nr. 108, Bl. 199r f.
313 LAW Landstände, Nr. 108, Bl. 200r.
314 LAW Landstände, Nr. 108, Bl. 202r.
315 LAW Landstände, Nr. 108, Bl. 203r.
316 LAW Landstände, Nr. 109, Bl. 266r.

Inn Kürtzenn mitt I[hrer] f[ürstlichen] G[naden] vergleichen“ zu wollen, baten um einige weitere Reformen der Go-, Unter- und Freigerichte und stellten sogar in Aussicht, dass „die Hoffgerichts ordnung unnd der Freigerichts reformation, wann sie die Stende zufurderst mitt I[hrer] f[ürstlichen] G[naden] sich darüber vergliechenn, Inn truck gebenn werdenn soll“[317]. Vor einer solch umfassenden Justizreform verlangten sie aber noch Änderungen an der Hofgerichtsordnung, nämlich dass der „Hoffgerichts Notario In Paderborn heußliche wohnung habenn unnd dem hoffgericht Jederzeit abwartenn“[318] sollte. Hinsichtlich der Finanzierung schienen sie nichts davon zu halten, zusätzliche Mittel zur Gerichtsunterhaltung bereitzustellen, sondern schlugen vor, „daß dieselb auß gemeinenn Steuernn unnd contributionen genommenn werde“[319], verwiesen also auf den allgemeinen Landesetat.

Offenbar hatte es weit darüber hinaus aber noch umfassendere Änderungswünsche gegeben, auf die die verhandelnden bischöflichen Räte zurückweisend reagierten. Sie stellten fest, es „befende sich daß etwaß zu addirenn begertt würde“, was ihr Herr jedoch „nit paßiren laßen konnten“, nämlich „erstlich mitt der Intitulatur. 2. daß uisitatio durch beiordnung der Stende geschehen sollte. 3. daß f[ürstliche] G[naden] causas zuauociren. 4. wie auch daß hoffgericht zu endern nit bemechtigtt sein sollte“[320]. Die Stände verlangten also offenbar Zugeständnisse des Bischofs in weiteren zentralen Fragen. Abgesehen von der symbolischen Frage nach der Intitulatur der Richter und der Änderungsbefugnis des Bischofs ging es den Ständen um die Visitation, womit wohl die Visitation des Gerichts gemeint sein dürfte. Forschungen dazu, was die Visitation eines territorialen Obergerichts ausgemacht haben könnte, fehlen vollständig. Es ist daher nicht möglich, zu rekonstruieren, weshalb die Landstände eine Beteiligung an der Visitation für so wichtig hielten. Allgemein versteht man unter der Visitation außerhalb kirchlicher Organisationen die Besichtigung einer Behörde mit dem Ziel, Schwächen aufzudecken und abzustellen[321]. Ein besonderes Visitationsverfahren ist in der weltlichen Gerichtsbarkeit vor allem für das Reichskammergericht bekannt[322]. Dort hatten die Visitatoren nicht nur zur Verbesserung von Organisation und Verfahren beizutragen, sondern ihnen oblag zugleich seit 1555 auch die Entscheidung über das Rechtsmittel der Revision[323]. Als Rechtsmittel gegen Urteile des Hofgerichts kam in

317 LAW Landstände, Nr. 109, Bl. 271v.

318 LAW Landstände, Nr. 109, Bl. 272r.

319 LAW Landstände, Nr. 109, Bl. 272r.

320 LAW Landstände, Nr. 109, Bl. 280v.

321 Vgl. etwa Becker, Visitation, Sp. 928.

322 Becker, Visitation, Sp. 928. Zu den Visitationen am Reichskammergericht vgl. Mencke, Visitationen, passim.

323 Zu den Aufgaben der Visitatoren vgl. Mencke, Visitationen, S. 79–92.

Paderborn aber die Appellation an das Reichskammergericht in Betracht, worauf die Landstände keinen Einfluss haben konnten. Möglicherweise war geplant, Urteile, die nicht appellabel waren[324], durch ein besonderes Rechtsmittel an den Landesherrn überprüfbar zu machen. Aus den späteren Hofgerichtsordnungen ist diese Möglichkeit bekannt[325], so dass die Stände ein Interesse haben konnten, sich hier ihre Mitsprache zu sichern. Schließlich wollten sie dem Bischof die Avokation der Verfahren verbieten. Unter der Avokation oder Evokation versteht man das Recht eines Reichsstandes, Rechtsstreitigkeiten, die vor einem Untergericht schwebten, an das eigene Gericht zu ziehen[326]. Es ist leicht einzusehen, dass die Stände an einem solchen Evokationsverbot ein Interesse haben konnten. Zwar lehnten die Repräsentanten des Bischofs Verhandlungen über derartige Fragen kategorisch ab. Die Stände aber blieben bei ihrer Meinung und wollten am Folgetage der „R[everendissi]mi erklerung gewertig sein“[327], verlangten also eine erneute Konsultation des Bischofs. Dieser beharrte auf seiner Herrschaft und lies schroff verkünden, dass er eine Einigung mit den Ständen nicht nötig habe. Im Gegenteil „wehre I[hrer] f[ürstlichen] G[naden] bedencklich unnd bei Rom[isch] Key[ser]l[iche]r May[es]t[ä]t dauonn I[hre] f[ürstliche] G[naden] die regalia hetten unuverantwortlich, sich des Justitz wesens halber mitt denn Stenden Inn einigem contract einzulaßen“[328]. Er zog sich also darauf zurück, als vom Kaiser belehnter Landesherr die alleinige Justizgewalt innezuhaben, die einen Vergleich mit den Ständen nicht zuließ.

Ob es während der Regentschaft Dietrichs überhaupt zu einer Einigung zwischen dem Landesherrn und den Ständen gekommen ist, lässt sich im Nachhinein nicht eindeutig sagen. Ein Blick in das folgende Jahrhundert macht es wahrscheinlich, dass der Bischof sich weitgehend durchsetzen konnte. Visitationen sind aus der Regierungszeit Ferdinands II. ausschließlich durch landesherrlichen Beamte und – soweit ersichtlich – ohne Ständebeteiligung überliefert[329], das Avokationsrecht des Bischofs sollte im 17. Jahrhundert ein ständig schwelender Streitpunkt bleiben und die Änderungsbefugnis ist in den späteren Hofgerichtsordnungen ausdrücklich vorbehalten[330]. Vielleicht waren es die Umstände des über die Landesgrenzen hinaus bekannt gewordenen „Kampfes um Paderborn“[331], der zu Beginn des 17. Jahrhunderts Ritterschaft, Städte und Landesherrn gegeneinander aufbrachte,

---

324 Zur Appellabilität von Urteilen vgl. S. 154 ff. und S. 192.
325 Vgl. S. 192 und S. 233.
326 Oberländer, Lexicon, S. 70.
327 LAW Landstände, Nr. 109, Bl. 280v.
328 LAW Landstände, Nr. 109, Bl. 281r.
329 Zu den überlieferten Visitationsberichten vgl. S. 211 ff.
330 HGO 1619 Tit. 54 § 3; HGO 1666 Tit. 66 § 2; HGO 1720 Tit. 66 § 2.
331 Dazu sogleich S. 75 f.

die die Position Dietrichs auch in diesen Fragen stärkten. Auch eine Entscheidung der übrigen Streitpunkte lässt sich in den reichskammergerichtlichen Akten nicht eindeutig nachweisen. Eine ausführliche Hofgerichtsordnung ist aus seiner Regierungszeit jedenfalls nicht überliefert. Zwar wird in der späteren Hofgerichtsordnung Bischof Ferdinands auf die „biß herzu observirte Hoff-Gerichts-Ordnung"[332] Bezug genommen. Es mag sich dabei aber auch lediglich um die Entwürfe gehandelt haben, die Dietrich den Ständen bei den langwierigen Verhandlungen mehrmals zur Verfügung gestellt hatte, oder aber um einen zwischenzeitlich gefestigten *stilus curiae*. Trotz allen Streits um eine vollständige Hofgerichtsordnung hatte ein Hofgericht in Paderborn weiter gearbeitet: In einem Vertrag zwischen Dietrich und der Stadt Paderborn kam es 1601 auch zur Regelung des Appellationszuges vom Paderborner Rat an den Landesfürsten, der bislang noch vereinzelt an den Dortmunder Rat als Paderborner Oberhof gegangen war[333]. Zukünftig versprachen die Paderborner nur noch „bei landfürstlicher Obrigkeit oder Ihrer F[ürstlichen] G[naden] Hofgericht umb rechtliche Hülfe anzusuchen", nur noch „gradatim an den Landsfürsten oder I[hrer] F[ürstlichen] G[naden] Hofgericht zu appellieren" und auch extrajudicialiter nur noch an „Canzlei oder Hofgericht" zu suppliciren[334].

Und der Streit ums Personal? Am 15. Juni 1602 erwähnt Kaspar von Fürstenberg erstmals den „her hoverichter Horde"[335] in seinem Tagebuch. Auch verschiedene Insinuationsvermerke auf Ladungen und Inhibitionsbriefen des Reichskammergerichts weisen Johann von Hörde in den Folgejahren bis 1608 als Hofrichter in Paderborn aus[336]. Aber durch die hier angelegte Anrede als „Hofrichter" ist eine organisatorische Verfestigung des Gerichts nicht gesichert. Ihre Schriftsätze wenden die Anwälte nunmehr zwar gelegentlich an den „fürstliche[n] Paderbornische[n] herrn Hoffrichter unndt assessorn"[337], meistens bleibt es aber bei der Anrede als „verordnete Commissarien"[338]. Ohnehin scheint der genauen Anrede keine besondere Bedeutung beigemessen worden zu sein[339]. Teilweise wechseln die Intitulaturen innerhalb desselben Verfahrens von Schriftsatz zu Schriftsatz. Gelegentlich dachten

332 HGO 1619, Präambel.

333 Zum Oberhofzug nach Dortmund vgl. Müller, Oberhof, S. 240 f.; Lotterer, Gegenreformation, S. 121–125.

334 Zitiert nach Keller, Gegenreformation II, S. 513.

335 Eintrag vom 15. 6. 1602 bei Bruns, Tagebücher II, S. 135.

336 Z. B. LAW RKG, M 879 I, Q 2v. Insinuation vom 20. Januar 1608. Schon 1611 ist in den Akten aber verzeichnet, dass Johann von Hörde verstorben war, vgl. LAW RKG, W 848, Bl. 341v (vor dem 22. 3. 1611).

337 LAW RKG, P 423 II Bl. 2v.

338 LAW RKG, W 848, Bl. 47v; M 879, Bl. 68r.

339 Wie wichtig aber die symbolische Intitulatur der Reichskammerrichter war, zeigt von Loewenich, Amt und Prestige, S. 416.

sich die Anwälte sogar neue Anreden für das Gericht aus. So wird ein Schriftsatz vom 25. Oktober 1601 an „dießeß fürstlichen Paderbornischen hoffgerichtz verordneter Hoffrichter und Präsidenten“[340] gerichtet – Eine Intitulatur, die kein zweites Mal auftaucht.

5. Ein jähes Ende?

Nach den bisherigen Erkenntnissen lässt sich zwar eine Diskussion um Einrichtung, Organisation, Besetzung und Finanzierung des Gerichts nachvollziehen. Erkennbar ist auch, dass ein neues Gremium tatsächlich Recht gesprochen hat. Eindeutige Aussagen dazu, inwieweit das Gericht gefestigt war und wie weit seine Kompetenzen reichten, lassen sich aber nicht treffen. Unumstritten war die neue Einrichtung offenbar nicht.

Das Augenmerk soll im Folgenden auf den politischen Hintergründen der Jahrhundertwende liegen. Darf man den bisherigen Angaben in der Literatur nämlich Glauben schenken, nutzte Dietrich ohnehin den weit über die Bistumsgrenzen hinaus bekannt gewordenen „Kampf um Paderborn“, der sich im Jahr 1604 dramatisch zuspitzte, um die Arbeit des Hofgerichts schon wieder zu beenden[341]. Er soll die Behörde aus der Stadt an seine Residenz nach Neuhaus gezogen haben. Damit – so die Literatur – habe nicht nur ein Ortswechsel stattgefunden. Der Bischof nutzte die Gelegenheit vielmehr, um das Hofgericht wieder mit seiner Kanzlei zu vereinigen. „Bischöfliche Kommissarien“ hätten das Gericht dort verwaltet[342]. Woher diese Information stammt, ist unklar. Wohlmöglich nimmt Rosenkranz in seinem bereits mehrfach erwähnten Beitrag auf die Präambel der Hofgerichtsordnung von 1619 Bezug, in der Ferdinand I., der Nachfolger Dietrichs, resümiert, „Unser Weltliches, vor wenig Jahren zu dieser Unser Fürstlichen Cantzley transferirtes Hoff-Gericht […] davon wieder separirt [und], darzu besonderen Hoff-Richtern bestellet“[343] zu haben.

Diese Behauptung passt jedenfalls in die Zeit. Um die Jahrhundertwende spitzten sich die Auseinandersetzungen zwischen dem katholischen Landesherren, den größtenteils zum Protestantismus gewechselten Paderborner Rittern[344] und den landtagsfähigen Städten um Einfluss und Macht im Bistum zu[345]. Begleitet

340 LAW RKG, R 373 II, Bl. 20v.

341 Rosenkranz, Verfassung, S. 136; vgl. auch Wigand, Provinzialrechte, S. 273 f.

342 Rosenkranz, Verfassung, S. 136.

343 HGO 1619, Präambel.

344 Zum Protestantismus des Paderborner Adels vgl. Lotterer, Gegenreformation, S. 151 ff.

345 Vgl. zu den folgenden Ausführungen insbesondere Ehrenpreis/Horstkemper, Frühmoderne Landesherrschaft, S. 127–147; Decker, Kampf, passim; Richter, Geschichte, S. 1–156.

wurden die innenpolitischen Spannungen von einer äußeren Bedrohung zunächst durch einfallende niederländische, später auch durch meuternde spanische Soldaten, die Westfalen auf der Suche nach neuen Söldnern, Versorgung und Winterquartieren durchstreiften. Der achtzigjährige, spanisch-niederländische Krieg fand auch im Hochstift Schauplätze. Für Dietrich waren Drohungen des spanischen Heerführers Francisco de Mendoza wegen der protestantischen Umtriebe im Bistum Anlass und Gelegenheit, schärfer gegen die aufrührerische Stadt Paderborn und die Ritterschaft vorzugehen. Hinzukam, dass die Kosten für die Abwehr der fremden Truppen über die Reichskreise auf die Territorien umgelegt wurden, so dass der Bischof gezwungen war, über eine finanzielle Beteiligung der Stände zu verhandeln. Das provozierte Konflikte, in deren Folge insbesondere die Stadt Paderborn Unterstützung bei protestantischen Landesfürsten, allen voran Landgraf Moritz von Hessen-Kassel, suchte. Auch auf das Domkapitel konnte der Bischof nicht mehr bauen. Die kompromisslose Umsetzung der tridentinischen Reformen, insbesondere den Lebenswandel der Geistlichkeit betreffend, missfiel den Kapitularen zunehmend. Als sich zudem in Paderborn innerstädtische Konfliktlinien in einen offenen Aufstand gegen die Ratsoligarchie zuspitzten, sah Dietrich eine Gelegenheit, einzugreifen. Er selbst ließ den kurz zuvor rekatholisierten Grafen Johann von Rietberg verpflichten und warb spanische Söldner an, welche die Stadt Paderborn belagerten und die renitente Bürgerschaft schließlich zum Einlenken zwangen. Dietrich ging aus diesem Konflikt gestärkt hervor, beschränkte die städtische Autonomie und baute seine Landesherrschaft konsequent aus[346].

Jene Umbruchzeit soll Dietrich nun genutzt haben, seinen Einfluss auf die Obergerichte auszubauen. Der Befund überrascht allerdings, scheint es doch Dietrich selbst gewesen zu sein, der den Stein zur Einrichtung eines neuen Hofgerichts ins Rollen gebracht hatte. Ob er daher mehr als einen örtlichen Umzug des Gerichts durchsetzte, ist schwer zu sagen. Bekannt ist allerdings, dass der Bischof in der Stadt Paderborn eine Personalpolitik betrieb, die seinem Einfluss in der städtischen Führungsschicht zugute kam[347]. Vielleicht nutzte er die Schwäche der Stände, um seine Gerichtsbarkeit wieder Vertrauten in seiner Umgebung zu überlassen. Für einen großen Einschnitt, wie ihn die Literatur beschreibt, gibt die Überlieferung der Reichskammergerichtsakten allerdings wenig her. Auch nach 1604 wird Johann von Hörde weiter als Hofrichter in Insinuationsvermerken genannt. In der Tat fällt bei einem Blick ins Reichskammergerichtsrepertorium des Landesarchivs Westfalen jedoch auf, dass für

346 Zu den Folgen vgl. Braun, Paderborn, S. 149–169; Richter, Geschichte, S. 142–156.
347 Braun, Paderborn, S. 159–163.

die Zeit zwischen 1604 und 1619 die „Regierung“ bzw. „Kanzlei“ häufiger als Vorinstanz erwähnt wird. Das gilt jedenfalls für die erste Instanz. Als Appellationsgericht taucht häufiger das Hofgericht in den Repertorien auf, wenngleich die Begrifflichkeit – wie festgestellt – unscharf ist. Schriftstücke werden vermehrt in Schloss Neuhaus aus- und zugestellt. Trotzdem finden sich weiterhin Hinweise darauf, dass der Sternberger Hof in Paderborn „alhie auf der Emunität unnd thumbfreiheit gelegenn, alß gewohnlicher hoffgerichts [...] mahlplatz“[348] gedient hat. Jedenfalls, das lässt sich aus den Akten einwandfrei entnehmen, war es nicht erst Ferdinand, der das Gericht wieder nach Paderborn übersiedeln ließ[349]. Dies geschah noch unter Dietrich, und zwar vor dem 21. April 1616. Im Injurienverfahren des Arndt Kannengießer gegen Godtschalck Knedteisen forderten „Ihrer f[ürstlichen] G[naden] Cantzler Rhette unnd hoffgerichts Commissarii“[350] mit einer „citatio inhibitio“ den Beklagten auf, „bei diesem nunmehr zur Stadt Paderborn transferirtem fürstlichen hoffgericht“[351] zu erscheinen. Offenbar konnte oder wollte man den Sternberger Hof für die Gerichtssitzungen aber nicht mehr nutzen, denn die Richter verlangten „alhie in der Stadtt Paderborn und Cloister Abdinghoff ann der audientz stuben alß angeordneten hoffgerichts platz“[352] zu erscheinen. Unklar bleibt, welche Organisation das Hofgericht zu dieser Zeit aufwies, ob ein ad hoc zusammengestelltes Gericht urteilte und ob die genannten Räte und der Kanzler mit den erwähnten Hofgerichtskommissaren identisch waren. Es ist auch nicht sicher, ob das Kloster Abdinghof dauerhaft zum Gerichtsort werden sollte. Weitere Spuren einer Diskussion um das Hofgericht finden sich in den Quellen nicht. Als der Wittelsbacher Ferdinand I. zum nachfolgeberechtigten Koadjutor des Stifts gewählt wurde, verpflichtete seine Wahlkapitulation vom 3. März 1612[353] ihn mit keinem Wort zur Errichtung eines obersten Gerichts oder zur Wiederherstellung der Zustände von vor 1604. Auch dieser Umstand spricht nicht dafür, dass aus zeitgenössischer Sicht ein spürbarer Einschnitt in der Tätigkeit des Hofgerichts erfolgte oder die Stände ihre Einwirkung auf dieses Gericht gefährdet sahen. Offenbar hatte man sich in diesem Punkt arrangiert, während man andere Themen der Landesverwaltung durchaus ansprach. So fällt etwa

348 LAW RKG, M 879 II, Bl. 68r, Termin vom 14. Dezember 1606.

349 Das aber behauptet Dietrichs Nachfolger Ferdinand von Bayern in der Präambel der Hofgerichtsordnung von 1619.

350 LAW RKG, K 81 II, Bl. 1r.

351 LAW RKG, K 81 II, Bl. 6r.

352 LAW RKG, K 81 II, Bl. 6v.

353 Abgedruckt bei KELLER, Gegenreformation III, S. 672.

die Einrichtung einer „bestendige Cantzley und Registratur“[354] ebenso auf wie überhaupt die detaillierteren Vereinbarungen zwischen Bischof und Kapitel, die über die Verabredungen mit Dietrich[355] weit hinausgingen.

6. Zusammenfassung

Über die ersten Jahre des neuen Hofgerichts konnte nur ein Wimmelbild bestehend aus Tagebucheinträgen, Protokollfetzen, Aktenstücken und Schriftverkehr nachgezeichnet werden. Eine Zusammenfassung mag hier hilfreich sein: In den 1580er Jahren, beim Amtsantritt Dietrichs, benutzten die Quellen den Begriff „Hofgericht“ unscharf und meinten damit regelmäßig die regierenden Räte des Bischofs. Ein solches Gerichtsgremium fand sich ad hoc auf Bestimmung des Landesherrn zusammen. Ein beständiges, oberstes Landesgericht schufen – entgegen der Forschungsmeinung – weder Johann II. von Hoya noch Heinrich IV. von Sachsen-Lauenburg. Erste Spuren lassen sich vielmehr in Tagebucheinträgen des Bruders Bischof Dietrichs IV. von Fürstenberg ausmachen, der zwischen Dezember 1587 und Juni 1588 mit seinen Landständen verhandelte. Ob mit oder ohne Zustimmung der Stände errichtete Dietrich bis dahin ein neues, beständiges Richtergremium, das von Anfang an aus jeweils einem Vertreter der drei Stände und einem bischöflichen Vertrauten bestand. Die Arbeit begann offenbar geräuschlos im Sternberger Hof in der Stadt Paderborn und bestand wohl aus der Leitung überwiegend schriftlicher Zivilverfahren. Urteile wurden häufig durch Aktenversendung gefällt. Ab 1596 lassen sich in den Landtagsverhandlungen dann neue Diskussionen ausmachen. Es wurde beharrlich um die Finanzierung und den Einfluss des Bischofs auf das Gremium und das Verfahrensrecht gestritten, der sich bis in die Anrede des Gerichts nachvollziehen lässt. Trotzdem arbeitete ein Hofgericht im Hochstift durchgängig weiter. Die Annahme in der Literatur jedenfalls, dass der „Kampf um Paderborn“ für Dietrich ein Anlass gewesen sei, das Hofgericht mit seiner Kanzlei zu vereinigen, ist falsch. Vielleicht zogen die Richter kurzfristig auf die bischöfliche Residenz nach Neuhaus um, nahmen aber bald die Arbeit in Paderborn wieder auf. Erstaunlich unklar bleibt, ob ihrer Arbeit vor 1619 eine ausgearbeitete, verschriftlichte Prozessordnung zugrunde lag.

354 LAW Domkapitel, Nr. 48.20, Bl. 4r.
355 LAW Domkapitel, Nr. 48.11, Bl. 5r.

III. Die Hofgerichtsordnung von 1619

Fast 20 Jahre nach den neuen Landtagsdiskussionen verblassen die Spuren des Hofgerichts also wieder. Es existierte wohl ein Gericht, das man als Hofgericht anging. Genaues lässt sich nicht sagen. Das Jahr 1618 brachte für das Bistum dann große Veränderungen. Die Landesgeschichte verbindet mit diesem Datum allerdings weniger den fern der Stiftsgrenzen auflodernden Konflikt, der in den großen, dreißigjährigen „teutschen" Krieg münden sollte. Im Vordergrund für das Hochstift Paderborn stand vielmehr der Tod Dietrichs von Fürstenberg am 4. Dezember 1618[356] und die beginnende Regentschaft des Bayern Ferdinand I., der nicht nur Kurfürst von Köln, sondern seit 1612 schon Bischof von Münster, Hildesheim und Lüttich gewesen war[357]. Die intensive Herrschaft Dietrichs wich der Amtsübernahme eines Bischofs, dessen Augenmerk sicher nicht auf dem kleinen Hochstift am Rande seines Einflussbereichs ruhte[358]. Die Paderborner sahen ihren Landesherren auch nur ein einziges Mal nach der Inthronisation wieder[359]; das Tagesgeschäft bestimmte eine Statthalterregierung. Es ist daher eher unwahrscheinlich, dass ausgerechnet in das Pontifikat Ferdinands echte Reformen des Hofgerichts fallen sollten. Aus rechtshistorischer Sicht bleibt jedoch festzuhalten, dass aus den Anfangstagen seiner Regierung die erste umfangreiche Hofgerichtsordnung in mehreren Abschriften überliefert ist. Die Exegese dieser Vorschriften soll im Mittelpunkt der weiteren Ausführungen stehen.

Zunächst ergeben sich jedoch weitere Quellenprobleme. Rosenkranz[360] und Wigand[361] berichten, die Hofgerichtsordnung Ferdinands stamme aus dem Jahr 1619. Auf dieses Datum verweist auch ausnahmslos die jüngere Forschung[362]. Lotterer meint unter Hinweis auf die Präambel der überlieferten Ordnung, im Jahr 1619 habe Ferdinand nur die Ordnung seines Vorgängers „confirmirt, bestättigt und erneuert"[363] – ein Befund, der sich nicht endgültig überprüfen lässt. Die Bezugnahme Ferdinands kann sich ebenso auf die Vorarbeiten für die Landtagsverhandlungen bezogen haben, deren Ausgang ungewiss bleibt. Das Jahr 1619 geistert jedenfalls durch die Literatur.

356 Braun, Dreißigjähriger Krieg, S. 201.

357 Vgl. zur Wittelsbacher Bistumskumulation insgesamt auch Feine, Reichsbistümer, S. 305–329.

358 Süss, Kanzleiordnungen, S. 329 f.

359 Nach Gatz, Ferdinand, S. 110 wohnte er der Bistumssynode von 1621 bei. Richter, Geschichte, S. 230 meint, Ferdinand sei nach der Inthronisation niemals wieder in Paderborn gesehen worden.

360 Rosenkranz, Verfassung, S. 136 f.

361 Wigand, Provinzialrechte, S. 274.

362 Brandt/Hengst, Bistum, S. 91, Fn. 6; Lotterer, Gegenreformation, S. 240.

363 HGO 1619, Präambel; vgl. Lotterer, S. 240.

Rosenkranz berichtet weiter, die damals eingesetzte Hofgerichtsordnung soll 32 Titel umfasst haben[364]. Ein Blick auf die überlieferten Quellen sorgt aber für Verwirrung: In der Tat finden sich gleichlautende Abschriften einer Hofgerichtsordnung in mehreren Archiven. Das Landesarchiv Nordrhein-Westfalen verwahrt gleich drei Abschriften einer Hofgerichtsordnung, die von Ferdinand verkündet worden sein soll[365]. Als Ausstellungsdatum tragen zwei aber den 9. Mai 1618, also ein Datum, an dem Dietrich noch lebte und regierte. Auch die Abschrift aus dem Stadtarchiv Warburg nennt diesen Tag. In den Archiven des Altertumsvereins Paderborn und der Familie von Brenken finden sich ebenfalls inhaltsgleiche Abschriften, die aber den 7. Mai 1619 als Tag der Ausstellung nennen. Die Handschriften umfassen im Übrigens allesamt nicht 32, sondern 54 Titel nebst zwei angehängten Eidesformeln[366]. Das Gleiche gilt für den bereits erwähnten Druck der Hofgerichtsordnung Ferdinands aus dem Jahr 1702, der ebenfalls den 7. Mai 1619 als Ausstellungsdatum der Vorlage vermerkt. Auch die letzte Hofgerichtsordnung Clemens Augusts nimmt auf dieses Datum Bezug. Schließlich berichtet Bischof Hermann Werner, Auftraggeber des Druckes von 1702, im Jahr 1698 an das Reichskammergericht, die Hofgerichtsordnung Dietrichs sei von Ferdinand 1619 „ernewert" worden[367]. Welches der Daten stimmt, ist wahrscheinlich ebenso unwichtig wie unaufklärbar. Im Mai 1618 jedenfalls war Ferdinand noch nicht Bischof, sondern Koadjutor des Stifts Paderborn; Dietrich lebte noch. Erstaunlich ist daher, dass sich Ferdinand in allen Abschriften als „Bischoff zu Paderborn"[368] bezeichnen lässt. Vielleicht gehen die unterschiedlichen Datierungen auf einen späteren Schreibfehler bei der Abschrift vom Original zurück. Im Folgenden wird daher davon ausgegangen, dass die erste überlieferte Hofgerichtsordnung aus dem Jahr 1619 stammt.

Bemerkenswert ist, nebenbei bemerkt, wie spätere Bischöfe den Ursprung der Hofgerichtsordnung familienpolitisch für sich in Anspruch nahmen. Ferdinand I. selbst hob in der Präambel seiner Ordnung die „biß herzu observirte Hoff-Gerichts-Ordnung" seines Vorgängers hervor und unterstrich dadurch die Urheberschaft Dietrichs. Ferdinand II., ein Großneffe Dietrichs aus dem Hause Fürstenberg, bestätigte, dass sein „Großöhme […] ein absonderliches fürstliches hoffgericht

---

364 Rosenkranz, Verfassung, S. 136 f.

365 Nachweise oben bei Fn. 124.

366 Hinter der Abschrift LAW Domkapitel, Nr. 261.2 , Bl. 66r–70v finden sich weitere – undatierte – Eidesformeln, die teilweise denen von 1666 ähneln. Hier sind aber auch zusätzliche, bisher unbekannte Judeneide aufgeführt.

367 Vgl. die Edition bei Süss, Beneficium, S. 387 f.

368 HGO 1619 Präambel. Ob mit der Präposition eine Einschränkung einhergeht, ist nicht sicher. Soweit ersichtlich, ist die Anrede von Koadjutoren in der Frühen Neuzeit nicht erforscht. Ferdinand von Fürstenberg und sein Vorgänger Dietrich Adolph jedenfalls bezeichneten sich als „Bischof des Stifts Paderborn" oder „Bischof von Paderborn".

angestellet und demselben eine gewisse Ordtnung […] vorgeschrieben“[369] habe. Ferdinand I. wurde nur beiläufig genannt. Ganz anders bei Bischof Clemens August, dem Urgroßneffen Ferdinands I. aus dem Hause Wittelsbach. Dieser erwähnte Dietrich in der Präambel seiner Hofgerichtsordnung mit keinem Wort. Sein Vorfahr Ferdinand habe die Hofgerichtsordnung geschaffen.

Über die Ordnung aus dem Jahr 1619 ist bisher fast nichts bekannt. Rosenkranz berichtet über die angeblich 32 Titel umfassende Ordnung lediglich, dass sie der Reichskammergerichtsordnung nachgebildet wurde und das Hofgericht mit einem studierten Hofrichter und drei Beisitzern besetzt war, die die Stände bestimmten[370]. Die Besetzung der Hofrichterstelle ist zwar in den Nachfolgeordnungen abweichend dahin gehend geregelt, dass eine adlige oder studierte Person zu ernennen war. Die knappen Aussagen von Rosenkranz sind jedoch zu allgemein, um nachvollziehen zu können, ob es eine kürzere Vorgängerordnung tatsächlich gegeben hat. Dass Ferdinand innerhalb kürzester Zeit zwei unterschiedliche Ordnungen in Kraft setzte, ist aber doch unwahrscheinlich, so dass die Behauptung von Rosenkranz falsch sein dürfte. Etwas ausführlicher zum Inhalt wird Lotterer, der die Brenken'sche Abschrift der Hofgerichtsordnung zur Kenntnis genommen hat[371], aber keine Einzelheiten zur Besetzung und zum Verfahren vor dem Hofgericht liefert.

Die durchgesehenen Abschriften der Hofgerichtsordnung sind, ebenso wie der Druck aus dem Jahr 1702, nicht in verschiedene Teile, sondern fortlaufend in Titel untergliedert, die meist aus mehreren Absätzen bestehen. Der Aufbau folgt einer inneren Logik. Nach der Darstellung der Gerichtspersonen und ihrer Eide folgen Vorschriften zur Verfahrenseinleitung und zum -ablauf, wobei die Streitbefestigung, die *litis contestatio,* den Verfahrensablauf in Sinnabschnitte gliedert. Es folgen Vorschriften zum Beweisrecht, zur Säumnis, zum zweitinstanzlichen Verfahren und zu besonderen Verfahrensarten. Den Abschluss machen Regelungen der Urteilsvorbereitung, -verkündung und -vollstreckung, der Rechtsmittel gegen hofgerichtliche Entscheidungen sowie der Gerichtsferien und -kosten.

1. Die Gerichtspersonen

Die Hofgerichtsordnung enthält in den ersten zehn Titeln Regelungen zu den am Hofgericht tätigen Personen. Neben dem Hofrichter und den Beisitzern kennt die Ordnung auch den Hofgerichtsnotar, den Prokurator, den Fiskal und den Gerichtsboten.

369 HGO 1666, Präambel.

370 Rosenkranz, Verfassung, S. 136 f.

371 Lotterer, Gegenreformation, S. 241.

a) Richter und Beisitzer

Nach Titel 1 wirkte am Hofgericht ein ständiger Hofrichter, der „ein Adeliche oder Gelährte in den Rechten gewürdigte Persohn sein solle“[372]. Vornehme Herkunft war also nicht zwingende Voraussetzung, vielmehr konnte der Hofrichter auch durch juristisches Studium und akademische Grade zu seinem Amt kommen. In persönlicher Hinsicht wurde ein redlicher und verständiger Charakter gefordert. Bei der Besetzung der Hofrichterstelle schien der Landesherr, im Gegensatz zu der Besetzung der Beisitzerstellen, frei gewesen zu sein.

Die Ordnung sah drei Beisitzer für das Hofgericht vor, die auch latinisiert als Assessoren bezeichnet werden. Sie mussten „geschickt und qualificirt befunden, auch alle und jede eines ehrbaren Wesens, und der Gerichtlichen Sachen geübt, und erfahren sein“[373]. Freilich schweigt die Ordnung darüber, wer die Qualifikation anhand welcher Maßstäbe zu überprüfen hatte. Es ist sogar unklar, ob mit dem Hinweis auf die Qualifikation der Beisitzer auf besondere juristische Kenntnisse angespielt werden sollte. Da Hofrichter und Beisitzer vornehmlich nach gelehrtem Recht entscheiden sollten, kann man vielleicht annehmen, dass ein juristisches Studium tatsächlich Voraussetzung zum Richteramt war. Sicher ist das aber nicht, weil das Gericht mit dem Institut der Aktenversendung die Möglichkeit hatte, Rechtsgelehrte die Entscheidung fällen zu lassen. Und der Rechtstext verlangte von den Kandidaten offenbar nur Übung und Erfahrung in „Gerichtlichen Sachen“, also gerade keinen akademischen Grad.

Die Beisitzer sollten dem Bischof („Uns“) von „Thumb-Capitul, Adelichen Ritterschaft, und Stiffts Ständen praesentirt“[374] werden. Intermediäre Herrschaftsträger hatten also Einfluss auf die Besetzung der Richterstellen. Unklar ist, ob jeder Landstand je einen Beisitzer zu benennen hatte oder ob – wie der Wortlaut nahelegt – Domkapitel und Ritterschaft je einen und in Abstimmung mit den landtagsfähigen Städten als drittem Stand einen weiteren Beisitzer zu präsentieren hatten. Offen ist auch, welchen Einfluss die Präsentation der Beisitzerstellen wirklich eröffnete. In reichskammergerichtlichen Besetzungsverfahren war mit der Präsentation nicht die verbindliche Besetzung der Beisitzerstellen, sondern vielmehr ein kompliziertes Vorschlagsverfahren gemeint, über den das Plenum nach einer Art Zugangsprüfung abzustimmen hatte[375]. Ob es eine Plenarentscheidung am Paderborner Hofgericht auch gab, die Stände letztverbindlich entschieden oder der Bischof ein Vetorecht

372 HGO 1619, Tit. 1 § 1.

373 HGO 1619, Tit. 1 § 1.

374 HGO 1619, Tit. 1 § 1.

375 Jahns, Richter, S. 168–210; Wiggenhorn, Reichskammergerichtsprozeß, S. 18–22; Smend, Reichskammergericht, S. 264 ff., insb. S. 304–306.

ausüben konnte, ist nicht zu sagen. Während des eingangs zitierten Reichskammergerichtsprozesses Alexius Bachmanns äußerte der Bischof die Rechtsansicht, „die Anordnung und Bestellung der Gerichtsbedienten [... sei] nach dem allgemeinen Staatsrechte bloß seiner Einsicht überlassen, und wenn gleich Ersteres, nämlich die Wahl der Bedienten, durch ein Herkommen den Unterthanen gebühret, so [... sei] Er dennoch befugt, das Ihm zu einer Gerichtsstelle präsentirte Subject aus Ihn bewegenden Ursachen zu verwerfen, und wo nicht, statt dessen einen anderen anzusetzen, dennoch im gelindesten Wege zu fordern, daß statt seiner, Ihm ein anderes dargestellet und präsentirt werde“[376]. Das war allerdings nur seine Sicht der Dinge. Immerhin mussten ihm sowohl Beisitzer als auch Hofrichter vor Beginn ihrer Tätigkeit den Amtseid „leiblich“[377] schwören, und zwar „zu Gott und auff das H[eilige] Evangelium“[378].

Die Unterscheidung zwischen Hofrichter und Beisitzern ist eine für den Untersuchungszeitraum typische Erscheinung. Nicht nur an den Gerichten anderer Territorien, sondern insbesondere auch am Reichskammergericht wurde bis zum Ende des Alten Reiches zwischen Kammerrichter und Assessoren unterschieden. Die Trennung geht auf die in der deutschen Rechtsgeschichte typische Differenzierung zwischen Richter und Urteiler zurück[379]. Die Aufgabe des Richters war es nicht, zu „richten“, also eine Entscheidung zu finden. Er hatte das Gericht zu hegen[380], seine Ordnung zu wahren und es nach außen zu vertreten. Die Schöffen aber hatten das Recht zu finden und fällten die Entscheidung[381]. Eine funktionale Unterscheidung gab es auch am Reichskammergericht. Dort führte der Kammerrichter den Vorsitz in den Audienzen und in den Urteilsberatungen, übte die Aufsicht über die übrigen Gerichtspersonen aus, erstattete vereinzelt dem Kaiser Bericht und nahm weitere verwaltende Tätigkeiten wahr[382]. Er beriet und stimmte aber bei der Urteilsfindung nicht mit ab[383]. Diese Aufgabe kam einzig den Beisitzern zu. Dementsprechend war es auch nicht nötig, dass der Kammerrichter eine juristische Ausbildung genossen hatte[384], wenngleich viele der Kammerrichter studiert waren[385]. Lediglich

376 Unterthänigste Exceptiones, S. 2; vgl. auch Keinemann, Hochstift II, S. 264.

377 HGO 1619, Tit. 1 § 1.

378 HGO 1619, Tit. 2.

379 Stintzing, Geschichte, S. 51; Smend, Reichskammergericht, S. 244; Döhring, Rechtspflege, S. 35.

380 Stintzing, Geschichte, S. 51.

381 Stintzing, Geschichte, S. 51; Battenberg, Schöffen, Sp. 1464.

382 Wiggenhorn, Reichskammergerichtsprozess, S. 13 ff.; Smend, Reichskammergericht, S. 244 ff.; Dick, Kameralprozess, S. 51.

383 Wiggenhorn, Reichskammergerichtsprozess, S. 13.

384 RKGO 1555, Tit. I.3 § 1; Wiggenhorn, Reichskammergerichtsprozess, S. 13.

385 Smend, Reichskammergericht, S. 251.

die Beisitzerstellen sollten zur Hälfte mit Gelehrten besetzt werden[386]. Der Richter war es häufig auch, der eine Disziplinargewalt über gerichtliche Bedienstete ausübte[387]. Im Zuge der praktischen Rezeption wurde die Unterscheidung zwischen Richter und Urteilern in den Territorien nach und nach aufgehoben, ohne dass sich allgemeingültige Aussagen machen ließen[388]. Der Richter wurde vermehrt in die Urteilsfindung einbezogen[389]. Dabei geht die rechtshistorische Forschung davon aus, dass dieser Trend erst im 18. Jahrhundert zunahm[390].

In Paderborn wird die Unterscheidung 1619 begrifflich aufrechterhalten. Eine funktionale Differenzierung auf der Richterbank ist aber aus dem Normtext nicht ersichtlich. Insbesondere war der Hofrichter an der Urteilsberatung und -abstimmung beteiligt, was sich nicht zuletzt aus der Vorgabe ergibt, dass bei Stimmengleichheit der Rat einer Juristenfakultät einzuholen war[391]. Stimmengleichheit konnte aber nur entstehen, wenn der Hofrichter als vierter Urteiler beteiligt wurde. Bezeichnenderweise sah die Hofgerichtsordnung umgekehrt zu den Reichsgesetzen vor, dass gerade der Hofrichter eine juristische Ausbildung genossen haben musste, während für die Beisitzer nur eine vage juristische Übung als Zugangsvoraussetzung gefordert war.

b) Gerichtsnotar

Neben den Richtern kam dem „Notarius und Secretarius“[392] des Gerichts besondere Bedeutung zu. Die Vorschriften in Titel 3 zu diesem Gerichtsamt bedürfen deswegen einer besonderen Analyse, weil die Bedeutung des Begriffs „Notar“ keinesfalls eindeutig ist. Mit dem Begriff werden vielmehr eine Reihe verschiedener Aufgaben und Ämter beschrieben, die sich in Funktion und gesellschaftlicher Stellung deutlich unterscheiden. So schreibt Oberländer zum Stichwort „Notarius“: „In vorigen Zeiten hatte man vielerley Arten von Notariis, welche wir wohl nicht alle erzehlen können. Überhaupt ist zu wissen, daß ihre Bedienung, entweder geistlich oder weltlich gewesen, vom verschiedenen Range, Würden und Verrichtungen. Man muss sie also als Cantzler, Secretarios, auch wohl schlechte Schreiber ansehen, nachdem es die Umstände derer Auctorum, wo sie gemeldet worden, leiden wollen“[393]. Ursprünglich bezeichnet das lateinische Wort *notarius* schlichtweg

386 RKGO 1555, Tit. I.3 § 2.
387 Für das Heidelberger Hofgericht vgl. Kern, Gerichtsordnungen, S. 205.
388 Einen Überblick über die Situation in den Territorien gibt Lenel, Scheidung, S. 443 ff.
389 Kocher, Richter, Sp. 1037.
390 Döhring, Rechtspflege, S. 36; vgl. auch Schröder/Künssberg, Rechtsgeschichte, S. 948.
391 HGO 1619 Tit. 46 § 8.
392 HGO 1619, Tit. 3 § 1.
393 Oberländer, Lexicon Juridicum, S. 437.

einen Schreiber[394], im prozessualen Kontext also eine Person, die rechtserhebliche Geschehnisse verschriftlichte[395]. Angestellte Schreiber waren anfangs besonders an den gelehrten kirchlichen Gerichten und sonstigen geistlichen Verwaltungseinheiten tätig[396]. Aber auch ganz allgemein führte die Zunahme geschäftlicher Händel zur Anstellung von Schreibern in vielen Bereichen herrschaftlicher Verwaltung. Für Paderborn ist ein *notarius* erstmalig verhältnismäßig spät im Jahre 1237 erwähnt[397]. Aus diesem Gerichtsamt entwickelte sich mit dem öffentlichen Notar ein selbstständiges Amt, dessen Inhaber dazu berufen war, Urkunden aufzunehmen, denen öffentlicher Glaube zugestanden wurde. Neben der gerichtlichen Tätigkeit wurde dem Notar zugestanden, Akte der freiwilligen Gerichtsbarkeit ohne richterlichen Auftrag auszustellen[398]. Die Ernennung dieser Fach- oder Funktionsnotare war ein vornehmes Recht, das dem Kaiser und dem Papst gleichermaßen, allerdings mit zahlreichen Abgrenzungsschwierigkeiten, zufiel[399]. Der Begriff des Notars blieb für die gerichtlichen Schreiber jedoch erhalten, teilweise wurden sie aber auch als Sekretär, Aktuar oder Pronotar bezeichnet, wobei auch diese Bezeichnungen nicht einheitlich synonym verwendet wurden[400]. Selbst wenn man aus der konkreten Quelle den öffentlichen vom Gerichtsnotar zu scheiden vermag, ist über den genauen Inhalt der Tätigkeit damit wenig gesagt. Die dem Gerichtsnotar, -schreiber oder -aktuar konkret übertragenen Aufgaben konnten durchaus unterschiedlich ausfallen. Das zeigt sich schon an der unterschiedlichen Anzahl „technischer“ Ämter an den Gerichten. Am Reichskammergericht etwa waren in der Kanzlei neben dem Kanzleiverwalter, Notaren und Pronotaren auch Leser, Sekretäre, Ingrossisten, Kopisten und ein Kanzleiknecht angestellt[401]. Nach der Münsterischen Hofgerichtsordnung von 1571 teilten sich Notare und ein Leser die wesentliche Schreib- und Ausfertigungsarbeit[402]. Und in Paderborn sollte am Hofgericht also nur ein Notar als Gerichtsschreiber tätig sein.

---

394 Dolezalek/Konow, Notar, Sp. 1043; Kroeschell/Cordes/Nehlsen-von Stryk, Rechtsgeschichte II, S. 30; Trusen, Anfänge, S. 71 f.

395 Dolezalek/Konow, Notar, Sp. 1043.

396 Kroeschell/Cordes/Nehlsen-von Stryk, Rechtsgeschichte II, S. 29 f.; Trusen, Anfänge, S. 72; ders., Notariat, S. 583; Dolezalek/Konow, Notar, Sp. 1044.

397 Aubin, Verwaltungsorganisation, S. 80; Jahreszahlen zu anderen Territorien bei Trusen, Anfänge, S. 72.

398 Dolezalek/Konow, Notar, Sp. 1043; für das Fürstbistum Münster vgl. Knemeyer, Notariat, S. 74.

399 Dazu Bader, Klerikernotare, S. 6 ff.

400 Vgl. dazu Döhring, Rechtspflege, S. 178 ff.

401 Dick, Kameralprozess, S. 79 f.; für die Zeit um 1800 teilweise abweichend Wiggenhorn, Reichskammergerichtsprozess, S. 45.

402 Dazu Knemeyer, Notariat, S. 69 ff.

Dieser „pro tempore“[403], also zeitweilig, angestellte Notar hatte Aufgaben innerhalb und außerhalb der gerichtlichen Audienzen. Er musste bei den Gerichtssitzungen zugegen sein und durfte nur nach besonderer Entschuldigung gegenüber dem Hofrichter und den Beisitzern fehlen. Zunächst hatte er die nach der letzten Sitzung erkannten Urteile und Bescheide zu verlesen. Seine vornehmliche Aufgabe war es jedoch, alle „einkommene Handlung, Fürträge und Acta, treulich und mit gutem Fleiß“[404] zu protokollieren. Dazu hatte er ein Protokollbuch zu führen und auf alle eingehenden Schriftstücke „Tag, Jahr, Platz, wan und wo die eingeben“, zu notieren. Darüber hinaus führte der Notar ein gesondertes Buch, in das er alle „Bey- und Endurtheile, so vor und nach ergehen, und abgesprochen, auch Transactiones und Verträge, was deren daselbsten auffgerichtet“, eintrug. Die eingegangenen Schriftstücke sammelte er in einem eigens zu errichtenden Archiv. Darüber hinaus sollte er nach der Audienz Reinschriften und Abschriften der Protokolle, Aktenauszüge und Entscheidungen anfertigen: „Man soll auch nach geendeter Audientz, jederzeit in den jenigen interlocutoriè vel definitvè submittirten und beschlossenen Sachen, Acta vel Protocolla fürderlichst fertigen, compliren, und die Partheyen oder ihre Anwäldte darein, wie auch mit Ertheilung der Bescheiden, und Urtheilen nicht auffhalten, sondern zu möglicher Erledigung und Abhelffung befürderen“[405]. Der Notar war es wohl auch, der den Siegelstempel des Gerichts verwahrte und die Aktenabschriften siegelte. Im Gegensatz zu den frühen Regierungsjahren Dietrichs IV. sind aus der Zeit Ferdinands Siegelabdrücke erhalten, die mit der Umschrift „SIGILVM IVDICII AVLICI PADERBORN[ensis]“[406] um eine Kombination aus bayerischen und Paderborner Wappen das Hofgericht als Institution in den Vordergrund stellen.

Zusammenfassend lässt sich festhalten, dass der Notar am Paderborner Hofgericht Tätigkeiten zu verrichten hatte, die an anderen Gerichten durch mehrere Gerichtsbedienstete besorgt wurden. Im Gegensatz zu anderen Gerichten sollte auch nur ein Notar diese Arbeit erledigen. Immerhin sah die Hofgerichtsordnung die Möglichkeit vor, weitere Hilfspersonen „neben ihme hierzu [zu] deputiren“[407]. Dabei unterlag er ausführlichen und strengen Arbeitsanweisungen. Das mag auf einen allgemein grassierenden Amtsmissbrauch der unteren Gerichtsbeamten zurückzuführen sein[408]. Es war ihm zunächst verboten, anderen Personen als den Parteien

403 HGO 1619, Tit. 3 § 1.
404 HGO 1619, Tit. 3 § 1.
405 HGO 1619, Tit. 3 § 7.
406 Z. B. LAW RKG, O 315 II Bl. 89r (wohl um 1635); N 485 I; Bl. 10r = Q6 (1629).
407 HGO 1619, Tit. 3 § 1.
408 Dazu Döhring, Rechtspflege, S. 184f., allerdings sehr pauschaliert und ohne nähere zeitliche Eingrenzung.

und auch diesen nur mit Wissen des Hofrichters und der Beisitzer Abschriften gleich welcher Art zu gewähren. Weiter hatte er sich unbedingt neutral zu verhalten. Er sollte keine Partei übervorteilen und sich nicht durch „Geschenck, Gunst, Ungunst, Lieb oder Leid, Freund- oder Feindschafft“[409] korrumpieren lassen. Die Protokollpflicht sollte er ohne jede unnötige Weitschweifigkeit erledigen. Diese Anordnung ist allzu leicht verständlich, wurde der Notar doch ausweislich der Kostenvorschriften teilweise nach der Zahl der beschriebenen Seiten bezahlt. Es verwundert daher auch nicht, dass allzu offensichtliche Geldschneiderei, wie das mehrmalige Protokollieren der Zeugenmahnungen und -eide oder die ausführliche Wiedergabe aller Titel und Prädikate, verboten war[410]. Lediglich die Zeugenaussagen sollten exakt mit den Worten protokolliert werden, die der Zeuge benutzt hatte.

Anforderungen an die Qualifikation des Notars enthält die Hofgerichtsordnung nicht. Naturgemäß musste er zwar lesen und schreiben können, juristische Fähigkeiten wurden ihm aber nicht abverlangt[411]. Selbst das von anderen Hofgerichtsordnungen verlangte „ehrhafte oder glaubhafte Wesen“ oder eine „gewisse Erfahrung“[412] forderte die Paderborner Ordnung nicht ausdrücklich.

c) Prokuratoren und Advokaten

Die mit deutlichem Abstand umfangreichsten Regelungen der Hofgerichtsordnung betreffen die Arbeit derjenigen Personen, die die Parteien vor Gericht vertraten oder sonst ihre Interessen wahrnahmen[413]. Damit sind nicht die Fälle gemeint, in denen sich Parteien wegen ihrer Unmündigkeit vor Gericht vertreten lassen mussten, etwa weil sie minderjährig waren[414]. Es geht im Folgenden um die Parteivertreter, die gewerblich gegen Entgelt Beratung und Vertretung wahrnahmen. Das waren einerseits Prokuratoren und andererseits Advokaten.

---

409 HGO 1619, Tit. 3 § 1.

410 HGO 1619, Tit. 3 § 3; das Problem bestand in gleicher Weise bei der Bezahlung von Anwälten, vgl. dazu Oestmann, Anwaltskosten I, S. 196.

411 Anders etwa in Heidelberg, vgl. Kern, Kurpfälzer Landrecht, S. 208.

412 Vgl. zum Beispiel Münsterische HGO 1571, Tit. 1.10.

413 Das ist nicht untypisch: Nach Kern, Kurpfälzer Landrecht, S. 211 ist die Vorschrift zur Prokuratur die umfangreichste der gesamten Heidelberger Gerichtsordnung. Auch die Vorschriften der RKGO 1555, Tit. I.18 bis I.25 zur Advokatur und Prokuratur sind umfangreich.

414 Dass sich diese Personen vor Gericht vertreten oder helfen lassen mussten, ist selbst in älterer einheimischer Zeit bezeugt, vgl. Buchda/Cordes, Anwalt, Sp. 255; Planck, Gerichtsverfahren I, S. 185 ff.; Bader, Vorsprecher, S. 47 ff.

Die Unterscheidung zwischen Prokuratur und Advokatur ist für die Zeit durchaus typisch, wurde gar als „universeller Zug“[415] bezeichnet, wenngleich sich Grenzen und Unterschiede im Laufe der Rechtsgeschichte verschoben und die Begriffsbedeutungen veränderten. Die begriffliche Unterscheidung zwischen Prokurator und Advokat geht bereits auf das vorklassische römische Recht zurück. Der *advocatus* war eine Person, die neben die Partei trat und diese beriet[416]. Davon zu unterscheiden war der *procurator* oder *cognitor*, der den Prozess für die Partei vor Gericht führte[417]. Allerdings geschah diese Prozessführung nicht im Wege der Vertretung im Sinne einer modernen unmittelbaren Stellvertretung. Vielmehr übernahm der *procurator* die Rolle des Klägers oder Beklagten und machte eigene Rechte geltend[418]. Als weitere Gerichtsperson ist ebenfalls bereits in vorklassischer Zeit der *patronus* oder *orator* bekannt, dessen Aufgabe es war, vor Gericht für die Partei zu sprechen und durch rhetorische Fähigkeiten das Gericht zu überzeugen[419]. Auch das einheimische Recht kannte unterschiedlich ausgeformte „Parteivertreter“. Dabei galt zwar im Frühmittelalter grundsätzlich, dass sich der vollfreie, wehrhafte Mann vor Gericht nicht vertreten lassen konnte[420], was angesichts der Vorstellung vom „Prozeß als Ordnungsfaktor in einer streng personenbezogenen Rechtsordnung“[421] nicht überrascht. Mit der Zeit traten aber Dritte zunehmend für die Parteien vor Gericht auf. Für das Hochmittelalter lassen sich zwei Personengruppen ausmachen: Neben denen, die in den Quellen als „Horcher“ und „Warner“ bezeichnet werden und deren Rolle weitgehend im Dunkeln liegt[422], ist hier insbesondere der Fürsprecher von Interesse. Der Begriff ist zwar bereits in Quellen der fränkischen Zeit nachgewiesen[423], es lassen sich eindeutige Aussagen zur prozessualen Funktion des Fürsprechers jedoch erst für das Hochmittelalter machen. Der Fürsprecher war demnach eine Person, die für die Partei vor Gericht sprach[424], jedoch – ohne ihr Vertreter zu sein – nicht an ihrer Stelle, sondern neben ihr[425]. Angesichts des

415 Cordes, Helfer, S. 191.

416 Kaser/Hackl, Zivilprozessrecht, S. 219 und S. 563; Paulus, advocatus, Sp. 136.

417 Kaser/Hackl, Zivilprozessrecht, S. 209 f. und zur Unterscheidung S. 213.

418 Kaser/Hackl, Zivilprozessrecht, S. 210; Klass, Leistungselite, S. 52.

419 Kaser/Hackl, Zivilprozessrecht, S. 219; Klass, Leistungselite, S. 52.

420 Buchda/Cordes, Anwalt, Sp. 255; Kocher, Prozeßvertretung, Sp. 71; Bader, Vorsprecher, S. 9; Knolle, Reichsfiskalat, S. 57 f.

421 Schlosser, Zivilprozess, S. 157.

422 Dazu Maurer, Gerichtsverfahren, S. 135 f.; Cordes, Helfer, S. 179; Quellenbeispiel bei Schröder, Horcher und Warner, S. 118 f. m. w. N.

423 Cordes, Helfer, S. 180; Oestmann, Fürsprecher, Sp. 1883; Döhring, Rechtspflege, S. 121.

424 Cordes, Helfer, S. 180.

425 Klass, Leistungselite, S. 54, Weissler, Rechtsanwaltschaft, S. 50; Bader, Vorsprecher, S. 11.

strengen Formalismus des spätmittelalterlichen Prozesses bestand für die Partei nämlich stets die „vare", also die Gefahr, den Prozess zu verlieren, weil Formeln, Gesten oder Gebärden verfehlt wurden[426]. Sprach aber ein Fürsprecher und machte Fehler, bestand für die Partei die Möglichkeit zu Erholung und Wandel; die Partei musste also das Gesprochene nicht gegen sich gelten lassen[427].

Die unmittelbaren Wurzeln der hier interessierenden Funktionstrennung zwischen Prokurator und Advokat ist hingegen im römisch-kanonischen Prozess zu finden[428]. An bischöflichen Gerichten wurde die römisch-rechtliche Unterscheidung zwischen dem Prokurator und dem Advokaten wieder aufgegriffen. Der Prokurator nahm als Stellvertreter die Interessen der Partei vor Gericht wahr. Im Unterschied zum römisch-rechtlichen Verfahren handelte er allerdings nicht mehr als mittelbarer Stellvertreter[429], sondern verhandelte über fremde Rechte. Der Advokat hingegen war der Rechtsberater der Partei, der auch die Schriftsätze fertigte[430]. Niemand musste sich eines Advokaten oder Prokurators bedienen. Wie beim Fürsprecher auch, war es aber ein Akt der Vernunft: dort, um sich die Möglichkeit von Erholung und Wandel zu erhalten, hier um sicher durch den komplizierten römisch-kanonischen Prozess geführt zu werden[431]. Die Aufgabenteilung der Advokaten und Prokuratoren spiegelt sich in ihrer juristischen Qualifikation und gesellschaftlichen Stellung wider: Prokuratoren brauchten keine studierten Juristen zu sein, es reichte aus, wenn man in Rechtshändeln einigermaßen geübt war. Die eigentliche juristische Arbeit übernahmen die Advokaten im Hintergrund, die dementsprechend eine juristische Ausbildung absolvierten und einen hohen gesellschaftlichen Stellenwert genossen[432].

An den frühneuzeitlichen Gerichten in Deutschland gab es die Zweiteilung ebenfalls. Es lassen sich aber deutliche Unterschiede im Detail ausmachen. Prokuratoren waren zahlenmäßig begrenzte, von einer Zulassung abhängige Gerichtsbedienstete. Sie waren am Gerichtsort ansässig und hatten häufig an dem Gericht, an dem sie zugelassen waren, einen privilegierten Gerichtsstand. Advokaten verteilten sich

426 Oestmann, Fürsprecher, Sp. 1883 und Sp. 1885.

427 Oestmann, Fürsprecher, Sp. 1883 und Sp. 1885; ders., Vergesslicher Fürsprecher, S. 157 ff. Zur Möglichkeit von Holung und Wandel ohne Tätigwerden eines Fürsprechers vergleiche aber Meyer, Gefahr, S. 228 ff.; den Aspekt des Friedensschutzes bei Holung und Wandel betont Cordes, Helfer, S. 183.

428 Döhring, Rechtspflege, S. 119.

429 Klass, Leistungselite, S. 56.

430 Cordes, Helfer, S. 189; Klass, Leistungselite, S. 55; Weissler, Rechtsanwaltschaft, S. 117.

431 Cordes, Helfer, S. 188.

432 Döhring, Rechtspflege, S. 120; Weissler, Rechtsanwaltschaft, S. 114.

auf das Gebiet des Sprengels und waren häufig nicht von einer Zulassung abhängig[433]. Einzig wirklich brauchbares Abgrenzungskriterium ist aber häufig – jedoch auch nicht immer – die Vertretungsmacht vor Gericht[434]. Der Prokurator trat vor Gericht auf, der Advokat nicht[435]. Diese Aufgabenteilung verwischte zusehends[436]. Insbesondere war es den Prokuratoren am Reichskammergericht schon früh erlaubt, auch Schriftsätze in Angelegenheiten zu verfassen, in denen sie selbst prokurierten[437]. Andersherum war es den Advokaten bis zum Schluss versagt, selbst vor Gericht zu erscheinen. Das führte dazu, dass Advokaten mitunter von der Gunst einzelner Prokuratoren abhingen[438]. Wurden sie mit Mandaten versorgt, war ihr Auskommen gesichert. Blieben Mandate aus, lag eine Durststrecke vor ihnen, die sie meistens durch ihre eigene Zulassung zur Prokuratur zu überwinden versuchten. Beim Reichskammergericht gab es neben den zugelassenen Prokuratoren auch zugelassene Advokaten, aus deren Stand die Neubesetzung freigewordener Prokuratorenstellen vorgenommen wurde[439]. Hinzu kam, dass die Reichskammergerichtsordnung das juristische Studium zur Voraussetzung der Prokuratur machte[440].

Die Paderborner Hofgerichtsordnung regelt im Wesentlichen nur die Arbeit der Prokuratoren, die sie auch „Redner" oder „Anwalt" nennt, und erwähnt die Tätigkeit der Advokaten nur beiläufig und in geringem Umfang. Dabei geht sie von der klassischen Aufgabenverteilung zwischen den Berufsgruppen aus. Die Prokuratoren sollten die Parteien vor Gericht vertreten. Grundsätzlich bestand aber kein Anwaltszwang am Hofgericht. Vielmehr konnte jedermann „seine eigene Sachen im Gericht vortragen"[441], was aber nicht von der strikten Einhaltung der Hofgerichtsordnung entband. Die Vertretung durch einen Anwalt war für den Gesetzgeber wohl der Regelfall, denn die Verhaltensanforderungen in der Ordnung richten sich überwiegend an die Prokuratoren, nicht an die Parteien. Entsprechend ihren Aufgaben wurde von den Prokuratoren nur eine geringe juristische Fähigkeit verlangt. Sie sollten „als ehrliebenden auffrichtigen Personen […], in gemein sich in ihrem Ambt den Rechten, Reichs-Abscheiden, Cammer- und dieses Unsers

433 Döhring, Rechtspflege, S. 120 f.; Weitzel, Anwälte, S. 257.

434 Cordes, Helfer, S. 191; Smend, Reichskammergericht, S. 343.

435 Sellert, Prokurator, Sp. 2032; Weitzel, Anwälte, S. 256.

436 Döhring, Rechtspflege, S. 121; Buchda/Cordes, Anwalt, Sp. 257; Smend, Reichskammergericht, S. 342: „nur einen Stand"; Stodolkowitz, Oberappellationsgericht, S. 75.

437 Buchda/Cordes, Sp. 280; Weitzel, Anwälte, S. 256; Smend, Reichskammergericht, S. 342.

438 Weitzel, Anwälte, S. 256.

439 Weitzel, Anwälte, S. 257; Smend, Reichskammergericht, S. 343.

440 Weitzel, Anwälte, S. 257, spielt damit wohl auf RKGO 1555, Tit. I.18 § 1 an.

441 HGO 1619, Tit. 5 § 1.

Hoff-Gerichts-Ordnung […] durchauß gemäß verhalten, auch deren verstendig und kündig sein“[442]. Spiegelbildlich konnten sie ihres Amtes enthoben werden, wenn sie „verabsäumlich, träg, faul, und unfleissig“[443] wurden.

Ganz anders die Advokaten, die die Ordnung als „verständige Rechts-Lehrende“[444] bezeichnet. Für diese wurde also offensichtlich von einem juristischen Studium ausgegangen. Advokaten waren wahrscheinlich auch keine Gerichtspersonen, wenngleich die Ordnung wenig eindeutig an anderer Stelle von „Advocaten, procuratoren, oder anderen Gerichts-Personen“[445] spricht. Es fehlt aber an weitergehenden Regelungen zur Advokatur oder an einem Advokateneid. Es ist daher davon auszugehen, dass sich die Disziplinargewalt des Gerichts – anders als andernorts[446] – nicht auf Advokaten erstreckte. Der Ordnungsgeber legte ihnen lediglich die Verhaltenspflicht auf, sich in ihren Schriftsätzen kurzzufassen und niemanden zum Streit aufzuwiegeln.

Demgegenüber gehörten Prokuratoren zum Kreis der Gerichtsbediensteten. Ihre Anzahl war auf vier begrenzt. Sie mussten für „tauglich und geschickt“[447] befunden und am Gericht angenommen werden, was nicht nur eine Zulassungspflicht, sondern auch eine Art Zugangsprüfung impliziert, wie sie auch an anderen Gerichten üblich war, allerdings mit erheblichen Unterschieden im Detail[448]. Über das Prüfungs- und Zulassungsverfahren erfährt man im Übrigen kaum etwas. Nach der Hofgerichtsordnung sollten es „Cantzlar und Rähte“[449] sein, die die Prokuratoren prüfen und annehmen mussten. Ein Protokollbuchauszug über eine solche Prüfung aus dem Jahr 1664 gibt einige Anhaltspunkte darüber, wie schon zu Beginn des Jahrhunderts das Verfahren ausgesehen haben könnte[450]. Allerdings ist in dieser Quelle nicht klar, ob es sich überhaupt um die Anstellung von Prokuratoren am weltlichen Hofgericht oder aber am Offizialat handelte. Offenbar hatte Bischof Ferdinand von Fürstenberg nicht seine Regierung beauftragt, sondern eine besondere Prüfungskommission aus „Domino de Lippia, D[omino] Officiali, D[omino] D[octo]re Koch, D[omino] D[octo]re Widenbrück“ eingesetzt. Vielleicht ist es nur ein Zufall, dass diese Kommission ebenso wie das Hofgericht aus vier Mitgliedern bestand. Der genannte Dr. Laurenz Koch ist jedenfalls in diesem Zeitraum auch

442 HGO 1619, Tit. 5 § 16.
443 HGO 1619, Tit. 5 § 2.
444 HGO 1619, Tit. 5 § 13.
445 HGO 1619, Tit. 11 § 1.
446 Vgl. etwa KERN, Kurpfälzer Landrecht, S. 209 ff.
447 HGO 1619, Tit. 5 § 1.
448 Vgl. einige Nachweise bei STODOLKOWITZ, Oberappellationsgericht, S. 76.
449 HGO 1619, Tit. 5 § 1.
450 LAW Domkapitel, Nr. 93.45, Bl. 1r.

in anderen Quellen als Hofrichter genannt[451]. Reine Spekulation wäre es aber, im Offizial – zu dieser Zeit in Personalunion mit dem Generalvikar Dr. iur. Hermann Herting[452] – den möglichen Beisitzer des Domkapitels, im Herrn von Lippe den Beisitzer der Ritterschaft und in Dr. Wiedenbrück den Beisitzer der Städte zu sehen. Letzterer jedenfalls ist als Rat des Bischofs und Hofrichter in Münster bekannt[453]. Die Kommission hatte an diesem Tag über drei Prokuraturanwärter zu befinden, nämlich „Bertoldus Fabetius folgents Henricus Ertman, und letzlich Ludow[icus] Wipperman". Man befragte die drei Kandidaten offenbar gesondert über den Inhalt der Hofgerichtsordnung, prüfte ihren Lebenswandel und nahm sie nach erfolgreichem Bestehen der Prüfung als Prokuratoren an. Danach hatten die Kandidaten vor der Kommission den Prokuratoreneid abzulegen und bekamen ihre Aufnahmeurkunde ausgehändigt. Zuletzt trug man die Neuen noch in das „sententienbuch" ein. Der Vorgang ist auch dienlich, um die Aufgabenteilung von Prokuratoren und Advokaten zu unterstreichen: Die Prokuratoren hatten nur vor Gericht aufzutreten und Schriftsätze zu überreichen, die durchaus von Advokaten angefertigt werden konnten. Sie wurden deshalb auch nicht auf Kenntnisse im materiellen Recht oder auf ihre Fähigkeit, Schriftsätze zu verfassen, geprüft. Gegenstand des Examens war nur das Prozessrecht nach der Hofgerichtsordnung. Für Advokaten war das in einigen Territorien anders[454].

Die weiteren Ausführungen der Hofgerichtsordnung bestehen im Wesentlichen aus Verhaltensanforderungen und aus Verboten bestimmter Tätigkeiten, die dem übergeordneten Ziel eines zügigen Verfahrens dienen und Prozessverschleppung vermeiden sollten. Die Prokuratoren mussten demnach zunächst zu allen Gerichtstagen pünktlich und persönlich erscheinen und bis zum Schluss des Tages in der Audienz bleiben. Dies hatte den Vorteil, dass auf Anträge und Einwendungen einer Seite sofort reagiert werden konnte – der Gegenvertreter war ja ebenfalls anwesend. Aus diesem Grunde wurde dem Prokurator auch aufgegeben, stets alle Unterlagen bei sich zu führen und sich auf die Verhandlungen vorzubereiten. Konnte ein Prokurator aus „unvermeidlicher, nohtwendiger und ehehaffter Hindernüs"[455] an einer Audienz nicht teilnehmen, durfte er sich nur durch einen Prokuratorenkollegen vertreten lassen, der sich durch entsprechende Vollmacht legitimieren musste. Überhaupt verlangte die Hofgerichtsordnung die Vorlage einer „gnugsamen rechtmässigen und vollständigen Gewalt, der alle wesentliche nohtwendige Requisita

451 Decker, Verzeichnis, S. 302 f. m. w. N in Fn. 48; LAW Domkapitel, Nr. 93.5, Bl. 1r.

452 Vgl. Brandt/Hengst, Bistum, S. 164.

453 Dr. iur. Bernhard von Wiedenbrück (geboren 1615, gestorben 1671); vgl. Decker, Verzeichnis, S. 317; Kohl, Diözese, S. 196.

454 Stodolkowitz, Oberappellationsgericht, S. 76 ff. m. w. N.

455 HGO 1619, Tit. 5 § 4.

und substantial stück in sich habe, nemblich, wer, von wem, wan, in was Sachen, wieder wem, und wie solcher Gewalt gegeben“[456], zu Beginn jeder Sache. Diese Vollmachten durften weder zeitlich beschränkt noch auf einzelne Streitpunkte begrenzt werden. Zur Vermeidung von Streitigkeiten über die richtige Form der Vollmacht gab die Hofgerichtsordnung den Prokuratoren eine „Form gemeinen Gewalts“[457], also ein Vollmachtsformular an die Hand. Handelte ein Prokurator ohne derartige Bevollmächtigung, so sollte er nicht nur nach Ermessen des Hofrichters und seiner Beisitzer bestraft werden, sondern alle Kosten einer Verzögerung des Rechtsstreits tragen. Dementsprechend musste der Prokurator eine Kaution in den Fällen hinterlegen, in denen hinsichtlich der beigebrachten Vollmacht Zweifel aufkamen. Während der Verhandlung hatten die Prokuratoren „sich aller Redt- Erbahrkeit, und Zucht [zu] befleissen“ und insbesondere „in ihren Fürträgen und Recessen aller unnöhtiger, undienstlicher, und vergeblicher Extension, auch insonderheit unglimpfflichen calumnijrens und anzepffens“ zu enthalten. Im Gegenteil mussten sie sich kurzfassen und dort, wo längere Ausführungen nötig waren, „das recessiren in Schrifften thuen“, jedoch sich auch hier aufs Nötigste beschränken[458]. Die Schriftsätze waren in doppelter Ausführung in leserlicher Schrift und unterschrieben zu übergeben. Alle an sie eingehenden Schriften hatten sie ihrer Partei beziehungsweise den zuständigen Advokaten unverzüglich zukommen zu lassen.

In jedem Prozessstadium sollten die Prokuratoren ihren Mandanten „mehr zur Ablassung oder gütlichen Wegen, als kostbaren verzügigen, muhtwilligen und ungegründeten Rechtspflegen und dessen gefährlichen Außgang“[459] raten, also auf eine gütliche Streitbeilegung hinwirken, was den Charakter des Gerichtsamts unterstreicht. Da Anwälte in der Frühen Neuzeit häufig einerseits nach der Dauer eines Streits mit festen Wartgeldern und andererseits nach der Zahl eingereichter Schriftsätze bezahlt wurden[460], dürfte der Anreiz zu Vergleichsbemühungen eher gering gewesen sein.

Gegenüber den Klienten trat der Anwalt in eine Pflichtbeziehung ein. So machte er sich etwa bei Fehlern schadensersatzpflichtig[461] und konnte eine einmal angenommene Sache nicht „ohne rechtliche ehaffte Ursachen“[462] beenden. Es war ihm auch verboten, widerstreitende Interessen zu vertreten, wenn er einmal

456 HGO 1619, Tit. 5 § 5.
457 HGO 1619, Tit. 18.
458 HGO 1619, Tit. 5 § 3.
459 HGO 1619, Tit. 5 § 14.
460 Zur Gestaltung der Anwaltshonorare Oestmann, Anwaltskosten I, S. 178–218; Weitzel, Anwälte, S. 267 f.; Baumann, Advokaten, S. 81 ff.
461 HGO 1619, Tit. 5 § 17.
462 HGO 1619, Tit. 5 § 12.

„Grund und Heimlichkeit" seiner Partei erfahren hatte. Dienst- und Wartgelder sollten zwar wohl nicht verboten sein, der Anwalt durfte sie aber nicht von der Partei einfordern[463]. Mit dieser Regelung wollte der Ordnungsgeber der wohl verbreiteten Unsitte entgegenwirken, von Rechtsuchenden überhöhte Vergütungen abzupressen[464]. Verboten waren auch Erfolgshonorare[465]. Derartige Vereinbarungen waren in jedem Fall, ob beeidet oder nicht, unwirksam.

Ein Prokurator war verpflichtet, in „Armen-Sachen" auch ohne Bezahlung tätig zu werden, wenn er einer Person, die nicht in der Lage war, die Gerichtspersonen zu bezahlen, nach Ableistung des „Aidt paupertatis"[466] zugewiesen wurde. Dieses Armenrecht ist ebenfalls eine typische Erscheinung[467]. Die Voraussetzungen der prozessualen Vorzugsstellung waren indes unterschiedlich[468]. Nach der Hofgerichtsordnung mussten die Armen neben der Eidesleistung einen „Schein, des Gerichts oder Magistrats, da sie seßhafft"[469], über ihre Armut beibringen. Die Zuteilung der Mittellosen sollte ohne Ansehung der Person gleichmäßig unter den Prokuratoren erfolgen. Andere Gerichtsordnungen sahen vor, dass nur junge, unerfahrene Anwälte Armensachen bearbeiten mussten[470]. Das Armenrecht stand nicht nur den Stiftsuntertanen, sondern nach der Hofgerichtsordnung auch Fremden zu[471]. Die Prokuratoren waren bei Strafandrohung gehalten, „darin mit nicht wenigern Fleiß als in anderen ihren vermöglichen Partheyen Sachen zu dienen, zu rahten, zu meinen, und zu schreiben"[472].

d) Fiskal

Am Hofgericht war daneben ein ständiger Fiskal tätig. Die genaue Einordnung des Amts bereitet Schwierigkeiten, weil die Regelungsdichte diesbezüglich gering ist, die geschichtlichen Vorbilder und ihre Entwicklungsstränge obskur und die Berührungspunkte mit den noch kaum erforschten Zuständigkeiten anderer oberster Landesbehörden augenscheinlich kompliziert sind. Das wird klar, wenn man sich die scheinbar simple Aufgabenzuweisung der Hofgerichtsordnung vor Augen führt:

463 HGO 1619, Tit. 4 § 9.
464 Weitzel, Anwälte, S. 267.
465 HGO 1619, Tit. 4 § 10.
466 HGO 1619, Tit. 11 § 1, Tit. 12.
467 Weitzel, Anwälte, S. 260.
468 Erler, Armenrecht, Sp. 228.
469 HGO 1619, Tit. 11 § 1.
470 Erler, Armenrecht, Sp. 228.
471 HGO 1619, Tit. 11 § 1: „Damit unsere Unterthanen undt andere nicht zuklagen…".
472 HGO 1619, Tit. 11 § 2.

Demnach sollte der Fiskal „wieder die, so entweder an Unserem Hoff-Gericht in Pöen erkläret, oder sonsten als straffbahr und Bruchfällig anzuklagen befunden, getreulich und fleissig [...] procediren, die Straffen zu rechter Zeit fordern, und einziehen, darüber beständige Register und protocoll halten, und [...] darvorn Jährlichs auffrechte Rechnung thuen“[473]. Er sollte also offenbar Prozesse gegen straffällige Personen führen, die Geldstrafen eintreiben und verwalten. Was läge bei dieser Beschreibung näher, als im Fiskal den öffentlichen Ankläger zu sehen, der *Strafprozesse* gegen Untertanen vor das Hofgericht zu bringen hatte und demnach als Vorläufer des Staatsanwalts im modernen Sinne bezeichnet werden muss[474]? Die Zweifel lassen sich sehr einfach begründen: Es ist die Hofgerichtsordnung selbst, die „Criminal- und Unsere Regierung, Jurisdiction, und Cammer-Güter betreffende Sachen“[475] von der Zuständigkeit des Hofgerichts ausnimmt. Das deckt sich auch mit der bisher ergangenen Forschung zur Kompetenzverteilung der obersten Landesbehörden, nach der Kriminalsachen, insbesondere die nach der Constitutio Criminalis Carolina zu beurteilenden Fälle der Regierungskanzlei unterlagen[476]. Das galt jedenfalls, solange Kapitalstrafen in Rede standen[477]. Das Hofgericht war demnach Zivilgericht. Was sollen es dann aber für Fälle strafbarer Übertretungen gewesen sein, die der Fiskal vor das Hofgericht zu bringen hatte? Oder ging es ihm gar nicht um die Verfolgung von Straftaten, sondern um die Beitreibung der andernorts verhängten Bußen?

Der augenscheinliche Widerspruch ist – wenn überhaupt – nur durch eine vergleichende Analyse des Fiskalamtes aufzuklären. Ganz allgemein kann man formulieren, der Fiskal ist „derjenige, welcher einer Obrigkeit Interesse wahrnimmt, und dasselbe zu erhalten und zu vermehren trachtet“[478]. Dass mit „Interesse“ finanzielle Belange gemeint waren, belegt eine historische Analyse des Fiskalats.

Bereits in der römischen Verwaltungsstruktur ist das Amt eines *advocatus fisci* und – wenn auch nicht in offizieller Terminologie[479] – das Amt des *procurator fisci (procurator caesaris)* bekannt. Diese zumindest am begrifflichen Ursprung stehenden Ämter waren berufen, die Interessen des *fiscus* zu vertreten. Dieser *fiscus* war in der römischen Kaiserzeit anfangs ein vom *aerarium,* also dem sonstigen Staatsvermögen, getrenntes Vermögen, das dem Kaiser kraft seines Amtes, aber mit privatrechtlicher

473 HGO 1619, Tit. 7 § 1.

474 So bezeichnet etwa Schormann, Krieg gegen die Hexen, S. 120, den Fuldaer Fiskal als „Amtsankläger“ und „Staatsanwalt“.

475 HGO 1619, Tit. 13 § 2.

476 Rosenkranz, Verfassung, S. 135.

477 Ströhmer, Justizreformen, S. 141.

478 Oberländer, Lexicon Juridicum, S. 314.

479 Hirschfeld, Verwaltungsbeamte, S. 29.

Verfügungsmacht zustand[480]. Der Begriff umschrieb später den gesamten Staatshaushalt und wurde insbesondere dem *patrimonium,* dem unbeschränkten Privatvermögen des Kaisers, gegenübergestellt[481]. Prokuratoren waren Beamte, die bestimmte Aufgaben im Zusammenhang mit der Verwaltung und Mehrung des *fiscus* und spätestens seit Kaiser Claudius (reg. 41–54 n. Chr.) auch Rechtsprechungsaufgaben wahrzunehmen hatten[482]. Bei ihrer Arbeit wurden sie von den *advocati fisci* unterstützt, die die Interessen des *fiscus* vor dem *procurator* dauerhaft oder gelegentlich vertraten[483].

Für das ältere einheimische Recht ist zunächst noch einmal der Grundsatz ins Gedächtnis zu rufen, dem gemäß prozessuale Stellvertretung zumindest im Grundsatz nicht möglich war. So nahm auch der König seine Interessen vor Gericht zunächst selbstständig wahr[484]. Vereinzelte Ausnahmen hat die bisherige Forschung insbesondere für die Langobarden im heutigen Italien ausgemacht[485]. Eine mit dem frühneuzeitlichen Fiskal vergleichbare Amtsperson tritt jedoch erstmals, unter wechselnden Bezeichnungen, im Sizilien Friedrichs II. (reg. 1220–1250) auf[486]. Dieser ließ sich in Streitigkeiten mit Untertanen, die vermögenswerte Interessen der Krone berührten, durch einen Prokurator vertreten. Die bisher erforschten Prozessgegenstände fiskalischer Tätigkeit decken sich dabei mit den herrschaftlichen Regalrechten[487]. Diese Streitigkeiten konnten zwar einen vordergründig strafrechtlichen Bezug haben, im Kern ging es jedoch immer um finanzielle Interessen des Kaisers[488], so dass von einer abstrakten Beteiligung des sizilianischen Prokurators an der Strafrechtspflege nicht die Rede sein kann. Mit dem zunehmenden Einfluss des römisch-kanonischen Prozessrechts ließ sich der Kaiser auch in Deutschland gelegentlich, aber zunehmend vor Gericht vertreten[489]. Dementsprechend sind

480 Neusser, Fiskus, Sp. 1586; Schneider, Fiscus, Sp. 531; Knolle, Reichsfiskalat, S. 4, Anm. 7; Mommsen, Staatsrecht, S. 998 f.; als „Privatschatulle“ bezeichnen Kunkel/Schermaier, Römische Rechtsgeschichte, S. 65 den *fiscus.*

481 Neusser, Fiskus, Sp. 1586; Schneider, Fiscus, Sp. 531.

482 Eck, Procurator, Sp. 366 f.; Mommsen, Staatsrecht, S. 1022; Knolle, Reichsfiskalat, S. 4.; Ortloff, Anklage, S. 284.

483 Hirschfeld, Verwaltungsbeamte, S. 48 ff.; Knolle, Reichsfiskalat, S. 4 f.; Kunkel/Schermaier, Römische Rechtsgeschichte, S. 72; Paulus, Advocatus, Sp. 137.

484 Knolle, Reichsfiskalat, S. 57 f.

485 Knolle, Reichsfiskalat, S. 6 ff.; Ortloff, Anklage, S. 286 ff.; Obersteiner, Reichshoffiskalat, S. 92.

486 Cordes, Fiskal, Sp. 1584; Knolle, Reichsfiskalat, S. 14 ff.; Obersteiner; Reichshoffiskalat, S. 92.

487 Knolle, Reichsfiskalat, S. 35 ff.; für Brandenburg vgl. Schmidt, Fiskalat, S. 33; Obersteiner, Reichshoffiskalat, S. 92.

488 Knolle, Reichsfiskalat, S. 41.

489 Knolle, Reichsfiskalat, S. 84; den Einfluss des gelehrten Rechts betont auch Cordes, Fiskal, Sp. 1584.

die ersten Fiskale in Deutschland „gewöhnliche" Prokuratoren, die die Vertretung der kaiserlichen Interessen vor Gericht wahrnehmen und die als *procuratores fisci* bezeichnet wurden. Im Laufe des 15. Jahrhunderts tauchten die ersten dauerhaft angestellten Fiskale auf Reichsebene auf. Ihre Aufgabe wird in der Regel mit der Verfolgung von Verletzungen kaiserlicher Gesetze, Privilegien, Freiheiten und Gebote umschrieben[490]. Schon in dieser Beschreibung wird aber deutlich, dass das Amt mehr gewesen sein muss als ein Prokurator in Streitigkeiten um vermögenswerte Kronrechte. Gleichsam verfolgte und verklagte der Fiskal Übertreter von Rechtsnormen. Allerdings waren diese Normen in der Regel mit Strafvorschriften versehen, die jedem Übertreter entweder eine direkte Geldstrafe oder eine Ehrstrafe mit der Möglichkeit des Freikaufens auferlegten[491]. Der Wahrnehmung dieser strafrechtlichen Kompetenzen liegen also wiederum unmittelbare oder mittelbare finanzielle Interessen zugrunde, die sich mit Gesichtspunkten der Ordnungswahrung verbanden[492]. Trotzdem war der Fiskal ein Beamter, der die Verletzung von Gesetzen verfolgte und somit spätestens im 15. Jahrhundert unmittelbar mit der Strafrechtspflege in Verbindung gebracht werden kann[493]. Es ist daher nicht verwunderlich, dass das Amt des Fiskals – mit Abweichungen im Detail – in den Territorien übernommen wurde und dort eine wichtige Rolle auch in der Hochgerichtsbarkeit spielte, die den Reichsständen im Gegensatz zum Reich selbst zustand[494]. Zusammenfassend lässt sich also ein stetes Wachstum fiskalischer Zuständigkeiten von ursprünglicher Regalienwahrung über die Verfolgung von mit Geldstrafen geahndeten Taten bis zur Funktion in der Blutgerichtsbarkeit nachvollziehen. Die Arbeit von Fiskalen für die Reichsstände ist bislang kaum erforscht. Partikulare Studien müssten hier neben den Prozessordnungen auch die einzelne Vollmacht

490 Knolle, Reichsfiskalat, S. 84; Cordes, Fiskal, Sp. 1585.

491 Knolle, Reichsfiskalat, S. 85; die Möglichkeit des Freikaufens ist für das Spätmittelalter und die frühe Neuzeit auch für peinliche Strafen nicht ungewöhnlich, vgl. Schumann, Geldstrafe, Sp. 19.

492 Zu diesem Ergebnis kommt auch Schmidt, Fiskalat, S. 34 für Brandenburg; vgl. auch Ortloff, Anklage, S. 292; dass finanzielle Interessen beim Ausbau der Strafrechtspflege eine bedeutende Rolle gespielt haben, betonen z. B. Schumann, Geldstrafe, Sp. 19; Cordes, Fiskal, Sp. 1585.

493 Es ist daher auch bezeichnend, dass der deutsche Fiskal – im Unterschied zum sizilianischen Vorgänger – in erster Linie als Ankläger gehandelt hat, vgl. Obersteiner, Reichshoffiskalat, S. 93 m. w. N.

494 Beispiele bei Schmidt, Fiskalat, S. 30 f.; Cordes, Fiskal, Sp. 1585; Knolle, Reichsfiskalat, S. 127. Für das Reich ist immerhin die Zuständigkeit in Landfriedenssachen zu erwähnen, vgl. dazu Knolle, Reichsfiskalat, S. 126 ff. und für den Fiskal am Reichskammergericht Rautenberg, Fiskal, S. 51 ff. Weitere Verfolgungsgegenstände zählt Ortloff, Anklage, S. 305 auf.

der Amtsträger, die diesen bei ihrem Amtsantritt ausgehändigt wurde, in den Blick nehmen[495]. Instruktionen oder nähere Beschreibungen der Arbeit des Fiskals in Paderborn sind jedoch gerade nicht überliefert.

Die Entwicklung fiskalischer Tätigkeit im Allgemeinen ist bei der näheren Erörterung zum Paderborner Fiskal im Auge zu behalten. Da das Hofgericht für die hohe Kriminalgerichtsbarkeit nicht zuständig sein sollte, ist mit dem zitierten Wortlaut der Hofgerichtsordnung zunächst davon auszugehen, dass mit „Pöen" die Strafen gemeint sind, die das Gericht aus „sitzungspolizeilicher Gewalt" heraus verhängte oder die sonst mit dem Verfahren oder der Disziplinargewalt in Zusammenhang standen[496]. Die Zeitgenossen unterschieden jedenfalls zwischen „peinlichen" Kriminalstrafen und „bürgerlichen straff- oder bueßen"[497]. Dabei hatte der Fiskal vielleicht nicht nur die entsprechenden Verfahren anzustoßen und zu betreiben, sondern auch die anderen vor dem Hofgericht laufenden Prozesse danach zu beobachten, ob strafbewehrte Handlungen der Parteien, etwa durch Ungehorsam, vorkamen[498]. So jedenfalls könnte die Hofgerichtsordnung verstanden werden, wenn sie dem Fiskal aufgibt, in der Audienz „die Pöen-Fälle und Fiscalische Sachen in Acht [zu] nehmen"[499].

Die Ordnung erklärt aber weiter ausdrücklich eine Zuständigkeit für Klagen „wieder die [...] sonsten als straffbahr und Bruchfällig anzuklagen befunden". Mit dem Wort „Bruchfällig" ist auf das insbesondere im rheinisch-westfälischen Raum anzutreffende Wort „Brüchte" angespielt[500]. Diese Brüchte waren eine Geldstrafe, die vor allem in der niederen Gerichtsbarkeit verhängt wurde. Ob und in welchem Umfang der Fiskal bei der Strafklage beteiligt war, lässt sich aus dem normativen Text nicht erschließen. Dem Wortlaut nach ist es aber durchaus möglich, dass er vor dem Hofgericht lediglich die von anderen Gerichten verhängten Geldstrafen einzuklagen hatte. In der Frühen Neuzeit war nämlich nicht immer klar, wem diese verhängten Bußen zustanden[501]. Das Recht, Strafen zu verhängen, konnte also von der vereinnahmenden Stelle abweichen. Die Landesherren nahmen aber jedenfalls eine Aufsicht darüber, dass angemessene Strafen verhängt wurden, für

495 Ortloff, Anklage, S. 308.

496 Für Brandenburg, wo dem Kammergericht ebenfalls keine Kriminalgerichtsbarkeit zukam, kommt Schmidt, Fiskalat, S. 32 zu eben diesem Ergebnis.

497 So für Paderborn in einer Anmerkung des Kanzlers Dr. Koch zu Änderungsvorschlägen an der Kanzleiordnung; LAW Domkapitel, Nr. 93.47.

498 Demel, Fiskalamt, S. 201 versteht für das Königreich Böhmen eine ähnliche Fiskalinstruktion aus dem Jahre 1572 in diesem Sinne.

499 HGO 1619, Tit. 7 § 3.

500 Unter dem entsprechenden Stichwort verweist das Deutsche Rechtswörterbuch auch auf Paderborner Quellen.

501 Moser, Cameral-Sachen, S. 117.

sich in Anspruch[502]. Der Paderborner Fiskal hatte demnach vielleicht dafür Sorge zu tragen, im ordentlichen Zivilverfahren die andernorts ausgeurteilten Strafen für die Landeskasse zu vereinnahmen[503]. Dafür spricht auch seine Stellung als Prokurator: Er war zwar ein dauerhaft angestellter und besonders besoldeter Amtsträger. Die Hofgerichtsordnung verweist in der äußeren Ausgestaltung seiner Tätigkeit aber auf das Amt „andere[r] procuratorn"[504]. Im Grundsatz war der Fiskal also Anwalt wie jeder andere auch und musste folglich bei jeder Audienz zugegen sein. Allerdings konnte er sich deshalb auch nach gerichtlicher Erlaubnis von einem bei Gericht zugelassenen Prokurator vertreten lassen. Unverständlich bleibt der selbstständig normierte Offizialgrundsatz, nach dem der Fiskal „nicht allein auff vorgehende Klag, sondern auch vor sich selbst von Ambts wegen in Fiscalischen Sachen und Pöen-Fällen sich seines Ambts gebrauchen"[505] sollte. Er selbst wäre es ja gewesen, der Klage zu führen gehabt hätte. Letzten Endes lässt sich der genaue Aufgabenbereich des Fiskals aus der Prozessordnung also nicht ablesen.

c) Gerichtsboten

Am Hofgericht waren schließlich bis zu zwei Boten tätig, die von Kanzler und Räten angestellt wurden. Sie mussten nicht nur „ehrbahr und glaubhafft"[506] sein, sondern auch lesen und schreiben können. Das ist verständlich, denn den Boten kam die wichtige Aufgabe der Zustellung des „process" zu. Mit dem Prozess meint die Hofgerichtsordnung, dem zeitgenössischen Sprachgebrauch folgend, ein gerichtliches Schriftstück. Insbesondere der Ladungsbrief wird in der Ordnung oftmals schlicht als „process" bezeichnet. Diesen Ladungsbrief hatte der Bote nicht nur vor Ort beim Empfänger zu verlesen. Zur ordnungsgemäßen Zustellung (Insinuation) musste er vielmehr einen Zustellungsvermerk auf das Originalschriftstück anbringen und dieses dem Veranlasser überbringen. Beim Empfänger verblieb nur eine Kopie des Schriftstückes. Mindestens ein Bote hatte daher bei jeder Audienz zugegen zu sein, um diese Aufgabe unverzüglich zu verrichten. Der Wert dieser Botenrelationen als Erkenntnisquelle des Verhältnisses vom Gerichtsherrn zu den Gerichtsunterworfenen ist für das Reichskammergericht in der Vergangenheit

502 Moser, Cameral-Sachen, S. 115.

503 Zu einem ähnlichen Ergebnis kommt Schmidt, Fiskalat, S. 32 für Brandenburg. Allerdings versteht er den untersuchten Quellenbegriff der „Strafen" in einem weiteren Sinn; vgl. auch Demel, Fiskalamt, S. 201, der für Böhmen unter Strafen regelmäßig die Vermögenskonfiskation verstanden wissen will.

504 HGO 1619, Tit. 7 § 3.

505 HGO 1619, Tit. 7 § 2.

506 HGO 1619, Tit. 9 § 1.

mehrfach betont worden[507]. Für das Bistum Paderborn und das wohl schwierige Verhältnis der landesherrlichen zur patrimonialen Gerichtsbarkeit wären vergleichbare Quellen sicher von großer Bedeutung, nur gibt es sie leider nicht.

Neben dem Boten sah die Ordnung keine weiteren niederen Gerichtsämter vor. Insbesondere fehlte der in vielen frühneuzeitlichen Prozessordnungen auftauchende Pedell, der häufig die Funktion eines Gerichtsdieners einnahm. Ob dem Boten auch in den gerichtlichen Audienzen Hilfstätigkeiten zugewiesen waren, lässt sich nicht sagen.

f) Eide der Gerichtspersonen

Die Regelung über die Gerichtspersonen erfolgen nach einem einheitlichen Schema. Nach einem Titel, der Anforderungen, Tätigkeiten, Ge- und Verbote mehr oder weniger ausführlich festlegt, folgt eine eigene Vorschrift zur Eidesformel der Personen. Diese Amtseide enthalten im Wesentlichen eine Wiederholung des Pflichtenkanons, den einzuhalten die Personen schwören mussten. Nur sehr vereinzelt sind die Eide daher Quelle weiterer Erkenntnisse zur Ausgestaltung der Gerichtsämter. Wichtig für die äußere Geschichte des Hofgerichts scheint indes ein Detail der Eide zu sein, auf das im Folgenden näher eingegangen werden soll: Alle Gerichtspersonen[508] hatten ihren Eid nämlich „zu Gott, und auff das heilige Evangelium" zu schwören. Die Formel galt übrigens auch für die sonstigen gerichtlichen Eide, die eine eigene Erwähnung in der Hofgerichtsordnung fanden, und ist deswegen auffällig, weil im katholischen Paderborn an einem landesherrlichen Gericht damit eine – zumindest im Ursprung – protestantische Eidesformel abzusprechen war. Diese Erkenntnis ist auch deshalb erstaunlich, weil zumindest die Hofrichter diesen „protestantischen" Eid gegenüber dem Bischof leisten mussten. Der katholische Paderborner Bischof sollte eine protestantische Eidesformel entgegennehmen?

In Hochmittelalter und frühester Neuzeit war noch der Eid auf Gott und die Heiligen üblich. Auch aus zahlreichen Gerichtsordnungen sind entsprechende Nachweise bekannt. Das musste sich mit dem Aufkommen der Reformation und der protestantischen Ablehnung der Heiligenverehrung ändern. In den Reichsabschieden und Gerichtsordnungen der Reformations- und Gegenreformationszeit lässt sich der Kampf um den rechten Glauben daher auch exemplarisch an der Frage des Eides ablesen. So sah die Kammergerichtsordnung von 1495 für Richter, Beisitzer, Schreiber und Redner noch den Schwur „zu den Heyligen" vor[509]. Der

507 SELLERT, Ladung des Beklagten, S. 210 ff.; FUCHS, Wissen, S. 247.

508 Für die Boten ist zwar nicht ausdrücklich vorgesehen, auf wen oder was sie zu schwören hatten. Das scheint aber eher ein redaktionelles Versehen zu sein.

509 RKGO 1495, §§ 3, 5, 6.

Speyrische Reichstag von 1544 verabschiedete, dass es den Beisitzern des Reichskammergerichts freistehen sollte, ihren „Eyd nach alten Brauch zu Gott und den Heiligen oder zu Gott und auff das Evangelium zu thun“[510]. Bereits 1532 hatte es in der Constitutio Criminalis Carolina geheißen, dass Richter, Schöffen und Schreiber ihre Eide mit dem Satz „Also helff mir Gott und die heyligen Evanglia“ schließen sollten[511]. Davon hatten die Kammerrichter sich aber angeblich nicht beirren lassen, weiterhin die alte (katholische) Eidesformel einzufordern und Prokuratoren wegen des protestantischen Eides zurückzuweisen[512]. Nachdem der Augsburger Reichstag nach dem Sieg Karls V. (reg. 1519/30–1556) über den Schmalkaldischen Bund kurzzeitig die alte Eidesformel für die Reichskammergerichtspersonen wiederhergestellt hatte[513], schrieb der Passauer Vertrag im Jahre 1552 wieder die Wahl zwischen der alten Eidesformel auf Gott und die Heiligen oder der neuen Formel auf Gott und das Evangelium fest[514]. Der Augsburger Reichstag von 1555 setzte sich zum Ziel, „allerhand ungereimtes, so aus diesen zwyspaltigen Formen, am kayserlichen Cammer-Gericht künfftiglich erfolgen möchte, zu vermeyden“[515] und legte für den Kameralprozess verbindlich für alle den Eid „zu Gott und auf das heylig Evanglium“ fest[516]. In der höchsten Reichsgerichtsbarkeit war der Heiligeneid damit abgeschafft[517].

In den katholischen Territorien soll sich trotz der reichsrechtlichen Entwicklungen am alten Heiligeneid aber wenig geändert haben[518]. Diese Ansicht unterschätzt allerdings den entscheidenden Einfluss, den die Reichskammergerichtsordnung auf die Entwicklung der territorialen Gerichtsbarkeit gehabt hat. Sie hat den Ordnungen in den Territorien nicht nur inhaltlich, sondern teilweise auch in der Formulierung Pate gestanden. Das ist die plausibelste Erklärung für die paradox scheinende Eidesformel in Paderborn. So lässt sich auch in der Münsterischen Hofgerichtsordung von 1571, für die der bestimmende Einfluss der Reichsjustiz durch Johann von Hoya nachgewiesen ist, der Eid auf Gott und das Evangelium finden[519]. Einzelheiten zur äußeren Form des Eides enthält die Hofgerichtsordnung nicht. Es ist also nicht klar, ob und in welcher Form die Hand gehoben werden musste, ob

510 RA 1544 § 92.
511 CCC §§ 3, 4, 5.
512 Thudichum, Eid, S. 58.
513 Hofmeister, Eidesformen, S. 33; Dick, Kameralprozess, S. 51.
514 Passauer Vertrag 1552, § 10.
515 RA 1555 § 107.
516 Vgl. auch RKGO 1555, Tit. I.57 ff.
517 Zum RHR vgl. RHRO 1654 §§ 19, 21.
518 Thudichum, Eid, S. 63; Hofmeister, Eidesformen, S. 34.
519 Münsterische HGO 1571, Tit. I.3, I.5, I.7, I.9, I.11, I.13, I.16, I.18.

Gegenstände in den Schwurakt einbezogen wurden oder ähnliches Zeremoniell eine Rolle spielte. Lediglich für den Zeugeneid enthält die Hofgerichtsordnung eine Darstellung dieser Äußerlichkeiten. Demnach sollten „Manns-Persohnen mit ausgestreckten und erhobenen zweyen Fingern ihrer forderen Hand, die Weiber aber mit Aufflegung ihrer rechter Hand auff die linckere Brust“[520] ihren Eid ablegen[521].

2. Die Audienzen und das Gerichtsgebäude

Häufig findet in der Gerichtsordnung der Begriff der Audienz Erwähnung. Er ist meistens zeitlicher Anknüpfungspunkt für die Frage, wann die Gerichtspersonen ihren Pflichten nachzukommen haben. Die Hofgerichtsordnung rückt die Audienz dadurch ins Zentrum des hofgerichtlichen Verfahrens. Kann es daher sein, dass sie das Herzstück der richterlichen Tätigkeit war, wie im modernen Zivilprozess die mündliche Verhandlung der Kulminationspunkt des Verfahrens ist?

Für das Reichskammergericht ist die Audienz definiert worden als „öffentlicher, mündlicher Gerichtstermin“[522]. Angesichts des in weiten Teilen schriftlichen Kameralverfahrens fällt diese Definition auf. Am Reichskammergericht wurde die Sach- oder Rechtslage zwischen Gericht und Parteivertreter nicht mündlich im Termin verhandelt, wie man es vom modernen Zivilprozess gewohnt ist. In den reichskammergerichtlichen Audienzen wurden vielmehr bloß Schriftstücke übergeben. Allerdings ist davon auszugehen, dass bei Übergabe der Schriftstücke Rezess gehalten wurde, also eine mündliche Ansprache erfolgte[523]. Wesentlich für die reichskammergerichtliche Audienz ist also gar nicht die Frage nach Mündlichkeit oder Schriftlichkeit, sondern vielmehr die persönliche Interaktion, die Zusammenkunft der Gerichtspersonen. Nach einer zeitgenössischen Definition war die Audienz eine „Versammlung des Herrn Cammerrichters, der Präsidenten, der Beysitzer, und der sämtlichen Procuratoren, worinn die letztern die Rechtssachen theils mündlich, theils schriftlich verhandeln“[524]. Diese Definition wird dem Bild des Kameralprozesses gerecht. Das Besondere an der Audienz war demnach, dass das Gericht zusammentrat. Eine Bedeutung für den Prozessgang hatte diese Zusammenkunft kaum. Im Gegenteil: Wie das Beispiel des Reichshofrats zeigt, ließen sich Rechtshändel auch ohne eine öffentliche Versammlung entscheiden[525] und war die Audienz am Reichskammergericht eher ein Grund für die Schwerfälligkeit

520 HGO 1619, Tit. 30 § 1.
521 Zu der Haltung der Hände beim Eid vgl. Hofmeister, Eidesformen, S. 95 ff.
522 Laufs, Reichskammergerichtsordnung, S. 293.
523 Oberländer, Lexicon, S. 594; Oestmann, Gemeine Bescheide, S. 53.
524 Sieber, Nutzbarkeit, S. 6.
525 Sellert, Stilus Curiae, S. 133 ff.

des Verfahrens[526]. Entscheidend für das Reichsgericht dürfte die Selbstinszenierung gewesen sein, die mit Einzug, Sitzweise und Rede vor Gericht verbunden war[527].

Auch am Paderborner Hofgericht wird die Audienz eine Zusammenkunft des ganzen Gerichts gewesen sein. Die Ordnung hält aber wenig Aussagen dazu bereit, wie die Audienztermine abgelaufen sind und welchen Zweck sie gehabt haben könnten. Zunächst lassen sich aber Zeit und Ort der Audienzen bestimmen. Termine fanden demnach einmal wöchentlich am Donnerstag statt. Wenn auf den Donnerstag ein Feiertag fiel, sollte die Audienz am folgenden Freitag oder, wenn auch auf diesen ein Fest fiel, am vorhergehenden Mittwoch abgehalten werden. In den Sommermonaten hielten die Richter von 7 bis 10 Uhr vormittags und in den Wintermonaten „des Nachmittags von zwölff Schlägen biß zum End"[528] Audienz. Als Ort der Zusammenkunft werden alternativ der „Bischofflichen Hofe, oder Stadt-Rahthauß binnen Paderborn"[529] angeordnet. Mit dem bischöflichen Hof ist der sogenannte Sternberger Hof am Domplatz gemeint. Dieses Gebäude auf dem Gebiet der Paderborner Domfreiheit[530] beherbergte neben dem Hofgericht wohl auch das Offizialat[531] und die Kanzlei und wurde wegen Letzterer meist schlicht „Cantzley" genannt[532]. Auch die Landstände sollen hier mitunter getagt haben[533]. Zuvor war der Sternberger Hof an Domherren verpfändet, seitdem Bischof Heinrich von Spiegel (reg. 1361–1380) die ständige Residenz der Paderborner Fürstbischöfe aus der Hauptstadt in die Residenz nach Neuhaus verlagert hatte. In dieser Zeit diente er den Landesfürsten nur noch als Absteigequartier in der Hauptstadt. Erst um 1577 löste Bischof Salentin von Isenburg (reg. 1574–1577)[534] das Pfand wieder ein und führte sie der neuen Funktion als Sitz landesherrlicher Behörden und als Gefängnis zu[535]. Offenbar war der Kurienhof inzwischen verfallen und wurde teilweise gar als Steinbruch genutzt, so dass im 17. Jahrhundert ein Neubau errichtet werden musste. Franz Joseph Gerken, später preußisch-paderbornischer Kriminaldirektor und Vorsitzender des Altertumsvereins, berichtet 1818 jedenfalls, das „aus zwey Flügeln" bestehende Justizgebäude sei „Mitte des 17. Jahrhunderts von den

526 Oestmann, Gemeine Bescheide, S. 57.

527 Vgl. dazu von Loewenich, Visualisierung, S. 46.

528 HGO 1619, Tit. 1 § 1.

529 HGO 1619, Tit. 1 § 1.

530 Jedoch von der domkapitularischen Gerichtsbarkeit eximiert, vgl. Hoppe, Domfreiheit, S. 25f.

531 Vgl. aber oben Fn. 289, laut der der Offizial jedenfalls zeitweise in seiner Privatwohnung richtete.

532 Richter, Geschichte I, S. 19 Anm. 4; Hoppe, Domfreiheit, S. 70f.

533 Rempe, Gerichtswesen, S. 36.

534 Lebensbild bei Brandt/Hengst, Bischöfe, S. 212–217.

535 Hoppe, Domfreiheit, S. 70f.

Paderb[orner] Landständen" errichtet worden[536]. Die Datierung könnte stimmen. Zwar ist der Sternberger Hof nach starker Zerstörung durch Luftangriffe am 27. März 1945 abgerissen und an seiner Stelle 1952 ein neues Justizgebäude gebaut worden[537]. Anlässlich eines Neubaus am Paderborner Landgericht fanden im Jahr 2005 jedoch umfangreiche Ausgrabungen statt[538]. Die freigelegten Bauhorizonte belegen den Befund, dass im 17. Jahrhundert jedenfalls eine wesentliche Erweiterung des Hofes vorgenommen wurde. Zu dieser Annahme passt auch, dass sich der Landesherr 1619 offenbar nicht mehr sicher war, ob der bischöfliche Hof noch einen dauerhaften, würdigen Rahmen für die gerichtliche Tätigkeit hergeben würde. Immerhin wies er den Richtern alternativ das Paderborner Rathaus als Gerichtsort zu. In den beiden nachfolgenden Ordnungen wurde hingegen nur noch der Sternberger Hof zum Gerichtsplatz bestimmt. Exakte Angaben zur Ausstattung und Unterbringung des Gerichts in dem mehreren Zwecken dienenden Gebäude sind nicht möglich[539]. Rempe berichtet, das Hofgericht sei im Erdgeschoss des Nord-Süd-Flügels untergebracht gewesen[540], ohne dass er angibt, woher diese Information stammt.

Ob die Audienz in Paderborn einem ähnlich repräsentativem Zweck diente wie am Reichskammergericht, ist schwer zu sagen. Über die Sitzungsweise existiert immerhin eine zeitgenössische Zeichnung vom Ende des 17. Jahrhunderts[541]. Auf ihr ist der Instanzenzug von den Paderborner Untergerichten über das Hofgericht zu den beiden Reichsgerichten dargestellt, so wie ihn der Ordnungsgeber 1619 offenbar vor Augen hatte. Während die Reichskammerrichter in ihrem typischen, erhöhten Sitz mit vorsprechenden Anwälten eingezeichnet sind, sitzen die Paderborner Richter um einen schlichten Tisch. Unklar ist auch, ob die Zusammenkünfte des Gerichts öffentlich zugänglich waren. Nach der Reichskammergerichtsordnung lief die Audienz „mit geöffneter thür"[542] ab. Eine entsprechende Vorschrift kennt die Hofgerichtsordnung nicht. Über den eigentlichen Gang der Audienzen und das Zeremoniell verliert die Ordnung ebenfalls kaum ein Wort. Zu Beginn verlas der Notar wohl die zuvor erkannten Entscheidungen[543]. Das verdeutlicht auch, dass die Paderborner Hofgerichtsordnung ein „gemeines" oder „Generalhofgericht"

536 AAV Acta 6, Bl. 67.

537 Zu dem neuen Gebäude Kaspar, Justizgebäude, S. 523–527.

538 Zu den Ausgrabungen Manz/Spiong, Fragment, S. 155–160; Lissner, Zelle, S. 81–84.

539 Ein exakter Grundriss mit Funktionsbezeichnung der einzelnen Räume findet sich erst aus preußischer Zeit bei den Grabungsunterlagen der Paderborner Stadtarchäologie.

540 Rempe, Gerichtswesen, S. 36.

541 LAW Bildersammlung, Nr. 29. Die Zeichnung ist häufig abgedruckt worden, zuletzt bei Süss, Beneficium, S. 382 m. w. N.

542 RKGO 1555, Tit. III.1 § 1; vgl. auch entsprechend Münsterische HGO 1571, Tit. II.1 § 3.

543 HGO 1619, Tit. 46 § 6; Tit. 1 § 1.

im Gegensatz zu anderen Ordnungen der Zeit nicht vorsah. Beispielsweise in Münster[544], Mainz[545] und Lippe[546] wurden derartige Quartembergerichtstage neben den ordentlichen Audienzen angeordnet, auf denen die Endurteile verkündet wurden. Diese großen Hofgerichtstage fanden dort viermal im Jahr zu festgeschriebenen Terminen statt. Im Anschluss an die Urteilsverkündung hörten die Richter „die Procuratores nach jedes Ordnung [...] zu ihren Fürträgen und Handlungen gebührlich"[547] an. Dem Fiskal gebührte in den fiskalischen Angelegenheiten dabei der Anfang. Nach welchen Prinzipien die Ordnung der übrigen Prokuratoren hergestellt wurde, ist nicht näher bezeugt. Am Reichskammergericht war die Reihenfolge der Vorträge vom Dienstalter der Prokuratoren abhängig[548]. Auch die weitere Untergliederung der Audienz ist nicht überliefert. Unklar ist daher, ob es ein ähnlich kompliziertes Umfragesystem gab, wie es der Kameralprozess kannte. Nach diesem Umfrageprinzip war die Audienz in bestimmte Abschnitte eingeteilt, in denen nur bestimmte prozessuale Handlungen vorgenommen werden durften[549].

Die eigentliche richterliche Arbeit fand ohnehin außerhalb der Audienzen statt. Das ist schon angesichts der recht großzügigen Gerichtsferien zwingend, in denen keine Sitzung gehalten wurde. Außer an Sonn- und Feiertagen bereiteten die Richter auch in den Ferien aber die Urteile und Bescheide vor und brachten die Verfahren so voran. Darüber hinaus sollten sie „auff einkommende Supplicationes, Ladung und Processen erkennen"[550]. Der Ordnungsgeber ging also davon aus, dass Hofrichter und Beisitzer in den Ferienzeiten nicht nur Urteile und Bescheide in anhängigen Sachen berieten und ausfertigten, sondern gleichsam neu eingehende Supplikationen bearbeiteten. Der Begriff der Supplikation ist dabei ein für das frühneuzeitliche Gerichtswesen durchaus typischer, aber alles andere als eindeutiger[551] Rechtsbegriff. In den Quellen tauchen mitunter die Begriffe Supplik und Supplikation auf, ohne dass immer klar wäre, ob diese synonym zu verwenden sind oder unterschiedliche Erscheinungen umschreiben. An den Reichsgerichten jedenfalls wurden die Klageschriften als *supplica* bezeichnet[552] und am Reichskammergericht wurden unter

544 Münsterische HGO 1571, Tit. II.2.

545 Mainzer HGO 1521, Tit. 3: „Wie offt und...".

546 Dazu Miele, Hofgericht, S. 120.

547 HGO 1619, Tit. 1 § 1.

548 Laufs, Reichskammergerichtsordnung, S. 45.

549 Dick, Kameralprozess, S. 84 f.

550 HGO 1619, Tit. 53 § 3.

551 Ein Forschungsdesiderat betonte schon Hülle, Supplikenwesen, S. 194 ff.; neuerdings auch Erwin, Machtsprüche, S. 212; zu terminologischen Problemen auch Weitzel, Kampf, S. 287 f.

552 Vgl. Sellert, Stilus Curiae, S. 132.

Suppliken überhaupt Schriftsätze verstanden, die auf einen bestimmten Prozessantrag gerichtet waren[553]. Etymologisch ist an die lateinischen Wörter *supplicare* und *supplex* anzuknüpfen, die so viel bedeuten wie „demütig bitten" und „demütig bittend". Eine Supplik war also eine Bittschrift, ein Gesuch, bei dem der Petent etwas zu erreichen versucht, was der Gebetene nicht zu gewähren brauchte[554]. Mit derartigen Bitten konnten sich Untertanen in allen Lebenslagen an ihren Landesherrn wenden, insbesondere wenn sie meinten, von Amtswaltern ungerecht behandelt worden zu sein. Wichtigster Bereich war aber die Justiz, denn gerade hier nahmen Landesherren für sich in Anspruch, bei Ungerechtigkeiten eine Streitsache zu avozieren. Es kam also vor, dass eine Partei mit der Supplik an den Landesherrn als den obersten Richter aus dem verordneten Rechtsgang und Instanzenzug ausscherte, weil sie meinte, vor Gericht geschehe ihr Unrecht. Daraus entstanden prozessuale Probleme[555]. Neben diesen allgemeinen Bittschriften an den Landesherrn entwickelte sich das besonderes Rechtsmittel der Supplikation, dass im gemeinen Recht rezipiert und unterschiedlich ausgeformt wurde[556]. Regelmäßig erschient es als eine Art Sprungappellation an den Landesherrn und unterlag geschriebenen Verfahrensvorschriften[557]. Beide Institute könnten vorliegend mit dem Quellenbegriff der Supplikation umschrieben sein, denn es ist bekannt, dass Landesherren die Bearbeitung eingehender Suppliken durchaus zentralen Behörden übertrugen[558]. Beides ist auch deshalb vorstellbar, weil die Institute eine gewisse Dringlichkeit in sich bargen, die es vielleicht erforderlich machte, auch in den Ferien tätig zu werden. Daneben kann aber auch die Bitte um Ladung mit dem Begriff *supplicationes* gemeint sein. Die Richter jedenfalls sollten auf die Supplikation „Ladung und Process erkennen". Die Ladung als schriftliche Aufforderung an einen Beklagten, vor Gericht zu erscheinen, war Ausgangspunkt des gerichtlichen Verfahrens und wurde auf einen Antrag des Klägers bei Gericht ausgesprochen. Mit dem Begriff „Process" ist in der zeitgenössischen Rechtssprache Verschiedenes bezeichnet, nämlich einerseits das gesamte vor Gericht stattfindende Verfahren oder auch eine bestimmte Verfahrensweise, andererseits aber auch ein bestimmtes vom Gericht ausgehendes Schriftstück[559], eine richterliche Verordnung[560]. Die Ladung ist also nur als Spezialfall eines Prozesses zu verstehen. Sieht man diese

553 Dick, Kameralprozess, S. 130.
554 Dolezalek, Suppliken, Sp. 94.
555 Vgl. dazu im Überblick Hülle, Supplikenwesen, S. 198 ff.; neuerdings Erwin, Machtsprüche, insb. S. 212 f.
556 Hülle, Supplikation, Sp. 91; Weitzel, Kampf, S. 288.
557 Hülle, Supplikenwesen, S. 202.
558 Dolezalek, Suppliken, Sp. 94.
559 Dick, Kameralprozess, S. 130; Oberländer, Lexicon Juridicum, S. 505.
560 Zedler, Universal-Lexicon, Band 39, Sp. 659.

richterlichen Handlungen als Ziel der Supplikation, so ist es wahrscheinlich, dass die Hofgerichtsordnung unter „Supplicationes“ etwas Ähnliches verstand, wie man es aus dem Kameralprozess kannte, nämlich einen einseitigen Antrag an das Gericht, eine Verfügung zu erlassen, die noch nicht den eigentlichen Streitgegenstand betraf, sondern eine vorbereitende Handlung[561] – so wie die Ladung. Demnach wären die Einseitigkeit und der Mangel an Sachbezogenheit Wesensmerkmale der Supplikation.

3. Die Zuständigkeiten des Hofgerichts

Die Ordnung enthält Regelungen zur Frage, in welchen Fällen das Hofgericht überhaupt zur Entscheidung in einer Sache berufen sein sollte. Dabei war die erstinstanzliche Zuständigkeit im Selbstverständnis des Ordnungsgebers offenbar die Ausnahme für privilegierte Personengruppen. Es zeigt sich auch hier das personenbezogene Denken der Zeit. Die Zuständigkeit eines Gerichts ergab sich aus der Gerichtsunterworfenheit einer Personengruppe und weniger aus dem Streitgegenstand. Dementsprechend ist die einschlägige Vorschrift der Hofgerichtsordnung auch überschrieben mit „Wer für unser Hoff-Gericht geladen, auch was Sachen am selben angenommen und gerechtfertigt werden sollen und mögen“[562]. Im Vordergrund stand also die Person des Beklagten.

Die Gerichtshoheit ist im Grundsatz etwas kompliziert formuliert. Geladen werden konnten in erster Instanz „alle Unsere Ritter und Edel Leuthe, die den Aempteren nicht unterworffen, auch Unsere Weltliche Drosten, Renthmeister, Ambtleuhte, Gogräven und Richter, in Sachen, da sie inter privatos einmahl erkennet, und Recht gesprochen, auch Städte, Weichbilden, Communen, Gemeinde, und Gerichte, deßgleichen alle andere Persohnen so niemand zugethan, nicht unter den Under-Gerichteren sitzen und wohnen, auch ob von einem Kläger andere Personen beklagt werden wolten, und diversi fori wären, für diß Unser Hoff-Gericht, so fern sie sonsten durch besondere Privilegien, hergebrachte Gerechtigkeit, Gewonheuten und Verträge, von Uns als Lands-Fürsten und Supremi ordinarij Jurisdiction in erster Intantz nicht eximirt und befreiet“[563]. Die Zuständigkeit ist negativ abgegrenzt. Geladen werden konnte nur, wer nicht einer anderen Gerichtsgewalt unterworfen oder sonst durch Gerichtsprivileg entbunden war. Daneben konnten die Parteien das Hofgericht als Gerichtsstand wählen (Prorogation)[564].

Im Unterschied zu dieser grundsätzlichen personenbezogenen Zuständigkeit galten zu- und abweisende Ausnahmen in sachlicher Hinsicht: Erstens war das

561 Dick, Kameralprozess, S. 130; Weitzel, Kampf, S. 288.

562 HGO 1619, Tit. 13.

563 HGO 1619, Tit. 13 § 1.

564 HGO 1619, Tit. 13 § 2.

Hofgericht ausnahmslos zuständig in allen fiskalischen Angelegenheiten. Zweitens aber waren geistliche und Lehnsachen ebenso ausgenommen wie Kriminalfälle und Angelegenheiten, die unter die Regierungsgerichtsbarkeit fielen oder Kammergüter betrafen[565]. Für diese Angelegenheiten waren andere landesherrliche Behörden zuständig, nämlich Offizialat, Lehnkammer und Regierung. Neben dieser erstinstanzlichen Gerichtsgewalt war das Hofgericht als Obergericht bei Appellationen gegen untergerichtliche Entscheidungen berufen.

In einem bedeutenden Fall sollte das Hofgericht darüber hinaus immer tätig werden dürfen: In Fällen, in denen einem Rechtsuchenden die Hilfe „kündlich versagt, oder aber auff andermalig Ansuchen [...] dieselbe Rechts-Hülff verzogen würde"[566], sollte dieser sich unmittelbar an das Hofgericht wenden können. Damit sind Fälle der Justizverweigerung angesprochen. Die Zuständigkeit landesherrlicher Gerichte und auch der Reichsgerichte in Fällen der Justizverweigerung ist typisch und seit jeher Ausdruck der obersten Gerichtsgewalt des römisch-deutschen Königs und in späterer Zeit zunehmend auch der Landesherren in ihren Territorien[567]. Das ist wichtig, weil Gerichtsebenen damit vertikal verknüpft blieben: Die Zuständigkeit in Fällen der Justizverweigerung ließ die Gerichtsbarkeit der Landesherren gegenüber den Reichsgerichten nie völlig unabhängig und losgelöst werden[568]. Das Reichskammergericht beispielsweise war in diesen Fällen selbst dann zuständig, wenn dem entsprechenden Territorium *privilegia de non appellando vel evocando* verliehen waren, die Appellation an die Reichsgerichte in ordentlicher Weise also gar nicht möglich war[569]. Diese fortwährende Verknüpfung hängt „kaum zufällig"[570] mit dem reichsweiten unbegrenzten Fehdeverbot seit der Reichsreform von 1495 zusammen. Während vorher zumindest im Grundsatz Selbsthilfe erlaubt war, wenn man anders zu seinem Recht nicht kommen konnte, mussten mit ihrem Wegfall andere Mechanismen geschaffen werden, um offene Gewalt zu verhindern. Solche aber drohte, wenn ein Gerichtsherr sich weigerte, seiner Pflicht, Rechtsfrieden herzustellen, nachzukommen. Zugespitzt kann man formulieren, dass in der Zuständigkeit oberer und oberster Gerichte bei verweigerter und verzögerter Justiz eines der ältesten Prozessgrundrechte überhaupt zutage tritt[571].

565 HGO 1619, Tit. 13 § 2.

566 HGO 1619, Tit. 13 § 6.

567 Oestmann, Rechtsverweigerung, S. 51, S. 53; Stodolkowitz, Rechtsverweigerung, S. 128 f.

568 Oestmann, Rechtsverweigerung, S. 53.

569 Erler, Rechtsverweigerung, Sp. 415.

570 Oestmann, Rechtsverweigerung, S. 62.

571 Ähnlich Oestmann, Menschenrechte, S. 61.

Die Zuständigkeit an sich unzuständiger Gerichte konnte Quelle mancherlei Zweifel, Streitfragen und Missbräuche sein, auf die im Einzelnen hier nicht eingegangen werden kann. Im Zentrum der Betrachtung soll vielmehr die Regelung der Hofgerichtsordnung stehen. Zunächst soll versucht werden, den Begriff Justizverweigerung anhand der Hofgerichtsordnung mit Inhalt zu füllen und zu definieren. Als Kern der Justizverweigerung ist die „Nichtentscheidung von Rechtsfragen durch das angerufene Gericht“[572] oder auch „die rechtswidrige Versagung der Urteilshilfe im ordentlichen gerichtlichen Verfahren“[573] bezeichnet worden. In der Formulierung „wo jemand [...] das Recht kündlich versagt / oder aber auff andermalig Ansuchen [...] verzogen würde“ ist genau dieser Aspekt der Justizverweigerung angesprochen: Der angerufene Richter weigert sich ausdrücklich, in einer Sache überhaupt tätig zu werden oder bleibt – ohne ausdrückliche Äußerung – einfach untätig. Problematischer ist der Folgewortlaut der Hofgerichtsordnung: „oder da auch sonsten die Richter aus gnugsamer Anzeig Partheyisch, oder auß anderen Ursachen das Recht allda nicht zu bekommen wäre“[574]. Die Hofgerichtsordnung versteht Justizverweigerung also offensichtlich abweichend vom Wortlaut der Reichskammergerichtsordnung, die nur den Verzug oder die Ablehnung der Rechtsfindung als Justizverweigerung wertete[575], in einem weiteren Sinne. Das ist deswegen problematisch, weil die Hofgerichtsordnung damit die Abgrenzbarkeit der Klage wegen Justizverweigerung von anderen Rechtsbehelfen, etwa der Nichtigkeitsbeschwerde oder der Appellation[576], aufhebt und durch die generalklauselartige Formulierung eine Allzuständigkeit schafft. Denn was war im Einzelnen damit gemeint, dass das Hofgericht tätig werden könne, wenn „das Recht“ anders nicht zu bekommen sei? Galt das auch bei unrichtigen Entscheidungen des Untergerichts, die dem Beschwerten immerhin auch sein (objektiv verstandenes) Recht vorenthielten? Rechtsverweigerung in diesem Sinne wäre das genaue Gegenteil einer „klassischen“ *iustitia denegata:* Der Richter hat entschieden, obwohl die Partei es (so) nicht wollte, während sonst der Richter nicht entscheidet, obwohl die Partei es wünscht. Ob der Ordnungsgeber diese folgenreiche Formulierung mit Bedacht gewählt hat, lässt sich der Textstelle naturgemäß nicht entnehmen. Ebenso mag es sich um redaktionellen Übereifer gehandelt haben. Voraussichtlich wollte man das Hofgericht zuständig sein lassen, wenn die Partei die begründete Befürchtung hatte, der Richter werde sich in Zukunft parteiisch verhalten.

572 Oestmann, Rechtsverweigerung, S. 58.
573 Perels, Justizverweigerung, S. 5.
574 HGO 1619, Tit. 13 § 6.
575 RKGO 1555, Tit. II.1 § 2.
576 Vgl. dazu Oestmann, Rechtsverweigerung, S. 115 ff.

Im Weiteren soll das Augenmerk auf die Gerichte gelenkt werden, deren Weigerung, Recht zu sprechen, eine Sache vor das Hofgericht bringen konnte. Dies lohnt sich deshalb, weil dabei Unterschiede zwischen den einzelnen Abschriften und dem Druck der Hofgerichtsordnung zutage treten. Während eine der Abschriften nämlich den Ausgangspunkt an „unsern hoffgerichten, oder den gerichten, so wir in unseren stätten besetzet, oder sonsten die stätten sölbst haben, oder ahn deß Adels dorffgerichten"[577] formuliert, steht in den anderen Abschriften[578] unleserlich geschrieben, aber wohl dem Druck von 1702[579] folgend, das Wort „Gogerichten" statt „hoffgerichten". Am wahrscheinlichsten ist es, dass es sich bei der abweichenden Abschrift schlicht um einen Übertragungsfehler handelt. Zwingend ist das aber nicht. Es wurde bereits gezeigt, dass in der frühneuzeitlichen Rechtssprache mit Hofgerichten ganz allgemein landesherrliche Zentralbehörden in ihrer justitiellen Funktion gemeint sein konnten. Es ist daher denkbar, dass das weltliche Hofgericht zuständig werden sollte, wenn den Bürgern an den anderen bischöflichen Gerichten das Recht versagt wurde. Ein Blick in die Bestandsverzeichnisse der Reichskammergerichtsakten ergibt jedenfalls, dass klar schematisierte Rechtszüge zum und vom Hofgericht nicht durchgehend existierten. Es sind auch Fälle bekannt, in denen von der vermeintlich übergeordneten Kanzlei an Hofgericht und Offizialat appelliert wurde[580]. Es existiert sogar ein Rechtsstreit, in dem sich die Parteien eines Offizialatsprozesses an das weltliche Hofgericht wandten[581]. Zwar wurde die Zuständigkeit der angegangenen Gerichte in diesen Fällen nicht mit Justizverweigerungen begründet. Es zeigt sich aber, dass sich eindeutige, vertikale Instanzenzüge nicht ausmachen lassen. Hinzukommt, dass die Zuständigkeit geistlicher Gerichte bei Rechtsverweigerungen weltlicher Gerichte und umgekehrt auch in anderen Territorien nachgewiesen ist, wenngleich das Verhältnis immer noch als weitgehend unerforscht zu bezeichnen ist[582]. Es ist also nicht von vornherein ausgeschlossen, dass das Paderborner Hofgericht bei Justizverweigerung der anderen landesherrlichen Behörden tätig werden konnte.

Das eigentliche Verfahren bei Justizverweigerungen regelt die Hofgerichtsordnung nur rudimentär und nur bezogen auf die Einleitung des Verfahrens. Eine Supplikation wegen Justizverweigerung sollte nur Erfolg haben, wenn der Kläger

577 LAW Gerichte, Nr. 79, Bl. 37.

578 Stadtarchiv Warburg, Coll. Ros., II.1, Bl. 11; AAV, Cod. 82, Bl. 33 f.

579 HGO 1619, Tit. 13 § 6.

580 LAW RKG, N 485, K 65, B 1118, K 209.

581 LAW RKG, W 857. M. E. ist das Findbuch hier aber falsch; es scheint vielmehr ein „ordentlicher" Instanzenzug vom Gericht des Domkapitels zum Offizialat gewesen zu sein.

582 Oestmann, Rechtsverweigerung, S. 77 f.; Erler, Rechtsverweigerung, Sp. 416.

nach Ablauf eines Monats[583] das übergangene Gericht ein weiteres Mal anrief. Erst nachdem weitere sechs Wochen verstrichen waren, konnte das Hofgericht bemüht werden. Dadurch ergeben sich zwei weitere für Justizverweigerungssachen typische Auslegungsschwierigkeiten. Zum einen ist fraglich, was zum Beweis der Justizverweigerung vorgebracht werden musste, und zum anderen, welche Maßnahmen den Hofrichtern dann zur Verfügung standen. Was die letzte Frage betrifft, so waren zwei Wege denkbar: Entweder das Obergericht übte durch Strafdrohungen Druck auf den sich weigernden Unterrichter aus, um ihn zur Justizgewährung zu veranlassen, oder es zog die Streitsache vollständig an sich und eröffnete ein eigenständiges Verfahren. Dies wirkte sich zwangsläufig auch auf die Parteistellung aus[584]: Im ersten Fall wäre der übergangene Richter selbst Partei des Verfahrens, während im zweiten Fall die Parteien des (angestrebten) Ausgangsprozesses Partei blieben. Denkbar ist auch, dass Zwangsbriefe und Avokation nacheinander geschaltet wurden. Die Ordnung scheint davon auszugehen, dass das Hofgericht das streitige Verfahren im Ganzen avozieren konnte. Das legt zumindest die Formulierung „soll der oder dieselben bey Unserm Hoff-Gericht umb Ladung suppliciren mögen […] darauff dan so gebettene Ladung soll erkent werden"[585] nahe. Hatte also jemand eine Ladung vor dem Untergericht beantragt und brachte der Unterrichter die Ladung nicht aus oder verzögerte das Verfahren, stand dem Kläger der Weg zum Hofgericht offen.

Ob die Oberrichter dabei zunächst versuchen mussten, das sich weigernde Gericht zum Tätigwerden zu veranlassen, ist unklar und hängt mit dem zweiten Problem zusammen. Nach dem Wortlaut sollte der Supplikant nämlich „beglaubten Schein und Urkunde des versagten Rechtens"[586] beibringen. Wie sollte der Rechtsuchende das machen? Jedenfalls erscheint es unwahrscheinlich, dass ein Gericht jemals von sich aus eine Bescheinigung über die eigene Rechtsverweigerung ausgestellt hatte. Der Ordnungsgeber ging offenbar davon aus, dass der Kläger den anderen Richter durch eine Urkundsperson oder in einem beurkundeten Verfahren angehen sollte. Dafür sind verschiedene Wege denkbar. Zum einen ist vom Reichskammergericht bekannt, dass sogenannte Promotorialschreiben, also Drohbriefe, die den sich weigernden Richter zur Justizgewährung anhalten sollten[587], vom übergeordneten Gericht in einem Zwischenverfahren erlassen werden konnten. Blieb dieses ohne Wirkung, war nach der Reichskammergerichtsordnung aber

583 Die Monatsfrist war mit 30 Tagen zu berechnen. Vgl. HGO 1619, Tit. 13 § 7.

584 Vergleiche hierzu Oestmann, Rechtsverweigerung, S. 91 ff.

585 HGO 1619, Tit. 13 § 6.

586 HGO 1619, Tit. 13 § 6.

587 Oberländer, Lexicon, S. 573; Perels, Justizverweigerung, S. 30; Oestmann, Rechtsverweigerung, S. 66 ff.

gerade „kein weitere urkundt des geweigerten rechtens“[588] notwendig, obwohl auch am Reichskammergericht grundsätzlich der Kläger die Justizverweigerung zu beweisen hatte. Zum anderen ging auch der Reichsgesetzgeber davon aus, dass Parteien Notare zur Beurkundung der Rechtsverweigerung hinzuziehen konnten. Diese Praxis ist auch aus anderen Territorien bekannt[589]. Ebenso weiß man, dass die Notare häufig Repressalien der übergangenen Richter ausgesetzt waren[590]. Gelang es daher nicht, ein Notariatsinstrument aufstellen zu lassen, ist zumindest teilweise von anderen Beweiserleichterungen wie dem Suppletionseid in der gerichtlichen Praxis auszugehen[591]. Näheres ist aber ebenso unbekannt wie die weitere Ausgestaltung des Verfahrens. Die Hofgerichtsordnung bestimmt nur noch, dass der Kläger „gnugsame Caution thuen [...] oder in mangel solcher Bürgerlicher Sicherheit, die Aydsbetheurung“ für den Fall zu leisten hatte, dass die Sache „anders als angebracht sich erfunde“[592].

Zusammenfassend bleibt festzustellen, dass die Bestimmungen zur Zuständigkeit mit vielen anderen territorialen Gerichtsordnungen übereinstimmt. Die begrenzte erstinstanzliche Zuständigkeit für bestimmte besonders privilegierte Personengruppen, die Möglichkeit der Prorogation, die besondere Zu- und Abweisung bestimmter Streitgegenstände, die Kontrollfunktion bei Justizverweigerungen und schließlich die wichtige Funktion als Appellationsinstanz kennzeichnen die meisten landesherrlichen Obergerichte in Deutschland[593].

4. Das Verfahren vor dem Hofgericht

Nach den Gerichtspersonen behandelt die Hofgerichtsordnung das Prozessrecht. Dabei wird zwischen den verschiedenen Verfahrensstadien, -arten und Prozesshandlungen unterschieden. Die folgende Darstellung weicht vom Aufbau der Hofgerichtsordnung mitunter ab, denn sie soll insbesondere zweckmäßig sein. In einem ersten Schritt wird das ordentliche, erstinstanzliche Verfahren dargestellt werden. Die Vorschriften der Hofgerichtsordnungen sind hierzu am umfangreichsten. Die übrigen Verfahrensarten werden in ihren Abweichungen zum ordentlichen Verfahren erster Instanz nachgezeichnet.

---

588 RKGO 1555, Tit. II.26, § 2.

589 Mev. Landr. IV.1.7.

590 RKGO II.26.2. Dazu Oestmann, Rechtsverweigerung, S. 69; Perels, Justizverweigerung, S. 31 f.

591 Ein Beispiel dazu bei Oestmann, Rechtsverweigerung, S. 93 f.

592 HGO 1619, Tit. 13 § 7.

593 Vgl. beispielsweise Münsterische HGO 1571, Tit. II.1; Mainzer HGO 1516, Tit. 10 „Nu volget...“.

a) Ordentliches erstinstanzliches Verfahren

aa) Einleitung des Verfahrens

Der Kläger leitete das Verfahren dadurch ein, dass er das Gericht „supplicativè“[594] um Ladung bat. Durch den adverbialen Zusatz dürfte auf den besonderen Prozessantragstypus der Supplikation als einer einseitigen, die Sachentscheidung vorbereitenden Eingabe an das Gericht verwiesen sein[595]. Die Supplikation musste durch einen Prokurator mündlich bei Gericht erfolgen. Ausnahmsweise („wo Noht“) konnte sie auch schriftlich vorgetragen werden. Ob die Partei wirklich nicht selbstständig in Person um Ladung bitten konnte, ist nicht klar. Immerhin weist die Ordnung an anderer Stelle selbst darauf hin, dass die Parteien ihre Prozesse auch ohne Anwalt führen konnten[596]. Am ehesten wird man diesem Widerspruch wohl gerecht, wenn man ihm nicht zu viel Bedeutung zumisst. Faktisch haben sich die Parteien wohl in der Tat regelmäßig vor Gericht vertreten lassen[597].

Über das Ladungsgesuch entschied das Gericht als Spruchkörper. Die Ladung erfolgte also nicht ungeprüft durch die Partei, sondern musste von Hofrichter und Beisitzern bewilligt werden. An welchen Maßstäben und Zielen sich die Entscheidung zu orientieren hatte, ist völlig ungeklärt. Jedenfalls fordert die Ordnung in formeller Hinsicht den Nachweis der Vollmacht oder entsprechende Kautionsleistung durch die Prokuratoren, womit vermieden werden sollte, dass eine Sache ohne ausdrücklichen Willen des Vertretenen vorgebracht wurde[598]. Darüber hinaus bestand aber nicht grundsätzlich die Notwendigkeit einer Kautionsleistung durch die Partei. Im ordentlichen Verfahren erster Instanz sollte Kaution durch die Partei nur im Falle einer „Einrede umb Caution“[599] *(exceptio cautionis)*, also einer besonderen Einrede geleistet werden und auch dies nur, sofern nicht beide Parteien im Hochstift „mit ligenden oder beweglichen Güteren zu des Gegenparts Erholung gnugsam haabhafft gesessen und versehen“[600] waren. War dem Kläger die Kautionsleistung nicht möglich, konnte er einen Eid leisten, dass er die Kaution nicht aufbringen könne und ein Schuldversprechen abgebe *(juramentum cautionis juratoriae)*. Auch die Pflicht zur Zahlung eines Prozesskostenvorschusses kennt die Hofgerichtsordnung nicht.

594 HGO 1619, Tit. 14 § 1.
595 Zur Supplikation vgl. S. 105 ff.
596 Vgl. z. B. HGO 1619, Tit. 17 § 1.
597 Buchda/Cordes, Anwalt, Sp. 259.
598 Für den Kameralprozess Dick, Kameralprozess, S. 131.
599 HGO 1619, Tit. 20 § 1.
600 HGO 1619, Tit. 20 § 3.

Inwieweit bei der Ladungssupplikation bereits auf den Streitgegenstand eingegangen werden musste, ist unbekannt. Ausdrücklich wurde nicht einmal ein Sachvortrag des Klägers gefordert. In irgendeiner Weise war das aber wohl erforderlich, denn dem Gericht wurde aufgegeben, in der Ladung „die sachen darumb iemandt citirt undt vorgeheischen kurtz- undt deutlich“[601] anzuzeigen, um dem Beklagten ausreichend Möglichkeit zu geben, seine Verteidigung zu planen und um das Verfahren nicht unnötig zu verzögern. Vom Kameralprozess ist bekannt, dass der materiell-rechtliche Hintergrund der (beabsichtigten) Klage schlüssig dargelegt werden musste[602]. Im Übrigen gab es durchaus Entwicklungen in der Trennung zwischen Prozessantrag auf Ladung einerseits und dem Sachantrag auf Verurteilung andererseits. Erst der Jüngste Reichsabschied gebot dem Kläger endgültig, sein Klagelibell gleich mit der Ladungsbitte vorzulegen, wenngleich es den zeitgleichen Sachantrag freistellte[603]. Die Hofgerichtsordnung sah noch vor, dass der Kläger die eigentliche Klageschrift im ersten Termin, dem sogenannten Reproduktionstermin, vorzulegen hatte[604].

Die Ladungsschrift sollte als *citatio peremtoria* ergehen, dass heißt für den Fall der Säumnis androhen, ohne Weiteres in der Sache zu entscheiden. Diese mit Prozessnachteilen einhergehende Ladung konnte römischen und einheimischen Vorbildern folgend unterschiedlich ausgestaltet sein: Entweder es wurden bereits im Ladungsschreiben drei Alternativtermine festgelegt, wobei die peremptorische Wirkung erst nach Ablauf des dritten Termins eintrat. Oder es wurde gleich eine entsprechend längere Frist gesetzt, die peremptorisch wirkte[605]. Die Hofgerichtsordnung umschreibt, dass in der Ladung „bestimbte Zeit in drey Terminen dermassen erlängert werden [muss], daß der Geladener zu ieden von seiner Behausung an das Gericht bequemlich erscheinen könne“[606] und entscheidet sich dabei offensichtlich für die erstgenannte Möglichkeit. Weiter musste der Beklagte ausdrücklich benannt sein. Dabei enthalten die Vorschriften zur Terminsanberaumung eine Ausnahme für den Fall, dass auf einer Seite mehrere Personen standen, die nicht am gleichen Ort wohnhaft waren und deshalb die Ladung nicht am gleichen Tag empfangen konnten. In diesem Fall sollte das Gericht einen bestimmten Termin ansetzen, an dem alle Personen zu erscheinen hatten. Diese Personen sollten zwar in der Ladung benannt werden, jedoch

601 HGO 1619, Bl. 40.

602 Vgl. Dick, Kameralprozess, S. 131.

603 JRA § 34.

604 HGO 1619, Tit. 17 § 1.

605 Oberländer, Lexicon Juridicum, S. 128 f.; Schlinker, *Litis Contestatio*, S. 303, Fn. 67; Gönner, Handbuch II, S. 160; Mynsinger, Observationum, Centuria VI, obs. 9, S. 484.

606 HGO 1619, Tit. 14 § 3.

war in Folgeprozessen nur einer von ihnen mit dem Zusatz „undt andere in der ladung bestimbt"[607] zu titulieren.

Die unscheinbar wirkende Prozesshandlung der Ladung hat im frühmodernen Prozess eine außerordentliche Bedeutung. Sie unterstrich zunächst als Befehl an den Beklagten, vor Gericht zu erscheinen, den Gerichtszwang. Sie garantierte ihm aber auch den wichtigen prozessualen Anspruch auf Gehör, weil ohne eine ordnungsgemäße Ladung keine Sachentscheidung ergehen konnte[608]. In der Ladung trat aber auch der rechtliche Streit zweier Parteien erstmals offen zutage und drohte, jederzeit in außergerichtliche Aggression umzuschlagen[609]. Diesem Zustand lag so eine echte Bedrohung für Frieden und Ordnung zugrunde. Am Schluss jeder Ladung sollte die gerichtliche Anordnung erfolgen, „daß die Geladene der Sachen, und allen ihren Terminen und Gerichts-Tagen, biß nach endlichem Beschluß und Urtheil außwarten sollen"[610], und formuliert damit ein „Friedensgebot"[611], das auch in der Praxis der obersten Reichsgerichte zur Verhinderung von Selbsthilfe und Fehdehandlungen gebräuchlich war[612].

Der so ausgelassene Ladungsbrief musste dem Beklagten zugestellt werden. Die Hofgerichtsordnung regelt das Zustellungsverfahren sehr detailliert und differenziert insbesondere nach dem Adressaten der Ladung: Bei „gewöhnlichen" Privatpersonen begab sich der Bote „an das Ort da der jenige [...] sein Domicilium oder Haußhaltung hat"[613], überreichte dem Geladenen das Original des Ladungsbriefes und brachte eine zuvor beglaubigte Abschrift zum Gericht zurück. Waren auf Beklagtenseite mehrere Personen beteiligt, so zeigte und las er jedem Einzelnen das Originalschreiben vor, bevor er dieses mit Zustellungsvermerk[614] dem Gericht zurückgab. Wurde der Zitierte nicht angetroffen, sah die Gerichtsordnung ein abgestuftes Verfahren vor. Der Bote sollte wohl einige Zeit am Haus des Beklagten warten, allerdings nicht so lange, dass er dafür vor Ort hätte übernachten müssen. Stellte sich der Beklagte nicht beizeiten ein, übergab er die Ladung der Ehefrau oder Hausdienern und drohte ihnen an, dass sie bei verzögerter Aushändigung an den Geladenen Kosten und Schäden zu ersetzen hätten. War niemand Willens, eine Ladung entgegenzunehmen, legte der Bote den Brief im oder am Haus nieder. Dafür waren Hausgesinde als Zeugen heranzuziehen. Fanden diese sich nicht oder erhielt

607 HGO 1619, Tit. 14 § 5.
608 Sellert, Ladung des Beklagten, S. 202.
609 Sellert, Ladung, Sp. 1336.
610 HGO 1619, Tit. 14 § 6.
611 Den Begriff prägt Sellert, Ladung, Sp. 1336.
612 Vgl. etwa Sellert, Stilus Curiae, S. 182 f.
613 HGO 1619, Tit. 15 § 1.
614 „Auffgeschriebener Insinuation", HGO 1619, Tit. 15 § 2.

der Bote keinen Zugang zum Haus, konnte er Zeugen aus der Nachbarschaft hinzuziehen. Erst wenn auch derer keiner zugegen war, hinterließ er die Ladung ohne Zeugen, aber deutlich sichtbar am Haus. Abschließend musste der Bote über die Zustellung „Relation thuen“[615], hatte also einen Bericht über die Zustellung anzufertigen. Dazu schrieb er ein Exemplar für den Beklagten und eines für den Kläger und vermerkte darin, „auff welchen Tag, Monaht, Jahr, auch ob die unter Augen, oder in sein Hauß, und sonsten welcher Gestalt die [Zustellung] geschehen, wer die Proceß von ihm empfangen, deßgleichen seinen Nahmen, auch des jenigen, dem er die Verkündigung gethan“[616].

Die bemerkenswert umständliche Regelung – die sich im Übrigen sehr eng an die Zustellungsmodalitäten des Kameralprozesses anlehnte[617] – unterstreicht die Bedeutung der Ladung für den Fortgang des Verfahrens. Sie offenbart zugleich die Einsicht des Ordnungsgebers, dass die Zustellung mit praktischen Schwierigkeiten verbunden sein konnte. Harmlos klingt es noch, wenn berichtet wird, die zu Ladenden hätten sich häufig verleugnen lassen[618]. Vom Reichskammergericht sind weit schlimmere Drangsalen bekannt. Die Gerichtsboten wurden verprügelt, gezwungen, die Ladungsschreiben aufzuessen, und des Landes verwiesen[619], wenn der Territorialherr seine Gerichtssouveränität durch die Boten des Reichsgerichts gefährdet sah. Der Bote war trotzdem gehalten, das gerichtliche Schreiben so nah wie eben möglich an den Beklagten heranzutragen und die Kenntnisnahme zu sichern. Dadurch sollte nicht nur jeder Streit über die ordnungsgemäße Ladung verhindert werden. Die Regelungen versinnbildlichen vielmehr das hohe Maß an Einvernehmen und Konsens, von dem der ordnungsgemäße Rechtsgang abhing[620]. Jeder Anlass für Streit sollte, wenn eben möglich, verhindert werden.

Ein ähnlicher Ablauf findet sich auch bei Zustellungen gegenüber anderen Adressaten. Bei geistlichen Personen erfolgte die Zustellung – sofern der Empfänger nicht persönlich angetroffen wurde – gegenüber den Vorgesetzten. Waren diese nicht zur Entgegennahme bereit, musste der Boten das Schriftstück dem Pförtner aushändigen. Weigerte auch dieser sich, sollte die Ladung einfach dort liegen bleiben. Prozesse „wieder Burgermeister und Raht einer Stadt oder Fleckens“[621] sollte

615 HGO 1619, Tit. 15 § 4.

616 HGO 1619, Tit. 15 § 4.

617 Dazu Sellert, Ladung des Beklagten, passim; die Zustellung regelte im Reich eine Botenordnung von 1538 (NSRA II, S. 425 ff.) bzw. die RKGO 1555, Tit. I.38 § 1 ff.

618 Ludovici, Civil-Proceß, S. 133.

619 Sellert, Ladung des Beklagten, S. 221 ff.

620 Für das RKG-Verfahren konstatiert dies wohl auch Sellert, Ladung, S. 213, S. 215.

621 HGO 1619, Tit. 15 § 6.

der versammelte Rat in Empfang nehmen. Wo der Bote bis zur ordentlichen Versammlung nicht ausharren konnte, bat er den Bürgermeister oder Ortsvorsteher („Verwesern des Ambts“[622]), den Rat oder wenigstens einige Ratsherren einzubestellen, und verkündete in deren Beisein die Ladung. Wurde die Zusammenkunft verwehrt, verlas der Bote die Ladung nur gegenüber dem Bürgermeister oder ließ sie einfach liegen, wenn dieser nicht zuhören wollte. Außerhalb der Stadt war eine Zustellung aber auch dann nicht möglich, wenn der Bote Bürgermeister und Ratsherren zufällig antraf, worin sich eine Trennung zwischen der amtlichen Funktion des Bürgermeisters und seiner Privatperson zeigt. Sofern eine ganze Gemeinde zu laden war, verfuhr der Bote wie beim Bürgermeister und verlas zusätzlich der ganzen Gemeinde die Ladung. Sofern die Umstände dies nicht erlaubten, konnte er den Ladungsbrief aber auch an das Rathaus, die Kirche oder ein anderes öffentliches Gebäude annageln. Einem Gericht stellte er die Ladung nach Möglichkeit während dessen Sitzungen zu. Andernfalls war sie dem Richter zu überantworten oder beim Gerichtshof liegen zu lassen. Ein Kirchspiel wurde geladen, indem der Bote das Schriftstück dem Pastor mit dem Befehl aushändigte, sie am folgenden Sonntag oder Feiertag den „Kerspelsleuthen von der Cantzel“[623] zu verlesen. Zusätzlich schlug er den Brief an der Kirchentür an.

Schlussendlich kannte die HGO eine öffentliche Zustellung in Fällen, in denen „der Citirter keine eigene sonderbahre Behausung und Wohnung hat, nirgends bleiblich gesessen, oder in eigener Persohn nicht wol noch sicher ist anzutreffen“[624]. Wenn also der Aufenthaltsort des Beklagten unbekannt war, konnte der Bote die Ladung an den Orten öffentlich anschlagen, die in der Ladung benannt wurden oder die durch Hofrichter und Beisitzer dem Boten sonst genannt wurden. Diese Form der Zustellung erfolgte durch sogenannte „Edicta und offene Brieffe“ und wird daher gemeinhin als Ediktalladung bezeichnet.

bb) Verfahren bis zur litis contestatio

Der Kläger hatte zum in der Ladung bezeichneten Termin in Person oder durch einen Prokurator zu erscheinen, welcher sich – sofern es nicht ohnehin schon geschehen war – spätestens nun durch ausreichende Vollmacht legitimieren musste. In diesem Termin waren die ausgegebene Ladung mit dem entsprechenden Zustellungsvermerk und die Klageschrift *(libell)* vorzulegen. Die HGO bezeichnet diesen Termin als „ersten termin“ oder „primus terminus“.

622 HGO 1619, Tit. 15 § 6.
623 HGO 1619, Tit. 15 § 9.
624 HGO 1619, Tit. 15 § 10.

Über Inhalt und Form der Klageschrift gibt die Hofgerichtsordnung kaum allgemeine Informationen. Lediglich an wenigen Stellen werden zu Detailfragen Anordnungen getroffen, etwa wie das Rubrum bei Schriftsätzen auszusehen habe, wenn ein Prokurator mehrere Parteien vertrat. Umso erstaunlicher ist es, dass die Hofgerichtsordnung in einem Punkt ausdrücklich und daher bewusst vom gemeinen Prozessrecht abwich:

> So viel aber die Klag belanget, obwol vermög Rechtens solche summarischer oder articulirter Weiß fürzubringen frey stehet, so sol doch ein jeder Kläger oder Appellant, so seine Klag-Puncten oder Gravamina zu articuliren bedacht, an diesem Unsern Hoff-Gericht zu mehrer der Rechthängigen Sachen Schleunigkeit hinfürter, nach Inhalt der Cammer-Gerichts-Ordnung seine Klag so wol in simplicis querelae als Appellationum causis Articuls-Weise einstellen, und in hoc primoTermino duplirt übergeben, oder ihme der Weg solches zu thun praecludirt werden[625].

Die Hofgerichtsordnung sah also eine strikte Verpflichtung vor, die Klageschrift bereits im ersten Termin artikuliert vorzubringen. Andernfalls war der Kläger unbedingt präkludiert. Als artikulierte Klage bezeichnet man einen Klagevortrag, bei dem der gesamte Vortragsstoff in *positiones* eingeteilt ist, die mit den Worten „wahr daß" eingeleitet wurden. Jede einzelne Position enthielt nur eine Information, die der Beklagte zugestehen („glaub wahr") oder bestreiten („glaub nicht wahr") konnte. Die Gegenüberstellung von Position und Responsion ließ – in der Theorie – auf den ersten Blick erkennen, über welche Behauptungen des Klägers gestritten wurde, was also beweisbedürftig war[626]. Unklar ist dabei, ob nur der Sachvortrag[627] oder auch der Rechtsvortrag[628] in Artikel gegossen werden musste. Angesichts der schwierigen Unterscheidung zwischen Sach- und Rechtsvortrag und der Beweisbedürftigkeit einiger Rechtsmassen dürfte eine strikte Scheidung schwer durchführbar gewesen sein. Die Hofgerichtsordnung schreibt die formelhafte Responsion jedenfalls nur für „alle Articul, die nicht juris, sondern facti sein"[629] vor und geht daher von der Artikulation des gesamten Tatsachenstoffes aus.

So eindeutig, wie die ausdrückliche Abgrenzung der Hofgerichtsordnung von den „Rechten" es vortäuscht, war die Rechtslage aber nicht, und zwar weder für das Paderborner noch für das Reichsprozessrecht. Die Reichskammergerichtsordnung von 1555 kannte zwar noch ein Wahlrecht des Klägers. Er konnte seine

625 HGO 1619, Tit. 17 § 2.

626 Oestmann, Artikelprozess, Sp. 313; Dick, Kameralprozess, S. 139.

627 Nur von Tatsachenartikeln sprechen Buchda, Artikelprozess, Sp. 233; Oestmann, Artikelprozess, Sp. 313.

628 Von „Tatsachen und Rechtsgründen" spricht Dick, Kameralprozess, S. 139 mit Fallbeispiel.

629 HGO 1619, Tit. 23 § 4.

Klage im ersten Termin artikuliert oder summarisch, das heißt in einem zusammenhängenden Fließtext vorbringen. Dieses Wahlrecht wurde aber bereits 1570 deutlich zugunsten der Artikulation eingeschränkt, wenn nicht gar abgeschafft[630]. Die ausdrückliche Abgrenzung erstaunt daher. Der Ordnungsgeber meinte mit den „Rechten" vielleicht nicht die Kammergerichtsordnung, sondern eine wohl anderslautende Praxis des wissenschaftlichen gemeinen Prozessrechts im Gegensatz zum Kameralprozess. Allerdings ist auch für das Reichskammergericht betont worden, dass nach dem Wortlaut des Reichsabschiedes von 1570 das Artikelverfahren vielleicht doch nicht zwingend vorgeschrieben war („soll")[631]. Darin dürfte aber eine Überinterpretation der wenig eindeutigen Rechtssprache der Frühen Neuzeit liegen. Auch in Paderborn sind die rechtlichen Vorgaben übrigens uneindeutig. Denn zur vollständigen Verwirrung bietet der Paderborner Ordnungsgeber im Zusammenhang mit der Streitbefestigung zwei unterschiedliche Befestigungsformeln und unterscheidet dabei zwischen bisher artikulierten und nicht artikulierten Klagen[632]. Dieser Widerspruch zur eben zitierten strikten Anordnung des Artikelverfahrens ist nur durch eine unbedachte Übernahme aus anderen Ordnungen, etwa der nahezu gleichlautenden Vorgabe am Reichskammergericht[633], zu erklären.

Das Artikelverfahren bezweckte ausweislich des Wortlautes der Paderborner Hofgerichtsordnung zwar die Beschleunigung des Verfahrens, hatte aber in der Praxis genau den gegenteiligen Effekt. Nicht nur wurde der Prozessverlauf durch das Wechselspiel von Position und Responsion statisch und schwerfällig[634], sondern über die Zulässigkeit einzelner Positionen konnten darüber hinaus langwierige Zwischenstreitigkeiten ausgetragen werden[635]. Die Positionen waren schließlich so zu formulieren, dass der Gegner ausschließlich mit Ja oder Nein antworten konnte, was insbesondere dann zu Streit führte, wenn sich in den Aussagen auch Rechtsbehauptungen versteckten, was wiederum schwer abgrenzbar und deshalb streitig werden konnte[636]. Durch den Jüngsten Reichsabschied wurde das Artikelverfahren daher schließlich vollständig abgeschafft und dem Kläger aufgegeben, „allein

630 RA 1570 § 88: „...wollen und statuiren hiemit, daß nunmehr in allen Sachen, simplicis querelae oder appellationum, ein jeder Kläger oder Appellant, so seine Klag-Puncten oder Gravamina, zu articuliren bedacht, keine summari Klag, sondern zugleich articulirter weiß stellen, und in Primo termino eingeben lassen soll, oder aber es soll ihm der Weg zu articuliren dernach praecludirt seyn."

631 Das Wörtchen betonen daher wohl Buchda, Artikelprozess, Sp. 234 und Oestmann, Artikelprozess, Sp. 313 besonders.

632 HGO 1619, Tit. 23 § 2.

633 RKGO 1555, Tit. III.13, § 4.

634 Oestmann, Artikelprozess, Sp. 314.

635 Dick, Kameralprozess, S. 141.

636 Oestmann, Artikelprozess, Sp. 314.

Summarischer Weiß, darinnen das Factum kurtz und nervose, jedoch deutlich und distincte, klar, [...] verfaßt und ausgeführt seye"[637], vorzutragen.

Zusammen mit der Klage sollte der Kläger am Paderborner Hofgericht die Befestigungsformel zur *litis contestatio* einbringen und den *juramentum dandorum* schwören[638]. Aber auch für das Verhalten des Beklagten im ersten Termin enthält die Hofgerichtsordnung genaue Anweisungen. Dieser sollte um eine Abschrift der Klage bitten, die er sogleich erhalten konnte, weil der Kläger sie mit Abschriften einzureichen hatte. Ihm war dann eine Frist von einem Monat zur Klageerwiderung zu setzen, die um maximal einen weiteren Monat verlängert werden konnte *(prorogatio termini)*, wenn der Beklagte vor Ablauf der Monatsfrist darum bat und „erfindliche erhebliche und rechtmässige Verhindernus"[639] als Grund vorbringen konnte. Ließ der Beklagte sich von einem Prokurator vertreten, sollte dieser sich wie der klägerische Anwalt gleich zu Beginn ordnungsgemäß legitimieren.

Der weitere Prozessverlauf hing dann vom Verhalten des Beklagten ab und wie er sich gegen die Klage zu verteidigen gedachte. Er konnte Einreden haben, die sich gegen den Prozess als solchen richteten, so dass er der Meinung war, sich zur Sache gar nicht äußern zu müssen. Hatte er solche Einreden nicht und wollte den Anspruch aber auch nicht zugestehen, dann fand die Kriegsbefestigung statt und die Parteien verhandelten im weiteren Verlauf über die Sache und die gegenständlichen Einreden.

Auf die Reproduktion der Klage im ersten Termin konnte der Beklagte im folgenden zweiten Termin bestimmte Einreden, und zwar „dilatorias vel peremptorias exceptiones in vim dilatoriarum"[640], erheben. Was genau mit diesen dilatorischen und peremptorischen Einreden gemeint war, gibt die Quelle – ebenso wie viele andere Prozessgesetze der Zeit[641] – nicht her, sondern setzt den Inhalt dieser Verteidigungsmittel als bekannt voraus. Oft werden dilatorische als zeitlich begrenzte, peremptorische Einreden aber als endgültig zerstörende Verteidigungsmittel definiert[642]. Diese Einteilung ist nicht erschöpfend. Die Hofgerichtsordnung selbst bezeichnet als dilatorisch solche „Exceptiones, dardurch das Recht auffgehalten, oder die Kriegs-Befestigung verhindert werden mögte"[643]. Dilatorisch sind daher

637 JRA, § 34.

638 HGO 1619, Tit. 17 § 4.

639 HGO 1619, Tit. 17 § 6.

640 HGO 1619, Tit. 19 § 1.

641 Sellert, Stilus Curiae, S. 230 ff.

642 Oberländer, Lexikon, S. 261, S. 274; Schmidt/Weber, Practisches Lehrbuch, §§ 118 ff.; Heimbach, Einrede, in: Weiske, Rechtslexikon, Bd. 3, S. 684; klarer Schlinker, Litis Contestatio, S. 318; vgl. auch Sellert, Stilus Curiae, S. 231, Fn. 1001.

643 HGO 1619, Tit. 23 § 1.

solche Einreden, die den Beklagten von der Einlassung in der Sache befreien[644]. Sie richten sich also gegen den Prozess, nicht gegen den Anspruch als solchen. Die Kriegsbefestigung ist nicht geschuldet. Modern gesprochen betreffen dilatorische Einreden die Zulässigkeit der Klage[645]. Die Hofgerichtsordnung hob unter den dilatorischen Einreden die „declinatoriis"[646] hervor. Darunter sind Einreden gegen die „competentia"[647], also die Zuständigkeit des Hofgerichts zu verstehen (forideklinatorische Einrede). Einige peremptorische Einreden stellte die Hofgerichtsordnung mit der Bezeichnung „peremtorias exceptiones in vim dilatoriarum"[648] den dilatorischen Einreden gleich, obwohl unter peremptorischen Einreden solche gegen die Begründetheit[649], also den geltend gemachten Klageanspruch[650] zu verstehen sind. Welche Einreden darunter fielen, ist aber völlig unklar. Ob dies nur bestimmte Gegenrechte betraf, oder, wie manche Autoren insbesondere in späterer Zeit schreiben[651], alle peremptorischen Gegenrechte, die sofort bewiesen werden konnten und daher „liquide" waren, lässt sich alleine aus der normativen Quelle nicht klären[652].

Der Beklagte musste solche dilatorischen Einreden „sambtlich und zugleich, damit in deren Darthuung kein Verzug der Sachen bößlich oder gefährlich gesucht"[653], schriftlich und artikelweise einbringen und war andernfalls präkludiert. Die Hofgerichtsordnung war damit von einem Eventualprinzip zwar noch entfernt[654]. Immerhin sollte einer Prozessverschleppung durch die Konzentration aller dilatorischen Einreden entgegengewirkt werden.

Erhob der Beklagte dilatorische Einreden, eröffnete dies ein Zwischenverfahren und das Hofgericht hatte über die *exceptiones* zu entscheiden, bevor der eigentliche Prozess bis zur *litis contestatio* und danach in der Hauptsache weiterlaufen konnte. Gegen diese Exzeptionalartikel konnte der Kläger allerdings auf zweierlei Weise reagieren: Er konnte antworten (Responsion) oder er konnte replizieren

644 Für das Verfahren vor dem RKG vgl. DICK, Kameralprozess, S. 154; vgl. auch SELLERT, Stilus Curiae, S. 235.

645 So SELLERT, Stilus Curiae, S. 232.

646 HGO 1619, Tit. 19 § 5.

647 HGO 1619, Tit. 19 § 5.

648 HGO 1619, Tit. 19 § 1.

649 SELLERT, Stilus Curiae, S. 232.

650 SCHLINKER, Litis Contestatio, S. 328.

651 LUDOVICI, Civil-Proceß, S. 182; SCHMIDT/WEBER, Practisches Lehrbuch, § 125; WETZELL, System, S. 960 ff.

652 Vgl. zu diesen privilegierten peremptorischen Einreden SELLERT, Stilus Curiae, S. 235 f. und SCHLINKER, Litis Contestatio, S. 329 ff. jeweils m. w. N.

653 HGO 1619, Tit. 19 § 1.

654 Vgl. dazu S. 187 ff.

(Replikation). Mit der Antwort bestritt der Kläger die in den Exzeptionalartikeln vorgebrachten Tatsachen und versuchte, ihnen damit die Grundlage zu entziehen. Für die Responsion hatte der Kläger einen Monat Zeit. Wählte er diesen Schritt, so war der Beklagte gehalten, seine Einreden binnen sechs Wochen zu beweisen. Wollte er nicht in tatsächlicher Hinsicht entgegnen, sondern die Exzeption aus Rechtsgründen angreifen, so musste er replizieren. Die Replikation musste ebenfalls binnen Monatsfrist schriftlich geschehen. Wahrscheinlich wurden Responsional- und Replikvortrag gemeinsam in einem Schriftsatz vorgetragen. Der Kläger konnte ihn artikuliert oder summarisch einbringen[655]. Auf die Replikation des Klägers wurde dem Beklagten wiederum eine Monatsfrist eingeräumt, um zu duplizieren, das heißt, auf die Erwiderung zu erwidern. Zusammen mit der Duplik musste der Beklagte den Beschluss der Sache in dieser Zwischenfrage erklären[656]. Wollte der Beklagte in seiner Duplik seinerseits die Tatsachengrundlage der Replik verneinen[657], so war es nunmehr am Kläger, seine Replik binnen Sechs-Wochen-Frist zu beweisen. Nicht gestattet war es, in weiteren Schriften der Duplik neue Rechtsausführungen entgegenzuhalten, also „weiter zu tripliciren, oder quadrupliciren"[658]. Wurde die Sache daraufhin beschlossen, war es an „Hoff-Richter und Assessores solchen Punct in zweyen oder auffs längste dreyen Monaten mit Rechtlicher Erkentnuß [zu] erledigen"[659]. Über den Erfolg einer die Litiskontestation aufschiebenden Einrede entschied das Gericht also durch Zwischenurteil (Interlokut, Beiurteil)[660]. Der Zwischenstreit war auch im Hinblick auf die Gerichtskosten ein eigenständiges Verfahren. Wurde die Einrede aberkannt, hatte der Beklagte die Kosten zu tragen. Nahm das Gericht zudem an, dass er die Einrede nur erhoben habe, um „kentliche, muhtwillige und vorsetzliche Unfug und Aufhalt"[661] zu betreiben, so konnten die Richter zudem eine Geldbuße verhängen.

Hatte der Beklagte solche Einreden gegen die Zulässigkeit der Klage nicht vorzubringen, schloss sich mit der *litis contestatio* eine prozessrechtliche Figur an, die als „Beispiel für die Kontinuität des Prozessrechts seit rund 2500 Jahren"[662]

655 HGO 1619, Tit. 19 § 2.

656 Zum Formalakt des Beschlusses sogleich.

657 Begrifflich wird allerdings nicht zwischen einer Duplik in tatsächlicher oder rechtlicher Hinsicht unterschieden.

658 HGO 1619, Tit. 19 § 3.

659 HGO 1619, Tit. 19 § 4.

660 Für den Kameralprozess vgl. Schlinker, Kameralprozess, S. 146.

661 HGO 1619, Tit. 19 § 6.

662 Schlinker, Kameralprozess, S. 139; noch deutlicher Sellert, Litis contestatio, Sp. 14, der die *litis contestatio* als „Prozeßrechtfigur, die wie keine andere mit ungewöhnlich langer Beständigkeit die Gestalt des europäischen Verfahrens vom frühen MA. bis tief in das 19. Jh. hinein bestimmt und geprägt hat", bezeichnet.

bezeichnet worden ist. Daran ist nicht nur richtig, dass in der Tat eine begriffliche Kontinuität von der römischen Antike bis in die Gemeinrechtswissenschaft des 19. Jahrhunderts auszumachen ist, sondern auch, dass die *litis contestatio* als Figur in der prozessrechtlichen Entwicklung stets einen Scheidepunkt im prozessualen Verfahren darstellte, wenn auch „die litis contestatio der spätmittelalterlichen Doktrin und Praxis keinen unmittelbaren geschichtlichen Zusammenhang mit der antiken litis contestatio aufweist"[663].

Im römischen Formularprozess war die Litiskontestation eine Handlung der Streitparteien, die die Verhandlung vor dem Magistrat beendete und den Weg freimachte für den eigentlichen streitentscheidenden Prozess[664]. Sie war Unterwerfungsakt, der vertragsähnliche Züge aufwies[665]. Durch die beiderseitige Mitwirkung erklärten sich die Parteien bereit, sich dem Spruchrichter im *iudicium* zu unterwerfen. Der Beklagte brauchte nicht mitzuwirken. Seine Verweigerung ließ einen Prozess nicht zustande kommen. Freilich war das nicht folgenlos[666], sondern berechtigte den Kläger zur *ductio*[667] und ermöglichte seine *missio in bona*[668]. „Eckstein, das Fundament und die Substanz des Prozesses"[669] war die *litis contestatio* dem folgend auch im Kameralprozess, wenngleich die grundlegenden Unterschiede im Verfahrensablauf ihr eine völlig unterschiedliche Gestalt und Wirkung gaben. In zunehmendem Maße war Gerichtsgewalt nicht mehr Ergebnis schiedsvertraglicher Parteivereinbarungen, sondern Ausdruck herrschaftlicher Machtausübung[670]. Der Untertan unterwarf sich also nicht mehr, sondern war unterworfen. Weiterhin jedoch grenzte die Litiskontestation – zwar im abnehmenden Maße, aber konzeptionell deutlich – zwei Verfahrensabschnitte voneinander ab, nämlich die Termine, in denen die Parteien über die Zulässigkeit der

---

663 SOHM, Litis contestatio, S. 1.

664 Vgl. dazu SOHM, Litis contestatio, S. 1 ff.; SCHLINKER, Litis Contestatio, S. 15 ff.; SELLERT, Litis contestatio, Sp. 14 f.; KASER/KNÜTEL, Römisches Privatrecht, S. 443 ff.

665 Vormals ging die herrschende Lehre sogar von einer „Vertragstheorie" aus und maß der *litis contestatio* Vertragscharakter bei. Vgl. dazu und zum Theorienstreit SCHLINKER, Litis Contestatio, S. 16 ff.; SELLERT, Litis contestatio, Sp. 14.

666 KASER/KNÜTEL, Römisches Privatrecht, S. 444.

667 *Ductio* ist die Abführung des Beklagten in eine Privathaft.

668 *Missio in bona* bedeutet die Einweisung des Klägers in das Vermögen des Beklagten seitens des Prätors. Zur Parallelerscheinung der *missio in bona* im Versäumnisverfahren vgl. S. 176.

669 SCHLINKER, Kameralprozess, S. 140.

670 In Ansätzen gilt das zwar schon für den Zivilprozess des römischen Prinzipats (Kognitionsprozess). Gegenüber dem einheimischen Prozess des Frühmittelalters grenzt diese Annahme den gelehrten Prozess des Hochmittelalters und der Frühneuzeit jedoch deutlich ab. Die Bedeutung der *Litiscontestatio* für den mittelalterlichen gelehrten Prozess betont auch SCHLINKER, Litis Contestatio, S. 144.

Klage verhandelten, und diejenigen, in denen sie den Streit in der Sache austrugen. Dies wird deutlich darin, dass die Hofgerichtsordnung selbst die dilatorischen und denen gleichstehenden peremptorischen Einreden auch als solche „ante litis contestationem" oder „für Bevestung des Rechtlichen Kriegs" bezeichnet[671]. Solange der Beklagte solche Einreden also zu haben glaubte, musste er an der Litiskontestation nicht mitwirken. Denn ob er sich auf einen Streit durch dessen Befestigung würde einlassen müssen, war gerade Frage des vorangehenden Prozessabschnittes. Eingedeutscht verwendet daher auch die Hofgerichtsordnung die Begriffe Kriegsbefestigung und Streitbefestigung und bringt die Funktion dieses Instituts damit bildhaft zum Ausdruck. Erst durch den Akt der Litiskontestation machten die Parteien den Streit vor Gericht fest. Allerdings gab es durch das Säumnisverfahren im Kameralprozess einen faktischen Zwang zur Einlassung. Die förmliche Kriegsbefestigung war dadurch rechtshistorisches Relikt, eine Förmelei, geworden. Ihre Bedeutung erschöpfte sich nun vor allem in den rechtlichen Folgen, die Juristen an den Zeitpunkt der Streitbefestigung knüpften: Abgesehen davon, dass der Weg zur Sachentscheidung frei war, begab sich der Beklagte mit dem Formalakt in Verzug und der Kläger konnte seine Klage nicht mehr ändern. Auch Widerklagen waren nach der Streitbefestigung nahezu unmöglich[672].

Die äußere Form, in der die *litis contestatio* zu vollziehen war, unterlag im Kameralprozess einigen Veränderungen, die eine Vereinfachung und Verkürzung des Verfahrensganges bezweckten[673]. Bis zum Jüngsten Reichsabschied 1654 vollzogen die Parteien die Litiskontestation im zweiten Termin, weil auch erst dann auf die Klage zu erwidern war. Dabei ist einigermaßen unklar, inwiefern die förmlich vorgegebenen Befestigungsformeln mündlich oder schriftlich zu erfolgen hatten. Die Terminsordnung von 1508[674] sah vor, die *litis contestatio* konkludent in die negative Erwiderung des Beklagten hineinzulesen, während die Reichskammergerichtsordnung von 1555[675] ausdrückliche Befestigungsformeln festsetzte und durch ihre Formulierung eine mündliche Befestigung nahelegt. Normativ wurden diese feststehenden Formeln allerdings mit dem Reichsabschied von 1570[676] aufgehoben, der nunmehr nur noch die schriftliche Kriegsbefestigung vorsah und einen *animo litem contestando* verlangte, der sich aber bloß konkludent zu zeigen brauchte. Spätestens seit 1570 fand die Streitbefestigung daher nicht mehr als Formalakt in einer gesonderten Sitzung statt,

671 HGO 1619, Tit. 19 §§ 1, 5.
672 Einen Überblick über die Rechtsfolgen bietet SCHLINKER, Kameralprozess, S. 151 ff.
673 Zum Folgenden im Überblick SCHLINKER, Kameralprozess, S. 140 ff.
674 Terminsordnung 1508, Tit. 1 § 4 (NSRA II S. 123 ff.).
675 RKGO 1555, Tit. III.13, § 4.
676 RA 1570 § 89.

sondern war durch wechselseitige, aufeinander Bezug nehmende Schriftsätze terminlich aufgeteilt. Die Paderborner Hofgerichtsordnung hält in formeller Hinsicht ebenso wie andere territoriale Hofgerichtsordnungen[677] formalisierte Erklärungen vor. Sie entsprachen wörtlich der Formel des Reichskammergerichts. Danach sollte der Beklagte erklären:

> „In Sachen N. contra N. bin ich der Klag nicht geständig, bitte mich davon mit Abtrag, kösten und Schaden zu erledigen"[678].

Ausdrücklich stellte die Ordnung klar, „ob auch dessen sonsten keine ausdrückliche Meldung beschehen", der Streit damit befestigt sein sollte, die Formel also die Kriegsbefestigung einleiten sollte, obwohl die Worte ausdrücklich nicht erwähnt wurden. Der Kläger sollte vermelden,

> „In angeregter Sachen repetire ich meine articulirte Klag, bitte Inhalt derselben [...]"[679].

Ebenso wenig wie für das Reichskammergericht[680] ist auch bei der Hofgerichtsordnung aufklärbar, ob diese Formeln mündlich gesprochen werden mussten, wenngleich die sprachliche Wendung dies nicht unwahrscheinlich macht. Zusammen mit der Befestigungsformel sollte der Beklagte das *juramentum respondendorum* schwören und seine Verteidigungsmittel vorbringen. Der Kläger hatte mit der Befestigungsformel das *juramentum dandorum* zu leisten. Diese Eide waren besondere Ausprägungen des Kalumnieneides[681], mit denen die Parteien schworen, „die rechte, reine, und unverfälschte Warheit"[682] in ihren Artikeln zum Ausdruck gebracht zu haben[683]. Die Eidesleistung sollte vor Abgabe der Schriften geschehen und sich nur auf die Artikel beziehen, auf die man „zu antworten [...] schuldig" war[684].

---

677 Beispiele bei SCHLINKER, Litis Contestatio, S. 343.

678 HGO 1619, Tit. 23 § 1.

679 HGO 1619, Tit. 23 § 2.

680 Anderer Auffassung wohl SCHLINKER, Litis Contestatio im Kameralprozess, S. 141 f.; der sich auf die Worte „mündtlich" und „austrücklich" stützt, was der Wortlaut der RKGO 1555, Tit. III.32 § 5 aber nicht eindeutig hergibt. Demnach sollte nämlich die Kriegsbefestigung vorliegen, obwohl dieses Wort nicht „austrücklich" verwendet wurde. Der Beklagte sollte gerade „nicht anders oder weiter mündtlich fürtragen".

681 SELLERT, Kalumnieneid, Sp. 567 bezeichnet die beiden Eide als „juramentun calumniae speciale". Dieser Begriff ist jedoch auch für den *juramentum malitiae* gebräuchlich.

682 HGO 1619, Tit. 23 § 1.

683 DICK, Kameralprozess, S. 141.

684 HGO 1619, Tit. 24 § 3.

cc) Weiteres Verfahren bis zum Urteil

Wollte der Beklagte den geltend gemachten Klageanspruch nicht zugestehen, so musste er sich gegen die Klage verteidigen. Widersprüchliche Angaben der Parteien mussten – unter Verteilung der Beweislast – nachgewiesen werden. Nach einem gerichtlichen Urteilsspruch war unter Umständen ein weiteres Verfahren zur Vollstreckung der Entscheidung nötig.

Nach der Streitbefestigung war der Beklagte zunächst gehalten, auf die Klageartikel, die nicht Rechtsausführungen, sondern Tatsachen enthielten, zu antworten. Dabei verlangte die Ordnung von ihm, jede Tatsachenposition mit einem schlichten „Glaub oder nicht glaub wahr sein"[685] zu beantworten, je nachdem, ob er die Position bejahen oder verneinen wollte. Die Antwort auf die Artikel konnte aber „salvo jure impertinentium"[686] erfolgen, das heißt unter dem Vorbehalt, dass der beantwortete Artikel rechtlich zulässig war. Offenbar wollte der Ordnungsgeber langwierigen Streit über die Zulässigkeit einzelner Artikel verhindern. Solche Zwistigkeiten entbrannten mitunter schon über die Frage, ob ein Artikel so formuliert war, dass er mit einem einfachen „Ja" oder „Nein" beantwortet werden konnte. Das Gericht war in diesem Fall gezwungen, über jede Auseinandersetzung eine Zwischenentscheidung zu fällen, was das Verfahren in die Länge ziehen konnte[687]. Ausdrücklich verbat sich der Ordnungsgeber, die Antworten mit einschränkenden Zusätzen zu verbinden. So sollte die Antwort nicht mit dem Zusatz „wie gesetzet" verunsichert werden oder der Antworter zu bedenken geben, dass der Artikel nicht seine eigene, sondern eine fremde Wahrnehmung betreffe („Articuli esse facti alieni"). Zugleich mit den Responsionen, also mit der Stellungnahme zu den Behauptungen des Klägers, brachte der Beklagte seine Verteidigungsmittel vor. Diese waren ebenfalls artikuliert im Anschluss an die Responsion vorzulegen. Dazu kannte die Gerichtsordnung eine strenge Präklusionsvorschrift, denn dasjenige, was der Beklagte nicht in diesem Responsionstermin vorbrachte, sollte „nicht gehört werden, es wäre dan, daß einige Defension oder Exception nach gehaltenem solchen Termin zu gebrauchen, von neuen erwachsen, oder von ihme Beklagten allererst in Erfahrung und Wissenschafft bracht, und er das also äydlich betheuren mögte"[688]. Der Kläger hatte zu prüfen, ob die Antwort des Beklagten

685 HGO 1619, Tit. 23 § 3.

686 HGO 1619, Tit. 23 § 3.

687 Dick, Kameralprozess, S. 141. Zu den Schwierigkeiten des und Verzögerungen beim Artikelverfahren vgl. auch den Quellentext bei Kroeschell/Cordes/Nehlsen-von Stryk, Rechtsgeschichte II, S. 288 ff.

688 HGO 1619, Tit. 23 § 5; dass dies im bürgerlichen Prozess auch in den Territorien durchaus üblich war, unterstreicht Eichhorn, Rechtsgeschichte, Bd. 4, § 575.

„gnugsam"[689] war, ob dieser also vollständig geantwortet hatte. Er konnte im dritten Termin die Responsion rügen. Eine Replik des Beklagten auf diese Rüge war nicht zulässig. Stattdessen sollten Hofrichter und Beisitzer über die streitige Frage binnen Monatsfrist entscheiden. Ebenfalls in diesem Termin hatte der Kläger die Möglichkeit, auf die Verteidigungsmittel des Beklagten zu reagieren.

Zur Verteidigung konnte der Beklagte zum Beispiel peremptorische Einreden vorbringen. Darunter sind in Abgrenzung zu den dilatorischen Einreden solche Exzeptionen zu verstehen, die die Hauptsache selbst betrafen und den geltend gemachten Klaganspruch nicht nur aufschiebend, sondern endgültig zu Fall brachten. Die Hofgerichtsordnung bezeichnet diese Einwendungen daher konsequent auch als „Peremptorias Exceptiones ad merita causae"[690]. Solche Einreden konnte der Kläger in tatsächlicher Hinsicht mit einer Responsion bestreiten oder seinerseits in rechtlicher Hinsicht auf das vorgeschützte Verteidigungsmittel replizieren. Bestritt er sie, hatte der Beklagte die Tatsachengrundlage binnen sechs Wochen zu beweisen. Auf die Replik des Klägers konnte der Beklagte nur eine Duplik vorbringen. Auf diese Duplikschrift sollten die Parteien im darauffolgenden Termin ihre „Conclusion-Schrifft" vorlegen und „damit alsbald oder ad primam mündlich zu beschliessen schuldig sein"[691]. Zum Aktenschluss waren also offensichtlich nicht nur das Übergeben von Schlussschriftsätzen, sondern auch mündlicher Vortrag notwendig.

Behaupteten Kläger und Beklagter in den verschiedenen Verfahrensstadien voneinander abweichenden Tatsachenstoff, so waren sie gehalten, ihren Vortrag zu beweisen. Im Beweisverfahren finden sich deutliche Unterschiede zum geltenden Prozessrecht. Die Verfahren fanden am Reichskammergericht abgetrennt, parallel zum Hauptverfahren statt[692]. Das galt unabhängig davon, ob Beweis über dilatorische Einreden oder den Hauptsachestoff erhoben wurde. Auch in der Paderborner Hofgerichtsordnung gibt es keinen Anhaltspunkt dafür, dass es einen Hauptbeweistermin gegeben hätte. Das Beweisverfahren wurde nach den Beweisführern aufgeteilt, und zwar immer dann, wenn eine Partei die Behauptungen des Widerparts in der aktuellen Verfahrensstufe bestritt[693]. Die Hofgerichtsordnung schloss sich in diesem Punkt den meisten anderen territorialen Prozessordnungen an[694]. Wenn für

689 HGO 1619, Tit. 27 § 1.

690 HGO 1619, Tit. 27 § 4.

691 HGO 1619, Tit. 27 § 5.

692 Zum „System der Parallelität" vgl. Dick, Kameralprozess, S. 166 und Laufs, Reichskammergerichtsordnung, S. 47 f.

693 Buchda, Beweisinterlokut, Sp. 410; Dick, Kameralprozess, S. 166; Wetzell, System, S. 973.

694 Planck, Beweisurtheil, S. 176, S. 192.

das Beweisverfahren geschrieben wurde, es sei „parallel zum Hauptsacheverfahren“ verlaufen, dann ist damit nicht gemeint, dass das Hauptsacheverfahren weiterlief. Die Tatsachenbehauptungen der jeweiligen Prozessstufe sollten vielmehr abgearbeitet werden, bevor eine Partei mit neuen Schriftsätzen neue Behauptungen aufstellen konnte. Entsprechend formuliert die Hofgerichtsordnung, dass den beweisantretenden Parteien „vor Einbringung deroselben Beweisung, ferner keine Schrifft [...] in Recht fürzubringen gestattet werden“ durfte[695]. Treffender ist es, Sachvortrag und Beweis als ein aufeinander aufbauendes, ständiges Wechselspiel zu begreifen[696].

Im Unterschied zum Kameralverfahren stand das sächsische Prozessrecht. Danach wurde zunächst der gesamte Tatsachenstoff aus Klage, Einrede und Gegenrechten gesammelt und erörtert. Abschließend fällte das Gericht ein Beweisinterlokut, das selbstständig angreifbar war und ein abgeschlossenes Beweisverfahren eröffnete[697]. Im Unterschied zu diesem Beweisinterlokut des sächsischen Rechts kannte der Kameralprozess eine rein prozessleitende Verfügung des Gerichts zu Beweisthema und Beweismittel, das zwar ebenfalls als Beiurteil bezeichnet wurde[698], aber mit dem sächsischen Interlokut nicht zu verwechseln ist. Die Paderborner Ordnung bleibt undeutlich, wenn sie formuliert, das Gericht müsse „statuiren und bestimmen“[699], was Beweisthema sei. Die Festlegung erfolgte jedenfalls nur auf Antrag der Partei, zum Beweis zugelassen zu werden und einen Beweistermin festzusetzen. Dazu setzte das Hofgericht eine Frist von drei Monaten. Im Einklang mit dem Kameralprozess nach der Reichskammergerichtsordnung von 1555[700] war diese Frist wohl nicht auf den Beweisantritt, sondern die Beweiserbringung bezogen. Bestimmungen zur Beweislast kennt die Hofgerichtsordnung übrigens nicht. Lediglich bei unvollständigem Beweis hatten die Richter einen echten Entscheidungsspielraum dazu, wem sie die Last des weiteren Beweises aufbürdeten[701]. Ansonsten galt vermutlich wie am Reichskammergericht, dass Behauptungen von demjenigen, der sie vorgebracht hatte, zu beweisen waren[702].

Ihrer Beweislast konnten die Parteien durch die klassischen Beweismittel des Zeugen, der Urkunde und des Augenscheins nachkommen. Darüber hinaus enthält die Ordnung eine Vorschrift zum Ergänzungseid.

695 HGO 1619, Tit. 28 § 2.
696 Vgl. Sellert, Stilus Curiae, S. 294.
697 Buchda, Beweisinterlokut, Sp. 410; Planck, Beweisurtheil, S. 185 ff.
698 Dick, Kameralprozess, S. 165.
699 HGO 1619, Tit. 28 § 1.
700 Dick, Kameralprozess, S. 167 f.
701 Zum Suppletionseid vgl. S. 132 ff.
702 Wiggenhorn, Reichskammergerichtsprozeß, S. 210; zu dieser Beweisregel Repgen, Qui dicit probare debet, S. 78–82.

Den Zeugenbeweis regelt die Ordnung besonders umfangreich. Sie kennt die an den Reichsgerichten praktizierte Zeugenvernehmung durch Kommissare[703] nicht. Die Hofrichter in Paderborn vernahmen die Zeugen selbst. Sie konnten die Befragung jedoch auch einem Mitglied des Gerichts übertragen. Nur wenn die Zeugen „aus fürfallenden Ursachen" oder die Parteien „aus erheblichen Ursachen" eine Vernehmung durch „Commissarien" beantragten[704], konnte eine für tauglich befundene Kommission eingesetzt werden. Eine auswärtige „befohlene Verhörung der Zeugen" fand auch dann statt, wenn die Zeugen nicht dem Gerichtszwang unterworfen, sondern unter anderer Obrigkeit standen[705]. Es sollten dann „Juris Subsidial- und Compaß-Brieffe"[706] an die jeweilige Herrschaft gerichtet werden. Darunter ist, modern gesprochen, ein Amtshilfegesuch zu verstehen: Die Hofrichter baten die fremde Obrigkeit, dem ihr unterworfenen Zeugen zu befehlen, vor seinen Herren zu treten und Zeugnis abzulegen[707].

Als Zeugen waren, wie sich aus der unterschiedlichen Eidleistung für Männer und Frauen ergibt[708], auch Frauen zugelassen[709]. Der Beweisführer hatte dem Gericht innerhalb von acht Tagen nach dem Beiurteil die Namen der Zeugen und das Beweisthema mitzuteilen. Ob er darüber hinaus auch die Ladung der Zeugen bewirken musste oder das Gericht dem von sich aus nachkam, ist nicht eindeutig. Sprachlich scheint die Ordnung von einer Ladung durch den Kläger auszugehen[710]. Andererseits konnte das Gericht Zwangsmaßnahmen erlassen, wenn der Zeuge trotz Ladung ausblieb[711]. Diese Ungehorsamsstrafen sprechen eher für eine Ladung durch die Richter, wie es auch an den Reichsgerichten der Fall war[712]. Der Gegner konnte binnen Monatsfrist sog. *interrogatoria* oder

703 Wiggenhorn, Reichskammergerichtsprozeß, S. 212 f.; Dick, Kameralprozess, S. 164; Sellert, Stilus Curiae, S. 308 ff.

704 HGO 1619, Tit. 33 § 1.

705 In den Territorien war das wohl üblich; vgl. Marquordt, Prozessordnungen, S. 57 f.

706 HGO 1619, Tit. 33 § 2.

707 Vgl. Oberländer, Lexicon Juridicum, S. 162.

708 Vgl. HGO 1619, Tit. 30 § 1: Männer hatten den Eid bei Erheben zweier Finger und Frauen durch Anlegen der rechten Hand an die linke Brust zu schwören.

709 Über den Beweiswert der Aussage einer Zeugin ist damit noch nichts gesagt. Vgl. dazu Elisabeth Koch, Die Frau im Recht der Frühen Neuzeit. Juristische Lehren und Begründungen, in: Ute Gerhard (Hg.), Frauen in der Geschichte des Rechts, München 1997, S. 85; sowie Ernst Holthöfer, Die Geschlechtervormundschaft. Ein Überblick, in: ebd., S. 417; zur Zeugnisfähigkeit in der Carolina vgl. Helga Schnabel-Schüle, Frauen im Strafrecht vom 16. bis zum 18. Jahrhundert, in: ebd., S. 191.

710 HGO 1619, Tit. 28 § 3.

711 HGO 1619, Tit. 31 § 3; vgl. Wetzell, System, S. 214.

712 Sellert, Stilus Curiae, S. 310.

„Fragstücke“[713] vorlegen. Mit diesem Fragenkatalog sollte dem Gegner des Beweisführers die Möglichkeit gegeben werden, den Richter über Hintergründe der Sache und die Person des Zeugen zu informieren. Bei der Befragung selbst waren die Parteien nämlich wahrscheinlich nicht anwesend – so war es auch in anderen Verfahrensordnungen vorgesehen[714]. Die Fragstücke können daher als ein Surrogat der persönlichen Anwesenheit und Mitwirkung der Parteien begriffen werden[715]. Lediglich den Zeugeneid konnten die Parteien in Person oder vertreten durch ihre Prokuratoren mitverfolgen[716]. Es war den Parteien außerdem möglich, „sich bey dem Examine der Adjunction legalis & non suspecti Notarij zu gebrauchen“[717]. Sie konnten die Befragung also durch Notare überwachen lassen. Die Adjunktion von Notaren ist ebenfalls aus anderen Prozessordnungen bekannt[718]. Brachte der Beklagte keine Fragstücke bei, griffen die Richter von Amts wegen auf einen Katalog von zwölf „gemeinen Fragstücken“ zurück[719]. Dabei ging es insbesondere um Namen, Alter und Stand des Angeklagten, sein Verhältnis zu den Parteien, ob er in Bann oder Acht gefallen war, ob er zu der Aussage beeinflusst wurde etc. Bestand bei den vom Beklagten eingereichten Fragstücken die Gefahr, den Zeugen bei der Antwort zu verleumden oder in seiner Ehre zu verletzen, hatte das Gericht die Fragen außer Acht zu lassen.

Vor der eigentlichen Vernehmung führte die Verhörperson dem Zeugen eindringlich vor Augen, welche Folgen eine Falschaussage nach sich ziehen würde. Die „Ermahnung und Avisation“[720] wies den Zeugen auf seine Verantwortung vor Gott hin. Seine Wahrheitsbeteuerung musste der Zeuge anschließend beeiden[721]. Der Umfang der hofgerichtlichen Regelungen zur Zeugenmahnung ist im Vergleich zur knappen Formel am Reichskammergericht[722] durchaus beachtlich. Äußerte der Zeuge sich auf die Beweisartikel, indem er sie als wahr oder falsch bezeichnete, sollte das Gericht genau erforschen, woher die Kenntnis stammte. Der Gerichtssekretär war bei der Vernehmung anwesend und schrieb die Aussagen möglichst wortgetreu

713 HGO 1619, Tit. 28 § 3; zu diesem Begriff vgl. auch ausführlich Wetzell, System, S. 216; Heimbach, Zeugen, S. 358 ff.; Leiser, Gemeiner Zivilprozeß, S. 122.

714 Marquordt, Prozessordnungen, S. 57; Leiser, Gemeiner Zivilprozeß, S. 122; Heimbach, Zeugen, S. 358 ff.; Wetzell, System, S. 216; zum kanonischen Prozess vgl. Endemann, Kanonistische Lehre, S. 267.

715 Heimbach, Zeugen, S. 355.

716 Leiser, S. 122; Wetzell, System, S. 216.

717 HGO 1619, Tit. 28 § 3.

718 Wetzell, System, S. 216 f. mit Verweis auf DA 1600 §§ 129 f. und den JRA § 52.

719 HGO 1619, Tit. 32 § 1.

720 HGO 1619, Tit. 29.

721 HGO 1619, Tit. 30.

722 RKGO 1555, Tit. I.77.

mit. Bis zur Publikation waren sie aber geheim zu halten. Nach der Vernehmung hielt das Gericht dem Zeugen seine Aussage nochmal vor, um Missverständnisse zu vermeiden[723]. Schließlich befahl es ihm Stillschweigen über die Aussage.

Dem Beweisführer stand außerdem der Urkundsbeweis zur Verfügung. Er konnte durch „Instrument, Brieffe und Siegel, Handschrifften, Zahlbücher, Register, oder andere schrifftliche Urkunden und Schein"[724] geführt werden und diente insbesondere zur „Hülff der Zeugen und sagen"[725]. Der Beweisführer sollte ihn also vor allem zur Bekräftigung des eigenen Zeugenbeweises nutzen. Der Ordnungsgeber maß dem Zeugenbeweis wohl noch den höchsten Stellenwert bei, was auch im Umfang der Vorschriften zum Ausdruck kommt. Das ist bemerkenswert, ist doch gelegentlich formuliert worden, in der Frühen Neuzeit habe sich der Urkundsbeweis als heimliche *regina probationum* im Gemeinen Recht durchgesetzt[726]. Diese Aussage muss folglich relativiert werden. Um Beweis anzutreten, musste der Beweisführer die Urkunden dem Gericht innerhalb von sechs Wochen vorlegen. Interessant ist, dass zwischen den einzelnen Urkundenarten keinerlei Unterschied hinsichtlich ihrer Beweiskraft gemacht wurde. „Instrument, Brieffe und Siegel" werden zwar an erster Stelle, aber in einem Atemzug mit „anderen schrifftlichen Urkunden und Schein" genannt. Aus dem Text der Ordnung lässt sich daher nicht entnehmen, ob notariellen gegenüber Privaturkunden ein größerer Beweiswert zukommen sollte. In der Praxis dürfte dies aber so gewesen sein. Einem päpstlich oder kaiserlich bestellten Notar dürfte eine größere Autorität und damit der Urkunde eine größere Richtigkeitsgewähr entnommen worden sein[727]. Wurden die Urkunden auch andernorts dringend benötigt oder bestand die Gefahr, sie zu verlieren, sah die Ordnung ein beschleunigtes Verfahren vor. Der Gegner hatte die Urkunde zu inspizieren und auf dem nächstfolgenden Termin Einwände gegen das Schriftstück vorzubringen. Das Original wurde dann zurückgereicht; bei der Gerichtsakte verblieb eine beglaubigte Abschrift.

Am schlechtesten unterrichtet der Normtext über die „Augenscheinliche Besichtigung"[728] als Beweismittel. Überhaupt ist der Augenschein ein von der rechtshistorischen wie juristischen Forschung vernachlässigtes Beweismittel, vielleicht weil

---

723 HGO 1619, Tit. 31 § 2.

724 HGO 1619, Tit. 35 § 1.

725 HGO 1619, Tit. 35 § 1. Es handelt sich hier wohl um einen Druckfehler. In der Abschrift LAW Gerichte, Nr. 79, Bl. 103 heißt es „zu hilff der zeugen sagen".

726 Schmoeckel, Dokumentalität, S. 188. In der französischen Rechtssprache habe sich demnach das alte Rechtssprichwort „témoins passent lettres" umgedreht. Zum Beweiswert auch Ignor, Urkundenbeweis, Sp. 579 f.

727 Schmoeckel, Dokumentalität, S. 221.

728 HGO 1619, Tit. 37.

man annehmen könnte, dass die richterliche Sinneswahrnehmung unkompliziert und Rechtsproblemen eigentlich nicht zugänglich sein dürfte. Immerhin existiert aus dem 17. Jahrhundert eine Dissertation, die sich einigen Fragestellungen anhand einer württembergischen Gerichtsordnung widmet[729]. Diese Arbeit behandelt unter anderem Probleme, die auch von der Paderborner Hofgerichtsordnung aufgegriffen wurden. Von der Okularinspektion *(inspectio ocularis)* – wie der Augenschein in der frühneuzeitlichen Rechtssprache auch genannt wurde[730] – erfahren wir aus der Ordnung nur soviel, dass sie jedenfalls vor Beschluss der Sache durchgeführt werden konnte. Aber auch nach Beschluss war dem Gericht die Inaugenscheinnahme möglich, wenn sie nur vor der *litis contestatio* beantragt worden war. Im Grunde war aber nicht einmal ein Parteiantrag vonnöten: „Aus Richterlichem Ambt und erheischender Nohtdurfft"[731], also von Amts wegen konnten die Richter den Augenscheinsbeweis erheben. Darüber erging dann aber zuvor eine „rechtliche Verkündung", wohl ein Beiurteil, und beide Parteien wurden zum Beweistermin geladen.

Der Beweisführer hatte schließlich die Möglichkeit, das Gericht mit einem „Ayd in supplementum, das ist zu Erfüllung der vollkommenen Beweisung"[732] zu überzeugen, wenn sein bisheriger Beweisantritt nur „semiplenè" gelungen war. Damit spricht die Ordnung einen Eid an, der in Quellen und Literatur unter zahlreichen Namen erscheint[733]. Er wird mitunter *iuramentum litis, iuramentum decisorium, iuramentum necessarium* genannt oder mit den jeweils eingedeutschten Fassungen bezeichnet. Bekannt sind auch die Begriffe *iuramentum in supplementum probatione* oder die eingedeutschten Begriffe Erfüllungs- und Ergänzungseid. Wurde dieser Eid dem anbeweisenden Teil auferlegt, nannte man ihn auch *iuramentum suppletorium.* Durfte der Gegner des Beweisführers sich vom Anbeweis befreien, bezeichnete man den Eid als *iuramentum purgationis.* Im Folgenden wird der bildhafte Ausdruck „Ergänzungseid" verwendet. Die Hofgerichtsordnung schweigt sich über Einzelheiten des Ergänzungseides aus. Wir erfahren nur, dass die Parteien den Eid persönlich oder durch einen speziell bevollmächtigten Anwalt leisten mussten und die Richter offenbar ein sehr weites „Ermessen"[734] hatten, ob und wem der Ergänzungseid zu „deferiren" war. Sie konnten zunächst bestimmen, ob einer Partei überhaupt der halbe („semiplenè") Beweis ihres Vorbringens gelungen war. Offenbar war ein so weitgehender Anbeweis aber nötig, damit der Ergänzungseid

729 David Scheinemann, De Oculari Inspectione. Vom Augenschein […], Tübingen 1670.

730 Oberländer, Lexicon, S. 371.

731 HGO 1619, Tit. 37.

732 HGO 1619, Tit. 36.

733 Einige tauchen auf bei Danz, Grundsätze, S. 509; Jacobson, Eid, S. 653 f.; vgl. auch Wetzell, System, S. 276 ff.

734 HGO 1619, Tit. 36.

Anwendung finden konnte. Weiter konnte das Gericht darüber befinden, wem beim Halbbeweis der Eid zugewiesen wurde. In der Literatur finden sich dazu mitunter verwunderliche Abgrenzungsregeln. So liest man, dass der Beweisführer den Eid erhalte, wenn er *major semiplena* bewiesen hatte, hingegen sich der Beweisgegner reinigen könne, wenn der Nachweis nur *minor semiplena* gelungen war[735]. Diese „Arithmetik“[736] der Beweislehre scheint eindeutig, ihre praktische Umsetzung ist hingegen schwer vorstellbar. Wann sollte einer Partei der halbe Beweis gelungen sein? Wann hatte sie ein bisschen mehr als den halben Beweis erbracht?

Titel 36 der Hofgerichtsordnung gibt damit Anlass, über die Gewichtung und Würdigung der angetretenen Beweise nachzudenken. Die bisherige Forschung hat den Suppletionseid bei der Erforschung der freien Beweiswürdigung unberücksichtigt gelassen. Dies kann daran liegen, dass er in der Reichskammergerichtsordnung keine Erwähnung findet und angenommen wurde, dass der in der Gerichtspraxis auch keine Rolle gespielt hat[737]. In vielen anderen Prozessordnungen der Zeit hat er aber jedenfalls Niederschlag gefunden[738]. Der Normtext der Paderborner Hofgerichtsordnung gibt für richterliche Überzeugungsbildung weiter nichts her. Die entsprechenden Grundsätze werden also ein weiteres Mal als bekannt vorausgesetzt. Auch über die Praxis der Beweiswürdigung an den Reichsgerichten wissen wir heute kaum etwas[739]. Gleichzeitig zeigt ein Blick in die Geschichte, „wie wandelbar die Überzeugungen der Gesellschaft hinsichtlich der Beweiskraft sind“[740]. Es wundert daher nicht, dass einerseits von der freien Beweiswürdigung bereits im 16. Jahrhundert gesprochen wird[741], andernorts aber das genaue Gegenteil behauptet wird und der Ursprung oder wenigstens der allgemeine Durchbruch auf dem Weg zur freien Beweiswürdigung erst in der Gesetzgebung nach der französischen Revolution gesehen wird[742]. Nach modernem Verständnis versteht man unter freier

---

735 Gönner, Handbuch II, S. 282; Wetzell, System, S. 278 m. w. N.

736 Gönner, Handbuch II, S. 283; ähnlich Endemann, Beweislehre, S. 59.

737 So Sellert, Stilus Curiae, S. 301; für Celle Jessen, Oberappellationsgericht, S. 199; ausdrücklich anders Stodolkowitz, Oberappellationsgericht, S. 177.

738 Für Mainz, Trier und Jülich im 16. Jahrhundert vgl. Marquordt, Prozessordnungen, S. 61 m. w. N.; für Münster vgl. HGO 1571, Tit. II.34; vgl. auch Strippelmann, Nothwendigen Eide, S. 43 ff.; Kleinfeller, Partikulargesetzgebung, S. 299: „Der Ergänzungseid fehlt in den meisten P. O. des 16. Jahrhunderts; spätere berücksichtigen ihn regelmäßig.“

739 Diesen Befund stellte bereits Sellert, Stilus Curiae, S. 317 auf. Die neuere Prozessrechtsforschung legte einen Schwerpunkt auf das Strafrecht.

740 Schmoeckel, Dokumentalität, S. 187.

741 Sellert, Stilus Curiae, S. 317; Dick, Kameralprozess, S. 171.

742 Gilissen, Preuve, S. 760: „Le système qui domine jusqu'à la fin du XVIIIe, voire encore aux XIXe et XXe siècles, est celui qui est généralement appelé, système des preuves légales'“ und S. 828: „Le système compliqué de la hiérarchie des preuves, tel que le droit savant du

Beweiswürdigung einen inneren Reflexionsvorgang des Richters über die Beweisaufnahme frei von gesetzlichen Beweisregeln[743]. Für den Kameralprozess wird eine solche freie Würdigung manchmal unter Berücksichtigung des Speyrischen Reichsabschiedes von 1570[744] betont[745]. Dem Wortlaut dieser Vorschrift ist eine freie Würdigung aber kaum zu entnehmen. Zum einen bezieht sich der Abschied ausschließlich auf den Zeugenbeweis. Zum anderen betrifft er nur die vorgelagerte Frage der inhaltlichen Würdigung der Zeugenaussage, nicht aber ihrer formalen Gewichtung. Eine Abkehr von der alten Rechtsregel „Zweier Zeugen Mund tun Wahrheit kund"[746] (oder andersherum: *unus testis nullus testis)* lässt sich ihm gerade nicht entnehmen. Die Vorschrift – das legt der weitere Wortlaut nahe – hatte wohl vorgeblich zum Zweck, langen Schriftwechseln über die Glaubwürdigkeit der Zeugen den Boden zu entziehen. Vor den Reichsgerichten jedenfalls wurde auch nach dem Reichsabschied von 1570 noch auf die Zwei-Zeugen-Regel abgestellt[747]. Die Entwicklung zum heutigen Verständnis einer freien Würdigung und Gewichtung der Beweise wird man eher als schrittweisen und wechselvollen Prozess auffassen müssen[748]. Die in der Hofgerichtsordnung angedeutete arithmetische Vorstellung vom halben Beweis könnte – paradoxerweise – Einbruchstelle für eine freie Beweiswürdigung geworden sein. Denn wenn man sich eine Halbierung des Beweises beim Zeugenbeweis vielleicht noch vorzustellen vermag, ist völlig unklar, wann bei anderen Beweismitteln von einem halben Beweis ausgegangen werden sollte[749]. Wann lag ein halber Urkundenbeweis vor? Was war, wenn auf der einen Seite ein glaub- und ehrenhafter Zeuge, auf der anderen Seite aber eine öffentliche Urkunde Gegensätzliches anzubeweisen schienen? An dieser Stelle könnte der Ergänzungseid in der Tat Einbruchstelle für eine freie Beweiswürdigung gewesen sein[750].

---

bas Moyen Age l'avait établi, a ainsi disparu, plut tôt en France et dans les pays s'inspirant du code Napoléonien, plus tard ailleurs, comme par exemple en Allemagne, en Autriche et en Suisse." Vgl. auch Oestmann, Beweis, Sp. 126; Kornblum, Beweis, Sp. 407.

743 Hanns Prütting, in: Thomas Rauscher/Peter Wax/Joachim Wenzel (Hg.), Münchener Kommentar zur Zivilprozessordnung, 4. Auflage, München 2013, § 286, Rn. 7 und Rn. 13.

744 RA 1570 § 97: „Was und wie viel den abgehörten Zeugen, oder deren Aussagen zu glauben, stehet mehrentheils bey der Richter ermässen".

745 Sellert, Stilus Curiae, S. 317; Dick, Kameralprozess, S. 171; Oestmann, Beweis, Sp. 126.

746 Schott, Zeuge, passim; Gilissen, Preuve, S. 801 ff.

747 Beispiel bei Sellert, Stilus Curiae, S. 317 f.

748 Von einer „Sinuskurve" spricht Walter, Freie Beweiswürdigung, S. 84.

749 Diese Zweifel hegt auch Gönner, Handbuch II, S. 283.

750 In der Praxis entwickelte sich notwendig eine breite Kasuistik, vgl. dazu Strippelmann, Gerichts-Eid, S. 48 ff. und zum Ermessen des Richters S. 148 ff. Das Ermessen in dieser Phase der Beweiswürdigung betont Wetzell, System, S. 279.

Die Hofgerichtsordnung trifft eine Regelung jedenfalls nur für den Fall, dass der Beweis *semiplena* war, der Beweis also zur Hälfte gelungen war, was an sich schon eine kaum objektiv feststellbare, vielmehr rein wertende Aussage enthält. Dann nämlich sollte die Zuschiebung des Eides im Ermessen der Richter stehen, „welche die Sachen mit allen Umbständen, Anzeig und Vermuhtungen, sonders Fleiß sollen erwegen, in was Ansehen, Ehr und Dapfferkeit jede Parthey sey, und der Sachen am besten Wissenschafft habe, was jeder Theil vor dem anderen erwiesen, auch derhalben stärckere und bessere Vermuhtung vor sich habe“[751]. Gerade die vorher geführten, aber nicht ausreichenden Beweisversuche sollten also in die Abwägung eingestellt werden. Hinzu traten Aspekte der Glaubwürdigkeit, wie Ehre, Ansehen oder Tapferkeit der Parteien. Die Würdigung stand also in zweierlei Hinsicht im Ermessen des Gerichts: zum einen bei der Überzeugungsbildung, ob ein hinreichender Anbeweis, eine Präsumption, gelungen war und zum anderen bei der Frage, welcher Partei der Vollbeweis oder die Reinigung ermöglicht werden sollte.

Lagen die Beweise auf dem Tisch, wurden sie vom Gerichtsnotar[752] in einem Rotulus zusammengeführt[753]. Unter einem Rotulus versteht man untechnisch ein Aktenbündel oder Register. Prozessrechtshistorisch ist darunter ein besonderes Verzeichnis der ergangenen Beweise zu verstehen[754]. In der Prozesspraxis der Reichsgerichte wurden zu jedem Beweisartikel und Fragstück die ergangenen Beweise gegenübergestellt, so dass die Beteiligten einfacher erkennen konnten, welche Beweismittel und Aussagen sich deckten und wo Differenzen auftraten. Diese Rotuli wurden am Hofgericht nach Ablauf der Beweisfrist auf Antrag beider Parteien publiziert, das heißt, die Rotuli wurden zu den Akten genommen[755]. Die Publikation erfolgte nur, wenn beide Parteien einwilligten. Sie hatte am Hofgericht eine weniger versinnbildlichte Bedeutung als am Reichskammergericht. Dort fand die Beweisaufnahme vor Kommissionen statt, die die Zeugenrotuli verschlossen und gesiegelt an das Gericht sandten[756]. Die Richter nahmen das Beweisergebnis also erstmals nach der Publikation überhaupt zur Kenntnis. Die symbolische Offenlegung der Beweise entfiel vor dem Hofgericht – zumindest gegenüber dem Gericht, das die Beweise selbst erhoben hatte. Die Publikation markierte aber einen rechtserheblichen Zeitpunkt. So waren weder weiterer Beweis noch „probatio directè contraria“ nach der Publikation zugelassen[757]. Ziel war es, „gefährliche Subornation zu

751 HGO 1619, Tit. 36.
752 HGO 1619, Tit. 3 § 3.
753 HGO 1619, Tit. 38 § 1.
754 Zum Zeugenrotul vgl. ausführlich Heimbach, Zeugen, S. 380.
755 HGO 1619, Tit. 38 § 1.
756 Dick, Kameralprozess, S. 169 f.
757 HGO 1619, Tit. 38 § 2.

vermeiden"[758], also zu verhindern, dass der Beweisführer andere zur Falschaussage anstiftete[759]. Erst infolge der Publikation wurde dem Beweisführer „Communicatio desuper expediti Rotuli"[760], also Mitteilung über die Rotuli gemacht und seinem Gegner Abschrift darüber ausgehändigt.

Direkten Gegenbeweis konnte der Beweisgegner also nur vor der Publikation des Beweisergebnisses führen, wozu das Gericht sofort einen Termin anzusetzen hatte. Unter dem direkten Gegenbeweis, später auch eigentlicher Gegenbeweis oder Gegenbeweis im engeren Sinne genannt, war wohl ein Beweis gegen die Tatsachengrundlage des vom anderen Teil vorgebrachten Beweises zu verstehen[761]. Der Beweisgegner versuchte also das genaue Gegenteil dessen zu beweisen, was der Beweisführer nachzuweisen gedachte. Im Gegensatz dazu wendet sich ein indirekter oder uneigentlicher Gegenbeweis nicht gegen das tatsächliche Vorbringen, sondern setzt dieses als richtig voraus und leitet aus neu zu beweisenden Tatsachen Gegenrechte ab[762]. Seltsamerweise sah die Hofgerichtsordnung weiter vor, dass der Beweisgegner mit „reprobatorij probatoriorum" Einwände gegen die vom Beweisführer vorgebrachten Zeugen auch nach der Publikation vorbringen konnte[763]. Der Kläger konnte sich dann seinerseits gegen die Einwände wehren. Diese Regelung ist nicht klar einzuordnen.

Nach der Publikation des Beweisrotuls hatte der Beweisführer sechs Wochen Zeit, seine „Probation- oder Salvation-Schrifft"[764] vorzulegen. Darunter ist ein zusammenfassender Schriftsatz zur Bekräftigung des Beweisergebnisses zu verstehen[765]. Der andere Teil hatte daraufhin in derselben Frist seine „Exception- und Gegen-Schrifft" zu übergeben. Auf diese Gegenschrift durfte der beweisführende Teil einmal replizieren und sollte „omnia [...] produciren"[766], das heißt, seinen ganzen Streitstoff zusammenfassen. Auf solche Replik konnte der andere Teil einmal duplizieren und sollte dabei ebenfalls all seine Verteidigungsmittel vorbringen. Weitere Schriften waren den Parteien nur aus „unumbgängliche Nohturfft [...] auch jederweil mit vorgehender Unsers Hoff-Richters und Assessoren Erkäntnüß"[767] erlaubt.

758 HGO 1619, Tit. 38 § 4.

759 Oberländer, Lexicon Juridicum, S. 667.

760 HGO 1619, Tit. 38 § 1.

761 Gönner, Handbuch II, S. 337; Danz, Grundsätze, S. 386; Mittermaier, Gegenbeweis, S. 346.

762 Gönner, Gönner, Handbuch II, S. 337 auch mit Kritik am Begriff; ebenso Mittermaier, Gegenbeweis, S. 346 ff. und Wetzell, System, S. 194.

763 HGO 1619, Tit. 38 § 3.

764 HGO 1619, Tit. 38 § 7.

765 Oberländer, Lexicon, S. 562.

766 HGO 1619, Tit. 38 § 8.

767 HGO 1619, Tit. 38 § 16.

Darauf beschlossen die Parteien dann mündlich oder schriftlich den Streit. Dazu brachten sie „Conclusiones“[768] (Schlussschriften) ein, die jedoch in der Regel keinen neuen Streitstoff enthalten durften, es sei denn, die Partei konnte eidlich beteuern, dass neue Tatsachen erst spät bekannt geworden waren. Mit dem Beschluss der Sache ersuchten die Parteien das Gericht um Urteil. Dieser Verfahrensschritt ist unerlässliche Voraussetzung der gerichtlichen Entscheidung[769]. Unterließ eine Partei die Conclusio, konnte das Gericht die Sache „auß Richterlichem Ambt ohne fernere Erkändnüs“[770] als beschlossen annehmen, also den Beschluss durch Beiurteil fingieren. Beide Parteien hatten jederzeit die Möglichkeit, die Conclusio herbeizuführen, wenn sie der Meinung waren, dass „durch den Gegentheil nichts Neues oder Erhebliches fürbracht“[771] würde. Dies gab ihr eine Möglichkeit, auf unnötige Schriften des Gegners zu reagieren, denn der Gegner war sodann ebenfalls verpflichtet zu beschließen. Das Gericht sollte dem Beschluss aber keine Folge leisten, wenn ein Teil den anderen „mit schneller verfänglicher Beschliessung übereilen wollte“[772]. Die Parteiverhandlung war durch die Conclusio grundsätzlich beendet und die Grundlage für die gerichtliche Entscheidung stand fest. Der Beschluss konnte nach Eidesleistung auf Antrag oder von Amts wegen aufgehoben werden („Rescissio Conclusionis“), wenn eine Partei beteuerte, dass nach Beschluss neue Tatsachen ans Licht kamen. Ansonsten waren weder weiterer Sachvortrag noch Beweisantritte zugelassen. Das Gericht konnte also ein Endurteil fällen.

dd) Urteilsfindung und -verkündung

Im 46. Titel behandelt die Hofgerichtsordnung die „Urtheil-Fassung und deren Eröffnung“. Die Vorschrift gilt für alle gerichtlichen Entscheidungen, die im Laufe eines Prozesses zu fällen sind, also für Interlokute ebenso wie für erst- und zweitinstanzliche Endurteile.

Zunächst sieht die Hofgerichtsordnung bestimmte Fristen vor, innerhalb derer die Hofrichter zu entscheiden hatten. Dabei unterschied man zwischen „geringe[n] schlechte[n] Submissiones“[773] einerseits und „wichtigen Interlocutori und Definitiv-Urtheil“[774] andererseits. Erstere sollten „alsbalden, oder ad proximam vel secundam

768 HGO 1619, Bl. 38 § 9.

769 Dick, Kameralprozess, S. 173 f.; vgl. auch Sellert, Stilus Curiae, S. 325 ff.; Danz, Grundsätze, S. 558 ff.

770 HGO 1619, Tit. 38 § 11.

771 HGO 1619, Tit. 38 § 14.

772 HGO 1619, Tit. 38 § 15.

773 HGO 1619, Tit. 46 § 1.

774 HGO 1619, Tit. 46 § 2.

Audientiam“ entschieden werden, was angesichts der wöchentlich stattfindenden Audienzen eine Frist von zwei Wochen ergibt. Die Hofgerichtsordnung nennt diese Entscheidungsform „Bescheid“. Zu den auf einfache Submissionen ergehenden Entscheidungen zählten gerichtliche Verfügungen „Ratione Termini, Dilationis, Litis Contestationis, Responsionis, Juramenti Calumniae, item ob die Klag, Gewald, Exception, Replic, Duplic, und derogleichen zulässig“. Es ging also um einfache prozessleitende Verfügungen, wobei ins Auge fällt, dass die Zeitgenossen die Zulässigkeit einer Klage wohl ebenso wie die Litiskontestation für eine bloße Förmlichkeit hielten, über die die Richter „ex Judiciali Protocollo & Productis“, also nach Aktenlage, befinden konnten. Wichtige Interlokute und Endurteile benötigten mehr Zeit. Die Richter sollten nicht allein das Protokoll, sondern auch die „vielen Producten, oder sowol Assertori[775] als Probatori Acten“ lesen und Interlokute binnen ein bis zwei, Endurteile aber innerhalb von drei bis vier Monaten fällen.

Zur Urteilsfindung hatten Hofrichter und Beisitzer alle Schriften und Akten „zum allerfleissigsten“ zu lesen und dahin gehend zu überprüfen, ob „nach Besag der Rechten die Ladung, nohtürfftige Legitimation, und Verfassung des Krieges, und alle andere wesentliche Stücke und Terminen [...] nach jeder Sachen Gelegenheit, richtig beschehen, und fürgangen, observirt, und in Acht gehalten“[776] wurden. Vorab prüfte das Gericht also, ob die wesentlichen Prozessschritte nach gemeinem Recht und der Hofgerichtsordnung rechtmäßig abgelaufen waren. Die Wendung „nach jeder Sachen Gelegenheit“ deutet allerdings auf einen flexiblen Umgang mit den Vorschriften hin, wenn dies die Umstände des Einzelfalls erforderlich machten. Was genau unter „wesentliche Stücke“ zu verstehen ist, kann nur aus der Literatur zum gemeinen und dem Reichsprozess gemutmaßt werden. Mit der Formulierung scheint die Hofgerichtsordnung auf die Substantialtermine des Reichskammergerichts anzuspielen. In Anlehnung an den Prozess vor der Rota Romana[777] schränkte man vor dem Reichskammergericht die Nichtigkeitsfolge bei Nichteinhaltung von vorgeschriebenen Terminen auf einige wichtige Termine ein[778], wobei nicht endgültig geklärt ist, welche Termine das waren. Für den hofgerichtlichen Prozess ist unklar, was bei einem nachträglich festgestellten Verstoß zu machen war. Vor dem Reichskammergericht bestand die Möglichkeit, Substantialtermine nachzuholen[779]. Das sah auch die Paderborner Hofgerichtsordnung vor, offenbar sollten die Prokuratoren einen versäumten Termin aber nur bis zur *conclusio* nacharbeiten können[780].

775 Unter „Assertori [...] Acten“ sind die gesammelten Schriftsätze der Parteivertreter zu verstehen.
776 HGO 1619, Tit. 46 § 4.
777 Nörr, Rota Romana, S. 203.
778 Dick, Kameralprozess, S. 105 f.
779 RKGO 1555, Tit. III.39.
780 HGO 1619, Tit. 43 §3.

Hielten die Richter den Prozessablauf für rechtmäßig, sollten sie in der Sache entscheiden. Dazu waren sie verpflichtet, den gesamten Streitstoff zur Kenntnis zu nehmen. Offenbar sah der Ordnungsgeber vor, dass die gesamte Aktenlage durch alle vier Mitglieder des Gerichts „reifflich ponderirt und erwogen werden“[781] sollte. Die Vorbereitung der Entscheidung wurde also nicht einem Berichterstatter aufgetragen, wie es von anderen Gerichten der Frühneuzeit bekannt[782] und auch noch heute üblich[783] ist. Auch die spätere Ordnung von 1720 sah in Titel 55 § 14 einen „modum referendi, & votandi“ vor. Warum der Ordnungsgeber von 1619 nicht ebenso eine Arbeitsteilung der Richter anordnete, ist ebenso unklar wie die praktische Umsetzung der Norm[784]. Die Vorschrift spricht dafür, dass sich das Arbeitsaufkommen entweder in Grenzen hielt oder sich ein gegenläufiger Gerichtsgebrauch *(stilus curiae)* entwickelte. Vorwiegend aus dem 16. Jahrhundert ist zudem bekannt, dass man das Berichterstatterwesen als Gefahr ansah, vom Arbeitseifer eines einzelnen Richters abhängig zu sein. Das Aktenstudium fand aus verständlichen Gründen wohl nicht im Kollegium statt. Vielmehr bereitete sich jeder Richter auf eine Abstimmung vor. Die Ordnung spricht davon, dass das Kollegium sich „beysammen thuen“ solle, „Wan […] Hoff-Richter und Assessores der Sachen guten völligen und gnugsamen Verstand und Bericht eingenommen“[785] haben. In dieser Versammlung fand eine Abstimmung über die vorbereiteten Verfahren statt. Dazu sollte „ein jeder unter ihnen seine Meinung, was er darin zu Recht spreche, auch aus was beständigen, gegründeten, red- und rechtlichen Ursachen, Grund und Motiven er also zu erkennen bewegt werde […] kürtzlich und verständlich […] anzeigen und vermelden“[786]. Eine Reihenfolge bei Abgabe und Begründung des Votums sah die Hofgerichtsordnung nicht vor, wobei sich hier durchaus ein *stilus curiae* herausgebildet haben könnte. Andere Gerichtsordnungen der Zeit hielten es mit der Abstimmungsreihenfolge jedenfalls durchaus unterschiedlich[787]. Unklar

781 HGO 1619, Tit. 46 § 5.

782 RHR: vgl. Sellert, Stilus Curiae, S. 339 ff.; RKG: Dick, Kameralprozess, S. 180 ff.; Wiggenhorn, Reichskammergerichtsprozeß, S. 128 ff.; Mainz: HGO 1521 „Wie die acta und gerichts hendel in denen deiffinitiue…“; Kurpfalz: HGO 1620, Tit. 40, vgl. Kern, Kurpfälzer Landrecht, S. 235; Baden: Leiser, Zivilprozeß, S. 123; vgl. auch allgemein Döhring, Rechtspflege, S. 254 ff.

783 Vgl. etwa § 21g GVG.

784 Möglicherweise liegt eine redaktionelle Nachlässigkeit vor. Gegen Ende des 17. Jahrhunderts wird von Visitatoren jedenfalls die Abfassung von Relationen durch nur einen Beisitzer kritisiert, was für eine entsprechende Praxis spricht, vgl. S. 217.

785 HGO 1619, Tit. 46 § 6.

786 HGO 1619, Tit. 46 § 6.

787 Döhring, Rechtspflege, S. 259; Dick, für das RKG Dick, Kameralprozess, S. 182; für den RHR Sellert, Stilus Curiae, S. 343; Mainzer HGO 1521 „Wie die acta und gerichts

ist für Paderborn auch, wer die Umfrage leiten sollte. Der Hofrichter jedenfalls nahm gleichberechtigt mit den Beisitzern an der Abstimmung teil. Anders ist die Vorschrift des Titels 46 § 8 nicht zu erklären, demzufolge bei Stimmengleichheit ein Fakultätsgutachten einzuholen war. Stimmengleichheit konnte nur eintreten, wenn der Hofrichter an der Abstimmung beteiligt wurde. Trotzdem ist davon auszugehen, dass ihm die Leitung der Sitzung zukam. Ihre Meinung hatten die Richter „ohne alle gefährliche Singularität und Auflehnung" kundzutun. Mit Singularität ist das eigensinnige Festhalten an der einmal gefassten Rechtsmeinung angesprochen[788]. Im Plenum sollte nämlich nach Möglichkeit Einvernehmen bei der Urteilsfassung hergestellt werden. Erst wenn diese misslang, entschied die Mehrheit[789]. Die so gefundene Entscheidung sollte „in Form eines Urtheils concipirt" und in der folgenden Audientz „publicirt, und durch Unseren Secretarium abgelesen werden"[790]. Wem die Aufgabe der Urteilsfassung zukam, ist ebenfalls unklar[791]. Unter der Publikation ist wohl im Gegensatz zur Insinuation die mündliche Bekanntgabe in der Audienz zu verstehen[792]. Das Urteil musste daher im Gericht nur verlesen und brauchte den Parteien nicht schriftlich zugestellt zu werden.

Im Gegensatz zur Hofgerichtsordnung von 1720[793] enthielt die Ordnung von 1619 keine Vorschrift, die sich ausdrücklich mit der Begründung der Urteile auseinandersetzte. Lediglich werden die Richter aufs Strengste angewiesen, die Heimlichkeit der Urteilsberatung zu wahren. Die Ordnung geht dabei mit der Zeit, denn es war im 17. Jahrhundert allgemein unüblich, den Entscheidungen *rationes decidendi* beizufügen[794]. Über die Gründe dafür ist einiges gemutmaßt

---

hendel in denen deiffinitiue…".

788 Zu dieser durchaus typischen Vorschrift vgl. Döhring, Rechtspflege, S. 276.

789 Mehrheitsentscheidungen waren nicht ungewöhnlich, vgl. für den RHR Sellert, Stilus Curiae, S. 342; für das RKG Dick, Kameralprozess, S. 182; für Mainz HGO 1521 „Wie die acta und gerichts hendel in denen deiffinitiue…"; für Kurpfalz Kern, Kurpfälzer Landrecht, S. 235; allgemein Döhring, Rechtspflege, S. 255.

790 HGO 1619, Tit. 46 § 6.

791 Am RHR sollte nach den Ordnungen der Präsident die Urteilsformeln diktieren; in der Praxis entwarfen aber die Sekretäre die Urteile, vgl. Sellert, Stilus Curiae, S. 353. Am RKG war dies Aufgabe der Pronotare, Dick, Kameralprozess, S. 183; Wiggenhorn, Reichskammergerichtsverfahren, S. 149.

792 Endemann, Zivilprozessrecht, S. 533.

793 HGO 1720, Tit. 57 §§ 3–7.

794 Werkmüller, Urteilsbegründung, Sp. 613; Sellert, Urteilsbegründung, S. 101 ff.; Hocks, Gerichtsgeheimnis, S. 24. Vgl. aber für Gerichtshöfe in südeuropäischen Ländern die Rezension von Filippo Ranieri zu der Arbeit von Hocks in ZRG GA 122 (2005), S. 783–786, insb. S. 785.

worden[795]. Es wird im Ergebnis eine Vielzahl von Erwägungen gewesen sein, die die Gerichtsherren davon abhielt, Urteilsbegründungen vorzuschreiben: Zum einen wurden die für den römisch-kanonischen Prozess maßgeblichen römischen Rechtsquellen von den Zeitgenossen gegen eine Begründungspflicht hin interpretiert[796]. Auch auf reichsrechtliche Vorgaben wird gelegentlich abgestellt, wobei die allegierten Stellen für ein Begründungsverbot nichts hergeben. Die wenigen Stellen, in denen die *rationes decidendi* in Reichsgesetzen überhaupt angesprochen wurden, betrafen nicht etwa eine Begründung gegenüber den Parteien, sondern eine Begründungspflicht für den „justizinternen" Gebrauch[797], etwa zur Vereinheitlichung der Rechtsprechung[798] oder zur Nachvollziehbarkeit durch die Obrigkeit im Rechtsmittelverfahren oder der Gerichtsrevision[799]. Es wurde aber andererseits auch argumentiert, dass ein Richter töricht oder wahnsinnig sei, wenn er seine Entscheidungen begründe[800]. Man ermuntere die Parteien nur zur fortwährenden Einlegung von Rechtsmitteln[801], stelle dadurch das Urteil infrage und schmälere die Autorität des Rechtsprechenden[802]. Letztendlich stand daher offenbar die Gefahr des Autoritätsverlustes im Vordergrund. Von einer „übertriebenen Ängstlichkeit" und „Geheimhaltungsmanie" spricht etwa

795 Überblick bei Hocks, Gerichtsgeheimnis, S. 24 ff.

796 Sellert, Urteilsbegründung, S. 101 f.; Hocks, Gerichtsgeheimnis, S. 25; vgl. Werkmüller, Urteilsbegründung, Sp. 611 f. Aus Sicht der romanistischen Forschung ist dieses Ergebnis allerdings nicht eindeutig, vgl. die Nachweise bei Kaser/Hackl, Zivilprozessrecht, S. 495.

797 Ähnlich Sellert, Urteilsbegründung, S. 103: „gerichtsinterne Zwecke".

798 So wird man § 94 des RA 1566 verstehen müssen: „Wann auch hinfürter Bescheid, oder Decreta auff Supplicationes in wichtigen oder auch zweiffelichen Sachen gefast, so sollen die Motiva derselben, zusampt der Referenten Namen, durch die Pronotarien und Notarien fleißig neben dem Bescheid auffgeschrieben werden, auf daß, wo die Procuratores etwan folgends wiederum durch dergleichen Supplicationes ansuchen, Cammer-Richter und Beysitzer sich der vorigen Motiven erinnern, und nach denselben Gleichheit zu halten, und sich zu richten haben."

799 Vgl. RKGO 1555, Tit. III.53 § 4: „Auch die beisitzer, so die urtheyl gefelt und gesprochen, in beisein derselben [der Revisionskommission] die ursachen und gründe, darauß sollich urtheyl geschöpft ist, anzeygen"; JRA § 60: „daß der iudex a quo seine rationes decidendi mit und neben den actis prioribus [...] zum Cammer-Gericht verpitschirt einschicke". Abgesehen davon sollten bei außergewöhnlichem Stimmergebnis im Richterkollegium die rationes decidendi festgehalten werden, vgl. etwa RHRO 1654, Tit. IV § 18 bei Entscheidung entgegen der Voten der Referenten; RKGO 1555, Tit. I.28 § 3 bei fehlender Einstimmigkeit der Urteilsfassung. Wohl auch in diese „Kontrollkategorie" fällt die Forderung nach Begründung der Urteile von Juristenfakultäten bei Aktenversendung, vgl. JRA § 61.

800 Nachweise bei Hocks, Gerichtsgeheimnis, S. 16.

801 Werkmüller, Urteilsbegründung, Sp. 613; Sprung, Begründungspflicht, S. 44.

802 Sellert, Urteilsbegründung, S. 104.

Wolfgang Sellert[803]. Das Bild ist allerdings nicht einheitlich. Jakob Friedrich Ludovici schrieb etwa 1732, dass es zwar nicht nötig, aber ebenso wenig schädlich sei, Begründungen anzugeben[804].

Es ist bereits kurz angesprochen worden, dass bei Stimmengleichheit im Richterkollegium die Möglichkeit bestand, durch Aktenversendung zu einer Entscheidung zu kommen. Die Aktenversendung ist eine in der Frühen Neuzeit typische Form der Rechtspflege[805], wobei es in den territorialen Gerichtsordnungen erhebliche Unterschiede bei der Ausgestaltung des Verfahrensrechts gab[806]. Unter bestimmten Voraussetzungen konnten die Akten eines Verfahrens an eine Juristenfakultät oder andere Rechtsgelehrte geschickt werden. Diese bereiteten das Urteil gegen Bezahlung vor und sandten die Akten samt Urteilsvorschlag an das anfragende Gericht zurück, welches das Urteil oft ohne Weiteres als eigene Entscheidung verkündete[807]. Die Praxis der Aktenversendung wurde durch den territorialen Staatsbildungsprozess zunehmend eingeschränkt und zurückgedrängt. Den Landesherren konnte es nicht recht sein, wenn Rechtsfälle außerhalb ihres Einflussbereiches entschieden wurden[808]. Im Fürstentum Paderborn gab es nun keine eigene Juristenfakultät. Die 1614 durch Bischof Dietrich IV. gegründete und 1615 von Kaiser Matthias und Papst Paul V. bestätigte und privilegierte Universität der Jesuiten in der Stadt Paderborn bestand nur aus zwei Fakultäten, nämlich einer theologischen und einer philosophischen. Versuche in der Mitte des 17. Jahrhunderts, einen eigenständigen Rechtsunterricht in Paderborn zu etablieren, scheiterten[809]. Aus anderen Territorien ist bei vergleichbarer Ausgangslage bekannt, dass die Landesherren versuchten, die Aktenversendung an eigene Regierungsbehörden vorzuschreiben[810]. Die Hofgerichtsordnung ging diesen Weg nicht. Eine auswärtige „unverdächtige berühmte Universität" konnte „umb Rechts-Belehrung"[811] angegangen werden. Und in der Tat lassen sich in den Urteils- und Protokollbüchern des Gerichts zahlreiche Aktenversendungen an auswärtige Universitäten nachweisen – auch an solche in protestantischen Territorien. Außer Juristenfakultäten kamen auch „andere bewehrte unpartheyische Rechts-Gelehrten"

803 Sellert, Urteilsbegründung, S. 104. Zum symbolischen Wegschließen der am Reichkammergericht eingehenden Urteilsbegründungen vgl. Hocks, Gerichtsgeheimnis, S. 4 ff.

804 Ludovici, Civil-Proceß, S. 310. Zu den unterschiedlichen Handhabungen in den Territorien auch S. 312.

805 Oestmann, Aktenversendung, Sp. 128.

806 Falk, Consilia, S. 6.

807 Oestmann, Aktenversendung, Sp. 130.

808 Oestmann, Aktenversendung, Sp. 129.

809 Gorges, Geschichte, S. 75 f.

810 Oestmann, Aktenversendung, Sp. 129.

811 HGO 1619, Tit. 46 § 8.

infrage, Rechtsrat zu erteilen. Unklar ist, ob dies nur andere Spruchkollegien, wie Schöffenstühle, sein konnten, oder ob auch gelehrte Einzelpersonen in Betracht kamen. Aus der Gründungszeit des Gerichts ist die Versendung an einzelne gelehrte Personen jedenfalls bekannt[812], wobei offenbar immer wenigstens zwei Gelehrte zur Begutachtung heranzuziehen waren. Einzelheiten zu dieser Urteilsfindung durch Privatpersonen sind nicht bekannt. Sie scheint im Reich auch eher als ungebräuchlich und als eine Eigenheit westfälischer Gegenden wahrgenommen worden zu sein[813].

Nach der Hofgerichtsordnung kam eine Versendung in Betracht, wenn die Richter „in votis & Decisionibus zweyspaltig"[814] waren, also eine Mehrheit bei der Abstimmung nicht zu erzielen war. Aber auch, wenn die Urteiler „sonsten aus erheblichen und bewegenden Ursachen selbst darin zu sprechen, Bedenckens trügen" konnten sie die Entscheidung auf Dritte verlagern. Wann solche erhebliche Ursachen gegeben sein konnten, gibt die Ordnung allerdings nicht vor. Die Versendung konnte darüber hinaus auf Parteiantrag geschehen. Dazu war noch nicht einmal der Antrag beider Parteien notwendig. Vielmehr sollte auch bei einseitigem Antrag „die Verschickung nicht destoweniger fürgehen" und der Antragsteller nur die Kosten für dieses Verfahren alleine tragen. In den anderen Fällen waren die Kosten unter den Parteien hälftig zu teilen. Weitere Vorschriften zum Verfahren bei Aktenversendung, zur Frage nach dem Umgang mit dem eingehenden Urteilsvorschlag des Fakultätskollegiums oder zur Frage nach mehrmaliger Versendung in derselben Sache, enthält die Hofgerichtsordnung nicht[815].

Zum Schluss dieses Abschnitts über die Urteilsfindung sei noch ein besonders wichtiges „Kernproblem der Rezeptionszeit und des usus modernus"[816] problematisiert, das Rechtspraxis und Wissenschaft noch bis in die späte Kodifikationszeit beschäftigt hat: die Vielfalt der Rechtsquellen, mit denen der Richter arbeiten musste. Es geht also um die Frage, welches materielle Recht den Entscheidungen zugrunde zu legen war. Dem modernen Juristen sind die mit diesem Phänomen verbundenen Schwierigkeiten, die im Vorfeld seiner eigentlichen Subsumtionsarbeit liegen, wenig vertraut. Zwar stoßen gerade auch im föderalen Staat und in internationalen Zusammenhängen unterschiedliche Rechtsmassen aufeinander, jedoch lösen gesetzliche Regelungen und wissenschaftliche Methodik scheinbar jede Kollision dahin auf, dass sich eine Norm gegen die andere durchsetzt. Und diese Norm hat der Richter seinem Urteil nicht nur zugrunde zu legen, sondern er hat sie vorgelagert auch zu

812 Vgl. S. 65.

813 Ludovici, Civil-Proceß, S. 298.

814 HGO 1619, Tit. 46 § 8.

815 Im Gegensatz zur HGO 1720, Tit. 55, §§ 16–20, die einen Teil der in der gemeinrechtlichen Literatur streitigen Fragen regelt.

816 Oestmann, Rechtsvielfalt, S. 5; Trusen, Partikuläres Recht, S. 98.

kennen oder zu ermitteln, was in den Rechtssprichwörtern *iura novit curia* und *da mihi facto, dabo tibi ius* zum Ausdruck kommt[817].

Die frühneuzeitliche Gerichtspraxis und Wissenschaft waren natürlich ebenfalls bemüht zu bestimmen, welche Rechtsnormen auf einen Lebenssachverhalt anwendbar waren. Nur standen sie dabei in mancher Hinsicht vor größeren Schwierigkeiten und fanden andere Lösungen. Denn man sah sich nicht nur unterschiedlichen legislativen Ebenen gegenüber, sondern musste in einer Zeit geringer normativer Durchdringung auch das überlieferte, oft nicht schriftlich fixierte Recht berücksichtigen. Die größte Schwierigkeit bestand daher wohl zunächst in der Fülle der Normkomplexe, die Geltung beanspruchten: Neben den geschriebenen Normen in Territorien und Reich gab es auf beiden Ebenen Gewohnheitsrecht, das ebenso um Anwendung rang wie römische und kirchliche Rechtssätze.

Die Paderborner Hofgerichtsordnung äußert sich zu diesem Problem an drei Stellen: Bereits im ersten Titel werden Hofrichter und Beisitzer verpflichtet, „ihre Urtheilen, Bescheid und Erkändnüs auff die allgemeine beschriebene Rechte, Käyserliche und des heiligen Römischen Reichs Constitutiones und Abscheide, gute redliche, und beständige Statuta und Gewohnheiten, wie imgleichen gemeine und sonderbahre Privilegien, Freiheiten, und Begnadungen (da die ihnen vorgebracht und kündig gemacht) vermöge ihrer Pflicht und Ayd [zu] stellen, fassen und auß[zu]sprechen“[818]. Inhaltsgleich wird diese Verpflichtung in der Vorschrift über den Eid der Hofrichter und Beisitzer wiedergegeben[819]. Schließlich wiederholt der Ordnungsgeber bei den Regeln zur Urteilsabfassung, dass die Richter ihre Urteile und Bescheide „nicht auff ihr Gutdüncken, eigen und den Rechten ungemäß informirten Gewissen, sondern auf die algemein beschriebene Rechten, Reichs-Constitutionen, und dieses Unsers Stiffts und Fürstenthumbs löbliche rechtmässige Ordnungen, auch erbahre redliche Gewonheiten (da die für sie bracht)“[820] stützen sollten. Speziell für das Prozessrecht statuierte die Hofgerichtsordnung schließlich die Geltung „gemeinen beschriebenen Rechten, Reichs-Constitutionen und Abscheiden“[821] in den Fällen, in denen die Ordnung keine ausdrückliche Regelung traf. Diese Vorgaben ähneln stark den reichskammergerichtlichen Formulierungen, die ihren Ursprung bereits in der Ordnung von 1495 haben und die Kammerrichtern und Beisitzern einen Eid auferlegte, nach dem sie „nach des Reichs gemainen Rechten, auch nach redlichen, erbarn und leidlichen Ordnungen,

817 Die im geltenden Recht vorhandenen Ausnahmen wie § 293 ZPO lassen den Grundsatz unberührt.
818 HGO 1619, Tit. 1 § 2.
819 HGO 1619, Tit. 2.
820 HGO 1619, Tit. 46 § 3.
821 HGO 1619, Tit. 54 § 4.

Statuten und Gewonhaiten der Fürstenthumb, Herrschaften und Gericht, die für sie pracht werden“[822] zu richten hatten. Ähnliches formulierte auch die Reichskammergerichtsordnung von 1555[823].

Es ist terminologisch sehr schwierig, die im Ordnungstext bezeichneten Rechtsmassen näher zu bestimmen. Nur beispielhaft sei auf die komplexen Begriffe „gemeines Recht“ und „Reichskonstitutionen“ hingewiesen, die alles andere als eindeutig sind. *Ius commune,* gemeines Recht, ist eine der „schillerndsten und wandelbarsten“[824] Wendungen überhaupt, bei der nie klar ist, ob der Begriff nur die römischen Quellen der Antike meint oder die wissenschaftliche Weiterbearbeitung unter Einbeziehung kanonistischer Rechtsmassen oder gar der Reichsgesetze[825] angesprochen ist. Denn gemein ist ein Recht in Abgrenzung zu begrenzten, lokal gültigen Sätzen. Und dieses Verständnis ist von räumlichen, zeitlichen und inhaltlichen Faktoren abhängig. Schwierig ist auch die Abgrenzung zwischen den Begriffen „Statuten“ und „Gewohnheiten“[826].

An den begrifflichen Schwierigkeiten lässt sich kaum etwas ändern; wir sind an die Quellenbegriffe gebunden. Man wird aber – bei allen Unsicherheiten im Detail – davon ausgehen können, dass mit „gemeinen beschriebenen Rechten“ das römische und kanonische Recht, wie es im Wesentlichen im Corpus Iuris Civilis und im Corpus Iuris Canonici niedergelegt war[827], mit „Reichs Constitutiones und Abscheide“ die Produkte der Gesetzgebungstätigkeit auf den deutschen Reichstagen, mit „Statuta“ wohl geschriebenes und mit „Gewohnheiten“ wohl ungeschriebenes Partikularrecht gemeint gewesen ist. Ob die im Folgenden aufgeführten Begriffe „Privilegien, Freiheiten und Begnadungen“ einen jeweils eigenen Begriffsinhalt aufweisen, ist nicht klar. Jedenfalls sind diese Begrifflichkeiten schon in der zeitgenössischen juristischen Begriffsbildung alles andere als eindeutig. Über das Privileg etwa ist in der Forschung festgestellt worden, dass „kein [anderer] Rechtsbegriff durch eine so große, verwirrende und uneinheitliche Terminologie sowie inhaltliche Bedeutungsvielfalt geprägt“[828] sei. Auch das Wort „Freiheit“ konnte unterschiedliche Bedeutungen haben; unter anderem konnte es als Synonym für Privileg verstanden werden[829]. Dasselbe gilt für den Begriff der Gnade *(gratia),* auf

822 RKGO 1495, § 3.

823 RKGO 1555, Tit. I.57.

824 Wiegand, Studien, S. 11; ähnlich Jansen, Ius Commune, S. 916.

825 Kleinfeller, Partikulargesetzgebung, S. 288 f.; auch Luig, Gemeines Recht, Sp. 68 und Sp. 61.

826 Schulze, Statutarrecht, Sp. 1923 f.

827 Luig, Gemeines Recht, Sp. 61.

828 Mohnhaupt, Privileg, Sp. 391 f.

829 Deutsch, Freibrief, Sp. 1719 f.; Mohnhaupt, Privileg, neuzeitlich, Sp. 2006.

den die Formulierung „Begnadung" wohl hindeutet: Auch dieser wurde synonym für Privileg[830] benutzt, wenngleich das auch heute noch vorherrschende Begriffsverständnis eher auf eine außerrechtliche Erscheinung, nämlich den vollständigen oder teilweisen Erlass einer Strafe abzielt. Jedenfalls grenzt sich das Begriffstrio von den vorhergehenden durch ihren Normadressaten ab: Während gemeines Recht, Konstitutionen, Statuten und Gewohnheiten abstrakt-generelle Rechtsnormen enthalten, haben Privilegien, Freiheiten und Gnadenentscheidungen individuellen Charakter. In der Regel gewähren sie dem Adressaten eine Sonderrechtsstellung[831]. Als Adressat kam aber nicht zwingend nur eine Einzelperson in Betracht. Auch ganzen Personengruppen konnten Sonderrechte gewährt werden[832], was in der Hofgerichtsordnung durch die Formulierung „gemeine und sonderbahre Privilegien" zum Ausdruck kommt.

Besondere Schwierigkeit bereitet die Hierarchisierung und Ausrichtung der Normmassen untereinander. Ginge man allein von der Reihenfolge der aufgezählten Normenkomplexe aus, läge eine Subsidiarität des spezielleren gegenüber dem allgemeineren Rechtskreis nahe. Damit stünde die Hofgerichtsordnung allerdings der zeitgenössischen Rechtsanwendungslehre und -praxis diametral entgegen. Auch die enge sprachliche Anlehnung an die Reichskammergerichtsordnung in diesem Punkt spricht gegen eine solche Einschätzung. Schließlich steht auch der angesprochene Verweis auf das gemeine Recht bei der Bestimmung des anzuwendenden Prozessrechts einem derartigen Konzept der Rechtsquellenhierarchie entgegen. Denn diesem lag gerade der Gedanke zugrunde, dass das gemeine Recht nur dann anzuwenden war, wenn das Partikularrecht keine ausdrückliche Regelung traf. Nach der gängigen Rechtsquellenlehre verdrängte daher im Gegenteil das Recht des kleineren Rechtskreises das des größeren[833]. Lokale Gewohnheiten und Statuten gingen folglich partikularen Gesetzen vor, welche wiederum Vorrang vor Reichsgesetzen hatten. Nur subsidiär sollte das gemeine Recht gelten. Die gelehrte Diskussion der Zeit schränkte diesen Anwendungsvorrang des Rechts des kleineren Rechtskreises allerdings in einigen Punkten ein: Erstens war die gesamte Rechtsordnung eng auszulegen und im Zweifel einem römisch-rechtlichen Auslegungsmodus der Vorrang einzuräumen (strikte Interpretation), um das römische Recht durch widersprechendes Partikularrecht so wenig wie möglich zu beeinträchtigen[834]. Gewohnheitsrecht wurde darüber hinaus zweitens gewissermaßen einer Inhaltskontrolle unterzogen, indem der Richter prüfte, ob die Gewohnheit vernünftig war

830 Mohnhaupt, Privileg, neuzeitlich, Sp. 2006.
831 Mohnhaupt, Privileg, Sp. 392.
832 Mohnhaupt, Privileg, Sp. 394.
833 Oestmann, Rechtsvielfalt, S. 6.
834 Oestmann, Rechtvielfalt, S. 7; Jansen, Ius Commune, S. 918.

und sie andernfalls verwarf[835]. Dieser Gedanke kommt übrigens auch unmittelbar in der Hofgerichtsordnung zum Ausdruck, wenn es heißt, „gute redliche, und beständige Statuta und Gewohnheiten" sollten zur Grundlage der Entscheidung gemacht werden. Allerdings beschränken sich die Adjektive offenbar nicht auf Statuten, sondern können ebenso auf das Wort „gewohnheiten" bezogen werden. Eine weitere und besondere Geltungsbeschränkung des Partikularrechts dürfte aber aus seiner prozessualen Behandlung gefolgt sein: Partikulare Rechtssätze wurden im Grundsatz nicht wie Recht behandelt, das der Richter kennen musste, sondern wie Tatsachen, die von den Parteien vorgebracht und erforderlichenfalls bewiesen werden mussten[836]. Im Ergebnis sprach damit eine Vermutung für die Geltung des gemeinen Rechts *(fundata intentio)*. Für das Reichskammergericht stützten sich die Zeitgenossen auch auf die zitierte Stelle der Reichskammergerichtsordnung, nach der das Recht „für sie [= die Richter] pracht werden" musste, mit der über die Beweisbedürftigkeit allerdings noch nichts gesagt ist[837]. Neben der strikten Interpretation und der *fundata intentio*-Regel drängte auch die zunehmende Besetzung der Richterstühle mit gelehrten Juristen das partikulare Sonderrecht zurück. Neuere Forschungen zeigen allerdings, dass die Rechtsanwendungslehre in der Praxis jedenfalls keine uneingeschränkte Beachtung fand[838].

Dass der Ordnungsgeber in Paderborn nun die gängige Rechtsanwendungslehre der Zeit vor Augen gehabt haben dürfte, ist kaum zweifelhaft. Spannend ist aber, wie die Beweisbedürftigkeit des Partikularrechts, also der Zusatz „da die ihnen vorgebracht und kündig gemacht", in der Praxis gehandhabt worden sein soll. Ebenso wie in der Paderborner Ordnung findet sich diese an die Reichskammergerichtsordnung angelehnte Formulierung auch in anderen territorialen Prozessrechten[839]. Damit scheint eine Beweis- oder jedenfalls eine Allegationspflicht[840] auch für territoriales Recht vor einem Territorialgericht normiert worden zu sein[841]. Ob diese Pflicht schlicht unbedacht aus der Reichskammergerichtsordnung übernommen wurde[842], lässt sich nicht mehr klären. Möglich ist auch,

835 OESTMANN, Rechtsvielfalt, S. 7.

836 OESTMANN, Rechtsvielfalt, S. 8 f.; JANSEN, Ius Commune, S. 918; WIECKER, Privatrechtsgeschichte, S. 139.

837 WIEGAND, Rechtsanwendungslehre, S. 163 f.

838 Vgl. insbesondere die Zusammenfassung der Forschungsergebnisse von OESTMANN, Rechtsvielfalt, S. 669 ff.; vgl. auch JANSEN, Ius Commune, S. 918.

839 Vgl. etwa die Münsterische HGO 1571, Tit. I.3; Mainzer HGO 1521, „houerichters und der beisitzer Eide".

840 Zum Begriff der Allegation vgl. OESTMANN, Rechtsvielfalt, S. 31 ff.

841 Ähnlich WIEGAND, Rechtsanwendungslehre, S. 174 ff.

842 Davon, dass die „Fürsten und Herzöge des Reiches, die für ihre eigenen Gerichtsordnungen die Klausel der Reichskammergerichtsordnung übernahmen, diese im Grunde nicht recht

dass die Ordnungsgeber vor Augen hatten, auswärtige Rechtsgelehrte an ihren Gerichten anstellen zu müssen, die die territorialen Sonderrechte nicht kannten, zumal es eine planvoll angelegte Aufzeichnung des Partikularrechts vor der Mitte des 18. Jahrhunderts in Paderborn offenbar nicht gab[843]. Wahrscheinlicher ist aber, dass das Beibringungserfordernis sich nur auf Privilegien und ähnliche individuelle Begünstigungen bezog. Mit der Einbeziehung von „Privilegien, Freiheiten, und Begnadungen“ unterschied sich die Paderborner Ordnung nämlich von anderen Prozessrechten der Zeit. Gut möglich also, dass die Paderborner Formulierung alles andere als unbedacht gewählt wurde. Anderes Territorialrecht wäre dann nicht beibringungsbedürftig gewesen, was angesichts der geringen Größe des Bistums überzeugt. Den Hofrichtern konnte durchaus zugemutet werden, sich von Amts wegen über das geltende Recht zu informieren.

ee) Vollstreckung

Ein Urteil allein bringt dem Obsiegenden keine materielle Befriedigung – jedenfalls dann nicht, wenn die Klage auf eine Leistung gerichtet war. Leistet der Verurteilte nicht, ist der Richterspruch zunächst kaum mehr wert als Tinte und Papier. Das Problem war selbstverständlich auch den Zeitgenossen bewusst[844]. Die Gerichtsherren mussten daher Möglichkeiten schaffen, die mit ihrer Autorität ausgesprochenen Urteile auch faktisch durchzusetzen, zu vollstrecken. Die Hofgerichtsordnung formuliert, „das fürnehmste Stück des Justiz-Wesens [sei] an der Execution gesprochener Urtheil gelegen“[845].

Das Vollstreckungsverfahren ist wahrscheinlich der Abschnitt des frühneuzeitlichen Zivilprozesses, über den in der Forschung am wenigsten bekannt ist. Ein Grund dafür mag sein, dass es in den vergangenen Jahrzehnten insbesondere die Akten des Reichskammergerichts waren, mit denen sich Rechtshistoriker prozessrechtlichen Fragestellungen genähert haben. Die Zwangsvollstreckung kann aus diesen Quellen allerdings nur unzureichend erhellt werden und lag auch nicht im Fokus des Interesses. Denn das Reichskammergericht hatte keine eigenen Möglichkeiten, seine Sprüche durchzusetzen. Seit 1512 sollten die Reichskreise daher in das Vollstreckungsverfahren eingebunden werden und

verstanden hatten“, spricht auch Luig, Universales Recht, S. 118 ff.

843 Für die Regierungszeit Hermann Werners lässt sich noch am ehesten der Versuch ausmachen, Paderborner Rechtsquellen zusammenzutragen, vgl. Süss, Kanzleiordnungen, S. 333.

844 Vgl. die Formulierung der RKGO 1555, Tit. III.48 § 1: „Dieweil eyn urtheyl, so der nit gebürlich volnstreckung geschicht, wenig frucht bringt […]“.

845 HGO 1619, Tit. 50 § 1.

die Urteile notfalls mit militärischer Gewalt durchsetzen[846]. Die Vollstreckung blieb aber jedenfalls bis zum Jüngsten Reichsabschied[847] – wahrscheinlich sogar bis zum Ende des Alten Reichs überhaupt – die Achillesferse des Kameralprozesses. Auch aus den Territorien wissen wir wenig über die Ausgestaltung des Vollstreckungsverfahrens. Wenn sich Forschungsarbeiten zur Gerichtsverfassung und zum Verfahrensrecht überhaupt der zwangsweisen Durchsetzung von Richtersprüchen widmen, erschöpft sich die Darstellung häufig in der Wiedergabe der Normtexte. Dabei verspricht die häufig straffere Herrschaftsbildung in den Territorien einen Erkenntnisgewinn gegenüber der Situation an den Reichsgerichten.

In Paderborn spielte sich das Vollstreckungsverfahren zwar förmlich vor dem Hofgericht ab, eigene Gerichtspersonen sah die Ordnung für die Vollstreckung aber nicht vor. Vielmehr bediente man sich gerichtsfremder „Executores", um Urteile in die Tat umzusetzen. Als solche sprach die Ordnung „Drosten, Ambtleuthe, Renthmeister, Befelchhabere, Schultheiß, Burgermeistere, Scheffen, Gogräven, Richtere und Vögte"[848] an. Die Richter waren also auch auf die Mithilfe intermediärer Kräfte angewiesen, wie die Aufzählung zeigt.

Diese Amtswalter sollten jedoch nicht gleich mit dem Urteil in der Hand losmarschieren. Im Vollstreckungsverfahren wurde zwar kurzer Prozess gemacht, aber erst einmal trafen sich die Parteien wieder vor dem Richterstuhl: Kam die unterlegene Partei dem Urteilsspruch nicht nach, konnte der Sieger beim Hofgericht „Executoriales Ober[849]-Gebotts-Brief"[850] beantragen. Das Gericht forderte mit diesen Exekutorialbriefen den Verurteilten auf, dem Urteil Folge zu leisten, und drohte Strafen bei Widerstand an[851]. Dem Antrag auf Erlass des Exekutorials sollte nur stattgegeben werden, wenn das Urteil rechtskräftig war. Eine rechtzeitig eingelegte Appellation stand der Exekution also entgegen. Appellierte der Verlierer, fand ein Vollstreckungsverfahren nur statt, wenn das Urteil gar nicht appellabel war, später ein Rechtsmittelverzicht erklärt oder die Appellation aus anderen Gründen „desert" wurde. In den Gebotsbriefen sprachen die Richter nicht nur einen Leistungsbefehl aus, sondern luden die unterliegende Partei gleichzeitig auf einen „endlichen Gerichts Tag", auf dem der Kläger zu erklären hatte, warum er nicht

846 Dick, Kameralprozess, S. 213; Wiggenhorn, Reichskammergerichtsprozeß, S. 246.

847 Im Überblick zeichnet Sellert, Vollstreckung, Sp. 1029 die Entwicklung nach.

848 HGO 1619, Tit. 50 § 4.

849 Beim Wort „Ober" dürfte es sich um einen Druckfehler handeln. „Ober-Gebotts-Briefe" kennt die frühneuzeitliche Rechtssprache nicht. In den anderen Abschriften heißt es auch durchgängig „oder" statt „Ober".

850 HGO 1619, Tit. 50 § 1.

851 Oberländer, Lexicon Juridicum, S. 290.

„parirt", also dem Urteil nicht Folge geleistet hatte[852]. Der Gegner hatte also die im Exekutorial ausgesprochene Strafe nicht gleich verwirkt, sondern konnte sich vor Gericht – vermutlich während der Audienz – entschuldigen. Wurden seine Entschuldigungsgründe „für erheblich angesehen", gewährten die Urteiler dem „gewinnenden Theil" eine Stellungnahmefrist, bevor sie über die Strafe entschieden[853]. Eigentlich sollte dieses Verfahren nur aus Rede und Gegenrede bestehen, weiterer Schriftsatznachlass stand aber im Ermessen des Hofgerichts. Unklar ist, aus welchen Gründen die Vollziehungsverweigerung statthaft gewesen sein sollte. Aus anderen Prozessordnungen sind aber bestimmte Einreden bekannt, die noch oder erst gegen die Zwangsvollstreckung zur Geltung gebracht werden konnten[854]. Die Paderborner Hofgerichtsordnung schweigt sich über die zulässigen Verteidigungsmittel leider aus. Hielt die Richterbank die Weigerungsgründe für unerheblich, gab sie dem „verlustigten Theil" wiederum Zeit, nunmehr endlich zu parieren. Verstrich auch diese Frist, sollten „schärffere Executorialen" ergehen, mit denen sich das Gericht an die oben erwähnten „Vollstreckungsbeamten" wandte und diese „zu endlicher würcklicher Vollnziehung" anhielt[855]. Die Geldstrafe musste der Verurteilte aber jedenfalls bezahlen, und zwar zur Hälfte an den Fiskus und zur Hälfte an die Gegenpartei.

Örtlich waren die Beamten zuständig, „da das Gut, darumb der Streit gewesen, und darüber das Urtheil ergangen, gelegen, oder die Persohn, wieder welche geurtheilet, gesessen". Der Landesherr war sich offenbar nicht sicher, dass die Beamten dem Exekutionsbefehl widerstandslos und unbedingt nachkamen. Die Ordnung schärft den Amtsleuten nämlich in einer eigenen Vorschrift ein, dass die Befehle „ohne Weigerung, Wiedersatz und verzug"[856] zu befolgen waren. Streit in der Sache gehörte nicht ins Exekutionsverfahren und eine rechtliche Anhörung oder gar der Versuch einer gütlichen Einigung waren den Ortsbeamten ausdrücklich verboten. Dieser Befehl unterscheidet das hofgerichtliche Vorgehen vom Kameralprozess. Die ersuchten Reichskreise beauftragten in der Regel nämlich einen Reichsstand mit der Vollstreckung, der wiederum meistens zunächst einen Güteversuch zwischen den Parteien unternahm[857]. Dieser Befund mag zunächst erstaunen, ist aber leicht zu erklären: Die Hofrichter hatten durch Urteilsspruch einen Leistungsbefehl ausgebracht. Ihn zu befolgen, unterstrich ihre Autorität. Ihn zu verwässern, minderte dieselbe.

---

852 HGO 1619, Tit. 50 § 2.

853 HGO 1619, Tit. 50 § 3.

854 Vgl. Leiser, Zivilprozeß, S. 109; Dick, Kameralprozess, S. 211.

855 HGO 1619, Tit. 50 § 4.

856 HGO 1619, Tit. 50 § 5.

857 Dick, Kameralprozess, S. 213.

Kam es nun also endlich zur eigentlichen Durchsetzung des Richterspruchs, unterschied das weitere Verfahren – ganz im Sinne anderer partikularer Ordnungen[858] und des gemeinen Verfahrensrechts[859] – zwischen Urteilen „in actione reali" und solchen „in personali". Ging der Streit um „Güter, die der Kläger als das Seinige angesprochen"[860] hatte, sollte der Vollstrecker dem Beklagten die Sache wegnehmen und dem Kläger übergeben. Zunächst waren dem Schuldner aber nochmals 14 Tage Zeit zu geben, die Sache freiwillig herauszugeben. Die Vollstreckung bei Realklagen kam also in Fällen um streitiges Eigentum vor. Bei Schuldklagen auf ein „gewisses Ding"[861], also einen konkreten Gegenstand, war grundsätzlich ebenso zu verfahren. Komplizierter war das Verfahren aber in Schuldsachen, die nicht einen konkreten Gegenstand betrafen. Das dürfte bei allen Verurteilungen auf Geldzahlung der Fall gewesen sein. Es kam dann zur Vollstreckung in das allgemeine Vermögen des Schuldners. Das nur oberflächlich geregelte Verfahren erinnert dabei an moderne zwangsvollstreckungsrechtliche Ideen. Für den Gläubiger sollten Vermögensgegenstände des Schuldners „gepfändet, und angegriffen, auch solche Pfande aestimirt, distrahirt, verkaufft, und umbgeschlagen"[862] werden. Es kam also zur Verwertung einzelner Vermögensgegenstände, wobei die Ordnung Einzelheiten nicht regelt. Auch eine gesonderte Distraktionsordnung, also ein Gesetz, das die Pfändungsvollstreckung regelt, ist aus Paderborn nicht bekannt[863]. Daneben hatte der Kläger die Möglichkeit, sich die Gegenstände „in solutum" zuweisen zu lassen. Er konnte also einzelne Vermögensgegenstände an Erfüllung statt annehmen. Nun mochte es vorkommen, dass das Verwertungsgut gar nicht dem Schuldner gehörte. Meinte ein Dritter, „das gepfandete Gut für sein eigen" beanspruchen zu können, hatte er vor Gericht „zu erscheinen", worauf die Verwertung unterbrochen, der Gegenstand ans Hofgericht abzugeben und „Erkändnüs und Bescheid" über die Zuordnung zu erwarten waren[864].

Interessant ist die Auswahl der Vermögensgegenstände, in die vollstreckt wurde. Hierbei waren weder der Kläger noch die Exekutoren völlig frei. Zunächst sollte in Fahrnis und nur, wenn diese Sachen nicht ausreichten, in „ligende und unbewegliche Güter" vollstreckt werden. Neben der Immobiliarvollstreckung hatte der Kläger die Möglichkeit, gegen „des Beklagten geständige und kentliche

858 Leiser, Zivilprozeß, S. 110; Kern, Kurpfälzer Landrecht, S. 239; Miele, Hofgericht, S. 153.
859 Liebe, Execution, S. 112 ff.
860 HGO 1619, Tit. 50 § 6.
861 HGO 1619, Tit. 50 § 7.
862 HGO 1619, Tit. 50 § 7.
863 Anders als etwa in Lippe; vgl. Miele, Hofgericht, S. 154.
864 HGO 1619, Tit. 50 § 8.

Debitorn“ vorzugehen[865]. Die Hofgerichtsordnung kannte also die Möglichkeit der Forderungsvollstreckung, beschränkte diese aber auf bekannte und zugestandene Ansprüche. Die vorrangige Vollstreckung in bewegliches Vermögen schützte den Schuldner. Seine Lebensgrundlagen, Haus und Grund, blieben zunächst unangetastet. Dabei ist daran zu erinnern, dass das Hofgericht zuvorderst privilegierter Gerichtsstand ritterlicher Untertanen war, die Stand und Existenz aus ihren Gütern zogen. Schuldnerschützendes Recht ist auch in einer anderen, bemerkenswerten Vorschrift zu sehen: Die Vollstreckungsbeamten wurden angewiesen, „Discretion und Bescheidenheit zu halten“ und nur solche Güter zu pfänden, die „dem Beklagten am wenigsten Schaden bringen, und doch dem Kläger zu Vollziehung der Urtheil und seiner Erhohlung gnug seyn“[866]. Die Hofgerichtsordnung normiert hier kaum etwas anderes als ein Verhältnismäßigkeitsprinzip, das auch das moderne deutsche Recht durchzieht. Nach diesem Prinzip ist eine staatliche Maßnahme nur rechtmäßig, soweit sie erforderlich ist, um den angestrebten Zweck zu erfüllen. Erforderlich in diesem Sinne ist sie nur dann, wenn kein milderes zur Verfügung stehendes Mittel gleich geeignet ist, diesen Zweck zu erfüllen[867]. Nun verbieten sich unüberlegte Übertragungen moderner Rechtsinstitute in die Vergangenheit. Die staatsrechtliche Forschung sah die Ursprünge des Verhältnismäßigkeitsprinzips bisher auch erst im Zeitalter der Aufklärung[868] und des preußischen Naturrechts[869]. Dabei ist vor allem auf das preußische Allgemeine Landrecht[870] und die Polizeirechtswissenschaft verwiesen worden[871]. Obwohl einige Stimmen die Idee der Verhältnismäßigkeit darüber hinaus als elementaren Bestandteil der Gerechtigkeit[872], als durch

865 HGO 1619, Tit. 50 § 7.

866 HGO 1619, Tit. 50 § 8.

867 Bernd Grzeszick in: Theodor Maunz/Günter Dürig (Hg.), Grundgesetz Kommentar, Band 3, Art. 20, Rn. 113, Ergänzungslieferung 48 (2006).

868 Schneider, Verältnismäßigkeits-Kontrolle, S. 394: „Frucht der Aufklärung“; Stern, Übermaßverbot, S. 168.

869 Ossenbühl, Übermaßverbot, S. 152.

870 ALR, II.17.10: „Die nöthigen Anstalten zur Erhaltung der öffentlichen Ruhe [...] ist das Amt der Polizey.“ Dabei wird allerdings oftmals übersehen, dass ein dem heutigen Verhältnismäßigkeitsprinzip terminologisch viel näherer Paragraph des suspendierten Allgemeinen Gesetzbuches für die Preußischen Staaten vom 20. März 1791 nicht in das ALR übernommen wurde: AGBprSt, Einleitung II.79: „Die Gesetze und Verordnungen des Staats dürfen die natürliche Freyheit und Rechte der Bürger nicht weiter einschränken, als es der gemeinschaftliche Endzweck fördert.“

871 Grzeszick, a. a. O., Rn. 107; Ossenbühl, Übermaßverbot, S. 152; Stern, Übermaßverbot, S. 168.

872 Schneider, Verhältnismäßigkeits-Kontrolle, S. 393.

die Menschlichkeit geboten[873] und als „unmittelbar plausibel und evident“[874] bezeichnen, hat bisher vor allem Franz Wieacker ausdrücklich eine „lange Vorgeschichte der Maxime [des Übermaßverbots] bis zurück in die Antike“[875] konstatiert. Allerdings hat Wieacker dabei zuvorderst besondere Ausprägungen des Übermaßverbotes, wie das Prinzip der Vertragsgerechtigkeit, vor Augen. Demnach ließe sich das Prinzip im Wesentlichen auf drei Quellströme zurückführen, nämlich auf „den uralten Gedanken einer Beschränkung der vergeltenden Gerechtigkeit *(iustitia vindicativa)* auf proportionale Tatvergeltung [...]; sodann auf das Postulat der zuteilenden Gerechtigkeit *(i. distributiva [...])* und endlich auf den (seit alters wirksamen und heute fast übermächtigen) Gedanken, daß Recht dem Nutzen der einzelnen oder der Gesellschaft zu dienen habe und der sich daraus ergebenden Begrenzung des Einsatzes rechtlicher Mittel durch ihre Zweckmäßigkeit und damit auch durch eine proportionale Mittel-Zweck-Relation“[876]. Inhaltlich normiert die Hofgerichtsordnung aber nichts anderes: Der Gläubiger soll soweit möglich befriedigt, der Schuldner nur soweit nötig belastet werden. Es ist daher terminologisch gerechtfertigt, zu formulieren, dass Vollstreckungsmaßnahmen verhältnismäßig sein mussten. Die Idee einer verhältnismäßigen Ausformung von Zwangsmaßnahmen ist also in der Tat älter, als es die staatsrechtliche Forschung bisher angenommen hat. Trotzdem ist in dieser Vorschrift natürlich kein Prinzip des Paderborner Territorial- oder Prozessrechts zu sehen. Immerhin aber verknüpfte der Ordnungsgeber den Appel an die Vollstreckungsbeamten mit einer Rechtsschutzmöglichkeit des Schuldners. Wenn „die Executores gefährlicher, affectionirter, oder anderer weiß, unziemblich in executione modum excedirten“[877], sollte sich der Beschwerte an das Hofgericht wenden können. Die Vollstreckungsbeamten mussten eine Geldstrafe an den Fiskus und den Schuldner zahlen, wenn eine „unziembliche Handlung“ bewiesen werden konnte. Ob sich dieser Rechtsbehelf auch auf die dingliche Zuordnung einer unrechtmäßig gepfändeten Sache auswirkte, ist nicht klar. Juristen des 19. Jahrhunderts sahen eine Vollstreckungsmaßnahme jedenfalls wegen formeller Unordnungen nicht als nichtig oder aufhebbar an[878].

873 So im Zusammenhang mit dem gemeinrechtlichen Vollstreckungsverfahren LIEBE, Execution, S. 112.

874 OSSENBÜHL, Übermaßverbot, S. 152.

875 WIEACKER, Rechtsanwendung, S. 867; vgl. auch Remmert, Verfassungs- und verwaltungsrechtsgeschichtliche Grundlagen des Übermaßverbotes, Heidelberg 1995, S. 200.

876 WIEACKER, Rechtsanwendung, S. 874 f.

877 HGO 1619, Tit. 50 § 9.

878 LIEBE, Execution, S. 111, der auf eine Fundstelle bei David Mevius verweist.

b) Zweitinstanzliches Verfahren vor dem Hofgericht

Hofgerichte, auch das Paderborner, waren nicht nur besonderer Gerichtsstand des Adels. Sie waren vor allem auch zweitinstanzliche Obergerichte der Reichsstände und damit zuständig für Rechtsmittel gegen untergerichtliche Entscheidungen. Die Paderborner Vorschriften sahen für das Appellationsverfahren ein Prozessrecht „fast nach Art und Ordnung der ersten Instantz"[879] vor. Da zweitinstanzliche Sachen aber besonders und „die eine Appellation-Sache anders, dan die andere geschaffen" seien, sollte es einige Eigenheiten geben.

aa) Angreifbare Entscheidungen

Die Appellation ist der „neuralgische Punkt"[880] in der frühmodernen Gerichtsverfassung. Wo intermediäre Herrschaft und Gerichtshoheit eng miteinander verwoben sind, wird ein Angriff gegen ein Urteil schnell zum Angriff auf Herrschaft an sich. Gleichzeitig bedeutet es eine Stärkung der eigenen Machtstellung, wenn ein Gerichtsherr über die Urteile des anderen befindet[881]. Das Bild vom „Kampf um die Appellation" (Weitzel) ist daher sehr bezeichnend. Die Appellationshoheit nach unten und das Ringen um Appellationsprivilegien von oben waren tatsächlich wichtige Instrumente frühmoderner Staatsbildung. Appellabel waren folglich auch nur Entscheidungen, die unter solchen politischen Bedingungen überhaupt an ein Obergericht gelangen konnten. Unabhängig davon gab und gibt es ein handfestes prozessökonomisches Interesse daran, genau zu bestimmen, welche Entscheidungen eines Unterrichters mit Rechtsmitteln angreifbar sein sollen. Der frühmoderne Zivilprozess ist gekennzeichnet von vielen verfahrensleitenden Vorentscheidungen, bevor überhaupt ein Schlussurteil gefällt wurde: Die Ladung des Beklagten, die Entscheidung über dilatorische Einreden, über Beweisanträge und Eid, die Bestimmung von Fristen und Terminen – ein Angriff gegen jede Maßnahme des Gerichts hätte ein Verfahren endlos in die Länge ziehen können. Der Frage nach der Appellabilität einer Entscheidung kommt daher maßgebliche Bedeutung zu.

Nach der Paderborner Hofgerichtsordnung sollten nicht nur Endurteile *(sententiae definitivae)* und solche Urteile angreifbar sein, die „vim definitivae habente"[882], sondern auch „Bey-Urtheilen, die nicht Krafft einer End-Urtheil"[883] hatten.

879 HGO 1619, Tit. 40 § 1.

880 Weitzel, Kampf, S. 5.

881 Bereits in der gelehrten mittelalterlichen Literatur galt eine Appellation auch als Angriff gegen den erstinstanzlichen Richter. Vgl. Lepsius, Dixit male, S. 217–219.

882 HGO 1619, Tit. 40 § 11.

883 HGO 1619, Tit. 41 § 6.

Voraussetzung war nur, dass die „gemeinen Interlocutori [...] doch appellabilis“[884] waren. Diese Formulierungen werfen eine Reihe von Fragen auf. Angesprochen ist zunächst die Unterscheidung zwischen Endurteilen und Beiurteilen (Interlokute). Der Unterschied liegt im Gegenstand der Erkenntnis: Das Beiurteil war eine Zwischenentscheidung auf dem Weg zum Endurteil. Es betraf einen inzidenten Streitpunkt, also etwa die Frage, ob eine Kautionsleistung ausreichend oder eine Klage zulässig war. Das Endurteil war demgegenüber der Punkt, um dessen Willen die Parteien den Prozess geführt hatten[885]. Durch den definitiven Spruch wurde das Verfahren in der Instanz beendet. Als dritte Kategorie bringt die Hofgerichtsordnung eine Zwitterentscheidung zur Sprache. Es gab Urteile, die zwar äußerlich nur eine Vorfrage klärten, der Sache nach aber den Streit endgültig entschieden und daher faktisch wie ein Endurteil wirkten. Man bezeichnete solche Entscheidungen als *sententia vim definiendi habens*. Beispiel für ein solches Beiurteil, das bereits die endgültige Entscheidung in sich barg, ist etwa die Entscheidung darüber, wer einen Erfüllungseid leisten durfte[886]. Welche Entscheidungen dazugehörten, war im Einzelnen aber umstritten. Derartige Interlokute wurden den Endurteilen jedenfalls in einigen Punkten gleichgestellt und waren daher auch grundsätzlich appellabel.

Schwieriger ist es, die Appellabilität aller übrigen Interlokute zu beurteilen, die von der Hofgerichtsordnung als „gemeine interlocutori“ bezeichnet werden. Sie waren offenbar nur in Ausnahmefällen angreifbar, was die Hofgerichtsordnung durch den Zusatz „...die doch appellabilis“ zum Ausdruck bringt. An anderer Stelle wird der Ordnungsgeber deutlicher und verweist auf das Reichsrecht. Vor das Hofgericht konnten demnach Appellationen gegen Urteile gebracht werden, „davon die Käyserliche Rechte zu appelliren gestatten“[887]. Die Bezugnahme auf das Reichsrecht bedarf besonderer Bemerkung, weil die Appellation gegen Interlokute einem starken Wandel unterlag. Das römische Recht kannte erst seit Kaiser Konstantin (reg. 306–337)[888] ein relativ strenges Verbot der Appellation gegen Beiurteile, wenn auch einige Ausnahmen zugelassen waren[889]. Das kanonische Prozessrecht erkannte hingegen Appellationen gegen alle Interlokute an[890]. Das Tridentinum (1545–1563) schränkte die Praxis allerdings

884 HGO 1619, Tit. 40 § 12.

885 Danz, Grundsätze, S. 350.

886 Oberländer, Lexicon Juridicum, S. 641; weitere Beispiele bei Wetzell, System, S. 652 f.

887 HGO 1619, Tit. 13 § 4.

888 Zum klassischen Verfahren vgl. Kaser/Hackl, Römisches Zivilprozessrecht, § 75.II, S. 505; Linde, Handbuch, S. 78 ff.

889 Kaser/Hackl, Römisches Zivilprozessrecht, § 95.I.2., S. 618; Wetzell, System, S. 660.

890 Weitzel, Appellation, Sp. 270; Danz, Grundsätze, § 418, S. 588; Wetzell, System, S. 661; Linde, Civilprozess, § 399; Endemann, Kanonistische Lehre, S. 299; Ludovici, Civil-Proceß, S. 369.

stark ein. Danach konnte nur gegen ein Beiurteil appelliert werden, das die „Kraft einer endgültigen Entscheidung hat und dessen negative Folge durch eine Berufung gegen eine endgültige Entscheidung nicht aufgehoben werden kann“[891].

Auch das alte einheimische Verfahren kannte mit der Urteilsschelte einen Rechtsbehelf, der grundsätzlich gegen alle richterliche Entscheidungen statthaft war[892]. Der Kameralprozess fand einen Mittelweg zwischen der grundsätzlichen Anfechtbarkeit und der grundsätzlichen Inappellabilität der Interlokute. Zwar verbot die Reichskammergerichtsordnung im Grundsatz das Appellieren von Beiurteilen[893]. Jedoch waren zwei Ausnahmen anerkannt: Zum einen konnte dann appelliert werden, wenn die Beschwer infolge des Urteils durch eine Appellation gegen das Endurteil nicht beseitigt werden konnte *(damnum irreparabile)*[894]. Zum anderen wurde der von der italienischen Rechtswissenschaft entwickelte Typ der *sententia vim definitivam habens* anerkannt[895]. Inwieweit die Paderborner Hofgerichtsordnung auf diesen Stand der Rechtspraxis und Kameralgesetzgebung Bezug nimmt, wenn sie auf das Reichsrecht abstellt, kann allerdings nicht endgültig nachvollzogen werden. Jedenfall ergibt auch ein Blick in andere Territorien kein einheitliches Bild[896].

Die Hofgerichtsordnung unterschied appellable Entscheidungen nicht nur danach, in welchem Stadium des Prozesses das Gericht entschied. Sondern sie ging wie selbstverständlich davon aus, dass man auch dann das Hofgericht anrufen konnte, wenn gar keine richterliche Entscheidung angegriffen wurde, sondern ein Untertan „ausserhalb Gerichts gravirt“[897] wurde. Dem Paderborner Prozessrecht war daher die Möglichkeit der Extrajudizialappellation bekannt. Auch dabei war der Gegenstand der Appellation, die Handlung wegen derer appelliert wurde, Unterscheidungskriterium. Bei der Judizialappellation wehrte man sich gegen eine Entscheidung im streitigen Verfahren; mit der Extrajudizialappellation ging man gegen außergerichtliche Handlungen vor. Der (Forschungs-)Begriff der Extrajudizialappellation ist allerdings doppeldeutig. *Extra iudicium,* außerhalb des Gerichts, konnten einerseits Entscheidungen von Richtern ergehen. Versteht man das *iudicium* nämlich als streitiges Verfahren, waren alle Handlungen der freiwilligen Gerichtsbarkeit

891 Vgl. Sess. XXIV, decretum de reformatione, Can. XX; die Übersetzung ist zitiert aus Wohlmuth (Hg.), Decreta III, S. 772.

892 Vgl. dazu und zur Frage der Anfechtung von Interlokuten im sächsischen Rechtsraum Planck, Beweisurtheil, S. 154 ff.

893 RKGO 1495, § 24; RKGO 1555, Tit. III.28 § 6.

894 RKGO 1495, § 24; RKGO 1555, Tit. III.28 § 6; dazu Planck, Beweisurtheil, S. 155; Bross, Appellationsbestimmungen, S. 54; Wetzell, System, S. 661.

895 Planck, Beweisurtheil, S. 155; Wetzell, System, S. 661.

896 Ludovici, Civil-Proceß, S. 259, der allerdings die kanonistische Lehre zur Regel macht, sofern keine ausdrücklichen Abweichungen normiert werden.

897 HGO 1619, Tit. 40 § 2.

oder solche, die ohne Anhörung der Gegenpartei ergingen, mit der Extrajudizialappellation angreifbar[898]. Versteht man das *iudicium* organisatorisch als Gerichtsbehörde, konnten auch Entscheidungen, die nicht von Gerichten getroffen wurden, mit der Appellation angegriffen werden. Tatsächlich kannte schon das klassische römische Recht, ebenso wie das mittelalterliche kanonische Recht Rechtsbehelfe gegen Handlungen von Amtsträgern außerhalb von gerichtlichen Verfahren[899]. Modern gesprochen würde man von „Verwaltungsrechtsschutz" sprechen. Dabei überrascht zunächst, dass für derartige Rechtsbehelfe ein Obergericht berufen sein sollte, obwohl ein Unterrichter mit der Sache noch gar nicht befasst war[900]. Immerhin konnten auf diese Weise Appellationsprivilegien umgangen werden[901]. Diese Vorgehensweise hängt jedoch mit dem bereits thematisierten, weiten Verständnis der *iurisdictio* zusammen[902]. Die Abgrenzung zur *simplex querela,* also der erstmaligen Anhängigmachung einer Sache bei dem eigentlich zuständigen Unterrichter, war dabei in der Tat schwierig. Entscheidend war die Frage, ob der Amtsträger bei der angefochtenen Entscheidung „tanquam iudex", also wie ein Richter entschied oder „tanquam pars", also wie ein beliebiger Dritter handelte[903]. Welchen Typ der Extrajudizialappellation die Hofgerichtsordnung im Auge hatte, wird nicht ganz klar. Überhaupt taucht ihre Existenz nur an der zitierten, versteckten Stelle auf. Besondere Bedeutung kommt der Extrajudizialappellation im Normtext daher nicht zu. Dieser befasst sich im Folgenden umfassend mit der Aktenedition durch den Unterrichter, so dass die Judizialappellation der Regeltyp gewesen sein dürfte.

bb) Beginn des Verfahrens

Appellieren konnte, wer „gravirt" war, also ein *gravamen,* eine Beschwer, beklagen konnte. Wann eine Partei beschwert war, regelt die Hofgerichtsordnung nicht. Ausführlich geht sie jedoch auf die Einleitung des Appellationsverfahrens ein, das einige Unterschiede zum Kameralprozess aufweist.

898 Wetzell, System, S. 771 f.; Danz, Grundsätze, § 412, S. 575; vgl. dazu Seeger, Extrajudizialappellation, S. 31; Gönner, Handbuch III, S. 547 will diesen Typ als „Appellation gegen Extrajudizialdekrete" bezeichnet wissen.

899 Oestmann, Extrajudizialappellation, Sp. 1457 f.; Seeger, Extrajudizialappellation, S. 32.

900 Dies ist der Kern der Kritik an der Figur der Extrajudizialappellation von Gönner, Handbuch III, S. 539, insb. S. 549. Dabei verkennt er den weiten Begriff der *iurisdictio* zumindest in der früheren Zeit.

901 Seeger, Extrajudizialappellation, S. 39.

902 Oestmann, Extrajudizialappellation, Sp. 1458; Seeger, Extrajudizialappellation, S. 34 ff.

903 RA 1594 § 95; vgl. mit Beispiel Seeger, Extrajudizialappellation, S. 38 ff.

Die Einleitung des Verfahrens war ein zweigliedriger Akt, der die Einlegung (Interposition) beim *iudex a quo* von der Einführung des Rechtsmittels (Introduktion) beim *iudex ad quem* unterschied. In diesem Grundsatz stimmt die Hofgerichtsordnung mit dem Kameralprozess überein[904]. Die Appellation konnte der Rechtsmittelführer, den die Ordnung als „Appellant" oder „appellirender theil" bezeichnet, dadurch einlegen, dass er „infra Decendium coram Notario & Testibus, oder vor dem Richter voriger Instantz" appellierte oder „auch sonsten Appellation-Zettul Unserm Hoff-Richter und Assessoren, inner solcher Zeit"[905] überreichte. Dies allerdings ist erstaunlich. Zwar war die Interposition der Appellation wahlweise vor dem Unterrichter selbst oder vor einem Notar unter Zuziehung von Zeugen durchaus üblich[906]. Allerdings konnte die Appellation nach dem Kameralprozess nicht durch Appellationszettel beim Oberrichter anhängig gemacht werden. Einlegung und Einführung waren aufeinander aufbauende Verfahrenshandlungen. Zwar ist auch aus reichskammergerichtlichen Akten ein Appellationszettel *(schedula appellationis)* bekannt. Dabei handelt es sich jedoch gerade um die vorformulierten Beschwerdepunkte[907], die dem Notar oder dem Unterrichter vorgelegt wurden. Einlegen konnte man nach gemeinem Prozessrecht die Appellation nur dann beim Oberrichter, wenn man die Zehntagesfrist versäumt hatte und Wiedereinsetzung in den vorigen Stand begehrte[908], über den ohnehin nur der *iudex ad quem* entscheiden konnte[909]. Die zusätzliche Interpositionsmöglichkeit vor dem Hofgericht ist auch nicht einem redaktionellen Versehen geschuldet. Denn die Ordnung sah vor, dass die Appellation dem Unterrichter zu verkünden war, wenn sie beim Hofgericht eingelegt wurde. Diese Vorschrift ergibt nur Sinn, wenn die Appellation nicht ohnehin beim *iudex a quo* interponiert worden war.

Unklar ist, ob der Verlierer des Prozesses die Appellation nur schriftlich einreichen oder auch *viva voce* und *stante pede,* das heißt sofort und mündlich appellieren konnte. Die sofortige mündliche Appellation war nicht in allen Territorien zugelassen und im kanonischen Recht etwa nur für die Appellation von Endurteilen erlaubt[910]. In Titel 40 § 2 ist ein schriftlicher Appellationszettel nur für die Interposition beim Hofgericht vorgeschrieben, während Titel

904 Überblick bei Oestmann, Missbrauch, S. 12–14.

905 HGO 1619, Tit. 40 § 2.

906 Wetzell, System, S. 721 f.; Linde, Civilprocess, S. 504; Weitzel, Appellation, Sp. 270 f.; Dick, Kameralprozess, S. 200.

907 Oestmann, Missbrauch, S. 13.

908 Linde, Civilprocess, S. 504, vgl. auch Wetzell, System, S. 721 ff.

909 Linde, Civilprocess, S. 504, dazu auch Gönner, Handbuch III, S. 214 ff.; Dick, Kameralprozess, S. 201.

910 Ludovici, Civil-Proceß, S. 370.

13 § 4 eine Appellation ganz allgemein „in Schrifften, mit Anzeig der Ursachen" fordert. Jedenfalls musste die Appellation am Hofgericht „infra Decendium", also innerhalb einer Zehntagesfrist eingelegt werden. Ob diese Frist – wie am Reichskammergericht[911] – eine unverlängerbare Notfrist gewesen ist, ist nicht bekannt. Titel 43 macht insoweit keine Ausnahme vom richterlichen Ermessen bei Fristverlängerungen.

Unsicher ist auch die Rolle des Unterrichters in diesem Prozessabschnitt. Zwar soll der Appellant die Appellation nur dann beim Hofgericht einführen können, „wan also rechtmässige Beruffung geschehen"[912]. Diese Vorschrift deutet darauf hin, dass der Unterrichter die Zulässigkeit der Appellation zu prüfen hatte. Das ist aber weder ausdrücklich geregelt, noch sieht das Gesetz die Befugnis des Unterrichters vor, Appellationen als unzulässig zurückzuweisen. Ob der Unterrichter die Appellation wegen offenkundiger Mängel verwerfen konnte, ist auch für den Kameralprozess nicht endgültig geklärt[913]; ebenso wenig, ob er der Appellation seinerseits abhelfen konnte, bevor der Oberrichter entschied[914]. In diesem Zusammenhang spielen die sog. Apostelbriefe eine Rolle, die der Unterrichter dem Appellanten erteilen konnte. Apostelbriefe sind Stellungnahmen, die der *iudex a quo* zur interponierten Appellation anfertigt und in denen er dem Oberrichter seine Ansicht mitteilt, ob der Appellation stattzugeben oder ob sie zu verwerfen sei[915]. Je nach Inhalt der Apostelbriefe kann man zwischen *apostoli dimissorii, refutatorii, restitutorii* und *reverentiales* unterscheiden. Die Hofgerichtsordnung kennt nur die Begriffe „Reverentiales" und „Refutatorij"[916]. Gemeinhin werden als *apostoli reverentiales* solche Briefe bezeichnet, mit denen „zu Ehren des Ober-Richters" der Appellation stattgegeben wird, während *apostoli refutatorii* solche Briefe sind, mit denen die Appellation abgeschlagen wird[917]. Der Ordnungsgeber scheint nicht davon ausgegangen zu sein, dass die Ansicht des Unterrichters irgendeine Auswirkung auf den Fortgang des Verfahrens haben konnte. Denn er verlangte vom Appellanten vielmehr ausdrücklich, innerhalb von 30 Tagen ab Interposition der Appellation Aktenabschriften beim Unterrichter

911 Dick, Kameralprozess, S. 201; Ludovici, Civil-Proceß, S. 258.

912 HGO 1619, Tit. 40 § 2.

913 So Dick, Kameralprozess, S. 201, die als Beleg aber nur Literatur zum gemeinen deutschen Prozess und zum römischen Verfahrensrecht anführt; ausdrücklich anders Jordan, Appellation, S. 393; zweifelnd auch Oestmann, Missbrauch, S. 13.

914 Dafür Maurer, Lahrer Prozess, S. 160; zweifelnd Oestmann, Missbrauch, S. 13.

915 Oberländer, Lexicon Juridicum, S. 53 f.

916 HGO 1619, Tit. 40 § 4.

917 Oberländer, Lexicon Juridicum, S. 54; Jordan, Appellation, S. 393; Merzbacher, Apostelbrief, Sp. 196.

anzufordern, ganz gleich, ob „Reverentiales oder Refutatorij, oder deren keine für apostell gegeben“[918]. Daraus ergibt sich wohl auch, dass keine Pflicht bestand, überhaupt Apostel einzufordern. Ebenso wenig konnte ein sich weigernder Unterrichter das Verfahren nicht aufhalten.

Mit der Einlegung beim *iudex a quo* begann eine zweimonatige Frist zur Anhängigmachung der Appellation beim Hofgericht[919]. Damit schrieb die Hofgerichtsordnung im Gegensatz zur Reichskammergerichtsordnung[920] eine feste Frist vor, die nicht im Ermessen des Richters stand. Die Hofgerichtsordnung schweigt dazu, wie die Einlegung zu geschehen hatte. Jedenfalls musste der Appellant offenbar noch keine vollständige „Appellation-Klag“[921] vorlegen, die erst für den ersten Termin nach der Ladung des Gegners vorgesehen war. Wie die Appellation beim Obergericht introduziert wurde, wird auch für territoriale Gerichte und das Reichskammergericht in der modernen Forschungsliteratur kaum je beschrieben. Die *introductio* erfolgte wohl durch einen besonderen Libell, mit dem der Appellant die Beachtung der Appellationsfristen *(fatalia),* sein Kopiegesuch und erstmals seine *gravamina* im Überblick anzeigte[922]. Denkbar ist auch, dass der Appellant schlicht seine *schedula appellationis* bzw. das vom Notar gefertigte Appellationsinstrument einreichen musste. Wahrscheinlich supplizierte er damit, wie in erster Instanz auch, um Ladung des Gegners.

Will ein Oberrichter die Entscheidung eines Untergerichts überprüfen, ist er auf die Kenntnis der erstinstanzlichen Akte angewiesen. Um ihm die Kenntnis zu verschaffen, konnte ein Appellant beim Hofgericht „Compulsoriales, auch wo noht und zulässig, inhibition“[923] beantragen. Als *litterae compulsoriales* wurden Zwangsbriefe des Oberrichters an den Unterrichter mit der Aufforderung bezeichnet, die erstinstanzlichen Akten abzuschreiben und einzusenden[924]. Verstieß der Unterrichter gegen die ihm in dem Kompulsorialbrief auferlegte Pflicht, so konnte nicht nur der Appellant, sondern auch der Fiskal die angedrohte Strafe am Hofgericht einklagen. Daneben sollte der Unterrichter für entstehende Schäden und Kosten aufkommen. Für den Appellanten bestand dabei faktisch ein Zwang, Kompulsorialbriefe zu beantragen, wenn der Unterrichter die Akten nicht von sich aus abschrieb. Denn beantragte er die Briefe nicht spätestens im ersten

918 HGO 1619, Tit. 40 § 4.
919 HGO 1619, Tit. 40 § 2.
920 RKGO 1555, Tit. II.30 § 1: ein bis sechs Monate.
921 HGO 1619, Tit. 40 § 3.
922 Jordan, Appellation, S. 394.
923 HGO 1619, Tit. 40 § 2.
924 Ludovici, Civil-Proceß, S. 266; Wetzell, System, S. 763; Oberländer, Lexicon Juridicum, S. 164.

Termin, war der Appellat von der Klage zu lösen[925]. Aus dem Kameralprozess ist ein ähnliches Vorgehen bekannt[926]. Neben Kompulsorialbriefen spricht die Hofgerichtsordnung Inhibitionsbriefe an. Unter einer *inhibition* ist ein Verbotsbrief des Oberrichters zu verstehen, in dem dieser dem Unterrichter bei Strafe verbot, in der Sache weiter zu verfahren[927]. Derartige Inhibitionsbriefe konnten, außer in bestimmten possessorischen Streitigkeiten, bei allen End- und Beiurteilen mit Kraft eines Endurteils erwirkt werden. Bei sonstigen Beiurteilen sollten Inhibitionen nicht ergehen, sofern nicht „evidens periculum in mora" vorlag oder „damnum irrecuperabile" drohte[928], also bei bewiesener Gefahr im Verzug oder unbehebbarem Schaden. Bei einem Verstoß des Unterrichters gegen einen Inhibitionsbrief (sog. Attentat) sollte auf die Strafe geklagt werden können. Durch die unklare Verweisung „wie obstehet"[929] ist nicht ganz klar, ob diese Klage ebenfalls durch Fiskal und Appellanten durchgeführt werden konnte, wie es bei Verstoß gegen Kompulsorialbriefe der Fall war. In diesen Attentatsprozessen sollte summarisch verfahren werden. Selbst wenn kein Inhibitionsbrief ergangen war, konnte der Appellant die *revocatio*, also den Widerruf des Attentats verlangen. Die Inhibition zielte also insbesondere darauf, ein Voranschreiten in der Rechtssache außerhalb des Obergerichts zusätzlich unter Strafe zu stellen. Richter und Parteien hatten sich aller Neuerungen zu enthalten[930].

cc) Ablauf des Verfahrens und Novenrecht

Waren dem Appellaten die Ladung und dem Unterrichter Kompulsorial- und Inhibitionsbriefe zugestellt, fand der in der Ladung bestimmte Reproduktionstermin statt, in dem der Appellant zunächst die ordnungsgemäße Ladung und Bevollmächtigung nachzuweisen und sodann sein Appellationsinstrument zu reproduzieren hatte. In diesem Termin sollte er auch seine begründete Klageschrift vorlegen[931]. Gegen die „formalia Appellationis oder Devolutionem" und andere Zulässigkeitsfragen konnte der Gegner im anschließenden ersten Termin artikuliert erwidern, worauf ein einmaliger Schriftwechsel zugelassen war, bevor das Gericht über die dilatorischen Einreden entschied. Konnte oder wollte der Appellat solche Einreden

925 HGO 1619, Tit. 40 § 6.
926 RKGO 1555, Tit. III.31 § 5.
927 Ludovici, Civil-Proceß, S. 266; Wetzell, System, S. 762 f.; Oberländer, Lexicon Juridicum, S. 365.
928 HGO 1619, Tit. 40 §§ 11, 12.
929 HGO 1619, Tit. 40 § 9.
930 Wetzell, System, S. 671; Dick, Kameralprozess, S. 203; Gönner, Handbuch III, S. 135.
931 HGO 1619, Tit. 40 § 3.

nicht vorschützen, hatte er in der Sache zu antworten und den Krieg zu befestigen. Nur wo es die Parteien wünschten, forderte das Gericht ihm den Kalumnieneid ab.

Nun gab es zwei Möglichkeiten für das weitere Verfahren. Hatte der Appellant nichts Neues vorzubringen und auch keine neuen Beweise anzutreten, sollte ihm ein Monat Zeit gegeben werden, den Streitstoff nochmals zusammenzufassen und die Sache zu beschließen. Ebenso sollte es der Beklagte handhaben. Das Verfahren war unter Umständen schnell beendet, das Gericht konnte die Rechtsfragen entscheiden. Der Streit loderte aber auf, wenn eine der Parteien meinte, etwas Neues vortragen zu können. Dann nämlich entspann sich ein unter Umständen langwieriges Verfahren, mit Rede, Gegenrede und Beweisterminen wie in erster Instanz. Neuer Sachvortrag war dabei grundsätzlich zulässig, ja sogar ein grundlegendes Recht des Klägers. Dieses allgemein übliche Novenrecht – oder wie es die Zeitgenossen nannten: *beneficium non deducta deducendi et non probata probandi* – war ein wesentlicher Grund für das schleppende frühneuzeitliche Kameralverfahren, ein wichtiger Diskussionspunkt in der Kameralliteratur und Zankapfel vormoderner Prozessrechtsreformen. Seine Grundlage fand das Novenrecht im römischen *Corpus Iuris*. Kaiser Justinus (reg. 518–527) verordnete im Jahr 520, dass es beiden Parteien freistehen sollte, neue Ausführungen zu machen, die nicht einen neuen Punkt betrafen, sondern aus demjenigen entspringen und mit dem verbunden waren, was bereits beim Unterrichter verhandelt wurde[932]. Die römische und kanonistische Lehre und auch die Praxis des Reichsprozesses entnahmen dieser Codexstelle ein sehr weitgehendes Recht, neuen Sachvortrag und neuen Beweisantritt mit der Appellation zu verbinden[933]. Immerhin enthielt die Reichskammergerichtsordnung eine Vorschrift, die die scheinbar unbeachtet gelassene Einschränkung aus Justinus' Verordnung hervorhob[934]. An diese Vorgabe des Reichskammergerichts und des römischen Rechts lehnt sich auch die Hofgerichtsordnung an. Neuer Sachvortrag war beiden Parteien gestattet, wenn er der „in erster Instantz einbrachter Klag [...] gemäß, und daraus gezogen" war. Auf „andere Sachen, darumb zuvor nicht geklaget und gehandelt", durfte die Appellation „nicht gestelt sein"[935]. Die Einschränkung ist alles andere als klar und dürfte – ebenso wie am Reichskammergericht – neuem Sachvortrag und neuen Beweismittel Tür und Tor offen gehalten haben. Nicht zugelassen wurde offenbar eine Appellation, die sich ohne jede Beschwer nur auf ein Novum stützte oder die einen neuen Klagegrund ins Spiel brachte und daher

932 Cod. 7.63.4; eine deutsche Übersetzung ist zitiert bei Oestmann, Missbrauch, S. 27.

933 Überblick bei Oestmann, Missbrauch, S. 23–27; Spangenberg, Beneficium, S. 53 f.

934 RKGO III.33.5: „[...] doch daß die neuwen articul der klag, in erster instantz eingebracht, gemeß und auß derselbigen gezogen seyen und nit auf andere klagen oder sachen, darum nit geklagt, gestelt werden". Diese Vorschrift übersieht Oestmann, Missbrauch, S. 23.

935 HGO 1619, Tit. 41 § 4.

den Streitgegenstand vollständig änderte[936]. Wer also in erster Instanz eine Kuh herausverlangte, konnte nicht in zweiter Instanz mit neuem Sachvortrag ein Pferd verlangen[937]. Dieses war ein völlig neuer Sachvortrag und der Anspruch auf ein Pferd war vom Unterrichter nicht abgesprochen worden, so dass der Appellant dahin gehend überhaupt nicht beschwert sein konnte. Unterhalb dieser hohen Schwelle war vieles erlaubt, was zeitgenössische Literaten – allen voran der Hannoveraner Hofrat Ludolf Hugo (1632–1704)[938] – leidenschaftlich kritisierten.

War das Appellationsverfahren nach kurzem Prozess oder nach Art des erstinstanzlichen Verfahrens abgeschlossen, beantragte der Appellant, zu erkennen, „daß nichtig oder übel geurtheilet, und wol appellirt sey"[939]. Dieser Antrag ist in der Hofgerichtsordnung zwar nur im Zusammenhang mit der Appellation von einfachen Interlokuten erwähnt, entsprach aber der üblichen Tenorierung in Appellationssachen[940]. Der Oberrichter entschied also zugleich über die Qualität des erstinstanzlichen Spruchs[941].

Appellierte eine Partei gegen einfache Beiurteile, war das Verfahren etwas vereinfacht. Das Appellationsinstrument konnte auch mündlich in der Audienz wiederholt und mit dem förmlichen Appellationsantrag versehen werden. Konnte der Appellat darauf nicht sofort antworten, hatte er einen Monat Zeit. Es schloss sich gegebenenfalls ein Beweisverfahren vor dem Urteil an[942].

dd) Nichtigkeitsbeschwerde

In einem knappen 42. Titel widmet sich die Hofgerichtsordnung einem besonderen Rechtsmittel, der Nichtigkeitsbeschwerde. Mit der *querela nullitatis* konnte die Nichtigkeit eines Urteils oder des zugrunde liegenden Verfahrens geltend gemacht werden, während sich die Appellation nicht gegen die *nullitas,* sondern die *iniquitas,* die Unbilligkeit, eines Richterspruchs wandte. Die hinter der Unterscheidung stehende Idee ist vergleichbar mit der Abstufung von Rechtswidrigkeit und Nichtigkeit im modernen Verwaltungsrecht. Nur besonders schwere Rechtsverstöße

936 Spangenberg, Beneficium, S. 55.

937 Zeitgenössisches Beispiel nach Ludolf Hugo bei Oestmann, Missbrauch, S. 80.

938 Kurze Biographie m. w. N. bei Oestmann, Missbrauch, S. 18–22. Hugos Schrift „De abusu appellationum" (1662) liegt in moderner Edition vor, die von Peter Oestmann 2012 herausgegeben wurde (Literaturverzeichnis). Sie beschäftigt sich hauptsächlich mit der Reform des Novenrechts.

939 HGO 1619, Tit. 41 § 6.

940 Vgl. Ludovici, Civil-Proceß, S. 391 f.; Dick, Kameralprozess, S. 205.

941 Oestmann, Missbrauch, S. 7 f.

942 HGO 1619, Tit. 41 §§ 6, 7.

führten dazu, dass staatliches Handeln behandelt wurde, als sei es nie geschehen, während einfache Verletzungen des Rechts korrigiert werden konnten. So einfach die Unterscheidung zwischen Nullitätsklage und Appellation in der Theorie damit ist, so groß waren Unsicherheit und Streit in der Praxis des gemeinen und des Kameralprozesses[943]. Denn prozessual waren beide Rechtsmittel miteinander verknüpft und sind jedenfalls in der Zeit nach dem Jüngsten Reichsabschied oft kaum mehr voneinander zu unterscheiden[944]. Und welche Verstöße überhaupt die Nichtigkeit zur Folge haben sollten, war sehr umstritten[945]. Aus dem Blickwinkel der rechtshistorischen Forschung bleiben viele Fragen unklar; eine moderne Erforschung der Nichtigkeitsklage in der Prozesspraxis steht noch aus.

Die Hofgerichtsordnung bringt die angesprochene Verknüpfung mit der gängigen Unterscheidung zwischen einer „incidenter" und „principaliter" Geltendmachung zum Ausdruck[946]. Die Nichtigkeit konnte – ja musste unter Umständen sogar – inzident im Appellationsverfahren gerügt werden. Der Querulant und Appellant war dann gezwungen, das Urteil sowohl aus Gründen der Unbilligkeit als auch der Nichtigkeit in einem Rechtsmittelverfahren anzugreifen. Offensichtlich brachte dies den Vorteil einer „Verhütung zweyfacher Rechtfertigung und gefährlicher Erlängerung"[947] des Rechtsstreits. Der Rechtsmittelführer war dann für beide „simultaneo" verhandelten Rechtsmittel an die Termine und Fristen der Appellation gebunden[948], was auch die Verlässlichkeit darüber gestärkt haben dürfte, ob ein Urteil Gültigkeit hatte oder nicht. In der Literatur wird der Trend, die Nichtigkeitsbeschwerde verstärkt als Annex zum Appellationsverfahren zu betrachten, auch mit der Entwicklung zum absolutistischen Selbstverständnis der Obrigkeit in Zusammenhang gebracht[949]: Staatliches Handeln sollte nicht mehr nichtig sein, sondern nur noch überprüfbar bleiben. Die gleichzeitige Verhandlung von Unbilligkeit und Nichtigkeit hatte zudem wohl eine handfeste dogmatische Begründung: Wer gegen ein Urteil appellierte, erkannte seine Existenz und Gültigkeit an[950]. Er konnte dann nicht später behaupten, eigentlich sei das Urteil

943 Weitzel, Kampf, S. 46.

944 Danz, Grundsätze, S. 610.

945 Brauchbare, abstrakte Definitionen finden sich nicht; üblicherweise werden Fallgruppen aufgezählt. Vgl. Herquet, Nichtigkeitsklage, S. 29 und S. 34 ff.; Wetzell, System, S. 801: „Schwer zu bestimmenden Grenzen"; Gönner, Handbuch III, S. 397: „… worüber beinahe in allen Prozessen gestritten wurde"; Endemann, Kanonistische Lehre, S. 297: „Überall Dunkelheiten in Betreff der Stellung der Appellation zur Nichtigkeit".

946 HGO 1619, Tit. 42 § 1.

947 HGO 1619, Tit. 42 § 1.

948 Vgl. auch einschränkend Linde, Handbuch II, S. 491.

949 Weitzel, Kampf, S. 47.

950 Wetzell, System, S. 794.

ein rechtliches Nullum. Der umgekehrte Weg ist aber denkbar[951]: Die Nichtigkeitsklage schloss nicht die (hilfsweise) Argumentation aus, dass ein als nichtig angegriffenes Urteil jedenfalls aber ungerecht sei. Die Nichtigkeit ließ sich sogar als schwerste Iniquität überhaupt auffassen[952]. Jedenfalls wurden Appellation und Nichtigkeitsbeschwerde durch die Verknüpfung parallel verhandelt und über die Rechtsmittel im Endurteil entschieden. Eine Ausnahme galt nur für den Fall einer aktenkundigen „so offentliche[n] Nullität"[953], über die das Gericht schon vor der Kriegsbefestigung von Amts wegen befinden konnte.

Daneben existierte aber immer noch die Möglichkeit, die Nichtigkeit in einem eigenen – summarischen[954] – Verfahren geltend zu machen. Ein solches Hauptsachverfahren sah auch die Hofgerichtsordnung vor. Allerdings war dieses Verfahren nicht als Extraordinarprozess ausgestaltet, sondern die Ordnung gebot „wie in anderen Sachen simplicis querelae"[955] zu verfahren. Ebenso wie die anderen Prozessgesetze der Zeit bietet die Hofgerichtsordnung jedoch keinen Anhaltspunkt dafür, unter welchen Voraussetzungen die Nichtigkeitsbeschwerde „principialiter" als Hauptsache anhängig gemacht werden konnte. Eine griffige Formel fand erst der Jüngste Reichsabschied, der eine neue Differenzierung brachte und nach heilbaren und unheilbaren Nichtigkeiten unterschied[956]. Während *nullitates sanabiles* nur mittels der Appellation und unter Berücksichtigung der Fristen und Formalitäten geltend gemacht werden konnten, waren die *nullitates insanabiles* 30 Jahre lang rügefähig. Freilich verschob das den Streit auf die Frage, wann ein Rechtsverstoß heilbar war und wann nicht[957]. Die Hofgerichtsordnung kennt diese Unterscheidung noch nicht und stellt die Wahl daher anscheinend in das Belieben des Querulanten.

c) Besondere Verfahrensarten

Das Leitbild des hofgerichtlichen Prozesses ist das gewöhnliche, erstinstanzliche Klageverfahren, die sog. *querela simplex.* Daneben kennt die Ordnung von diesem Leitbild abweichende, besondere Verfahrensarten.

951 Wetzell, System, S. 799.

952 Skedl, Nichtigkeitsbeschwerde, S. 148.

953 HGO 1619, Tit. 42 § 1.

954 Linde, Handbuch, S. 532 ff.; Ludovici, Civil-Proceß, S. 362.

955 HGO 1619, Tit. 42 § 2.

956 JRA § 121: „[...] so solle zu Verhütung dergleichen unnöthigen Gezäncks, in allen beyden Fällen, das ist a sententia tam nulla quam iniqua, das fatale interpondendae observirt [...] werden"; JRA § 122: „Bey denjenigen Nullitäten aber, welche insanabilem defectum aus der Person des Richters, oder der Parthey, oder aus den Substantialibus des Processus nach sich führen, verbleibt es bey der Disposition der gemeinen Rechten".

957 Weitzel, Kampf, S. 50.

aa) Mandatsverfahren

Zwischen den Vorschriften zur Ladung des Beklagten und den Regelungen zum ordentlichen erstinstanzlichen Verfahren behandelt die Hofgerichtsordnung die gerichtlichen Mandate. Ein Mandatsprozess ist auch aus dem Kameralverfahren bekannt, in dem er große praktische Bedeutung hatte[958]. Trotzdem gehört die Verfahrensart zu den wenig erforschten Prozessrechtsfiguren. Häufig wird dem Mandatsverfahren der Charakter eines Eilrechtsschutzes zugesprochen[959]. Er wird als Prototyp des summarischen Prozesses angesehen[960], dessen Zielsetzung es war, die Rechte des Klägers einstweilen zu sichern[961], während die endgültige Streitschlichtung dem Hauptsacheverfahren vorbehalten sein sollte. Dazu passt es, dass das Reichskammergericht vornehmlich in Landfriedenssachen und bei eigenmächtigen Pfändungen durch Mandate entschied[962], also in Angelegenheiten, in denen eine zügige, wenn auch nur vorläufige Streitschlichtung erreicht werden musste.

Mandatsverfahren sind vermutlich eine allgemeine Erscheinung auch in den Territorien. Trotzdem erwähnen viele Forschungsarbeiten, die sich mit dem territorialen Zivilprozess beschäftigen, das Mandatsverfahren überhaupt nicht[963] oder verweisen zur Erklärung der Textstellen einfach auf die bekannten Quellen von Reichskammergericht und Reichshofrat. Das ist deshalb unbefriedigend, weil in territorialen Quellen nicht nur die Streitgegenstände, über die durch Mandat entschieden werden konnte, eingeschränkt werden, sondern auch das Verfahrensrecht genauer ausgestaltet ist. Das gilt auch für die Paderborner Hofgerichtsordnung. Eine genaue Betrachtung lohnt auch deshalb, weil über den Mandatsprozess Missverständnisse bestehen[964]. Es handelt sich nicht – jedenfalls nicht ausnahmslos – um ein Verfahren des Eilrechtsschutzes. Abwegig ist auch die für das Fürstbistum Münster geäußerte Ähnlichkeit des Mandatsverfahrens mit dem modernen Mahnverfahren gemäß §§ 688 ff. ZPO[965]. Das Mandatsverfahren musste nicht

958 Dick, Kameralprozess, S. 93 ff.; Hinz, Mandatsprozeß, Sp. 234 meint, der Mandatsprozess habe zur Effektivität des Reichskammergerichts entscheidend beigetragen.

959 Stodolkowitz, Oberappellationsgericht, S. 168.

960 Uhlhorn, Mandatsprozess, S. 10.

961 Dick, Kameralprozess, S. 93.

962 Dick, Kameralprozess, S. 93.

963 So findet das Verfahren etwa weder bei Leiser, Zivilprozess, noch bei Miele, Hofgericht, oder Kern, Gerichtsordnungen, Erwähnung.

964 Dass Mandatsverfahren an Reichs- und Territorialgerichten völlig unterschiedlich ablaufen konnten, bemerkte jüngst Oestmann, Streit um Anwaltskosten II, S. 248 ff. Dazu auch Skedl, Mahnverfahren, S. 85 ff.

965 Schumacher, Rechtssystem, S. 76; vgl. auch Hinz, Mandatsprozeß, Sp. 238.

zwingend eine effektivere oder schnellere Rechtsdurchsetzung zur Folge haben. In den meisten Fällen bestand der wesentliche Unterschied zwischen Mandatsverfahren und ordentlichem Prozess in der Art der Prozesseinleitung, was auch die systematische Stellung der Vorschrift in der Hofgerichtsordnung, zwischen Ladungsvorschriften und Zitationsverfahren, erklärt. Während das übliche erstinstanzliche Verfahren mit einem Ladungsgebot zur Verhandlung *über* die Sache begann, wurde das Mandatsverfahren mit einer Entscheidung des Richters *in* der Sache eingeleitet. Er erließ über den Streitgegenstand ein Verbot oder Gebot, verbunden mit einer Ladung zum Termin. Gebot oder Verbot ergingen dabei, ohne den Beklagten zu hören, was die Zeitgenossen als große Ausnahme vom Grundsatz, „nicht à Praecepto, Mandatis, vel executione"[966] anzufangen, verstanden. Das Ladungsgebot wurde dabei mit einer Geldstrafe verbunden. Fehlvorstellungen existieren nun offenbar insbesondere für das weitere Verfahren.

Im Zentrum der Paderborner Vorschrift steht – wie auch auf der Reichsebene[967] – zunächst die Unterscheidung zwischen dem Mandat „cum Clausulâ Justificatoriâ"[968] und solchen „sinè clausula"[969]. Die Hofgerichtsordnung erklärt diese Begriffe nicht, sondern setzt sie als bekannt voraus. Wie im Reichsrecht, so wird der Unterschied zwischen den Mandatsarten insbesondere im zulässigen Verteidigungsvorbringen zu suchen sein. Gegen Mandate mit Rechtfertigungsklauseln konnte der Beklagte sämtliche Einreden erheben, die er auch im ordentlichen Ladungsverfahren gegen den Anspruch des Klägers vorbringen konnte[970]. Überhaupt unterschied sich der Mandatsprozess *cum clausula* kaum vom „gewöhnlichen" Prozess. Im Text der Paderborner Hofgerichtsordnung wird das sehr deutlich. Erschien nämlich der Beklagte im Termin „cum oblatione solitâ", wurde „solch Mandat in simplicem citationem resolvirt" und der Impetrant hatte sein Klagelibell zu übergeben. Der Beklagte war dann zu hören und es war „vermög dieser Unser Ordnung fürter" zu verfahren[971]. Unter der gewöhnlichen Anerbietung *(oblatione solitâ)* ist wahrscheinlich nicht zu verstehen, dass der Beklagte die Leistung, um die gestritten wurde, anbieten, also parieren musste. Vielmehr ist die Bereitschaft gemeint, vor Gericht in der Sache zu streiten. Kam der Beklagte, entstand also ein gewöhnliches Verfahren. Kam er nicht, hatte der Kläger durch das Mandat nicht etwa einen Vollstreckungstitel in der Hand. Ihm war es – ebenfalls wie bei einem gewöhnlichen Verfahren – nur vorbehalten, „in Contumaciam,

966 HGO 1619, Tit. 16 § 1.
967 RKGO 1555, Tit. II.23.
968 HGO 1619, Tit. 16 § 1.
969 HGO 1619, Tit. 16 § 3.
970 Uhlhorn, Mandatsprozess, S. 134; Hinz, Mandatsprozeß, Sp. 235.
971 HGO 1619, Tit. 16 § 1.

Declarationem poenae zu bitten, und ebenwol in der Haubtsachen"[972] zu verfahren. Ihm standen also die üblichen Säumnisfolgen zur Verfügung. Allerdings war die Geldstrafe bereits im Mandat angedroht und konnte daher sofort verhängt werden. Offenbar liegt der Vorteil des Mandatsprozesses *cum clausula* daher für den Kläger auch nur darin, einerseits zügiger eine Geldstrafe erwirken zu können und andererseits die Autorität eines obrigkeitlichen Gebots auf seiner Seite zu haben. Die Paderborner Vorschrift zum Mandat *cum clausula* ist übrigens kein Einzelfall. Eine ebenso eindeutige Formulierung findet sich in der Münsteraner Hofgerichtsordnung von 1571 wieder[973].

Obwohl die Unterscheidung zwischen Mandats- und Zitationsverfahren daher aus moderner Sicht kaum der Rede wert ist, empfanden die Zeitgenossen die Abkehr von der ehernen Rechtsregel *audiatur et altera pars* offensichtlich als einschneidend. Immerhin schränkten sie die Streitgegenstände, in denen das Verfahren durch Mandat eingeleitet werden durfte, ein. Mandate *cum clausula,* die die Hofgerichtsordnung auch „Monitoria"[974] nennt, durften nur in Steuerangelegenheiten, Fiskalsachen und Streitigkeiten um Dienstlohn und Darlehensrückzahlungen ergehen, wenn die Ansprüche in Urkunden niedergelegt oder sonst „kentliche Forderung" waren. In diesen Fällen konnte das Gericht wohl eine Schlüssigkeitsprüfung durchführen und es sprach ein Anschein dafür, dass der Anspruch bestand.

Neben diesen Mandaten mit Rechtfertigungsklauseln erwähnt die Hofgerichtsordnung die aus anderen Verfahrensordnungen bekannten *mandata sine clausula.* Dieses Mandatsverfahren hatte nun in der Tat den Charakter eines einstweiligen Rechtsschutzes. Den unbedingten Befehlen des Gerichts musste „ohne einige Wiederred parirt"[975] werden. Der Reichsprozess kannte immerhin eine zulässige *exceptio subreptionis vel obreptionis;* der Beklagte konnte also einwenden, das Mandat sei durch Lüge erschlichen[976]. Die Hofgerichtsordnung nennt diese Möglichkeit nicht ausdrücklich. Die massive Benachteiligung des Beklagten, die ein unbedingtes Mandat mit sich brachte, sah die Hofgerichtsordnung in fünf Fällen vor.

---

972 HGO 1619, Tit. 16 § 2.

973 Münsteraner HGO 1571, Tit. 2.49 § 1: „[...] Da den der Beklagter In Termino erschiene, soll solch Mandat gefallenn, unnd In Simplicem Citationem resoluirt sein, dergestalt, daß der, so sollich Mandat außpracht, sein Libell der Clag, in der Hauptsachen ubergeben, dagegenn der Antwurter gehört, unnd nach dieser Ordnung darauff procedirt werden soll." Zur Münsteraner Vorschrift vgl. Skedl, Mahnverfahren, S. 89.

974 HGO 1619, Tit. 16 § 3.

975 HGO 1619, Tit. 16 § 3.

976 Dick, Kameralprozess, S. 94; Uhlhorn, Mandatsprozess, S. 135. Was mit dieser Einrede im Einzelnen gemeint ist, ist für den Kameralprozess nicht erforscht.

Der Befehl konnte zunächst ergehen, wenn „die geklagte Handlung […], von ihr selbst von Rechtswegen oder Gewohnheit wegen verbotten, und wo die begangen, auch ohne weitere Erkentnüß für straff- oder unrechtmässig zu halten". Daneben ergingen Mandate *sine clausula,* wenn durch die beklagte Handlung „dem anruffenden Theil ein solche wiederrechtliche Beschwer zugefüget, die nach begangener That nicht zu wiederbringen sein", oder wenn die Angelegenheit keinen „Verzug zu erleiden haben mögten oder ob die Sache wieder den gemeinen Nutzen wäre". Diese Fallgruppen sind aus dem Reichsrecht bekannt. Schließlich kannte die Hofgerichtsordnung im Gegensatz zur Reichskammergerichtsordnung mit der Formulierung „und anderen gleichen Fällen" noch einen generalklauselartigen Auffangtatbestand. Die Grenzen der Fallgruppen sind völlig unklar. Während bei Gefahr in Verzug, bei irreparablen Schäden und bei Handlungen wider das Allgemeinwohl die Rechtfertigung für die einseitige Gerichtsentscheidung aus der besonderen Situation und Gefahrenlage verständlich ist, wirft die Fallgruppe der verbotenen Handlungen Fragen auf. Unbedingte Mandate, die sich nur auf den Klägervortrag stützen, hätten bei fast jedem Klägervortrag ergehen können, der dem Widerpart „unrechtmässig[es]" Verhalten vorwarf. Das kann nicht gemeint sein. Mandate sollten wohl eher dort ergehen, wo strafbares Handeln in Rede stand. Im Übrigen sollte sich das Gericht wohl gerade in dieser Fallgruppe auch nicht einseitig auf den Klägervortrag stützen. Denn die behauptete Handlung des Impetraten sollte der Impetrant „durch schrifft- oder ander glaubliche Anzeig […], so viel nach gestalten Sachen, müglich"[977] bescheinigen und verifizieren.

Der Impetrat eines solchen Mandates hatte dem Gerichtsbefehl Folge zu leisten. Es wundert daher nicht, dass solche Mandate grundsätzlich nur an Personen ergehen konnten, die dem Hofgericht „immediatè unterworffen"[978] waren. Tatsächliche oder rechtliche Verteidigung gegen das Mandat war auf die Zeit nach Vollzug des Mandats verschoben, wobei unklar ist, ob sich am Hofgericht ein ordentliches oder ein summarisches Hauptsacheverfahren anschloss. Die Ordnung spricht nur davon, die Verteidigung sei an „Orten, da sichs ordentlicher Weiß gebühret", zuzulassen, der Beklagte sei zu hören und dann zu entscheiden, „was billig und recht gehandelt" worden sei[979]. Diese vom Mandatsverfahren *cum clausula* deutlich abweichende Formulierung spricht für ein anschließendes summarisches Verfahren. In Titel 45, der sich mit dem summarischen Verfahren beschäftigt, werden daher die „Causae ex onerationis Mandati" und die „Causa Mandati de relaxandis captivis" ausdrücklich als „Causae Extraordinariae vel summariae" aufgeführt[980].

977 HGO 1619, Tit. 16 § 3.
978 HGO 1619, Tit. 16 § 3.
979 HGO 1619, Tit. 16 § 4.
980 HGO 1619, Tit. 45 § 7.

bb) Summarischer Prozess

Das oben für den Regelfall beschriebene ordentliche Verfahren vor dem Hofgericht war schwerfällig und konnte Jahre dauern. Fristverlängerungen waren umfangreich möglich und die aufeinander aufbauenden Prozessabschnitte und Förmlichkeiten zogen Rechtsstreitigkeiten in die Länge. Ebenso wie der Kameralprozess[981] und das kanonische und römische Prozessrecht[982] kennt auch die Hofgerichtsordnung Regelungen, nach denen bestimmte Verfahren kürzer und geraffter abgewickelt werden sollen. Diese Verfahren bezeichnet die Hofgerichtsordnung als „Causae Extraordinariae vel summariae". Die Adjektive werden synonym verwandt.

Der Begriff des summarischen Verfahrens ist alles andere als scharf umgrenzt. Zu verschiedenen Zeiten war damit Unterschiedliches gemeint und man hat teilweise alles darunter gefasst, was man aufgrund von Detailabweichungen nicht mit dem ordentlichen Verfahren vereinbaren konnte[983]. Die verschiedenen Prozessgesetze in Reich und Territorien enthalten mithin auch unterschiedliche Kataloge von Streitgegenständen, die summarisch abgehandelt werden sollten, und unterscheiden sich auch im Hinblick auf das durchzuführende Verfahren. So sieht die Münsterische Hofgerichtsordnung von 1571 teilweise völlig andere Verfahrensgegenstände vor als die Paderborner Ordnung von 1619. Während etwa über „bedingt oder verdienet lohn" in Münster zwingend summarisch verfahren werden musste, war in Paderborn für solche Fälle nur die Möglichkeit eines bedingten Mandats vorgesehen. Andererseits sollten in Münster in allen summarischen Klagen „der Citation Monitorio oder andern Mandat [...] inserirt" werden, sofern nur das Gericht die Klage für „geschickt oder zulessig" hielt[984]. In Paderborn gab es eine vergleichbare Regel nicht und es blieb auch im summarischen Verfahren beim Zitationsgrundsatz.

Der Kläger hatte bei der Ladung anzugeben, wenn er meinte, dass im summarischen Verfahren verhandelt werden könne. Dies war im Ladungsbrief entsprechend zu vermerken. Schon in der Ladungsfrist zeigte sich das Bestreben, den Prozess möglichst kurz zu halten: Eine peremptorische Ladung gab es nicht. Es war nur eine Frist zu setzen, die aber so zu bemessen war, „daß Beklagter erscheinen könne"[985]. Im genannten Termin hatte sich der klägerische Anwalt zu legitimieren, die Klage zu übergeben, den Kalumnieneid zu schwören und den

981 Dick, Kameralprozess, S. 87 ff.

982 Danz, Summarische Processe, S. 1 f.

983 Brieglеb, Einleitung, S. 1: „wilkürliches Allerlei"; Gönner, Handbuch IV, S. 2: „Gleichgültigkeit und Willkühr"; Sedatis, Summarischer Prozeß, Sp. 79: „zahlreiche und teilweise heterogene Erscheinungsformen".

984 Der summarische Prozess ist in der Münsterischen HGO 1571 Tit. 2.39 geregelt.

985 HGO 1619, Tit. 45 § 1.

Krieg zu befestigen. Der Bevollmächtigte des Beklagten sollte ihm gleichtun. Wollte er dilatorische Einreden vorbringen, sollte der Kläger hierauf bereits in der nachfolgenden Gerichtssitzung replizieren, worauf der Beklagte nötigenfalls eine kurze Beweisfrist erhalten konnte[986]. Waren keine aufschiebenden Einreden vorzubringen, musste binnen 14 Tagen auf die Klage geantwortet werden. Für den Beweis ihres Vorbringens sollten die Parteien dann sechs Wochen Zeit haben[987]. Anschließend hatten sie Gelegenheit, den Streitstoff binnen 30 Tagen („*ein Termin*") zu reproduzieren und die Sache zu beschließen[988]. Theoretisch konnte das Gericht also nach wenigen Monaten ein Urteil fällen. Das Verfahren war daher tatsächlich sehr viel kürzer ausgestaltet und einige Möglichkeiten, den Prozess in die Länge zu ziehen, waren abgeschnitten. Die Hofgerichtsordnung kennt allerdings nicht die in der gemeinrechtlichen Literatur diskutierte Möglichkeit, bestimmte Verfahrenshandlungen mündlich vorzunehmen[989].

Der Katalog der Streitigkeiten, für die das summarische Verfahren vorgesehen war, ist bunt gemischt. Im Vordergrund stand dabei wohl immer das Interesse, bestimmte Gegenstände besonders schnell abzuwickeln. Das konnte notwendig werden, weil die beteiligten Personen es erforderlich machten (z. B. „Causae miserabilium Personae"[990]), weil Angelegenheiten besonders eilbedürftig waren (z. B. „Causae Mandati de relaxandis captivis") oder weil die zugrunde liegenden Rechtsverhältnisse überschaubar waren (z. B. „Novi operis nunciationis"). Die Parteien konnten auch übereinstimmend das summarische Verfahren bestimmen. Fiskalische Sachen waren immer im summarischen Verfahren zu behandeln. Daneben gab es offenbar Raum für richterliches Ermessen, denn das verkürzte Verfahren sollte stattfinden, „si in mora sit periculum" und „si causa sit notoria". Wann eine Sache besonders eilbedürftig oder die Entscheidung offensichtlich war, bedurfte einer Wertung des Gerichts.

d) Verfahren bei Ungehorsam

Die bisher dargestellten Verfahrensabläufe fanden statt, wenn beide Parteien vor Gericht erschienen und sich in Rede und Antwort gegenüberstanden. Nun konnte es damals wie heute passieren, dass sich entweder der Kläger oder der Beklagte einer Auseinandersetzung verweigerten. Was geschah also, wenn Kläger oder Beklagter

986 HGO 1619, Tit. 45 § 5.

987 HGO 1619, Tit. 45 § 3.

988 HGO 1619, Tit. 45 § 4.

989 Danz, Summarische Processe, S. 5.

990 Zu gerichtlichen Privilegien der *personae miserabiles* vgl. Duve, Sonderrecht, S. 111–132, insb. S. 116 f. zum summarischen Verfahren in den deutschen Territorien.

Fristen nicht einhielten und zu Terminen nicht erschienen? Der moderne deutsche Zivilprozess hat eine einfache Lösung gefunden: Der säumige Kläger wird mit seiner Klage abgewiesen. Bleibt der Beklagte aus, wird das klägerische Vorbringen als richtig unterstellt und der Klage daher stattgegeben, soweit sie schlüssig ist, der einseitige Tatsachenvortrag den geltend gemachten Anspruch also rechtfertigt[991]. Schnell und umfassend wird der Rechtsstreit damit beendet. Das moderne Versäumnisurteil steht am Ende einer langen Entwicklung, an der man das Selbstverständnis des Richters ebenso ablesen kann wie das staatsrechtliche Verständnis des Prozessrechts. „Nirgends so wie im Versäumnisverfahren sammeln sich wie in einem Brennpunkt die Strahlen, von denen die Struktur des ganzen Prozesses beleuchtet werden kann“[992].

Schon begrifflich wird klar, dass der Ordnungsgeber der säumigen Partei ein anderes Verständnis entgegenbrachte als der moderne Jurist. Ihr Ausbleiben bezeichnet die Hofgerichtsordnung als „contumacia“ oder „Ungehorsam“. Der Säumige verletzt eine Pflicht zum Gehorsam, er ist widerspenstig und trotzig (lat. *contumax)*. Das Verständnis der Säumnis als Ungehorsam ist nachvollziehbar. Frühmoderne Gerichtsgewalt bedeutet Befehlsgewalt gegenüber den Gerichtsunterworfenen. Auf einen richterlichen Befehl, die Ladung, hin nicht zu erscheinen, hieß, diesen obrigkeitlichen Befehl zu missachten, eben ungehorsam zu sein. Das war ein Angriff auf die Autorität des Gerichts und die hinter dem Gericht stehende Herrschaft. Wie reagierte man auf die widerspenstige Partei?

Denkbar sind zwei Reaktionen mit völlig unterschiedlicher Zielrichtung sowie Mischformen: Die Obrigkeit kann den Ladungsungehorsam als Delikt auffassen und strafen, um vor zukünftiger Widerspenstigkeit abzuschrecken und die Partei zum gefolgsamen Handeln zu zwingen (Kontumazialprinzip). Eine solche Reaktion betont das „staatsrechtliche“[993] Verhältnis zwischen der Prozesspartei und dem Richter. „Mit entwicklungsgeschichtlicher Notwendigkeit“[994] folgt daraus die Idee, dass ein Prozess als Strafe nur wegen des Ungehorsams verloren gehen kann. Denkbar ist daneben aber eine rein prozessuale, „civilisirte“ Reaktion, die den „privatrechtlichen“ Charakter zwischen Prozessparteien und Gericht unterstreicht[995]. Danach können Richter oder Gesetzgeber innerprozessuale Nachteile für den Säumigen anordnen, ohne dass sein Verhalten als Delikt aufzufassen wäre. Durch Fiktionen und Präklusionen kann etwa dem Kläger erlaubt werden, das Verfahren einseitig auf Grundlage seines eigenen Vorbringens gegen den säumigen

991 §§ 330, 331 ZPO.

992 Mitteis, Versäumnisurteil, S. 138.

993 Sartorius, Contumacia, S. 6.

994 Mitteis, Versäumnisurteil, S. 140.

995 Zitate nach Sartorius, Contumacia, S. 30, 34.

Kläger zu Ende zu führen (Eremodizialprinzip). Für beide Reaktionsmechanismen gibt es in der Rechtsgeschichte Beispiele.

Die Hofgerichtsordnung sieht einen ganzen Katalog von Ungehorsamsfolgen vor, den es im Folgenden zu beleuchten gilt. Dabei unterscheidet sie offenbar zunächst einerseits zwischen dem Ladungsungehorsam von Kläger und Beklagtem und dem Handlungsungehorsam beider Parteien. Auch der Reichsprozess kennt die gemeinrechtliche Unterscheidung zwischen der *contumacia de non comparendo* und der *contumacio de non agendo*[996].

Hatte eine Partei die Pflicht „zu handeln", blieb darin „aber verzüglich oder ungehorsam", sollte „ob contumaciam zu sambt der Pöen gemeiner Rechten, der andere Theil zu fernerer Handlung und in der Sachen zu procediren zugelassen" werden. Der Säumige hatte die angefallenen Gerichtskosten und den entstandenen Schaden zu erstatten und durfte erst dann „in dem Stand, wie die Sachen und Proceß befunden, fürter zu handlen verstattet werden"[997]. Mit der Handlungspflicht war nicht die Pflicht gemeint, vor Gericht zu erscheinen, denn dafür sah die Ordnung detaillierte Spezialvorschriften vor. Es ging offenbar um die durch richterliche Verfügung oder die Ordnung selbst angeordnete Einzelhandlungen vor Gericht. Welche das im Einzelnen waren, ist unklar. Die gemeinrechtliche Literatur des 19. Jahrhunderts unterschied mehrere Kategorien von Handlungspflichten, die aber nicht durchweg Kontumazialnachteile mit sich brachten[998]. Blieb eine Partei darin säumig, traf ihn die „Pöen gemeiner Rechten". Was mit dieser Säumnisstrafe gemeint ist, wird nicht ganz klar. Möglich ist, dass die gemeinrechtliche Strafe gerade in den nachfolgend genannten Säumnisfolgen zu erblicken ist. Jedenfalls wäre es zu kurz gegriffen, aus dem Begriff der „Poen" auf eine echte Strafe im öffentlich-rechtlichen Sinn zu schließen. Denn der zeitgenössische Sprachgebrauch übernahm die missverständlichen Begriffe und verstand darunter auch nachteilige Prozessfolgen wie Kostenlast und Präklusion[999]. Die Kosten- und Schadenersatzfolge ist ebenso wie die Präklusion aus römischem, kanonischem und Reichsrecht bekannt[1000], so dass davon auszugehen ist, dass der Verwendung des Begriffs „Pöen gemeiner Rechten" keine eigenständige Bedeutung zukommt.

Umfangreiche Regelungen sieht die Hofgerichtsordnung für den Fall des Ladungsungehorsams vor und unterscheidet zwischen der Säumnis des Klägers und des Beklagten. Darüber hinaus unterscheidet die Ordnung zwischen der Säumnis in verschiedenen Stadien des Prozesses. Blieb der Kläger aus, konnte der

---

996 Schmelzer, Contumacialproceß, S. 137 f.

997 HGO 1619, Tit. 39 § 1.

998 Gensler, Bruchstücke, S. 199 f.

999 Sartorius, Contumacia, S. 34 f.; Danz, Grundsätze, S. 643.

1000 Schmelzer, Contumacialproceß, S. 8 ff.

Beklagte nach „selbsten Willkühr“[1001] auf zwei Wegen reagieren. Zunächst konnte der Beklagte das Rufen des Klägers begehren. Darunter ist eine archaisch anmutende Förmlichkeit zu verstehen, die die Hofgerichtsordnung nicht näher erläutert und als bekannt voraussetzt. Aus dem Reichskammergerichtsprozess ist diese *proclama* bekannt. Der Kläger wurde vom Pedell – ursprünglich vom geöffneten Fenster aus – aufgerufen, woraufhin er eine weitere kurze Frist hatte, auf einem der kommenden Gerichtstage doch noch zu erscheinen. Später wurde das Rufen nicht mehr feierlich tatsächlich ausgeübt, sondern nur noch schriftlich erkannt und als Formalakt in das Gerichtsprotokoll aufgenommen[1002]. Nach der Hofgerichtsordnung sollte es wohl noch ein sollennes Rufen geben, denn das Rufen war nicht nur „zuzulassen“, sondern hatte auch zu „beschehen“. Wer die Aufgabe hatte, ist nicht überliefert. Wurde der weitere Ungehorsam gerichtlich festgestellt, war der Kläger in die Gerichtskosten zu verurteilen und der Beklagte konnte „von der Ladung absolvirt“ werden. Das Gerichtsverfahren endete also ohne Sachurteil durch Entbindung des Beklagten vom Gerichtszwang. Diese *absolutio ab instantia* ist insbesondere aus dem frühmodernen Strafprozess bekannt[1003]. Da keine Sachentscheidung erging, konnte der Kläger „nach Abrichtung des ertheilten Schadens“ sein Recht weiterverfolgen und den Beklagten erneut vor Gericht laden lassen. Wollte der Beklagte das verhindern, ließ er dem Kläger eine Frist setzen, seine Klage erneut einzureichen. Kam dieser dem nicht nach, konnte das Gericht ihm „ein ewig stillschweigen“ auferlegen, er verlor also sein Klagerecht. Diese weitere Möglichkeit wurde dem Beklagten aber nur zuteil, wenn er den Verdacht hatte, der Kläger versuche ihn „ohne rechtmässige Fürderung umbzutreiben oder ungebührliche Erlängerung und Auffzug“[1004] zu erlangen. Ob es dabei einzig auf den Verdacht des Klägers ankam oder das Gericht einen entsprechenden Vortrag zu prüfen hatte, ist unklar. Auch das Reichsprozessrecht kannte die Instanzentbindung bei säumigen Klägern[1005]. Die Möglichkeit, den Kläger zur Klage zu zwingen, sah die Reichskammergerichtsordnung von 1555 aber nicht vor. Allerdings sind die Einzelheiten der Instanzentbindung auf Reichsebene gänzlich unerforscht. Andere territoriale Gerichtsordnungen sahen die *absolutio ab instantia* jedenfalls ebenso vor[1006] und kannten teilweise auch die Strafe ewigen Stillschweigens[1007].

1001 HGO 1619, Tit. 39 § 2.

1002 Sartorius, Contumacia, S. 27 f.; Schmelzer, Contumacialproceß, S. 87.

1003 Auf den Zivilprozess geht Holzhauer, Instanzentbindung, passim gar nicht ein.

1004 HGO 1619, Tit. 39 § 3.

1005 Schmelzer, Contumacialproceß, S. 18; RKGO 3.42.1.

1006 Kern, Kurpfälzer Landrecht, S. 233; Otto, Hofgerichtsordnung, S. 129; Leiser, Zivilprozeß, S. 36.

1007 Münsterische HGO 1571, Tit. II.37 § 2.

Alternativ zur Instanzentbindung konnte der Beklagte das Eremodizium wählen, den Prozess gegen den säumigen Kläger also bis zur Sachentscheidung zu Ende führen. Vom modernen Versäumnisurteil unterscheidet sich das so gefundene Endurteil darin, dass es auch gegen den Beklagten „je nach Gestalt des Handels“[1008] ausfallen konnte. Das setzte zunächst voraus, dass „die Sache mit Klag und Antwort, auch nohtürfftiger Beweisung instruirt“ wurde. Offenbar konnte der Beklagte den Weg der einseitigen Prozessbeendigung also nur wählen, wenn der Kläger in einem Prozessstadium säumig blieb, in dem Klage und Responsion nebst Beweismitteln auf dem Tisch lagen. Nur dann war dem Gericht eine Sachentscheidung möglich. Eine Unterscheidung zwischen Prozessstadien ist auch aus dem reichskammergerichtlichen Verfahren bekannt, allerdings mit abweichendem Ergebnis. Die Reichskammergerichtsordnung unterschied bei der Säumnis des Klägers zunächst zwischen der Zeit vor und nach der Kriegsbefestigung[1009]. Vor der Kriegsbefestigung konnte der Beklagte die *absolutio ab instantia* erreichen. Alternativ konnte er, wenn „der kleger ein- oder mehrmals im rechten erschienen und sein klag fürbracht“[1010], durch Eremodizium eine Fiktion der Kriegsbefestigung erreichen und so zu einem klageabweisenden Sachurteil gelangen[1011]. Ein klagestattgebendes Sachurteil gab es vor der Kriegsbefestigung nie[1012]. Dazu konnte es erst kommen, „nachdem die sach mit klag und antwurt verfaßt und der krieg befestigt“[1013]. Ob der Paderborner Ordnungsgeber diese Regelungen im Blick hatte, ist in dem Text nicht ganz eindeutig. Lagen Klage und Antwort vor und war auch schon in der Hauptsache Beweis erbracht, war der Rechtsstreit aber zwingend in einem Stadium nach Streitbefestigung.

War nicht der Kläger, sondern der Beklagte säumig, gab es für den Kläger ebenfalls mehrere Handlungsmöglichkeiten. Auch der Kläger konnte den Beklagten zunächst rufen lassen und den Prozess einseitig weiterführen, wenn der Beklagte im Verfahren weiter säumig blieb[1014]. Diese Möglichkeit bestand – wie am Reichskammergericht[1015] – offenbar schon vor der *litis contestatio*. Der Kläger konnte daneben den Weg empfindlicher Sanktionen gegen den Beklagten wählen, welche sehr deutlich das Kontumazialprinzip betonen, das dem Zivilprozess des 17. Jahrhunderts noch zugrunde lag. Zwar kannte die Hofgerichtsordnung nicht die aus dem Kameralprozess

1008 HGO 1619, Tit. 39 § 4.
1009 Sellert, Stilus Curiae, S. 274; Dick, Kameralprozess, S. 189 ff.
1010 RKGO 1555, Tit. III.42 § 2.
1011 Dies übersieht Sellert, Stilus Curiae, S. 274.
1012 Dick, Kameralprozess, S. 190.
1013 RKGO 1555, Tit. III.42 § 3.
1014 HGO 1619, Tit. 39 § 5.
1015 Dick, Kameralprozess, S. 190.

bekannte Achtstrafe[1016]. Im 17. Jahrhundert wäre diese für ein regional derart begrenztes Gericht auch untypisch[1017]. Die Hofgerichtsordnung sah aber die ebenfalls aus dem Reichsprozess bekannte[1018] *missio in bona* vor. Der Kläger konnte also Vermögenswerte des Beklagten beschlagnahmen und den Gegner so zum Gehorsam zwingen. Die Immission erfolgte bei dinglichen Ansprüchen in den Gegenstand, um den vor Gericht gestritten werden sollte. Bei Personalklagen konnte er die „gemeine Einsetzung nach Maaß und Grösse erklährter und liquidirter Schuld“[1019] beantragen. Allerdings ist unklar, ob dabei bestimmte Gegenstände ausgewählt wurden und wer die Wahl traf. In den römischen Ursprüngen gab die *missio* den Zugriff auf das gesamte Vermögen[1020]. Die Vermögenseinsetzung am Hofgericht erfolgte auf den Antrag des Klägers, ihn „ex primo decreto“[1021] in den jeweiligen Gegenstand zu immittieren. Das Verfahren war also zweistufig. Durch ein erstes Dekret konnte der Kläger einen vorübergehenden Zustand zur Sicherung seiner Ansprüche erreichen. Zuvor war der Beklagte aber erneut zu laden und hatte die Möglichkeit, Gründe gegen die *missio in bona* vorzutragen. Nutzte er diese Möglichkeit nicht, hatte er nach der ersten Einsetzung ein weiteres Jahr Zeit, dem Kläger Kosten und Schaden zu erstatten, Sicherheit für die ordnungsgemäße Prozessführung zu leisten und das Verfahren aufzunehmen. Das Einweisungsdekret wurde dann aufgehoben[1022]. Verstrich diese Zeit, konnte ein zweites Immissionsdekret ergehen. Durch dieses Dekret war das Verfahren abgeschlossen und der Kläger erfuhr Befriedigung. Selbst wenn dem Kläger der umstrittene Gegenstand rechtlich nicht zustand, gewann er daran eine gefestigte Rechtsposition. Der Beklagte konnte ihm diese nunmehr nur noch seinerseits durch Klage streitig machen. Dieser wurde „zum Kläger gemacht, auch mit dem Beweiß beladen“[1023]. Die Richter hatten „in personalibus“ schon vor Ablauf eines Jahres die Möglichkeit, das zweite Dekret nach ihrem Ermessen zu erlassen. Neben Eremodizial- und Immissionsverfahren konnte der Kläger gegen den säumigen Beklagten Pönalmandate erwirken, die dem Beklagten – auch mehrfach und steigend – Geldstrafen für den Fall weiteren Ausbleibens auferlegten[1024].

1016 Dick, Kameralprozess, S. 190; Sartorius, Contumacia, S. 28.

1017 Vgl. zu den Instanzen, die die Acht aussprachen, Battenberg, Acht, Sp. 62; Oberländer, Lexicon, S. 9.

1018 Sellert, Missio in bona, Sp. 608; für das Kameralverfahren wurden Acht und Immission durch JRA 1654 § 36 aufgehoben.

1019 HGO 1619, Tit. 39 § 7.

1020 Forster, Konkurs, S. 87.

1021 HGO 1619, Tit. 39 § 6.

1022 HGO 1619, Tit. 39 § 8.

1023 HGO 1619, Tit. 39 § 10.

1024 HGO 1619, Tit. 39 § 11.

Die Hofgerichtsordnung stellt eigene Säumnisregeln auch für das Appellationsverfahren auf, verweist aber größtenteils auf das erstinstanzliche Verfahren. Beide Teile waren in der Berufungsinstanz gehalten, bei Säumnis der Gegenpartei jedenfalls die „Formalia Appellationis, zu Begründung der Jurisdiction"[1025] darzulegen. Ihnen stand dann auch das Recht zu neuem Sachvortrag zu. In diesem Zusammenhang lässt die Ordnung für die erst- und zweitinstanzliche Säumnis die Möglichkeit offen, nach versäumten Terminen zu erscheinen und vorzutragen, das kein Fall der Säumnis vorgelegen habe[1026]. Überzeugte die Partei das Gericht, musste sie weder Kosten noch Schaden ersetzen, und alle Prozesshandlungen und -erkenntnisse, die nach der erkannten Säumnis ergingen, wurden aufgehoben.

e) Gegenklage

Die Widerklage gehört zu den auffallend wenig erforschten Prozessrechtsfiguren. Ihre Zulässigkeitsvoraussetzungen und ihre praktische Bedeutung sind größtenteils unklar[1027]. In der Reichsgesetzgebung scheint sie „kaum irgendwelche Schwierigkeiten"[1028] gemacht zu haben, da die rechtlichen Grundlagen zwischen 1508 und 1654 weitgehend gleichblieben. Nicht einmal im Handwörterbuch zur Deutschen Rechtsgeschichte findet sich ein eigener Eintrag zu dieser besonderen Klage.

Auch die Regelungen der Hofgerichtsordnung sind dürftig. Der Ordnungsgeber setzt den Begriff und das Wesen der „Reconvention oder Gegen-Klag"[1029] als bekannt voraus. Die Widerklage ist nach einer gängigen Definition aus dem 19. Jahrhundert eine Klage, die der Beklagte gegen eine andere, bereits anhängige Klage vor demselben Richter im nämlichen Prozess zum Behuf gleichzeitiger Verhandlung und Entscheidung anstellt[1030]. Die Hofgerichtsordnung sieht die Widerklage als Mittel des Beklagten, den Kläger „in das Wiederrecht" zu fassen. Damit wird nicht gemeint sein, dass der Beklagte den Kläger lediglich auf das schlichte Gegenteil, also die Negation des Klagegrundes, verklagen konnte. Denn es war unstreitig, dass die Widerklage einen eigenen Streitgegenstand haben musste[1031]. Der Widerkläger

1025 HGO 1619, Tit. 44 §§ 2, 3.

1026 HGO 1619, Tit. 44 § 5.

1027 Das bemerkt auch Sellert, Stilus Curiae, S. 266. Immerhin schreibt Sartorius, Widerklage, S. 1, noch 1838, die Widerklage sei ein „altes, durch Erfahrung bewährtes, und im täglichen Leben häufig zur Anwendung kommendes Institut". Schon damals bemängelte er aber die äußerst „unvollkommen[e] und unbefriedigend[e]" Erforschung, ebd. S. 2.

1028 Sellert, Stilus Curiae, S. 267.

1029 HGO 1619, Tit. 21.

1030 Sartorius, Widerklage, S. 5; Heimbach, Widerklage, S. 567.

1031 Sartorius, Widerklage, S. 316ff.

schützte aus eigenem Recht eigene Ansprüche gegen den Widerbeklagten vor. Im Unterschied zur Einrede erfolgte die Gegenklage nicht zur Verteidigung, sondern war ein Angriff[1032], der, wenn die Klage wegfiel, selbstständig fortbestehen konnte[1033]. Mit dem „Wiederrecht" ist daher wohl ein Gegenanspruch des Beklagten gegen den Kläger gemeint.

Die Gegenklage verfolgte in erster Linie prozessökonomische Ziele. Obwohl sie als (zweite) Hauptklage anhängig gemacht werden konnte, bestand ein Interesse daran, die wirtschaftlichen und rechtlichen Verhältnisse zwischen den Streitparteien möglichst umfassend zu regeln. Andererseits war sie offensichtlich eine Ausnahme von dem strikten Grundsatz, nach dem „jede Partei nur eine einzige Rolle übernehme, und jede Klage einen eigenen und ausschließenden, von dem Klagewesen des Beklagten rein gehaltenen Proceß habe"[1034]. Es verwundert daher nicht, dass über die einzelnen Voraussetzungen durchaus gestritten wurde. Immerhin hatte der Beklagte mit der Gegenklage Einfluss auf den Gerichtsstand. Die Diskussion bezieht sich vor allem auf den Zeitpunkt, bis zu dem die Widerklage erhoben werden durfte, und auf die Frage, ob zwischen Klage und Widerklage eine inhaltliche Verbindung bestehen musste.

Die Hofgerichtsordnung greift den ersten Streitpunkt in enger Anlehnung an den Wortlaut der Reichskammergerichtsordnung von 1555[1035] auf. Die Gegenklage konnte danach zu jedem Zeitpunkt des Prozesses geltend gemacht werden, wobei unklar bleibt, ob sie auch erst in der Berufungsinstanz erhoben werden konnte[1036]. Offenbar geht die Hofgerichtsordnung davon aus, dass die *reconventio* „vor Beschluß der Sachen"[1037] angestellt werden musste. Jedenfalls wurden Klage und Widerklage nicht unter allen Umständen „simultaneo processu", also gleichzeitig, verhandelt und „zu einem mahl und zugleich […] mit endlichen Urtheil" entschieden"[1038]. Diese Möglichkeit hatten die Parteien nur, wenn der Beklagte seine Widerklage „für- oder bey der Kriegs-Befestigung, oder alsofort ad proximam juridicá"[1039] erhob. Andernfalls sollten die Klagen „vertheilet, und jede solche separatim vor sich selbst und allein […] gehandelt und außgeübet werden"[1040]. Der entscheidende Zeitpunkt war also die *litis contestatio.* Die systematische Stellung des 21. Titels ist daher nach

1032 Endemann, Zivilprozessrecht, S. 662.
1033 Sartorius, Widerklage, S. 6.
1034 Heimbach, Widerklage, S. 569.
1035 RKGO 1555, Tit. III.30.
1036 Heimbach, Widerklage, S. 585, S. 635; Sartorius, Widerklage, S. 407.
1037 HGO 1619, Tit. 21 § 2.
1038 HGO 1619, Tit. 21 § 1.
1039 HGO 1619, Tit. 21 § 1.
1040 HGO 1619, Tit. 21 § 2.

der Verfahrenschronologie konsequent. Die gleichzeitige Verhandlung von Klage und Gegenklage unterscheidet die gemeinrechtliche Praxis von den Ordnungen des sächsischen und lübischen Rechtskreises. Nach sächsischem Recht war die Klage zu Ende zu führen, bevor über die Widerklage verhandelt und geurteilt wurde[1041]. Die Widerklage diente demnach ausschließlich dazu, für beide Klagen den gleichen Gerichtsstand zu sichern.

Mit keinem Wort ging der Ordnungsgeber auf die Frage ein, ob zwischen Klage und Widerklage ein Sachzusammenhang bestehen musste. Für das Reichskammergericht ist diese Frage in der rechtshistorischen Forschung unbeantwortet[1042] und auch für den Reichshofratsprozess liegt vieles im Dunkeln[1043]. Einheitlich war das Bild offenbar nicht[1044]. Während nach der kanonistischen Lehre und wohl auch dem römischen Prozessrecht der Kläger gezwungen war, jeden Gegenangriff des Beklagten zu dulden[1045], forderten die Prozessordnungen des sächsischen Rechtskreises eine Verwandtschaft zwischen Klage und Widerklage[1046]. Unterschiede lassen sich auch in westfälischen Hofgerichtsordnungen nachweisen. Während sich der Paderborner Ordnungsgeber ausschweigt, ist es nach der Münsteraner Hofgerichtsordnung von 1571 notwendig, dass die Gegenklage der Klage „anhengig, oder daraus flüsse, oder in ander weiß dieselb betreffen thet"[1047].

f) Selbstständiges Beweisverfahren

Der Beweis von Tatsachen fand in der Hauptsache erst nach der Kriegsbefestigung statt. Zogen sich Gerichtsverfahren lange hin – wie es etwa von den höchsten Reichsgerichten bekannt ist –, konnte ein Bedürfnis bestehen, Beweismittel zu sichern, wenn ihr Untergang drohte[1048]. Das liegt zum Beispiel bei Zeugen hohen Alters oder in Zeiten von schweren Seuchen auf der Hand. Diese Möglichkeit sah die Hofgerichtsordnung im 22. Titel mit den „Kundschafften und Zeugen […] ad perpetuam rei memoriam" vor.

Der Beweis zum ewigen Gedächtnis ist aus anderen Verfahrensordnungen bekannt, in den Reichskammergerichtsordnungen des 16. Jahrhunderts jedoch nicht niedergelegt. Erstmals findet er im Speyrischen Deputationsabschied von

1041 Ludovici, Civil-Proceß, S. 436 f.

1042 Dick, Kameralprozess, S. 162; vgl. aber Danz, Grundsätze, S. 660.

1043 Sellert, Stilus Curiae, S. 268 f.

1044 Heimbach, Widerklage, S. 586.

1045 Sartorius, Widerklage, S. 322; Heimbach, Widerklage S. 618 ff.

1046 Ludovici, Civil-Proceß, S. 436.

1047 Münsterische HGO 1571, Tit. II.8.

1048 Sellert, Stilus Curiae, S. 315 f.

1600[1049] Erwähnung, wobei davon auszugehen ist, dass er schon vorher am Reichskammergericht in Übung war[1050].

Die Hofgerichtsordnung ordnet Regelungen zur Beweissicherung systematisch bei den Vorschriften ein, die sich mit dem erstinstanzlichen Verfahren vor der Kriegsbefestigung beschäftigen. Das macht deutlich, dass es sich bei der *probatio ad perpetuam rei memoriam* um ein selbstständiges Verfahren handeln konnte. Denn die Beweissicherung war nicht nur vor der Kriegsbefestigung, sondern sogar „für übergebung einiger Klag, und ordentlicher Processen“[1051] möglich. Diese Möglichkeit wird zwar in der Literatur des gemeinen Prozessrechts gelegentlich hervorgehoben[1052], jedoch nicht in allen Prozessordnungen ausdrücklich erwähnt[1053]. Beide Parteien konnten das Verfahren anstrengen. Dem Text der Ordnung ist nicht eindeutig zu entnehmen, ob sich die Beweissicherung nur auf Zeugen beziehen konnte. Immerhin findet sich neben den Begriffen „Zeugen“ und „Zeugnüs“[1054] in der Titelüberschrift auch die allgemeinere Wendung „Kundschafft“. In der Literatur findet man gelegentlich den Hinweis, dass andere Beweismittel – insbesondere der Augenschein und Urkunden – ebenfalls gesichert werden konnten[1055]. Für Paderborn sprechen die enumerativ aufgezählten Gründe, aufgrund derer ausnahmsweise eine Beweissicherung stattfand, gegen die Zulässigkeit dieses Verfahrens für andere als den Zeugenbeweis. Die Gründe passen nur Menschen. So konnte die Partei das Verfahren anstrengen, wenn „die Zeugen mit hohem Alter oder sorglicher Kranckheit beladen, und sonsten an andere weit abgelegene Oerter zu verreisen wegfertig, oder man in schwehren sterblichen Läufften wäre“[1056]. Ob es im Einzelfall wirklich nötig war, den Beweis zu sichern, stand im Ermessen des Gerichts. Feste Regeln, etwa Altersgrenzen, gab es nicht[1057]. Der Beweisführer hatte dem Gegner die Beweissicherung mitzuteilen. Das eigentliche Verfahren verlief nach Maßgabe des ordentlichen Prozesses. Insbesondere war das Beweisergebnis bis zum Publikationstermin im ordentlichen Verfahren geheim zu halten[1058].

1049 DA 1600 §§ 28, 83, 125.

1050 Vgl. nur Gail, Observationum, lib. I obs. XCII.

1051 HGO 1619, Tit. 22 § 1.

1052 Ludovici, Civil-Proceß, S. 274; Danz, Grundsätze, S. 635.

1053 Münsterische HGO 1571, Tit. II.25.

1054 HGO 1619, Tit. 22 § 1.

1055 Ludovici, Civil-Proceß, S. 277; Danz, Grundsätze, S. 636. Nach Gail, Observationum, lib. I obs. XCIV war zwar der Augenschein, nicht aber der Urkundsbeweis dem Beweissicherungsverfahren zugänglich.

1056 HGO 1619, Tit. 22 § 1.

1057 Sellert, Stilus Curiae, S. 316 berichtet, am Reichshofrat habe etwa ab einem Zeugenalter von 50 Jahren die Notwendigkeit einer Beweissicherung bestanden.

1058 HGO 1619, Tit. 22 § 2.

Einen Unterschied macht die Ordnung hinsichtlich der Wirkungsdauer des so gewonnenen Beweises: War es der Kläger, der das Beweissicherungsverfahren durchführte, so musste dieser den Beweis „innerhalb Jahrs Frist" gebrauchen, sonst erlosch die Beweiskraft und das Zeugnis wurde „unkräfftig"[1059]. Die Frist begann offenbar mit der Kenntnisnahme des Verfahrens durch den Beklagten zu laufen. Andere Verfahrensordnungen kannten die Jahresfrist nur für den Fall, dass das selbstständige Beweisverfahren vor Klageerhebung durchgeführt wurde, und verlangten auch nur, dass der Kläger innerhalb eines Jahres Klage erhob[1060], nicht aber, vom gewonnen Beweis auch Gebrauch zu machen. Möglicherweise ging auch der Ordnungsgeber davon aus, dass binnen Jahresfrist nur die Klage zu erheben war. Alles andere wäre auch wenig effizient, denn zwischen Klageerhebung und Beweisverfahren konnte – jedenfalls nach den Erfahrungen des Reichsprozesses – lange Zeit vergehen, so dass das Ziel des Beweisverfahrens verfehlt würde. Andererseits ist aus der Literatur die Möglichkeit bekannt, die *probatio ad pertuam rei memoriam* erneut durchführen zu lassen, wenn der Sicherungsgrund nach wie vor bestand[1061].

Strengte der Beklagte das Verfahren an, war die Beweiskraft an keine Frist gebunden. Das ist konsequent, denn der Beklagte hatte es nicht in der Hand, wann der Kläger eine Klage gegen ihn anstrengte. In diesem Zusammenhang äußert sich die Hofgerichtsordnung bemerkenswerterweise zu einem gängigen Streitthema. In der Literatur war umstritten, ob der Beklagte sich des selbstständigen Beweisverfahrens auch bedienen konnte, wenn er die Einreden, um deren Beweissicherung es ihm ging, ebenso gut schon als Klage hätte führen können[1062]. Befürchtete jemand etwa, demnächst auf Geldleistung verklagt zu werden, und meinte er weiter, seinerseits eine Gegenforderung zu haben, stellte sich zum Beispiel die Frage, ob er den Beweis der Gegenforderung selbstständig sichern konnte, um sich künftig mit der Aufrechnung gegen die Klage wehren zu können, obwohl er seine Forderung auch unmittelbar hätte einklagen können. Die Hofgerichtsordnung bezog zu diesem Streit mittelbar Stellung. Offenbar ging der Ordnungsgeber davon aus, dass der künftige Beklagte nicht zur Klage gezwungen werden konnte. Die gesicherten Beweise sollten dem Beklagten aber nur dazu dienen, „daß er damit wieder des Klägers Ansprach und Klag sich sicheren und schützen möge, und sonst nicht weiter, & sic non valet ad agendum, sed solum ad repellendum"[1063].

1059 HGO 1619, Tit. 22 § 3.

1060 Ludovici, Civil-Proceß, S. 277; Danz, Grundsätze, S. 638.

1061 Ludovici, Civil-Proceß, S. 276.

1062 Ludovici, Civil-Proceß, S. 276; Gail, Observationum, lib. I obs. XCII.

1063 HGO 1619, Tit. 22 § 4.

5. Die Prozessmaximen

Wie jedes ausführliche Prozessgesetz ist auch die Hofgerichtsordnung wegen ihrer Fülle an Detailregeln unhandlich. Eine zusammenfassende Betrachtung, die auch den Vergleich mit anderen Prozessordnungen der Zeit ermöglichen soll, ist daher gehalten, ein Konzentrat aus der Summe von Einzelvorschriften herauszufiltern. Nur so lassen sich prägende Grundgedanken von einzelnen Detailregelungen griffig trennen. Dieses bildliche Konzentrat wird üblicherweise als Prozessmaxime bezeichnet. Rechtsprinzipien – ob im Verfahrens- oder im materiellen Recht – sind in Bezug auf ihre stringente Umsetzung und die materiell-rechtliche Bedeutung höchst unterschiedlich. Manchmal erkennt man das Prinzip nur an mannigfaltigen Ausnahmevorschriften und misst ihm dennoch aufgrund seines geistesgeschichtlichen Hintergrundes hervorragende Bedeutung zu. Als Beispiel sei etwa der Grundsatz der Vertragsfreiheit im modernen deutschen Zivilrecht genannt. Obwohl er nirgends normiert und von Ausnahmen (zunehmend) durchlöchert ist, stellt er das erste Argumentationsmuster dar, das Studenten im Zivilrecht lernen. Keinem Grundprinzip kommt eine unmittelbare Bedeutung oder Rechtsfolge zu. Und dennoch dient ihre Herausarbeitung einem unabweislichen Erkenntnis- und Verständnisinteresse. Die Hofgerichtsordnung ist ein wenig innovatives Prozessgesetz. Sie orientiert sich an Vorbildern ihrer Zeit, insbesondere der Reichskammergerichtsordnung. Im Folgenden misst sich die Ordnung daher an den für den Kameralprozess herausgearbeiteten Maximen. Zuvor wird der Kanon jedoch um drei Charakteristika ergänzt, die die Rechtsgrundlagen des Paderborner Prozesses prägen, ohne dass man sie als Maximen des Prozessrechts im eigentlichen Sinne bezeichnen kann. Insgesamt dienen die nachstehenden Ausführungen der zusammenfassenden Erkenntnis aus den vorangegangenen Abschnitten zum Verfahrensrecht.

a) Grundsatz der Unvollständigkeit

Im 17. Jahrhundert existierte keine Kodifikation des Prozessrechts. Kodifikationen sind planvolle und allumfassende Gesetzeswerke, die den Anspruch haben, jede Rechtsfrage widerspruchsfrei zu beantworten. Umfangreiche Prozessrechtsbücher, wie die Reichskammergerichts- und Reichshofratsordnungen, als Kodifikation zu verstehen, würde dem Selbstverständnis von Gesetzgebung, Wissenschaft und Praxis des Rechts nicht gerecht. Die Zeit des *Usus modernus pandectarum* prägte gerade der gemeineuropäische Diskurs über hergebrachte Rechtsquellen[1064] und die daraus folgende Erkenntnis, den Bestand an Rechtsregeln (noch) nicht überschauen

1064 Immer noch wichtig: Wieacker, Privatrechtsgeschichte, S. 204 ff.

zu können und das Recht wissenschaftlich angleichen und fortbilden zu müssen. Abschließenden Charakter konnten Prozessgesetze daher gar nicht haben.

Die großen Prozessrechtsbücher der Zeit öffnen sich daher nicht nur für die Rechtsfortbildung, sondern sind sich ihrer Lücken bewusst. Zwei Vorschriften der Reichskammergerichtsordnung sollen das verdeutlichen: Zum einen waren Kammerrichter und Beisitzer gehalten, bei Zweifelsfragen und immer, wenn ihnen die Rechtsfortbildung nötig erschien, das Recht fortzuentwickeln[1065]. Das Ergebnis war abstraktes, geschriebenes Richterrecht in Form von *Dubia Cameralia, Conclusa pleni* und Gemeinen Bescheiden[1066]. Zum anderen sollte „in allen und jeden fellen, die hieoben nit sonderlich und außtrücklich in diser ordnung des gerichtlichen proceß halben versehen, das gemeyn recht statthaben und vermöge desselben gehandelt und procedirt werden“[1067]. Ausdrücklich erkennt der Reichsgesetzgeber die subsidiäre Geltung des gemeinen Rechts für den Kameralprozess damit an. Die Nachrangigkeit anderer Prozessrechtstexte ist auch in der Hofgerichtsordnung ausdrücklich niedergelegt: „In anderen Sachen und Fällen aber, welche in dieser Unser Ordnung des Gerichtlichen Proceß nicht sonderlich und außtrücklich begriffen stehen, sol es nach gemeinen beschriebenen Rechten, Reichs- Constitutionen und Abscheiden gehalten, gehandelt, und verfahren werden“[1068]. Die darin normierte Pflicht der Richter, immer dann auf allgemeines Recht zurückzugreifen, wenn das Paderborner Landesrecht keine abweichende Regel vorsah, veranschaulicht diesen Grundsatz der Unvollständigkeit. Ob sich Hofrichter daran hielten oder etwa eine autonome Rechtssetzung durch gemeine Bescheide bevorzugten, ist übrigens nicht bezeugt. Derartige Bescheide sind jedenfalls aus Paderborn nicht überliefert[1069].

b) Grundsatz der Anlehnung an das Reichsprozessrecht

Es ist nur Teil eines Phänomens, dass sich die Hofgerichtsordnung ausdrücklich für andere Rechtsmassen öffnet und ihre subsidiäre Geltung anerkennt. Augenfälliger ist noch die Tatsache, dass das Verfahrensrecht bis weit in Detailregelungen mit dem Reichsprozessrecht übereinstimmte. Selbst in den Formulierungen lehnte sich der Ordnungsgeber den Vorgaben des Reichskammergerichts an. Diese Übereinstimmung ist kein Zufall. Schon den Zeitgenossen war bewusst, dass die Ausgestaltung des territorialen Prozessrechts dem Kameralprozess stark ähnelte[1070]. Um

1065 RKGO 1555, Tit. II.36.

1066 Vgl. dazu Oestmann, Gemeine Bescheide, S. 2–8.

1067 RKGO 1555, Tit. III.54 § 1.

1068 HGO 1619, Tit. 54 § 4.

1069 Vgl. aber unten Fn. 1416.

1070 Sieber, Nutzbarkeit, passim.

Appellationsprivilegien zu erreichen, waren Landesherren gehalten, ihre Obergerichtsbarkeit nach dem Vorbild des Reichskammergerichts auszugestalten[1071]. Die Kammergerichtsordnung von 1555 diente daher ebenso als Vorbild wie die nachfolgenden Reichsgesetze. Die Paderborner Ordnung nimmt mehrfach etwa auf den Deputationsabschied von 1600 Bezug. Trotzdem gibt es freilich Unterschiede. Die innere Verfasstheit des Hofgerichts etwa ist naturgemäß völlig anders als die des Reichskammergerichts oder anderer Gerichte. Auffällig ist auch die andere Struktur des Rechtstextes, die nicht die abzuhandelnden Termine, sondern bestimmte Parteihandlungen in den Vordergrund stellt. Während die Überschriften im dritten Teil der Reichskammergerichtsordnung von 1555 nicht verlautbaren, was die Parteien in den jeweiligen Terminen zu tun hatten, gab der Paderborner Ordnungsgeber schon in den Überschriften bekannt, welche Verfahrenshandlungen vorzunehmen waren. Und schließlich unterscheidet sich die Hofgerichtsordnung auch in inhaltlichen Details vom Kameralprozess. Wenige sind augenfällig, wie etwa das Fehlen eines normierten Extrajudizialstadiums. Andere Unterschiede verstecken sich – etwa kürzere Fristen und die unmittelbare Beweisaufnahme durch das Gericht – und zeigen, dass der Ordnungsgeber sich nicht begnügte, den Reichskammergerichtsprozess einfach zu kopieren. Derartige Abweichungen lassen sich zwanglos mit natürlichen Umständen und Anforderungen erklären. Das Territorium war klein und der Arbeitsanfall vermutlich gering. So erlaubten es kürzere Fristen immer noch allen Parteien und Zeugen, zeitig vor Gericht zu erscheinen. An einigen Textstellen zeigt sich zudem der Charakter einer Kontroversengesetzgebung, also einer Normsetzung, die Streitfragen entschied[1072]. Die Hofgerichtsordnung war keineswegs blind auf die Reichskammergerichtsordnungen fixiert. Wo dem Kameralprozessrecht keine eindeutigen Aussagen zu entnehmen war, bezog man Stellung und entschied Streitfragen des gemeinen Rechts. Dies lässt sich etwa bei der Frage nachweisen, ob der Beklagte ein selbstständiges Beweisverfahren durchführen konnte, obwohl er seine Gegenrechte, die er sichern wollte, auch direkt durch Klage geltend machen konnte.

c) Konsensualmaxime

Zu Gericht geht man, wenn Konsens scheitert. Werden sich Parteien nicht anders einig, muss ein Dritter ihren Streit entscheiden. Letztverbindlich kann das heute – vom Phänomen moderner Schiedsgerichte, die im Alltagsleben der Menschen kaum Bedeutung haben, abgesehen – nur ein staatliches Gericht. Der Richterbeamte entscheidet, wo die Parteien einen Konflikt nicht zu ihrer Zufriedenheit beizulegen wissen.

1071 Vgl. S. 49.

1072 Zur Typologie der Rechtssetzungsakte vgl. Immel, Typologie, S. 3–96, insb. S. 82 f.

Der Blick auf das frühmoderne Zivilprozessrecht muss den modernen Juristen daher verstören. Wer die Prozessrechtsquellen liest, hat alles andere als den Eindruck, der Gesetzgeber sei sich einer Entscheidungskompetenz oder der Gefolgsamkeit der Gerichtsunterworfenen sicher. Es scheint ein Merkmal der Hofgerichtsordnung zu sein, Streit über den Prozessablauf möglichst aus dem Verfahren herauszuhalten. Bis zum Letzten sind die Gesetzgeber bemüht, Konsens über die Gerichtsbarkeit und den Verfahrensablauf herzustellen. Der unbefangene Leser bekommt fast den Eindruck, es droht weniger der Gerichtsherr mit dem Richterspruch, als dass er die mangelnde Anerkennung seiner Autorität fürchtet. Auf Konsens beruht mitunter schon die Begründung des Gerichtszwangs. Das Hofgericht ist zwar als privilegierter Gerichtsstand für die unmittelbar dem Fürstbischof Unterworfenen konzipiert. Ein Blick in die Akten des Reichskammergerichts und die Klagen der Landstände in den folgenden Jahrzehnten zeigt aber, dass sich das Hofgericht als ordentliches erstinstanzliches Gericht im Bistum etablierte. Diese Entwicklung beruht juristisch auf der Möglichkeit der Parteien, ihren Gerichtsstand einvernehmlich zu wählen. Eine solche Wahl von Gerichten ist heute nur noch in örtlicher Hinsicht und nur mit erheblichen Einschränkungen möglich. Die Anwälte waren weiter gehalten, „bey anfang oder verfolg der Sachen […] mehr zu Ablassung oder gütlichen Wegen, als kostbaren verzügigen, muhtwilligen und ungegründeten Rechtspflegen und dessen gefährlichen Ausgang“ anzuhalten. Die vergleichsweise Streitbeilegung war also in jeder Prozesslage Aufgabe auch der Prokuratoren, obwohl es einen zwingenden Gütetermin 1619 noch nicht gab. Auch diese Regelung lässt sich mit dem modernen Zivilprozessrecht noch vereinbaren. In vielen Detailregelungen zeigt sich dann aber, dass der Ordnungsgeber eine Entscheidung, die eine Partei als vorschnell oder übervorteilend auffassen konnte, stets vermeiden wollte. Bei der Ladungsinsinuation wurde jeder Streit über die ordnungsgemäße Zustellung durch ein penibel geregeltes Verfahren im Keim erstickt. Der Bote hatte die Zitation so nah wie eben möglich an die Person des Zitierten heranzutragen. Die Anwälte hatten bei Gericht nicht einfach ihre Vollmacht einzureichen, sondern bei bestimmten Verfahrenshandlungen extra nachzuweisen, dass sie dafür auch im Besonderen mandatiert waren. Vorteilhafte Prozesssituationen waren durch Eide und empfindliche Sicherheitsleistungen nivelliert. Fristen waren häufig uneindeutig geregelt und beispielsweise auf „drey oder zum längsten vier Monate“ festgesetzt, standen also im gewissen Belieben der Richter. Hinzukommt, dass Gericht und Gegenpartei großzügig mehrere Fristverlängerungen gewährten. Im Kontumazialverfahren konnte noch die hartnäckigste Säumnis durch die Möglichkeit der Wiedereinsetzung folgenlos bleiben. Der Kläger musste überdies gegen den säumigen Beklagten stets noch die Richtigkeit seines Klagevorbringens beweisen. Es gab offenbar kaum eine Prozesssituation, in der dem Gericht zugetraut wurde, über den Kopf einer Partei hinweg eine Entscheidung zu fällen.

Ähnliches ist mitunter schon für die Reichskammergerichtsordnung bemerkt worden. Teilweise hat man diesen Befund mit dem Streben nach materieller Gerechtigkeit erklärt. Es soll etwa am Reichskammergericht wichtiger gewesen sein, die richtige Entscheidung zu finden, als Rechtsfrieden herzustellen[1073]. Diese Erklärung überzeugt aber nicht. Zum einen war gerade die Friedenssicherung Anlass für die Gründung des Reichskammergerichts. Zum anderen ist die Zurückhaltung des Reichskammergerichts auch dort bekannt, wo es nicht um kontradiktorische Entscheidungen ging. Die in Mandaten angedrohte Strafe etwa wurde in einigen Verfahren trotz sturer Paritionsverweigerung niemals verwirkt und eingefordert und trotzdem waren die Parteien meistens bemüht, sich gehorsam zu präsentieren[1074]. Vielleicht war dem frühmodernen Gerichtsherrn manchmal sogar eher daran gelegen, eine prozessuale Situation im Ungewissen zu lassen, als sie zu entscheiden. Rechtsfrieden war im Gegenteil dringender als eine juristisch saubere Entscheidung. Das hatte dann auch noch einen Effekt: Solange ein Gerichtsverfahren lief, band er die Unterworfenen sichtbar an seine Entscheidungskompetenz. Jeder Konflikt über das Verfahren brachte die Gefahr des Gesichtsverlustes mit sich – nicht nur für die Parteien, sondern auch für den ordnungshütenden Gerichtsherrn.

d) Prinzip fester Termine

Wichtig für den Kameralprozess war das strenge Terminsystem[1075]. Der Begriff des Termins ist dabei ein doppeldeutiger. Als Termin werden sowohl eine Frist bezeichnet, innerhalb derer eine prozessuale Handlung vorgenommen werden musste, als auch der Tag, zu dem die Parteien vor Gericht erschienen, um eine Handlung vorzunehmen. Ordnete etwa die Reichskammergerichtsordnung eine bestimmte Handlung für den vierten Termin an, war damit kein von Anfang an konkret festgesetztes Datum gemeint, sondern ein Verfahrensstadium, ein vierter Fristenlauf. Die Dauer der jeweiligen Frist hing davon ab, was die Parteien zu verhandeln hatte. Nicht in jedem Verfahren mussten etwa dilatorische Einreden erhoben werden. Die entsprechende Frist verstrich daher unter Umständen ergebnislos. Auf diese Weise erhielten aber alle Gerichtshandlungen ihren festen Platz, und jedes Verfahren verlief nach denselben, aufeinander aufbauenden Stufen. Die Reichskammergerichtsordnung spiegelt in Struktur und Aufbau dieses feste Verfahrensmuster wider. Am Paderborner Hofgericht ist dieser Aufbau anders. Im Zentrum der hofgerichtlichen Vorschriften stehen die jeweils vorzunehmende Prozesshandlung und die

1073 Götte, Jüngster Reichsabschied, S. 89 f.

1074 Ein Beispiel bei Diestelkamp, Kampf, S. 339 ff.

1075 Dick, Kameralprozess, S. 104 ff.

prozessrechtliche Figur, nicht der chronologische Ablauf des Verfahrens. Voreilige Schlüsse sind aus diesem Befund aber nicht zu ziehen. Zunächst enthalten auch die Titelüberschriften der Paderborner Ordnung Hinweise auf den chronologischen Ablauf des Verfahrens („Von Publication […] und wie darnach ferner, biß zum Beschluß der Sachen gehandelt werden soll"). Zudem sind für alle Prozesshandlungen Fristen in der jeweiligen Vorschrift genannt. Der äußere Ablauf des Verfahrens wird ähnlich gewesen sein. Da sich eine strukturelle Fixierung auf diese Termine jedoch 1619 (noch) nicht ausmachen lässt, sollte für das Hofgericht nicht von einem Prozessprinzip gesprochen werden. Denn es scheint eine verfahrensökonomische Selbstverständlichkeit, dass ein organisierter Rechtsstreit in festen Bahnen und auf eine Entscheidung hinausläuft.

e) Beschleunigungsgebot, Konzentrations- und Eventualmaxime

Die sprichwörtlich lange Bank, auf die am Reichskammergericht die Akten geschoben wurden, ist in der älteren Literatur zum Gemeinplatz geworden[1076]. Verfahren sollen ewig gedauert und nie ein Ende, jedenfalls kein eindeutiges, gefunden haben. Vor diesem Hintergrund von einem Prinzip der Beschleunigung zu sprechen, mutet daher vielleicht befremdlich an. Trotzdem hat diese Formulierung ihre Berechtigung. Nicht nur werden die Dauer der Verfahren und die Effektivität des Reichskammergerichts heute differenzierter betrachtet[1077]. Sondern es lassen sich entwicklungsgeschichtlich viele Versuche ausmachen, den schleppenden Rechtsgang am Reichskammergericht zu reformieren. Die wichtigsten sind die Bemühungen um Konzentration und Eventualität des Parteivorbringens. Beide hängen eng mit dem Terminsystem zusammen.

Dabei versteht man unter der Konzentration des Prozesses, dass der gleichartige Parteivortrag einer Verfahrensstufe gemeinsam vorgetragen, eben konzentriert werden sollte. Andernfalls wäre der Prozessverschleppung Tür und Tor geöffnet: Der Beklagte hätte beispielsweise dilatorische Einrede um dilatorische Einrede sukzessive vorschützen und durch das aufwendige Beweisverfahren laufen lassen können, bevor das Verfahren einen Schritt weiter gelangt und über die peremptorischen Einreden verhandelt worden wäre. Um das zu vermeiden, war reichsrechtlich schon in den älteren Reichskammergerichtsordnungen die Konzentration gleichartiger Verteidigungsmittel vorgeschrieben[1078] und zur Obliegenheit der Partei gemacht. Missachtete eine Partei nämlich den konzentrierten Parteivortrag, war sie mit später

1076 Vgl. Thudichum, Reichskammergericht, S. 197 ff.; Brinkmann, Rechtsleben, S. 31 ff.
1077 Oestmann, Wege zur Rechtsgeschichte, S. 164 f.
1078 Dick, Kameralprozess, S. 112 ff.

erhobenen Verteidigungsmitteln gleicher Art präkludiert[1079]. Dieses Element der Verfahrensbeschleunigung konnte durch die Eventualmaxime seit 1570 gesteigert werden[1080]. Danach sollte der Beklagte nicht nur alle *(in eventum)* dilatorischen Einreden gleichzeitig erheben, sondern auch die peremptorischen Einreden für den Fall geltend machen, dass seine dilatorische Verteidigung keinen Erfolg haben würde. Die so eingeführte Beschleunigung hatte jedoch eine wechselvolle Gesetzgebungsgeschichte[1081]. Während sie im Jahre 1570 eingeführt wurde[1082], schaffte der Reichstag sie 1594 für die erste Instanz teilweise wieder ab, behielt sie aber für die Appellationsinstanz bei[1083]. Insgesamt lässt sich aber durchaus ein schrittweises Bemühen des Reichsgesetzgebers feststellen, die Einbruchstellen für Prozessverschleppungen zu schließen.

Das Hofgericht kennt die Konzentration dilatorischer Einreden. Eventueller Parteivortrag ist ihr aber – wie den meisten Prozessgesetzen der Zeit – fremd. Ausdrücklich waren peremptorische Einreden erst zu erheben, wenn keine verzüglichen (mehr) vorhanden waren. Die Eventualmaxime wurde erstmals im Ordnungsentwurf von 1666 erwähnt[1084]. Ebenso wie die früheren Reichskammergerichtsordnungen kennt aber auch die Hofgerichtsordnung weitere Bemühungen, einen allzu zögerlichen Prozessverlauf zu verhindern. Die Kriegsbefestigung wurde etwa mit der Vorlage der Klagartikel und diese mit ihrer Beeidigung verbunden. Auf diese Weise waren mehrere wichtige Prozesshandlungen gleichzeitig vorzunehmen. Eine Gegenklage wurde nur parallel zur Hauptsache verhandelt, wenn sie vor der Litiskontestation erhoben wurde. Prokuratoren hatten rechtzeitig ihre Vollmachten vorzuweisen und widrigenfalls Sicherheit zu leisten. Überhaupt sollten sie ihren Vortrag „allein [auf] das jenige, was zu Ausführung“[1085] ihrer Sache vonnöten war, beschränken. Aus dem gleichen Grund sind die wenigen Rudimente mündlichen Vorbringens in der Audienz zu formelhaften Aussagen verkürzt oder sogar durch schriftliches Vorbringen ersetzbar. Auch die umständlichen Ladungsvorschriften können dahin gehend interpretiert werden, dass möglichst wenig verzögernder Streit über das Ob und Wann der Ladung entstehen sollte. In diese Richtung lassen sich auch weitere Bemühungen der Ordnung interpretieren; man denke etwa an die

1079 Schwartz, Civilproceß-Gesetzgebung, S. 82.

1080 Sellert, Stilus Curiae, S. 251 f.; von einem Prinzip lässt sich entwicklungsgeschichtlich erst ab einem Zeitpunkt sprechen, an dem diese Form des Parteivortrags mehrere Prozessstadien beschreibt, Wetzell, System, S. 967.

1081 Vgl. Albrecht, Eventualprincip, S. 35–50.

1082 RA 1570 §§ 88–92. Der Umfang der Eventualmaxime ist nicht ganz klar.

1083 RA 1594 §§ 59–64.

1084 Vgl. S. 228.

1085 HGO 1619, Tit. 19 § 5.

Eide, mit denen die Parteien die Wahrheit ihrer Aussagen und die Ehrenhaftigkeit ihres Anliegens beteuern mussten oder die zahlreichen Mahnungen des Ordnungsgebers zu Kürze und Verständlichkeit der Prozesshandlungen.

f) Schriftlichkeit, Heimlichkeit und Mittelbarkeit des Verfahrens

Aus den modernen Prozessrechten sind die Prinzipien der Mündlichkeit, Öffentlichkeit und Unmittelbarkeit nicht mehr wegzudenken. Sie sind verfassungsrelevante Selbstverständlichkeit und bedingen sich gegenseitig. Vor dem Reichskammergericht und dem Paderborner Hofgericht war das völlig anders. Das Verfahren war, dem römisch-kanonischen Prozess folgend, vornehmlich schriftlich[1086]. Die Gerichtssitzungen, in denen Parteivertreter und Gericht zusammentraten, dienten fast ausschließlich der Übergabe von Schriften. Daran ändert auch nichts, dass diese Übergabe mit kurzen mündlichen Aussagen verbunden werden konnte. Im Reproduktionstermin etwa sollte „die außgangene Proceß, mit ihrer Execution desgleichen die Klag oder Libell in Schrifften, und damit zugleich einen gnugsamen Gewald […] alles sämbtlich und miteinander, in kurtzen Worten"[1087] eingebracht werden. Die Litiskontestation konnte offenbar im Termin mündlich vorgenommen werden, allerdings hatte sie der Kläger bereits im Reproduktionstermin schriftlich anzubieten, und der eigentliche Formalakt im Anschluss an die Responsion des Beklagten beschränkte sich auf rudimentäre Floskeln. Ausdrücklich normiert der Ordnungsgeber, der Beklagte solle „mehr worte nicht sagen" als die vorgeschriebene Befestigungsformel. Das eigentliche Verfahren spielte sich schriftlich ab; nur was in den Akten geschrieben war, wurde Gegenstand der Entscheidung: *quod non est in actis non est in mundo.*

Damit zusammenhängend kann man auch nicht von einer Unmittelbarkeit des Verfahrens in dem Sinne sprechen, dass das erkennende Gericht aufgrund einer mündlichen Verhandlung entscheiden sollte. Aktenversendung und – für das Reichskammergericht, aber nicht für das Hofgericht – Beweisaufnahme durch vom Gericht getrennte Kommissionen verstärken diesen fundamentalen Unterschied zum geltenden Recht. Mit dem Prinzip der Schriftlichkeit geht beinahe zwingend eine wenig ausgeprägte Öffentlichkeit einher. Die vielleicht uralten, überlieferten Reste eines öffentlichen Schaustreits beschränkten sich auf die Audienzen, die wohl mehr der Inszenierung des Gerichts gedient haben dürften. In der Literatur wird zum Beleg für die Öffentlichkeit des Verfahrens immer wieder eine Passage

1086 Das nicht klar geregelte Verhältnis von Schriftlichkeit und Mündlichkeit am Reichskammergericht betont allerdings Oestmann, Gemeine Bescheide, S. 52.

1087 HGO 1619, Tit. 17 § 1.

der Reichskammergerichtsordnung angeführt, nach der die Audienzen „bei geöffneter thür“[1088] abgehalten werden mussten, wenngleich dies natürlich wenig über den tatsächlichen Zugang von jedermann zur Audienz aussagt. Trotzdem wird in der modernen Literatur von einer allgemeinen Zugänglichkeit der Audienzstube ausgegangen[1089]. Ob es am Hofgericht öffentliche Audienzen gegeben hat, ist nicht ganz klar. Jedenfalls aber war selbst die Parteiöffentlichkeit erheblich eingeschränkt. Das gilt nicht nur für die Urteilsberatung und -vorbereitung, sondern auch für so wichtige Verfahrensschritte wie die Zeugeneinvernahme.

g) Parteiherrschaft und rechtliches Gehör

Die Frage, wer ein Verfahren einleitet und beendet und wer für die Beibringung des zu entscheidenden Prozessstoffes zuständig ist, ist im geltenden Recht einer der wichtigsten Unterschiede zwischen Zivil- und Strafprozess. Der Zivilprozess ist in beiderlei Hinsicht durch Parteiherrschaft gekennzeichnet. Nicht nur die Einleitung eines Verfahrens, sondern ebenso den Stoff des Verfahrens bestimmen im Grundsatz die Parteien. Ohne Klage findet kein Prozess statt und das Gericht entscheidet nur über den Streitstoff, den die Parteien vor Gericht verhandeln.

Beide Aspekte der Parteiherrschaft waren grundsätzlich auch im Kameralprozess verwirklicht. Das Reichkammergericht wurde nur auf Ansuchen tätig und nur die Parteien konnten den entscheidungserheblichen Tatsachenstoff beibringen. Dasselbe galt auch für das Verfahren vor dem Hofgericht. Richterliche Verfügungen sollten nicht ohne „Ansuchen eines Hoff-Gerichts geschwornen Procuratoris, der alsbald seine Gewalt fürlegt“[1090], ausgehen. Der Beginn des Prozesses hing daher auch von einem Antrag auf Ladung ab. Am grundsätzlich kontradiktorischen Charakter des Verfahrens änderte auch die Zuständigkeit in fiskalischen Sachen nichts. Für den Fiskal galt dasselbe Prozessrecht wie für jeden anderen Kläger. Er trat daher wie jeder Kläger auf. Aber nicht nur die Ladung des Beklagten, auch andere Handlungen des Richters geschahen nur auf Antrag einer Partei, so etwa die Streitbefestigung oder die Publikation des Beweisergebnisses. Selbst das Ende des Prozesses, der Beschluss, hing von Parteihandlungen ab.

Obwohl das Verfahren damit ganz überwiegend vom Willen der Parteien abhing, kannte die Ordnung in einigen Bereichen ein Tätigwerden *ex officio*, also von Amts wegen ohne einen Antrag der Parteien. So konnten die Richter etwa Fristen nach ihrem Ermessen verkürzen oder verlängern. Sie waren auch befugt, die *conclusio*

1088 RKGO 1555, Tit. III.1.

1089 Vgl. Dick, Kameralprozess, S. 123 m. w. N.; vgl. auch von Loewenich, Herstellung, S. 161.

1090 HGO 1619, Tit. 14 § 1.

der Sache aufzuheben und den Prozess in das Streitverfahren zurückzuversetzen, wenn neue Tatsachen es zweckmäßig erscheinen ließen. Insbesondere das Beweisverfahren war aber von einer Amtstätigkeit geprägt. Die Parteien waren bei der Zeugenvernehmung nicht einmal zugegen, so dass das Gericht den Zeugen von Amts wegen die *gemeinen Fragstücke* vorhalten konnte, wenn die Parteien keine besonderen Fragen beibrachten. Zeugen konnten auch *ex officio* erneut befragt werden, wenn Zweifel an ihrer Aussage aufkamen. Ebenso erhoben die Richter aus eigenem Ermessen den Augenscheinsbeweis und brauchten dafür keinen besonderen Parteiantrag. Diese weitgehenden Befugnisse des Gerichts sind übrigens aus den Kammergerichtsordnungen nicht bekannt.

Mit der starken Herrschaft der Parteien war ihr Anspruch verbunden, im Prozessgeschehen Beachtung zu finden, der – modern konnotiert – als Anspruch auf rechtliches Gehör bezeichnet werden kann. Griffig ist dies zunächst beim Zugang zum Gericht, der auch armen Parteien als Akt besonderer Milde ermöglicht wurde. Er lässt sich aber ebenso anhand weiterer Beispiele nachvollziehen. Kaum eine richterliche Entscheidung erging ohne Schriftwechsel der Parteien; der Gegner war stets zu hören. Ihm kam auch ausnahmslos die gleiche Zahl an Schriftsätzen zu wie dem Antragsteller. Besonders augenfällig ist die zögerliche Haltung davor, eine Partei zu übergehen, im Säumnisverfahren: Jeder Säumige konnte das Verfahren wieder aufnehmen, wenn er nach den versäumten Prozesshandlungen erneut erschien. Konnte er Entschuldigungsgründe vorbringen – ob sie bewiesen werden mussten, ist unbekannt –, war das gesamte zwischenzeitlich stattgehabte Verfahren hinfällig. Wurde der Beklagte wegen der Säumnis des Klägers von der Instanz gelöst, konnte Letzterer trotzdem wieder klagen.

6. Der Rechtsmittelzug

Die Hofgerichtsordnung ist kein reines Prozessgesetz. Vielmehr verschriftlichte der Ordnungsgeber zugleich seine Idee von einem geordneten Instanzenzug und entwarf damit eine Gerichtsverfassung. Es ist bereits angesprochen worden, dass das Hofgericht an erster Stelle besonderer erstinstanzlicher Gerichtsstand für ritterbürtige Personen, „Ambtleuhte“[1091] und Kommunen war und die Zuständigkeit zudem griff, wenn jemand mehrere Personen mit verschiedenen Gerichtszuständigkeiten verklagen wollte. Daneben sollte das Hofgericht in erster Instanz von den Parteien übereinstimmend gewählt werden dürfen[1092]. Schließlich war das Hofgericht als ordentliches Appellationsgericht des Hochstifts vorgesehen. Die Quellen sprechen

1091 HGO 1619, Tit. 13 § 1.
1092 HGO 1619, Tit. 13 § 2.

diesbezüglich in späteren Jahren von der Aufgabe eines „dicasterium provinciale“, eines zentralen Landgerichts. Das Hofgericht wurde daher planmäßig als erst- oder zweitinstanzliches Gericht tätig. Darüber hinaus gab es aber auch Rechtsmittel gegen die Urteile des Hofgerichts, wovon die Ordnung wie selbstverständlich ausgeht. Das allgemeine Rechtsmittel von seinen Urteilen war die Appellation an die Reichsgerichte, also den Reichshofrat („Käyserliche Majestät“) oder das Reichskammergericht[1093]. Diese Appellation war möglich, wenn sowohl die erforderliche Appellationssumme von 300 Gulden[1094] als auch die allgemeine Appellabilität des Richterspruchs gegeben waren. Darüber hinaus legte der Ordnungsgeber besondere Appellationsformalitäten fest, die aus anderen Territorien bekannt sind und um die es reichsrechtlich durchaus Diskussionen gab[1095]: Zum einen sollte der Appellant einen besonderen Appellationseid schwören und zum anderen dem Appellaten für mögliche Kosten und Schäden einer frevelhaften Appellation sämtliche liegende und bewegliche Güter „obligiren“ oder sonstwie Sicherheit leisten[1096].

Nicht jede am Hofgericht beschwerte Partei überwand die Appellationshürde von 300 Gulden, um an die Reichsgerichte appellieren zu können. Auch für diese kleineren Rechtsstreitigkeiten sollte es aber einen Rechtsmittelzug vom Hofgericht geben. Der Ordnungsgeber gab den Parteien die Möglichkeit, ihre „Gravamina per viam Supplicationis“ an die Obrigkeit zu bringen und spricht diese Verfahrensart als „modum revisionis“ an[1097]. Auch das Revisionsverfahren ist aus anderen Territorien und sogar vom Reichskammergericht bekannt[1098]. Die Einzelheiten dieser Verfahrensart sind aber nicht gut erforscht und dürften erhebliche regionale Unterschiede aufweisen. Die Hofgerichtsordnung verliert zur Verfahrensweise kaum ein Wort. Wahrscheinlich war im Bistum die Kanzlei für die Abfertigung des Rechtsmittels zuständig. Die Entscheidung sollte dort „ex eisdem actis“ gefällt oder die Sache an eine „Universität oder sonst zweyen oder dreyen Rechts-Gelehrten ad revidendum“ übergeben werden. Den Parteien war es aber nachgelassen, höchstens zwei weitere Schriftsätze einzureichen und darin auch „etwa newes“, also neue Angriffs- und Verteidigungsmittel, vorzuschützen. Zuvor hatte aber auch der Revisionsführer gleich einem Appellanten einen Eid zu leisten, nachdem er das Rechtsmittel innerhalb von zehn Tagen eingelegt hatte[1099]. Eine besondere Sicherheitsleistung wurde

1093 HGO 1619, Tit. 47 § 1.

1094 Diese Summe legte § 14 DA 1600 fest. Später wurde die Summe durch den § 112 JRA auf 400 Taler erhöht.

1095 Weitzel, Kampf, S. 255 ff.

1096 HGO 1619, Tit. 47 § 2.

1097 HGO 1619, Tit. 49 § 1.

1098 Sellert, Stilus Curiae, S. 373 ff.; Dick, Kameralprozess, S. 215 ff.

1099 HGO 1619, Tit. 49 § 2.

vom ihm aber nicht verlangt. Dieser Unterschied ist entweder eine redaktionelle Nachlässigkeit oder ein Beleg dafür, dass Appellationsbeschränkungen insbesondere den Rechtsmittelzug aus den Territorien hinaus schikanieren sollten.

IV. Probleme und Reformen: der Fürstenberg'sche Ordnungsentwurf von 1666

1. „Kriegs-Troublen und schwere trangsaalen": das Hofgericht im Dreißigjährigen Krieg

In der Literatur ist behauptet worden, es seien die Wirren des dreißigjährigen, „deutschen" Krieges gewesen, die das Hofgericht nicht zur rechten Blüte haben gedeihen lassen[1100]. Diese Aussage ist nicht aus der Luft gegriffen. Auch in den Archivquellen wird der Zusammenhang zwischen Schwierigkeiten bei der Umsetzung der Hofgerichtsordnungen und den Kriegsereignissen häufig bemerkt. In der Einleitung der bekannten Hofgerichtsordnung von 1720 etwa heißt es, „die eingefallene verderbliche, vieljährige Kriegs-Troublen" hätten Unruhe verursacht. Ähnliches formulierte bereits der Entwurf einer neuen Ordnung von 1666. Die „eingefallene und langewehrte verderbliche Kriegs unruhr [habe], allerhandt unordtnung und Mengell causirt". Und 1698 erläuterte der Paderborner Bischof den Wetzlarer Reichskammerrichtern, „bey dem erfolgten dreißig Jährigen teutschen Krieg, undt dahmaligen im stifft Paderborn entstandenen schweren trangsaalen" seien verschiedene „confusionen" im Gerichtssystem des Bistums entstanden[1101].

Dieser Zusammenhang ist plausibel und im Übrigen selbst für die höchsten Reichsgerichte gesehen worden. Der Jüngste Reichsabschied etwa sieht in den „vorgewesenen langwierigen Kriegs-Läufften" die Ursache für das „fast gäntzlich zerfallene heilsame Justitz-Wesen"[1102] in der Mitte des 17. Jahrhunderts. Zwar begannen die Unruhen von 1618 fernab der Bistumsgrenzen, so dass die Landesgeschichte mit dem Datum weniger den Beginn der „schrecklichsten Geschehnisse der älteren deutschen Geschichte"[1103] verbindet, sondern den Tod des prägenden Bischofs Dietrichs IV. und die schicksalhafte Wahl seines Nachfolgers[1104]. Dessen Person aber machte es von Anfang an unwahrscheinlich, dass sich seine Länder dauerhaft

1100 Rosenkranz, Verfassung, S. 137; Brandt/Hengst, Bistum, S. 91.
1101 Vgl. die Edition bei Süss, Beneficium, S. 388.
1102 JRA § 7.
1103 Arndt, Dreißigjähriger Krieg, S. 7.
1104 Braun, Dreißigjähriger Krieg, S. 201.

der Auseinandersetzungen würden entziehen können[1105]. Für Ferdinand I. war „der Kampf für die katholische Religion die Grundkonzeption seines Lebens"[1106]. Und mit Maximilian I. von Bayern war niemand Geringerer als sein Bruder eine der führenden Kräfte in der katholischen Liga. Seit dem Jahreswechsel 1621/22 ist das Hochstift dann auch wie kaum ein anderes Land in Westfalen zum Schauplatz des Krieges und seiner Folgen geworden[1107]. Die Umstände waren für Paderborn auch besonders ungünstig: Die Niederlande waren nah, die Interessen des Landesherren auf viele Länder verteilt und das Bistum selbst am Maßstab geistlicher Staaten[1108] unterdurchschnittlich wehrhaft[1109]. Ostwestfalen wurde so zum Aufmarsch-, Durchzugs- und Plünderungsgebiet für alle Seiten. Allein die Stadt Paderborn wechselte zwischen 1622 und 1647 zehnmal den Stadtherrn. Besondere Beachtung fanden die Besatzung der Stadt durch Christian von Braunschweig-Wolffenbüttel im Januar 1621 und die insgesamt dreijährige Besatzungszeit durch hessische Truppen zwischen 1633 und 1638[1110]. Noch öfter wurde die Stadt belagert oder attackiert und konnte sich nur durch kaum zu stemmende finanzielle und wirtschaftliche Zugeständnisse ihre Unabhängigkeit bewahren. Für die Bevölkerung bedeutete – Besatzung oder nicht – jeder Zwischenfall Zerstörung, Plünderung und Tod, unabhängig davon, ob protestantische oder katholische, ligistische oder unionistische, kaiserliche oder ausländische Truppen die Stadt begehrten. Ähnlich wie der Stadt Paderborn ging es auch anderen Orten im Hochstift[1111]. Eine besondere Belastung

1105 Braun, Dreißigjähriger Krieg, S. 201, Richter, Geschichte II, S. 230.

1106 Wolf, Das 17. Jahrhundert, S. 539.

1107 Vgl. zu den folgenden Ausführungen und zu den Geschehnissen im Hochstift allgemein ausführlich Braun, Dreißigjähriger Krieg, S. 201 ff.; Wolf, Das 17. Jahrhundert, S. 539 ff.; Richter, Geschichte II, S. 226 ff. sowie die Quellensammlung von Andreas Neuwöhner, Im Zeichen des Mars, Paderborn 1998.

1108 Zur Militarisierung geistlicher Fürstentümer vgl. Hersche, Intendierte Rückständigkeit, S. 136 ff.; Mürmann, Militärwesen, S. 7 f.

1109 Zur Militärgeschichte des Hochstifts vgl. Mürmann, Militärwesen, passim.

1110 Alfred Weskamp, Herzog Christian von Braunschweig und die Stifter Münster und Paderborn im Beginne des dreissigjährigen Krieges (1618–1622), Paderborn 1884 sowie ders., Das Heer der Liga in Westfalen zur Abwehr des Grafen von Mansfeld und des Herzogs Chrstian von Braunschweig (1622–23), Paderborn, 1891 sowie Theodor Tophoff, Christian von Braunschweig und Johann Jacob Graf von Anholt, in: Westfälische Zeitschrift 13 (1852), S. 91–189.

1111 Für Salzkotten: Manfred Wolf, Salzkotten im 17. und 18. Jahrhundert, in: Stadt Salzkotten/Detlef Grothmann, 750 Jahre Stadt Salzkotten, Band 1, Paderborn 1996, S. 145–157; für Warburg: Johann Sagel, Warburg im dreißigjährigen Kriege, Hildesheim 1908, S. 83 ff.; andere Kleinstädte im Überblick bei Hermann Rothert, Die Einwirkung des Dreißigjährigen Krieges auf Westfalens Wohlstand und Bevölkerungszahl, in: Westfälische Forschungen 4 (1941), S. 143 f.

dürfte die Einquartierung von 30.000 kaiserlichen Soldaten im Winter 1640/41 gewesen sein. Der Krieg verwüstete und entvölkerte ganze Landschaften, formte das Gesicht Mitteleuropas und prägte eine ganze Kulturepoche.

Und das Hofgericht? Den Literatur- und Quellenangaben glaubt man vor dem Hintergrund der weltpolitischen und Geschichte machenden Ereignisse nur allzu gerne. Es ist auch nachvollziehbar, dass die großen Belastungen Kapazitäten banden und Volk und Eliten des Bistums anderes im Sinn hatten als ein funktionierendes Hofgericht. Nur beweisen lässt sich der Einschnitt, den der Dreißigjährige Krieg gebracht haben soll, nicht. Aus der Zeit zwischen 1618 und 1648 sind zwar insgesamt weniger Reichskammergerichtsakten Paderborner Provenienz überliefert. Als erst- und zweitinstanzliches Untergericht ist das Hofgericht aber trotzdem weiterhin vertreten. Auch im Verhältnis zu den anderen Zentralbehörden lässt sich kein Niedergang ausmachen. Selbst beim mikroskopischen Blick in die Prozessakten gibt es kaum Hinweise auf Probleme in der täglichen Arbeit. In einer einzigen Akte lässt sich der Einfluss des Krieges dann aber doch nachweisen: Am 27. Juli 1623 erreichte das Paderborner Hofgericht ein reichskammergerichtliches Mandat im Rechtsstreit des Martin Hoppe gegen Johann Behnen wegen verschiedener Grundstücke in Rimbeck, mit dem die Wetzlarer Richter die Herausgabe der vorinstanzlichen Akten verlangten[1112]. Am 04. August 1623 machte sich der Paderborner Hofrichter Johann Vitor Warnesing daran, dem Reichskammergericht zu antworten. Man wolle sich so schnell wie möglich mit dem Abschreiben der Akten befassen. Interessant ist nicht der Vorgang an sich, der im Gegenteil ziemlich gewöhnlich ist. Interessant sind vielmehr die letzten Worte dieses Antwortschreibens. Dort schließt Warnesing sein Schreiben nämlich „im mangell des hoffgerichts Siegielß, [... das] hiebeuor durch das Kreigsvolck verruckt, mit des Hoffrichters Pitzschafft“[1113]. Das private hofrichterliche Petschaft musste also das Paderborner Hofgerichtssiegel ersetzen, das offenbar in vorangegangenen Kriegswirren verloren gegangen war. Echte Schwierigkeiten gerade des Hofgerichts lassen sich an diesem Beispiel aber wohl kaum illustrieren.

Nur weil die Quellen heute nicht mehr sprechen, heißt das nicht, dass es keine Probleme gegeben hat. Eine Entwicklung sollte in den folgenden Jahrzehnten nämlich durchaus zum „heißen Eisen“ in der Bistumspolitik werden: das Verhältnis von Hofgericht und Kanzlei. Offenbar hielt sich die mit Regierungs- und Landesangelegenheiten betraute Regierungskanzlei nicht an die in der Hofgerichtsordnung vorgesehene Aufgabenteilung und zog immer mehr Parteistreitigkeiten vor sein eigenes Forum. Dieser Missstand dürfte in den Kriegsjahren begonnen haben

1112 LAW RKG, B 428 I unpaginiert (Q1).
1113 LAW RKG, B 428 I, Bl. 70v = Q7; vgl. auch II Bl. 94r.

und ist erstmals aus den letzten Regierungstagen Ferdinands I. überliefert. In einem bischöflichen Reskript vom 17. Februar 1649 wandte Ferdinand sich deshalb unmittelbar an seine Paderborner Räte, nachdem sich „nicht nur Richtern, undt Assessorn [… seines] paderbornischen Hoffgerichts“, sondern angeblich sogar das „Thumb Capittull“ bei ihm beschwert hatten[1114]. Ferdinand tadelte seine Regierung, die trotz seiner „öfters eingewandter Erinnerung fast alle streitige Partheysachen durchgehendtß vor [… die] Cantzley […] zu […ihrer] judicatur“ zogen. Diese Avokationen sollten zukünftig endlich unterbleiben. Denn die Probleme lagen für Ferdinand auf der Hand. Durch die Kompetenzanmaßung seiner Stellvertreter vor Ort würden nicht nur das „Hoffgerichte gäntzlich zu boden gelagt, und in abgang gebracht, sondern auch andere Landtß undt Regierungssachen, die sonst aigentlig [… zur] Cantzley gehörig, zurückgestellet pleiben, und nicht mitt gehorigen fleiß, undz Eiffer beobachtet“. Sein „ernstliger befelch“ war daher auch, dass die Räte zukünftig „die jenige sachen, welche in Contradictorio judicio ventilirt werden müßen, und ihre gerichtlige Terminos […] erfordern“[1115], von der Kanzlei an das Hofgericht verwiesen werden sollten.

Ganz ohne rechtliche Grundlage waren die Paderborner Räte aber nicht darauf gekommen, selbst rechtsprechend tätig zu werden. Neben der Justizaufsicht hatte nämlich Ferdinand in seiner frühesten Kanzleiordnung vom 20. Dezember 1618 ihnen noch aufgegeben, auch „selbst […] die heilsahme Justitz, und deren unverdächtige Ertheilung sich getrewlich befohlen seyn [zu] laßen, unseren Unterthanen und Männiglichen zu ihrem anliggen, supplicationibus, und beschwerden, gerne und guthwillig ohne einige affection [zu] hören, dieselbe bey ihren verhofften Rechten, und vor unrechter gewaldt [zu] schützen, und [zu]vertretten, ihnen zu furderlichem guth, und Rechtlichem außtrag bey vorab in causis privilegiatis, liquidis, und welche keinen verzug erleiden können, unverweigerte hülff [zu] erweißen, und wiederfahren [zu] laßen“[1116]. Davon hatten die Räte aber offenbar etwas zu sorglos Gebrauch gemacht und die Beschränkung auf die besonderen und liquiden Angelegenheiten überlesen. Ferdinand stärkte nun also die Kompetenz des Hofgerichts, das wieder alleine für kontradiktorische Sachen zuständig werden sollte.

Das Reskript ist der letzte Hinweis auf den Zustand der Paderborner Gerichtsverfassung aus der Regierungszeit Ferdinands. Ihm folgte der in den Rechten promovierte Dompropst Dietrich Adolph (von der Recke, reg. 1650–1661)[1117] auf den Paderborner Bischofsstuhl. Als Gesandter Ferdinands hatte er maßgeblich an den Friedensverhandlungen in Münster und Osnabrück mitgewirkt[1118]. Aus seiner

1114 LAW Domkapitel, Nr. 93.28, Bl. 1r.
1115 LAW Domkapitel, Nr. 93.28, Bl. 1v.
1116 LAW Domkapitel, Nr. 261.2, Bl. 71v f.; Süss, Kanzleiordnungen, S. 335.
1117 Lebensbild bei Brandt/Hengst, Bischöfe, S. 234–240.
1118 Gorges, Geschichte, S. 4–11.

Regierungszeit sind Bemühungen um das Gerichtswesen nicht bekannt und ließen sich auch in den Archiven nicht ausmachen. Hält man sich die verheerenden Folgen des Krieges vor Augen, ist das auch nicht verwunderlich. Dietrich Adolph war mit anderen Angelegenheiten beschäftigt, ließ Schlösser und Burgen wiederherstellen und einlösen, das Hochstift massiv aufforsten und eine umfangreiche Polizeiordnung ausarbeiten[1119]. Insgesamt ist ihm aber zugeschrieben worden, das Bistum ohne großen Ehrgeiz und mit einem Fokus auf die geistlichen Angelegenheiten regiert zu haben[1120].

An dieser Stelle soll aber ein Blick auf seine 1651 erlassene Kanzleiordnung[1121] geworfen werden, die auch das Gerichtswesen betraf. Zwar lassen sich aus seinen Regierungsjahren keine prozessrechtlichen Reformen ausmachen, er versuchte mit der Ordnung jedoch, die bereits von Ferdinand angestoßenen Zuständigkeiten seiner Zentralbehörden zu profilieren. Dazu passte er die Kanzleiordnung seines Vorgängers[1122] an aktuelle Bedürfnisse an. Und dazu gehörten offenbar abermals die ausufernden Rechtsprechungsambitionen der Kanzlei. Ähnlich wie Ferdinand 29 Jahre zuvor ordnete auch Dietrich Adolph an, es seien „alle contensiosa quae telam judiciarium requirunt entweder durch güthlichen Vergleich oder aber summarie et de plano nicht also baldt zu entscheiden und abzuhelfen sei, an das hoffgericht" zu verweisen, „damit [...] die cantzelei mit allen indifferenter einkommenden partheien sachen nicht überhäufft" werde[1123]. Was sich ähnlich anhört, ist in Wirklichkeit ein Rückfall auf die Kanzleiordnung von 1618 und hinter das ausdrückliche Reskript Ferdinands von 1649. Dieser hatte angeordnet, dass alle Parteisachen, die „in Con tradictorio judicio ventilirt" werden müssten, am Hofgericht besser aufgehoben seien als an der Kanzlei. Dietrich setzte hier die alten Ausnahmen wieder in Kraft. Vor der Kanzlei sollten die Parteien nicht nur zur Güte, sondern auch streitig summarisch verfahren dürfen. Nur die Sachen, die nicht „also baldt" entschieden werden konnten, waren an das Hofgericht zu verweisen. Aber was hieß das schon? Die Räte sollten darüber hinaus „alle halbjahr" durch Visitation des Hofgerichts ihre Aufsichtfunktion gegenüber dem Obergericht wahrnehmen[1124]. Neu in die Ordnung eingerückt ist allerdings ein Avokationsverbot, das sich in der Ordnung

1119 Zur Regierungstätigkeit Dietrich Adolphs vgl. Gorges, Geschichte, S. 15–64. Die Polizeiordnung ist abgedruckt in den Landes-Verordnungen I, S. 6–80.

1120 Hengst, Dietrich Adolf, S. 364.

1121 Abgedruckt bei Gorges, Geschichte, S. 108–113.

1122 LAW Domkapitel, Nr. 261.2, Bl. 71r ff. und 74r ff. Die Ordnungen sind ediert bei Süss, Kanzleiordnungen, S. 334–339.

1123 Nr. 16 der Kanzleiordnung; Gorges, Geschichte, S. 111.

1124 Nr. 23 der Kanzleiordnung, Gorges, Geschichte, S. 112. Nach der älteren Ordnung sollte die Visitation alle Vierteljahre stattfinden, vgl. LAW Domkapitel, Nr. 261.2, Bl. 77r.

Ferdinands noch nicht wiederfindet. Demnach sollten die bischöflichen Räte „die sachen, so beim hoff- oder officialatgericht im rechten befangen [...] keiner gestaldt avociren, weniger dessen post definitivam abgelassenen executorialibus hinderlich sein, sondern dehn judiciis ihren ordentlichen lauf rechtens ohne hinderlich lassen, bis dass ein oder ander ad revisionem legitime et secundum ordinationem judicii Aulici provociren und von der cantzelei processus et inhibitoriales darüber ausbringen wirdt"[1125]. Beide Bestimmungen – Avokationsgebot und Zuweisung summarischer Sachen – lassen sich im Übrigen auf die Wahlkapitulation Dietrich Adolphs zurückführen[1126]. Ob die Domherren den Rückschritt im Wortlaut der Kapitulation bezweckten, darf bezweifelt werden.

2. Exkurs: der Weg zum Jüngsten Reichsabschied

Auch über die Regierungszeit Dietrich Adolphs war das Paderborner Prozessrecht also auf dem Stand von 1618 stehen geblieben und die Gerichtsverfassung weit von dem *gradus appellationis* – dem geordneten Instanzenzug – entfernt, den die alte Hofgerichtsordnung vorgesehen hatte. Echte Anstrengungen, das zu ändern, lassen sich erst in der Regierungszeit seines Nachfolgers, des großen Ferdinand II. (von Fürstenberg, reg. 1661–1683), ausmachen. Zuvor sei aber ein Blick auf die Reichsebene erlaubt. Denn als 1654 der Regensburger Reichstag auseinanderging, hatten die Gesandten mit dem später als „jüngstem" bezeichneten Reichsabschied die wichtigste Grundlage des Prozessrechts seit dem Konzept einer neuen Kammergerichtsordnung 1613 geschaffen. Die Entwicklungen auf Reichsebene sollen zum besseren Verständnis der Paderborner Reformen kurz dargestellt werden.

Der Abschied des am 30. Juni 1653 in Regensburg zusammengetretenen letzten Reichstags „alten Stils" ist ein Schlüsseldokument der Verfassungsgeschichte des Alten Reichs[1127]. Die an der Donau versammelten Gesandten hatten dringliche Aufgaben zu erledigen. Wichtige Fragen der Umsetzung des Westfälischen Friedens waren nach wie vor ungeklärt. Nach dem Osnabrücker Vertrag von 1648 hätte ein Reichstag daher

1125 Nr. 17 der Kanzleiordnung; Gorges, Geschichte, S. 112.

1126 LAW Domkapitel, Nr. 171.4, Bl. 4v: „23. Und sollen In specie keine Contensiosa so ad contradictionem gemachten, und ordinarium processum erfordern, nisi in casibus in ordinatione Judicii Aulici speciatim expressis et exceptis von der Cantzeley angenohmen sondern dieselbe an daß Hoffgericht Remittirt werden. 24. Item sollen die Rhätte nicht bey macht sein, einige an den Gerichtern in Rechtt befangene sachen zu Auociren und den Lauff deß Rechtens zu Interturbiren, weniger die post Definitiuam abgegebene Executoriales und deren Effectum (Es sey dan, daß à sententia ad Reuisionem legitimé prouocirt und die Solennia Juxta ordinationem an dem Hoffgericht und deßwegenn Documenta vorbracht praestirt sein) einiger gestalt zubehindern."

1127 Schnettker, Jüngster Reichsabschied, Sp. 1422.

eigentlich im Laufe des Folgejahres zusammentreten müssen[1128]. Es entbrannte über die strittigen Fragen und auch über die Umsetzung der in Münster und Osnabrück beschlossenen Punkte jedoch mehrfach Streit. Daneben hatten die Reichsstände mit dem Nachkriegsgeschehen und den andauernden Einquartierungen zu kämpfen[1129] und schließlich verzögerte sich auch noch die Ausschreibung der Versammlung[1130]. In ihrem Schlussdokument wurden indes wichtige Ergebnisse festgehalten, deren Großteil die Reform des Justizwesens und des Kameralprozesses betraf. Als „Ruhmestitel"[1131] des Jüngsten Reichsabschieds und als das „hervorragendste Proceßgesetz des alten Deutschen Reiches"[1132] ist die neue Verfahrensordnung daher sogar bezeichnet worden. Erklärtes Ziel war es, den als weitläufig empfundenen Rechtsgang abzukürzen und den unzähligen „Tergiuersationes"[1133] und Möglichkeiten zur Prozessverschleppung die Grundlage zu entziehen.

Der Wunsch nach einer Reform des schleppenden Kameralprozesses entstand jedoch nicht erst mit dem Westfälischen Frieden oder im Zuge des Regensburger Reichstages. Der Jüngste Reichsabschied bildet vielmehr den Schlusspunkt eines langwierigen Reformprozesses. Reichstagsdeputationen und Visitationskommissionen waren insbesondere in der zweiten Hälfte des 16. Jahrhunderts in vielen Sitzungen mit einzelnen Fragen des Kameralprozesses befasst und entschieden ständig über kleinere Änderungen des Verfahrensganges[1134]. Hinzu kam das selbstgesetzte Prozessrecht des Reichskammergerichts, das in zahllosen gemeinen Bescheiden überliefert ist[1135]. Besonders herausstechend ist jedoch der Speyrische Deputationsabschied des Jahres 1600, der sich sehr intensiv mit der Organisation des Reichskammergerichts und seinem Verfahrensgang auseinandersetzt. Die Fülle des Stoffes muss gegen Ende des 16. Jahrhunderts so unübersichtlich geworden sein, dass sich dieser Ausschuss in Speyer genötigt sah, „aus denen von dem Jahr 55. ergangenen Reichs-Deputation- und Cammer-Gerichts-Visitations-Abscheiden, Memorialn, auch gemeinen Bescheiden, und andern Conclusis (durch welche [...] die Cammer-Gerichts-Ordnung an vielen Orthen geändert) einen Extract zu machen, welcher jederzeit bey der Hand, und

1128 Vgl.: Art. VIII § 3 IPO: Es solle auch jnnerhalb sechs Monaten / nach ratificirten Frieden ein Reichs-Tag [...] gehalten werden. Jn Nächstkünfftigem Reichs-Tage sollen der vorigen Conventen-Mängel verbessert [...] Auch alßdann von [...] reformation deß Policey; vnnd Iustici-Wesens [...] gehandelt vnd geschlossen werden.

1129 Meiern, Acta Comitialia I, S. 5.

1130 Neurode, Gegenwärtige Verfassung, S. III.

1131 Laufs, Jüngster Reichsabschied, Sp. 470.

1132 Schwartz, Civilproceß-Gesetzgebung, S. 116.

1133 JRA § 34.

1134 Zahlreiche Abdrucke bei Ludolff, Corpus Iuris Cameralis, 1724.

1135 Eine umfassende Sammlung findet sich nunmehr bei Oestmann, Gemeine Bescheide I, passim.

bey dem Bescheid Tisch zu gebrauchen", und sogar eine Kommission aus „Cammer-Richter und Beysitzere, etliche gelehrte und unsers Kays[erlichen]. Cammer-Gerichts erfahrne Personen, beyderseits Religion, in gleicher Anzahl [zu] verordnen, so unsere Cammer-Gerichts-Ordnung ersehen, und was darin, zu Beförderung deß Process, allbereit aus den Reichs-Deputations- und Visitations-Abschieden geändert, auf das Papier bringen, und in die Mayntzische Cantzley einlieffern solten, [...] und in Truck zu verfertigen"[1136]. Zunächst wurde das Reformwerk dann aber selbst auf dem folgenden Reichstag in Regensburg 1603 wegen „allerhand erhebliche Verhinderungen" vertagt[1137]. Die Kommission arbeitete jedoch anschließend in der Tat bis 1613 ein entsprechendes Konzept einer neuen Reichskammergerichtsordnung aus[1138], das zwar nie förmlich in Kraft trat, aber in den Folgejahrzehnten prägend für das Prozessrecht sein sollte. Eingehend untersucht ist die Reform des Prozessrechts durch das Ordnungskonzept von 1613 bisher nicht. Vermutlich waren es auch auf Reichsebene die Kriegs- und Religionswirren, die die Aufmerksamkeit des Kaisers und der Stände fortan für sich beanspruchten und eine Reform des Kameralprozesses in den Hintergrund treten ließen[1139]. Der Prager Friedensschluss von 1635 beschäftigt sich daher bezeichnenderweise ausschließlich mit der religiös paritätischen Besetzung des Kammergerichts und des Reichshofrats[1140], wenngleich man die „Imperfection" des Justizwesens beklagte und Änderungen für wünschenswert hielt.

Gegen Ende des Krieges rückten die Probleme wieder ins Bewusstsein der Reichsöffentlichkeit. Dem Regensburger Reichstag des Jahres 1641 machte der Kaiser wiederum eine Proposition zur Verbesserung der Justiz. Im Abschied findet sich jedoch abermals nur der Hinweis, dass die übrigen Tagesordnungspunkte die gesamte Sitzungszeit in Anspruch genommen hätten und nunmehr eine Deputation sich der dringlichen Justizreformen annehmen müsse[1141]. Immerhin sollten bestimmte Beschlüsse dieses Ausschusses die Wirkung eines Reichstagsabschiedes erhalten[1142]. Das magere Ergebnis heißt indes nicht, dass die Verbesserung des Justizwesens nicht durchaus Arbeit und Zeit in Anspruch genommen hätte[1143].

1136 DA 1600, § 4.

1137 RA 1603 §§ 45–47.

1138 Das Konzept ist abgedruckt bei Ludolff, Corpus Iuris Cameralis, S. 567 ff. Zur Bezugnahme auf den DA 1600 vgl. dort die Vorrede, S. 568.

1139 Amend-Traut, Wechselverbindlichkeiten, S. 116.

1140 Friedensschluss 1635 §§ 26, 28.

1141 RA 1641 § 90.

1142 RA 1641 § 92: Die Deputation sollte eine verbindliche Reichshofratsordnung ausarbeiten.

1143 Die Ansicht Roswitha von Kietzells, Der Frankfurter Deputationstag von 1642–1645, in: Nassauische Annalen 83 (1972), S. 99–119, hier S. 103, nach der die kaiserliche Proposition das Justizwesen betreffend nur „dem Herkommen und der Form" genügte, weil es schon zur Gewohnheit geworden sei, die Justizreform auf die Tagesordnung zu

Der Fürstenrat und das Kollegium der Reichsstädte gaben umfassende und einmütige Stellungnahmen ab. Dabei benannten sie größtenteils allerdings eher die Problemkreise, die es zu bearbeiten galt, als dass sie detaillierte Reformvorschläge machten. Immerhin stellten sie ein Diskussionsprogramm auf: Das Kammerkonzept von 1613 sollte überarbeitet und aktualisiert werden. Die zahlreichen *dubia cameralia*[1144] sollten zusammengefasst und in eine neue Ordnung eingearbeitet werden, um die „zuweilen verspürte contrarietas praejudiciorum, welche sowohl die Partheyen als Advocaten irr machen"[1145], zu harmonisieren. Prozessrechtlich wollte man insbesondere Appellationen erschweren, Revisionen einschränken, Fristen verkürzen und überlange Schriftsätze mit vergeblichen „narrationibus und unnöthigen allegationibus Juris"[1146] bei Strafe verbieten. Im Übrigen beschäftigten sich die Kollegien intensiver mit der Institutionalisierung des Reichshofrats als mit der Reform des Prozessrechts. Im abschließenden Reichsgutachten, das am 27. September 1641 verlesen wurde, konnten sich die Stände daher darauf einigen, dass die Justiz „vielfältige schwere Mängel und Unordnungen, vornehmlich bei den Processen, Revisionen und Executionen" aufwies. Sie meinten aber, „da man schon solche vor die Hand nehmen wolte, darzu so viel Zeit und Unkosten gehören", dass die Diskussion besser vor der bereits erwähnten Deputation geführt und die „Beysitzere", also die Reichskammergerichtsassessoren, hinzugezogen werden sollten[1147]. Immerhin wollte man die Deputation nicht völlig im luftleeren Raum arbeiten lassen und gab ihr mit der „Specification derjenigen Puncten, welche bei künfftigen Deputations-Tag [...] in Berathschlagung zu ziehen seyn möchten"[1148] einen Fragenkatalog mit 21 Punkten an die Hand.

Diese Fragen wurde offensichtlich zur Vorbereitung an das Reichskammergericht gesandt, dessen „Collegium" zu jedem Punkt sorgfältig Stellung bezog. Die gesammelten „Considerationes"[1149] vom 16. Juni 1643 wurden Grundlage der Arbeit

---

setzen, aber immer wieder zu verschieben, muss daher relativiert werden. Sie lässt die hier benannten Quellen außer Acht.

1144 Als *dubia cameralia* werden Vorschläge des Reichskammergerichts an den Reichstag zur Gesetzgebung bezeichnet. Der Name leitet sich vermutlich daraus ab, dass im Gerichtsplenum keine Mehrheit für eine Rechtsfrage erzielt werden konnte, so dass ein Gemeiner Bescheid oder ein *conclusum pleni* nicht zustande kam. Vgl. zu den Begriffen und ihren Abgrenzungen Oestmann, Gemeine Bescheide I, S. 2 ff.

1145 Memorial-Zettul des hochlöblichen Fürsten-Raths, zitiert nach Meiern, Acta Comitialia II, S. 4.

1146 Memorial-Zettul des hochlöblichen Fürsten-Raths, zitiert nach Meiern, Acta Comitialia II, S. 6.

1147 Reichsgutachten 1641, zitiert nach Meiern, Acta Comitialia II, S. 20.

1148 Abgedruckt bei Meiern, Acta Comitialia II, S. 28 ff.

1149 Abgedruckt bei Meiern, Acta Comitialia II, S. 133–159.

des Deputationstags. Das kammergerichtliche Gutachten ist von der rechtshistorischen Forschung bislang kaum berücksichtigt worden und findet in einschlägigen Studien allenfalls am Rande Erwähnung[1150]. Der Quellenwert ist kaum zu überschätzen, wenngleich man ihm selbstverständlich mit quellenkritischer Distanz begegnen muss. So überrascht vielleicht nicht, dass Vorschläge zur Verbesserung der Richterbesoldung, der personellen Vergrößerung des Richterkollegiums und ihrer Finanzierbarkeit breiten Raum in diesem Gutachten einnehmen. Aber immerhin, sehr umfassend äußern sich die speyrischen Richter auch zur dringlichsten Frage, „wie nemblich die Process [...] abzukürtzen" sind. Auch hierbei ist bei aller Bewunderung für den großen Detailreichtum, den die Quelle bietet, vorsichtige Distanz angebracht, denn auch im trockenen Prozessrecht liegen nicht selten handfeste Interessen der Kammerrichter nach mehr Personal, besserer Bezahlung und Verringerung des Arbeitsaufkommens auf der Hand. In den *Considerationes* setzten sich die Beisitzer außerdem naturgemäß nur mit den Problemen des eigenen Gerichts auseinander, die nicht durchgehend auf die Gerichte der Reichsstände übertragbar sind und deren Ursachen eher in der Gerichtsverfassung des Reiches zu sehen sind. Auch die das Prozessrecht betreffenden Vorschläge sind nicht durchgängig von allgemeinem Interesse. Die Richter fanden jedenfalls vier Ursachen für die überlange Prozessdauer des Kameralprozesses: Fehler in der RKG-Ordnung selbst, Regelverstöße der Prokuratoren, ungebildete Offizianten am Gericht und nachlässige Richterkollegen. Dabei bedürfe die Ordnung eigentlich keiner großen Änderung. Man schlug allerdings vor, in den Libellen zu Beginn eines Verfahrens[1151] nicht nur die jeweiligen Positional- oder Defensionalartikel, sondern zugleich auch sämtliche Beweisantritte vorzuschreiben, wie es bereits 1593 angeordnet, 1600 aber wieder abgeschafft worden sei[1152]. Der Vorteil sei, dass der Richter gleich erkennen könne, welche Rechtssache tatsächlich begründet sei und welche mutwillig verfolgt werde. Gleichzeitig solle die eingebende Partei dem Gegner Abschriften zukommen lassen, damit darauf binnen kurzer Ausschlussfrist *(terminus praejudicialis)* eingegangen werden könne. Dadurch werde der bisherigen Praxis, nach der der Gegner auf einen eingebrachten Schriftsatz zunächst Abschrift und dann Erwiderungsfrist von bis zu acht Monaten erbat, um sich sodann nochmals zur Erwiderung auf jeden einzelnen Artikel auffordern zu lassen, der Weg abgeschnitten. Der unmittelbare Beweisantritt sollte erst recht im Mandatsverfahren Anwendung finden, um dem Beklagten unbotmäßige Verfügungen zu ersparen. In Mandatssachen sollten zudem alle Fristen ausnahmslos als Ausschlussfristen ausgestaltet werden.

1150 Z. B. Maass, Zivilprozeßreform, S. 16.

1151 Gemeint sind wohl die jeweils ersten Schriftsätze der Parteien.

1152 Es ist unklar, welche Regelwerke gemeint sind. Von 1593 ist kein Reichsabschied überliefert und im Deputationsabschied findet sich eine entsprechende Vorschrift nicht.

Für besonders reformbedürftig hielten die Richter das umständliche Ordnungssystem in den kammergerichtlichen Audienzen, bei dem die vorzunehmenden Prozesshandlungen der Parteien in sechs Ordnungen eingeteilt wurden[1153]. Die Prokuratoren wurden also reihum zunächst nach Handlungen auf Urteile *(ordo sententiarum)*, dann nach neuen Sachen *(ordo novis)*, weiter nach bestimmten Terminsachen *(ordo praefixarum)* usw. gefragt. Die Umfragen waren darüber hinaus nochmals nach *ordinarias* und *extraordinarias* einerseits und nach erstinstanzlichen und zweitinstanzlichen Sachen andererseits unterteilt. Bei diesem komplizierten Umfragesystem konnten selten alle Ordnungen in einer Audienz abgehandelt werden. Was nicht geschafft wurde, musste vertagt werden[1154] – das RKG-Gutachten spricht hier von mehrjährigen Verzögerungen! Da zudem bei einigen Prozesshandlungen Unsicherheit bestand, in welcher Umfrageordnung sie vorzutragen waren, gingen Prokuratoren dazu über, die Handlungen in jeder infrage kommenden Ordnung zu wiederholen, was die Audienzen weiter in die Länge zog. Das Ordnungssystem stand daher auch bereits seit 1595 in der internen Kritik des Kammergerichts, ohne dass es dem Kollegium gelang, entscheidende Reformen durchzusetzen[1155]. Diese Schwierigkeiten verbanden sich nach Ansicht der Richter mit einem zweiten, unerträglichen Zustand zur eigentlichen Ursache endloser Verfahren: dem regelwidrigen und unnötigen Rezessieren der Anwälte. Rezesse waren Eingaben der Prokuratoren in der Audienz. In einem schriftlichen Verfahren sollten sich mündliche Eingaben eigentlich auf inhaltsleere Formeln bei der Übergabe von Schriftsätzen während der Umfragen beschränken[1156]; insbesondere sollte nicht zur Hauptsache, den *merita causae*, außerhalb von Schriftsätzen vorgetragen werden. Daran hielt sich aber offenbar niemand. Die Prokuratoren nutzten die Audienz daher wohl allzu häufig, ihre schriftlichen Ausführungen mündlich lang und breit zu erläutern. Ständige Wiederholungen in den Reichskammergerichtsordnungen[1157] und zahlreichen Gemeinen Bescheiden[1158] weisen darauf hin. Beide Problemkreise – Umfrageordnungen und Rezesse – wollten die Richter angehen: Zunächst sollten die „Unterordnungen" der Praefixarordnung, die in ordentliche und außerordentliche, erstinstanzliche und zweitinstanzliche Abteilungen zerfasert war, gestrichen und zusammengefasst werden.

1153 Vgl. dazu OESTMANN, Gemeine Bescheide I, S. 54–57.

1154 DIESTELKAMP, Von der Arbeit, S. 302.

1155 Vgl. die Nachweise bei OESTMANN, Gemeine Bescheide I, S. 54. Das vorliegende RKG-Gutachten beweist allerdings, dass das Gericht den Reformbedarf nicht erst 1651 offen zugab, wie OESTMANN, a. a. O. S. 56 meint.

1156 Zur Schriftlichkeit bis 1555 vgl. DICK, Kameralprozess, S. 119 ff.

1157 DICK, Kameralprozess, S. 121.

1158 OESTMANN, Gemeine Bescheide I, S. 54.

Mündliche Rezesse, die über die Übergabeformeln hinausgingen, sollten unter Strafe gestellt und solche Bußen sogleich vom Pedellen in der Sitzung eingetrieben werden. Fristen sollten ausschließlich als *termini praejudiciales* ausgestaltet und Prorogationen so weit als möglich unterbunden werden. Den Prokuratoren sollten kürzeste Schriftsätze befohlen und Rechtsallegationen ebenso wie überflüssige Narrationen bei Strafe verboten werden. Wer eine Allegation für nötig hielt, hatte diese extrajudizial, also außerhalb der Audienz, zur Akte zu reichen. Revolutionär war der Vorschlag, dass solche Parteihandlungen, die nicht auf Ausschlussfristen hin ergingen, nur extrajudizial vor der Kanzlei des Gerichts vorzunehmen sein sollten. Das (theoretisch) ohnehin streng schriftliche Verfahren sollte also weiter verschärft werden und die Audienzen an Bedeutung verlieren. Letzteres überrascht, weil Audienzen doch in der Forschung als Medium angesehen werden, mit dem das Gericht sich zu legitimieren versuchte[1159]. Offenbar empfanden die Richter selbst die Audienz zunehmend als Belastung ihrer Arbeit. Das Gutachten sieht weiter vor, dass alle Parteien gleich bei Bestellung eines Prokurators einen Ersatzprokurator zu bestellen hatten, damit im Todesfalle die ausreichende Vertretung geklärt war. Umgekehrt sollte der Prokurator bei Ableben der Partei zum *dominus litis* werden, damit die Erben den Fortgang des Prozesses nicht hinauszögern konnten. Die Kammerrichter hielten es schließlich für erforderlich, die Parteien daran zu erinnern, dass das Reichskammergericht die „Caesaream Majest[atis…] & omnes status Imperii" repräsentiere. Säumige Parteien verletzten ihrer Ansicht nach daher Kaiser und Stände in ihrem Ansehen.

Ab dem 9. November 1643 befasste sich die Reichsdeputation mit dem Gutachten des Reichskammergerichts, soweit es die Reform des Prozessrechts betraf[1160]. Ein Großteil der Vorschläge fand ohne größere Diskussionen und Beanstandungen die Zustimmung der Deputierten. Insbesondere die bayerischen Gesandten sorgten jedoch für kleinere Änderungen. Während etwa das Reichskammergericht vorgeschlagen hatte, nur vom Supplikanten im Mandatsverfahrens den Beweisantritt sofort in der Supplikschrift zu verlangen, setzte Bayern durch, dass dies auch für den ersten Schriftsatz des Beklagten zu gelten habe. Die Fristen sollten zwar tatsächlich in Ausschlussfristen umgewandelt werden, auf bayerischen Vorschlag hin sollte eine Verlängerung jedoch „ex causis justis" im Mandatsverfahren beibehalten werden. Überhaupt sollten alle Fristen fortan als *termini praejudiciales* gelten und eine Prorogation nur vor Fristende *(ante lapsum termini)* möglich sein. Die Verlängerung sollte zudem einzig vom Ermessen des Richters abhängen, der

1159 Vgl. von Loewenich, Visualisierung, S. 55.

1160 Die Protokollabschriften zu jedem Diskussionspunkt finden sich bei Meiern, Acta Comitialia II, S. 185 ff.

sich dabei „difficilem“, also zögerlich, geben sollte und sie nur aus solchen Gründen gewähren sollte, die „post lapsum termini“ eine Wiedereinsetzung rechtfertigten. Größere Diskussionen verursachte allerdings die Änderung des Umfragesystems. Hatten Assessoren des Reichskammergerichts noch vorgeschlagen, die Untergliederung des *ordo praefixarum* vollständig aufzuheben, so ließen die Gesandten sich dies gefallen. Gleichzeitig wollten die Richter jedoch alle Handlungen, die innerhalb einer Ausschlussfrist vorgenommen werden sollten, gänzlich aus der Audienz verbannen und nur noch extrajudizial bei der Kanzlei einreichen lassen. Soweit wollten die Gesandten dann doch nicht gehen. Wiederum auf Anraten Bayerns wurde beschlossen, den *ordo praefixarum* ganz aufzuheben und sämtliche termingebundene Eingaben in der Ordnung *in novis* aber weiterhin judizial vortragen zu lassen. Ein etwas seltsamer Kompromiss, der – jedenfalls ex post betrachtet – durch die Vermengung der *nova* mit den *praefixa* in der Praxis wohl eher zu neuer Verwirrung geführt hätte.

Ins Zentrum der Aufmerksamkeit rückte während der Verhandlungen dann das ausgedehnte Terminsystem des Kameralprozesses. Dieses galt es, nach Meinung der Deputierten offenbar zu verschlanken. Man forderte daher ein weiteres Gutachten des Kammergerichts an, wie man die „bis dahero observirten allzuvielen Terminen [...] einzuziehen seyn möchte“[1161]. Das Reichskammergericht erstatte ein entsprechendes Gutachten[1162], mache aber gleichsam deutlich, dass aus richterlicher Sicht das dringlichste Problem des Justizwesens die schlechte Richterbesoldung sei[1163]. Auch dieses zweite RKG-Gutachten ist bisher weder erforscht noch in seiner Aussagekraft für die Probleme des Terminsystems gewürdigt.

Die kammergerichtlichen Reformvorschläge wurden schließlich in eine Stellungnahme des Deputationstages, ein sogenanntes Deputationsgutachten, eingearbeitet, das am 20. Juni 1644 verabschiedet wurde[1164]. Den Reichstag passierten sie in dieser Form indes nicht. Viel zu sehr waren die Reichsstände in Münster und Osnabrück mit den Friedensverhandlungen beschäftigt. Erst der nächste Reichstag in Regensburg 1654 setzte die Reformen endgültig um. Die Gesandten dort begnügten sich jedoch wieder nicht damit, die inzwischen zehn Jahre zurückliegenden Reformvorschläge zu besiegeln. Es wurde erneut eine Deputation, ein Unterausschuss, eingesetzt, der die Vorschläge nochmals durchsah und eine umfassende

1161 Das Schreiben des Konvents vom 19. Juli 1644 ist abgedruckt bei Meiern, Acta Comitialia II, S. 200 f.

1162 Abgedruckt bei Meiern, Acta Comitialia II, S. 202 ff.

1163 Schreiben des Kammergerichts an die Gesandten vom 23. Juli 1644, abgedruckt bei Meiern, Acta Comitialia II, S. 201.

1164 Abgedruckt bei Meiern, Acta Comitialia II, S. 189–212. Auch dieses Gutachten hat in der Forschung bislang keine Beachtung gefunden.

Relation[1165] ausarbeitete, auf deren Basis die Mainzer Kanzlei 1653 schließlich ein „Reichs-Gutachten, die Verbesserung des Justitz-Wesens in Teutschland betreffend"[1166] verfasste – nicht ohne wiederum die Reichskammerrichter zu einzelnen Streitpunkten um Rat zu bitten[1167]. Dieses Gutachten sollte eigentlich „als ein gemeiner Reichs-Schluß und eine Pragmatica Sanctio und allgemeiner Imperii Lex publiciret, und hinführo ohnverbrüchlich gehalten"[1168] werden. Trotzdem stimmte der Reichstag nicht sofort über das Gutachten ab. Vielmehr wurde jedem Reichsstand die Gelegenheit gegeben, zu den Reformvorschlägen Stellung zu nehmen, was nicht wenige – unter ihnen auch Paderborn[1169] – taten. Dabei stellten sich Diskrepanzen zwischen den katholischen und evangelischen Reichsständen heraus, die allerdings nicht das eigentliche Prozessrecht des Reichskammergerichts betrafen[1170]. Nach Korrelationen des Kur- und Fürstenrates nahm schließlich der Kaiser Stellung, bevor die Justizreform im Rahmen des Jüngsten Reichsabschiedes beschlossen wurde.

3. Die Prozessreform des Jüngsten Reichsabschieds

Nach den bisherigen Ausführungen ist klar, dass 1654 weder die Probleme des Kameralprozesses erstmals aufgearbeitet wurden noch die Liste von Lösungsvorschlägen neu war. Es galt vielmehr, die teilweise mehr als 50 Jahre alten Analysen und Vorschläge endlich in die Form eines offiziellen Reichsabschieds zu gießen. Ausdrücklich verweist der Reichsabschied dabei auf das erwähnte Frankfurter Deputationsgutachten zur Reform des Prozessrechts von 1644 und die reichskammergerichtlichen *Considerationes*[1171]. Am Ende sollte übrigens auch dieser Reichsabschied

1165 Abgedruckt bei Meiern, Acta Comitialia II, S. 413–423

1166 Abgedruckt bei Meiern, Acta Comitialia II, S. 423–455.

1167 Vgl. etwa das „Gutachten derer Herren Cameralen am Kayserlichen und des Heil. Reichs-Cammer-Gerichte zu Speyer, wegen Abstellung der Libellorum Articulatorum" abgedruckt bei Lünig, Europäische Staats-Consilia II, S. 1458 ff.

1168 Reichsgutachten 1653, letzter Absatz.

1169 Die Paderbornische Stellungnahme ist abgedruckt bei Meiern, Acta Comitialia II, S. 499–502. Zu den Neuerungen des Prozessrechts wird kein Wort verloren. Wohl aber beschwert sich Paderborn über die Mängel bei reichskammergerichtlichen Diffamationsprozessen und schlägt vor, diese dem RKG gänzlich zu entziehen. Regensburg, Lüttich, Münster und Corvey sprangen diesem Vorschlag bei. Außerdem sprechen sich die Paderborner u. a. dafür aus, Verurteilten gegen die Exekution keinen reichsgerichtlichen Rechtsschutz zu gewähren und Beschwerten ein Wahlrecht einzuräumen, ans RKG zu appellieren oder Revision bei der landesherrlichen Obrigkeit zu suchen.

1170 Vgl. dazu die im 14. Buch bei Meiern, Acta Comitialia II, S. 617 ff. abgedruckten Dokumente.

1171 JRA § 7.

gemäß § 134 JRA nur der Zwischenschritt zu einer neuen einheitlichen Kammergerichtsordnung sein, die das Konzept von 1613 aktualisieren und die Neuerungen des Jüngsten Reichsabschieds inkorporieren sollte, wozu es indes nie gekommen ist. In der Zwischenzeit sollte das Reichskammergericht wie gewohnt selbst über Zweifel im Prozessrecht nach richterlichem Ermessen entscheiden[1172].

Wie erwähnt stand am Ende ein Reformwerk, dessen vornehmliches Ziel es war, den langwierigen Prozessgang zu verkürzen. Die fast schon sprichwörtliche Länge des Kameralprozesses lässt sich – das belegen jedenfalls die überlieferten Reichskammergerichtsakten Paderborner Provenienz – nicht auf das Paderborner Obergericht übertragen. Trotzdem, oder besser gesagt, gerade deshalb ist die Analyse der in die Hofgerichtsordnungen übernommenen Reformansätze des Jüngsten Reichsabschiedes interessant. Vorab sollen die Reformen auf der Reichsebene kursorisch wiedergegeben werden, was auch wegen § 137 JRA wichtig ist. Diese Vorschrift band die reichsständischen Obergerichte an die Neuerungen des Jüngsten Reichsabschieds – allerdings nur subsidiär, sofern nicht „ein anderer Modus eingeführt und bis dahero beständig hergebracht worden" war. Davon sollte es jedoch auch eine Gegenausnahme geben: „Was von Abschneidung der Productorum Weitläufftigkeit" angeordnet, sollte wohl alle Gerichte ausnahmslos binden. Was damit im Einzelnen gemeint ist, bleibt im Dunkeln. Wahrscheinlich ist ein enges Verständnis angebracht. In erster Linie dürfte von Interesse gewesen sein, die vorinstanzlichen Akten, die abgeschrieben und gelesen werden mussten, möglichst gering zu halten, um das kammergerichtliche Verfahren nicht ausufern zu lassen.

Die Prozessreformen des Jüngsten Reichsabschieds sind schon an anderer Stelle in eigenständigen Arbeiten behandelt worden[1173] und finden auch in Lexika und Handbüchern Erwähnung. Eine in die Tiefe gehende Behandlung, die insbesondere auch die oben grob skizzierte Vorgeschichte einbezieht und Beziehungen zu vorangehenden Reformen setzt, steht indes immer noch aus, obwohl sie für das Verständnis des Kameralprozesses in seinen Feinheiten von größter Wichtigkeit wäre. Auch eine auf Gerichtsakten gestützte Wirkungsgeschichte des Jüngsten Reichsabschieds ist bislang nicht geschrieben. Allerdings findet der Jüngste Reichsabschied durchaus in Darstellungen zu einzelnen prozessrechtlichen Figuren Erwähnung.

Die Verfahrensänderungen machen – entsprechend der kaiserlichen Proposition und den vorangehenden Verhandlungen – den dritten „Haupt-Punct" des Jüngsten Reichsabschieds aus, der sich damit beschäftigt, „wie nemlich die Proceß an

---

1172 JRA § 34 durch Verweis auf RKGO 1555, Tit. II.36 und RA 1557 § 5, worin eine Rechtsgrundlage für den Erlass gemeiner Bescheide und *dubia cameralia* zu erblicken sein dürfte; vgl. Oestmann, Gemeine Bescheide I, S. 27.

1173 Maass, Zivilprozessreform, passim; Götte, Jüngster Reichsabschied, S. 134–152; im Überblick auch Schwartz, Civilprozeß-Gesetzgebung, S. 116 ff.

Unserm Kayserl[ichen]. und des Heil[igen]. Reichs Cammer-Gericht abzukürtzen seyn“[1174]. Dazu beschlossen die Reichsstände zunächst die teilweise Abschaffung des Artikelverfahrens beim ordentlichen erstinstanzlichen Verfahren. Diese Frage war im Gesetzgebungsverfahren offenbar erst spät diskutiert worden. Im Deputationsgutachten von 1644 findet sich zu dieser Frage ebenso wenig wie in den reichskammergerichtlichen *Considerationes* von Juli und November 1643. Überhaupt wurde das Reichskammergericht erst „kurz vor Toreschluss“ Ende 1653 mit der Frage konfrontiert[1175]: Richtig zu einer Stellungnahme festlegen wollten sich die Richter dabei nicht. Einerseits sei das Artikelverfahren hilfreich, weil „dadurch das factum […] viel heller und deutlicher proponirt“ werde und „die probation durch die Responsiones nicht allein erleichtert, sondern auch was zu probiren sey oder nicht, ohne einige Bemühung oder Interlocut des Richters von selbst sich“ ergebe. Andererseits werde durch die Zwischenstreitigkeiten über die Zulässigkeit einzelner Artikel in der Praxis ein „gantzer absonderlicher Process erwecket“, der das Verfahren unnötig in die Länge ziehe. Das alternative Verfahren, die „via summarie libellandi“, vermeide zwar diese Streitigkeiten, führe aber dazu, dass Akten mindestens zweimal zu lesen seien, bevor man wisse, worüber eigentlich Beweis zu erheben sei. Jedenfalls könne man nicht einfach auf „Franckreich, Sachsen und andern Landen [wo] der modus libellandi summarie in usu ist“, verweisen, „denn, was bey erträglicher Anzahl der Processen thunlich ist das lässet sich nicht gleich bey dererselben übermässigen Uffschwall practiciren, sondern es würden darüber Zeit und Menschen zerrinnen“. Mit der Arbeitsbelastung des Reichskammergerichts sei eben kein anderes Tribunal auf der Welt vergleichbar. Die Richter schlugen daher den Weg vor, den der Jüngste Reichsabschied schließlich wohl übernommen hat. Getreu dem Motto „retento usu, rejecto abusu“ wollte man in der täglichen Praxis einen Kompromiss zwischen den beiden Vortragsstilen ausprobieren, der als „usus distinctus“ bezeichnet wird. Der Tatsachenstoff sollte nicht mehr artikuliert, aber auch nicht in aller Breite und ohne Regeln in einer Geschichte erzählt werden. Vielmehr galt es, „das factum kurtz, nervose, distincte“ und nach Belieben der Parteien „Punct-Weise“ beizubringen. Genau für diese Formulierung entschieden sich 1654

1174 JRA § 34.

1175 Die Stellungnahme der RKG-Richter ist abgedruckt bei Lünig, Europäische Staats-Consilia II, S. 1458–1460 und dort in das Jahr 1654 datiert. eine genaue Terminierung lässt sich dem gedruckten Quellenmaterial nicht entnehmen. In dieser Stellungnahme heißt es aber: „So haben wir darauf unterthänigst nicht unterlassen, in Mangel anderer, dem Gericht bey so geringer Anzahl der Assessorum sonst unentbährlichen Zeit, in diesen noch währenden Christ-Feyertagen, so viel des Gottendiensts halber, geschehen können, das Werck zu überlegen und zu erwegen“. Das Reichskammergericht war also wohl Weihnachten 1653 mit der Frage befasst.

auch die Reichsstände[1176]. Der vorgeschlagene Kompromiss einigte die Abgesandten, die vorher durchaus kontrovers diskutiert hatten[1177] und den Mittelweg offenbar als „Versuch“ sahen, den es in der Praxis „auff eine Zeitlang“ zu erproben galt[1178]. Allerdings sollten die Parteien die Gelegenheit behalten, gesonderte Beweisartikel weiterhin artikuliert beizubringen, die allerdings nur die entscheidungserheblichen Tatsachen enthalten durften. Irgendwelche Streitigkeiten über deren Zulässigkeit sollten unzulässig sein[1179]. Ob mit diesem umständlichen Zwischenweg ernsthafte Erleichterungen zu erreichen waren, ist vereinzelt bezweifelt worden[1180]. Jedenfalls dürfte vor dem Hintergrund des reichskammergerichtlichen Gutachtens Sellerts These bewiesen sein, dass die Übernahme des rein summarischen Klagevortrags aus dem sächsischen Recht, wie es die ältere Literatur annahm, in Zweifel zu ziehen ist[1181]. Die Quellen belegen das nicht, sondern sprechen im Gegenteil eher für ein bewusstes Abweichen vom sächsischen Vorbild.

Die Stände waren deutlich darauf bedacht, den Verfahrensgang zu straffen und unnötigen Zeitverlust auszuschalten. So sollte der Unterschied zwischen Ladungssupplik und Klageschrift nivelliert werden. Bislang hatte der Kläger extrajudizial um Ladung suppliziert und erst im ersten, dem sogenannten Reproduktionstermin, die Klageschrift vorgelegt und den konkreten Klageantrag gestellt, auf den der Beklagte dann wieder Zeit hatte, zu reagieren. Diesen unnötigen Zeitverlust wollte man ändern. Während die Reichskammergerichtsordnung dem Kläger noch freistellte, Klagevortrag und Antrag dem Beklagten direkt mit der Ladung zustellen zu lassen, machte der Jüngste Reichsabschied dies zur Pflicht[1182]. Auf diese Weise konnten die Parteien im Reproduktionstermin schon einen Schritt weiter gehen und in der Sache streiten. Diese Neuerung konnte der Kläger wahlweise damit verbinden, dass er seiner Klageschrift bereits die „Probatoria“ beifügte, also Beweis antrat und im Falle des Urkundsbeweises sogar schon Abschriften vorlegte[1183]. Legte der Kläger sein gesamtes Beweiserbieten bereits mit der Klage vor, konnte er den Beklagten zwingen, bereits im ersten Termin, nötigenfalls hilfsweise, zur Sache Stellung zu nehmen. Aber nicht nur straffere Prozesshandlungen des Klägers sollten zu einer Verfahrensbeschleunigung führen. Mindestens von ebensolcher Bedeutung war

1176 JRA § 34.
1177 Vgl. einige Nachweise bei Götte, Jüngster Reichsabschied, S. 137.
1178 Vgl. das Votum Württembergs vom 13. 2. 1654 bei Meiern, Acta Comitialia II, S. 567.
1179 JRA §§ 34, 41, 49.
1180 Sellert, Stilus Curiae, S. 149, Anm. 396 m. w. N.; a. A. Götte, Jüngster Reichsabschied, S. 135.
1181 Sellert, Stilus Curiae, S. 147 f.
1182 JRA § 34.
1183 JRA § 35.

die endgültige Anordnung an den Beklagten, sein sämtliches Verteidigungsvorbringen frühstmöglich – das heißt unter Umständen bereits im Reproduktionstermin – auf einmal vorzubringen[1184]. Das bedeutete, dass nicht mehr sukzessive zunächst dilatorische, danach peremptorische Einreden und danach weitere Verteidigungshandlungen, die jeweils umständlich und getrennt voneinander dem Beweisverfahren zugänglich waren, vorgenommen werden durften. Der Beklagte hatte vielmehr, „was er dabey dilatorie oder peremptorie einzuwenden habe, alles auf einmahl, bey der Straff der Praeclusion einbringen“[1185] und auch „mit seiner eventual hauptsächlichen Handlung [...zu] verfahren“[1186]. Hilfsweise war der gesamte Verteidigungsstoff vorzubringen und auf die Klage zu antworten. Eine Ausnahme galt nur für forideklinatorische Einreden, die den Beklagten von der Pflicht entbanden, hilfsweise zur Sache zu verhandeln[1187]. Wer solche Einreden jedoch mutwillig zur Prozessverzögerung einwandte, sollte eine Geldstrafe zahlen. Der Reichsabschied stellte ausdrücklich klar, dass eine Verlängerung der Fristen nur unter erschwerten Bedingungen möglich sein sollte und jedenfalls die dilatorischen Einreden ohne Fristverlängerung im ersten Termin nach der Klage zu erheben waren[1188].

Mit den beiden angesprochenen Reformen, also wahlweises Vorlegen der Beweise in der Klageschrift und hilfsweise vollständiger Beklagtenvortrag im zweiten Termin, tat man sich durchaus schwer[1189]: Die Kammerrichter selbst wiesen darauf hin, dass der Kläger nicht gezwungen werden könne, direkt zu Beginn offen zu legen, was er in der Hinterhand habe[1190]. Letztlich galt das gleiche Argument für den Beklagten, der nicht gezwungen werden dürfe, sein Verteidigungsmaterial an einem möglicherweise unzuständigen Gericht oder zu unbotmäßiger Zeit vorzulegen. Außerdem könne der Beklagte nicht vollständig im ersten Termin auf eine Klage antworten, die der Kläger seinerseits möglicherweise über Monate hat vorbereiten können. Das RKG-Gutachten von 1644 sah daher die Eventualmaxime gerade nicht vor[1191]. Im Deputationsgutachten desselben Jahres findet sich kein

1184 Ahrens, Prozessreform, S. 24 formuliert sehr treffend, es habe alles *zu seiner Zeit,* aber eben auch *alles* zu seiner Zeit vorgebracht werden müssen.

1185 JRA § 37.

1186 JRA § 40.

1187 JRA § 40.

1188 JRA § 38.

1189 Ausdrücklich anders meint Götte, Jüngster Reichsabschied, S. 141, die Eventualmaxime sei „ohne große Diskussion abgelaufen“. Das ist ausweislich des sogleich erwähnten Votums Württembergs falsch.

1190 Vgl. Götte, Jüngster Reichsabschied, S. 138 mit Quellennachweisen.

1191 Die Quelle wird falsch interpretiert von Götte, Jüngster Reichsabschied, S. 141. Die Reichskammerrichter stellen diese Frage ausdrücklich der weiteren Diskussion anheim, ohne sich für die Einführung auszusprechen. Vgl. Meiern, Acta Comitialia II, S. 206f.

Wort zur Einführung der Eventualmaxime. Erst 1653 befürwortete das Reichsgutachten die Einführung, so wie sie im Jüngsten Reichsabschied dann durchgesetzt wurde. Dieses Ergebnis blieb im Vorfeld aber keineswegs unwidersprochen[1192]. Im Übrigen war die Gesetzgebungsgeschichte zur Eventualmaxime schon zuvor durchaus wechselvoll[1193].

Schließlich übernahmen die Stände die vom Reichskammergericht vorgeschlagene „Mini-Reform" des Umfragewesens dahin gehend, dass die Unterteilung der Praefixanordnung aufgehoben und mit der Novaordnung zusammengelegt wurde. Zeitgleich ordnete man an, dass an drei Tagen pro Woche Audienz zu halten sei[1194]. Weitere wesentliche Neuerungen hat der Jüngste Reichsabschied für das erstinstanzliche Verfahren nicht gebracht. Gestrafft wurde zwar auch das Appellations- und Mandatsverfahren. Insgesamt begnügten sich die Reichsstände indes, bestehende Vorschriften zu wiederholen und auf deren Einhaltung zu insistieren. Das galt insbesondere für die im Gesetzgebungsverfahren heftig kritisierten ewigen Fristverlängerungen am Reichskammergericht, die es eigentlich gar nicht geben sollte[1195]. Auf die von den RKG-Richtern geforderte Umwandlung aller Fristen in *Praejudiciales* ohne Verlängerungsmöglichkeit konnte man sich nicht einigen. Schon in der Beratung 1643 schwächte man diese Forderung ab, nach der einmalige Verlängerungen aus Gründen, die auch einen Wiedereinsetzungsantrag rechtfertigen würden, möglich bleiben[1196], *prorogationes prorogationum* aber gänzlich verboten werden sollten[1197].

4. Die Visitation der Obergerichte unter Ferdinand von Fürstenberg

Als Ferdinand II. 1661 den Bischofsstuhl bestieg, begann die Ära eines der schillernsten Personen der Paderborner Landesgeschichte überhaupt. Unter Ferdinand erlebte Paderborn eine neue Blüte. Der Fürstenberger, ein Großneffe Bischof Dietrichs IV., betrachtete Paderborn als sein Hauptstift und das Schloss in Neuhaus als seine Hauptresidenz[1198], auch nachdem er 1679 zusätzlich die Bischofswürde von Münster übertragen bekommen hatte. Seiner großen Aufmerksamkeit verdankt

1192 Vgl. etwa das Votum Württembergs vom 15. 2. 1654, abgedruckt bei Meiern, Acta Comitialia II, S. 568 f., das Götte, Jüngster Reichsabschied, S. 141 f. wohl übersieht.

1193 Vgl. S. 187 f.

1194 JRA § 88.

1195 Vgl. bereits das RKG-Gutachten 1643 bei Meiern, Acta Comitialia II, S. 146.

1196 Conclusum vom 22. 11. 1643, bei Meiern, Acta Comitialia II, S. 199*.

1197 Deputationsgutachten 1644 und Reichsgutachten 1653, vgl. Meiern, Acta Comitiala II, S. 200, S. 440. Im JRA blieben davon nur die §§ 38 und 103 übrig.

1198 Hanschmidt, Ferdinand von Fürstenberg, S. 279.

Paderborn einen kulturellen, wirtschaftlichen und geistlichen Aufschwung, der in der Literatur immer wieder betont wird. Auch als Reformer der Landesverwaltung ist Ferdinand bereits erwähnt worden, zudem gibt es einen sehr kurzen und unvollständigen Überblick über die Änderungen der Zentralbehörden in Paderborn[1199]. In seiner „Relatio de Episcopatu Paderbornensis"[1200] an Papst Alexander VII. vom 13. Februar 1666 berichtet Ferdinand nicht nur über seine Reform des Offizialats, sondern fügt hinzu, er habe zur Beseitigung der Verwirrungen von Hofgericht und Offizialat mehrere Verordnungen erlassen[1201]. Die Entwicklung dieser Reformen lässt sich, wenn auch nur lückenhaft, in den Archiven etwas genauer nachweisen.

Bereits sehr kurz nach seinem Amtsantritt, nämlich am 30. November 1661, ordnete der neue Bischof die Visitation der beiden Hofgerichte und der Kanzlei an. Zwei Vollmachten finden sich diesbezüglich noch im Landesarchiv Westfalen. Allerdings betreffen diese „Commissionen" nicht das Hofgericht, sondern Offizialat und Kanzlei[1202]. Für das weltliche Hofgericht ist eine solche Vollmacht zwar nicht erhalten, Ferdinand nennt die Reform des Hofgerichts in den anderen beiden Briefen aber ausdrücklich als drittes Visitationsprojekt. Des Weiteren sind verschiedene Visitationsberichte und Verbesserungsvorschläge erhalten, die auch das weltliche Hofgericht betreffen. Aus dem Wortlaut der Vollmachten darf sogar gefolgert werden, dass die Visitationskommission für das weltliche Hofgericht strukturell ganz ähnlich zusammengesetzt gewesen sein dürfte. Ferdinand benannte als Kommission zur Visitation des Offizialats nämlich neben dem Domdechanten Caspar Philipp von Kettler und dem Domkämmerer Johan Alhardt von Imbsen zwei Domherren als Vertreter[1203] sowie Vizekanzler Henricus Hanschen, Hofrichter Laurentius Koch, den Syndikus des Domkapitels und Assessor Bernard Wibbertz und dessen Beisitzerkollegen Friederich Weltermann. Alle Genannten, außer die Domherren, werden „der Rechten Doctoren", also als promovierte Juristen bezeichnet. Zur Visitation der Kanzlei wurde von Seiten der Domherren zusätzlich Dompropst Johann Wilhelm Freiherr von Sintzig bevollmächtigt. Statt des Vizekanzlers rückte Offizial und Generalvikar Hermann Herting auf, Koch und Wibbert blieben im Gremium. Warum der zweite Assessor Weltermann nicht

1199 BRANDT/HENGST, Geistliche Zentralbehörden, S. 156 ff.

1200 Vgl. SCHRÖER, Dokumente, S. 382 ff.

1201 Schröer, Dokumente, S. 393: „Iudicium aulicum iudex aulicus cum tribus doctoribus et licentiatis utriusque iuris administrat. In utroque iudicio notarii et procuratores a me constituti atque ad tollendam confusionem utriusque tribunalis et faciliorem litiumexitum diversae constitutiones editae."

1202 LAW Domkapitel, Nr. 93.5 und Nr. 93.16.

1203 Den Domscholaster Matthias von der Reck und den Domherr Simon Mauritz von der Lippe.

beteiligt wurde, ist unklar. Für die hofgerichtliche Visitationskommission deutet der Austausch des Vizekanzlers aber darauf hin, dass weder Koch noch die beiden Hofgerichtsassessoren an der Visitation beteiligt gewesen sein dürften. Sie hätten ansonsten maßgeblich ihr eigenes Gericht mitvisitiert.

Der Auftrag an die Kommission ging jeweils dahin, die Gerichtspersonen nach ihrer Amtsführung zu befragen, die Gerichtsprotokolle und -registraturen durchzusehen, das geübte Verfahren auf Mängel zu untersuchen und Verbesserungsvorschläge in Form eines Gutachtens zu unterbreiten. Bischof Ferdinand ordnete für das Offizialat zudem an, zu berichten, was „für eine etwa geschriebene, getruckte oder doch ubliche ordtnung gehalten wird“[1204]. Die Zweifel daran, ob und welche normative Grundlage für die Tätigkeit des Offizials bestand, verdeutlicht die Unsicherheiten, die selbst beim Landesherrn über das Gerichtswesen bestanden haben mögen.

Die Arbeit der Kommission erfolgte dann offenbar alles andere als zügig, was daran gelegen haben dürfte, dass die Kommissionsmitglieder häufig nicht in Paderborn anwesend waren. Jedenfalls ließ Ferdinand in einem Schreiben an den Kapitelsekretär Ludwig Wippermann im August 1663 befehlen, die Visitation endlich trotz der Abwesenheit anderer Kommissionsmitglieder vorzunehmen[1205]. Und es war wohl auch Wippermann, der die Verzögerungen mit der „überhaufffte[n] vielheitt deren bey [...der] Cantzeley in contentiosis eingeführten undt weinig außgeübten sachen, hernacher [...der] müheschlige[n] redressirung deren etwahn in unordnung gerathenen registratur, separatio et reintegratio causarum, undt darauff erfolgte[n] verweisung einer jeden sachen an gehörenden gericht, fürs dritte auch anderwertige[r] commissiones, augenschein, conferentiae undt reisen, so hier entzwischen eingefallen“ begründete. Diese zahlreichen Aufgaben hätten die „sambtliche beysammenkunfft verhindert, undt die zeitt hin wegkgenommen“[1206]. Die Entschuldigung Wippermann beweist ein weiteres Mal, dass sich Probleme mit der Aufgabenverteilung zwischen den Zentralbehörden in den Arbeitsalltag eingeschlichen hatten. Offenbar war die Kanzlei durch ihre ausufernde Rechtsprechung zunehmend überlastet. Wieso übrigens Wippermann mit der Visitationsarbeit in der Kanzlei befasst war, wird aus den Quellen nicht ganz klar. In den Kommissionsbriefen war er dazu jedenfalls nicht ermächtigt worden. Dort war Wibbertz als Syndikus – ein Amt, das mit dem des Kapitelsekretärs üblicherweise zusammenfiel – angesprochen worden. Vielleicht war er also als Visitator des Hofgerichts vorgesehen und hielt sich einfach nicht strikt an sein Arbeitsprogramm.

1204 LAW Domkapitel, Nr. 93.5, Bl. 1v.
1205 LAW Domkapitel, Nr. 93.7, Bl. 3r.
1206 LAW Domkapitel, Nr. 93.6, Bl. 1r.

Diesen Eindruck vermitteln jedenfalls auch die Berichte seiner Kollegen. Hermann Herting etwa, der Offizial, sollte eigentlich die Kanzlei untersuchen, beschäftigte sich aber ebenso mit geistlichem und weltlichem Hofgericht[1207]. Unschlüssig wäre eine solche Ausweitung nicht. Die Visitatoren entstammten der juristischen Elite des Bistums und waren für die Landesbehörden selbst tätig. Ihre Meinung dürfte der Bischof geschätzt haben. Und die Visitatoren versuchten vermutlich, durch ihre Ausführungen Einfluss auf die Ausgestaltung ihrer eigenen Behörde zu nehmen.

Neben den Kommissionsbriefen sind zudem Dokumente überliefert, die in den Findbüchern als Visitationsberichte ausgewiesen sind. Das trifft aber nicht auf alle diese Texte zu. Vielmehr lassen sich die Berichte in zwei Gruppen unterteilen. Zum einen existieren vier als *relationes* bezeichnete Schriftstücke, die Visitationsberichte im eigentlichen Sinne ausmachen[1208]. Sie lassen ihren Aussteller, mit Ausnahme des genannten Berichts des Offizials Hermann Herting, nicht erkennen, beschreiben nur sehr oberflächlich den Zustand der Gerichte und enthalten nur sehr wenige konkrete Verbesserungsvorschläge. Hertings Bericht verweist daneben aber auf „unuergreiffliche Vorschläge, so mehrentheilß aus dem letzten Reichsschlußе de anno 1654 desumirt“[1209]. Diese Verbesserungsvorschläge sind ebenfalls zusammen mit konkreten Anmerkungen namentlich bekannter Gerichtspersonen erhalten. Es handelt sich um Äußerungen des Gerichtsnotars Lib[orius] Boltzenius[1210], des Prokurator Hermann Erdttman[1211] und des Hofgerichtsassessor Dietrich Baer[1212]. Derartige Vorschläge bilden eine zweite Gruppe von Visitationstexten, die man als vorbereitende Stellungnahmen bezeichnen kann. Offenbar haben die Visitatoren der bischöflichen Anordnung folgend die Gerichtspersonen um Einschätzung organisatorischer und verfahrensrechtlicher Mängel gebeten. Die vorbereitenden Stellungnahmen der Gerichtspersonen sind wesentlich aufschlussreicher, weil sie detaillierter auf erkannte Probleme im Verfahrensrecht, in der Gerichtsorganisation und bei der Besoldung hinweisen. Ihnen ist aber quellenkritisch zu begegnen, weil die Befragten versucht haben dürften, durch übertriebene Klagen ihre Situation zu verbessern. Augenfällig ist das immer dann, wenn eine zu geringe Bezahlung Gegenstand der Beschwerden war. Auffällig ist auch, dass sich die drei Gerichtspersonen gegenseitig für Missstände verantwortlich machen: So beschwert sich der Gerichtsnotar über unpünktliche Prokuratoren, der Prokurator über zitationswütige Richter und der Beisitzer über gebührenheischende Anwälte und schlampige Notare.

1207 LAW Domkapitel, Nr. 93.43, Bl. 6v.
1208 LAW Domkapitel, Nr. 93.43, Bl. 6r; 93.6; 93.7; 93.15.
1209 LAW Domkapitel, Nr. 93.34, Bl. 7v.
1210 LAW Domkapitel, Nr. 93.18, Bl. 4r f.
1211 LAW Domkapitel, Nr. 93.18, Bl. 5r ff.
1212 LAW Domkapitel, Nr. 93.43, Bl. 4r f.

Im Großen und Ganzen scheinen die Stellungnahmen aber handfest zu sein und die Missstände am Gericht einigermaßen realistisch wiederzugeben. Unklar ist nur, auf welches Gericht sich die Äußerungen jeweils bezogen. Ob mit dem dort angesprochenen „hoffgericht“ das Offizialat oder das weltliche Hofgericht gemeint war, lässt sich nicht mehr ganz sicher sagen. Ein Anhaltspunkt können aber die von Herting angesprochenen „unuergreifflichen Vorschläge“ sein. Möglicherweise gehen die als „Decreta praeliminaria visitationis“[1213] überlieferten Übergangsregeln auf diese Vorschläge zurück. Dort ist neben dem „officialis“ von den „herrn Judices“ und der „ordnung deß weltlichen hoffgerichts“ die Rede, was andeuten mag, dass die Regeln sowohl für das Offizialat als auch das weltliche Hofgericht vorgesehen waren. Außerdem sind die Vorschriften teilweise auf Latein und teilweise auf Deutsch abgefasst, was diesen Eindruck verstärkt. Im Folgenden soll versucht werden, die Verbesserungsvorschläge in den Visitationsberichten und den Relationen der Gerichtspersonen zu systematisieren.

a) Konkurrenz der Gerichte untereinander

In keinem der Berichte wird die Konkurrenz zwischen weltlichem Hofgericht und Offizialat auch nur erwähnt, obwohl oder gerade weil sie zu diesem Zeitpunkt bereits gang und gäbe gewesen sein dürfte[1214]. Als problematisch empfand man sie offenbar nicht. Wohl aber wird in zwei der Visitationsrelationen auf die ausufernde rechtsprechende Tätigkeit der Kanzlei hingewiesen. So heißt es etwa, „daß die Cantzley mit gar zu viell sachn uberheufft sey, und entstehet solches dahero, daß nicht allein in via simplicis querelae, die ordentliche fürstliche gerichter, alß ihrer fürstlichen gnaden geist- und weltliches hoffgericht undt oberambthauß dringenberg werden vorbeygangen, und ein ietweder bey der Cantzley rechtfertigen will, sondern daß auch per viam appellationis, sogar von den undergerichteren dahin prouocirt, undt querelirt wirdt“[1215]. Gerügt wurde daher nicht, dass die Kanzlei rechtshängige Sachen avozierte, also an sich zog, sondern dass für die Parteien von vornherein die Möglichkeit bestand, erst- und zweitinstanzlich vor der Kanzlei zu klagen. Der Vorschlag des Visitators lautet daher darauf, gesetzlich festzulegen, „ob nicht die sachen querelae hinc simplicij hinc recursij ad superiorem an gedachte fürstliche gerichtern zu verweisen, oder doch inh deren einige an der Cantzley anzunehmen sein sollen, daß die nomination mogen bedeutet werden“[1216]. Das ist

1213 LAW Gerichte, Nr. 81, Bl. 140 ff.

1214 Nur beispielhaft sei auf den Befehl des Bischofs in der Sache Raab Schoneberg Spiegel ./. Eddessen vom 22. August 1662 hingewiesen; AAV Cod 182, Bl. 788r ff.

1215 LAW Domkapitel, Nr. 93.15, Bl. 1r f.

1216 LAW Domkapitel, Nr. 93.15, Bl. 1v.

verwundertlich, denn wörtlich traf die Hofgerichtsordnung von 1619 ziemlich eindeutige Regelungen zur Zuständigkeit von weltlichem Hofgericht und Kanzlei[1217]. Offenbar hielt man diese Vorschrift aber für deutungsoffen genug, dass eine Klarstellung her musste. Die Forderung, nach der alle Parteisachen an die Obergerichte zu verweisen seien, andernfalls aber wenigstens die Ausnahmefälle zu benennen blieben, schließt sich an die bereits erwähnten Regelungen der Kanzleiordnungen Ferdinands und Dietrich Adolphs von 1621 bzw. 1651 an. Danach sollten solche Verfahren, deren gütlicher Ausgang greifbar war oder die in einem unkomplizierten Verfahren abgehandelt werden konnten, bei der Kanzlei verbleiben[1218]. Dieser unpräzisen Formulierung will der Visitator offenbar durch eine Sachabgrenzung begegnen. Beim Bischof dürfte er dabei kaum auf offene Ohren getroffen sein. Der frisch gewählte Ferdinand hatte sich beim Landtag im November 1661 zu einer solchen Regelung noch nicht bereit erklärt und in Anschluss an die Kanzleiordnungen lediglich angekündigt, dass ordentliche, das heißt nicht summarische oder extraordinäre Rechtssachen an die Obergerichte verwiesen werden sollten. Ausdrücklich hatte er an „competirender cognition undt freyer disposition [scil. der Kanzlei] ohnabbrüchig“[1219] festgehalten.

b) Gerichtsorganisatorische Probleme

Für viele der befragten Gerichtspersonen war die personelle Verquickung von weltlichem und geistlichem Hofgericht ein Problem. Diese betraf allerdings nicht die Richter und Beisitzer. So berichtete Offizial Herding, am geistlichen Hofgericht seien zwei Notare angestellt, die beide auch am weltlichen Hofgericht ein Amt zu verrichten hätten, und zwar „einer pro Notario undt der ander pro procuratore“[1220]. Zwar seien auch am weltlichen Hofgericht drei Assessoren, zwei Notare, fünf Prokuratoren und zwei Pedellen angestellt, wegen der Doppelbeschäftigung eines der beiden Notare habe es aber Probleme gegeben. Auch in einem anderen Bericht heißt es dazu, die Kombination der Gerichtsämter führe zu „nicht geringem auffenthalt der lieben Justitz undt litigirenden Partheyen mercklichen beschwer“[1221]. Angemerkt wurden weiter die Unpünktlichkeit der Gerichtsbediensteten, insbesondere der Prokuratoren, die unordentliche Registratur der gerichtlichen Schriftstücke und die Enge des Sitzungsortes[1222]. Auch die Abfassung der Urteile stand in der Kritik.

1217 HGO 1619, Tit. 13.
1218 Vgl. S. 196ff.
1219 Landtagsschluss vom 6. November 1661, LAW Landstände, Nr. 111, Bl. 4v.
1220 LAW Domkapitel, Nr. 93.43, Bl. 6r.
1221 LAW Domkapitel, Nr. 93.7, Bl. 1r f.
1222 LAW Domkapitel, Nr. 93.43, Bl. 1r.

So wurde etwa angedacht, in schwierigen Fällen nicht mehr nur ein, sondern zwei Beisitzer zur Relationsabfassung zu bestimmen. Die Umfrage sollte dann vom Hofrichter vorgenommen werden, dessen Votum bei Stimmengleichheit den Ausschlag geben sollte. Die Formulierung, nach der, wenn „sie in votis pares, deß praesidis votum und dessen so mit demselben einstimmet, praevotiren“[1223] sollten, zeigt, dass der Hofrichter in der Tat gleich den Beisitzern bei jeder Urteilsberatung stimmberechtigt sein sollte. Andernfalls hätte es bei drei Beisitzern nie zu Stimmengleichheit kommen können.

c) Verfahrensrecht

Die ausführlichsten Änderungsvorschläge betrafen das hofgerichtliche Verfahren und seine Anpassung an den Jüngsten Reichsabschied. Die recht detaillierten Vorschläge zeigen, dass man sich selbst im kleinen Paderborn und selbst unter denkbar ungünstigen Vorzeichen mit den Reformvorgaben aus Regensburg befasste und sie in den Gesetzgebungsprozess einbezog. Insbesondere Weltermann wies in seinem Votum immer wieder auf den „Novissimus Recessus Imperii“ und seine Vorgaben hin. Besonders wichtig schienen ihm dabei die Konzentration des Prozessstoffes und die Verfahrensverkürzung zu sein. Ausdrücklich, wenn auch nicht an erster Stelle, erwähnt Weltermann auch den Gedanken, „ob nit der in nouissimo Recessu Imperij angenohmenen modus summarius libellandi […] und waß zu abkürt zung der processen alda gesetzet anzunehmen“[1224]. Auch sollten in Appellationssachen künftig, wie im Jüngsten Reichsabschied vorgeschrieben, gleichzeitig mit der Supplikschrift die *gravamina* eingereicht werden, das heißt, der Appellant sollte deutlich schreiben, „1. worin […er] sich beschwert befindet, 2. Waß er besser zu beweisen, und 3. von newen vorzubringen gedencke“[1225]. Auch mahnte Weltermann an, sich künftig in Appellationssachen „so wohl ab iniquitate quam nullitate“[1226], das heißt sowohl in Appellations- als auch in Nichtigkeitssachen, an die Appellationsfristen zu halten, die verlangten, binnen zehn Tagen zu appellieren und binnen 30 Tagen die vorinstanzlichen Akten zu erbitten. Diesen Punkt bezog Weltermann aber ausdrücklich auf das Rechtsmittel der Revision „ad Cancellariam“. Über diese aus dem Jüngsten Reichsabschied bekannten Änderungen hinaus machte Weltermann weitere Vorschläge. Obwohl in der Hofgerichtsordnung beispielsweise die peremptorische Ladung geregelt und vorgeschrieben war, befand er, dass diese „in Judicio Aulico raro [sei], sed in praxi aliud obseruatum

1223 LAW Domkapitel, Nr. 93.18, Bl. 1v.
1224 LAW Domkapitel, Nr. 93.43, Bl. 2r.
1225 LAW Domkapitel, Nr. 93.43, Bl. 2r.
1226 LAW Domkapitel, Nr. 93.43, Bl. 2r.

fuit"[1227] und verlangte daher, in der Ladung drei Termine in einem Abstand von je 30 Tagen zu bestimmen. Bemerkenswert ist auch die Aufmerksamkeit, die die Visitatoren und die befragten Gerichtspersonen dem Vergleich widmeten. Auch hier sind Weltermanns Aussagen besonders plakativ. Er gibt zu bedenken, „ob nit zu statuiren, daß alle parteyen in principio litis ad tentandam concordiam sub poena citirt werden, und daß Richters meinung, und deß Iegentheilß zum gütlichen Vergleich dienliche Vorschläge zum wenigsten anhören müste, dan dadurch viele verdrießkeidt, unkosten und verlust der zeit weggereumet pleipen möchten"[1228]. In der Hofgerichtsordnung von 1619 hatte jede verfahrensleitende Vorschrift zur gütlichen Streitbeilegung noch gefehlt und es war ausschließlich den Prokuratoren überlassen worden, ihre Parteien zum gütlichen Ausgang des Streits zu bewegen. Dass sich dieser Ansatz angesichts völlig abweichender finanzieller Interessen der Prokuratoren als ineffizient herausgestellt hat, verwundert daher kaum. Ebenso ist wenig überraschend, dass der spätere Entwurf einer Hofgerichtsordnung diesen Wunsch bereitwillig aufgriff und sogar ein deutlich gefestigtes Güteverfahren einzuführen versuchte. Andere Vorschläge zur Reform des Verfahrensrechts betrafen eine Abkürzung der teilweise langen Beweisfristen, eine Eindämmung der Fristverlängerungen und eine Neuordnung der vorbereitenden Assessorenreferenden.

d) Gebühren und Besoldung

Wie bei jeder Behördenreform ging es auch 1663 im Fürstentum Paderborn ums Geld. Zum einen äußerten sich die befragten Gerichtspersonen zu ihrer eigenen Besoldung und zum anderen zur Angemessenheit von Gerichtsgebühren. Gerade Letztere werden dabei in einen Zusammenhang mit der Situation des Gerichts gebracht. So ist in einem Bericht zu lesen, dass „die sachen am fürstlichen Hoffgericht nicht so sehr in vigore geweßen", so dass man „taxam der gerichtskosten ersteigert, ietzo aber dieselbe auff den alten abschlag zu reduciren"[1229] seien. Und damit sollten die Hofrichter bei Erhebung ihrer Siegelgelder gleich anfangen. Viel häufiger als die richterlichen Gebühren wurden aber die Gebühren erwähnt, die Notare und Prokuratoren durch Trickserei en erhaschten. Offizial Herting merkt in seinem Gutachten über das weltliche Hofgericht an, die Notare schrieben „uff eine paginam bißweilen uber 21. 22. oder 23. lineas, auch in jede Linien uber 8. 9. oder 10. Sillaben nicht", obwohl „die ordtnung vermag, daß die bletter voll beschrieben, werden undt 28. Linien, uff eine seiten undt 12. Sillaben in einer Linien"[1230]. Diese

1227 LAW Domkapitel, Nr. 93.43, Bl. 1r.
1228 LAW Domkapitel, Nr. 93.43, Bl. 1r.
1229 LAW Domkapitel, Nr. 93.18, Bl. 1v.
1230 LAW Domkapitel, Nr. 93.43, Bl. 6v.

Probleme dürfen getrost als gängig bezeichnet werden; das paderbornische Hofgericht ist sicher keine Ausnahme. Prokuratoren wurden häufig nach der Zahl der beschriebenen Seiten besoldet, so dass die Missstände wenig überraschen.

Die Besoldung der Gerichtspersonen spielt in den Berichten eine wichtige Rolle. Dietrich Baer meinte in seiner Stellungnahme, es sei notorisch, also allgemein bekannt, dass das „Salarium […] gahnz geringe“ sei, und er fragte, „ob nit deßen Verbeßerung, da dem gantzen stifft taglichen aufwartig sein müßen“[1231], zu erreichen sei. Es ist schwer festzustellen, ob diese Forderung Erfolg versprechend war. Noch 1661 hatten die Landstände nur einer Erhöhung des Hofrichtersolds um 50 Reichstaler zustimmen wollen. Die Verbesserung der Assessorengehälter hatte man davon abhängig gemacht, ob „hiernegst deroselben arbeit undt mühe ergrößert zu sein verspürt werden wirtt“[1232]. Viel dürfte sich aber nicht geändert haben, denn noch in der Regierungszeit Hermann Werners wurde die Vermengung von Kanzlei- und Hofgerichtskompetenzen in einem Bericht unter anderem deswegen für misslich gehalten, weil „zuvorderst denen hoffgerichts bedienten alle daraus zu verhoffen gehabte jura undt emolumenta entzogen, da dannoch des hoffgerichters undt der Assessorum Salaria gering, die Secreatarij aber undt pedellen mit gar keinen bestallungen versehen, undt über dieses allen oneribus realibus unterworffen seyn, welches alles bey denen hochfürstlichen Rhäten undt Cantzley-bedienten in beßeren standt ist, als welche respective für sich undt ihre bedienten freye taffel undt schöne salaria, auch völlige freyheit, praeter emolumenta Aulae, genießen“[1233]. Noch Jahrzehnte später beklagte sich das Gerichtspersonal also über ungerechte und unangemessene Bezahlung.

5. Der Entwurf einer Hofgerichtsordnung 1666

Die vielstimmigen Vorschläge der Visitatoren und Gerichtspersonen machen noch keine Reform. Der neue Bischof war aber von Anfang an darauf bedacht, das Gerichtswesen notfalls umzubauen, und setzte diesen Plan offenbar auch parallel zum Visitationsprozess um. In mehreren Visitationsberichten findet sich nämlich der Schluss, man habe „vernommen, daß Eure hochfürstliche Gnaden gnedigst bedacht sein, die Gerichts Ordtnung in offentlichen truck ergehen zu laßen“[1234]. Und obschon man sicher sei, dass die ordtnung „genuch undt sehr löblich alaborirt ist“[1235], legten die Visitatoren Ferdinand nahe, angesichts der „entzwischen gekommenen verenderung

1231 LAW Domkapitel, Nr. 93.43, Bl. 4r.
1232 LAW Landstände, Nr. 111, Bl. 5r.
1233 LAW Domkapitel, Nr. 93.21, Bl. 3r.
1234 LAW Domkapitel, Nr. 93.43, Bl. 7v.
1235 LAW Domkapitel, Nr. 93.7, Bl. 2r.

propter varius constitutionis et novissimos recessus Imperij“[1236] und weil „das trucken aber zeit erfordert“[1237], die vorgeschlagenen Änderungen „per modum Decretorum visitationis [...] wie in fürstlich münsterischer Geist- und weltlicher Gerichtsordnung geschehen“[1238] umzusetzen. Offizial Herding weist in seinem Bericht daher auf eine Anlage hin, die er als „etliche weinig Decreta praeliminaria“, also als vorübergehende Änderungspunkte, bezeichnet, die geeignet seien, „die vornembste mangell“[1239] zu beseitigen. Die bereits erwähnten Decreta Praeliminaria mögen auf seine Vorschläge zurückzuführen sein[1240]. Wichtiger für die Gerichtsgeschichte ist jedenfalls das im Landesarchiv Westfalen erhaltene Druckmanuskript „des hoch[würdigen] fürsten und [herrn] herrn ferdinandten [bischouen] des stiffts Paderborn des h[eiligen]. Rom[ischen]. Reichs [für]sten undt Grauens zu Pyrmont p. Ernewerte Hoffgerichtes-Ordtnung“[1241], die das Jahr 1666 als Ausstellungsdatum trägt. In der Literatur ist das Archivstück in Fußnoten gelegentlich angeführt worden, ohne dass Einzelheiten bekannt wurden[1242]. Wie selbstverständlich ging man offenbar davon aus, dass die Ordnung geltendes Recht geworden sei. Und in der Tat stellt die Archivalie eine vollständige Hofgerichtsordnung dar, die deutliche Abweichungen und Ergänzungen im Vergleich zur früheren Ordnung von 1619 und starke Ähnlichkeit mit der Ordnung von 1720 aufweist und zudem noch auf dem schlecht erhaltenen Deckblatt den Hinweis „Getrucket auffm Schlos Newhaus im Jahr M.DC.LXVI“ trägt. Andererseits gibt es kein einziges erhaltenes Druckexemplar dieser Ordnung. In keiner Quelle wird eine Reform der Hofgerichtsordnung erwähnt; die Visitatoren sprechen nur vom Plan des Bischofs, eine Ordnung in Druck zu geben. Sowohl im Zusammenhang mit den Reformen Hermann Werners als auch in der Präambel der Ordnung Clemens Augusts kommt eine Hofgerichtsordnung Bischof Ferdinands von Fürstenberg nicht zur Sprache, obwohl die übrigen Stufen der Gesetzgebungsgeschichte geradezu kleinlich referiert werden. In der Präambel des Druckmanuskripts fehlt zudem eine Datumsangabe, die darauf schließen lassen könnte, dass es sich wirklich um eine endgültig erlassene Ordnung handelt. Vielmehr ist an der entscheidenden Stelle nur der Platzhalter „Geben auff unserm Schloß Newhauß den p.“[1243] zu lesen. Es bleibt daher eher der Eindruck, dass die Reformbemühungen Ferdinands zumindest in puncto Hofgerichtsordnung ergebnislos blieben. Dass er

1236 LAW Domkapitel, Nr. 93.7, Bl. 2r.
1237 LAW Domkapitel, Nr. 93.43, Bl. 7v.
1238 LAW Domkapitel, Nr. 93.43, Bl. 7v.
1239 LAW Domkapitel, Nr. 93.43, Bl. 7v.
1240 Vgl. S. 215.
1241 LAW Domkapitel, Nr. 261.1.
1242 Henning, Herrschaft, S. 223; Brandt/Hengst, Bistum II, S. 91.
1243 LAW Domkapitel, Nr. 261.1, Bl. 3r.

an den Vatikan berichtete, er habe „diversae constitutiones" erlassen, steht dem nicht entgegen, denn der sehr konturarme Begriff der Constitutio – vermutlich meinte Ferdinand irgendwelche Einzelanordnungen – vermag über das Fehlen sämtlicher Archivbelege nicht hinwegzuhelfen.

Trotzdem darf das Manuskript nicht unbeachtet bleiben, und zwar aus zwei Gründen: Zum einen ist die Ordnung der späteren Reform Bischof Clemens Augusts so ähnlich, dass sie als wichtiger Zwischenschritt in der Gesetzgebungsgeschichte angesehen werden darf, ja vermutlich genau das erhaltene Manuskript im Gesetzgebungsprozess 1719/20 als Vorlage gedient hat, wie Marginalbemerkungen zu beweisen scheinen. Zum anderen ist die Ordnung für die Forschung deshalb wertvoll, weil Randglossierungen auf Vorbilder aus anderen Territorien hinweisen. An vielen Stellen finden sich Hinweise darauf, woher bestimmte Regelungen stammten. Wesentlich waren demnach offenbar Vorbilder aus Münster, Lüneburg, Braunschweig und aus den Visitationsberichten selbst.

a) Präambel und Struktur der Ordnung

Die Präambel des Entwurfes ähnelt deutlich den beiden erhaltenen Ordnungen von 1619 und 1720. Sie ist aus Sicht des Fürsten in der ersten Person Plural geschrieben. Nach der Intitulatur Ferdinands folgt ein kurzer Abriss der Gesetzgebungsgeschichte. Darin verweist Ferdinand auf die Einrichtung eines besonderen und ständigen Hofgerichts durch seinen Großonkel Dietrich, der dem Gericht auch eine Prozessordnung gegeben habe, die später sowohl von Ferdinand von Bayern als auch von Dietrich Adolph bestätigt worden sei. Dieser Eingang ist bemerkenswert, denn Ferdinand stellt seinen Vorfahren Dietrich damit als Schöpfer des Hofgerichts dar; während von Dietrich in der Präambel der Ordnung von 1720 keine Rede mehr ist. Clemens August sieht dort seinen Vorfahren Ferdinand von Bayern am Ursprung des Gerichts. In der Präambel 1666 heißt es weiter, die alte Ordnung sei zwar „dem rechten und loblichen gebrauch gemeeß eingerichtet" worden, der Dreißigjährige Krieg habe aber für Unordnung gesorgt. Es sei nicht nach der Ordnung gelebt worden. Außerdem bedürften einige „Puncta den umbständen nach einiger declaration" und auch die Reformen des Jüngsten Reichsabschieds müssten aufgegriffen werden.

Die Ziele des Verfassers lassen sich dem Text des Entwurfes auf den ersten Blick entnehmen. Er baut in großen Teilen auf der Vorgängerordnung von 1619 auf; viele Regelungen des Entwurfs – insbesondere diejenigen Vorschriften, die von den Reformen des Jüngsten Reichsabschieds nicht beeinflusst wurden – stimmen wörtlich mit der alten Paderborner Ordnung überein. Man versuchte also die Reformen in das bestehende Normgefüge zu integrieren und beschränkte sich folglich nicht darauf, „fortschrittlichere" ausländische Ordnungen abzuschreiben.

Für den Verfasser waren die damit verbundene Kontinuität und vielleicht auch die Legitimation durch das Überkommene wohl wichtig. Die angekündigte „declaration" älterer Vorschriften und die reichsrechtlich bedingten Ergänzungen führten allerdings zu einer erheblichen Umfangszunahme. Mit 66 Titeln geht der Entwurf rein quantitativ deutlich über die Vorgängerordnung hinaus. Teilweise ist das dadurch bedingt, dass der Entwurf Streitfragen zu einzelnen prozessrechtlichen Figuren entschied, und teilweise entstand ein Regelungsbedürfnis erst durch die Diskussionen auf dem Regensburger Reichstag, so dass der Jüngste Reichsabschied an zahlreichen Stellen direkt in Bezug genommen wird. Auch ein weiterer Punkt fällt auf und lässt sich mit dem Jüngsten Reichsabschied in Verbindung bringen: Die Ordnung ist im prozessrechtlichen Teil stärker nach Terminen gegliedert. 1619 stand die *litis contestatio* gewissermaßen im Zentrum des prozessrechtlichen Teils. Zwar wurde nummerisch in Titel 17 vom „ersten Termin" gesprochen. Die weitere Untergliederung des Normtextes erfolgte dann jedoch nach Prozesshandlungen, so dass sich etwa Vorschriften zur Gegenklage, zum Beweisverfahren usw. anschlossen. Titel 17 des Entwurfes von 1666 spricht ebenfalls vom „ersten Termin". Der weitere Verfahrensablauf wird jedoch anhand der weiteren Termine (Titel 19–22) erläutert, innerhalb derer sich der Prozess bewegen sollte. Die Streitbefestigung findet nur noch am Rande Erwähnung (Titel 29). Obwohl die Hofgerichtsordnung sich damit der Struktur nach nicht nur der Reichskammergerichtsordnung und territorialen Prozessordnungen anpasst, scheint der Zeitpunkt kein Zufall zu sein. Über eine Straffung des Terminsystems war im Vorfeld des Jüngsten Reichsabschieds im Rahmen der Deputation 1644 umfangreich diskutiert worden, bis schließlich das Reichskammergericht ein zweites Gutachten anfertigte und ausführlich erläuterte, welche Verfahrenshandlungen in welchem Termin vorzunehmen seien[1244]. Darauf scheint der Paderborner Entwurf abzustellen. Ansonsten ähnelt der Entwurf strukturell den Ordnungen von 1619 und 1720: Die ersten Vorschriften (Tit. 1–12) befassen sich mit den Gerichtspersonen, bevor das erstinstanzliche Verfahren (Tit. 13–45) einschließlich des Beweisverfahrens, des Säumnisverfahrens, der Eide und besonderer Angriffsmittel behandelt wird. Titel 46–50 behandeln das zweitinstanzliche Verfahren, woran sich Vorschriften zu besonderen Verfahrensarten anschließen (Tit. 51–55). Den Schluss bilden Vorschriften zur Urteilsfassung, Vollstreckung, Revision, zu den Ferien und den Gerichtskosten.

1244 Vgl. S. 205.

b) Verfasser und Vorbilder

Der Entwurf stammt sicher nicht aus der persönlichen Feder des Bischofs. Zwar galt Ferdinand als einer der gelehrtesten Bischöfe des Reiches und als Mäzen der Wissenschaft und der Künste[1245]. Als Teil einer umfassenden jesuitischen Ausbildung widmete er sich ab 1648 auch – wenn auch halbherzig – dem Studium der Rechte. Über vertieftes Interesse oder grundlegende Kenntnisse im Prozessrecht ist aber nichts bekannt. Berühmt ist Ferdinand eher für seine Leidenschaft zur Historiographie und Poesie[1246].

Wer die neue Hofgerichtsordnung entworfen hat, lässt sich nicht mit Sicherheit sagen. Eine durchaus beachtliche prozessrechtliche Kenntnis wird man dem Verfasser aber unterstellen können und müssen: Die Vorgängerordnung wurde durch den umfangreichen Entwurf wesentlich verändert und es lassen sich Einflüsse zahlreicher anderer Prozessordnungen nachweisen, die belegen, dass eine abgewogene Ordnung entstehen sollte, die nicht stumpfsinnig die Reichskammergerichtsordnung kopierte. Juristische Bildung und genaue Kenntnis der reichsrechtlichen Reformen dürfen daher unterstellt werden. Weiteres ist Spekulation. Überliefert ist aber ein Brief des Hofgerichtsassessors Dr. Bernard Wibbertz an den Offizial Dr. iur. Hermann Herting vom 15. März 1667[1247]. Darin dankte Wibbertz dem geistlichen Richter für ein Schreiben „sambt darin angehangenem entwurff verbeßerter Hoffgerichts Ordnung“ und meinte, es sei angesichts der großen Erfahrung Hertings im „styli iudiciarii quà advocando quà judicando“ und seiner „berumbten syncerität und industri“ wohl unnötig, den ganzen Entwurf zu lesen. Herting wisse schon, wie man Gericht und Prozess einzurichten habe. Er werde den Entwurf demnächst mit dem Vizekanzler[1248] diskutieren. Es scheint also einigermaßen wahrscheinlich, dass der hier interessierende Entwurf vom Paderborner Offizial Hermann Herting abgefasst wurde. Offenbar machte er sich aufgrund eines „hochfürstlichen g[nädi]gsten befelch“ an die Arbeit, wurde also vom Bischof beauftragt. Sicher ist dieser Schluss aber nicht. Denn Herting und Wibbertz waren auch beide Mitglieder der Visitationskommission zur Reform der Kanzlei[1249]. Es liegt aus dieser Zeit aber auch ein vollständiger Entwurf einer

1245 BRANDT/HENGST, Bischöfe, S. 249.

1246 Jörg Ernesti, Ferdinand von Fürstenberg – Dimensionen seines Denkens und Wirkens, in: Norbert Börste/Jörg Ernesti (Hg.), Friedensfürst und Guter Hirte, Paderborn 2004, S. 16.

1247 LAW Domkapitel, Nr. 93.46.

1248 Zu dieser Zeit Dr. Heinrich Hanschen.

1249 Vgl. oben S. 212.

Prozessordnung für die Kanzlei vor[1250], an der Herting mitgearbeitet hatte[1251]. Es ist folglich auch möglich, dass der in Wibbertz' Schreiben angesprochene Entwurf eine Neuordnung der Kanzlei betrifft. In seinen Anmerkungen zur Kanzleiordnung zitiert der Offizial sogar aus den Prozessgesetzen, die in den Randglossen des hier interessierenden Hofgerichtsordnungsentwurfs zu finden sind[1252]. Vielleicht hatte Herting also an beiden Entwürfen mitgearbeitet. Dafür spricht nicht nur seine herausragende Erfahrung in der gerichtlichen Praxis, sondern auch der Umstand, dass sowohl seine Anmerkung als auch der Kanzleientwurf begrifflich streng zwischen der „Cantzley" und dem „Hoffgericht" unterscheidet. Herting hatte sogar sehr genaue Vorstellungen davon, welche Streitgegenstände an welchem Gericht verhandelt werden sollten.

Die Frage nach dem Verfasser des Entwurfs führt zu seinen Vorbildern. Da ist zunächst der Jüngste Reichsabschied zu nennen, dessen Reformen den Verfasser leiteten. Nicht nur der Text selbst verweist an verschiedenen Stellen direkt auf die Neuerungen im Reichsrecht. Der besondere Wert des Archivstücks liegt vielmehr in den Randglossierungen, die ganz offenbar auf Vorbildregelungen hinweisen. Wahrscheinlich war es der Verfasser des Entwurfes, der den Text an verschiedenen Stellen – teilweise nur einzelne Wörter, teilweise ganze Paragraphen – unterstrich und am Rand die Herkunft der in Bezug genommenen Regelungen angab. 126 derartiger Glossierungen weist der Entwurf auf. Hinzu kommen eine offenbar in späterer Zeit hinzugefügte Randbemerkung[1253] sowie zwei Glossierungen, die nicht auf andere Gerichtsordnungen verweisen, sondern lediglich den Inhalt der Textstelle wiedergeben. Es ist nicht immer einfach, die in Bezug genommenen Ordnungen genau zu bestimmen. Einige Gesetze sind zwar scheinbar eindeutig benannt: Etwa die „Münsterische Hofgerichts-Ordnung anno -80" oder die „Münsterische Hofgerichts-Ordnung anno 1575". Trotzdem sind die Verweise unklar, weil 1580 und 1575 keine Münsteraner Hofgerichtsordnungen verabschiedet wurden. Es existieren aber Visitationsabschiede aus den Jahren 1575 und 1580, mit denen die Münsterische Hofgerichtsordnung geändert worden war und die hier offenbar in Bezug genommen wurden[1254]. Darüber hinaus beziehen sich einige Verweise schlicht auf

---

1250 LAW Domkapitel, Nr. 93.19A.

1251 LAW Domkapitel, Nr. 93.19D.

1252 LAW Domkapitel, Nr. 93.19D, Bl. 2r.

1253 LAW Domkapitel, 261.1, Bl. 2r (Präambel): „Nunmehr auch des visitations Recess de anno 1713". Dieser Eintrag trägt eine andere Handschrift. Wahrscheinlich hat der Entwurf von 1666 der Ordnung von 1720 als Vorbild gedient. In der Präambel 1720 ist der „Cameral Visitations-Receß de Anno 1713" nämlich erwähnt.

1254 Vgl. die Sammlung der ungedruckten Visitationsabschiede in RHB, GER I E 161. Der Abschied von 1575 lässt sich eindeutig der in Bezug genommenen Textstelle zuordnen.

die „Münsterische“ (11-mal) oder die „Lüneburgische“ (11-mal) und präzisieren die Fundstellen nur durch Seiten- oder Folioangaben statt durch den Hinweis auf Titel oder Paragraphen, was den Nachweis erschwert. Am häufigsten wird neben dem Jüngsten Reichsabschied[1255] (31-mal) auf die Lüneburgische Kanzleiordnung (24-mal) verwiesen. Daneben finden sich insbesondere Verweise auf Münsteraner und Braunschweiger Quellen[1256]. Selten sind auch Hinweise auf gemeinrechtliche Literaturstellen[1257]. Insgesamt ergibt sich so ein buntes, aber auf norddeutsche Territorien konzentriertes Bild.

c) Gerichtspersonen

In personeller Hinsicht nahm der Entwurf keine größeren Änderungen vor. Bemerkenswert ist aber der Umfang, den der Entwurf den Regelungen zum Gerichtsnotar widmet. Daneben werden das Amt der Gerichtsboten präzisiert und die Vorschrift über die Prokuratoren noch weiter ausgebaut.

Die Gerichtsnotare zogen nicht nur die Aufmerksamkeit des Regensburger Reichstages auf sich. Auch die Visitationskommission in Paderborn widmete sich einigen Missständen, die sich über die Jahre offenbar eingeschlichen hatten. Im Ordnungsentwurf schlägt sich das schon quantitativ nieder: Die Zahl der Paragraphen des dritten Titels vervierfachte sich nahezu. Aus den Visitationsberichten ist bekannt, dass die Gerichtsnotare nicht nur zeitgleich als Offizialatsnotare dienten, sondern sich sogar als Prokuratoren ein Zubrot verdienten[1258]. Das raubte Zeit für ihre Gerichtsgeschäfte und war dem Vertrauen in eine gewissenhafte Aufgabenerfüllung abträglich. Der Ordnungsentwurf kommt der Forderung der Visitatoren, die Posten strenger zu scheiden, trotzdem nicht nach. Vielmehr schärfte sie den Notaren ein, sich in Angelegenheiten, in denen sie zuvor als Prokurator oder Sollicitant tätig gewesen waren, ihres Notariatsamtes zu enthalten und umgekehrt[1259]. Einige Vorschriften weisen die Notare an, ihre Aufgaben sorgfältiger auszuführen, bessere Registratur zu halten und „tauglich Pappijr“ zu benutzen[1260]. Ein großes

1255 Einmal wird der JRA als „Reichsabschied 1680“ bezeichnet. Die Textstelle kann aber exakt dem JRA zugeordnet werden; LAW Domkapitel, Nr. 261.1, Bl. 85r (Tit. 40).

1256 Es finden sich außerdem Verweise auf die Münsterische Gemeine Landordnung, die Münsterische Offizialatsordnung, die Münsterische Kanzleiordnung, die alte Paderborner Ordnung, die Decreta praeliminaria, die Braunschweig-Wolffenbüttelsche Hofgerichtsordnung, die Hannoversche Kanzleiordnung, die Reichskammergerichtsordnung und die „Collische“ Kanzleiordnung.

1257 Jeweils einmal verweist der Verfasser auf Andreas Gail und Joachim Mynsinger.

1258 LAW Domkapitel, Nr. 93.43, Bl. 6r; Nr. 93.6, Bl. 2v.

1259 HGO 1666, Tit. 3 § 1.

1260 HGO 1666, Tit. 3 § 11.

Thema – ebenfalls bereits während der Visitationen[1261] – war die sorgfältige Abschrift der eingegangenen Schriftsätze und Dokumente. Die Notare neigten auch dazu, die Abschriften künstlich dadurch aufzublähen, dass sie die Papierbögen nicht vollständig beschrifteten oder zu wenige Worte in eine Zeile schrieben. Ihre Bezahlung nach Anzahl der beschriebenen Seiten mag ein Anreiz dafür gewesen sein. Derlei Ungebühr verbot der Ordnungsentwurf ausdrücklich und schrieb die von den Visitatoren vorgeschlagene Silben- und Zeilenzahl leicht abgeändert fest[1262]. Schließlich sollte es Aufgabe des Notars sein, Anträge und Eingaben an das Gericht sofort den Richtern vorzulegen, gesonderte Bücher für Urteile zu führen und ein Verzeichnis zu halten, welcher Beisitzer wann welche Akte als Berichterstatter erhalten hatte – selbstverständlich, ohne dass die Parteien davon etwas erfahren durften.

Auch die Regelungen zur Prokuratur sind durch den Ordnungsentwurf nochmal umfangreicher geworden. Das betrifft zunächst die Vorschriften über die ordnungsgemäße Bevollmächtigung, die zukünftig auch im Namen der Erben geschehen sollte, um eine langwierige Unterbrechung zu verhindern, die eintreten konnte, wenn die Partei über dem Rechtsstreit verstarb[1263]. Diese Vorgabe stammt aus § 99 des Jüngsten Reichsabschieds. Angesichts der oftmals beklagten jahrzehntelangen Prozesse am Reichskammergericht mag sie eine wichtige Rolle im Kameralprozess gespielt haben. Ob sie überhaupt eine praktische Bedeutung am Paderborner Hofgericht hatte, ist unklar. Immerhin waren die Prozesse hier in der Vergangenheit wesentlich kürzer. Zu bemerken sind darüber hinaus die Vorschriften, die den Prokuratoren Zurückhaltung und Kürze bei ihren Rezessen auferlegten. Immer dann, wenn die Umstände so kompliziert waren, dass nicht in der gebotenen Kürze mündlich rezessiert werden konnte, sollten die Prokuratoren knappe Schriftsätze einbringen[1264]. Das Verhältnis war im Vergleich zum Kameralverfahren damit umgekehrt: Noch der Jüngste Reichsabschied hatte den Prokuratoren am Reichskammergericht eingebläut, „schrifft- an statt mündlichen Receß" zu beachten. Damit war zwar der Formulierung nach der mündliche Vortrag in den Audienzen die formale Regel; die Prokuratoren waren aber gleichzeitig angehalten, der Form halber lediglich die Titulatur des Rezesses abzulesen und ansonsten bloß den Schriftsatz zu überreichen[1265]. Am Hofgericht sollte es nun andersherum sein und der mündliche und mitprotokollierte Vortrag sollte gängig bleiben, solange dies für ein übersichtliches Terminsprotokoll noch sinnvoll erschien.

1261 LAW Domkapitel, Nr. 93.18, 2r; 93.43, Bl. 4v; Nr. 93.43, Bl. 6v [= 93.8].
1262 HGO 1666, Tit. 3 § 12.
1263 HGO 1666, Tit. 5 § 9
1264 HGO 1666, Tit. 5 § 4.
1265 Zu den Rezessen am Reichskammergericht vgl. Oestmann, Gemeine Bescheide, S. 52 ff.

Schließlich brachte der Ordnungsentwurf Klarheit in den Aufgabenbereich der Gerichtsboten. Tatsächlich übernahmen die Boten die Aufgaben, die andernorts durch eigene Gerichtsdiener oder Pedellen ausgeführt wurden[1266]. So stellt der Entwurf klar, dass die Boten auf Geheiß die nicht erschienene Partei zu rufen und diesen Formalakt zu Protokoll zu erklären hatten[1267]. Die Visitationskommissionen berichteten mitunter von faulen „pedelli" – gemeint sind die Boten –, die ihre Aufgabe „wegen deß bößen wetters" aufschöben und so zur Verzögerung der Prozesse beitrügen[1268]. Die neue Ordnung verlangt von den Boten, ihr Amt ohne Aufschub zu verrichten. In Anlehnung an § 68 des Jüngsten Reichsabschieds sollten die Boten auch nicht mehr abwarten dürfen, bis mehr als bloß ein Schriftstück zuzustellen war, so dass sich die Reise ins Land lohnte. Jedes Schriftstück war sofort weiterzuleiten.

d) Verfahrensrecht

Die wichtigsten Änderungen betrafen allerdings das Verfahrensrecht. Maßgebend waren für den Urheber die auf Prozessbeschleunigung ausgerichteten Reformen des Reichsrechts. Dabei wurden teilweise wichtige Grundentscheidungen des Rechts angesprochen, etwa die Abschaffung des artikulierten Klagevorbringens; teilweise sollten aber auch rein technische Arbeitsanweisungen an die Beteiligten und Gerichtspersonen den Verfahrensgang erleichtern. Neben der Umsetzung des Jüngsten Reichsabschieds nahm der Entwurf aber auch die Ergänzung und Ausgestaltung einzelner Prozessrechtsfiguren unter Bezugnahme auf andere territoriale Gerichtsordnungen vor.

Das Verfahren war künftig durch Suppliken einzuleiten, denen der Name beider Parteien, die Verfahrensart und die Bezeichnung des Schriftsatzes vorangestellt werden und die deutlicher als bisher auf etwaige Anlangen hinweisen sollten[1269]. Entsprechend dem Jüngsten Reichsabschied hatte der Supplikant der Bitte um Ladung direkt den Klagevortrag beizufügen, der zudem nur noch summarisch erfolgte[1270]. Nach Belieben des Klägers konnten dabei schriftliche Beweismittel gleich mit übersandt werden, um den Beklagten so zu einer frühen Einlassung zu zwingen und das Beweisverfahren abzukürzen[1271]. Der Beklagte hatte konzentriert und eventualiter innerhalb des ersten

1266 Vgl. etwa Münsterische HGO 1571, Tit. I.17.
1267 HGO 1666, Tit. 9 § 2.
1268 LAW Domkapitel, Nr. 93.18, Bl. 2r.
1269 HGO 1666, Tit. 14 §§ 3, 4.
1270 HGO 1666, Tit. 14 § 8.
1271 HGO 1666, Tit. 14 § 9.

Termins zu reagieren, wenn er nicht forideklinatorische Einreden vorschützte[1272]. Diese Einreden sollten die einzige Möglichkeit werden, den Sachvortrag hinauszuzögern. Der Beklagte musste also andernfalls sämtliche dilatorischen und peremptorischen Einreden vorbringen, summarisch auf den Klagevortrag erwidern und den Krieg „in euentum" befestigen[1273]. Die Kriegsbefestigung erfolgte im ersten Termin, wenn der Beklagte der Klage „durch nicht gesthehen, oder widersprechen" entgegentrat. Die überlieferten Formeln zur Kriegsbefestigung blieben erhalten, allerdings stellte der Ordnungsentwurf nunmehr klar, dass diese nicht schriftlich, sondern im Termin mündlich auszusprechen waren[1274]. Kam der Beklagte dem nicht nach, wurde die Kriegsbefestigung allerdings ohne Weiteres fingiert.

Bedingt durch § 110 des Jüngsten Reichsabschiedes sollte sodann zunächst ein Güteverfahren stattfinden[1275]. Dieses Zwischenverfahren hatte bislang keine Entsprechung in der alten Paderbornischen Ordnung und lehnte sich offenbar an die Hannoversche Kanzleiordnung an. Es war zwar auch in der alten Ordnung vorgesehen, dass die Prokuratoren in jedem Stadium des Verfahrens auf einen Vergleich hinwirken sollten. Ein festes und vom Richter geführtes Zwischenverfahren war aber nicht vorgeschrieben. In den Verhandlungen zur Reform des Kameralprozesses hatten die Kammerrichter bereits 1643 den Vergleich als Mittel hervorgehoben, die vielen Appellationen an das Reichskammergericht zu reduzieren[1276]. Die Frankfurter Deputation befürwortete 1644 jedoch „nur" einen obligatorischen außergerichtlichen sowie einen fakultativen gerichtlichen Güteversuch durch Schiedsgerichte. Die gelehrte Literatur der Zeit war sich offenbar uneinig, ob die vergleichsweise Beilegung eines Streits mit dem gerichtlichen Verfahren überhaupt zu vereinbaren war: Christian Thomasius soll dem überwiegend befürwortenden Zeitgeist mit den Worten „Tentamen Concordiae ab officio Iudicis diuersum est"[1277] entgegengetreten sein. Im Detail ist die Diskussion um die Entstehung des § 110 JRA bislang aber nicht erforscht[1278].

In Paderborn sollte das Güteverfahren jedenfalls in „sachen von keiner grosen wichtigkeit [...] oder pias causes, iniurias, wittibben, waisen, und sonsten miserabiles

1272 HGO 1666, Tit. 17 § 6.

1273 HGO 1666, Tit. 17 §§ 6, 7.

1274 HGO 1666, Tit. 29 § 1.

1275 HGO 1666, Tit. 18.

1276 Meiern, Acta Comitialia II, S. 150: „Wann von den Untern-Gerichten die Partheyen ante litem coeptam & litis contestationem zu güttlicher Vergleichung könten gebracht werden, würden dardurch viel unnöthige Unkosten und Verspielung der Zeit verhütet bleiben". Die Diskussion um die Einführung einer entsprechenden Vorschrift zeichnet Neurode, Pragmatische Erläuterung, S. 447 f. nach.

1277 Zitiert nach Neurode, Pragmatische Erläuterung, S. 449.

1278 Zur reichskammergerichtlichen Güterpraxis vgl. Amend-Traut, Wie Prozesse enden können, passim m. w. N.

Personas, oder nahe anbewandten betreffen[d]" stattfinden[1279]. Das Gericht hatte dazu zum „guttlichen verhoerßtag" zu laden und den Kläger zur schleunigen Replik anzuhalten. Zum Gütetermin sollten die Parteien persönlich erscheinen und schriftliche Beweismittel sowie kurze Beweisartikel für den Fall mit sich führen, dass eine spontane Zeugenvernehmung oder richterlicher Augenschein erforderlich werden würden. Im Termin sollten die Richter „dienliche mittell und wege, auch scheidtliche erinnerung vorschlagen", zu deren Zweck sie zu einer sorgfältigen Vorbereitung ermahnt wurden. Diese Vorbereitung war auch aus einem anderen Grund wichtig: Wollten sich die Parteien nämlich nicht vergleichen, hatte das Gericht sofort zu befinden, ob es die Sache für entscheidungsreif hielt. War dies der Fall, so war kein Urteil, sondern ein Bescheid auszuarbeiten, mit dem über die Sache entschieden werden sollte[1280]. Dabei dürfte es sich um den aus anderen frühneuzeitlichen Prozessrechtsquellen bekannten Vorbescheid handeln, dessen genaue begriffliche Einordnung schwierig ist[1281]. Vor der Publikation dieses Bescheides waren die Parteien erneut zu hören, die Sachentscheidung anzukündigen und ein erneuter Güteversuch anzumahnen.

War die Sache nicht entscheidungsreif oder erst gar kein Gütetermin anberaumt worden, wurde das Verfahren fortgesetzt. Im zweiten Termin hatte der Kläger – wenn das nicht bereits vor dem Gütetermin geschehen war – seine Replik vorzubringen und auf seinen Vortrag hin Beweis anzutreten[1282]. Dazu konnte er schriftliche Urkunden überreichen oder Beweisartikel formulieren, soweit er Eides- oder Zeugenbeweis antreten wollte. Auf die Erwiderung musste der Kläger sodann ebenso in tatsächlicher Hinsicht antworten wie auf eine mögliche Gegenklage des Beklagten. Antworten auf den artikulierten Vortrag der Gegenseite hatten grundsätzlich nur durch die Worte „wahr" oder „nicht wahr" zu erfolgen. Jeder Zusatz sollte die Antwort unwirksam machen und das Geständnis des Vortrags zur Folge haben[1283]. Auf diese Weise sollten Zwischenstreitigkeiten über die Zulässigkeit von Beweisartikeln bzw. ihrer Beantwortung verhindert werden. Im dritten Termin hatte der Beklagte zu duplizieren und Beweis durch Probatorialartikel anzutreten[1284]. Brachte er dilatorische Einreden vor, war der dritte Termin die letzte Möglichkeit, Ausführungen bei Gericht einzubringen. Tripliken und Quadrupliken wurden durch den Ordnungsentwurf abgeschnitten[1285]. Hatte der

1279 HGO 1666, Tit. 18 § 1.
1280 HGO 1666 Tit. 18 § 11.
1281 Zur Bedeutungsvielfalt vergleiche Thomsch, Mevius, S. 34–46.
1282 HGO 1666, Tit. 19 § 1.
1283 HGO 1666, Tit. 19 § 4.
1284 HGO 1666, Tit. 20 § 1.
1285 HGO 1666, Tit. 21 § 1.

Beklagte eine Gegenklage eingereicht, war auf den Vortrag des Klägers zu replizieren. Im vierten Termin musste der Kläger beschließen, wenn das Gericht der Ansicht war, dass ein zwischengeschaltetes Beweisverfahren nicht (mehr) erforderlich war. Ließ es ein Beweisverfahren zu, war es den Parteien entsprechend § 52 JRA verboten, weitere Schriften bei Gericht einzureichen[1286]. Innerhalb des fünften Termins musste der Beklagte beschließen. Die Terminsordnung des Hofgerichts war damit noch straffer, als es das reichskammergerichtliche Gutachten 1643 vorgeschlagen hatte. Der Entwurf sah zudem eine feste Zeit von vier Wochen pro Termin vor[1287]. Fristverlängerungen sollten nur gewährt werden, wenn sie vor Fristablauf beantragt und erhebliche Ursachen unter Eid dargelegt wurden.

Erwähnung bedarf auch das Säumnisverfahren, obwohl es größtenteils unangetastet blieb. Erstaunlich ist, dass der Entwurf an den Säumnisfolgen der *immissio in bona* festhielt[1288], obwohl der Jüngste Reichabschied sowohl die Acht als auch die Vermögenseinweisung für das kammergerichtliche Verfahren ausdrücklich abgeschafft hatte. Damit folgte das Reichsrecht einer Entwicklung vom Kontumazialprinzip hin zum Eremodialprinzip. In Paderborn sollte die Möglichkeit der *immissio* erhalten bleiben. Der Kläger hatte aber die Möglichkeit, gegen den säumigen Beklagten stattdessen weniger einschneidende Maßnahmen zu ergreifen und die Sequestration der Güter bzw. Einzelpfändungen zu beantragen[1289]. Außerdem sollte er durch ein spezielles Mandat den Gegner unter Androhung der *poena confessi* zum Erscheinen zwingen können[1290]. Welche Innovation in diesem Mandatsverfahren lag, ist unklar. Auch bislang war es dem Kläger nach der Ordnung von 1619 möglich, „in der Haubtsachen [zu] procediren“[1291], wenn der Beklagte ausblieb. Dies war aber nur dann möglich, wenn sein Klagevorbringen als zugestanden gewertet werden konnte. Andernfalls wäre der Prozess blockiert worden.

Ergänzungen erfuhr auch das Beweisverfahren, wobei sich die neuen Vorschriften hier größtenteils in technischen Details zur Beschleunigung erschöpften, für die Vorlagen aus Lüneburg und Münster Pate standen. Erwähnenswert ist dabei die Ausdifferenzierung des Eidesrechts. Neben dem Suppletionseid, den nunmehr auch die Parteien beantragen konnten, sah der Entwurf erstmals die aus dem gemeinen Recht bekannte Eidesdelation vor. Wollte eine Partei der Gegenseite „das gewissen […] rühren“, konnte sie ihr einen Eid zuschieben[1292]. Die so angegangene

1286 HGO 1666, Tit. 21 § 4.
1287 HGO 1666, Tit. 23 § 1.
1288 HGO 1666, Tit. 45 § 6.
1289 HGO 1666, Tit. 45 § 11.
1290 HGO 1666, Tit. 45 § 13. Die Vorschrift bleibt unklar.
1291 HGO 1619, Tit. 39 § 5.
1292 HGO 1666, Tit. 42 § 2.

Partei konnte ihrerseits zunächst einen besonderen Kalumnieneid von der Gegenseite verlangen. Überhaupt zählte der Ordnungsentwurf zahlreiche Eidesformeln auf, die aus der Vorgängerordnung noch nicht bekannt waren[1293]. Darunter finden sich nicht nur Parteieide, sondern ebenso Eide „sachverständiger" Personen wie Wundärzte oder Handwerker.

Breiten Raum nahm im reichsrechtlichen Reformprozess der zügigere *modus referendi,* also die Urteilsvorbereitung, ein[1294]. Dies spiegelt sich in der Hofgerichtsordnung nicht wider. Es ist auch nicht wahrscheinlich, dass am Paderborner Hofgericht ähnlich viele Verfahren angehäuft wurden, wie dies sprichwörtlich für das Reichskammergericht bekannt geworden ist. Immerhin enthält der Entwurf erstmals Vorschriften zur Urteilsvorbereitung durch die Beisitzer. Der Hofrichter hatte den Beisitzern in entscheidungsreifen Sachen die Protokolle und Originalschriftsätze zum Votieren zu übergeben. Unklar ist dabei, ob es Berichterstatter für einzelne Rechtsstreitigkeiten geben sollte. Ausweislich des Wortlautes sollte der Hofrichter die Akten nämlich „einem Jeden Beysitzer, und anderen, so darzu deputirt worden, außtheilen"[1295]. Der weitere Ablauf spricht aber dafür, dass einzelne Beisitzer ihre Akten alleine vorzubereiten hatten: Die betreffenden Personen sollten die Akten sorgfältig studieren und einen Aktenauszug anfertigen, aus dem sie dem *Consilio,* also ihren Richterkollegen, den Fall zu referieren hatten. Die Kollegen hatten das Referat stichpunktartig mitzuschreiben, und bei schwierigen Rechtsfragen hatte jeder für sich die vorhandene Literatur zurate zu ziehen, um sodann über den Fall abzustimmen[1296]. Aktenversendungen gab es weiterhin, jedoch sollten sie bei strittigem Gerichtsstand und bei Fragen, die das Paderborner Landesrecht betrafen, nicht mehr stattfinden[1297].

Neuerungen waren auch bei einzelnen prozessrechtlichen Figuren vorgesehen: Die Kalumnieneide sollten von den Parteien zwar regelmäßig abgelegt werden, aber nur auf Antrag einer Partei oder von Amts wegen, wenn das Gericht es für erforderlich hielt. Wurde der Eid nicht fristgerecht abgelegt, war der gegnerische Vortrag als zugestanden zu werten, so dass Verzögerungen durch Eidesverweigerung nicht möglich waren. Gegenklagen wurden in Verfahren, die aufgrund „bekändtliche[r] siegell und brieffe" angestrengt wurden, unmöglich gemacht, wenn sie sich nicht ebenfalls auf solche Dokumente stützen konnten[1298]. Erstmals enthält die Ordnung

---

1293 HGO 1666, nach Tit. 42.

1294 Vgl. allein zum Deputationsgutachten von 1644 MEIERN, Acta Comitialia II, S. 207–210.

1295 HGO 1666, Tit. 56 § 15.

1296 HGO 1666, Tit. 56 § 15.

1297 HGO 1666, Tit. 56 § 9.

1298 HGO 1666, Tit. 26 § 3.

auch Vorschriften zur Intervention und Denunciation[1299], also Prozesshandlungen, die mit der modernen Nebenintervention bzw. Streitverkündung vergleichbar sind.

Einen wesentlich breiteren Raum als 1619 nehmen die vollstreckungsrechtlichen Vorschriften ein. In den Augen des Verfassers scheint die Verzögerung der Urteilsdurchsetzung durch Appellationen das größte Problem gewesen zu sein, denn er zählt zunächst auf, in welchen Fällen ausdrücklich keiner Appellation „statt zugeben"[1300] sei. Erstmals wird auch das Verfahren zur Anzeige der Urteilsbefolgung, der Parition, näher erläutert. So musste ein „Terminus parendi sententiae, et docendi de paritione"[1301] angesetzt werden, zu dem der unterliegende Teil („Vicus" sic!) zu erscheinen und anzuzeigen hatte, den Urteilsspruch befolgt zu haben. Tat er das nicht, war er in eine Geldstrafe zu verurteilen, wenn er nicht schriftlich erhebliche Gründe vorbrachte, auf die der Sieger erwidern konnte. Selbst im Vollstreckungsverfahren hatten die Beamten zudem an das „Christenthumb" und „billiges mitleiden" des obsiegenden Teils erinnern und auf Zahlungsaufschub und Ratenzahlung hinwirken, wenn die zu vollstreckende Forderung zu hoch war[1302]. Auch das Verhältnismäßigkeitsprinzip des Vollstreckungsverfahrens wurde weiter ausdifferenziert. Es sollte erst als Ultima Ratio in solche Gegenstände vollstreckt werden, die dem Lebensunterhalt des Gegners dienten[1303]. Waren keine genügenden Vollstreckungswerte zur Abzahlung der ganzen Schuld vorhanden, wurde dem Gläubiger die Möglichkeit gegeben, ein liegendes Gut „in causam pignoris" zu nehmen und sich aus den Nutzungen laufend zu befriedigen[1304]. Ausgiebigere Vorschriften enthält der Entwurf auch über das Pfändungs- und Schätzungsverfahren.

e) Gerichtsverfassung

An der grundsätzlichen Gerichtsverfassung des Hochstifts änderte der Entwurf wenig. Deutlich erinnerte der Verfasser allerdings daran, die erstinstanzliche Jurisdiktion der „unterthanen" nicht zu verletzen und bleute den Hofrichtern ein, keine Sache anders als „per viam Appellationis, Remissionis aut ex capite protractae vel denegatae Justitiae, oder wegen einfallender verdacht des Unterrichters"[1305] anzunehmen, behielt aber die Möglichkeit bei, das Hofgericht einvernehmlich als Gerichtsstand zu wählen. Auch die Rechtsmittel gegen Urteile des

1299 HGO 1666, Tit. 27, 28.
1300 HGO 1666, Tit. 61 § 2.
1301 HGO 1666, Tit. 61 § 5.
1302 HGO 1666, Tit. 61 § 10.
1303 HGO 1666, Tit. 61 § 13.
1304 HGO 1666, Tit. 61 § 21.
1305 HGO 1666, Tit. 13 § 13.

Hofgerichts änderten sich nicht wesentlich. Allerdings wurden nunmehr „Cantzlar und Rähtte“[1306] erstmals als zuständige Revisionsinstanz genannt. Die Kanzlei sollte dabei offenbar selbst rechtsfindend tätig werden; die Möglichkeit der Aktenversendung wird nicht mehr erwähnt. Neben der Möglichkeit der Nullitätsklage an die Kanzlei fügte der Verfasser auch die „Restitutio ad integrum“[1307] in den Ordnungsentwurf ein. Dieser besondere Rechtsbehelf ist auch von den Reichsgerichten bekannt[1308], bislang von der rechtshistorischen Forschung aber kaum näher beleuchtet worden. Insbesondere Forschungen zur Rechtspraxis fehlen völlig. Die Restitutionsklage war offenbar eine Möglichkeit, die Wiederaufnahme des Verfahrens nach Verkündung eines Urteils zu erreichen. Sie ist von der Wiedereinsetzung wegen Fristversäumnis zu unterscheiden[1309]. Die Restitutionsklage war beim Hofgericht einzulegen und auch dort zu bescheiden. Devolutiveffekt hatte sie also nicht. Die Voraussetzungen und Wiederaufnahmegründe sind unbekannt und waren reichsrechtlich wohl auch nicht endgültig geklärt[1310]. Das Verfahren jedenfalls sollte kurz sein und nach höchstens zwei Schriftwechseln der Parteien abgeschlossen werden.

f) Besondere Verfahrensarten

Der Ordnungsentwurf hielt mehrere Prozessarten vor, die von der *querela simplex*, also der ordentlichen Klage, abwichen. Neben der unbenannten summarischen Klage gab es die nunmehr eigens geregelten Possessions- und Arrestverfahren[1311]. Daneben war an exponierter Stelle – noch vor dem ordentlichen Klageverfahren – weiterhin der Mandatsprozess als besonderes summarisches Verfahren geregelt[1312]. Für das reichskammergerichtliche Verfahren war der Mandatsprozess ungeheuer wichtig. Es gibt zwar keine Forschung dazu, wie viele reichskammergerichtliche Entscheidungen in Form von Mandaten ergingen. Gefühlt scheint es aber die weit überwiegende Zahl gewesen zu sein. Reformen dieses Verfahrens mussten daher zwangsläufig zu einer Entlastung des Reichskammergerichts beitragen. Entsprechend den reichsrechtlichen Vorbildern in §§ 76 und 77 des Jüngsten Reichsabschieds schrieb der Ordnungsentwurf daher vor, dass Mandaten *sine clausula* zukünftig in nur einem Termin mit der *exceptio sub- vel obreptionis* begegnet werden sollte,

1306 HGO 1666, Tit. 58 § 4.
1307 HGO 1666, Tit. 60.
1308 Dick, Kameralprozess, S. 215; Sellert, Stilus Curiae, 289 ff., 390 ff.
1309 Werkmüller, Wiedereinsetzung, Sp. 1367.
1310 Vgl. die Diskussion bei Oestmann, Missbrauch, S. 120 ff.
1311 HGO 1666, Tit. 53.
1312 HGO 1666, Tit. 20.

wenn der Beklagte nicht gleich parieren wollte. Das Reichskammergericht hatte bereits 1643 über Verzögerungen gerade im Mandatsverfahren geklagt[1313]. Alle anderen Einwendungen waren auf die Zeit nach der Parition verschoben. Neben diesen in der Forschung mehr oder weniger aufgearbeiteten Verfahrensarten sollen im Folgenden zwei besonders erwähnenswerte Prozessarten vorgestellt werden, die 1666 erstmals Eingang in das Paderborner Prozessrecht fanden.

aa) Diffamationsprozess

Titel 53 des Ordnungsentwurfs hält mit seinen Regelungen zum Diffamationsprozess eine unscheinbare Vorschrift bereit, die aus zwei Gründen besondere Beachtung verdient: Zum einen ist der Diffamationsprozess Gegenstand der Regensburger Diskussionen gewesen und als solcher insbesondere von den Paderborner und Münsteraner Abgesandten angestoßen worden. Zum anderen ist diese besondere Prozessart von der modernen Forschung kaum berücksichtigt worden[1314], und das, obwohl sie im Verhältnis von Reichs- und Territorialinstanzen für Spannungen sorgen konnte.

Diffamation ist im modernen Sprachgebrauch negativ konnotiert und wird mit *Beleidigung* und *übler Nachrede* gleichgesetzt[1315]. Der lateinische Wortursprung drückt hingegen etwas anderes aus: *diffamatio* kann neutral mit *Bekanntmachung* und das Verb *diffamare* sogar einerseits mit *preisen* oder *rühmen*, andererseits aber tatsächlich auch mit *verleumnden* übersetzt werden[1316]. Missverständnisse in den Quellen sind daher vorprogrammiert. Nicht nur deshalb unterläuft leicht der Fehler, die *diffamatio* in den Quellen mit einer *Injurie,* einer Beleidigung, gleichzusetzen[1317]. Der Diffamationsprozess ist aber etwas ganz anderes als der Injurienprozess – jedenfalls in seinem Ursprung. Vielmehr gibt er einer Person, die sich der Behauptung eines Anspruchs gegen sich ausgesetzt sieht, die Möglichkeit, den sich entsprechend Rühmenden zur Klageerhebung auf diesen Anspruch zu zwingen. Der vermeintliche Schuldner tritt also als Initiator eines Verfahrens auf, das zu einem Prozess gegen ihn selbst führen soll. Dabei geht es nicht um die Hauptsache selbst, sondern nur um die vorangegangene Berühmung (Diffamation) des

1313 Meiern, Acta Comitialia II, S. 144.

1314 So auch Oestmann, Geistliche Gerichte, S. 610, Anm. 2811; erwähnt seien hier Fuchs, Ehre, S. 71; Dick, Kameralprozess, S. 102 f.; und ausführlicher zum 19. Jahrhundert Tirtasana, Gerichtshof, S. 167–170.

1315 Vgl. etwa die verkürzte Darstellung bei Jessica Jacobi, Besitzschutz vor dem Reichskammergericht, Frankfurt 1998, S. 133.

1316 Georges, Handwörterbuch, Stichwort „diffamo".

1317 Vgl. dazu Wetzell, System, S. 110; Fuchs, Ehre, S. 71.

Anspruchs[1318]. Der Diffamationsprozess ist daher eine Ausnahme von der Rechtsregel, nach der niemand gezwungen werden kann, in eigener Sache Ansprüche geltend zu machen[1319]. Die Parteien dieses Verfahrens heißen *Diffamat* (also der Initiator, der sich einer Diffamation ausgesetzt sieht) und *Diffamant* (also der Verfahrensgegner, der sich eines Anspruches berühmt)[1320]. Da der Diffamationsprozess in der gemeinrechtlichen Literatur als Unterart des Provokationsprozesses behandelt wird, werden die Parteirollen auch vertauscht als *Provokant* und *Provokat* bezeichnet.

Der Ursprung des Diffamationsprozesses, wie er sich in den frühneuzeitlichen Quellen zeigt, ist nicht erforscht. Die gemeinrechtliche Literatur verweist regelmäßig auf C.7.14.5 des justinianeischen Codex. Treffend dürfte aber wohl die Bemerkung von Danz sein, nach der aus einer irrigen Erklärung des römischen Rechts ein allgemeines Rechtsinstitut geschaffen wurde, welchem durch „Gerichtsgebrauch und […] Genehmigung der Reichsgesetze das Siegel der Rechtmäßigkeit ist aufgedrücket worden“[1321]. Tatsächlich handelt die zitierte Codexstelle nämlich gar nicht von einer Provokation auf Klageerhebung[1322]: Ein gewisser Crescenz sieht sich der Behauptung ausgesetzt, er sei kein Freier, sondern lediglich ein Freigelassener und erhebt daher Präjudizialklage zum Statthalter. Crescenz tritt also selbst mit einer Art Feststellungsklage in Aktion und fordert nicht den Gegner zur Klageerhebung auf. Und schon gar nicht geht es im Codex allgemein um fälschlich erhobene Ansprüche[1323]: In Rede steht das Standesrecht des Crescenz und nicht etwaige Ansprüche – in der Tat stehen die römischen Quellen der Injurienklage daher wohl näher als der Diffamationsklage, der sie ihren Namen gegeben haben[1324].

Am 20. Februar 1654 brachten die Paderborner Abgesandten[1325] den Diffamationsprozess in den Regensburger Verhandlungen zur Sprache, nachdem eigentlich ein ausführliches Reichsgutachten zur „Verbesserung des Justitz-Wesens in Teutschland“ bereits vorgelegt worden war. Die Paderborner nahmen anscheinend Bezug auf einen Vortrag des münsterischen Abgesandten, der „bey gewehrten Deputations

---

1318 Endemann, Zivilprozessrecht, S. 380.

1319 Nemo invitus ad agendum compellitur; vgl. Endemann, Zivilprozessrecht, S. 380.

1320 Oberländer, Lexicon, S. 221.

1321 Danz, Summarische Processe, S. 112.

1322 So auch Gönner, Handbuch IV, S. 63.

1323 Bereits Glück, Pandecten VI, S. 484 f.; Heimbach, Provocation, S. 534; Gönner, Handbuch IV, S. 61 ff.; Neurode, Pragmatische Erläuterung, S. 340; Wetzell, System, S. 104 ff., der zudem auf die Wurzeln im einheimischen Recht hinweist.

1324 C.7.14.5 beginnt mit den Worten: „Defamari statum ingenuorum…“.

1325 Vermutlich war der Paderborner Bischof und Jurist Dietrich Adolph von der Recke zu diesem Zeitpunkt noch persönlich in Regensburg anwesend. Nach seiner Abreise ließ er sich durch den kaiserlichen kurkölnischen und bayerischen Rat Georg Melchior Ganß vertreten; vgl. Meiern, Acta Comitialia II, S. 142 und S. 143.

deliberationibus“ über den Missbrauch des Diffamationsprozesses berichtet hatte. Dieser Vortrag ist zwar nicht überliefert, im paderbornischen Votum wird er jedoch kurz wiedergegeben: Demnach hatte ein „Mediat Landsaß wieder alle seine Creditoren [...] citationem edictalem ex l. diffamari in Camera“ beantragt und erhalten, und zwar „absque ulla specificatione diffamantis aut diffamationis“, und diese Ediktalzitationen dann in unterschiedlichen Fürstentümern zustellen lassen. Dieses Beispiel sei von vielen „secundiret worden“[1326].

Es ist schwierig, aus dieser Wiedergabe den genauen Umfang des Missbrauchs herauszulesen. Klar ist aber wohl Folgendes: Offenbar wurden durch das Reichskammergericht auch Ladungen gegen unbenannte Personen im Wege öffentlicher Zustellungen im Reich verteilt, die ein Reichsmittelbarer „ex l. diffamari“ gegen alle seine Gläubiger anstrengte, ohne den vermeintlichen Anspruch der Gläubiger zu bezeichnen. Wie dies im Einzelnen vonstattengegangen sein soll, ist unklar. Warum aber sollte ein Schuldner so etwas überhaupt machen? Grund ist die Rechtsfolge, die das Reichsrecht dem Diffamationsprozess zuerkannte[1327]: Nahmen die Gläubiger das Verfahren zur Kenntnis und erschienen zum geladenen Termin, musste der Schuldner (Diffamat, Provokant) beweisen, dass sich ein anderer eines Anspruchs gegen ihn berühmte. Eigentlich erschöpfte sich der Diffamationsprozess darin. Konnte er dies beweisen, sollte das Reichskammergericht das Verfahren in der Hauptsache, also das Klageverfahren zur Durchsetzung des Anspruchs, an das für diesen zuständige Gericht verweisen. Konnte er die Diffamation nicht beweisen, verlor er den Prozess. Darauf kann es dem Schuldner, von dem die Paderborner und Münsteraner Abgesandten berichteten, jedoch nicht angekommen sein. Vielmehr dürfte er darauf spekuliert haben, dass die – zudem anscheinend unbenannten – Gläubiger vom Verfahren gerade keine Kenntnis erlangten. Dann nämlich konnten sie auch nicht vor dem Reichskammergericht erscheinen und sich zur Wehr setzen. Das wiederum hatte zur Folge, dass der Schuldner sich im Säumnisverfahren von den Ansprüchen befreien konnte. Die Verurteilung des einzelnen Gläubigers (Diffamant, Provokat) ging dann für gewöhnlich auf „ein ewiges Stillschweigen“[1328]. Der Gläubiger verlor also seinen Anspruch, obwohl der Schuldner vor Gericht weder die Diffamation noch das Nichtbestehen eines Anspruchs beweisen und noch nicht einmal den Diffamanten benennen oder namentlich laden lassen musste. Der möglicherweise berechtigte Gläubiger musste also von dem Verfahren gar keine Kenntnis erlangen. Das konnte nicht sein!

1326 Das paderbornische Votum findet sich bei MEIERN, Acta Comitialia II, S. 499–502, hier S. 500.

1327 ENDEMANN, Zivilprozessrecht, S. 380 ff.; DANZ, Summarische Processe, S. 113 f.; WETZELL, System, S. 113; HEIMBACH, Provokation, S. 550.

1328 LUDOVICI, Civil-Proceß, S. 75.

Allerdings argumentierten die Paderborner weniger mit materieller Ungerechtigkeit, die mit solch laxem Umgang der Reichsrichter mit dem Diffamationsantrag verbunden war. Entscheidender war für die Abgesandten Folgendes: Wenn das Reichsgericht auf diese Weise über das Schicksal von Ansprüchen entschied, untergrub es die Justizhoheit der Reichsstände, in deren Zuständigkeit die Angelegenheit eigentlich fallen würde. Zudem würden die privilegierten Gerichtsstände, etwa der Witwen und Waisen, außer Acht gelassen. Paderborn sah also seine Gerichtssouveränität gefährdet, was in den folgenden Jahrzehnten in verschiedener Hinsicht ein Thema bleiben sollte. Die rechtspolitische Folgerung war klar: Das Reichskammergericht solle über Diffamationsprozesse nicht entscheiden dürfen, das Reichsgutachten bedürfe daher einer Ergänzung. Mit dieser Forderung blieb Paderborn nicht alleine: Lüttich[1329], Münster[1330], Mecklenburg-Schwerin[1331], Stablo[1332], Corvey[1333], Leuchtenberg[1334] und Henneberg[1335] sprangen den Paderbornern in den Verhandlungen zur Seite, wobei nicht durchgehend klar wird, ob das Reichskammergericht gar nicht mehr oder nur nicht in solch offensichtlich missbräuchlichen Fällen über Diffamationsklagen zu entscheiden haben sollte. Undeutlich ist auch das regensburgische Votum[1336]. Die Regensburger Gesandten meinten nämlich, aus dem Missbrauch „folget für selbst, daß die Landes-Fürsten und ordentliche Obrigkeiten auf solche Weise an ihren jurisdictionibus laedirt, die Cammer hintergangen, und fraus publico zugezogen würde". Ob man die Paderborner Forderung nach einer Ergänzung des Gutachtens unterstützen wollte oder sie im Gegenteil für überflüssig hielt, erhellt sich daraus nicht.

Immerhin findet sich dann tatsächlich im Jüngsten Reichsabschied ein § 83, der sich mit dem „remedium legis diffamari" beschäftigt. Die Vorschrift gebot dem Reichskammergericht, darüber zu wachen, dass das Diffamationsverfahren nicht „mißbraucht" wird. Gänzlich enthalten musste es sich dieser Verfahrensart indes nicht. Vielmehr hatten die Richter darauf zu achten, dass der Diffamant ausdrücklich bezeichnet und die Diffamation „noch vor der Ladung durch schrifftliche oder andere glaubliche Urkund etlicher massen beygebracht und erwiesen" wurde. Im Verfahren selbst sollte es dann nur um den vollen Beweis der Diffamation gehen. Gelang dieser, musste „die Haupt-Sach an das Gericht remittirt werden, wohin

1329 Meiern, Acta Comitialia II, S. 551.
1330 Meiern, Acta Comitialia II, S. 554.
1331 Meiern, Acta Comitialia II, S. 582.
1332 Meiern, Acta Comitialia II, S. 590.
1333 Meiern, Acta Comitialia II, S. 590.
1334 Meiern, Acta Comitialia II, S. 594.
1335 Meiern, Acta Comitialia II, S. 601.
1336 Meiern, Acta Comitialia II, S. 533.

dieselbe ihrer Eigenschafft und Umständen nach gehört“. Ob sich die Praxis an diese Forderungen gehalten hat, ist nicht erforscht.

Das Verfahren war damit geregelt. Bereits 1532 war übrigens bestimmt worden, dass das Reichskammergericht nur „in friedbrüchigen, Schmach, und andern Sachen, und zwischen Partheyen, Unserm Cammer-Gericht ohn Mittel unterworffen“, in Diffamationssachen zuständig sein sollte[1337], woran man sich angesichts des Münsteraner Berichts in Regensburg wohl nicht gehalten hat. Die Reichskammergerichtsordnung von 1555 ergänzte, dass der Diffamat, also der Beklagte in der Hauptsache, dem Reichskammergericht unmittelbar unterworfen und das Gericht „der Diffamation halben, durch schrifftliche oder andere glaubliche Urkund und Anzeig informirt“ sein müsse[1338]. Auch dies blieb in der Praxis offenbar unbeachtet.

Der Paderborner Ordnungsentwurf von 1666 greift die Regelung des Jüngsten Reichsabschieds erwartungsgemäß auf. In Anlehnung an das Reichsrecht sollen die Diffamanten namentlich genannt und die Diffamation bereits „etlicher massen“ erwiesen werden[1339]. Diese aus dem Reichsabschied bekannte Formulierung kann nur dahin verstanden werden, dass vor der Ladung ein Anbeweis, eine Glaubhaftmachung der Diffamation durch Urkunden erbracht werden musste. Um den vollständigen Beweis ging es erst nach der Ladung; dies war gerade Gegenstand des Verfahrens. Bereits in der Ladung sollte dem Diffamanten „ein ewiges stillschweigen“ für den Fall auferlegt werden, dass er nicht binnen der gerichtlich gesetzten Frist die behauptete Forderung klagweise geltend mache[1340]. Diesbezüglich bezog sich der Entwurf angesichts der Glossierung wohl auf „pag. 109“ der Münsterischen Hofgerichtsordnung, womit auf Titel II.48 der Münsterischen Ordnung von 1571 abgestellt wurde. Materiell sollten die Paderborner Hofrichter nur dann nach der „Lex diffamari“ tätig werden, wenn es um Schmähungen, Betrug und andere nachteilige Sachen ging, die in der Hauptsache an das Hofgericht gehörten[1341]. Auch darin lehnt sich die Hofgerichtsordnung an die eingeschränkte Zuständigkeit des Reichskammergerichts an. Weder für die Reichsebene und erst recht nicht für Paderborn ist allerdings erforscht, wie weit die Zuständigkeit nun tatsächlich reichen sollte. Der Wortlaut kann so verstanden werden, dass sich die Grenzen zur Injurienklage verwischen. Vielleicht ist mit „Schmähung“ und „Betrug“ aber nichts anderes gemeint als die Diffamation eines Anspruchs, der eben in der Hauptsache

1337 RA 1532 § 2; vgl. zum Diffamationsverfahren bereits RA 1530 § 93 und RKGR 1531 § 35.

1338 RKGO 1555, Tit. II.25.

1339 HGO 1666, Tit. 53 § 1.

1340 HGO 1666, Tit. 53 § 2.

1341 HGO 1666, Tit. 53 § 3.

vor dem Hofgericht hätte verhandelt werden müssen. Diese Zuständigkeitsabgrenzung gegenüber den Untergerichten scheint dann konsequent.

Große Bedeutung maß man in Paderborn der Vorschrift aber wohl doch nicht bei. Den Entwurf von 1666 überlebten die Gedanken nämlich nicht. In der neuen Gerichtsordnung von 1720 findet sich keine Entsprechung. Offensichtlich hatte die Diffamation in Paderborn praktisch keine Bedeutung – verifizieren lässt sich das anhand der wenigen überlieferten Akten allerdings nicht.

bb) Diskussionsprozess

In Titel 55 des Ordnungsentwurfs findet sich eine weitere bemerkenswerte Prozessart, deren Einordnung aber zunächst Schwierigkeiten bereitet: der Diskussionsprozess. Soweit ersichtlich existiert zu dieser Verfahrensart weder zeitgenössische noch moderne Forschungsliteratur. Das ist erstaunlich, denn in den überlieferten Prozessakten kommen Diskussionssachen vergleichsweise häufig vor. Der Schwerpunkt dabei liegt auf nordwestdeutschen Quellen; als Quellenbegriff war der *processus discussionis* bisher nur aus Münsteraner und Osnabrücker Gerichtsordnungen bekannt. Entsprechend wird er in regionalhistorischen Arbeiten gelegentlich erwähnt, ohne dass dieses besondere Verfahren tiefer erläutert oder prozessrechtlich eingeordnet würde[1342]. Im Folgenden soll versucht werden, Zweck und Verfahrensrecht dieser Prozessart aus dem Ordnungsentwurf zu rekonstruieren. Dabei zeigt sich, dass Einzelheiten und Grundsätze des Prozesses im Dunkeln bleiben. Genauere Ergebnisse sind hier nur durch eine Auswertung der – nicht aus Paderborner Provenienz – überlieferten Prozessaktenbestände[1343] zu erwarten, die künftigen Forschungen vorbehalten sein muss.

Im Diskussionsverfahren stritten *creditores*, Gläubiger, gegen einen *debitor*, den Gemeinschuldner, der seine Schulden nicht zurückzahlte und auch nicht zurückzahlen konnte. Es geht also im Kern um Insolvenzrecht. Oestmann meint daher, der Diskussionsprozess sei „offenbar eine nordwestdeutsche Variante des Konkursprozesses"[1344]. Diese Einschätzung dürfte richtig sein, wenngleich erstaunlich ist, dass es in der frühneuzeitlichen Literatur zum Insolvenzrecht keinen Hinweis auf ein solches Verfahren gibt. Auch sprachlich ist die Einordnung eher schwierig. Begrifflich versucht man vielleicht zunächst eine Parallele zur gemeinrechtlichen *exceptio discussionis*, also der Einrede der Vorausklage, zu ziehen, die sich mit den

1342 Erwähnt wird der Begriff bei Oestmann, Geistliche Gerichte, S. 211. Dort auch Hinweise zu weiteren Fundstellen.

1343 Einen kompletten Bestand mit Diskussionssachen verwahrt das Stadtarchiv Münster (Archive der Fürstbischöflichen Zeit, Gerichtsarchiv, Causae discussionum).

1344 Oestmann, Geistliche Gerichte, S. 211.

Vorschriften der Hofgerichtsordnung jedoch nicht in Einklang bringen lässt. Ein konkursrechtlicher Zusammenhang lässt sich dem gegenüber rechtfertigen. Das lateinische Verb *discutere* bzw. das eingedeutschte *discutiren* wird in der frühneuzeitlichen Rechtssprache etwa synonym für *zerreißen* oder *zertrennen* gebraucht, so etwa, wenn von Ehescheidungen die Rede ist[1345]. Auf den konkursrechtlichen Hintergrund übertragen, wird also die Konkursmasse, das Schuldnervermögen, zerschlagen und aufgeteilt. Ein anderer Ansatz wäre das lateinische Substantiv des *discussor*[1346], also eines Rechnungsprüfers, der – übertragen – die Konkursmasse zu bewerten hat. Durch den Diskussionsprozess findet demnach wahrscheinlich die geordnete Teilung der Vermögensmasse statt. Es handelt sich demnach um das förmliche Konkursverfahren, das Teilungsverfahren.

Die Begriffe *discussion* und *discutiren* kommen im konkursrechtlichen Zusammenhang versteckt übrigens auch in anderen, außerwestfälischen zeitgenössischen Quellen vor. Beispielhaft sei auf den Mecklenburger Landrechtsentwurf des David Mevius hingewiesen. Dort heißt es etwa, dass ein Erbe, der die verschuldete Erbschaft annimmt, die Erbschaftsgläubiger befriedigen oder „zurecht die discussion ergehen laßen" solle[1347]. An anderer Stelle heißt es, dass die Einrede der Vorausklage eines Bürgen nicht durchgreifen könne, wenn die Güter des Hauptschuldners „discutijret" seien[1348]. Auch in diesen Textstellen geht es bei der Diskussion offenbar um die förmliche Teilung von Gütern bei Überschuldung.

Der Paderborner Entwurf regelt das Verfahren nicht in allen Einzelheiten und erst recht erläutert er nicht den Sinn und Zweck dieser Prozessart. Der Diskussionsprozess wird vielmehr als bekannt vorausgesetzt, so dass davon auszugehen ist, dass das Verfahren schon vor den 1660er Jahren in Paderborn praktiziert wurde. Eingang in die Ordnung finden daher nur einzelne, wenn auch detaillierte Vorschriften, die eine Reform des Prozesses anstoßen sollen, um das „langsame procediren" in diesen Sachen zu beenden. Der Entwurf klagt, dass dadurch nämlich den Gläubigern „großer schade und nachtheill zugefuegt wirtt, in dem dadurch die gutter, welche discutijrt und sonderlich die häuser, und gebäwen, bey hangendem Processe nicht beobachtet werden [...], die landerey öde und wüste liggen bleiben [...] und also den Gütheren zur Caducität der Weg eroffnet" und ganze Meiergüter zuvor entvölkert worden seien. Zu allem Überdruss blieben auch noch die Schuldner während des langen Verfahrens bislang in ihren Gütern sitzen und verbrauchten dort den letzten verwertbaren Rest ihres Vermögens[1349]. Aus dieser

1345 Oberländer, Lexicon, S. 225.
1346 Oberländer, Lexicon, S. 224.
1347 Mev. Landr. II.21.21.
1348 Mev. Landr. III.14.6.
1349 HGO 1666, Tit. 55 § 1 a. E.

Eingangsformel wird bereits deutlich, dass es sich bei den Gegenständen, die diskutiert werden konnten, offenbar vornehmlich um Immobilien handelte. Die Ordnung spricht von Häusern, Gebäuden, Ländereien, Meiergütern und Adelsgütern, aber auch von einzelnen Liegenschaften wie Wiesen, Kämpen, Weiden, Wäldern, Fischteichen und anderem[1350]. Unterschiede werden im Verfahrensrecht zwischen „causis maioribus"[1351], bei denen „weittläufige" Güter oder eine „universitate bonorum" diskutiert wurden, und „minoribus discussionum causis"[1352], bei denen nur ein Haus, Garten oder Hof betroffen war, gemacht. Auch wenn von einer *uniuersitas bonorum* die Rede ist, scheint damit aber nie das gesamte bewegliche und unbewegliche Vermögen einer Person gemeint zu sein, was den Diskussionsprozess vom gemeinrechtlichen Konkursverfahren abhebt[1353]. Die Vorschriften lassen sich durchaus so verstehen, dass von der Diskussion ein bestimmtes Gut, vielleicht als Haftungseinheit von Immobilie und ihr dienenden beweglichen Sachen, betroffen war. Aus frühneuzeitlichen Prozessordnungen sind auch andere gemeine Verwertungsverfahren für einzelne Vermögensgegenstände bekannt, die als Gantprozesse bezeichnet werden und die einen Zwischenschritt zwischen der Einzelzwangsvollstreckung und dem sich herausbildenden Konkursverfahren darstellen[1354]. Diese Gantprozesse zeichnen sich dadurch aus, dass sie durch einen Gläubiger angestoßen werden, die bestmögliche Liquidation des unterworfenen Gegenstandes anstreben und bevorrechtigte Gläubiger schützen sollen[1355]. Möglicherweise war das nordwestdeutsche Diskussionsverfahren ein solcher Gantprozess, der sich auf einzelne Immobilien und deren Zubehör bezog. Dem folgend spricht der Entwurf auch an keiner Stelle vom diskutierten Vermögen, sondern stets von konkreten Sachen, über die der Prozess eröffnet werden konnte. Das spiegelt sich auch in der Bezeichnung der Verfahrensbeteiligten wider: Zwar wird der Schuldner gelegentlich schlicht als „Debitor"[1356] bezeichnet, überwiegend wird er aber „dominus bonorum"[1357] oder „Discussum"[1358] genannt.

1350 HGO 1666, Tit. 55 §§ 1, 10, 22, 29.

1351 HGO 1666, Tit. 55 §§ 10 ff.

1352 HGO 1666, Tit. 55 §§ 29 ff.

1353 Dem gemeinrechtlichen Verfahren der *cessio bonorum* hatte der Schuldner sein ganzes Vermögen zu unterwerfen: Forster, Konkurs, S. 200; Oberländer, Theatrum, S. 900; vgl. auch Gönner, Handbuch IV, S. 177; Becker, Konkurs, Sp. 99.

1354 Becker, Konkurs, Sp. 101.

1355 Forster, Gant, Sp. 1933.

1356 Z. B. HGO 1666, Tit. 55 §§ 1, 3, 8.

1357 HGO 1666, Tit. 55 § 3.

1358 Z. B. HGO 1666 Tit. 55 §§ 9, 13.

Das Diskussionsverfahren lässt sich in ein Vorverfahren und das eigentliche, viergliedrige Hauptverfahren unterteilen, ohne dass die Quelle diese Begriffe hergibt. Das Vorverfahren diente der förmlichen Eröffnung der Diskussion. Das Verfahren sollte summarisch geführt werden und konnte durch einen einzelnen Gläubiger angestrengt werden[1359], den die Ordnung „Impetrant“[1360] nennt. Dieser hatte einen besonderen Kalumnieneid zu schwören, gemäß dem er das Verfahren nicht „calumniosè“ führe, sondern der *debitor* das Verfahren veranlasst habe, sein Gut aus Armut verfallen ließe und er, der Gläubiger, anders nicht an seine Außenstände zu gelangen wisse[1361].

Aus den Eidesbestandteilen wird deutlich, welchen Vorteil ein Diskussionsverfahren gegenüber dem üblichen Erkenntnisverfahren mit anschließender Vollstreckung bot, die dem Gläubiger ebenfalls offen gestanden hätte: Der Schuldner war verarmt, hatte wenig Bares, aber illiquide Güter, deren Verschlechterung jedoch drohte. Den direkten und schnelleren Zugriff erkaufte sich der Impetrant dabei durch ein geordnetes Verfahren, das zum Ziel hatte, nicht nur ihn, sondern möglichst alle Gläubiger des Gemeinschuldners zu befriedigen. Außerdem scheint ein einmal eröffnetes Diskussionsverfahren die Einzelzwangsvollstreckung in das betroffene Gut unmöglich gemacht zu haben[1362], so dass ein gewisser Zwang zur Diskussion bestanden haben muss, wenn man nicht ein langes, kostspieliges und im Ergebnis unnötiges Erkenntnisverfahren gegen einen offensichtlich verschuldeten Gegner riskieren wollte. Denn dem Einzelgläubiger dürfte dann stets gedroht haben, dass sich ein Mitgläubiger im laufenden Erkenntnisverfahren des Diskussionsprozesses bediente, um seine Ansprüche durchzusetzen.

Der Eidesleistung musste eine Supplik folgen, mit der der Impetrant vom Gericht ein Monitorium „soluendi sub poena instituendi Processum Discussionis“ zu erbeten hatte. Er musste das Gericht also um einen Erinnerungsbrief an den Schuldner bitten, durch den der Schuldner angehalten werden sollte, zu zahlen, wenn er das Diskussionsverfahren verhindern wollte. Dabei hatte der Gläubiger den Schuldner zu benennen, Umfang und Art der Schuld zu bezeichnen, das Gut, über das die Diskussion eröffnet werden sollte, anzugeben und die Gründe dafür zu benennen, warum er ausgerechnet ein Diskussionsverfahren anstrebte[1363].

1359 Aus dem Fürstbistum Münster gibt es mit der erneuerten Discussions-Ordnung von 1728 eine Quelle, die belegt, dass Diskussionsverfahren auch durch den Schuldner selbst angestrengt werden konnten, was zu Missbrauch geführt haben soll.

1360 HGO 1666, Tit. 55 § 3.

1361 HGO 1666, Tit. 55 § 3.

1362 Den am Diskussionsverfahren nicht teilnehmenden Gläubigern wurde ein „ewiges stillschweigen“ auferlegt, vgl. HGO 1666 Tit. 55 §§ 12, 17.

1363 HGO 1666, Tit. 55 § 4.

Soweit Urkunden über die Schuld bestanden, hatte er auch diese beizulegen. Das Monitorium war dem Schuldner zuzustellen, der sich mit Einreden gegen die Eröffnung des Diskussionsverfahrens wehren konnte[1364]. Dabei ist nicht klar, ob dabei nur förmliche Einreden gegen die Verfahrensart oder auch materielle Einreden gegen die behauptete Schuld möglich waren. Erhob der Schuldner keine Einreden oder erschien er erst gar nicht, um die Bezahlung seiner Schulden anzuzeigen, sollte die Diskussion eröffnet werden, nachdem der Impetrant seinen Eid wiederholt hatte.

Das eigentliche Hauptverfahren diente der gemeinsamen Befriedigung aller Gläubiger des Schuldners. Es begann daher auch mit einem aufwendigen Ladungsverfahren, an dessen Ende möglichst alle Gläubiger die Möglichkeiten haben sollten, ihre Ansprüche anzumelden, und dessen Ziel es war, ein konsensfähiges Inventar über die zum Gut gehörenden Vermögensgegenstände aufzustellen. Dazu war der Schuldner neben den Gläubigern zunächst zu dem entsprechenden Gut auf einen bestimmten Termin zu laden, um feststellen zu können, welche Vermögensgegenstände überhaupt vorhanden waren[1365]. Unklar ist, welche „creditores" im Einzelnen zu diesem Termin zu laden waren. Denn in diesem Stadium des Verfahrens standen die Gläubiger noch gar nicht fest, so dass auch niemand in der Ladung benannt werden konnte. Und Ediktalladungen sollten erst in einem nächsten Schritt erfolgen[1366]. Vielleicht ging die Hofgerichtsordnung davon aus, dass die Gläubiger bekannt waren. Diese Annahme wäre in einer ländlichen Gesellschaft gar nicht abwegig. Bei einfach gelagerten Fällen reichte jedenfalls diese Form des Ortstermins. Waren aber umfangreiche, beispielsweise adelige Güter betroffen, sollte eine gesonderte Ladung an den Schuldner ergehen, der angehalten wurde, sämtliche Vermögensgegenstände sowie alle seine Gläubiger anzugeben, die in jeweils gesonderten Aufstellungen festgehalten wurden[1367]. Zugleich wurde ihm und seiner Familie verboten, bewegliche Güter zu veräußern oder beiseitezuschaffen[1368]. Seine Angaben musste der Schuldner beeiden. Stand das Inventar fest, hatten Ediktalladungen an potenzielle Gläubiger zu ergehen, die angehalten wurden, an jeweils gewissen Tagen bei Gericht zu erscheinen und ihre Forderungen anzumelden. Diese Ladungen waren nicht nur an Kirchentüren auszuhängen, sondern wenigstens auch vom Predigtstuhl des Domes zu verlesen. In diesen Ladungen war bereits die Folge eines Ausbleibens anzudrohen: Nicht teilnehmenden Gläubigern

1364 HGO 1666, Tit. 55 § 6.
1365 HGO 1666, Tit. 55 § 9.
1366 HGO 1666, Tit. 55 § 12.
1367 HGO 1666, Tit. 55 § 10.
1368 HGO 1666, Tit. 55 § 10 a. E.

sollte „per sententiam perpetuum silentium" auferlegt werden[1369]; sie wurden ihrer Forderung also verlustig.

Die Ediktalladungen waren wenigstens zweimal zu wiederholen. Zusätzlich sollten die vom Schuldner genannten Gläubiger gesondert geladen werden, wenn sie sich auf die Ediktalladung hin nicht meldeten. Da dieses Verfahren Zeit in Anspruch nahm, sollte das Gericht zwei weitere Interimsentscheidungen treffen: Zum einen war die Verwaltung der Güter übergangsweise bevorrechtigten Gläubigern zu überlassen, die aus den Liegenschaften „fructibus et obuentionibus", also Früchte und Nutzungen zu ziehen und diese zur Verwahrung an das Gericht abzuliefern hatten[1370]. Zum anderen sollte dem Schuldner befohlen werden, das Gut zu verlassen und alles zurückzulassen, was er nicht dringend zum angemessenen Lebensunterhalt brauchte[1371].

Dem Ladungs- und Inventarisierungsverfahren schloss sich die Feststellung der Rangfolge unter den teilnehmenden Gläubigern an. Der Entwurf gibt dabei die „Ordtnung" unter den Gläubigern nicht vor, sondern setzt auch diese als bekannt voraus. Wahrscheinlich hat man sich in der Praxis an die gängigen Rangfolgen des Konkursrechts angelehnt. Zwischenstreitigkeiten über den Rang konnten die Gläubiger in kurz zu haltenden Verfahren untereinander binnen vier Wochen austragen. Die Richter hatten auch darüber im summarischen Verfahren und nicht „vltra duplicam" zu entscheiden[1372]. Es waren also nur jeweils zwei Schriftsätze erlaubt. Erstaunlich ist, dass sich der Ordnungsentwurf dazu ausschweigt, wann und durch wen die Berechtigung der gegen den Schuldner erhobenen Forderungen geprüft wurde. Möglicherweise war dies ein Fall des erwähnten Rangfolgestreites, mit dem sich die Gläubiger demnach untereinander ihre Forderungen streitig machen konnten. Immerhin ist es eher unwahrscheinlich, dass mit den „creditores" nur solche Personen gemeint sind, die gegen den Schuldner bereits Vollstreckungstitel in der Hand hielten. Dann nämlich wäre der Vorteil des Diskussionsprozesses gegenüber der Einzelzwangsvollstreckung fraglich und es bliebe unklar, warum ein einzelner Gläubiger ein Interesse daran haben sollte, ein Diskussionsverfahren gegen den Schuldner anzustreben. Zu dieser Annahme passt es, dass der Ordnungsentwurf von den (potenziellen) Gläubigern verlangt, auf den Ladungstermin „Ihr jus und interesse zu proponiren, und vorzubringen, die zu deren beweißthumb habende Documenta [...] und andere probationes [...] zu exhibiren"[1373]. Die Gläubiger sollten also ihre Beweismittel bei Gericht vorbringen; das Bestehen der Forderung

1369 HGO 1666, Tit. 55 § 17.
1370 HGO 1666, Tit. 55 § 13.
1371 HGO 1666, Tit. 55 § 14.
1372 HGO 1666, Tit. 55 § 19.
1373 HGO 1666, Tit. 55 § 12.

sollten sie unter sich ausmachen. Dieses Verfahren sorgt für eine gewisse Effizienz: Jeder Gläubiger dürfte ein Interesse daran gehabt haben, die Masse durch möglichst wenige Mitgläubiger zu schmälern. Gab es derer wenige, dürfte ein Missbrauchspotenzial bestanden haben, zumal völlig unklar bleibt, welche Rolle eigentlich der Schuldner im Hauptverfahren noch spielte.

Im dritten Abschnitt folgte die „Aestimation", die Schätzung des diskutierten Gutes. Dazu war eine Kommission aus Ortsbeamten berufen, die zum Teil vom Schuldner und zum Teil von den Gläubigern zu benennen waren[1374]. Konnte man sich nicht einigen, hatte das Hofgericht zu entscheiden. Diese Kommission hatte gegebenenfalls mithilfe von Ortsansässigen den Zeitwert („ tax [...], wie man die gütter ins gemein der zeit gelegenheit nach in genere zu verkauffen pflecht") des diskutierten Gutes zu bestimmen. Ausdrücklich durfte nicht der Neuwert („was sie [...] die geber vom newen gekostet haben mögen") eines Gegenstandes zugrunde gelegt werden[1375]. Auch in diesem Verfahrensschritt konnte Streit entstehen. Einwendungen waren wiederum binnen vier Wochen bei Gericht vorzubringen, das eine zweite Schätzung einholen konnte. Am Ende der Schätzung stand eine Aufstellung des Bar- und Zeitwertvermögens des Schuldners, die der Notar bei Gericht abzuliefern hatte[1376]. Aus dieser Aufstellung konnte das Gericht erkennen, ob überhaupt sämtliche Gläubiger mit ihren Forderungen befriedigt werden konnten.

Davon hing das weitere Verwertungsverfahren ab. Der Entwurf spricht von „subhastation Distraction und adiudication"[1377], also von öffentlichem Verkauf, Teilung und Zuschlag des Gutes. Ersichtlich sollte also nicht zwingend das Gut als wirtschaftliche Einheit versteigert, sondern einzelne Vermögensgegenstände versilbert werden. Nur wenn die Hofrichter vorab befanden, dass das Vermögen wohl ausreichen werde, um alle Gläubiger zu befriedigen, sollten die Gegenstände versteigert und „dem Jenigen welcher mehr dafür alß sie werdirt sein, offeriren und bieten würde, zugeschlagen"[1378] werden. Die Erlöse waren bei Gericht abzuliefern, das den Erlös nach dem Rang der Gläubiger zu verteilen hatte. Dabei konnte es vorkommen, dass einzelne Gegenstände sich als unverkäuflich erwiesen. In diesem Fall waren die bevorrechtigten Gläubiger in bar abzufinden, während sich die nachrangigen mit den übrig gebliebenen Mobilien in Natur abzufinden hatten und verpflichtet waren, diese an Erfüllung statt anzunehmen[1379]. Den überschießenden Rest erhielten der Discussus oder dessen Erben erstattet. Der Käufer der

1374 HGO 1666, Tit. 55 §§ 20, 23.
1375 HGO 1666, Tit. 55 § 21.
1376 HGO 1666, Tit. 55 § 25.
1377 HGO 1666, Tit. 55 § 24 a. E.
1378 HGO 1666, Tit. 55 § 25.
1379 HGO 1666, Tit. 55 § 26 a. E.

versteigerten Sache wurde übrigens „plenus Dominus“[1380], erwarb also – modern gesprochen – vollwertiges Eigentum. Die mit Naturalien abgefundenen Gläubiger hingegen erwarben die Sache mit einem Rückkaufrecht belastet. Der Schuldner und dessen Erben waren zwei Jahre lang berechtigt, die Sache gegen Erstattung des Wertes und aller Aufwendungen zurückzuverlangen[1381].

Meinten die Richter, dass der Erlös voraussichtlich nicht ausreichen werde, um alle Gläubiger zu befriedigen, waren die Vermögensgegenstände zwar ebenfalls zu versteigern. Den nachrangigen *creditores* sollte dann jedoch bis zu vier Wochen Vorbereitungszeit gegeben werden, an der Versteigerung der Sachen teilzunehmen. Auf diese Weise konnte der einzelne Gläubiger abschätzen, ob es sich lohnen würde, Vermögensgegenstände zu ersteigern, um wenigstens nicht völlig ersatzlos der Forderung verlustig zu werden[1382]. Mit dieser Regelung ist übrigens auch klargestellt, dass mit Abschluss des Diskussionsverfahrens die einmal angemeldeten Forderungen erledigt waren – unabhängig davon, ob der einzelne Gläubiger befriedigt wurde oder nicht.

Interessant ist darüber hinaus das Verwertungsverfahren in kleinen Diskussionssachen, in denen nicht größere wirtschaftliche Einheiten, sondern einzelne Liegenschaften liquidiert werden sollten. Hier sollte die Umsetzung insgesamt unkomplizierter sein, so dass versucht werden konnte, die öffentliche Versteigerung zu umgehen. Dazu war es einem erstrangigen Gläubiger möglich, das Gut in Natur an Erfüllung statt zu akzeptieren. Bot er es sodann einem nachrangigen Gläubiger an, musste dieser das Gut unter Umständen abkaufen, um seine Forderung zu erhalten, und konnte sich wiederum an nachrangige Gläubiger halten[1383]. Hatte ein Gläubiger nachweislich nicht genügend Mittel, in dieser Kette mitzuspielen, so konnte das Gut auf mehrere Gläubiger aufgeteilt werden, die es dann versteigern lassen konnten[1384]. Einzelheiten zu diesem vereinfachten Verwertungsverfahren sind völlig unklar.

g) Scheitern der Reform

Der Reformentwurf trat vermutlich nie in Kraft. Über die Gründe dafür lässt sich nur spekulieren. In den folgenden Jahrzehnten loderten immer wieder Diskussionen über die Zuständigkeiten der Zentralbehörden und die Rechte der adeligen Gerichtsinhaber auf. Es ist folglich gut möglich, dass die zwischenzeitliche Einebnung des

1380 HGO 1666, Tit. 55 § 35.
1381 HGO 1666, Tit. 55 § 35.
1382 HGO 1666, Tit. 55 § 32.
1383 HGO 1666, Tit. 55 § 29.
1384 HGO 1666, Tit. 55 § 30.

Instanzenzuges die Angst vieler Gerichtsherren schürte, durch Veränderungen am Wortlaut der Hofgerichtsordnung könnte versteckten Schmälerungen ihrer Gerichtsrechte Tür und Tor geöffnet werden. Auffällig ist auch, dass der Ordnungsentwurf detaillierteste Vorschriften auch zu juristisch umstrittenen Fragestellungen enthält, die angehängte Taxordnung aber keine Geldbeträge zur Entlohnung der Gerichtspersonen und zur Gebührenlast am Gericht festlegt. Vielleicht konnte man sich also schlicht über die Finanzierung nicht einigen. Die wahren Gründe lassen sich nicht mehr ausmachen.

Umso mehr verwundert, dass nicht eine einzige Quelle ausfindig gemacht werden konnte, die den Entwurf in späterer Zeit erwähnte. Weder als 1700 eine Neuordnung des Hofgerichts in Rede stand, noch als zwei Jahre später die alte Ordnung in Druck gelangte und erst recht nicht im Gesetzgebungsverfahren zur neuen Ordnung 1719/20 fanden die Vorarbeiten mit nur einer Silbe Erwähnung. Sie gerieten in Vergessenheit, obwohl als sicher gelten darf, dass die Reformer des 18. Jahrhunderts auf die Vorarbeiten zurückgriffen. Kein Wunder also, dass auch in der modernen Forschung der Entwurf von 1666 kaum einmal Erwähnung findet[1385].

V. Reformen an der Schwelle zum 18. Jahrhundert: Probleme des Instanzenzuges und die Ordnung Clemens Augusts

Nach der gescheiterten Reform des Hofgerichts unter Ferdinand von Fürstenberg wurde es still um die Reform des Prozessrechts in Paderborn. Nennenswerte Bestrebungen, die prozessrechtlichen Änderungen des Jüngsten Reichsabschiedes auch im Hochstift zu kodifizieren, ließen sich nicht ausmachen. Das heißt freilich nicht, dass die Reformen des Reichsprozessrechts unbeachtet blieben. Es ist davon auszugehen, dass sie Eingang in den Gerichtsalltag fanden.

In den Fokus rückte aber ein anderes Problem, von dem das Hofgericht betroffen war: der Instanzenzug im Lande und aus dem Bistum hinaus. Es ist bereits angerissen worden, dass die erstinstanzliche Zuständigkeit der Kanzlei den anderen Gerichtsbehörden zu schaffen machte[1386]. Das Hofgericht hatte aber in zwei Richtungen zu kämpfen. Seine Richter mussten sich nicht nur „nach oben" gegenüber der

1385 Henning, Herrschaft, S. 233 ff. zitiert zwar gelegentlich aus dem Archivstück („KA 261, 1"), erkennt aber nicht, dass es sich um einen Entwurf handelte. Dasselbe gilt für Brandt/Hengst, Bistum, S. 91, die das Archivstück ohne Erläuterung in einer Fußnote erwähnen. An anderer Stelle erwähnen dies., Geistliche Zentralbehörden, S. 157 zwar eine „neue Hofgerichtsordnung", nennen aber keinen Archivnachweis und erkennen auch nicht, dass der Entwurf nicht in Kraft trat.

1386 Vgl. oben S. 195 ff. und S. 215 f.

Aufsichtsbehörde, der Kanzlei, behaupten, sondern auch gegen ständiges Drängen der Landstände, die ihr Recht auf die erste Instanz gefährdet sahen. Diese doppelte Bedrängnis des Hofgerichts „von oben und unten" scheint in der Regierungszeit des Nachfolgers Ferdinands, Hermann Werner, beträchtlich zugenommen zu haben. In die Zeit seines Pontifikats fallen Justizreformen, die bislang überhaupt keine Beachtung gefunden haben, und das, obwohl er einer der angesehensten Adelsfamilien entstammte, die ihre Sprösslinge in zahlreichen deutschen und insbesondere westfälischen Domkapiteln unterzubringen vermochte[1387]. Hermann Werner war bereits vor seiner Wahl zum Bischof Paderborner Domdechant. Nach der Übernahme des Bistums machte er sich eifrig an die Regierung. Besondere Aufmerksamkeit widmete er den geistlichen Pflichten seines Amtes, ließ die Pfarreien der Diözese visitieren und Kirchen errichten. Vor allem die Jesuiten, so wird gerne hervorgehoben, fanden in Hermann Werner einen großzügigen Förderer; er war es, auf den der erste Lehrstuhl für Kirchenrecht an der alten Universität zurückgeht. Überhaupt hat er sich um die höhere Schulbildung verdient gemacht[1388]. Über die weltliche Verwaltung seines Bistums und die Struktur seiner Behörden erfährt man hingegen fast nichts, abgesehen von der Bemerkung, er habe „zur Förderung der Rechtssicherheit [...] 1691/95 eine Verordnung über das Gerichtswesen und 1695/97 eine neue Zehnt- und Hofordnung"[1389] in Kraft gesetzt. Tatsächlich ist die Regierungszeit Hermann Werners eine Stoßzeit in der Entwicklung des Hofgerichts. In normativer Hinsicht erließ Hermann Werner zwischen 1693 und 1696 zahlreiche Verordnungen, die das Gerichtswesen und insbesondere auch das Hofgericht betrafen, bevor er schließlich 1702 die alte Ordnung Ferdinands von Bayern in hoher Auflage drucken ließ. Darüber hinaus finden sich auch in den Beständen der Landstände und in der Überlieferung der Reichskammergerichtsakten wertvolle Quellen für das Verständnis der Obergerichtsbarkeit in Paderborn.

1. Von maulenden Ständen

Noch bevor Hermann Werner überhaupt gewählt war, musste er dem Domkapitel mit Blick auf die Landesverwaltung auffallend viele Versprechungen machen. Der vornehmste Landstand ließ sich in der Wahlkapitulation nicht nur versprechen, dass seine eigene Gerichtsbarkeit „weder von der Cantzley, noch geist- oder weltlichem Officialath- undt Hoffgericht, weiniger den untergerichteren"[1390] in

1387 Hengst, Wolff, gen. Metternich zur Gracht, S. 570 f.

1388 Das beste Lebens- und Wirkungsbild Hermann Werners befindet sich bei Brandt/Hengst, Bischöfe, S. 258–262.

1389 Brandt/Hengst, Bischöfe, S. 262.

1390 LAW Domkapitel, Nr. 49.35, Bl. 2r.

irgendeiner Form gestört werde. Hermann Werner verpflichtete sich vielmehr, sein Offizialatsgericht und auch das weltliche Hofgericht zu visitieren und mit geeigneten Personen zu besetzen. Das Kanzleigebäude musste er baulich „in esse halten"[1391], damit die Landesbehörden arbeiten konnten. Die wichtigsten Punkte aber betrafen den Einfluss der Regierung auf die Rechtsprechung im Lande, und das auf zweierlei Weise. Zunächst waren bei den Ämtern im Land Gerichte eingesetzt worden, die nach Ansicht des Domkapitels „ohngebräulich", also ohne Tradition waren und die die Domherren bereits *sede vacante* abgeschafft hatten, um die „zur uralten gewohnheit remittirte Gerichter" zu stärken[1392]. Dabei sollte es der Bischof belassen. Als Zweites war dem Kapitel die ausufernde Jurisdiktion der Kanzlei ein Dorn im Auge. Diese nahm nämlich „ohne unterschiedt alle contensiosa, so ad contradictionem gerahten undt ordinarium processum erforderen"[1393] an und störte so die Arbeit und die Zuständigkeit anderer Gerichtshaber. Auch das sollte zukünftig unterbleiben.

Das tat es aber nicht. Bereits im Oktober 1693 beschwerten sich die Landstände, diesmal geführt von der Ritterschaft, wieder beim Bischof über die „Confusion der Gerichts Instantzen". Diese nähmen „von tagh zu tagh mehr und mehr überhandt", was zum Schaden der „armen Leuthe" gehe, die „daß einige, waß sie mitt geringen Kösten bey den Untergerichten außüben köntenn, mit schweren ohnleidtlichen Kosten bey dennen Obergerichten außführen" müssen. Viele der Parteien ließen „deßwegen ihre Sachen liggen"[1394]. Die Ritter verwiesen darauf, dass der Bischof bereits im Jahr zuvor ersucht worden sei, gegen diesen Missbrauch etwas zu unternehmen, ohne dass etwas geschehen sei. Es sei endlich erforderlich, dass „der hoffgerichts constitution gemees die Instantien gehalten, und [Parteisachen] von den Untergerichten ans Hoffgericht folglich ahn die Cantzley durch gemeßene remedia gebracht [...] werden mögen"[1395]. Der Verweis auf die Hofgerichtsordnung kam dem Bischof offenbar gelegen. Gerade im Hinblick auf die dortigen Regeln sah er eigentlich keine Notwendigkeit zu handeln. Denn „die hoffgerichts Ordnung zeigte [...] ziehl undt maaß, wie die confusiones Juristictionum zu verhüeten undt jedem gerichtshaber seine gerichtsbarkeit ohngekränckct erhalten werde können". Er nahm sich der Beschwerden aber an und versprach, sich „ferner zu informiren, und die etwah befindende mängell undt mißbräuche abzustellen"[1396].

1391 LAW Domkapitel, Nr. 49.35, Bl. 6r.
1392 LAW Domkapitel, Nr. 49.35, Bl. 9r.
1393 LAW Domkapitel, Nr. 49.35, Bl. 9r.
1394 LAW Landstände, Nr. 113, Bl. 88v.
1395 LAW Landstände, Nr. 113, Bl. 89r.
1396 LAW Landstände, Nr. 113, Bl. 88v.

Beim Versprechen blieb es ebenso wie bei den jurisdiktionellen Ungereimtheiten. Denn auch in der Folgezeit beschwerten sich die Ritter immer wieder über die Übergriffe der Kanzlei in ihre Gerichtshoheit. Eine dieser *gravamina* sahen die Zeitgenossen wohl als so wichtig an, dass selbst 85 Jahre später noch ihr Abdruck in den Paderbornischen Landesverordnungen befohlen wurde. In diesem Beschwerdebrief, den der Bischof am 18. Oktober 1700 beantwortete, verlangten die Landstände ein weiteres Mal, „daß denen Gerichtshaberen Prima Instantia in ihren Jurisdictional-Districten unbeeinträchtigt gelassen“[1397] werde. Die Resolution des Bischofs auf diese Forderung fiel diesmal differenzierter, aber noch selbstbewusster aus als sieben Jahre zuvor. Er habe seit seinem Amtsantritt allen „Gerichtshaberen“ die erste Instanz gegönnt und tue dies nach „bißheriger üblicher allgemeiner Observantz“ auch weiter. Die erstinstanzliche Gerichtsbarkeit bleibe daher wie zuvor „mit denen hochfürstlichen Ober-Gerichteren [...] concurrenter ohngekränket“. Was wie ein Zugeständnis formuliert ist, war in Wirklichkeit eine klare Absage. Alle Obergerichte, einschließlich der Kanzlei, sollten auch in Zukunft erstinstanzlich Recht sprechen dürfen. Eine Ausnahme sollte nur für den landtagsfähigen Adel gelten. Hier sollte es bei Titel 13 der Hofgerichtsordnung von 1619 bleiben, nach dem deren Untertanen „in erster Instanz nur an ihren Unter-Gerichteren conveniirt und gerechtfertiget werden sollen“. Auch diese Einschränkung sah nur vordergründig wie ein Zugeständnis an die Ritterschaft aus. Denn eine Ausnahme zur Ausnahme folgte auf dem Fuße: Bei Kanzlei, Offizialat und Hofgericht sollte ein Rechtsstreit nämlich bleiben, wenn sich die verklagten „Hintersassen [...] allda ex spontanea prorogatione einlassen, und an ihre Adeliche Gerichtshabere um Erledigung erster Instanz, remittirt zu werden, expressè nit begehren würden“. Der Bischof griff also die Prorogationsmöglichkeit der Hofgerichtsordnung auf, übertrug sie auf die beiden anderen Obergerichte, Kanzlei und Offizialat, und weitete ihren Anwendungsbereich dadurch aus, dass eine Prorogation auch spontan dadurch entstehen konnte, dass der Beklagte der Gerichtswahl nicht sofort und ausdrücklich widersprach und um Verweisung der Sache an das Adelsgericht bat. Die Wahlmöglichkeit der Kanzlei bereits im ersten Rechtszug blieb damit nicht nur unangetastet, sondern wurde in einem offiziellen Dokument sogar erstmals festgeschrieben und bekam eine differenzierte Ausgestaltung. So hatten sich die Stände das Ergebnis sicher nicht vorgestellt.

1397 Landesverordnungen II, S. 24.

2. Von aufmüpfigen Appellanten – das *beneficium trium instantiarum*

Einige Reichskammergerichtsakten fördern weitere Erkenntnisse über den Instanzenzug in Paderborn zutage, von denen das Hofgericht nur indirekt betroffen war. Die Probleme knüpfen aber unmittelbar an die weite Zuständigkeit der Kanzlei in erster Instanz an.

a) Appellationen von der Kanzlei – wohin bloß?

Die Kanzlei kann durchaus als oberstes Gericht des Bistums bezeichnet werden. Zwar sollte von den Hofgerichten direkt an die Reichsgerichte appelliert werden können. In „kleineren" Streitigkeiten, die die Appellationssummen nicht erreichten, war die Kanzlei aber Rechtsmittelinstanz. Ihre erstinstanzliche Zuständigkeit barg folglich Probleme. Denn wohin sollte appelliert werden, wenn die Paderborner Regierung in erster Instanz gesprochen hatte?

Das Münsteraner Reichskammergerichtsrepertorium enthält zwei Einträge, laut denen von der Kanzlei an das Hofgericht appelliert worden sein soll[1398]. Beide Einträge sind falsch. Eines der Verfahren fand erstinstanzlich nicht vor der Kanzlei, sondern dem Oberamt Dringenberg statt[1399]. Das andere Verfahren ist zwar zunächst vor der Paderborner Kanzlei geführt worden, es kamen dann aber die Justizreformen Bischof Dietrichs dazwischen, so dass das Verfahren von der neugegründeten Generalkommission übernommen wurde. Ein Rechtsmittelzug fand also gerade nicht statt[1400]. Mit dem Bild einer obersten Justizbehörde wäre eine Appellation von der Kanzlei an das Hofgericht auch schwer vereinbar. Wie selbstverständlich appellierten daher in der zweiten Hälfte des 17. Jahrhunderts unterlegene Parteien von der Kanzlei direkt an das Reichskammergericht. Dem Paderborner Bischof passte dieses Vorgehen offenbar irgendwann nicht mehr. Aber was sollte er tun? Ein Appellationsprivileg hatte sein Bistum nie erhalten. Rechtlich hatte er scheinbar keine Handhabe, Appellationen aus seinem Bistum zu verhindern. Er musste sich etwas anderes einfallen lassen.

Die Gelegenheit bot sich in den 1690er Jahren, als unterlegene Parteien sich einmal mehr wie selbstverständlich anschickten, das Reichskammergericht zu bemühen. Einer dieser Prozesse betraf das Verfahren der Erben des Raban Friedrich Spiegel zu Rotenburg (Desenberg) gegen Johann Friedrich Wilhelm von Papenheim[1401]. Die

1398 Zu den Akten LAW RKG N 474; RKG N 485.

1399 LAW RKG N 485.

1400 LAW RKG N 474.

1401 LAW RKG P 138.

Parteien waren Großcousins und Großcousinen[1402]. In der Sache ging es um einige Nachlassforderungen, die der Beklagte sich zugeeignet haben sollte. Die Kläger verlangten von den Paderborner Räten, diese Forderungen zu verarrestieren oder zu sequestrieren. Am 27. März 1697 erging über bestimmte Ansprüche ein Teilendurteil und Teilbeweisinterlokut der Paderborner Kanzlei, das günstig für die Kläger ausfiel[1403]. Sofort appellierte Johann von Papenheim an das Reichskammergericht. Die dortige Kanzlei brachte unter dem 27. August 1697 eine *Citatio Inhibitio et Compulsoriales* aus, die am 13. November 1697 dem Paderborner Kanzler Peter Alexander Bossart ausgehändigt wurde[1404]. Am 24. Januar 1698 trug der Papenheim'sche Prokurator Johann Henrich Flender das Appellationslibell im hohen Haus ein. Bis dahin ein normaler Vorgang. Als nächstes meldeten sich in Wetzlar dann aber nicht die obsiegenden Erben, sondern der Paderborner Bischof über seinen ortsansässigen Anwalt Johann Conrad Albrecht mit einer „undth[ertänig]ste[n] Interventions anzeig undt bitt"[1405] vom 15. Februar 1698. Hermann Werner mischte sich also förmlich in das Verfahren ein und beantragte, das Verfahren „pro evacuandâ intra provinciam 2dà Instantiâ an die hochfürstl[iche] Paderborn[ische] Cantzley" zurückzuverweisen und den Appellanten „mit gehörigen straffen" zu belegen. Was war geschehen?

Hermann Werner trug in Wetzlar vor, es sei „hiebevorn" in Paderborn eine „subor[di]nation dero ober undt untergerichtern" angeordnet gewesen, die „von geraumben Jahren aber in Confusion gerathen" sei. Er sehe es aber als seine Aufgabe an, die Gerichte in Paderborn „in vorherig guten Standt wieder zubringen", was ihm aber bislang nicht endgültig gelungen sei. Er habe daher „eine provisional remedijrung" vorgenommen und dazu bestimmte Verordnungen erlassen. Sein Ziel sei es gewesen, seinen Untertanen das „hochnötige beneficium trium Instantiarum", also das Recht auf drei Instanzen zu gewährleisten. Hermann Werner zeigte den Reichsrichtern den in Abfall geratenen Instanzenzug in seinem Hochstift also an und behauptete, er habe vor Kurzem Gesetze erlassen, die dem Einhalt böten. In der Konsequenz sei es in Paderborn daher Recht, dass von erstinstanzlichen Urteilen der Kanzlei an eben diese appelliert werden müsse, damit durch Aktenversendung ein zweitinstanzliches Urteil in seinem Territorium gesprochen werden könne, bevor das „ausländische" Reichsgericht sich mit einer Angelegenheit befassen dürfe. Diese Reform sei aber keine Machtstrategie, sondern sichere seinen Untertanen das Recht, von drei Instanzen abgeurteilt zu werden, wie es das Reichsrecht vorsehe.

1402 Vgl. den Stammbaum in LAW RKG P 138 II, Bl. 50v.
1403 LAW RKG P 138 II, Bl. 190r ff.
1404 LAW RKG P 138 I, Bl. 14v.
1405 LAW RKG P 138 I, Bl. 51r–52v.

Papenheim habe mit seiner Appellation Paderborner Landesrecht gebrochen, sich den Prozess am Reichskammergericht erschlichen und müsse daher bestraft werden.

Diese Behauptungen versuchte der Bischof mit bemerkenswertem Aufwand zu beweisen. Dem Richterkollegium legte er dabei zunächst einen einigermaßen aufwendig gestalteten „Discursus Historico-Juridico-Politicus De Beneficio trium Instantiarum" vor, in dem er die geschichtliche Entwicklung des Instanzenzuges in Paderborn seit der Hofgerichtsordnung von 1619 schilderte und das *beneficium* juristisch zu begründen versuchte[1406]. Als Anlage zu dieser Streitschrift übersandte er – der Beweisbedürftigkeit von Partikularrecht folgend[1407] – dem Gericht auch die von ihm verordneten Normtexte, um die es im Weiteren gehen sollte. Vorab sei angemerkt, dass das Verfahren Spiegel gegen Papenheim nicht der einzige Rechtsstreit war, in den sich der Landesfürst auf diese Weise einmischte. Im Prozess der Witwe Magdalene Sibylle von Spiegel gegen den Paderborner Domkapitular Georg Hermann von Spiegel zeigt sich exakt dasselbe Vorgehen[1408]. Gegen das Kanzleiurteil vom 2. Mai 1697 appellierte die Witwe direkt an das Reichskammergericht, worauf am 15. Februar 1698 – also am selben Tag wie im Parallelverfahren – Hermann Werner seinen Anwalt die wortgleiche Nebenintervention in den Rechtsstreit erklären ließ[1409]. Auch in diesem Verfahren legte er seine Streitschrift nebst Beilagen vor. Das so in Wetzlar insinuierte Normmaterial wurde teilweise übrigens in wenigsten drei weiteren Verfahren beigebracht[1410].

b) Beigebrachtes Normmaterial

Zunächst ließ Hermann Werner eine vom Paderborner Buchdrucker Christoph Nagel gedruckte „Erklahrung, Welcher gestalt die, von denen, an dero Weltlichen Hoff-Gericht, in erster Instantz, außgesprochenen Bey- oder End-Urtheilen, interponirte Appellationes, an deroselben Hoff-Cantzley introducirt werden sollen, unerachtet die summa illati gravaminis über 400 Rthlr. Capital sich erstrecken würde, oder die Sach, vermög Reichs-Constituionum an die Reichs-Dicasteria devolubel wäre" vom 23. Februar 1695 am Reichsgericht einreichen[1411]. Obwohl diese Erklärung ihrem Titel nach auf den vorliegenden Fall gar nicht passte – es ging ja gerade um eine erstinstanzliche Entscheidung der Kanzlei und nicht des Hofgerichts –, musste sie auf den

1406 LAW RKG P 138 I, Bl. 53r–112v. Die gesamte Streitschrift ist ediert bei Süss, Beneficium, S. 387–402.

1407 Vgl. S. 147.

1408 LAW RKG S 1934.

1409 LAW RKG S 1934 I, Bl. 138r–139v.

1410 LAW RKG W 1037; W 1010; S. 2006.

1411 LAW RKG P 138 I, Bl. 97r–100v; Abschrift in AAV Cod. 182, S. 368 ff.

ersten Blick provokant gewirkt haben. Denn obgleich kein Privileg das Paderborner Hofgericht vom Appellationszug an die höchsten Reichsgerichte abschnitt, sollte genau dies geschehen. Von dort sollte, ungeachtet der Appellationssumme und der Reichsgesetze, an die Kanzlei appelliert werden können. Ein Blick in die fürstliche Erklärung dürfte das erhitzte reichsrichterliche Gemüt aber beruhigt haben. Die Erklärung gibt genau das wieder, was Hermann Werner in seinem Interventionsschreiben angekündigt hatte. Es kam ihm darauf an, einen geordneten Instanzenzug für sein Territorium zu schaffen. Während das Hofgericht nach der Ordnung von 1619 als „Dicasterium Provinciale ad causas appellationum" gedacht und nur für wenige Ausnahmefälle als erstinstanzlicher Gerichtsstand vorgesehen gewesen sei, konkurriere es nunmehr „per consuetudinem" mit den Untergerichten des Bistums. An dieser Gewohnheit wollte Hermann Werner auch nichts ändern. Er musste dann aber eine Lösung für das Problem finden, wie seinen Untertanen das Recht auf drei Instanzen gewährleistet werden könne, obwohl Urteile eines *Dicasterium Provinciale* eigentlich an den Reichsgerichten angegriffen werden konnten. Ob es das Recht auf drei Instanzen überhaupt gab, ist zwar fraglich[1412], war aber jedenfalls gerade Gegenstand der Streitschrift, die der Bischof dem Reichskammergericht vorlegen ließ. Eine Lösung für sein Problem fand er: Spreche das Hofgericht in erster Instanz Recht, dann müsse eben die Kanzlei die Funktion eines *Dicasterium Provinciale* wahrnehmen, so dass immer zunächst dort Rechtsmittel einzulegen waren, bevor Reichskammergericht oder Reichshofrat eingeschaltet werden konnten. Etwas anderes galt nur, wenn das Hofgericht zweitinstanzlich tätig war. Dann konnte – sofern der Appellant mit über 400 Reichstalern beschwert war – die Appellation an die Reichsgerichte erfolgen. Lag die Summe darunter, sollte es dem Unterlegenen freistehen, die Kanzlei um Revision zu bitten.

Weiter reichte der Landesfürst eine, ebenfalls bei Nagel gedruckte, „Ordnung [...] wie und von welchem litigirenden Theil die Sportul- Diaet- und termin-Gelder [...] abgeführt, So dann wie die an außwertige Juristen-Facultäten [...] verschickende Acta inrotuliert [...] werden sollen" vom 24. Februar 1696 ein[1413]. Der Name dieser Verordnung provoziert nicht, sondern verwirrt. Offenbar hatte dieses Gesetz nichts mit dem streitgegenständlichen Konfliktfeld zu tun. Und in der Tat geht es im Text um Detailprobleme des Kanzleiverfahrens. Der Bischof stellte klar, von welcher Partei und wann bestimmte Gebühren einzufordern waren, um Missbräuche abzustellen. Darüber hinaus legte er fest, wie die Gerichtsakten im Fall Ihrer Versendung an Universitäten abzuschreiben und zu inrotulieren waren. Es findet sich kein Wort von gerichtsverfassungsrechtlichen Problemen. Einzig in § 16

1412 Vgl. Süss, Beneficium, S. 402ff.

1413 LAW RKG P 138 I, Bl. 100a(v)–108v.

dieser Ordnung meint der Bischof, es sei „bekandt, daß in Sachen simplicis querelae bey Unserer Cantzley, nach außgesprochener Bey- und Endt-Urtheil jedem beschwerten Theil das ordinarium Remedium Appellationis, ac beneficium trium instantiarum jederzeit bevorstehe". Diese Feststellung ist noch keine Überraschung. Direkt im Anschluss heißt es weiter, „daß solche Transmissiones ad extraneos, in erster Instantz mehrenteils aus muhtwilliger Verzögerung, und Auffenthalt der Sachen" stattgefunden hätten, so dass der Bischof anordnete, dass künftig derjenige, der die Aktenversendung verlangt, auch dafür zu bezahlen habe. Auch diese Regelung sagt für das vorliegende Problem nichts aus. In der Streitschrift an das Reichskammergericht entwickelte der Bischof aber unter Verweis auf diese Vorschrift offenbar den Gedanken, dass von erstinstanzlichen Kanzleiurteilen das „Remedium Appellationis" durch „Transmissiones ad extraneos" durchzuführen sei, um das „beneficium trium instantiarum" zu gewährleisten. Aus dem Normtext ergibt sich diese Verknüpfung allerdings nicht. Etwas seltsam mutet es daher in der Tat an, wenn der Bischof zur Unterstützung seiner Rechtsposition auf diese wenig eindeutige und versteckte Vorschrift hinweist.

Seine wenig glaubwürdigen Behauptungen scheinen ihm auch selbst aufgefallen zu sein. Er fügte seinen Ausführungen daher schließlich noch einen „Gemeine[n] Cantzley-Bescheidt in Puncto Revisionis et Appellationis" vom 3. Oktober 1696 hinzu[1414]. Gemeine Bescheide sind das Ergebnis autonomer Rechtssetzung durch Gerichte auf dem Gebiet des Prozessrechts[1415]. Der vom Bischof allegierte Bescheid ermahnte die Prokuratoren zunächst, in Revisionssachen ihre Schriftsätze ordentlich zu rubrizieren. Im Folgenden hieß es dann aber knapp:

> Dann werden gedachte Procuratoren auff die von Seiner Hoch-Fürstl[ichen]. Gnaden am 23. Februarij 1695. in Druck ausgelassenen Erklährung ebenfalß verwiesen, mit ernstlicher Erinnerung, daß darin erwehntes, und aller Partheyen verstattetes Beneficium trium Instantiarum in denen Sachen, welche in erster Instantz bey hiesiger Hoch-Fürstl[icher]. Cantzley eingeführt werden, der Gebühr zu beobachten, also und dergestalt, daß wann von einer daselbst in erster Instantz publicirter Bey- oder Endt-Urtheil sie zu appelliren nötig befinden, innerhalb 2. Monaten, jeden ad 30. Tagen, von Zeit publicirter Urthel zu rechnen, ohne Gesinnung gewöhnlicher Appellations-Processen, die Gravamina sub poenâ desertionis in duplo zu übergeben, die Acta anstatt deren würcklicher übergebung, per Recessum repetiren, und darauff ferner usque ad submissionem verfahren sollen, gestalt demnegst die Acta conscripiren, inrotuliren, und pro evacuatione secundae instantiae Ordtnungs-mässig verschicken zu lassen, mit dem Anhang, daß alle diejenige, welche per saltum, ohne vorherige alsolche Erledigung der zweyter Instantz, die Sachen an höhere Reichs-Gerichtere zu ziehen, sich unterstehen werden, nicht allein mit willkührlicher Straff angesehen, sondern auch die Appellationes nach verflossenen erwehnten 2. Monaten, pro desertis gehalten werden sollen.

1414 LAW RKG P I, Bl. 110r–111v.

1415 Zur Definition vgl. OESTMANN, Gemeine Bescheide, S. 2 ff. m. w. N.

Damit waren genau die Verfahrensregeln und Rechtsfolgen aufgestellt, um die der Bischof in Wetzlar stritt. Offenbar schlug der Gemeine Bescheid den Bogen zwischen der Anordnung des Instanzenzugs von 1695 und der Ordnung die Aktenversendung betreffend. Nicht eine fürstliche Verordnung regelte daher die Zuständigkeit der Kanzlei und setzte Strafen fest; das taten die Paderborner Räte einfach selbst und bezogen sich dabei noch auf eine Erklärung ihres Bischofs, in der nichts davon zu lesen ist. Ein seltsames Vorgehen. Ob der Bescheid überhaupt authentisch ist, kann nicht ganz nachvollzogen werden. Er ist zwar gedruckt, der Drucktext enthält aber weder ein Datum noch den Hinweis auf ein Siegel oder den Nachweis des Druckortes. Der Bescheid ist zudem der einzig überlieferte seiner Art aus der Paderborner Kanzlei[1416]. Weder er noch die beiden anderen Rechtsquellen haben im Übrigen Einzug gefunden in die seit 1785 gedruckten Paderbornischen Landesverordnungen. Auch diese Nichterwähnung spricht für sich.

Zusammenfassend sind die Quellen daher schwer einzuordnen. Ganz allgemein kann man aber feststellen, dass die Behinderung von Appellationszügen an die Reichsgerichte nicht ungewöhnlich ist und viele Landesherren Mittel und Wege fanden, ihre eigene Gerichtshoheit auf Kosten der Reichsgerichte auch ohne Privilegien auszubauen[1417]. Bekannt ist etwa der auch hier begonnene Versuch, Appellanten durch rechtswidrige Instanzenmehrung das Leben schwer zu machen[1418]. Dennoch ist festzuhalten, dass Hermann Werner, gerade in der Erklärung von 1695, die Gerichtsbarkeit der Reichsgerichte gar nicht infrage stellte, sondern lediglich das Recht für sich in Anspruch nahm, zwei Instanzen in seinem Bistum zu gewährleisten, bevor die Reichsdikasterien letztverbindlich entschieden.

c) Antwort der Parteien und Reaktion des Reichskammergerichts

Von diesen Gedanken unbeeindruckt, reagierten die eigentlichen Prozessparteien in den erwähnten Verfahren selbstredend höchst unterschiedlich. Während die jeweiligen Appellaten, also die Erben Spiegel zu Rotenburg (Desenberg) einerseits und der Domherr Spiegel andererseits, dem Bischof applaudierend zur Seite sprangen und die Appellation für unzulässig hielten, eiferten die Appellanten gegen die unbequeme Intervention des Bischofs.

Auf die Papenheim'sche Appellation meldete sich der Wetzlarer Anwalt Johann Adam Roleman mit Schriftsatz vom 28. Juni 1698. Sichtlich amüsiert reichte er

1416 Einige wenige „Gemeine Bescheide“ aus verschiedenen Paderborner Behörden sind im Bestand LAW, Oberamt Dringenberg (A 267 II) Nr. 142a überliefert, aber bislang nicht ausgewertet.

1417 Weitzel, Kampf, S. 253 ff.

1418 Weitzel, Kampf, S. 298 ff.; Schick, Instanzen-Recht, S. 71 ff.

den Gemeinen Kanzleibescheid vom 3. Oktober 1696 einfach nochmals zu den Akten und argumentierte, „weilen nun der Appellirender Herr von Papenheim auf Paderbornischer Ritterstube aufgeschworen ist, auch in selbigen Territorio einen Burchsitz hat“[1419], müsse sich der Appellant an die Verordnungen halten und sein Rechtsmittel sei „für desert und anhero nicht erwachsen zuerachten“[1420]. Selbstverständlich trage sein Gegner die Kosten. Da Papenheim zudem die Appellationsformalia nicht eingehalten habe, müssten sich die Spiegel'schen Erben zur Sache gar nicht erst einlassen.

Sein Gegenüber, der Papenheimer Anwalt Dr. Friedrich Henrich Gülich, sah die Sache natürlich völlig anders. Mit einer gepfefferten Replik vom 22. März 1699[1421] wetterte er gegen die Einmischung des Paderborner Landesherrn, dessen Reformen und Verordnungen er einen „privat bericht“ nannte und für vorgeschoben hielt. Am meisten ärgerte Gülich offenbar, dass sein Kollege sich süffisant weigerte, sich zur Sache einzulassen und stattdessen in Paderborn wohl die Vollstreckung eingeleitet wurde. Die Regierung in Paderborn unterlasse es darüber hinaus, „zu sonderbahren gefallen deß herrn appellati die Edition der acten und rationem decidendi“ vorzunehmen und „zu höchst strafbahren ja handtgreifflich despects und beschmelerung des hochp[reislichen] Gerichts“ die Parition zu erklären. Stattdessen versuchten die Paderborner, dem Appellanten daheim durch fiskalische Prozesse nunmehr „seine so hochgemässigte appellation rückgängig und zu wasser zu machen“. „Daß hochfürstliche Regirung zu Paderborn sich selbsten mit privat etwa gemachten Subordinationibus flatoriren thut“, sei völlig unschädlich, denn von den erwähnten Gesetzen sei weder am Reichskammergericht noch am Reichshofrat oder gar dem Reichstag zu Regensburg auch nur das Geringste bekannt. Die Paderborner Regierung habe die Ordnungen dem Reich aber insinuieren und sich bestätigen lassen müssen. Außerdem widerlege die ständige Praxis in Paderborn das geschriebene Gesetz, denn „keinmand [...] von denen landsaßen [ließe sich] daran binden [...], sondern toto die daß Contrarium practiciret“, indem regelmäßig sowohl vom Hofgericht als auch der Kanzlei direkt an die höchsten Reichsgerichte appelliert werde. Schließlich fehle es an einer Approbation der fürstlichen Verordnungen durch die heimischen Landstände. Der Gedanke des Paderborner Fürsten, von einem Gericht an dasselbe zu appellieren, sei ohnehin dem Wesen des Rechtsmittels zuwider: „Waß wolte daß vor ein appell od[er] gradus appellationis seyn ab eodem iudice ad eundem?“.

1419 LAW RKG P 138 I, Bl. 115v.
1420 LAW RKG P 138 I, Bl. 116r.
1421 LAW RKG P 138 I, Bl. 122r–129v.

Das Reichskammergericht antwortete verhältnismäßig schnell, machte sich die Sache aber leicht: Mit „Mandatum attentatorum revocatorium sine clausula“[1422] vom 7. Juli 1699 befahl es der Paderborner Kanzlei und dem Appellaten, den anhängigen Appellationsprozess zu respektieren und vor Gericht zu erscheinen, und kassierte sämtliche Verfahrensschritte, die in Paderborn während des laufenden Appellationsverfahrens durchgeführt worden waren. Zur Aufregung um den Diskurs und zu den Verordnungen des Bischofs verloren die Richter noch kein Wort – mussten sie auch nicht.

3. Die weitere Gesetzgebung Hermann Werners und der Ordnungsdruck von 1702

Hermann Werner hatte versucht, den Instanzenzug vom erstinstanzlichen Kanzleiurteil zu den Reichsgerichten zu unterbinden. Damit war er wohl gescheitert. Ein Blick in die Findbücher des Reichskammergerichts beweist, dass in den Folgejahren zahlreich von erstinstanzlichen Sprüchen der „Kanzlei“ oder der „Regierung“ nach Wetzlar appelliert wurde. Offenbar wurden die vom Bischof dort insinuierten Normen, allen voran der Kanzleibescheid vom 3. Oktober 1696, nicht beachtet und fielen der Bedeutungslosigkeit anheim. Vieles bleibt rätselhaft: Der Landesherr versuchte seine Kanzlei zu stärken, scheiterte damit, widersetzte sich aber scheinbar dennoch erfolgreich seinen Landständen, die den Ausverkauf ihrer Gerichtsrechte beklagten.

Genau in diese Zeit fällt ein weiterer nebulöser Rechtssetzungsakt Hermann Werners. Aus seiner Regierungszeit stammt der Druck einer Hofgerichtsordnung. Im Jahr 1702 bestätigte er die alte Hofgerichtsordnung seines Vorgängers Ferdinand von Bayern. Obwohl zwischenzeitlich wichtige Reformen des Reichsprozesses ergangen waren, obwohl § 137 des Jüngsten Reichsabschieds den Reichsständen die Beachtung des Kameralprozesses vorschrieb und obwohl in den Paderborner Regierungsarchiven noch der fertig ausgearbeitete Entwurf Ferdinands von Fürstenberg schlummerte, entschied sich Hermann Werner, die alte, überholte, aber bislang wohl noch in Kraft gebliebene Hofgerichtsordnung von 1619 zu bestätigen und „Zu Männigliches besserer Nachricht und Observantz“[1423] sogar vierhundertfach[1424] zu drucken. Kein einziges Wort ließ der Bischof am Text ändern, selbst die Präambel versah er lediglich mit einer neuen Überschrift und ließ sie unverfälscht im Namen Ferdinands von Bayern veröffentlichen. Was sollte dieser Rückgriff?

1422 LAW RKG P 138 I, Bl. 148r–154v.

1423 HGO 1619 Präambel (Druck 1702).

1424 Vgl. Hoedt, Hofbuchdruckerei, S. 235.

Die Hintergründe lassen sich nicht sicher erhellen. In einem zeitgenössischen Bericht über das Gerichtswesen, der kurz nach der Drucklegung entstanden sein muss, referierte ein Unbekannter lediglich, Hermann Werner sei es darauf angekommen, dass die alte Ordnung mit ihrer „Separirung" der Gerichte „fäst gehalten"[1425] werde. Nach den Querelen um die erstinstanzliche Zuständigkeit der adeligen Gerichtshaber einer- und seinem Versuch, die Kanzlei als erstinstanzliches Gericht festzuschreiben, andererseits klingt diese Aussage wenig glaubhaft. Dem Bischof kam es noch wenige Jahre zuvor gerade darauf an, Titel 13 der Hofgerichtsordnung und Ziffer 26 seiner Wahlkapitulation möglichst flexibel auszulegen. Sollte er es ernst gemeint haben, als er dem Reichskammergericht seine Pläne referierte, gegen den „mißbrauch" der Gerichtsinstanzen eine „remedijrung"[1426] verordnen zu wollen? Hier scheinen tiefere Streitlinien verlaufen zu sein. In den bereits angesprochenen *gravamina* von 1700 verlangten die Ritter vom Bischof nämlich, „daß keine andere Gerichts-Ordnung eingeführt, sondern es bey der alten Hofgerichts-Ordnung gelassen werden möge"[1427]. Genau diesem Ansinnen hielt Hermann Werner seinerzeit aber noch die Weiterentwicklung des Kameralprozesses und die reichsrechtlichen Vorgaben entgegen und kündigte an, an den Instanzrechten nichts ändern zu wollen, aber „quo ad normam Processus Judiciarii" die Reformen des Jüngsten Reichsabschieds „ad observantiam bringen zu lassen"[1428]. Hatten sich also zwei Jahre später die Landstände durchgesetzt, die aus Angst vor versteckten Eingriffen in ihre Gerichtsrechte jeden neuen Ordnungstext ablehnten?

Das verzerrte Bild, das sich bietet, wird nicht klarer, wenn man noch bedenkt, dass Hermann Werner bereits kurz nach seinem Amtsantritt tatsächlich bemüht war, Missstände in der Justizverwaltung zu unterbinden. Davon zeugt etwa seine Revisionsordnung vom 2. September 1693[1429], mit der er durchsetzte, dass die offenbar übermäßig durchgeführten Revisionsverfahren eingedämmt wurden. Er befahl seiner Kanzlei, Revisionen nur gegen solche Urteile anzunehmen, die auch appellabel waren. Zudem versuchte er, das Verfahren dadurch abzukürzen, dass er das Novenrecht verbot und grundsätzlich nur jeweils eine Parteihandlung für zulässig hielt. Gleichfalls waren ihm die Parteiverfahren vor seiner Kanzlei wohl zu lang und ausufernd, denn mit „hochfürstl[ichem] gnädigsten Rescriptum" vom 24. Februar 1696[1430] unterband er bestimmte Einreden, bekräftige die Eventualmaxime für dilatorische Einreden und schrieb eine Höchstzahl an

1425 LAW Domkapitel, Nr. 93.21, Bl. 1v. Dazu unten S. 260ff.

1426 LAW RKG S 1934, Bl. 6r f. Vgl. die Edition bei Süss, Beneficium, S. 390.

1427 Landesverordnungen II, S. 25.

1428 Landesverordnungen II, S. 32.

1429 Landesverordnungen II, S. 13–19 = LAW Domkapitel, Nr. 93.38 Bl. 1r–4v.

1430 LAW Domkapitel, Nr. 93.38, Bl. 5r–6v.

Schriftsätzen fest. Damit ist dieses Werk zugleich die erste und detaillierteste Verfahrensordnung für Parteisachen an der Kanzlei. Reformen im Prozessrecht konnte er also offenbar festschreiben. Nur mit einer neuen Hofgerichtsordnung klappte es nicht.

4. Die Hofgerichtsordnung Clemens Augusts

Aus der Regierungszeit Hermann Werners lassen sich also viele normative Spuren um das Prozessrecht, die Gerichtsverfassung und – indirekt – auch das Hofgericht ausmachen. Seine vordergründigen Bemühunen, die Vorstellung von der „alten Ordnung" mit ihren schematischen Instanzenzügen in die Tat umzusetzen, blieben aber jedenfalls erfolglos.

a) Ein unbekannter Bericht

Die letzte Spur aus der Regierungszeit Hermann Werners in den Archiven ist ein Bericht über das Gerichtswesen, den ein Unbekannter[1431], vermutlich der Paderborner Hofrichter oder ein Beisitzer, verfasst hat[1432]. Er nimmt Bezug auf die Drucklegung der alten Ordnung, so dass er nach 1702 verfasst worden sein muss. Gleichzeit bezeichnet er Hermann Werner als „ietzregierendt", so dass er vor dessen Tod im Mai 1704 entstand. Anlass und Adressat des Berichts sind unbekannt. Die Probleme der Paderborner Gerichtsverfassung an der Schwelle zum 18. Jahrhundert und ihre Hintergründe fasst er aber vorzüglich zusammen:

Nach der Ordnung Ferdinands, so heißt es, habe es eine klare Aufgabenteilung zwischen weltlichen und geistlichem Hofgericht sowie Hofkanzlei und Hofkammer gegeben. Heute sei „von aller dieser Separation nicht ein Häärlein mehr übrig" und der Verfasser orakelte, dass „das weltliche Hofgericht, welches doch judicium provinciale ist, nur ein schatten seyn und nichts als den nahmen übrig behalten werde"[1433], wenn nicht bald etwas geschehe. Das Durcheinander beginne damit, dass das Offizialat „indistincté in Civilibus die appellationes von denen untergerichtern" annehme, obwohl dies dem Hofgericht überlassen sei und der Offizial sich auf die „matrimonial und geistlichen sachen" zu beschränken habe. Die geistlichen Richter würden auch in erster Instanz tätig und lüden wie selbstverständlich sogar Adelige und Städte vor ihre Schranken. Weiter leide das Hofgericht unter der ausufernden Rechtsprechung der Kanzlei, die doch eigentlich nur

1431 Urheber könnte der Paderborner Hofrichter Kersting gewesen sein; vgl. unten S. 263 f.
1432 LAW Domkapitel, Nr. 93.21, Bl. 1r–5v.
1433 LAW Domkapitel, Nr. 93.21, Bl. 2r.

„die jurisdiction in hiesigem Hochstifft distinguirt und administrirt". Statt sich auf diese Aufgabe – Gerichtsaufsicht – zu beschränken, übe die Regierung inzwischen in den Fällen, „quae non sunt appellabilia ad superiora judicia, in vnà eademque Causà alle drey instantien"[1434] aus, womit die bereits vor dem Reichskammergericht thematisierte Praxis der Aktenversendung angesprochen ist. Ähnliche Probleme gebe es mit der Hofkammer, die „ihre Reservata und jurisdiction nunmehr soweith extendirt [habe], das davon kein ende abzusehen [sei], und unmöglich ist zu distinguiren was Cameralia seyn oder nicht"[1435]. Alles, was „directò vel per indirectum die hochfürstl[iche] schatzung concernirt", und immer, wenn ein Rechtsstreit „gantz oder zum theil zu deren schmälerung in possessorio vel petitorio, denen hochfürstl[ichen] Meyeren oder pfächteren"[1436] drohe, halte sich die Kammer für zuständig. „Gantze ämbter undt der mehrste Theil des Stiffts" sei der hofgerichtlichen Rechtsprechung damit entzogen.

Die schädlichen Folgen lagen für den Verfasser auf der Hand: Zum einen entstehe eine „unendtliche confusion"[1437] und die an sich unzuständigen Gerichte seien völlig überlastet, während das Hofgericht nur seinem Namen nach existiere. Zum anderen habe insbesondere die weite Zuständigkeit der Kanzlei nachteilige Folgen für die Hofgerichtsbediensteten und die rechtsuchenden Bürger: Werde nämlich die Regierung anstelle der Hofrichter tätig, werde den „bedienten alle daraus zu verhoffen gehalte jura undt emolumenta entzogen", und das, obwohl die Richter sowieso wenig verdienten, „die Secretarij aber und pedellen mit gar keiner bestallung versehen, undt über dieses allen oneribus realibus unterworffen seyn, welches alles bey denen hochfürstl[ichen] Rhäten und Cantzley bedienten in beßerem stand ist". Diese nämlich genössen „taffel undt schöne Salaria auch völlige freyheit, praeter emolumenta Aulae". An dieser Stelle des Textes mag freilich eine Quellenkritik ansetzen. Wenn es ums Geld ging, können die Klagen historisch durchaus überzogen formuliert worden sein. Sicher ist das aber keineswegs. Der Verfasser erkannte jedenfalls weitere „inconvenientien"[1438], die das Durcheinander der Gerichte mit sich brachte. Für die Parteien entstünden nämlich viel größere Kosten, wenn die Kanzlei in allen Instanzen Recht sprechen konnte. Dies rechnete er im Einzelnen vor: So sei zum Beispiel am Hofgericht für ein Appellationsschreiben und die Ausfertigung der Akten 1 Reichstaler und 18 Schillinge fällig, während dieselben Gerichtshandlungen an der Kanzlei mit insgesamt 9 Talern zu Buche schlügen. Nicht alle

1434 LAW Domkapitel, Nr. 93.21, Bl. 2v.
1435 LAW Domkapitel, Nr. 93.21, Bl. 4r.
1436 LAW Domkapitel, Nr. 93.21, Bl. 4v.
1437 LAW Domkapitel, Nr. 93.21, Bl. 5r.
1438 LAW Domkapitel, Nr. 93.21, Bl. 2v.

Kosten waren dem Verfasser aber offenbar klar, denn die Terminsgebühr der Anwälte bezifferte er an der Kanzlei mit 5 Schillingen und 3 Pfennigen, ließ zum Vergleich die Kosten am Hofgericht aber offen. Als dritten Nachteil sah der Verfasser den Entzug der „sportulae", der Gerichtsgebühren, für die Gerichtsinhaber, die im Falle der Aktenversendung stattdessen „ausländischen Rechtsgelehrten" zugutekämen, die auch noch „gemeinlich viel höher sportuliren, als im Landt zu geschehen pflegt"[1439].

Kurz und bündig fielen die Forderungen des unbekannten Verfassers aus: Der Offizial solle sich der Zivilsachen enthalten, die Kanzlei dürfe keine Sachen annehmen, die nicht zuvor vom weltlichen oder geistlichen Hofgericht abgeurteilt wurden, und es müsse endlich geklärt werden, was eigentlich „unter die Cameralia gehören solle".

b) Vorbereitung einer neuen Hofgerichtsordnung

Franz Arnold (von Wolff Metternich zur Gracht, reg. 1704–1718)[1440] folgte seinem Onkel auf den Bischofsstuhl in Paderborn. Es ist nicht bekannt und lässt sich auch in den Archiven nicht nachweisen, dass Franz Arnold besondere Bestrebungen gezeigt hätte, das Gerichtswesen zu reformieren oder die Missstände abzustellen. Vielleicht ist es ein Zufall, dass diese Zeit des Reformstaus wieder in das Pontifikat eines Bischofs fiel, der nicht allein Bischof von Paderborn war, sondern gleichzeitig die Diözese Münster zu verwalten hatte, auf die er wohl auch sein Hauptaugenmerk legte.

Sein Nachfolger war jedenfalls einer der prägsamsten Bischöfe, die das Hochstift Paderborn jemals regiert hatten. Clemens August (von Bayern, reg. 1719–1761) gelang eine beeindruckende Bistumskumulation[1441], die ihm den Beinamen „Monsieur de cinq églises" – Herr Fünfkirchen – beibrachte. Neben dem Erzbistum Köln regierte Clemens August in Paderborn, Münster, Hildesheim und Osnabrück, zeitweise sogar noch im Bistum Regensburg. Aus seiner Regierungszeit stammt die bisher bekannteste Hofgerichtsordnung und seine Regentschaft galt bislang als eigentliche Geburtsstunde des Gerichts[1442] – eine Übertreibung, die durch die bisherigen Ausführungen relativiert sein dürfte und die sich nur mit der vielfachen Verbreitung des Gesetzesdrucks von 1720 erklären lässt. Eine moderne Geschichte

---

1439 LAW Domkapitel, Nr. 93.21, Bl. 3v.

1440 Lebensbild bei Brandt/Hengst, Bischöfe, S. 263–266.

1441 Zu den wittelsbacher Bistumskumulationen allgemein vgl. Feine, Reichsbistümer, S. 319 ff.

1442 Rosenkranz, Verfassung, S. 137; Brandt/Hengst, Bistum, S. 91.

des Hofgerichts im 18. Jahrhundert ist ohnehin noch nicht geschrieben[1443]. Der Widerspruch zu der soeben formulierten These, nach der die mehrfach beweihten Bischöfe eher wenige Reformen des Verwaltungsapparats zustande brachten, besteht nur scheinbar. Die Vorbereitungen zur Hofgerichtsordnung erfolgten nämlich sofort nach dem Tod Franz Arnolds am 25. Dezember 1718 in der Zeit der Sedisvakanz, in der das Bistum vom Domkapitel geleitet wurde[1444], und waren bei Amtsübernahme des neuen Oberhirten so gut wie abgeschlossen.

Die Diskussion um die Reform des Gerichtswesens lässt sich nur bruchstückhaft nachzeichnen, obschon sie der Interimsregierung wohl sehr wichtig war. Das Domkapitel hatte offenbar einen Ausschuss aus Reihen der Ritterschaft gebildet, der sich mit den „allgemeinen landesangelegenheiten“[1445] zu befassen hatte und der aus den Herren von Spiegel, von Mengersen, von der Asseburg, von der Lippe, von Niehausen und von Westphalen bestand. Die Ausschussprotokolle sind ab dem 10. Januar 1719 erhalten. Dieser Ausschuss beauftragte seinerseits eine besondere Kommission, die von Vizekanzler Vogelius und Hofrichter Kersting beraten wurde[1446]. Diese Kommission sollte die auf den Landtagen geklagten Missstände nochmals untersuchen, die Hofgerichtsordnung überarbeiten, an die reichsrechtlichen Entwicklungen anpassen und zur Verbesserung all das vorschlagen, was ihr nützlich erschien. Bereits am 11. Januar 1719, kaum zwei Wochen nach dem Tod des Bischofs, sprach Hofrichter Kersting bei dem Gremium vor[1447] und überreichte sein schriftliches Gutachten mit „ohnvorgreifflichen vorschlägen“ zur Erneuerung der Hofgerichtsordnung[1448]. Seine Ausarbeitung ist detailreich, beschäftigt sich aus heutiger Sicht aber vordergründig mit „Reförmchen“, die eher als nebensächlich erscheinen, wie dem Richter- oder dem Appellationseid. Kersting verwies zur Abkürzung des weitschweifigen frühneuzeitlichen Zivilprozesses auf das von Hermann Werner am 24. Februar 1696 erlassene *Rescriptum*[1449] zur Reform des Kanzleiprozesses. Dieser Verweis lässt vermuten, dass sich die Rechtsgrundlagen für Kanzlei-, Offizialats- und Hofgerichtsprozess aus Sicht der Zeitgenossen gar nicht unterschieden. Schließlich schlägt er ein grundsätzliches Avokationsverbot der Kanzlei vor und berichtet über zwölf Rechtsstreitigkeiten der vergangenen sieben Jahre, die an Regierungskanzlei oder Hofkammer gezogen

1443 Die rein normengeschichtlichen Forschungen zur Gerichtsverfassung Hennings, Herrschaft, S. 223 sagen insoweit nichts aus.

1444 Zur Sedisvakanz Rosenkranz, Verfassung, S. 104.

1445 LAW Landstände, Nr. 118, Bl. 1r/v.

1446 LAW Landstände, Nr. 118, Bl. 2r/v.

1447 LAW Landstände, Nr. 118, Bl. 4r.

1448 Der Wortlaut ist erhalten bei LAW Landstände, Nr. 118, Bl. 11r ff.

1449 Vgl. S. 254.

und bis dato noch nicht wieder an das Hofgericht zurückgegeben worden seien. Dem Problem der umfassenden Kanzleizuständigkeit widmet Kersting die größte Aufmerksamkeit und schildert die daraus folgenden Probleme fast wortgleich wie der Verfasser des Berichts aus der Regierungszeit Hermann Werners.[1450] Wenn er diesen nicht selbst verfasst hatte, dürfte er zumindest mit ihm gearbeitet haben.

Die Landstände berieten am 13. Februar 1719 über die Vorschläge Kerstings[1451], die sie allesamt annahmen, aber teilweise zur weiteren Ausarbeitung an die Kommission weiterverwiesen. Die Spuren der Diskussion verblassen an dieser Stelle. Vom 12. April 1719 ist noch ein vorläufiger Befehl des Domkapitels überliefert, nach dem die Paderborner Prokuratoren nicht an der Kanzlei, sondern an den beiden Hofgerichten zu klagen hätten, wenn die Sache nicht ausdrücklich der überlieferten Hofgerichtsordnung gemäß vor die Regierung gehöre[1452]. In der Zwischenzeit formulierten Hofrichter Kersting und Vizekanzler Vogelius bis zum 6. Juni 1719 die neue Hofgerichtsordnung aus[1453]. Besonders viel Arbeit hatten sie dabei aber offenbar nicht. Vergleicht man die später in Druck gegebene Ordnung mit dem Entwurf von 1666, sind die Unterschiede verschwindend gering. Erstaunlich ist daher, dass sich im Bericht Kerstings kein Wort zu dieser Vorlage findet. Vielleicht war ihr Vorhandensein allen Beteiligten bekannt, vielleicht wollte der Hofrichter sich aber auch mit fremden Federn schmücken. Dass er die Vorlage aus der Regierungszeit Ferdinands II. als Arbeitsgrundlage nutzte, ist kaum diskutabel. Am Rand des alten Entwurfs findet sich allerdings nur ein einziger Hinweis: Hatten die Redakteure von 1666 in der Präambel nur auf den Jüngsten Reichsabschied verwiesen, der eine Überarbeitung der Ordnung notwendig gemacht haben soll, so ergänzte vermutlich Kersting mit anderer Schrift, dass „nunmehr auch [der Inhalt] des visitations Recess de anno 1713“[1454] eine Reform erforderlich mache. Dieser Hinweis wurde später in den offiziellen Ordnungstext übernommen, der im Übrigen ebenfalls mit keinem Wort die Vorarbeiten Ferdinands II. erwähnt. Clemens August von Bayern, zwischenzeitlich zum Bischof von Paderborn gewählt, bestätigte die neue Ordnung gleich zum Beginn seiner Amtszeit. Die Landstände waren es dann, die im Oktober 1719 den Druck der Ordnung befahlen und anordneten, dass jedem Gericht ein Exemplar zur Verfügung gestellt werden sollte[1455].

1450 Vgl. S. 260f.

1451 LAW Landstände, Nr. 118, Bl. 32r.

1452 LAW Domkapitel, Nr. 1378.46 = LAW, Domkapitel, Nr. 170.13, Bl. 5r.

1453 LAW Domkapitel, Nr. 1378.50.

1454 LAW Domkapitel, Nr. 261.1, Bl. 2r.

1455 LAW Landstände, Nr. 117, Bl. 112r.

c) Inhalt

Angesichts der Gesetzgebungsgeschichte überrascht es nicht, dass der Inhalt der vermeintlich wichtigsten Ordnung kaum Unterschiede zum Entwurf von 1666 aufweist. Auch reichsrechtlich hatte sich seit den Vorarbeiten unter Ferdinand II. wenig getan. Der prozessrechtlich wichtige Jüngste Reichsabschied war schon in den Vorgängerentwurf eingearbeitet und der in der neuen Präambel enthaltene Hinweis auf den Visitationsabschied von 1713[1456] war wohl eher eine Worthülle. Dieser Rezess betraf in erster Linie organisatorische Fragen des Reichskammergerichts, die sich auf das Paderborner Hofgericht nicht übertragen lassen. Soweit 1713 Verhaltensanordnungen an die Gerichtspersonen in Wetzlar ergingen und das Prozessrecht angesprochen wurde, erschöpft sich das Regelwerk hauptsächlich in der Wiederholung früherer Reichsgesetze.

Augenfällig ist einzig, dass die Regelung des Diffamationsprozesses in der neuen Ordnung keine Entsprechung fand. Auf die übrigen, kleineren redaktionellen Änderungen und Detailabweichungen im Prozessrecht muss hier nicht weiter eingegangen werden. Ebenfalls im Grundsatz unangetastet blieb die Gerichtsverfassung des Bistums. Der Instanzenzug von 1619 blieb weiterhin festgeschrieben und wurde lediglich in den Formulierungen profiliert. Teilweise sind diese Formulierungen erstaunlich: So ist etwa die Zuständigkeit des Hofgerichts in erster Instanz betreffend unverändert vorgeschrieben, die Jurisdiktion der Untergerichte nicht zu schmälern, während gleichzeitig auf die besonderen Zugeständnisse Hermann Werners von 1700 Bezug genommen wird[1457]. In dieser Erklärung ist von einer über den Wortlaut der Gerichtsordnung hinausgehenden Rücksichtnahme jedoch gerade kein Wort zu finden; im Gegenteil wollte Herrmann Werner die Prorogationsregel besonders ausufernd ausgelegt wissen. Neu ist in der Ordnung eine Vorschrift zum „beneficium trium instantiarum“[1458], durch die der dreigliedrige Instanzenzug im Bistum etabliert werden sollte. Demnach war von erstinstanzlichen Urteilen des Hofgerichts unabhängig vom Beschwerdewert immer zunächst an die Kanzlei zu appellieren, bevor die Reichsgerichte angerufen werden konnten. Von zweitinstanzlichen Urteilen sollte der Beschwerte die Wahl haben, an die Reichsgerichte zu appellieren oder die Revision zur Kanzlei anzustrengen. Von einer erstinstanzlichen Zuständigkeit der Regierungskanzlei fand sich in der Ordnung weiter kein Wort: Weder wurde deren Kompetenz bestätigt, noch wurde ihr ein Tätigwerden ausdrücklich verboten.

1456 Abgedruckt mit Memorial-Anhängen bei NSRA IV, S. 261–304.

1457 HGO 1720, Tit. 13 § 1.

1458 HGO 1720, Tit. 57.

Erwähnenswert sind ebenfalls die in Titel 57 erstmals enthaltenen Vorschriften zur Urteilsbegründung. Nach dieser Vorschrift soll der „nächster Herr Vorfahr an der Regierung“[1459], folglich Bischof Franz Arnold, dem Drängen einiger Parteien nachgegeben und die „Communication der rationum decidendi“ zugelassen haben. Auf diese Weise war es den Parteien möglich, zu überlegen, ob sie „acquisciren, oder weiter appelliren“ sollten. Die Entscheidungsgründe waren aber nur von Endurteilen zu übermitteln, da andernfalls die Gefahr bestanden hat, dass Anwälte durch den Schreibstil den Referenten und die von diesem als entscheidungserheblich empfundenen Gesichtspunkte erfahren konnten. Das Gericht konnte die Gründe solange zurückhalten, bis die Parteien nicht nur die dafür besonders zu berechnende Gebühr, sondern alle rückständigen „Sportulen und übrige Gerichts-Gebührnissen salvo regressu“[1460] entrichtet hatten. Offenbar musste also der begehrende Teil selbst die rückständigen Kosten des Gegners vorstrecken und bei diesem regressieren.

1459 HGO 1720, Tit. 57 § 3.
1460 HGO 1720, Tit. 57 § 7.

C. Zusammenfassung der Ergebnisse und Ausblick

Die Gerichtsverhältnisse im früheren Fürstbistum Paderborn wurden um die Wende vom 18. zum 19. Jahrhundert heftig gescholten. Allen voran kritisierten preußische Beamte die Rückständigkeit des Justizapparates, das Kompetenzgerangel der vielen rechtsprechenden Institutionen und die Fähigkeiten Paderborner Juristen. Historiker und Heimatkundler stimmten vor 1945 in diesen Reigen ein. Dennoch konnte die vorliegende Arbeit aufzeigen, dass sich eine *tabula rasa* lohnt. Denn aus heutiger Sicht muss ein Blick in die Justizgeschichte verwirren. Kompetenzabgrenzungen, staatliche Organisation von Gerichten und klar definierte Zuständigkeiten sind Ergebnisse eines Prozesses, die am Ende der Frühen Neuzeit standen und die Epoche sicherlich nicht durchgängig prägten. Zudem scheinen politische Umwälzungen, insbesondere die Säkularisation, jeden neutralen Blick auf den kleinen geistlichen Reichsstand zu verdecken. Vorurteile schimmern durch die Kritik; „Siegerhistoriographie" könnte die Verhältnisse im Hochstift irgendwo zwischen tatsächlichen Missständen, Borussifizierung der Geschichtsschreibung und allgemeinen Erscheinungen vormoderner Justizwirklichkeit zerredet haben. Der Ausgangspunkt der Untersuchung ist damit zugleich ihr erstes Ergebnis: Die Paderborner Justiz- und Gerichtsgeschichte ist praktisch nicht erforscht. Die wenig verlässlichen Vorarbeiten aus dem 19. und frühen 20. Jahrhundert hatten die typisch voreingenommene Sichtweise gegenüber geistlichen Staaten noch nicht abgelegt. Es sollen deshalb die Quellen sprechen. Die Arbeit nimmt das weltliche Hofgericht des Bischofs in den Blick und leistet so einen Beitrag zur Paderborner Landesgeschichte, aber auch zur Prozessrechtsgeschichte allgemein.

In einem ersten Schritt wird die Diskussion um die Einrichtung eines ständigen landesherrlichen Gerichts in Paderborn nachgezeichnet. Ausgangspunkt ist die Behauptung in der Literatur, Johann von Hoya habe während seiner Regentschaft neben Münster und Osnabrück auch in Paderborn für geordnete Gerichtsverhältnisse gesorgt. Das ist sicher falsch. Es gelang erst Dietrich IV. im Jahr 1588, ein beständiges Richterkollegium durchzusetzen. Er war es, der die bis dahin geübte Tradition eines ad hoc aus Vertrauten zusammengestellten Hofgerichts beendete. Reibungslos schien das nicht abgelaufen zu sein. Die Verhandlungen mit den Ständen seit dem Winter 1587 und erneut ab dem Sommer 1596 waren zäh. Man stritt um Einfluss auf das Gericht und seine Finanzierung. Am Ende bestellte der Bischof jedenfalls Richter, die ihre Arbeit scheinbar geräuschlos aufnahmen. Ob zu diesem Zeitpunkt bereits eine ausführliche, schriftliche Hofgerichtsordnung vorlag, ist unklar. Von Instruktionen zum Prozessrecht ist in den Quellen vereinzelt die Rede, aber auch von einer Ordnung, die auf den Landtagen mehrmals vergeblich zur Genehmigung vorgelegt wurde. Überliefert ist ein vollständiges Prozessgesetz jedenfalls erstmals aus dem Jahr 1619, dem Beginn des Pontifikats Ferdinands I.

Dieser Zeitpunkt täuscht. Wegweisende Vorarbeiten hatte es offenbar zuvor unter Dietrich gegeben. Die Regierungszeit Ferdinands zeichnete sich dann im Gegenteil eher durch eine geräuschlose Koexistenz des Hofgerichts mit den anderen Obergerichten aus. Diese Beobachtung lässt sich verallgemeinern: Obwohl die bislang bekannten Ordnungen aus der Zeit der bayerischen Bischöfe Ferdinand I. und Clemens August überliefert sind, waren Stoßzeiten einer Diskussion um landesherrliche Behörden sicher nicht die Regierungsjahre der großen Wittelsbacher. Entscheidende Schritte wurden eher in den Jahren der Bischöfe gemacht, die auf ihr Paderborner Bistum besonderes Augenmerk legten, eben Dietrich IV., Ferdinand II. und Hermann Werner. Selbst die späte Ordnung Clemens Augusts stammt nur scheinbar aus seiner Feder. Auch sie wurde zuvor in der Zeit der Sedisvakanz ausgearbeitet und vom Bischof nur noch bestätigt – genau wie 100 Jahre zuvor durch Ferdinand.

Die erste Hofgerichtsordnung ist Grundlage für eine exegetisch und vergleichende Analyse von Gerichtsverfassung und Prozessrecht in Paderborn. Dabei werden zunächst methodische Gefahren angesprochen. Das durch die Reichskammergerichtsordnung geprägte Vorverständnis verdeckt bisweilen den Blick auf Besonderheiten und Abweichungen. Dessen muss sich der Prozessrechtshistoriker bewusst sein. Das Hofgericht in Paderborn war verhältnismäßig klein. Es arbeiteten dort ein Hofrichter, der gelehrt oder adelig sein musste, und drei Beisitzer, die von den Ständen bestimmt wurden. Richter und Beisitzer waren zu viert an der Urteilsberatung und -findung beteiligt. Neben den Prokuratoren, zunächst vier an der Zahl, wurden ein Notar, ein Fiskal und ein Bote bestellt. Weitere Gerichtspersonen sah die Ordnung nicht vor. Den Amtswaltern wurde eine protestantische Eidesformel gegenüber dem Bischof abverlangt – ein Kuriosum, das sich vielleicht mit reichsrechtlichen Diskussionen erklären lässt, aber merkwürdig bleibt. Zum Gerichtsplatz wurde die alte bischöfliche Kurie in der Stadt Paderborn, der Sternberger Hof, bestimmt. Einmal wöchentlich sollte dort eine Audienz stattfinden. Wie viele territoriale Obergerichte war das Paderborner Hofgericht vornehmlich Gerichtsstand des Adels. Daneben konnte es einvernehmlich als erste Instanz gewählt werden, wurde zuständig bei Justizverweigerung des Unterrichters und diente als Appellationsgericht des Landes.

Die Arbeit untersucht sodann das Prozessrecht. Sie ist dabei um Differenzierung und Präzision bemüht, um gerade nicht vorschnell aus dem Reichsrecht Bekanntes auf den Paderborner Prozess zu übertragen. Trotzdem blieb der Kameralprozess selbstverständlich der wichtigste Einflussfaktor auf die Hofgerichtsordnung, was sich bis in die Formulierung der Normen nachvollziehen lässt. Die einzelnen Erkenntnisse zusammenzufassen, ist nicht möglich. Die kleinteiligen Ergebnisse zu wiederholen würde auch kaum zusätzlich lohnen. Erwähnenswert ist vielleicht, dass der Kläger am Hofgericht 1619 zwingend artikuliert vortragen musste, der

Ordnungsgeber also Reformen auf Reichsebene seit der letzten Kammergerichtsordnung von 1555 durchaus beachtete. Gedanken macht sich die Analyse auch zum Ergänzungseid, den die Reichskammergerichtsordnungen nicht ausdrücklich kannten und der als Keim richterlicher Beweiswürdigung verstanden werden kann. Wichtige Erkenntnisse bringt dann das Kapitel zum Vollstreckungsrecht. Vorschriften mussten hier von den reichsrechtlichen Vorbildern zwingend abweichen. Der Gedanke verhältnismäßiger Interessendurchsetzung prägt die Paderborner Vorgaben. Als letzte Stichpunkte seien das Mandatsverfahren, das in Paderborn eher als eine besondere Art der Verfahrenseinleitung denn als Eilrechtsschutz verstanden werden muss, und die stärkere Ausprägung des Offizialprinzips genannt. Auf weitere Detailabweichungen ist in der Analyse hingewiesen.

Behandelt wurden neben der alten Ordnung auch der Entwurf einer neuen Ordnung aus der Regierungszeit Ferdinands II. (1666), der bislang weitgehend unbekannt war. Er stellt das Bindeglied zum späteren Gesetzestext Clemens Augusts dar und wurde nach einer umfangreichen Visitation der bischöflichen Zentralbehörden vermutlich vom Offizial Dr. Hermann Herting ausgearbeitet. Die Visitationskommission befragte zuvor die Gerichtspersonen und machte umfangreiche Vorschläge zur Verbesserung des Paderborner Justizwesens. Im Vordergrund stand aber zweifelsohne die Einarbeitung der Reformen durch den Jüngsten Reichsabschied. Diese Reformen des Reichsprozessrechts sind vereinzelt in der Forschung bereits behandelt worden. Wichtiges Quellenmaterial, insbesondere die gedruckten *Acta Comitialia,* blieben dabei aber erstaunlicherweise in großen Teilen unberücksichtigt. Die Studie lenkt damit den Blick kurz auf die Neuerungen des Reichsrechts und insbesondere das Dickicht ihrer Vorarbeiten in zahlreichen Reichsdeputationen und Kammergutachten. Hier steht noch vieles zur Erforschung aus. Das Kapitel endet mit einer Darstellung der Änderungen im Paderborner Prozessrecht, wobei ein Augenmerk auf die erstmals im Entwurf auftauchenden Verfahrensarten des Diffamations- und des Diskussionsprozesses gelegt wird. Der Diffamationsprozess wurde auch in Regensburg auf Münsteraner und Paderborner Drängen hin besprochen. Der Diskussionsprozess ist am ehesten als westfälische Ausprägung eines Gantprozesses einzustufen, der Gläubiger eines überschuldeten Schuldners durch Verwertung einzelner Immobiliengüter geordnet befriedigen sollte. Er war bislang weitestgehend unbekannt. Unklar bleibt zum Schluss, warum die Ordnung nie in Kraft trat. Ferdinands Nachfolger, Hermann Werner, ließ nach Querelen mit den Landständen sogar den Text der alten Ordnung vierhundertfach drucken. Auch dieser Druck aus dem Jahr 1702 war bislang nicht bekannt.

Die Exegese frühneuzeitlicher, territorialer Prozessgesetze zeigt dabei, wie unbefriedigend der Forschungsstand zum frühneuzeitlichen Verfahrensrecht insgesamt noch ist. Selbstverständlich gibt es wichtige Studien. Für den Kameralprozess sind Überblicksdarstellungen aber bei der Reichskammgerichtsordnung von 1555 stehen geblieben. Die vorbildlichen und verdienstvollen Arbeiten von Bettina Dick zum Reichskammergericht und von Wolfgang Sellert zum Reichshofrat sind daher keineswegs ein Schlusspunkt bei der Erforschung des Reichszivilprozesses vor 1800. Sie bedürfen im Gegenteil der Ergänzung durch territoriale Quellenexegesen. Diese Arbeit „im Kleinen" bietet dabei nicht nur landesgeschichtliche Perspektiven, sondern zugleich die Chance, festgefahrene Deutungsschemata einzelner prozessrechtlicher Figuren ständig kritisch zu hinterfragen und zu justieren. An dieser Stelle zeigt sich, wie wichtig und wünschenswert die landeshistorische Perspektive in der rechtshistorischen Forschungslandschaft auch heute noch ist. Zweifelsohne leidet die moderne Rechtsgeschichte dabei daran, die Quellenbasis ihrer Arbeit nicht zu verbreitern, was zum Anlass genommen wurde, die Hofgerichtsordnungen von 1619 und 1720 sowie den Ordnungsentwurf von 1666 zu edieren.

Zum Schluss richtet die Arbeit ihren Blick auf gerichtsverfassungsrechtliche Probleme in Paderborn und kehrt zu ihrem Ausgangspunkt zurück. In der Literatur war behauptet worden, der Dreißigjährige Krieg sei verantwortlich dafür gewesen, dass das Hofgericht nicht richtig in Fahrt kam. Mithilfe zahlreicher Quellen – Kanzleiordnungen, Berichten unbekannter Verfasser, Visitationsbriefen und Auszügen aus Prozessakten – entsteht aber ein Wimmelbild, das ein ganz anderes Problem zutage fördert: Das Hofgericht litt seit der Mitte des 17. Jahrhunderts unter einer konkurrierenden Rechtsprechung der Kanzleibehörde, die in erster, zweiter und dritter Instanz tätig werden konnte, obwohl die Hofgerichtsordnungen eigentlich andere Aufgaben für sie reservierten. Auch das Offizialat beschränkte seine Tätigkeit lange nicht mehr auf geistliche Angelegenheiten. Das Hofgericht scheint so an den Rand der Bedeutungslosigkeit gedrängt worden zu sein. Hier wird dann doch deutlich, was die Stimmen 150 Jahre später gemeint haben könnten, als sie über mangelnde Anordnung der Gerichtsinstanzen klagten. Warum das aber so verheerende Folgen für die Rechtsuchenden gehabt haben soll, wie später behauptet wurde, ließ sich nicht erhellen. Jedenfalls gab es aus Reihen des landtagsfähigen Adels erhebliche Widerstände gegen eine Reform des Justizwesens. Vermutlich fürchteten die Ritter, durch Änderungen am Normtext könnten ihre Gerichtsrechte unterlaufen werden.

Damit ist der Bogen gespannt zu zukünftigen Forschungen. Was bleibt offen? Zunächst zeigt die Arbeit an unzähligen Stellen Forschungslücken im Reichsprozessrecht auf. Auch müssen die anhand normativer Vorgaben gefundenen Erkenntnisse durch Studien der Gerichtspraxis ergänzt werden, wo das trotz der unbefriedigenden Quellenüberlieferung möglich ist. Ein Beispiel dafür wäre der Diskussionsprozess, der immerhin auch in anderen Territorien praktiziert wurde und zu dem es eine völlig unberücksichtigte Aktenüberlieferung aus Münsteraner Beständen gibt. Das 18. Jahrhundert wird von der vorliegenden Arbeit überhaupt nur am Rande betrachtet, verspricht durch die neue Ordnung Clemens

Augusts aber weitergehende Erkenntnisse und vielleicht sogar echte Reformen der Gerichtsverfassung. Schließlich sind die übrigen Paderborner Behörden, Offizialat und Kanzlei, bisher kaum erforscht. Hoffnung liegt hier nicht zuletzt auf den in Erschließung befindlichen Judizialakten des Reichshofrats in Wien, die sogar weitere Erkenntnisse zum Hofgericht versprechen. Zukünftigen Arbeiten wird es daher vielleicht gelingen, die hier begonnene *tabula rasa* neu zu beschriften.

D. Quellenanhang

Die Hofgerichtsordnungen von 1619 und 1720 ebenso wie der Ordnungsentwurf von 1666 prägten das Prozessrecht vor dem weltlichen Hofgericht. Darin erschöpft sich ihre Wirkung jedoch nicht. Für die zahlreichen Untergerichte im Hochstift wird sie Vorbildfunktion und wenigstens subsidiäre Geltung beansprucht haben. Das Gleiche gilt übrigens für die anderen Obergerichte, allen voran Kanzlei und Offizialat, an denen Zivilrechtsstreitigkeiten entschieden wurden. Den Behörden fehlte es, mit Ausnahme weniger Detailregelungen, an verfahrensrechtlichen Grundlagen, so dass davon auszugehen ist, dass die Richter dort auf die für das weltliche Hofgericht bestimmten Regelungen zurückgriffen.

Die Edition frühneuzeitlicher Rechtstexte bleibt ein Forschungsdesiderat. Das gilt insbesondere für territoriale Quellen. Obwohl in den vergangenen Jahrzehnten der Reichsprozess wie auch einige partikulare Verfahrensrechte in manchen Arbeiten mehr oder weniger gründlich dargestellt wurden, fehlt es weitestgehend an der Wiedergabe rechtlicher Grundlagen. Das ist misslich, werden in vielen Gerichtsordnungen des 16. bis 18. Jahrhunderts doch nicht nur spröde Anweisungen für den Zivilprozess vorgegeben. Die Texte sind eine spannende Fundgrube, aus der sich auch Beobachtungen zur Gerichtsverfassung, zur normativen, „staatlichen" Durchdringung und bisweilen sogar zur wirtschaftlichen Lage der Territorien speisen. Es muss daher Aufgabe der regionalen Rechtsgeschichte sein, diese Quellen zugänglich zu machen und zu halten.

Wie so häufig waren auch die Paderborner Vorlagen bisweilen in mehreren Abschriften und Drucken erhalten. Eine Edition beginnt daher mit der Auswahl des Referenztextes. Die Hofgerichtsordnung von 1619 liegt in mindestens sechs Exemplaren vor, wobei nicht ausgeschlossen werden soll, dass weitere in den verstreuten Archiven schlummern. Ediert wurde schließlich der Druck aus dem Jahre 1702, der inhaltlich weitestgehend mit den handschriftlichen Überlieferungen übereinstimmt. Bei der Auswahl war entscheidend, dass dieser Druck bisher vollkommen unbekannt war und durchaus als Referenztext für die handschriftlichen Abschriften gedient haben kann. Das Alter der Handschriften ließ sich mit den vorhandenen Mitteln nicht exakt bestimmen; einzig das Exemplar aus dem Stadtarchiv Warburg könnte, so lässt das Schriftbild vermuten, älter als der Druck gewesen sein. Obwohl zu dieser Gerichtsordnung also ein frühneuzeitlicher Druck die Zeiten überlebt hat, besteht an der Edition ein Interesse. Denn – abgesehen davon, dass er in Vergessenheit geraten ist – die Öffentlichkeit hat in gerade einmal einer Bibliothek und einem Archiv Zugriff auf diese wichtige Quelle. Unproblematisch war die Auswahl den Ordnungsentwurf von 1666 betreffend. Er ist in nur einer Handschrift überliefert. Ganz anders als die bekannteste Ordnung von 1720. Sie existiert gleich in mehreren Drucken: Zum einen ist das Gesetz in die seit 1785 in vier Bänden erschienenen Paderbornischen Landesverordnungen aufgenommen worden und erfuhr schon dadurch eine große Verbreitung. Zum anderen existieren aus dem Jahr 1721 Einzeldrucke, was wohl darauf zurückzuführen ist, dass Bischof Clemens August die in Zeiten der Sedisvakanz abgesegnete Ordnung noch einmal förmlich bestätigte. Inhaltlich sind beide Drucke weitgehend identisch. Ediert wurde der Druck aus den Paderborner Landesverordnungen, der leichter zugänglich war. Allgemein gilt, dass Abweichungen der jeweils wiedergegebenen Quellen von anderen Überlieferungen nicht bzw. nur dort berücksichtigt wurden, wo es für das inhaltliche Verständnis erforderlich schien.

I. Editionsrichtlinien

Die Edition verfolgt einen Trend zur Vorlagengenauigkeit. Normalisierungen gibt es kaum. Die Schreibweise der übertragenen Wörter wurde weitestgehend beigehalten. Das gilt für die Groß- und Kleinschreibung ebenso wie für die bekannten frühneuzeitlichen Konsonantendopplungen. Einzig dort, wo Fehler ganz offensichtlich waren, erfolgt eine stillschweigende Korrektur (zum Beispiel „jederzeit“ statt „zederzeit“). Andernfalls wird die Vorlagengenauigkeit durch ein „[sic!]“ unterstrichen. Allerdings werden Satzanfänge stets mit einem Großbuchstaben eingeleitet und Paragraphen mit einem Punkt abgeschlossen, um den Lesefluss zu vereinfachen. Die völlig willkürlich gesetzten Kommata werden größtenteils beibehalten und nur dort an den heutigen Sprachgebrauch angepasst, wo allzu große Verständnisschwierigkeiten die Folge gewesen wären. Virgeln werden als Kommata wiedergegeben. Diakritika sind, mit Ausnahme sicher als Umlaute zu bestimmender Buchstaben, aus der Vorlage aber nicht übernommen. Der Lautwert von „u“ und „v“ ist nicht an die moderne Verwendung angepasst. Die typisch frühneuzeitlichen Paranthesezeichen „|:“ und „:|“ sind als Klammern wiedergegeben. Abkürzungen werden dort in eckigen Klammern aufgelöst, wo sie eindeutig sind. Sehr gängige Abkürzungen („etc.“, „p.“) und Kürzungszeichen („&“) werden nicht aufgelöst, ebenso wenig Abkürzungen von Verweisen auf Rechtstexte („Tit.“, „§“). Stillschweigend ausgeschrieben sind aber typisch frühneuzeitliche Abkürzungen, etwa wenn Konsonantendopplungen durch einen horizontalen Strich über dem Buchstaben angedeutet werden. Aussparungen im Text des Ordnungsentwurfs von 1666 sind als „[...]“ kenntlich gemacht. Dort, wo der Text aufgrund von Beschädigungen des Papiers unlesbar war, wurde der Sinninhalt rekonstruiert und durch eckige Klammern gekennzeichnet. Unterschiedliche Schriftarten wurden berücksichtigt: Die deutsche Kurrentschrift in der Handschrift und die Frakturschrift in den Drucken ist als normaler Text dargestellt. Das lateinische Antiqua bzw. die lateinische Kurrentschrift ist kursiv wiedergegeben. Besondere Hervorhebungen der Vorlagen erfolgen in der Regel gesperrt.

Die Gestaltung der Vorlagen ist teilweise vereinheitlicht. So sind etwa die Titel der Hofgerichtsordnung in Paragraphen untergliedert, die nummeriert sind, auch wenn die Vorlage keine Nummerierung vorsieht. Fehler in der Nummerierung sind stillschweigend verbessert. Allerdings sind römische Zahlen so wiedergegeben, wie sie in der Vorlage verwendet wurden (also z. B. LIIII statt LIV). Bei den Drucken ist darauf verzichtet worden, die Paginierung in die Edition zu übernehmen. Alle Drucke verfügen über ein Inhaltsverzeichnis, so dass die Originale leicht erschlossen werden können. Das gilt für die Handschrift hingegen nicht. Hier wurden Seitenumbrüche daher im Fließtext wiedergegeben.

Problematisch ist die Wiedergabe der Randglossierungen im Ordnungsentwurf von 1666. Der Verfasser verwies durch diese Glossen offenbar auf Referenztexte, die er sich zum Vorbild nahm. Dies geschah, indem der Referenztext in der Glosse genannt und offenbar die im Haupttext in Bezug genommene Stelle unterstrichen oder am Rand markiert wurde. Dabei ist unsicher, ob die im Entwurfstext unterstrichenen Textstellen wirklich durchgehend in Bezug zu den Referenztexten gesetzt werden sollten. Teilweise sind ganze Titel durch einen senkrechten Strich am Rand markiert, ohne dass sich mitunter die Bezugnahme nachvollziehen ließ. Markiert wurden so zum Beispiel auch Textstellen, die bereits in der alten Paderbornischen Ordnung von 1619 enthalten waren, so dass kaum ein anderer Text als Referenz gedient haben kann. Da der Entwurfstext wohl für die spätere Ordnung von 1720 als Arbeitsvorlage benutzt wurde, können die Markierungen auch durchaus später eingefügt worden sein. Es wird daher darauf verzichtet, die markierten Textstellen in der Edition kenntlich zu machen. Die Randglossierungen sind in einer Fußnote wiedergegeben. Sie stehen regelmäßig zu Beginn eines Titels oder Paragraphen und nur dort zu Beginn einer einzelnen Textstelle, wo die konkrete Übernahme aus dem Referenztext gesichert werden konnte.

II. HOFGERICHTSORDNUNG 1619

Inhaltsübersicht

II. Hofgerichtsordnung 1619

Hochf[ürst]l[ich] Paderbornische
Hoff-Gerichts-
Ordnung /
Wie dieselbe
Im Jahr 1619. auffgerichtet / und vest
zu halten gebotten worden.
Anjetzo
Zu Männigliches besserer Nachricht und Observantz,
in dieser bequemen Formb zum offenen Druck gegeben, und
nach dem gerechten Original auffs fleissigste corrigirt.
Im Jahr 1702.

Von Gottes Gnaden Wir Ferdinandt, erwöhlter und bestättigter Ertzbischoff zu Cölln, und Chur-Fürst, Bischoff zu Paderborn, Münster, und Lüttig, *Administrator* der Stiffter Hildesheimb, Berchtesgaden, und Stabel, Pfaltz-Graff bey Rhein, in Ob- und Nieder Bayeren, Westphalen, Engeren, und Bullion, Hertzog, Marggraff zu Franchimont, etc.

Bezeugen hiemit, und thuen kund: Demnach Uns bey jüngster Antrettung Unser Paderbornischer Stiffts-Regierung, negst Gott, und Unserem Christlichen Gewissen, ein mehrers und höhers nicht, als die gerechte Befürderung, Fortpflanzung und Erhaltung der heilsamen Justitz, Rechtens, und allgemeinenen Nutzens angelegen; Daß hierumb auß hoher Lands-Fürstlicher Obrigkeit obligendem Ambt, gnädiger, Vätterlicher sorgfältiger Liebe, und zu selbigem Unserm Stifft tragender besonderer gnädigster Affection, allen und jeden Unsern mit Gehorsamb, Unterthänigkeit, und Pflichten, unterworffenen getreuen Land-Ständen, Unterthanen, und Angehörigen, zu desto mehrerem gedeilichen und ersprießlichen Auffkommen, Ruhe, Frieden, Einigkeit, und aller Wolfahrt, Unser Weltliches, vor wenig Jahren zu dieser Unser Fürstlichen Cantzley transferirtes Hoff-Gericht, davon wieder separirt, darzu besonderen Hoff-Richtern bestellet, auff- und angenommen, auch Unsers negsten Vorfahren Bischoffen Dietherichen, hochmilder Gedächtnüs, darbey biß herzu observirte Hoff-Gerichts-Ordnung, von neuen ersehen lassen, dieselbe confirmirt, bestättigt, und erneuert, alles auff Maaß hernach ordentlich verfasset und beschrieben; und ist darauff Unser gnädigster und endlicher Befehlch, Will und Meinung, daß solche Ordnung also durchauß in allen und jeden ihren Theilen, Stücken, Capitulen, Puncten und Inhaltungen von obberührten Unserm Hoff-Richter, auch desselben Assessoren, Notarien, Advocaten, Procuratoren, Botten, und anderen darin begriffenen Persohnen, so dan ebenmässig und nit weniger von

Unseren Adelichen Landsassen, Städten, Unterthanen, deßgleichen Unseren Drosten, Ambtleuthen, Renthmeisteren, Schultheissen, Gogräven, Richtern, Vögten, Dienern, Angehörigen, und ins gemein von allen Partheyen richtig und gehorsamblich bey Unser willkührlicher unnachlässiger Straff und Pöen soll gehalten, auch deroselben steiff und vest gelebt, und nachgesetzt werden.

Von Besetzung Unsers Hoff-Gerichts, auch des Hoffrichters und Beysitzer Ambt.
Der erste Titul

[1] Anfänglich, wollen Wir zu jeder Zeit Unser Weltliches Hoff-Gericht mit einem redlichen verständigen Hoff-Richter, der ein Adeliche oder Gelährte in den Rechten gewürdigte Persohn sein solle, auch mit dreyen Beysitzeren, welche Uns darzu von Unserm würdigen Thumb-Capitul, Adelichen Ritterschaft, und Stiffts Ständen *praesenti*rt, und darzu geschickt und *qualifici*rt befunden, auch alle und jede eines ehrbaren Wesens, und der Gerichtlichen Sachen geübt, und erfahren sein sollen, besetzen, dieselbe sollen bey ihren Aydten und Pflichten, so sie vor Anfangs ihrer Verwaltung, Uns (immassen in negst folgendem *Titulo* beschrieben stehet) leiblich leisten sollen, alle und jede solche rechtliche Proceß und Handlungen, in Gericht und Raht, vermög folgender Unser Ordnung *dirigi*ren, richten, die Partheyen zu Außtrag und Erörterung fürderen, und sonsten zum treuligsten auffsehen, daß dieser Unser Ordnung durchauß in allem *strictè*, steiff, und vest gemäß gelebt, und deren zu entgegen nichts gehandelt, noch fürgenommen werde, und sollen dieserhalb die Hoff-Gerichts ordentliche Gerichtliche *Audienz*ien in der Wochen einmahl auff jeden Donnerstag, oder wo alsdan ein Feyertäglich Fest einfiele, des folgenden Freytags, oder auch wo solcher Tag feyrlich, *anticipando* vorgehenden Mitwochens, auff Unserm Bischofflichen Hofe, oder Stadts-Rahthauß binnen Paderborn, bey Sommer-Zeiten vormittags von 7. biß zu 10. und zu Winter-Zeiten des Nachmittags von zwölff Schlägen biß zum End gehalten, darin allemahl zuerst die begriffene Bescheid und Urtheil eröffnet, darauff dan die *Procuratores* nach jedes Ordnung (darin gleichwol unser *Fiscal* in unsern *Fiscal*ischen Sachen, der vordristen Stand haben soll) zu ihren Fürträgen und Handlungen gebührlich gehört werden, auch da Unsere Hoff-Richter und *Assessores* uff *Supplicationes & Sumissiones* ferner zu *decreti*ren hätten, sich ihrer Gelegenheit nach, unauffschieblich beysammen thun, und den Partheyen Urtheil und Recht wiederfahren lassen.

[2] Es sollen auch Unser Hoff-Richter und Beysitzer von allen und jeden Rechthängigen Sachen, ihre Urtheilen, Bescheid und Erkändnüs auff die allgemeine beschriebene Rechte, Käyserliche und des heiligen Römischen Reichs Constitutiones und Abscheide, gute redliche, und beständige Statuta und Gewonheiten, wie

imgleichen gemeine und sonderbahre Privilegien, Freiheiten, und Begnadungen (da die ihnen vorbracht und kündig gemacht) vermöge ihrer Pflicht und Ayd stellen, fassen und außsprechen; Solchem ihrem Ambt treu und redlich vor sein, nach ihrem besten Verständnüs Männiglichen hohes und niedriges Stands gleich und recht thuen, sich in nichts dagegen durch Lieb oder Leyd, Gunst oder Ungunst, Gaab, Geschenck, Freund- oder Feindschafft, noch keinerley anders bewegen lassen, keiner Parthey Rahtgebung oder Verwarnung thuen, noch die Heimblichkeit und Rahtschläge des Gerichts, vor oder nach der Urtheil offenbahren, auch die Sachen und Urtheil böser einseitiger, oder verdächtiger Meinung, nicht verziehen, verlängeren, noch auffhalten, und sollen uns hierzu unser Hoff-Richter und Assessores sonderlich gelobt und geschworen haben.

Hoff-Richters und der Beysitzer Aydt.
Titulus II.

Unser verordneter Hoff-Richter und Beysitzer sollen Uns und Unsern Nachkommen am Stifft Paderborn, folgenden Ayd zu Gott und auff das H[eilige] Evangelium schweren: Daß sie wollen an Unserem verordneten Hoff-Gericht ihren Aembteren getreulich, fleissig und redlich vor sein, nach gemeinen beschriebenen Rechten, ehrbaren und guten Ordnungen, *Statuten* und Gewonheiten, wie imgleichen gemeinen und sonderbahren *Privilegien,* Freyheiten, und Begnadigung (da ihnen dieselbe vorbracht, und kündig gemacht) nach ihrer bester Verständnüs, männiglichen hohen und niederen Stands, gleich urtheilen und handlen, sich weder umb Lieb und Gabe, Freundschafft, noch keinerley Sachen dawieder bewegen lassen, auch mit niemand keinerley Anhang oder Zufall in Urtheilen suchen, noch machen, von den Partheyen, so vor ihnen zu rechten oder handlen haben, oder von ihrentwegen keinerley Geschenck, Gaab, oder Nutzung, durch sich selbst oder andere nehmen lassen, in was Gestalt, oder Schein das geschehen möchte, keiner Partheyen Raht oder Warnung thuen, die Heimblichkeit und Rahtschläge des Gerichts den Partheyen oder anderen vor und nach dem Urtheil nicht eröffnen, die Sachen und Urtheil böser Meinung nicht verziehen, und alles andere thuen und lassen, daß einem frommen Richter, Beysitzer, und Urtheiler wol gebühret, alles getreulich, und ohne Gefehrde.

Von Unseren Hoff-Gerichts *Secretarien*, oder *Notari*en Ambt, Obligen, und Verrichtungen. *[Titulus] III.*

[1] Unser *pro tempore* zu den Gerichtlichen Sachen bestellter und aufgenommener auch veraydeter *Notarius* und *Secretarius*, oder wen Wir neben ihme hierzu mit *deputi*ren, und gebrauchen würden, soll bey seinen Pflichten und Aydten, bey den Richterlichen *Audientzien* (wofern er durch Leibs-Schwachheit daran nicht behindert) selbst zugegen sein, oder da er sonsten, wegen anderer Ehehafften und unvermeidlichen Geschäfften absein müste, solches nicht anders, dan mit Unsers Hoff-Richters und *Assesso*ren Wissen und Belieben thuen, alle einkommene Handlung, Fürträge und *Acta*, treulich und mit gutem Fleiß *protocolli*ren, Brieff, Uhrkund, Schein und dergleichen *Jura* bey Unsers Hoff-Gerichts *Archivio*, wo Wir dasselbe verordnen mögten, in getreuer Gewahrsamb halten, auff die *Producta*, Tag, Jahr, Platz, wan und wo die eingeben, *noti*ren, und niemandten dan den Partheyen, die es selbst als *communia Jura* angehet, was erkent oder sonsten einbracht, ohne Unser Hoff-Richters und *Assesso*ren Wissen, Abschrifft geben und folgen lassen, noch sonsten was heimlich eröffnen, keiner Parthey wieder die andere Warnung oder Anreitzung thuen, niemand gefährlicher Weise auffhalten, ohne Geschenck, Gunst, Ungunst, Lieb oder Leid, Freund- oder Feindschafft, Jedermänniglichen richtig, gleich und recht begegnen lassen.

[2] Und dieweil von Uns hiebey gnädig ermessen wird, daß es zu der Partheyen mercklicher Erleichterung, und Beschonung vieler Kösten reichen kan, So setzen, ordnen und wollen Wir, daß unsere Hoff-Richter und Assessores in denen Sachen, da die Forderung und Summa, vermöge des in Anno 1600. uffgerichteten Reichs-Deputation-Tags-Abschiedts, unter dreyhundert Gülden, und nicht darüber, und also an das löbliche Käyserliche Cammer-Gericht per Appellationem nicht devolvirlich und gehörig, oder auch , da dieselbe uff der Partheyen Begehren, oder sonsten aus erheblichen un[d] bewegenden ursachen, an andere Rechtsgelehrten umb Urthelfassung nicht zu überschicken wären, die Bescheidt, Bekentnüs, und Urtheilen jederweil ex hinc indè partium productis ac Protocollo & Terminis extractis fassen und begreiffen, auch dabey jedem Theil über die Sachen instructivè, da sie wollen, zuschreiben, und ex Jure informiren, auch zu deren Behueff, Mittheilung extractus protocolli & Terminorum zu begehren frey lassen sollen.

[3] Und ob wol in negst berührten anderen zweyen Fällen, formbliche Acta, wie auch über die abgehörte Zeugen-Aussagung, Rotuli nohtwendig müssen geschrieben und gefertiget werden; So wollen Wir jedoch, daß man darin aller unnöhtiger und überflüssiger Extension der Titulen, Praefationen, Veränderung der Zeit, und dergleichen Undienlichkeit vermeiden, möglicher Kürtze sich befleissen, was aber die Zeugen Sagen anbelanget, denselben nichts ab- oder zu thuen, sondern die eben mit

den Wörteren, wie der Zeuge deren in depositione gebraucht, verständlich protocolliren, auch die Masse dabey halten soll, daß der Zeuge finito Examine in selbiger Frist wiederumb in seiner gegebener Deposition gehört, und was er dan also für wahr bekundet, wird, solches, wie ers zum letzten mahl gemeint und erklährt, vor seine Aussage gehalten, geschrieben, und ihme damit Silentium eingebunden werde.

[4] Die gewöhnliche Admonitiones des Zeugen-Ayds, und Warnung vor dem Meinayd, wie dieselbe biß herzu in außführlicher Formb den Zeugen vorzuhalten verhanden, mag in Rotulo einmahl nach der länge inserirt, aber bey keinem Zeugen weiter dan mit gar wenig kurtzen Worten angeregt werden.

[5] Wan Privilegia, Instrumenta, Commissiones, Libellen, Materien, Producta, Litteraria Documenta, & Jura mehr dan einmahl exhibirt, sollen sie doch nur einmahl ad Acta gebracht, und am anderen Ort, mit kurtzer Verzeichnüs des darüber gehaltenen Recess der Leser an den Ort der Acten, da sie zu finden, remittirt, auch in Beschreibung der Gerichtlichen Acten, Attestationum, und anderer Handlungen, darzu geschickte und veraydete Persohnen, welche die zu richtiger verantwortlicher Gebühr gantz correct und wol schreiben, jedes Blat gebührlich erfüllen, und die Acta jederzeit recht collationiren, gebraucht werden.

[6] Weiter wird vor nöht- und dienlich ermessen, umb desto mehrer bleiblicher und nachrichtiger Erinnerung willen, jeder weil bey Unserem Hoff-Gericht ein besonder Buch zu halten, und darein alle Bey- und End-urtheile, so vor und nach ergehen, und abgesprochen, auch Transactiones und Verträge, was deren daselbsten auffgerichtet, einzuschreiben.

[7] Man soll auch nach geendeter Audientz, jederzeit in den jenigen interlocutoriè vel definitvè submittirten und beschlossenen Sachen, Acta vel Protocolla fürderlichst fertigen, compliren, und die Partheyen oder ihre Anwäldte darein, wie auch mit Ertheilung der Bescheiden, und Urtheilen nicht auffhalten, sondern zu möglicher Erledigung und Abhelffung befürderen.

Des Hoff-Gerichts *Notarij* oder *Secretarij* Aydt.
Titulus IV.

Unsers Fürstlichen Hoff-Gerichts *Notarius* und *Secretarius* soll geloben und schweren zu Gott, und auff das heilige Evangelium, daß er sein Ambt in schreiben und lesen, mit getreuen Fleiß vertretten, der Partheyen Fürträge und *Acta*, deßgleichen alle Brieff, Schrifften, und anders so Gerichtlich einbracht, treulich *protocolli*ren, auffschreiben und verwahren, Die niemandten dan den Partheyen, die sie selbst als *Jura communia* angehen, ohne Erkäntnüs mittheilen, noch Abschrifft davon geben, noch sonst was heimblich eröffnen, keinerley Parthey gegen die andere Warnung oder Anreitzung thuen, auch von den Partheyen keine andere Belohnung oder Nutzbarkeit, dan diese Unsere Ordnung mitbringt und zuläst, nehmen, noch erheben lassen, deßgleichen den Gerichtlichen *Audientzi*en selbst in eigener Persohn, so fern er Leibs-Schwachheit halber nicht daran verhindert, oder auß erheblichen Ursachen von Unsern Hoff-Richter und *Assessoren* darumb nicht beurlaubt, beywohnen, die Parthey gefährlicher Weise nit auffhalten, und sonsten alles andere thun und lassen wolle, was einem getreuen auffrechten *Notario* gebühret, ohne Gefehrde.

Von Procuratoren, und ihrem Ambt.
Titulus V.

[1
] An Unserm Hoff-Gericht soll niemand *procuri*ren, er seye dan zuvor durch Uns, Unsere Cantzlar und Rähte darzu tauglich und geschickt befunden, angenommen, und habe den hernachgesetzten Ayd darüber geschworen, wolte aber jemand seine eigene Sachen im Gericht vortragen, soll ihme vergönnet werden, doch dieser Unser Ordnung sich gemäß zu verhalten.

[2] Und wollen, daß der *Procurato*ren zu dem Gericht vier gehalten, auch wo der ein oder ander nach seiner Annehmung verabsäumlich, träg, faul, und unfleissig, oder sonsten unrichtig gespüret, von seinem Ambt abgesetzt, und andere an deren statt angestellet werden sollen.

[3] Gemeldte *Procuratores* sollen persöhnlich zu allen und jeden *Termin*en und Gerichts-Tagen erscheinen, zu rechter Zeit dasselbe anfangen, auch biß zu End in der *Audientz* verharren, sich aller Redt- Erbahrkeit, und Zucht befleissen, in ihren Fürträgen und *Recess*en aller unnöhtiger, undienstlicher, und vergeblicher *Extension,* auch insonderheit unglimpfflichen *calumnij*rens und anzepffens, so wol mündlich als schrifftlich (alles bey Straff nach Ermessung) enthalten, dagegen aber durchaus der Kürtze und Bescheidenheit mit sonderer Auffachtung gebrauchen, oder wo sie solches dero Weitläuffigkeit halber, also füglich, und in wenig Linien oder Zeilen nicht thun könten, das *recessi*ren in Schrifften thuen, so dan ihre Nohturfft bescheidentlich und züchtig mit gutem Verstand gantz dienst- und begreifflich außdeuten und handelen, zu dem End jederzeit ihre darüber zuvor begriffene beständige *Protocolla* bey handen haben, darauß dergestalt, daß alles von Wort zu Worten gemächlich könne *protocolli*rt werden, *dicti*ren, zu dero Behueff sie dan an die Käyserl[iche] Cammer-Gerichts-Ordnung und *Process*en, wie die in Druck außgangen, zu ungefehrlicher Nachrichtung sollen angewiesen sein.

[4] Da sie aber bißweilen auß unvermeidlicher, nohtwendiger und ehehaffter Hindernüs, einen oder mehr *Terminen per Substitutum respicij*ren lassen müsten, daß sol jederzeit nicht anders dan durch einen ihrer *Collegen* und mit-*Procurato*ren beschehen, aber solche *Substitutiones* nicht kräfftig sein, sie thuen dan die unter eigener Hand, oder vor Unserm Hoff-Gerichts *Secretario,* der auch die alsbald *ad Protocollum* setzen soll.

[5] Dieselbe *Procuratores* sollen zu Anfang jeder Sachen, wie hierunter ferner verordnet, mit gnugsamen rechtmässigen und vollständigen Gewalt, der alle wesentliche nohtwendige *Requisita* und *substantial* stück in sich habe, nemblich, wer, von wem, wan, in was Sachen, wieder wem, und wie solcher Gewalt gegeben, mit anderen nöhtigen *Clausulen* und *Puncten* mehr, so zu Forderung der Sachen dienlich, auch nicht verzüglich, noch *ad unum Actum* allein, sondern zur gantzen Sache gestellet, sich *legitimi*ren und gefast sein, oder ob sie hiergegen ohne solche Vollmacht, in einigen Sachen oder *substantial-Puncten submitti*ren, und beschliessen würden, wieder sie nach Ermässigung Unsers Hoff-Richters und *Assessoren ex officio* darumb unnachlässige Straff vorgenommen, auch sie dahero geursachte Kösten und *Sumptus retardatae litis* abzutragen, *condemni*rt werden.

[6] Ob des eingelegten Gewalts Ungnugsamkeit halber Zweiffel einfiele, soll der Anwaldt Bestand und *Caution* der Genehmhaltung thuen, das ist, daß sein *Principal* oder Hauptsacher, was durch jenen gehandelt, *ratifici*ren, und von ihm vollkommen und gnugsamer Gewalt vor weiterer Handlung, oder auff Zeit, so man ihme bestimmen würde, einbracht werde.

[7] Sie sollen auch ferner (ausserhalb Briefflicher Urkunden) alle und jede *Producta* und Schrifften der Partheyen *dupli*rt, gantz, *correct*, gerecht, und gleichlautend, gut und wol geschrieben fürbringen, und damit desto weniger Mangels daran gespühret, solche *dupli*rte Einlagen mit ihren Händen unterschrieben haben, auch was deren *exhibi*rt, nicht hinter sich liegen lassen, sondern den *Advocaten* oder Partheyen ohne Säumigkeit zu stellen, oder in Erspührung des Wiedersinns wilkührlicher Straff unterworffen sein.

[8] So soll auch kein *Procurator* dem anderen in seiner Ordnung fürgreiffen, sondern negst Unserm *Fiscal,* jeder in seinem Stand vorgehen, und also nacheinander, wie sie ordentlich stehen, ungeirret die Fürträge und Gebühr verhandlen.

[9] Als auch zu Zeiten zu mercklicher Behinderung und Auffhalt unnöhtige *Submissiones* beschehen, solchen vorzukommen ordnen Wir, daß führohin ein jeder *Procurator* bey Straff nach Ermessung, sein *Protocoll* jederzeit mit Fleiß besichtiget haben, vor vergeblichen Rechtsatzen sich hüten, auch Unser Hoff-Richter und *Assessor*en ernstes Einsehen darauff thuen sollen, und damit die Sachen desto mehr befürdert, fortgetrieben, und alle Ursach und Verdacht des Auffhalts so viel möglich, abgeschnitten, auch die Partheyen desto weniger beschwert werden, sollen sie hinführo von den Partheyen Wart- oder Dienst-Geld, Jahr-Bestallung, oder dergleichen (ausserhalb einer *Subarration,* die zu der Parthey Gefallen und Gunst stehet) nicht forderen, abnöhtigen, noch mehr nehmen, dan ihnen von Uns *deputi*rt und verordnet, sondern an solchem *Salario* sich sättigen, und begnügen lassen, bey Pöen des Abweisens oder einer Geld-Buß, oder auch Entsetzung ihres Ambts, nach Willkühr und Ermessigung.

[10] Es sollen auch die *Procuratores* mit ihren Partheyen umb einen Theil der streitigen Sache oder Guts kein Geding noch Verspruch, *Pactum de quota litis remuneratorium* genant, machen, bey Straff Rechtens, daß sonsten solche *Paciscentes* ihres Ambts entsetzt, dardurch *Infamiam Juris* auff sich laden, und ob das übertretten würde, soll doch solch Pact und Geding, wans gleich hoch und vest *cautel*irt, ja mit einem Aydschwur betheuret und verknüpffet wäre, krafftloß und unbündig sein, und die *Procuratorn,* welche solche gemacht, *arbitrariè* [sic!] bestrafft werden.

[11] Und demnach sich fast befindet, daß die *Procuratores* nach Verscheinung Gegentheiliger gehabter Zeit, zu offtermahlen gar nicht oder doch unfleissig *contumaci*ren, sondern viel übrige Zeit vergeblich mit stillschweigen hinfliessen lassen, ja bißweilen mit selbsten nachgeben mehrer *Dilation* und *Prorogation, conniv*iren, und *colludi*ren, ab welchem Auffhalt dan den Partheyen mercklich Beschwer entstehet, welches abzuschneiden, wollen Wir, daß ein jeder *Procurator* die angesetzte *Termin,* vermög dieser Unser Ordnung, mit gutem auffachtsamen Fleiß halten, nicht fürüber gehen lassen, und keiner dem anderen darüber bey ernster wilkührlicher Straff mehr Frist nach geben soll.

[12] Wan einer eine Sache *procurando* zu verwalten angenommen, soll er deren biß zum End außwarten, und sich davon ohne rechtliche ehaffte [sic!] Ursachen und rechtliche Erkändnüs nicht abthuen, sondern biß zu End dabey verharren, viel weniger da er einiger Parthey Grund und Heimlichkeit erfahren, dawieder zu dienen sich annehmen lassen; Ob jemand der *Procuratorn* an klagender oder beklagten Seithen, in Nahmen unmündiger Kinder, oder der *Curatorn ad litem* in Recht erscheinen und handlen wolte, der soll sein *Actorium* und Gewalt allermassen wie obstehet, auch damit zugleich *Constituentis Curatorium* beybringen, oder wo der *Minorennis* mit solchem *Curatore* noch nicht versehen, ihme von Uns, Unsern Catzlar und Rähten, auch Hoff-Richtern und *Assessoren* zu rechtlichen Sachen und Geschäfften derselbe gegeben, und darzu vermitz Leistung Pflicht und Ayden bestättiget werden; Und gleich wie man so wol in schreiben als *procuri*ren sich aller möglicher Kürtze befleissen, aller unnöhtiger *Extension* enthalten, als sollen die *Advocaten,* als verständige Rechts-Lehrende nicht weniger als die *Procuratores* jeder weil *in Productis & Scriptis* ebenmässiger, wo nit mehrer bescheidener Kürtze, was nur nützlich und nohtwendig gebrauchen, unnöhtiger und überflüssiger Vergeblichkeit, Zusätz, und *Extensionen,* so wol bey den Nahmen, *Tituln, Repetition,* Anfang, Mittel und End, und was dessen mehr, als sonsten in den Schrifften (so allein zu Ergrösserung *Foliorum & Actorum,* und den Partheyen zu desto mehrer Beschwer reichen thut) darin sonderlich *calumnij*rens, Anzepffens, Verschimpffens, und dergleichen Ungebühr abmassen und enthalten, und in diesem allen, wie auch sonsten gegen die Partheyen denen sie *patrocini*ren, in der Besoldung aller zimblicher Masse und Bescheidenheit verhalten, wie Unserm gnädigsten Vertrauen

nach, ihnen wol anstehet, und sie bey ihren Pflichten und Gewissen, gegen Gott und uns wollen wissen zu verantworten.

[13] Tragen auch zu ihnen die ebenmässige gnädigste Zuversicht, und thuen befehlen, wan und so offt sie bey Anfang oder verfolg der Sachen, die Partheyen berichten, mehr zur Ablassung oder gütlichen Wegen, als kostbaren verzügigen, muhtwilligen und ungegründeten Rechtspflegen und dessen gefährlichen Außgang treulich rahten, und sie in Unrecht nicht steiffen, halßstärcken, noch anreitzen, vielweniger in solchen ungerechten Sachen zu dienen verpflichtet sein.

[14] Da nun ein oder ander *Procurator* wieder obgesagte Puncten ein oder mehr wissentlich und vorsetzlich handelen würde, soll der oder dieselbe von Unserm Hoff-Richter und *Assessoren arbitrariè* nach Ermessigung und Gelegenheit, auch mit Entsetzung des Ambts ernstlich gestrafft werden.

[15] Dan Wir endlich meinen, ordnen und wollen, daß die *Procuratorn,* als ehrliebenden auffrichtigen Personen gebührt, in gemein sich in ihrem Ambt den Rechten, Reichs-Abscheiden, Cammer- und dieses Unsers Hoff-Gerichts-Ordnung, auch deme so vorstehet, durchauß gemäß verhalten, auch deren verstendig und kündig sein sollen.

[16] Und sol nicht destoweniger, wan ein *Procurator* durch Untreue, Unfleiß, übersehen, und Fahrlässigkeit, seine Partheyen im Rechten verabsaumen, verkürtzen, und in Schaden führen würde, solchen verursachten Schaden aus dem seinen, nach Unsers Hoff-Richters und *Assessoren* Erkändnüs zu erstatten schuldig und gehalten sein.

Der *Procuratorn* und Redner Aydt.
Titulus VI.

Die *Procuratorn* sollen schweren einen Ayd zu Gott und auff das heilige *Evangelium,* daß sie die Partheyen, deren Sache sie auff- und annehmen, mit gantzen und rechten Treuen meinen, in deren Sache die Nohturfft nach ihrem besten Fleiß und Verstand *produci*ren, fürbringen, schreiben, reden und handlen, darin wissentlich keinerley falsch oder Unrecht gebrauchen, keine gefährliche *Dilation* und Auffschub zu Verlängerung der Sachen suchen und begehren, noch die Partheyen solches zu thuen oder zu suchen unterweisen, Läster- und Schmähung vermeiden, mit den Partheyen keinerley Geding oder Fürwart einen Theil von der Sachen zu haben oder zu gewarten, *pactum de quota litis* genand, machen oder auffrichten, der Partheyen Heimlichkeit oder Behülff ihnen zu Nachtheil niemand offenbaren, ehrbar, auffrichtig und rechte Redlichkeit vor Gericht brauchen, über gebührliche und ihnen von Uns und Unserm Hoff-Richter und *Assessor*en vermachte, oder auch Gerichtlich *taxi*rte Belohnung niemand beschweren, und wo sie darüber etwas empfangen, solches den Partheyen zurück geben; Auch sich der Sachen die sie einmahl zu bedienen angenommen, ohne redliche Ursachen, und sondere rechtliche Erlaubnüs nicht *exoneri*ren, sondern bey derselben biß zu End verharren, und sonst alles anders thun und lassen wollen, daß einem getreuen *Procuratorn* von Rechtswegen gebührt, getreulich und ohne Gefehrde.

Von dem Fiscal und seinem Ambt.
Titulus VII.

[1] Es soll Unser Fiscal, den Wir und Unsere Nachkommen jederzeit ordnen werden, mit allem getreuen Fleiß seinem Ambt vorsein, wieder die , so entweder an Unserem Hoff-Gericht in Pöen erkläret, oder sonsten als straffbahr und Bruchfällig anzuklagen befunden, getreulich und fleissig nach Inhalt folgenden Ayds procediren, die Straffenzu rechter Zeit fordern, und einziehen, darüber beständige Register und *protocoll* halten, und Uns darvon Jährlichs auffrechte Rechnung thuen.

[2] Und soll der Fiscal in angezeigten Fällen, nicht allein auff vorgehende Klag, sondern auch vor sich selbst von Ambts wegen in Fiscalischen Sachen und Pöen-Fällen sich seines Ambts gebrauchen, und dieselbe fürderlich einbringen, darzu dan nach aller Gebühr ihme soll verholffen werden.

[3] Er soll auch sein Ambt, und des Fiscalischen Proceß in der Persohn außwarten, oder da er wegen Leibs-Schwachheit, oder sonsten seiner Gelegenheit nach, mit Unsers Hoff-Richters und *Assessoren* Erlaubnüs absein müste, durch einen geschwornen des Gerichts *procuratorn* seine Nohturfft in *Scriptis* verhandlen, in seinen mündlichen Fürträgen sich der Kürtze befleissen, und es sonst in alle Wege der Ordnung gemäß, wie andere *procuratorn* halten, in jeder *Audientz* zu rechter Zeit erscheinen, die Pöen-Fälle und Fiscalische Sachen in Acht nehmen, und soll am ersten für andern mit seiner *proposition* gehört, auch *in hujusmodi Fiscalibus, Judicij summarij processus* gehalten werden.

[4] Was zu Verrichtung Fiscalischer *Process* und Sachen hin und wieder auff gehet, soll jederzeit von des *Fisci* Gefällen, wie auch Botten-Lohn, und andere nohtwendige Gerichts-Außgaben genommen, und entrichtet werden.

Des Fiscalis Aydt.
Titulus VIII.

Unser Fiscal soll schweren zu Gott, und auff das heilige Evangelium, daß er die an Unserm Gericht erkente und verfallene Pöen treulich einforderen, was vor Sachen ihme als Fiscaln vorkommen, befohlen, und von Ambts wegen zu verrichten gebühret, mit Fleiß verhandlen und vollenziehen, seines Ambts und der Fiscalischen Sachen halber von den Partheyen keine Gabe, Geschenck, und Genuß, noch einigen Vortheil selbst nehmen, noch durch jemand anders von seinentwegen erheben, sondern an seiner ihme von Uns *deputi*rten Besoldung sich begnügen lassen, dieser Ordnung so viel ihn belangen thut, gantz gemäß verhalten, und in diesem auch allen anderen aller unverweißlichen und richtiger Gebühr erzeigen wolle, ohne Gefehrde.

Von Unsers Hoff-Gerichts Botten und derselben Ambt.
Titulus IX.

[1] Ferner setzen und ordnen Wir, daß Unser Hoff-Gericht mit einem oder zweyen Botten, die ehrbar und glaubhafft sein, schreiben und lesen können, versehen, und durch Unsere Cantzlar und Rähte darzu auffgenommen werden sollen.

[2] Welche Botten, einer oder beide jederzeit in den *Audientzien* zugegen sein, die Proceß so ihnen *ad Insinuandum* auffgeben, unsäumlich und bey geraumer Zeit, daß über ihren Unfleiß, Verkürtzung, Beengen, und Nachtheil füglich niemand zu klagen habe, den *parten* zu Handen stellen, und sonsten *in Executione* sich verhalten, wie hernach *sub Titulo 15.* wie und welcher Gestalt die außgangene und erhaltene Proceß verkündet und exequirt werden sollen, verordnet ist.

Der Botten Aydt.
Titulus X.

Solche angenommene Botten sollen geloben und schweren, ihres Botten-Ambts und Befelchs treulich und mit Fleiß außzuwarten, die Gerichts-Brieffe so ihnen von Unserm Hoffgericht zuverkünden auffgeben und befohlen, treulich und fleissig den jenigen daran sie stehen und halten, zu ihrer eigener Persohn, da sie die betretten mögen, oder zu ihrer Häußlichen Wohnung, oder sonsten nach dieser Ordnung, wie es ihnen befohlen wird, als ohne einig gefährliches verziehen zu überantworten, und zu verkünden, darab Jahr-Zahl, Tag, und Mahlplatz auff die Proceß zu schreiben, und dem Gericht glaubliche *Relation* einzubringen; Auch sonst alles ander zu thuen und zu lassen, daß einem redlichen und getreuen Botten seines Ambts halber (wie oben vermeldet) zustehet, und sich nach Inhalt dieser Unser Ordnung gebühret, ohne alle Gefehrde.

Von den Armen Partheyen, wie die mit *Advocaten* und *Procuratoren* versehen werden sollen.
Titulus XI.

[1] Damit Unsere Unterthanen und andere nicht zu klagen, daß sie Armuht halber ihrem Rechten nicht könten nachkommen, oder Rechtloß würden gelassen; So wollen wir, ob Partheyen auß Armuth, den *Advocaten, procuratoren,* oder anderen Gerichts-Personen die Belohnung nicht zahlen, und den Aidt *paupertatis,* wie der hernacher gesetzt, mit guten unverletzten Gewissen, auff vorhergehenden ihrer kentlichen Armuht glaubhafften und unverdächtigen Schein, des Gerichts oder *Magistrats,* da sie seßhafft, schweren werden, daß sie alsdan zu solchem Ayd sollen gelassen, auch mit obbemelten Persohnen gebührlich versehen werden.

[2] Welche Armen-Sachen man doch unter die *Advocaten* und *Procuratorn* nicht anders dan gleichmässig darin zum besten zu rahten und zu dienen außtheilen, darin keinen vor dem anderen beschwehren, auch denen also die Sachen befohlen, bey Straff der Entsetzung, solche ohne Verwiederen anzunehmen, und darin mit nicht wenigern Fleiß als in anderen ihren vermöglichen Partheyen Sachen zu dienen, zu rahten, zu meinen, und zu schreiben schuldig sein sollen.

Der Armen Partheyen Aydt.
Titulus XII.

Die dann so arm und unvermöglich seind, und solches mit beglaubter Urkund bescheinen, sollen schweren einen Ayd zu Gott, und auff das heilige *Evangelium,* daß sie dermassen arm sein, und an fahrenden oder ligenden Gütern, oder Schulden, so viel nicht vermögen, die *Advocaten, Procuratoren,* und des Hoff-Gerichts *Taxa* und Besoldung zu bezahlen, daß sie auch umb leistung willen dieses Ayds, ihres Guts oder Haab in nichts vereussert, oder anderen übergeben, und wo sie im Rechten obligen [sic! obsiegen?], oder sonst zu Vermögen kommen würden, alßdan einem jeden seiner Gebühr erbahre Außrichtung thun wollen, alles ohne Gefehrde.

Wer für Unser Hoff-Gericht geladen, auch was Sachen am selben angenommen und gerechtfertiget werden sollen und mögen.
Titulus XIII.

[1] Setzen, ordnen, und wollen: Daß alle Unsere Ritter- und Edel-Leuhte, die den Aempteren nicht unterworffen, auch Unsere Weltliche Drosten, Renthmeister, Ambtleuhte, Gogräven und Richter, in Sachen, da sie *inter privatos* einmahl erkennet,

und Recht gesprochen, auch Städte, Weichbilden, *Communen,* Gemeinde, und Gerichte, deßgleichen alle andere Persohnen so niemand zugethan, noch unter den Under-Gerichteren sitzen und wohnen, auch ob von einem Kläger andere Personen beklagt werden wolten, und *diversi fori* wären, für diß Unser Hoff-Gericht, so fern sie sonsten durch besondere *Privilegien,* hergebrachte Gerechtigkeit, Gewonheiten und Verträge, von Uns als Lands-Fürsten und *Supremi ordinarij Jurisdiction* in erster *Intantz* nicht *eximi*rt und befreiet, mögen geladen und daselbst gerechtfertiget werden.

[2] Es Sollen auch die Sachen in erster *Instantz,* die ohne Mittel vor Uns (doch Geistliche und Lehen, auch *Criminal-* und Unsere Regierung, *Jurisdiction,* und Cammer-Güter betreffende Sachen außbescheiden) *ordinariè* gehörig, darzu wo Partheyen unter den Unter-Gerichteren in erster *Instantz* für Unser Hoff-Gericht zu kommen bewilligen, oder andere außländische Persohnen solch Unser Hoff-Gericht *prorogi*rten, oder sich dahin veranlassen, an diesem Unserem Hoff-Gericht angenommen, und dieser Ordnung nach, rechtlich außgetragen werden.

[3] Deßgleichen sollen allda *ventili*rt werden, alle und jede Fiscalische Sachen, in welchen unser Fiscal vermög der Rechten, und dieser Ordnung, anzuklagen und zu forderen Macht haben.

[4] Item alle und jede *Appellation*-Sachen, so von den Unter-Gerichten an Uns als ordentlichen Ober-Richtern, von End- auch Bey-Urtheilen, davon die Käyserliche Rechte zu *appelli*ren gestatten, beschehen, sollen an Unserem Hoff-Gericht, doch so die *Appellatio* alsbald und *in continenti* nach Eröffnung deroselben Urtheil, oder zum längsten innerhalb zehen Tagen, in Schrifften, mit Anzeig der Ursachen bescheinlich und erfindlich *interponi*rt wäre, angenommen, und darin laut dieser Unser Ordnung verfahren werden.

[5] Und ein jeder der also rechtmässig *appelli*rt, soll seine *Appellation* in zween Monaten, von Zeit der ordentlich *interponi*rten *Appellation* anzurechnen, an vielgemeltes Unser Hoff-Gericht anhängig zu machen schuldig sein, sonsten aber da das unterlassen, mag der *Appellat* umb *Execution* bey dem Unter-Richter ansuchen, oder aber vor Unserm Hoff-Gericht erscheinen, auff die *Desertion procedi*ren, und umb *Remission ad exequendum* bitten.

[6] Und wo jemand an Unseren Gogerichten, oder den Gerichten, so Wir in Unseren Städten besetzt, oder sonsten die Städte selbst haben, oder an des Adels Dorff-Gerichten, das Recht und Gerechtigkeit kündlich versagt, oder aber auff andermalig Ansuchen (welches nach Verfliessung eines Monats nach dem ersten Suchen geschehen soll) noch über sechs Wochen dieselbe Rechts-Hülff verzogen würde, oder da auch sonsten die Richter aus gnugsamer Anzeig Partheyisch, oder auß anderen Ursachen das Recht allda nicht zu bekommen wäre, soll der oder dieselben bey Unserm Hoff-Gericht umb Ladung *supplici*ren mögen, doch daneben

beglaubten Schein und Urkund des versagten Rechtens zugleich beybringen, darauff dan so gebettene Ladung soll erkent werden.

[7] Und sol hiebey selbiger *Supplicant* und *Impetrant* zuvor mit Bürgen gnugsame *Caution* thuen, da die Sache anders als angebracht sich erfünde, seinem Gegentheil Kösten und Schaden deßhalber ergangen, auff Unser Hoff-Richters und *Assessoren* Erkentnüs außzurichten, oder in mangel solcher Bürgerlicher Sicherheit, die Aydsbetheurung darüber zugelassen werden, auch was hieroben und hernacher von Monaten gesetzt, sollen Irthumb zu verhüten, auff jeden Monat 30 Tage gerechnet werden.

Von Processen und Terminen erster *Instantz,* und Anfangs,
wie die Ladung und Proceß außgebracht werden sollen.
Titulus XIV.

[1] An diesem Unserm Hoff-Gericht sollen keine Ladung oder andere Proceß außgehen, sie sein dan zuvor durch Unseren Hoff-Richter und Beysitzere, auff Ansuchen eines Hoff-Gerichts geschwornen *Procuratoris,* der alsbald seine Gewalt fürlegt, oder *Caution* damit gewiß *in Termino reproductionis* gefast zu sein, gethan, erkant, und zugelassen werden, auch wo Noht den Partheyen und Anwaldten umb solche Proceß in schrifften *supplicativè* anzusuchen aufferlegt sein.

[2] Und sollen in solchen Ladungs-Brieffen und Processen die Sachen, darumb jemand *citi*rt und fürgeheischen, kurtz und deutlich vermeldet werden, damit der *Citi*rter seinen Anwaldt, was auff die Klag zu handlen, zu berichten haben möge, unnöhtige *Dilationes* und Verlängerung damit abzuschneiden.

[3] Denselben *Citationen* sol die Erscheinung *peremptoriè* zu geschehen einverleibt, die darin bestimbte Zeit in drey *Terminen* dermassen erlängert werden, daß der Geladener zu jeden von seiner Behausung an das Gericht bequemlich erscheinen könne.

[4] Wären aber mehr dan eine Persohn zu einer Sachen verwand, die nicht an einem Ort gesessen, noch denen allen eines Tags die *Citation* möcht überantwortet, soll ein nahmlicher geraumer Tag auff welchem sie alle erscheinen mögen, von Unserm Hoff-Gericht angesetzt und benennet werden.

[5] So dan ein *Procurator* von vieler Mit-*Consorten* wegen sich einläst, sol er auß denen einen, sonderlich den ersten, doch mit dem Anhang, und andere in der Ladung bestimbt, anzeigen, und folgends in den Processen bey erster *Intitulation* und *Nomination* verbleiben, würde er auch nicht von aller wegen *in Citatione* benent, erscheinen, soll er nur die jenigen davon er bestelt zu benennen haben mögen.

[6] Ferner soll in allen *Citationen,* welcher Gestalt oder Formb die außgehen, zu Ende gesetzt werden, daß die Geladene der Sachen, und allen ihren *Terminen* und Gerichts-Tagen, biß nach endlichem Beschluß und Urtheil außwarten sollen.

[7] Item alle *Compulsorial* und *Inhibition, Sequestration, Executorial,* und andere dergleichen *Mandat*en, sollen nach Gelegenheit der Sachen, und ziemblichen Ermessen unsers Hoff-Richters und *Assessoren* verpöent werden.

[8] Und ob einer dem ersten Gebott oder Verbott nicht *pari*rte, und auff sein Ungehorsamb *Arctiora Mandata* außgiengen, soll die Pöen darin er vermög voriger *Mandaten* und Proceß gefallen, durch die nachfolgende nicht auffgehebt, sondern eine jegliche zu rechtfertigen vorbehalten sein, auch davon in erfolgenden Processen besondere Meldung geschehen.

[9] Es mag auch von der Parthey die solche erste Gebots-Brieffe erlanget, neben den *Arctioribus,* Ladung wieder den Ungehorsamen gebetten werden, zu erscheinen, zu sehen und anzuhören, sich in die vorhin angedrohete Pöen gefallen sein zu erklären, oder Ursach anzuezigen warumb das nicht beschehen soll.

[10] Solche Pöen und Bussen eines jeden Proceß, sollen zum halben unserm Fiscal, und der andere Theil der gehorsamen anhaltenden Parthey zugeschrieben, und ob schon selbige Parthey den ihrigen fallen liesse, gleichwol die Fiscalische Pöen unerläßlich eingefordert und entrichtet werden.

[11] Da von End-Urtheilen *appelli*rt, soll dem *Appellanten* auff sein Anhalten, neben der Ladung, *Inhibition,* aber in *Appellation*-Sachen von Bey Urtheilen oder anderen Beschwerden, die *Inhibitio* ehender nicht ertheilet werden, es sey dan zuvor durch rechtliche Erkentnüs selbige *Appellation* Sache dahin *devolvi*rt und erwachsen.

Wie und welcher Gestalt die außgangene und erhaltene Proceß und Ladung verkündet und *exequi*rt werden sollen. *Titulus XV.*

[1] Wan nun selbige Proceß bey Unsern Hoff-Richter und *Assessoren* erkennet und erhalten, sollen dieselbe durch einen der geschwornen Hoff-Gerichts-Botten gebührlich *exequi*rt und verkündet werden, und sonderlich so dieselbe gegen eine *privat* und eintzige Persohn außgehen, soll der Bott an das Ort da der jenige wieder den die Proceß außgangen, sein *Domicilium* oder Haußhaltung hat, sich verfügen, und ihme getreulich nachfragen, und so er ihn Persöhnlich haben mag, das Original überreichen, und darab eine gleichlautende durch Unseren Gerichts-*Notarium* unterschriebene Copey, wieder zum Gericht einbringen.

[2] Sofern aber mehr Persohnen den Processen einverleibt, soll ihrer jedem so die Verkündung geschicht, eine besondere Copey überantwortet, das *Original* zu verlesen vorgezeiget, und zum Hoff-Gericht mit auffgeschriebener *Insinuation*

wieder einbracht, und solche Copeyen von Unserm *Secretario* jederweil ebenmässig unterschrieben werden.

[3] Wäre es aber Sache, daß der Botte ohne still liegen bey die Parthey nicht kommen könte, soll er die Proceß in der Partheyen gewöhnliche Behausung, doch nicht einem Kinde, sondern seiner Haußfrauen, oder einem anderen beständigen Hauß-Diener zustellen, mit Befelch die auffs fürderlichste dem *Citi*rten zu überantworten, oder nachzuschicken, Kösten und Schaden so sonsten darauß erfolgen möchten, zu verhüten; Begebe sich nun daß Niemand solche Proceß von dem Botten annehmen wolte, soll er die in des *Citi*rten Behausung ligen lassen, doch in Beysein eines aus dem Haußgesind, oder so das Hauß vor ihme geschlossen, und er nicht eingelassen, noch jemand zugegen sein wolte oder würde, soll der Botte einen oder zwey der Nachbaren, sofern er dieselbe ungefehrlich haben möchte, zu sich beruffen, und die Brieff oder die Proceß in deren Beysein an das Hauß kleben, oder anschlagen, oder wo auch solcher Zeugen in der Nähe bey dem Hause keine zu überkommen, mag er auch ohne die Zeugen die Proceß, wie jetz ermeldet, an das Hauß stechen, vesten, und daselbst verlassen.

[4] Und soll darauff der Bott solche seine gethane *Execution,* auff das *Original,* oder Copeyen, die er den *citi*rten Theil überantwortet, deßgleichen der andern *impetri*renden und außbringenden Parthey, und also *Actori & Reo, Appellanti & Appellato,* auff welchen Tag, Monaht, Jahr, auch ob die unter Augen, oder in sein Hauß, und sonsten welcher Gestalt die geschehen, wer die Proceß von ihm empfangen, deßgleichen seinen Nahmen, auch des jenigen, dem er die Verkündigung gethan, alles ordentlich und auffs kützeste auffschreiben, und davon wie obstehet, *Relation* thuen.

[5] Da auch einige Proceß wieder Prälaten, Abten, Prälatin, Abtissin, und dergleichen Geistlichen Persohnen außgehen, soll der Botte denselben Prälaten oder Prälatin suchen, und so er die anheimb findet, ihnen alsdan solche Brieff oder Proceß obgemelter massen, unter Augen verkünden, oder aber wo der Prälat oder Prälatin nicht vorhanden, oder der Botte, ohne still liegen selbst zu ihnen persöhnlich nicht kommen könte, alsdan die Brieff oder Proceß dem Vorweser, oder sonst einer Befelchhabenden, und keiner gemeinen unachtsamen Persohnen überantworten, es wäre dan daß dieselbe auch nicht beyhanden, oder solche Proceß anzunehmen verweigert würden, auff welchen Fall mag man die dem Pförtner geben, oder an das Thor stecken, oder darfür augenscheinlich ligen lassen.

[6] Würden nun die Proceß wieder Burgermeister und Raht einer Stadt oder Fleckens Unsers Stiffts außgehen, soll der Botte in die Stadt oder Flecken sich verfügen, und sofern er den Raht daselbsten versamblet findet, die Proceß dem sitzenden Raht *in Originali* überantworten, wo aber der Raht nit gleich versamblet, und dem Botten allda zu verharren ungelegen, soll er sich bey dem Burgermeister oder Verwesern des Ambts angeben, mit Begehren den Raht, oder deren

etliche zu ihme zu ruffen, und so daß beschicht, soll er dem Burgermeister in Beysein deroselben Rahts-Freunden, die Verkündung thun, würde es ihme aber abgeschlagen (daß doch nicht sein soll) so soll er die Proceß dem Burgermeistern oder Verwesern allein überantworten, oder wo die auch nicht wollen angenommen werden, die Proceß für ihnen ligen lassen, und davon gehen; Jedoch ausserhalb der Stadt, ob er gleich den Burgermeister, oder etzliche des Rahts anträffe, soll der Botte die Proceß oder *Citation* allda nicht verkünden, sondern die *Execution* obberührter Massen, in der Stadt oder Flecken thuen, und darauff sothane *Execution,* neben Verzeichnüs der Nahmen und Zunahmen des Burgermeisters oder Verwesers, und des Rahts Freunden die er zu ihme gefordert, mit allen begegneten Umbständen nach dieser Ordnung auff die Proceß fleissig schreiben, und also in seine *Execution* und *Relation* bringen.

[7] Da wieder eine gantze Gemeinde Proceß außgehe, die sollen den Burgermeistern und Raht wie obgemelt, verkündet werden, und dieweil in des Botten Macht nicht stehet, eine Gemeinde zu beruffen, auch nicht zuversichtig dieselbe sich auff sein Begehr versamblen werden, soll der Botte die Proceß an das Rahthauß daselbst, oder wo des Orts keines vorhanden, an die Pfarkirchen, oder an einen anderen offenen gemeinen Ort anschlagen, und darauff seine *Relation,* wie und welcher Gestalt er solche *Execution* gethan, obermelter massen ordentlich beschreiben.

[8] Wan sich auch begebe, daß einem Gericht, Proceß, *Mandata* oder dergleichen zu verkünden wären, so sol der Botte dieselbige dem gantzen Gericht, sofern es beyeinander wäre, am selben Ort, mit überantwortung *Originals* verkünden, wäre aber das Gericht nicht beyeinander, sol der Botte an dem Ort, da das Gericht gewöhnlich besessen und gehalten wird, nach dem Richtern, Renthmeistern, Ambtman, Verweser, oder ältisten des Gerichts fragen, denselben anzeigen, daß er Brieff dem Gericht zu *insinui*ren hätte, mit Begehr zwey oder drey des Gerichts bey ihme zu nehmen, und so das beschicht, sol er in deren Gegenwart die Verkündung, wie obgemelt, verrichten, wo ihme aber das abgeschlagen, alsdan dem Richtern, Renthmeistern, Ambtman, Verwesern oder ältisten des Gerichts überantworten, oder ob deren ein, noch keiner die Proceß annehmen wolte, die vor ihn legen, und davon gehen, über die *Execution* dißfals verzeichnen, und damit handlen, wie obstehet.

[9] Ferner, so einem gantzen Kerspel Proceß zu verkünden wären, sol die Verkündung dem Pastor oder seinem Capellan geschehen, mit Anmahnung auff den negst folgenden Sontag oder Feyrtag den Kerspelsleuthen von der Cantzel Copey der außgangenen Proceß (die er bey ihme zu diesem End zu lassen) offentlich abzulesen, und zu verkünden, sich darnach wissen zu richten, und sol gleichwol zu mehrerer und völliger *Execution* durch denselben Botten noch eine Copey an die Kirchthür solches Kerspels desselbigen Tags, als der Pastor, oder sein Capellan die zugestellete Copey abzulesen schuldig, mit auffgeschriebener *Execution* angeschlagen werden.

[10] Trüge sich zu, daß *Edicta* und offene Brieffe zu verkünden wären, wie beschicht, wan der *Citi*rter keine eigene sonderbahre Behausung und Wohnung hat, nirgends bleiblich gesessen, oder in eigener Persohn nicht wol noch sicher ist anzutreffen, sol der Botte dieselbige an den Oertern, die in solchen *Edicten* und Brieffen benent, oder aber sonst, wie er durch Unsere Hoff-Richter und *Assessores* dessen bescheiden wird, offentlich anschlagen, und die *Execution* darauff laut dieser Ordnung verzeichnen.

Von *Mandaten,* und in was Fällen, die ohne,
oder mit *Justificatori Clausul,* zu Anfang der Rechtfertigung erkent,
und wie in denselben *procedi*rt werden sol.
Titulus XVI.

[1] Demnach in gemeinen beschriebenen Rechten gantz wol verordnet und versehen, daß in Gerichtlichen Sachen, nicht *à Praecepto, Mandatis, vel executione* sol angefangen werden, so sollen auch Unsere Hoff-Richter und Beysitzere solche *Mandata* und Gebotts-Brieff nicht anders, dan *cum Clausulâ Justificatoriâ,* dardurch dem Wiedertheil zugelassen, Ursachen, warumb die nicht statt haben könten, fürzubringen, auch in Sachen und zwischen Partheyen, unter Unser, und Unsers Hoff-Gerichts *Jurisdiction* gehörig, erkent werden. Da dan der Beklagter *in Termino, cum oblatione solitâ* erschiene, sol damit solch *Mandat in simplicem citationem resolvi*rt sein, der *Impetrant* sein *Libell* oder Klag in der Hauptsache übergeben, dagegen die Antwörter gehört, und vermög dieser Unser Ordnung fürter *procedi*rt werden.

[2] Würde aber Beklagter *in Termino* außbleiben, sol dem Kläger bevorstehen, *in Contumaciam, Declarationem poenae* zu bitten, und ebenwol in der Haubtsachen, oder *ad poenam, alternativè & divisim,* nach Gefall und Willkühr laut dieser Ordnung zu verfahren.

[3] Und mögen diese *Mandata & Praecepta cum clausula,* oder auch *Monitoria* erkent werden, in Sachen belangend Reichs- oder sonst Landt- und eingewilligte Steuren und Schatzungen, *item* Unsers *Fisci* Gefälle, auch wan umb gedingt und verdient Lohn erschienen und versessen, Jahr-Gülden, Zinß und *Pensione*n, *item* von wegen geliehen Gelds, zu Borg oder auff Handschrifften, und dergleichen kentliche Forderung geschehen, Wäre es aber Sache, daß die geklagte Handlung darüber solcherley *Mandata* zu erkennen gebetten, von ihr selbst von Rechtswegen oder Gewohnheit wegen verbotten, und wo die begangen, auch ohne weitere Erkentnüß für straff- oder unrechtmässig zu halten, oder daß dardurch dem anruffenden Theil ein solche wiederrechtliche Beschwehr zugefüget, die nach begangener That nicht zu wiederbringen sein, noch einigen Verzug zu erleiden haben mögten, oder ob die Sache wieder den gemeinen Nutzen wäre zu solchen

und anderen gleichen Fällen, da vermöge der gemeinen Rechten, *à praecepto,* ohne vorgehende Erkentnüs, angefangen werden mag, können Unsere Hoff-Richter und *Assessores Mandata sinè clausula* (doch nur gegen die so Unsern Hoff-Gericht *immediatè* unterworffen) erkennen, aber ehe und bevor das beschicht, sol durch schrifft- oder ander glaubliche Anzeig der geklagter Handel, so viel nach gestalten Sachen, müglich, bescheint und *verifici*rt sein, welchem dan ohne einige Wiederred *pari*rt, oder darauff wieder die Verbrecher, übertretter, und Ungehorsahmen auff die *commini*rte Pöen, wie sich dieser Ordnung, und den Rechten nach gebühret, *procedi*rt werden.

[4] Wolte aber in angeregten Fällen der Theil, gegen welchen solche *Mandat* außgangen, nach geleisteter *Parition,* oder so er *ob contumaciam in poenam* erkläret, nach deren Abrichtung und würcksahmer Vollenziehung dessen, was gebotten worden, dagegen ichtwas fürtreglich einzubringen haben, das sol ihme an Orten, da sichs ordentlicher Weiß gebühret, zugelassen, der Wiederparth darin gehört, und auff beyder Theil Fürbringen, was billig und recht gehandelt, und erkent werden.

Wie der Kläger oder sein Anwaldt auff den angesetzten *Termin* in Recht erscheinen, und handlen sol. *Titulus XVII.*

[1] So viel demnach den ersten in außgangener Ladung anbestimbten Tag belangt, sol darauff der Kläger selbst, oder durch einen aus den geschwornen *Procurato*rn erscheinen, zu erst zu *Fundi*rung des Gerichts-Zwangs, die außgangene Proceß, mit ihrer *Execution* desgleichen Klag oder *Libell* in Schrifften, und damit zugleich einen gnugsamen Gewald, wofern dessen Beybringung zeit außbrachter Ladung unterlassen, alles sämbtlich und mit einander, in kurtzen Worten einbringen.

[2] So viel aber die Klag belanget, obwol vermög Rechtens solche *summari*scher oder *articuli*rter Weiß fürzubringen frey stehet, so sol doch ein jeder Kläger oder *Appellant,* so seine Klag-Puncten oder *Gravamina* zu *articuli*ren bedacht, an diesem Unsern Hoff-Gericht zu mehrer der Rechthängigen Sachen Schleunigkeit hinfürter, nach Inhalt der Cammer-Gerichts-Ordnung seine Klag so wol *in simplicis querelae* als *Appellationum causis* Articuls-Weise einstellen, und *in hoc primo Termino dupli*rt übergeben, oder ihme der Weg solches zu thun *praecludi*rt werden.

[3] Was den Gewaldts-Brieff antrifft, sol der *Procurator* denselben in alle wege gar vollständig, und gnugsamb, nicht aber *ad unum Actum,* sondern auff die gantze Haubtsache gestelt, in diesem ersten *Termin,* bey sonderbahrer willkührlicher Straff einbringen, und sich nicht darzu erst *per Decretum* oder durch *contumaci*ren treiben lassen, sollen auch die *Procuratores* gleichlautende Abschrifft ihrer einbrachter Gewalden, sich einander herauß zu geben schuldig sein.

[4] Wir wollen auch zu mehrer der Sachen Beforderung, und vergeblicher *Recessen* und Bescheiden Abschneidung, daß jeder klagender *Procurator,* bey gleichmässiger Straff, *in eodem hoc primo Termino litem affirmativè in formâ ordinationis consuetâ & debitâ* befestigen, und *Juramentum Dandorum* leisten solle, doch sol sein *Principal* solcher Aydts-Leistung zuforderst gnugsam von ihme unterrichtet und erinnert sein, damit so viel müglich, alle gefährliche Gewissens-Beschmitzung hierin vermieden werden.

[5] Begebe sichs, daß *Juramentum Dandorum,* oder auch *Respondendorum* allein *in productis,* und nicht mündlich gebetten, und anerbotten, auch wan in Sachen *submitti*rt, dasselbe nicht praestirt, weil dan dahero zweiffelich, ob solches Aydt durch den Richter nochmahls erfordert, und vermittels deren die *Articul* oder Antworten zu *repeti*ren, den Partheyen aufferlegt werden sol, und aber im Speyerschen *Deputation*-Abscheidt *de Anno [1]600.* auff beschehenem Schluß solches unnöhtig erachtet, doch *arbitrio Judicis,* wan es die Gelegenheit erheischet, hierin nichts benommen, so lassen wir es in solchem *Punct* dabey bewenden.

[6] Wan nun klagender Anwald in Recht wie obstehet, gehandelt, sofern dan der beklagter Anwaldt ebenmässig erschienen, seinen gnugsamen und vollständigen Gewalt fürbringen, oder Bestand denselben *in secundo Termino* ohne ferneren Verzug einzuschaffen leisten, und Copey klagenden Einbringens begehren würde, die sol ihm erkent, und darwieder zu handlen zeit eines Monats zugelassen, oder aber auff erfindliche erhebliche und rechtmässige Verhindernüs *prorogatio* auff noch 14. Tage, oder drey Wochen, oder endlich auff einen Monat, und nicht länger (doch daß solche *prorogatio* vor Ablauff des ersten Monats, mit glaubhaffter Bescheinung des *Impedimenti* gesucht) gegeben, sonsten aber die Handlung durchauß nicht angenommen, sondern auch ohne einig des Gegentheils *contumaci*ren verworffen werden.

[7] Würde aber der *Citi*rter auff diesen ersten *Termin,* wie sich gebühret, nicht erscheinen, sol dem erscheinenden Kläger ruffen zu bitten, und darauff *in Contumaciam* vollenfahren, wie auch gleicher Gestalt dem Beklagten zugelassen sein, gegen die außbleibende Klägere zu *procedi*ren; Immassen hierunten von Ungehorsam des Beklagtens und Klägers sonderlich ist versehen und verordnet.

[8] Welche *Termin*en so wol dem Beklagten als Klägern solcher und keiner anderen Gestalt, auch nur alleinig in den *principal* Haubt-Handlungen fürgehen, sonsten aber in andern zufälligen Neben-*Puncten,* da man balder und ehe gefast sein kan, sollen die *Termin*en kürtzer und enger auff 8. oder 14. Tage, oder drey Wochen eingespanden werden, und keine andermahlige Zeit-Bittung statt haben, wan auch gleich nach Verscheinung der *praefigi*rten und erlangten Fristungen, gegen den nicht handlenden Theil keine *Contumacia accusi*rt würde, sol ebenmässig in sich selbsten der gestrittener *Punctus pro submisso* zu halten sein, und darauff fürderlichst Bescheid erfolgen; Ob aber kein Theil noch auch der Kläger, so *Citation* und Proceß außbracht,

auff dem angesetzten *Termin* erschienen, und also drey Gerichts-Tage (dazwischen die Entschuldigung des Außbleibens zugelassen) fürüber lieffen, alsdan soll *Terminus pro circumducto* gehalten, und *Citatio* erloschen sein, doch anderer Gestalt nicht, es sey dan zuvor ein Anruff begehrt und ergangen; Wie es auch in dem Fall nicht zu verstehen, da die schuld an dem Botten, und die *Citatio* zu spat überantwortet wäre.

[9] Würde auch der Kläger nach den ersten dreyen Gerichts-Tagen, und dem Ruffen erscheinen, und eine andere *Citation* von newen begehren, die sol ihme nicht anderst dan auff vorgangene Erstattung des Gegentheilen angewendeter Kösten erkandt, jedoch diß in *Appellations*-Sachen nicht, sondern so Kläger nach Verscheinung dreyer Gerichts-Tage erschiene, und rechtmässige Entschuldigung und Ursache seines Außbleibens fürzuwenden hätte, damit zugelassen und gehört werden.

Form gemeinen Gewalts.
Titulus XVIII.

[1] Dieweilen in vorgehendem Titul verordnet, daß ein gnugsamer, und auff die gantze Haubtsache gestelter Gewalt, sol eingelagt werden, und dan vielmahls zu nicht geringen Auffzug bey diesen und folgenden *Termin*en, ob der Gewalt gnugsam sey oder nicht, Streit erreichet würde, so haben Wir zu Auffhebung aller hierauß entstehender Unrichtigkeit, Hindernüß, und verursachenden *submitti*rens, nachfolgende gemeine Form zur Nachrichtung beydrücken lassen:

[2] Bekenne hiemit, und thue kund allermänniglich; Demnach ich an dem Fürstlichen Hoff-Gericht, wieder N. in eigener Persohn auß- und abzuwarten meine Gelegenheit nicht sein wil, daß ich mit gewöhnlicher Genehmhaltung aller bißhero ergangener *Acten* und Handlungen in bester Form, Weiß und Gestalt, wie solches von Rechts- oder Gewonheit wegen, oder *de Stylo* geschehen sol, zu meinem Anwald und *Actor*n den N. gedachtes Hoff-Gerichts verordneten und geschwornen *Procurator*n geordnet und gesetzt habe, ordne und setze den auch hiemit, also und dergestalt, daß er in meinem Nahmen, und von meinetwegen, so offt es die Nohturfft erfordert, an gemeltes Fürstliche Hoff-Gericht erscheinen, nohtürfftige Proceß auß- und die wieder einbringen, *activè & passivè* zu handlen, *Exceptiones Dilatorias, declinatorias, desertionis, non devolutionis,* und dergleichen Einreden fürwenden, und darauff laut der Hoff-Gerichts-Ordnung verfahren, oder aber , wo solche *Exceptiones* in Recht aberkent werden, und nicht statt haben solten, alsdan in der Haubtsachen wieder obgemelten meinen Gegentheilen, Klagen, Gegenklagen, antworten, *litem contestiren, Juramentum Calumniae, malitiae, veritatis dicendae, affectionis, aestimationis, litis causae vel rei, dandorum, respondendorum, suppletorium, litis Decisorium, purgationis,* und in zutragenden Fällen, *Juramentum quartae Dilationis, ejusdemque prorogationis cùm solemnitate legali, item Appellationis,*

expensarum, und einem jeden andern mit Recht zuertheilten Aydt in meine Seel schweren, und von dem Gegentheil derogleichen zu geschehen begehren, alle und jede *Substantial-* und nöhtige *Termin*en halten, *Contumaciam accusi*ren, und *purgi*ren, *dilationes purgandi* bitten, Zeugen und Kundschafft führen, nohtürfftige Behülff und Beweisung fürbringen, dieselbe *salvi*ren, Siegel, Pittschafft und Handschrifften *recognosci*ren, oder *diffiti*ren, wieder des Gegentheils geführte Zeugen Beweisung, und alles ein- und fürbringen, *excipi*ren, und *respectivè replici*ren, *duplici*ren, zu Bey- und End-Urtheil beschliessen, dieselbige auß erheblichen Ursachen, zu *revoci*ren, und so vonnöhten, zu *rescindi*ren bitten, und zu solchem allem nohtwendige *Dilationes* erlangen, umb Bey- und End-Urtheilen anhalten, die *accepti*ren, oder wo nur die zugegen, darab und von allen Beschwerden *appelli*ren, die *Appellation* anbringen und verfolgen, *Expensen* und erlittene Kösten und Schaden *designi*ren, zu *taxi*ren bitten, die *taxi*rte mit dem Aydt erhalten, dieselbige empfangen, und dafür *quiti*ren, umb *Execution* gesprochener Urthel, *Executorialn,* und anderen nohtwendigen Processen anhalten, und darin biß zu endlicher *Effectui*rung *tam activè quam passivè* verfahren, einen oder mehr affter Anwaldt an seine statt setzen, die *revoci*ren, und sonsten ins gemein alles anders thuen und lassen sol, was die Gelegenheit und Nohturfft der Sachen erfordert, und ich selbst zugegen thuen solte, könte, oder mögte, zu Gewin, Verlust, und allem Rechten, da auch gedachter mein Anwaldt, oder seine *substitui*rte einiges weiteren Gewalts, dan hierin begriffen, nohtürfftig wären, oder sein würden, denselben woll ihnen jetzt als dan, und dan als jetzt so vollkomlich geben, und zugestelt haben, als ob der mit außgedrückten *Special-Clausul*en hierin begriffen und versehen wäre.

Gerede und verspreche auch alles, was obgemelter Anwaldt und seine *Substitui*rte jederzeit handlen, thuen oder lassen werden, stet, vest, und unverbrüchlich zu halten, auch deßwegen sie aller Bürden der Rechten, sonderlich aber der *Caution* und *Satisdation Judicio sisti & Judicatum solvi* zu entheben, und Schadeloß zu halten, bey Verpfendung aller meiner Haab und Güter, so viel hierzu jederzeit vonnöhten sein wird, getreulich und ohne Gefehrde; Dessen zu mehrer Uhrkund habe ich diesen Gewalts-Brieff mit eigener Hand unterschrieben, und mein angebohren Pitschafft auffgedrückt. Geben

Wie der Beklagter oder Antworter erscheinen, und was er handlen solle und möge. *Titulus XIX.*

[1] Nachdem nun Beklagten Zeit und *Termin,* wie obstehet, zugelassen, sol sein *Procurator,* mit übergebung seiner zur Sachen, wie oben, habenden Gewalts, wo solches zuvor *in primo Termino* verblieben, auff diesen andern *Termin* gefast

erscheinen, und da er *dilatorias vel peremptorias exceptiones in vim dilatoriarum* für Bevestung des Rechtlichen Kriegs einzuwenden hätte, *in hoc Termino* nach einbrachter Klag, dieselbe sambtlich und zugleich, damit in deren Darthuung kein Verzug der Sachen bößlich oder gefährlich gesucht, in einer Schrifft *articuli*rt, und *dupli*rt fürbringen, darnacher aber damit weiter nicht gehört werden.

[2] Darauff sol dan Kläger seine Antwort, oder im Fall solche *Exceptiones* nicht zu verwerffen, sondern mit *Replication* anzufechten wären, seine *Replic articulatim vel summariè* inner Monats-Frist beyzubringen schuldig sein.

[3] Und da Kläger solche *Exceptional-Articul respondendo* verneinte, sollen wo sie erheblich, und zulässig, in Zeit von 6. Wochen zu beweisen zugelassen, oder wo sie unverneinlich, und mit *Replication* zu bestreiten wären, dem andern Theil dawieder zu *duplici*ren, und zu schliessen Zeit eines Monats angesetzet, und ob solche *replicae negi*rt, alsdan dem *Replican*ten (sofern sie fürträglich) auch in gleicher Zeit sechs Wochen zu beweisen verstattet, und für der Kriegs-Befestigungen in solchen Fällen, weiter zu *triplici*ren, oder *quadruplici*ren nicht zugelassen werden.

[4] Und wan also dergestalt geschlossen, sollen Unsere Hoff-Richter und *Assessores* solchen *Punct* in zweyen oder auffs längste dreyen Monaten mit Rechtlicher Erkentnüß erledigen.

[5] So sollen auch die *Procuratores* in solchen *dilatoriis vel declinatoriis ante litis contestationem,* die Haubtsache nach der Länge vergebentlich mit nichten *disputi*ren, sonderen allein das jenige, was zu Außführung solcher *Exception*en vonnöhten fürbringen, noch *supra dilatoriis vel competentia* beschliessen, sie sein dan zuvor wieder einander mit ihren Gewaldten, wie obstehet, zur Sachen gnugsam und vollständig *legitimi*rt.

[6] Wo nun beklagten Theil solche oder dergleichen *Exceptiones Dilatoriae* in Recht aberkant, sol er damit in auffgelauffene Gerichts-Kösten verdammet werden, auch da bey Einwendung solcher seiner Einred, eine gar kentliche, muhtwillige und vorsetzliche Unfug und Aufhalt befunden, derentwegen einer Geld-Buß unterworffen, und darüber die Ermessigung Unserm Hoff-Richter und *Assesso*ren heimgestellet sein.

Von *Caution*, Vorstand, und Sicherheit.
Titulus XX.

[1] Nachdem durch die Einrede umb *Caution* und Vorstand, da die zum Eingang rechtlicher Processen vorlieffen, die Haubtsache vielfältig verlängert, und auffgehalten, wo dan Beklagter von Klägern *Caution,* Bestand und Sicherheit zu thuen begehren wird, durch sich oder seinen Anwaldt des Rechtlichen Streits außzuwarten, und wo er der Sachen niederfällig, alle Kösten und Schaden zu entrichten; Sol der Kläger ihme dieselbe unverlengt, und alsbald, oder je gewiß *ad*

proximam Audientiam mit Bürgen oder Güteren, daran er gnugsam verwahrt, zu stellen und zu leisten schuldig, gleichwol Beklagter mit seiner obligender Handlung und Haltung des *Termins* gefast sein.

[2] Deßgleichen sol auch Beklagter, auff Klägers Gegen-Begehren sich in Recht zu stellen, und der Sachen außzuwarten, ebenmässige *Caution* und Sicherheit zu thuen, verbunden sein; Könten aber Kläger oder Beklagter mittel Aydts beteuren, daß sie nach müglichen angewendeten Fleiß keine solche *Caution* und Bürgschafft zu stellen wissen, sol *juratoria cautio* verstattet werden.

[3] Wären aber Kläger und Beklagter in Unserem Stifft und Fürstenthumb, mit ligenden oder beweglichen Güteren zu des Gegenparts Erholung gnugsam haabhafft gesessen und versehen, sollen sie einander zu gemelter *Caution* und Vorstand nicht verpflichtet sein.

Von *Reconvention* oder Gegen-Klag, und wie in derselben *procedi*rt werden soll. *Titulus* XXI.

[1] Wolte Beklagter den Kläger in das Wiederrecht fassen, so er dan solche Gegenklag für- oder bey der Kriegs-Befestigung, oder alsofort *ad proximam juridicá* fürbringen wird, sol dieselbe (wo sie sonsten erheblich und zulässig) von Unseren Hoff-Richter und *Assessoren* angenommen, und darin neben der Haubtsachen *simultaneo processu,* ein *Termin* umb den anderen, wie daß die gemeine Rechte vermögen verfahren, auch zu einem mahl und zugleich, *con- & reconventio* mit endlichen Urtheil entscheiden und abgerichtet werden.

[2] Ob aber solche Gegenklage darnacher, jedoch vor Beschluß der Sachen fürbracht, so sollen beyde Klag und Gegenklag vertheilet, und jede solche *separatim* vor sich selbst und allein vermöge dieser Ordnung, und gemeiner Rechten, gehandelt und außgeübet werden.

Von Kundschafften und Zeugen, so vor Befestigung des Krieges *ad perpetuam rei memoriam* mögen auffgenommen werden. *Titulus XXII.*

[1] Dieweil sich vielmahlen begibt, daß vor Befestigung des Krieges, auch wol für übergebung einiger Klag, und ordentlicher Außbringung der Processen Zeugnüs *ad perpetuam rei memoriam,* aus rechtlicher Zulassung, und erheblichen Ursachen mögen auffgenommen werden, als wan die Zeugen mit hohem Alter oder sorglicher Kranckheit beladen, und sonst an andere weit abgelegene Oerter

zu verreisen wegfertig, oder man in schwehren sterblichen Läufften wäre, *item* so sich einer besorgte, daß er von jemandts künfftig mögte besprochen werden, und Zeugen hätte, damit er die Klag verlegen könte; So mögen Unsere Hoff-Richter und *Assessores,* auff Ansuchen des nöhtig habenden Theils und fürbrachte solche Ursachen (die Wir dan in ihr Bedencken und Ermessen wollen gestelt haben) auch sonsten auff übergebung der Beweiß-*Articul, cum annexâ nominatione Testium* so alsbald bey dem Ansuchen geschehen sol, mit der Zeugen Annehmung, Veräydung, und Abhörung, wie sich gebührt, zu verfahren haben.

[2] Doch, daß der Gegentheil, gegen den diese Zeugnüs künfftig zu gebrauchen, hierzu, vermitz Verständigung solcher fürbrachter Ursachen, rechtmässig *citi*rt werde; Es sol aber die Kundschafft biß *ad Terminum publicandi ordinarium* (es wäre dan, daß beyde Parth darin verwilligten) verschlossen bleiben.

[3] Und ist bey Verhörung dieser Zeugen der Unterscheid zu mercken, ob der Zeugführer die klagende Parthey wäre, und sich solcher abgehörter Kundschafft innerhalb Jahrs Frist nicht gebrauchte, noch die Verhör dem Gegentheil zuwissen thun liesse, so erlöscher die Zeugnüs, wird unkräfftig, und fahet das Jahr an zu lauffen, da der Antworter füglich mit Recht mag fürgenommen werden.

[4] Hätte aber der Antworter also seine Kundschafft aufnehmen lassen, die kan in Jahrs Frist nicht verleschen, sondern bleibt für und für bey Kräfften, dan in Klägers freyer Macht und Wilkühr stehet, wan er wil, seinen Wiedertheil zu beklagen, der Antworter aber muß des Klägers erwarten, wan er von ihme besprochen, und angeklaget würde, dienet also dem Antworter seine Kundschafft, die er in diesem Fall fürnimbt, alleine darzu, daß er damit wieder des Klägers Ansprach und Klag sich sicheren und schützen moge, und sonst nicht weiter, *& sic non valet ad agendum, sed solum ad repellendum.*

[5] Es sollen auch solche Zeuglei[s]tung *ad perpetuam rei memoriam, lite institutâ & pendente, eaque non obstante,* daß man hernach *ordinariâ viâ* zur Beweisung gelangen möge, zulässig, und *arbitrio Judicis,* was hierinnen nach befundener Gestalt und Gelegenheit der Sachen zu erkennen sey, heimgestellet sein.

Von Befestigung und Verfahrung des Krieges, auch Antwortung, Gegenwehr, und *Defension* des Beklagten. *Titulus XXIII.*

[1] So nun beklagter Theil auff den erst angesetzten *Termin* keine verzügliche *Exceptiones,* dardurch das Recht auffgehalten, oder die Kriegs-Befestigung verhindert werden mögte, fürzubringen hätte, oder wo die einbracht, jedoch aberkent wären, sol er auff einbrachte Klage *litem negativè in ordinationis formâ contesti*ren, oder aber *lis ob comtumaciam* für *contesti*rt gehalten werden sol, auch *Juramentum*

Respondendorum, die rechte, reine, und unverfälschte Warheit zu antworten schweren, der Anwaldt dessen zuvor seinen *Principalen* gnugsam *avisi*ren und berichten, so dan auff vorgehenden wollbedachtsahmen und wissentlichen desselben Unterricht und Befelch, vermittel Aydts *sufficientes & plenas responsiones, unà cùm annexis defensionalibus vel peremptorialibus* (so ferne man deren zu gebrauchen gemeint) übergeben, und damit destoweniger überflüssiger Wort *in litis contestationem* gebraucht werden, ordnen Wir, daß ein jeder *Procurator,* der in Sachen *simplicis querelae* mit nichten gestehen, auff die Klag antworten, und also *litem negativè contesti*ren wil, andere oder mehr worte nicht sagen sol, dan: In Sachen N. *contra* N. bin ich der Klag nicht geständig, bitte mich davon mit Abtrag, kösten und Schaden zu erledigen. und mit diesen gebrauchten Worten sol der Krieg, ob auch dessen sonsten keine außdrückliche oder mehr Meldung beschehen, befestiget sein, gehalten und verstanden werden.

[2] Dagegen sol Klägers Anwaldt nicht anders oder weiters mündlich vermelden, dan: In angeregter Sachen *repeti*re ich meine *articuli*rte Klag, bitte Inhalt derselben, (oder da die Klag nicht *articuli*rt) Ich erhohle meine Klage, und bitte Zeit zu fernerer Handlung, laut der Ordnung; Und sol darauff Kläger auch nach gethaner Kriegs-Verfahung, und geschwornen Aydt, seine *articuli*rte Klag an statt der *Articul repeti*ren, oder die noch *articuli*ren, und alsdan ferner vermöge dieser Ordnung verfahren.

[3] Würde aber einige Parthey auff die angesetzte Zeit und *Termin,* ohne erhebliche Entschuldigung seine gebürende Antwort auff die einbrachte und zugelassene *Articul* nicht einbringen, sondern in deme ungehorsam sein, sollen, wofern er einmahl erschienen, und *litem contesti*rt hätte, des andern Theils *Articul* für bekand angenommen, und ferner darauff wie recht *procedi*rt werden.

[4] Und dieweil wegen der Antworten Gnug- oder Ungnugsamkeit *in lite* offtermahls fürfält, dardurch die Sachen zu der Partheyen Nachtheil in Aufhalt getrieben, sol vorhin eine jede Parthey oder ihr *Procurator,* auff alle *Articul,* die nicht *juris,* sondern *facti* sein, durch das Wort: Glaub oder nicht glaub wahr sein, ohne Anhang, und sonderlich ohne die Wörter, wie gesetzet, oder *Articulum esse facti alieni,* unterschiedlich, und auff einen jeden, insonderheit in Schrifften, doch *salvo jure impertinentium, respondi*ren, und so der Antworter den *Articul* in einem *Punct* glaubt, und am anderen Ort nicht glaubt, sol er in solcher Antwort den *Articul* richtig und unverdunckelt *distingui*ren, und worin er dan glaubt oder nicht glaubt, unterschiedlich anzeigen, alles vermöge des heiligen Reichs, und Cammer-Gerichts-Ordnung.

[5] Was aber des Beklagten *Defension* oder Gegenwehr, nach des Kriegs-Befestigung belangt, sollen, ob er wieder des Klägers Sache und *Intention* einige solche *Defensionales* oder auch *peremptoriales & elisivos,* oder wie sie mehr Nahmen haben mögten, fürzuwenden hätten, dieselbe wie obgemelt, in diesem *Termin*

den *Responsionalibus annecti*rt, auch einmahl zugleich, und mit einander schrifftlich *articuli*rt, *dupli*rt und *quoti*rt einbracht, oder beklagter Theil darnacher damit nicht gehört werden, es wäre dan, daß einige *Defension* oder *Exception* nach gehaltenem solchen *Termin* zu gebrauchen, von neuen erwachsen, oder von ihme Beklagten allererst in Erfahrung und Wissenschafft bracht, und er das also äydlich betheuren mögte, alsdan sol ihme die einzuwenden zugelassen werden.

[6] Und sollen solche *Defensionales,* sofern sie sonsten nicht verwürfflich, in Monats Frist beantwortet, und ferner damit, wie von Klägers *Articul*en obengemelt, gehalten werden.

Vom Aydt *Dandorum & Respondendorum.* *Titulus XXIV.*

[1] *Juramenta Dandorum & Respondendorum* betreffend, sol Klägeren zu erst der Aydt *Dandorum* auferlegt, und von ihme, so er selbst zugegen, in seine eigene, aber von dem Anwald in selbiges seines Principaln Seel zu Gott und auf das heilige Evangelium geschworen werden, daß die eingebrachte *Articul,* so viel seine des Klägers eigene Geschicht oder That belangten, daß er glaube die wahr und beweißlich zu sein, ohne alle Gefehrde.

[2] Gleicher Gestalt sol auch Beklagtens oder seines Anwaldts Aydt *Respondendorum* geleistet werden, daß er nehmlich des Klägers *Articul,* so viel deren seines Beklagtens eigene That und Geschicht berühren, wahr oder nicht wahr sein, und so viel deren frembde That und Geschicht belangten, daß er die glaube wahr oder nicht wahr sein, beantworten wolle, ohne alle Gefehrde.

[3] Und sol allezeit, bevor und ehe geantwortet, diese würckliche Aydtsleistung fürgehen, doch die *Articul,* darauff man nach gemeinen beschriebenen Rechten, und dieser Ordnung zu antworten nicht schuldig, damit nicht gemeint sein.

Vom Aydt für Gefehrde, *Juramentum Calumniae* genant. *Titulus XXV.*

[1] Wan der Aydt vor Gefehrde, *Juramentum Calumniae* genant, von einem oder beyden Theilen mündlich oder schrifftlich erfordert, sol derselbe alsbald auff solch Erheischen, bey Pöen des Rechtens erstattet werden, da er aber von den Partheyen nicht begehrt, noch geschicht, mögen Unsere Hoff-Richter und *Assessoren* den auch verbeygehen.

[2] Dieser Aydt vor Gefehrde sol den *Procurato*ren in eigene und ihrer Principalen Seel schwerend, in nachfolgender Form fürgestellet werden: Ihr werdet schweren

einen Aydt zu Gott und auff das heilige Evangelium, daß ihr glaubet eine gute Sache zu haben, daß ihr auch keinen unnohtürfftigen gefährlichen Schub oder Außzug der Sachen begehren, und so offt ihr in Rechten gefragt werden, die die Warheit nicht verhalten, sondern erbahr und auffrichtig anzeigen, außsagen, und bekennen, auch in dieser Sache niemand anders dan den jenigen, so das Recht zuläst, ichtzet geben oder verheissen wollen, damit ihr die Urtheil erlangen und erhalten mögen, alles getreulich und ungefehrlich.

[3] Gleicher Weise sol von den Principalen der Aydt in selbiger Form auch geschworen werden.

Vom Aydt der Boßheit, *Juramentum Malitiae* genant.
Titulus XXVI.

Unser Hoff-Richter und *Assessores*, so offt es begehrt,oder bey ihnen nöhtig sein erachtet, mögen einer oder beyden Partheyen, wo sie gefährliche Auffzüge zu suchen, oder sonst einander unbillig umbzutreiben unterstünden, den Aydt der Boßheit, *Juramentum Malitiae* genant, aufflegen, und denselben entweder durch den Principalen, da er im Gericht zugegen, oder dessen Anwaldt, in nachfolgender Form *mutatis mutandis* fürzulesen, *praesti*ren lassen: Ihr werdet in ewere Partheyen und ewere eigene Seelen schweren einen Aydt zu Gott und auff das heilige Evangelium, ob ihr das jenige in ewer Gewissenheit thuen mögen, daß ihr das jenige, was ihr fürbringet und begehrt, nicht aus Gefehrden, noch böser Meinung, noch Verlengerung der Sachen, sondern allein zur Nohturfft thuet, und daß ihr solches also zu thuen, von ewerer Parthey Unterricht und Gewalt empfangen habet.

Was nach der Kriegs-Verfassung und Antwortung ferner in diesem *Termin* der Haubt-Sachen gehandelt werden sol.
Titulus XXVII.

[1] So nun obangeregter Gestalt verfahren, und auff einen oder mehr *Articul* nicht gnugsam *respondi*rt, sol klagendem Theil in jetzigen angesetzten *Termin* dawieder zu *excipi*ren, und auff welche *Articul* nicht gnugsam *respondi*rt, unterschiedlich und *in specie* anzuzeigen, zugelassen sein, darauff dan auch ohne weitere *Replication* oder Schrifften, von Unseren Hoff-Richtern und *Assessoren*, in kurtzer oder je länger nicht dan in drey Wochen oder Monats Frist Erkentnüß erfolgen.

[2] Und damit aus Hinlässigkeit der *Procurato*ren, der *Responsion* halben, keiner unnohtürfftig *submitti*ren, und *recessi*ren, ob gnugsam geantwortet, oder nicht beursachet, sollen sie die *Responsiones* jederweil bey ihren Pflichten besichtigen,

und deßhalben keinen unnöhtigen Rechtssatz thuen; Darauf auch von Unseren Hoff-Richtern und *Assessor*en auffachtsamer guter Fleiß gethan, daß dem also nachkommen, oder die Uberfahrer alsbald und unnachlässig mit einer Geld-Buß nach Gelegenheit bestrafft werden.

[3] Darnach wan beklagter Theil *Defensionales* im vorigen zweyten *Termin,* mit und neben seinen *Responsionalibus, articuli*rt eingeben, sol Kläger in diesem dritten *Termin* darauff gleicher Gestalt *& sub poenâ Confessarorum purè & sufficienter* zu antworten schuldig sein.

[4] Wo auch Beklagter *Peremptorias Exceptiones ad merita causae,* und die Haubtsache damit gäntzlich abzuschneiden, bey seinen *Responsionibus* vorhin eingewendet, so sol Kläger dagegen in diesem *Termin* seine Antwort, oder im Fall er solche *Peremptorial-Articul* nicht zu verneinen, sondern mit *Replication* anzufechten hätte, seine *Replicas,* und was er sonsten dawieder fürzuwenden, einlegen.

[5] Würde nun Kläger seine Antwort auff diese *Peremptoriales* einbringen, und die verneinen, wo dan dieselbe *relevantes,* sol der Antworter zu deren Beweisung in- und zwischen sechs Wochen zu thuen, oder hätte Kläger *Replicatorios* übergeben, dieselbe auch obgemelter massen in negsten *Termin* zu beantworten, und (da sie gleichfals zulässig) in gleicher Frist zu beweisen, zugelassen werden; Würden aber solche Klägers *Replicatorij* nicht verneint, sondern der Antworter dagegen *Duplicas* übergeben, und auff solche *Duplic* Kläger seine *Triplic* und *Conclusion*-Schrifft, in negstfolgenden *Termin* fürzubringen, und beyde Theil, damit alsbald oder *ad primam* mündlich zu beschliessen schuldig sein, und kein Theil hierüber weiter Schrifften einzulegen Macht haben.

Von Beweisung, so durch Zeugen geschehen.
Titulus XXVIII.

[1] Wan nun *Punctus Responsionum* richtig gemacht, und die einbrachte *Articul* alle und zum Theil nicht gestanden, sol der Kläger oder Antworter in diesem *Termin,* wo es im vorigen unterlassen, zu der Beweisung sich zuzulassen, und *Terminum ad probandum* anzusetzen begehren, und darauf Unser Hoff-Richter und *Assessor*en ihme Zeit dreyer Monaten *statui*ren und bestimmen.

[2] Und wan also die Partheyen *in Terminis probatorijs versi*ren, sol ihnen vor Einbringung deroselbenBeweisung, ferner keine Schrifft, es wäre dan, daß es aus beweglichen dapfferen vorgehenden Ursachen, durch Unser Hoff-Richter und *Assessor*en *Decret* und Zulassen beschehen, in Recht fürzubringen gestattet werden.

[3] Da der beweisender Theil seine vermeinte *Articul* durch Zeugen wahr zu machen hätte, sol er selbige Zeugen alsbald, oder je zu den ersten acht Tagen benennen, deren Nahmen *cum articulis & designatione eorundem, aut propriorum*

articulorum übergeben, darnach solche Zeugen auff einen bestimbten Tag *citi*ren, und seinen Wiedertheil oder dessen Anwald, wo es vorhin nicht Gerichtlich geschehen, neben Uberschickung der Zeugen, Nahmen, *Articul*en, und *Designation,* wo das im Gericht zuvor nicht beschehen, noch übergeben, zeitlich darzu verkünden lassen, die Zeugen zu sehen, und hören, geloben und schweren, ob er wolle mässige *Interrogatoria* beybringen, und sollen also die Fragstücke zwischen Monats, oder nach Gelegenheit und Ermessen des Hoff-Gerichts in geringeren Frist, gewiß und ohne längeren Verzug beybracht, immittelst aber der Zeugführer an erhaltener *Dilation probandi* nicht gefehrt werden, auch beiden Theilen frey stehen, sich bey dem *Examine* der *Adjunction legalis & non suspecti Notarij* zu gebrauchen.

[4] Und dieweil sich offtermahlen begibt, auch die Erfahrnüß bezeuget, daß viel überflüssige, ungereimbte, ja zum Verdruß offt *repeti*rte, verwickelte, verkehrte und verwirliche Fragstücke, die einfältige Zeugen, wie auch die *Examinatores* damit irr zu machen, und zu verführen einkommen, darunter aber auch nicht geringe Ursache zu Weitläufftigkeit, *Cavillation,* und anderen Auffzügen gesucht, solches aber in dem Rechten hoch verbotten, und den geleisteten Ayden gantz zuwieder; So wollen Wir, daß solche und dergleichen verbottene *Interrogatoria,* die nichts zur Sachen thuen, an ihnen selbst unerheblich und übermässig sein, hinführo gäntzlich sollen vermieden, außgelassen, dagegen aber alleine, was zur Sachen dienlich, fugsam, und zu Ergründung der Warheit nützlich, gefragt, auch darin richtige gute Maaß und Ordnung gehalten, oder in Erspührung des Gegensins dawieder Unsere ernste Straff nach Ermessigung *infligi*rt werden.

[5] Ob der *denuncij*rter Gegentheil ungehorsam außbleiben, oder keine *Interrogatoria* in anbestimbter Zeit einbringen würde, sollen ebenwol ohne Verzug mit der erscheinenden und vorgestelten Zeugen Veräydung und Verhör, wie sich zu recht gebühret, verfahren, und die gemeine Fragstück *in Examine* gebraucht werden, würde aber der Außbleibender hernacher begehren, die Zeugen und deren *Examen* über seine erfolgte Fragtücke zu *repeti*ren, sol auff seine Kösten bey der Zeugen einmahl *ad totam causam* gethanen Aydt und Pflichten, zu verstatten sein.

Ermahnung und *Avisation,* so für der Zeugen Aydt geschehen, und *ante Examen repeti*rt werden soll. *Titulus XXIX.*

Es soll an Unserm Hoff-Gericht mit endecktem Haupt und hohen Ernst, den Zeugen ehe und bevor sie den Aydt thuen, diese nachfolgende Erinnerung und warnung verständlich fürgelesen werden, nemlich:

Ihr Zeugen alle und ein jeder von euch insonderheit, sollet erstlich mit Hand gegebener Treue anloben, und folgends einen leiblichen Aydt zu Gott dem Allmächtigen, und auff die heilige *Evangelia* schweren, daß ihr alle und ein jeder von euch insonderheit in gegenwertiger Sachen zwischen N. und N. sagen wollet, auff die *Articul* und Fragstück für beide Partheyen eine lautere gerechte, und wahre Kundschafft, so viel euch davon kund und wissend ist, und sollet hiebey mit allem Ernst erinnert und ermahnet sein, daß ein geschworner Aydt nichts anders ist, dan ein Anruffung des lebendigen Gottes, und seines heiligen Nahmens, darmit ein Zeuge bittet, daß Gott die Warheit selbsten, seine Kundschafft bestärcken, und da er falsch schweren würde, ihn straffen wolle, daß auch der jenige Zeuge, so seinen Ayd nicht bedencket, sondern falsch und Unwarheit zeuget, in die schröckliche und verdambliche Sünde des Meinaydts fället, Gott den Allmächtigen und strengen Richter schwerlich erzürnet, und gegen das achte Gebott Gottes zum höchsten sich versündiget, den Richter und Urtheil-Sprecher, zu einem ungerechten Urtheil verursachet, und die Parthey, gegen welche also unwahre Zeugnüs gegeben wird, an ihren guten Rechten verkürtzet, und beschädiget, dahero nicht allein hier zeitlich an Leib, Ehr und Gut, sondern auch an seiner unsterblichen Seel die ewige Verleumbdung, Schande und Straeff auff sich ladet, auch der beleidigten Parthey allen zugefügten Schaden zu bekehren schuldig ist; Darumb ihr Zeugen, in dem allen euch wol fürsehen, alle Gefehrde, Betrug und Arglist bey seiten stellen, die reine, lautere Warheit, wie die euch bewust, und ihr mit eweren eusserlichen fünff Sinnen begreiffen könnet, Gott zu Ehren, oder der Gerechtigkeit zu Steuer, und zu Vermeidung ewer selbst Verdamnüs, frey, kühnlich und ungescheuet, von euch sagen, das auch nicht lassen, weder aus ewer Herrschafft oder anderen Pflichten, so euch hierin verhindern mögten, auch umb kein Lieb oder Leidt, Gabe, Nutzen, Verheissung, Bitten, Schaden, Gunst oder Ungunst, Haß, Furcht, Freund- oder Feindschafft, noch sonsten umb einigerley anderer Bewegnüs oder Ursach willen, wie die Menschen Sinnen erdencken mögten, auch die Warheit nicht verleugnen, hinterhalten, noch verschweigen, und alles das thuen wollet, was ehrliebenden und redlichen Zeugen, von Gottes- Aydts- Ehren- und Rechtswegen gebühret, obligt, und zustehet, und wie ihr das gegen Gott den allmächtigen und dessen strengen Gericht, auch hier zeitlich vor der hohen Obrigkeit wissen zu verantworten.

Der Zeugen Aydt.
Titulus XXX.

[1] Nach solcher Warnung und Hand gegebener Treu, sollen die Zeugen und Manns-Persohnen mit ausgestreckten und erhobenen zweyen Fingern ihrer forderen Hand, die Weiber aber mit Aufflegung ihrer rechter Hand auff die linckere Brust, diese Wort nachsagen:

[2] Als mir vorgehalten ist, und ich wol verstanden habe, dem wil ich also nachkommen, getreulich und sonder Gefehrde, als mir Gott hilfft, und das heilige *Evangelium,* Amen.

Welcher Gestalt nach Veraydung der Gezeugen, das *Examen* vorgenommen werden und geschehen soll. *Titulus XXXI.*

[1] So nun die Gezeugen also geschworen, soll ihr jeder durch Unsere Hoff-Richter und *Assessores,* oder nach deren Gutachten, vor ihrer einen, Beyseins des *Secretarij,* auff einen jeden *Articul,* den Gezeugen verständlich, und einen nach dem anderen fürgelesen, desgleichen auff die übergebene Fragstücke verhöret, seine Außsage aus seinem Mund fleissig und treulich auffgeschrieben, und bey den *Acten* heimlich biß zur *publication* und Ertheilung des *Rotuli,* oder Copeyen behalten werden.

[2] Nachdem sich auch zu Zeiten zutragen kan, daß der Zeuge von den *Examinator*en den rechten Inhalt nicht eigentlich verstanden, oder daß seine Kundschafft auff einen anderen Sinn, dan die gemeint, eingenommen, oder daß aus einigem Zufall in einem oder anderen *Punct* geirret, darumb soll einem jeden Zeugen nach beschehener Verhör seine gethane Kundschafft, ob er deren also geständig, ordentlich nacheinander wieder fürgelesen werden, und wie er sich in seiner Antwort verhält, solches soll *observi*rt, in Acht genommen, und darnach bey gethanem Ayd ihme Stillschweigen, und biß nach der Eröffnung in geheim zu behalten, aufferlegt und befohlen werden.

[3] Und soll der benenter Zeuge, so in diesem Unseren Stifft und Fürstenthumb gesessen, bey Pöen 12 Goldg[u]l[den] die Halbscheid Unserem *Fisco,* und den andern Theil der fürstellender Parthey zu bezahlen, zu der Zeugnüs abgeladen werden, und ob er gleich in solche Pöen einmahl gefallen, und die erlegte, soll er doch sich damit von der Zeugnüs nicht entledigen, sondern durch schärffere ernste Straeff-Mittel, nach Erkändnüs Unser Hoff-Richter und Beysitzer dazu *compelli*rt werden, und verlaufft dem *Producenten* bey solchem Ungehorsamb und Verzug die zur Beweisung *statui*rte Zeit nicht, soll aber umb den Zwang der Zeugen bey dem Hoff-Gericht unnachlässig anhalten, und von seinem Fleiß *protesti*ren.

Von gemeinen Fragstücken.
Titulus XXXII.

[1] Damit ein jeder wissen möge, was für gemeine Fragstücke, da die von Gegenparth zu übergeben unterlassen, von Ambtswegen den Zeugen fürzuhalten, so folgen die hernach, und ernstlich:

1. Was Alters und Stands, auch Vermögens der Zeuge seye?
2. Ob er im Bann, oder Käyserlicher Acht seye?
3. Wo er gebohren, erzogen, und seßhafft seye, auch wie lang er da gewohnet?
4. Ob er der Partheyen, die ihme zu zeugen führet, mit Blutverwandnüs besipt, oder sonsten Schwäger- und Gevatterschafft, *Familiari*tät, oder sonsten in andere Wege verwand seye, welcher Gestalt, und wie nahe?
5. *Item*, ob ihme ichtwas verehret, gegeben, nachgelassen, gelobt oder versprochen, seine Kundschafft in dieser Sachen zu geben, und was?
6. *Item*, ob er einem Theil mehr günstig sey dan dem anderen, und welchem, auch warumb?
7. Ob er auch Nutzen oder Schaden,so der führender Theil gewinne, zu hoffen oder zu besorgen habe, welcherley Gestalt, und was?
8. Ob er wisse, welcher Theil das beste Recht habe, und woher?
9. Ob er von dem führenden Theil, oder jemand anders seinetwegen unterrichtet, und errinnert sey, was er sagen, zeugen, und verschweigen sol?
10. Ob er sich zu dieser Kundschafft anerbotten, oder selbst, daß er von der Sache wisse, angeben, wie, und wo, oder wie er sonst hiezu kommen?
11. Ob er sich mit seinem Mit-Zeugen auff die Sache unterredet, besprochen und verglichen habe, wie und was sie auff einerley Sinn und Meinung zeugen und kundschafften wollen?
12. Ob er dem *Producenten* auch einigen Raht, That oder Anleitung geben, heim- oder offentlich, wie und welcher Gestalt?

[2] Sonsten sollen alle andere gefährliche und undienliche Fragstücke, auch welche zu deren Zeugen Schande und Verleumbdung gereichen, als da einer umb begangen Diebstal, Todtschlag, Ehebruch oder sonsten dergleichen andere Unthaten gefragt, verworffen, vermieden, und vorbeygangen werden.

[3] Darnach, wo Zeuge der *Probatorial-Articul* ein oder mehr wahr sagen würde, sol umb die Ursache seines Wissens, wie, woher, und mit was Gestalt ihme das bewust, auch umb Zeit, Mahlstatt, und andere Umbstände der Sachen gar eigentlich und gründlich unterforschet und gefraget werden.

Von befohlener Verhörung der Zeugen.
Titulus XXXIII.

[1] Begebe sich, daß zu zeiten aus fürfallenden Ursachen die Zeugen an Unserem Hoff-Gericht nicht mögten verhört, oder von den Partheyen aus erheblichen Ursachen darzu *Commissarien* gebetten werden, sol alsobald oder *in termino probandi,* solche Gelegenheit in Schrifften mit Angeben der *Commissarien* berichtet, und so die Anzeig und Bitte erheblich befunden, der Gegentheil aber darin nicht zu willigen hätte, alsdan von Ambtswegen einen oder mehr unargwohnigen tauglichen Persohnen das *Examen* befohlen, vertrauet, *Commission* vermitz beygethaner Verschliessung der *Articulen super quibus, &c.* dahin ertheilet und gegeben werden; Und so jemand Uns oder Unserem Stifft verwand und unterworffen, durch *Commission* Zeugen zu verhören aufferlegt, auff der Partheyen Ansuchen, darin säumig oder wiedersam wäre, sol derselbe bey ernster Pöen (wo er sonsten dagegen keine erhebliche Ursache und Beschwer fürzuwenden hätte) darzu gezwungen und gehalten werden.

[2] Wären aber Zeugen zu führen, so Unserm Gerichts-Zwang nicht unterworffen, mögen zu dero Behuff *Juris Subsidial-* und Compaß-Brieffe an die Obrigkeit, darunter die Zeugen gesessen, zu erkennen begehrt, bey denen dan also ertheilten und außgehenden Processen die *designi*rte *Articulen* und Fragstücke (wofern dieselbe auch übergeben) der angezeigter Obrigkeit verschlossen zugeschickt werden, Gestalt zu Befürderung des Rechtens, und Ergründung der Warheit die Zeugen für sich rechtlich zu erforderen, und zu beäyden, dem Wiedertheil, ob er solche Veräydung sehen und hören, *Interrogatoria* (da die nicht zuvor einkommen und beygeschickt) in mässige Wege zu gebrauchen, und was mehr zulässig, zu verrichten, solches zeitlich vorhin zu verkünden, und folgends einem jeden Zeugen auff solche *Articul* und Fragstücke negst vorgehender ernster Verwarnung des Meinäydts fleissig zu verhören, ihre Kundschafft mit getreuen Fleiß auffzuschreiben, und sonsten nach Ordnung der Rechten zu verfahren, und daß sie das alles, was also für ihnen ergangen, und bekundschafftet, Uns oder unserem Hoff-Gericht verschlossen zuschicken.

Von Zeit der Beweisung und Zeugen-Führung.
Titulus XXXIV.

[1] Als *Dilationes probandi* antrifft, sollen die *Procuratores* hinfürter daran sein, daß in obenerwehnter erkenter *Dilation,* und Frist ihrer Partheyen Beweisung der Gebühr außgeführt, und dißfals keine Säumnüß oder Fahrlässigkeit begangen werde, und ob Wir wol wie oben *Tit. 28. in princip.* verordnet, dem *Producen*ten

geraume Zeit dreyer Monaten zu der Zeugenführung und Fürstellung nachgegeben; So können Wir doch aus Billigkeit in dem Fall, so der *produci*render Theil, aus ehehafften beweißlichen Ursachen in solchem angesetzten *Termin,* an Vollnführung seiner Beweisung nohtwendig behindert wäre, gnädigst gestatten, und zulassen, daß alsdan *secunda* oder auch *tertia dilatio probandi* ertheilt, *indulgi*rt, und gegeben werden möge, doch also, daß man vor Außgang des *statui*rten *Termins* darumb bey Unserem Hoff-Richter und *Assessoren* ansuchen, und die über müglichen Fleiß zugestandene und angezeigte Behinderung, glaubwürdig bescheinen, aber dieselbe längere und weitere *Dilatio,* nach Gestalt und Gelegenheit der Sachen auff sechs Wochen, oder endlich auff zwey Monaten durch Unsere Hoff-Richter und *Assessores* eingezogen und gemässiget werden sol.

[2] Dan sollen hinführo die *Procuratores in petendis dilationibus ulterius probandi* jederweil Schein der Verhinderung einzubringen schuldig sein, und ohne dessen Fürlegen, weitere *Dilation ad probandum* nicht sol gegeben werden, vielweniger bey ihnen den *Procuratorn* stehen sol, solche *Dilationes* sich einander selbsten zuzulassen oder nachzugeben.

[3] Aber die vierte *Dilation* sol ohne *Solennit*ät der Rechten nicht geben werden, das ist, ehe und zuvorn der begehrender Theil bey seinem Aydt betheuret, daß er die Zeugen, so er zu führen hat, zeitlicher nicht überkommen mögen, daß er auch der Zeugen sagen, so er zuvor vielleicht geführt, nicht besichtiget, noch erlernet, und diese vierdte *Dilation* nicht aus einem Betrug, Verzug, oder Gefehrde begehren thue, alles vermöge der Rechten, und sol darzu eine *special-*Gewalt *ad Juramentum* beygebracht werden. So wird auch jedem Theil frey gelassen, bey dem *Examine Notarium Legalem* zu *adjungi*ren, doch daß derselbe der Sachen zuvor nicht sol gedient gewest, noch sonten verdächtig sein, auch darüber und zu Haltung obligenden geheimen Verschweigens, *Fidelit*ät und gebührlicher erzeigender Bescheidenheit einen leiblichen Aydt geschworen haben.

Von Fürbringung schrifftlicher Urkunden, Brieffen, und anderen Beweißthumb. *Titulus XXXV.*

[1] Wan Kläger oder Beklagter ihre Klag oder Gegenwehr durch *Instrument,* Brieffe und Siegel, Handschrifften, Zahlbücher, Register, oder andere schrifftliche Urkunden und Schein, entweder zur Haubtsachen Bescheinung, oder auch sonsten zu Hülff der Zeugen und sagen, beyzubringen hätten, so ordnen und wollen Wir, daß man solches in obgemelter sechs Wochen Frist thuen sol, es wäre dan daß *probi*render Theil mit einem leiblichen Aydt erhalten mögte, daß solche schrifftliche *Jura* und Brieffe gefährlicher Weiß, oder seinem Wiedertheil dardurch in

vorsetzliche Kösten zu führen, nicht hinterhalten, so sollen auch sonsten andere Fälle, darin nach Inhalt gemeiner Rechten, *Instrumenta post conclusionem causae* einzubringen zulässig, hierin außgenommen sein.

[2] Und damit solche brieffliche Urkunden, als daran den Partheyen hoch und viel gelegen, nicht mögen verletzt und verlohren, auch an anderen nöhtigen Oerteren gebraucht werden, sol die Gegenparthey dieselbe alsobald oder zwischen und in dem negst folgendem Gericht, ob sie dawieder Inrede, sichtbahren Argwohn, *Defect* oder Mangel, an Siegel und *Signet*en oder Schrifften, oder dergleichen hätte, besichtigen, darauff vor Unseren Hoff-Richter und *Assessoren* dieselbe *agnosci*ren oder *diffiti*ren, und wan solche *Recognitio* fürgangen, darauff solche Brieff und Schrifften dem beweisendem Theil auff sein Begehren unverlängt wieder zugestellet, doch glaubwürdige Copey durch Unseren Hof-Gerichts *Notarium* auß*culti*rt, und unterschrieben, bey dem *Protocoll* und *Acten* darauff behalten, auch dem begehrenden Gegentheil Copey verstattet werden.

[3] Thäte sich aber Kläger zu keiner Beweisung erbieten, oder Unsere Hoff-Richter und *Assessoren* auß dem Proceß und Vortrag befinden, daß keiner ferneren Beweisung vonnöthen, sol der Kläger auff des Antworters einbrachte Handlung seine Nachschrifft, desgleichen alles, was er weiter in der Sachen fürzubringen, Gerichtlich übergeben, und dan hierauff schrifftlich beschliessen.

Von Ayden, so zu Ergäntzung vorgeleisteter Kundschafft vollnführet werden.
Titulus XXXVI.

Ob jemand sein *Intent* und Fürbingen *semiplenè* und doch nicht gnugsam hätte erwiesen, so wird der Ayd *in supplementum,* das ist zu Erfüllung der vollkommenen Beweisung ertheilt, ob aber, auch wie, und welcher Parthey solcher Aydt zu *deferi*ren, stehet zu Unser Hoff-Richter und *Assessoren* Ermessen, welche die Sachen mit allen Umbständen, Anzeig und Vermuhtungen, sonders Fleiß sollen erwegen, in was Ansehen, Ehr und Dapfferkeit jede Parthey sey, und der Sachen am besten Wissenschafft habe, was jeder Theil vor dem anderen erwiesen, auch derhalben stärckere und bessere Vermuhtung vor sich habe; Alsdan mag auß erst erzehlten, auch anderen dergleichen Bewegnüssen, nach rechtlicher Erkentnüß dieser Aydt durch den Principaln in eigener Persohn, oder sonsten auff desselben erhebliche Verhinderung, ehehaffter Geschäfften oder Schwachheit, durch seinen darzu gnugsam und *in specie* gevollmächtigten Anwaldt zu erstatten wol aufferlegt werden.

Von Beweisung durch den Augenschein. *Titulus XXXVII.*

Beweisung durch Augenscheinliche Besichtigung, mag vor, oder auch, wan es *ante conclusionem* begehrt, nach Beschluß der Sachen, oder auch da es gleich von keiner Parthey begehrt, durch unsern Hoff-Richter und *Assessoren* aus Richterlichem Ambt und erheischender Nohturfft, doch vermitz Wiedertheils vorgehender Rechtlicher Verkündung und Beyforderung zugelassen und eingenommen werden.

Von *Publication* der Zeugnüß, und wie darnach ferner, biß zum Beschluß der Sachen gehandelt werden sol. *Titulus XXXVIII.*

[1] Nach Verscheinung der Zeit, so zur Beweisung gegeben, und derselben Vollnführung, sol alsobald auff Ansuchen der Partheyen, der Zeugen Sag und Kundschafft, auch andere einbrachte Beweisung *publicir*t, dem *Producenten Communicatio desuper expediti Rotuli,* und seinem Gegentheil davon Abschrifft, auch ob er wieder dieselbe Außsag, und alles anders einbringen, zu reden und zu handlen hätte, sechs Wochen, oder nach Gelegenheit und Gestalt der *Attestation*en, und der Sachen Wichtigkeit, zweyer Monaten Frist zugelassen werden; Oder wolte die Gegenparthey dawieder alsobald, und nur durch gemeine Einrede, mit Begebung weiterer schrifftlicher Handlung schliessen, sol sie auff diesem oder negst folgenden *Termin* zu thuen Macht haben.

[2] Wo aber Gegentheil in solche *Publication* nicht willigen, sondern *reprobando* gerad das Gegenspiel beweisen wolte, sol mit Eröffnung der Zeugen Sagen eingehalten, und hierzu *Termin* angesetzt werden, dan wan die Zeugen Sagen eröffnet, und den Partheyen zugestellet, kan kein Beweiß, so gerad auff das Wiederspiel gesetzt, das ist *probatio directè contraria,* statt haben.

[3] Welcher sonsten soch Beweiß nicht gerad auff das Wiederspiel gerichtet, oder wolte sonsten wieder der Zeugen Persohn eingerdet, und die angefochten werden, so mag solch anmassender Theil nicht destoweniger, nach Eröffnung der Zeugen Sage, seinen nohtürftigen Gegenweiß [sic!] und weitere Zeugen, die im Rechten genent werden *reprobatorij probatoriorum,* führen, zu welchem Fall dan dem Gegentheil wieder solche *reprobatorios* auch Zeugen fürzustellen erlaubt, *reprobatorij reprobatoriorum* genent, darüber dan weiter und keine Zeugen zu Wiederachtung der Zeugen Persohn zulässig.

[4] Da aber *producir*ender Theil seiner Zeugen Außsagen gesehen, erlernet, und erfahren, wird ihme fernere Zeugenführung, umb gefährliche *Subornation* zu vermeiden nicht zugelassen, es wären dan merckliche im Recht begründete und

zulässige Ursachen vorhanden, die Unser Hoff-Richter und *Assessoren* darzu erheblich finden und erwegen mögten.

[5] Es mögen auch zu zeiten die vorhin abgehörte Zeugen, von wegen unlauterer und zweiffelhaffter Außsag, so das unser Hoff-Richter und *Assessoren* für nohtwendig ansehen, *ex officio reexamini*rt, jedoch sol hiebey guter Fleiß gethan, damit kein verdächtiger Unterricht oder Anstifftung mit denselben Zeugen gebraucht, sondern alle Gefährligkeit vermieden und fürkommen werde.

[6] Desgleichen wo die Kundschafften bey dem Gericht verlegt, oder verlohren, mag man auch in solchem Fall (wie oben vermeldet) die verhörten Zeugen *repeti*ren und *examini*ren, doch auf Kösten dessen, durch welches Fahrlässigkeit und Säumnüß die Verliehrung verursachet und hergeflossen.

[7] So nun also die Gerichtlich vollenführte und einbrachte Beweisung eröffnet, *Rotul* und Copey darauff zu handlen mitgetheilt, wil dan *Producent* seine *Probation-* oder *Salvation*-Schrifft einbringen, soll er darzu Zeit sechs Wochen, oder endlich zweier Monaten, und dagegen sein Wiedertheil, *Exception-* und Gegen-Schrifft inner gleicher Zeit zu übergeben haben.

[8] Auff solche *Exception* soll dem andern Theil hinwieder seine *Replic-* und Gegenschrifft, auch *omnia* zu *produci*ren zugelassen, und darzu gleichfals sechs Wochen, oder zwey Monat, so dan der Gegen-Parthey zu Einbringung seiner *Duplic*-Schrifft, und in derselben *omnia* zu *produci*ren selbige Zeit hiemit gegen einander angesetzt seyn.

[9] Darauff man hernach schrifft- oder mündlich *Conclusiones* (in welchen doch nichts neues, dan ob allererst solches neulich erfahren, auch also mit dem Ayd zu erhalten wäre, soll fürgewendet werden) soll einzubringen haben.

[10] Ebener Massen soll der andere Theil gleichfals seine schrifftliche *Conclusiones,* jedoch darein negstberührter Gestalt, auch nichts neues einzulegen, oder aber mündlich alsbald zu beschliessen haben.

[11] Wo aber einig Theil ausser gegründeten Ursachen, auff diese *Terminen* zu Recht nicht beschliessen thäte, soll die Sache auß Richterlichem Ambt ohne fernere Erkändnüs für beschlossen angenommen, und darauff den Partheyen etwas weiters in Recht fürzubringen, oder einigen Beweiß mehr zu thun, nicht verstattet werden.

[12] So aber etwas Neues nach der Sachen Beschluß verfält, und solches der begehrender Theil vermittels Aydts betheuren möchte, soll ihme *Rescissionem Conclusionis* zu bitten, und solch weiter Fürbringen einzuwenden, vorbehalten und unbenommen seyn; Auch darin Rechtliche Erkäntnüs erfolgen.

[13] Es mögen auch Unser Hoff-Richter und *Assessores* jederzeit vor sich selbst von Ambts wegen, der Sachen Gelegenheit und Nohturfft nach, den Beschluß *rescindi*ren, und im Handel fürnehmen, was sie in deme dienlich zu sein erachten.

[14] So hat auch jede Parthey Macht, wan seines Bedünckens durch den Gegentheil nichts Neues oder Erhebliches fürbracht, alßbald mündlich zu beschliessen,

und so das beschicht, soll Gegentheil auch gleicher gestalt mündlich zu *concludi*ren, ohne weitere *Termin* und Zeitgebung gehalten und verbunden sein, es wäre dan etwas Neues so er mit seinem Ayd betheuren möchte, fürgefallen.

[15] So aber sonsten eine Parthey die andere, mit schneller verfänglicher Beschliessung übereilen wolte, das sol nicht gestattet, sondern hierin dieser Ordnung richtig nachgangen und gelebt werden.

[16] Dem allen nach, sollen auff Eröffnung der Zeugen Sagen mehr Schrifften, als obstehet, nicht zulässig sein, es wäre dan, daß der Sachen Wichtigkeit, und der Partheyen unumbgängliche Nohturfft ein anders, als *hinc inde* weiters *triplicando & quadruplicando respectivè* zu handlen, und dan endlich zu *concludi*ren erforderte, welches doch ohne grosse ehehaffte und rechtmässige Ursachen nicht, auch jederweil mit vorgehender Unsers Hoff-Richters und *Assessoren* Erkäntnüß geschehen sol.

[17] Dieweil sich auch befindet, daß die *Advocaten* bißweilen in solchen negst obberührten hauptsachlichen Handlungen, entweder aus Auffhalt, oder daß sie sonsten wegen Vielheit überladener Geschäfften in gebührenden und gehabten *Terminen* nicht fertig worden, noch weitere Fristen gehaben können, oder dieselbe sonsten unachtsam und verabsäumlich hintreiben lassen auff *excogiti*rte Neben-*Puncten* einen Absprung machen, und darzu zu Stellung der Hauptsachen darmit absonderliche Proceß und *Disputationes causi*ren, dardurch dan die Sachen mercklich gestrecket, auch die Partheyen in vergebliche Kösten und Schaden geführt werden, solchem fürzukommen, wollen Wir, daß man die Nohturfften nicht *separatim,* sondern neben und mit der Haubthandlungen zugleich einbringen, das alles Unser Hoff-Richter und *Assessoren* in gute Auffachtung nehmen, und mit nichten ein Wiedriges einschleichen lassen sollen.

Von *Contumacien* und Ungehorsahm des nicht erscheinenden Klägers oder Beklagtens in erster *Instantz.* *Titulus XXXIX.*

[1] Wan eine Parthey aus Rechtlichem Aufflegen, oder sonst vermög dieser Ordnung zu handeln schuldig, darin aber verzüglich oder ungehorsam, sol *ob contumaciam* zu sambt der Pöen gemeiner Rechten, der andere Theil zu fernerer Handlung und in der Sachen zu *procedi*ren zugelassen, der Ungehorsamer in Kösten und Schaden ertheilet, und so er die nach Ermessen des Gerichts entrichtet, dan erst in dem Stand, wie die Sachen und Proceß befunden, fürter zu handlen verstattet werden.

[2] Und erstlich, was den Kläger belangt, so der oder dessen Anwald, auff bestimbten Rechts-Tag nicht erschiene, sol Beklagter aus nachfolgenden Mittelen, und wegen ein, nach selbsten Willkühr an Hand zu nehmen Macht haben:

Nehmlich, kan der Kläger geruffen zu werden begehrt, und da er nach so beschehenen zugelassenen Ruffen bey ungehorsamen Außbleiben befunden, die Gerichts-Kosten abzulegen erkant, auch Beklagter auf sein Begehren von der Ladung *absolvi*rt werden, doch daß durch solche Erkentnüß dem Kläger, nach Abrichtung des ertheilten Schadens, seine Sachen wiederumb rechtlich fürzunehmen, und Beklagten von newen zu *citi*ren unbenommen sein.

[3] Wo aber Beklagter vermerckt, daß Kläger jenen ohne rechtmässige Fürderung umbzutreiben, oder ungebührliche Erlängerung und Auffzug zu suchen vor hätte, mag Beklagter vor den zweyten Weg dem Klägern eine nahmliche Zeit zu Eröffnung seiner Klag anzusetzen, oder wo er das nicht thäte, ihme ein ewig stillschweigen auffzulegen bitten, welches ihme auch also wiederfahren sol.

[4] Wäre sonst die Sache mit Klag und Antwort, auch nohtürfftiger Beweisung *instrui*rt, so mögen Unsere Hoff-Richter und *Assessores in contumaciam* lassen verfahren, und für dem Kläger oder Beklagten, je nach Gestalt des Handels urtheilen, doch sol in solchem Fall der gehorsame Theil, ob gleich wieder ihn gesprochen wird, die Gerichts-Kosten abzulegen nicht schuldig sein.

[5] Was Beklagtens Ungehorsam belanget, so dan derselbe auff einigen *Termin* aussen bliebe, kan der Kläger wieder ihn auch Ruffen bitten, und wan das also erkant und beschehen, aber Beklagter allnoch zum negsten Gerichts-Tag und *Termin* gebührender Weiß nicht erschiene, in der Haubtsachen *procedi*ren, und sein Recht und Fuge fürbringen.

[6] Da aber Klägern das ungelegen, oder auch Beklagter dardurch nicht zu recht zu bringen wäre, mag Kläger in *Real*-Klagten bitten, sich auff beschehen Ruffen und erkantem Ungehorsam in das angesprochen Gut *ex primo Decreto* zu *immitti*ren.

[7] Sonst in *Personal*-Außsprachen, mag *ob contumaciam* in Beklagtens Güter gemeine Einsetzung, nach Maaß und Grösse erklährter und *liquidi*rter Schuld begehrt, doch sol in obgemelten beyden Fällen dem Beklagten durch newe Ladung zuvor verkündet werden, solche Einsatzung zu beschehen zusehen, und anzuhören, oder redliche Ursachen, warumb nicht, anzuzeigen.

[8] So nun die Einsatzung aus erster Erkantnüs also fürgangen, und der ungehorsame Theil dem Kläger Köst- und Schaden entrichtete, auch (alles inner Jahrs Frist nach erster *Immission)* Sicherung thäte, die Sache wie recht außzuführen, sol solche erkante Einsatzung abgethan, und in der Haubtsache verfahren werden.

[9] Beschähe das aber nicht, mag nach Verlauff eines Jahrs, von voriger Einsatzung an zu rechnen, zu der Einsatzung aus dem zweyten *Decret,* wie die Rechte zu geben, oder auch wol aus rechtmässigen bewegenden Ursachen, und Erkäntnüß Unser Hoff-Richter und *Assessoren,* vor Außgang des Jahrs, zu der Einsatzung *ex secundo Decreto,* sonderlich *in personalibus* verfahren werden.

[10] Und wan die *Immissio ex secundo Decreto* ergangen, wird Kläger bey dem angesprochenen Gut so lange biß er von Beklagten mit Recht darauß wiederumb erwonnen, gehandhabt, und dergestalt Beklagter zum Kläger gemacht, auch mit dem Beweiß beladen.

[11] Letzlich, sol auch Klägern erlaubt sein, auff seines Gegentheils erkanten Ungehorsam von Unserm Hoff-Gericht *poenale Monitorium vel Praeceptum* außzubringen, und darin gebotten werden nochmahls auff einen bestimbten Tag, bey Vermeidung angedroheter Pöen in Recht zu erscheinen und zu handlen, oder im Fall längeren Außbleibens, zusehen jenen *in poenam* zu *declari*ren, und zu deren *Exaction* auch ebenwol in andere schärffere Wege wieder ihn zu *procedi*ren.

Von Proceß und Terminen in zweyter *Instantz*, und erstlich wie *Appellant* auff den in der Ladung bestimbten *Termin* erscheinen und handlen soll. *Titulus XL.*

[1] Obwol die *Terminen* und Processen in zweyter *Instantz* und *Appellation*-Sachen fast nach Art und Ordnung der ersten *Instantz* sein zu halten, dieweil jedoch bey dieser *Instantz* zu zeiten allerhand Sachen, so in erster Rechtfertigung nicht einkommen, sich zutragen, auch offt die eine *Appellation*-Sache anders, dan die andere geschaffen, als werden auch die *Terminen* bißweilen ungleich und anders müssen gehalten werden.

[2] So nun jemand in- oder ausserhalb Gerichts *gravi*rt, mag derselbe *infra Decendium coram Notario & Testibus,* oder vor dem Richter voriger *Instantz appelli*ren, oder auch sonsten *Appellation*-Zettul Unserm Hoff-Richter und *Assessoren,* inner solcher Zeit überreichen, und wan also rechtmässige Beruffung geschehen, sol selbige *Appellatio* bey Unserm Hoff-Geicht in Zeit zweyer Monaten, wie oben verordnet, anbracht, eingeführt, darauff zu rechtlicher Vollnführung, Ladung, *Compulsoriales,* auch wo noht und zulässig, *inhibition* erkent, und auff des *Appellanten,* oder seines Machthabenden, oder *de rato cavi*renden Anwaldts anhalten, dem *Appellant*en [sic! Appellaten?] und vorigen Richter gebührlich, wie in Sachen erster *Instantz* angezeigt, verkündet werden.

[3] Und sol *Appellantis Procurator* in dem ersten *Citationis praefixo Termino,* neben Einbringung seines Gewalts, die abgangene Proceß, Ladung, *inhibition,* und *Compulsorialen,* mit ihrer auffgezeichneter *insinuation,* zu *Fundi*rung dieses Gerichts-Zwangs, und daneben *pro justificatione formalium, instrumentum Appellationis reproduci*ren, solchen Gewalt und *Appellation exadverso agnosci*ren lassen; So dan *Acta* voriger *Instantz,* und damit zugleich und alsobald die *Appellation*-Klag *Articuls*-Weise, wofern man sonsten die Klag-*Puncten* zu *articuli*ren

bedacht, fürbringen, darin *formalia Appellationis* unterschiedlich anzeigen, die der Gebühr und rechtlicher Ordnung gemäß *verifici*ren, auch damit zugleich *litem affirmativè contesti*ren.

[4] Und zu mehrer Fürderung der Sachen sol *Appellant* schuldig sein, es wären *Reverentiales* oder *Refutatorij*, oder deren keine für *apostell* gegeben, unter dreissig Tagen, nach beschehener *Appellation*, bey dem vorigen Richter umb Fertigung der *Acten* anzusuchen darauff auch der Richter die unverzüglich sol fertigen lassen, und umb zimliche Belohnung mittheilen, damit *Appellant* an fürderlicher Außführung seiner *Appellation* nicht behindert würde.

[5] Wie Wir dan hiemit Unseren Unter-Gerichten ins ins gemein mit ernsten Befehl aufflegen, den *Appellant*en an Außbringung und Mittheilung der *Acten* gefährlich nicht auffzuhalten, sondern auff sein oder seines Macht-Botten Ansuchen, ohne allen Mangel und Säumen, mit gäntzlicher *inseri*rung alles und jedes, so wol was vor der Urtheil, als darunter und darnach einbracht, erkent, gehandelt, oder fürgenommen, gegen zimliche Belohnung zu *edi*ren, und sonderlich den Tag der *Appellation*, und ob bey sitzendem Gericht, oder nicht, oder welcher Maaß *appelli*rt, eigentlich außzudrücken, und unter ihrem Siegel außfolgen zu lassen, desgleichen ihre Schreibere anzuhalten, der Partheyen Fürträg und alle Handlung, sonderlich in Sachen, davon *appelli*rt werden mögte, eigentlich auffzuschreiben.

[6] Und ob die *Compulsoriales* gleich zu Anfang, neben und mit der Ladung nicht außgiengen, sol doch *appelli*render Theil auffs längste *in hoc primo Termino* dieselbe zu nehmen schuldig sein, oder wo das unterlassen, und verabsäumet würde, der *Appellant* [sic! Appelat?] auff sein Anhalten von der außgangener Ladung *absolvi*rt werden.

[7] Würden aber vom Richtern voriger *Instantz* auff außgangene und verkündete *Compulsoriales* die *Acta* vollkomlich und der Gebühr zu *edi*ren geweigert oder verzogen, mag *Appellant* und Unser *Fiscal* auff die angedrohete Pöen *procedi*ren, darin auch Unser Hoff-Richter und *Assessores* denselben mit gebührender *Declaration* und Einziehung solcher Pöen, wie sich vermög der Rechten gebührt, ohne Weitläufftigkeit sollen verholffen sein; Neben dem auch voriger *Instantz* ungehorsamer Richter der Parthey den Schaden und Kösten, darin sie durch solch der *Acten* Verweigeren und Auffhalt geführet, nach Erkäntnüß Unser Hoff-Richter und *Assessoren* abzulegen schuldig sein.

[8] So aber die *Acta* vor dem ersten *Termin* von dem Unter-Richter *appellanti* zugestellet, sollen dieselbe neben der *Appellation*-Klag, wie obstehet, in diesem ersten *Termin* einbracht, oder ob die verschlossene *edi*rt, alsbald so beschlossen, Unserm Hoff-Richter und *Assessoren* eingehändigt, und von denen in Beysein des Hoff-Gerichts *Secretarij* ohne Verletzung der Siegel eröffnet, und *Appellanti*, Gestalt *in primo Termino* mit seiner Klag gefast zu sein, *communici*rt, sonsten vor solcher Einbringung der *Acten*, wieder *Appellan*ten, so lange es an seinem müglichen Fleiß

nicht ermangelt, umb nachbleibenden und hindersahmen *libelli*rens willen nicht angeruffen werden.

[9] Ferner, da beneben der Ladung *inhibitio* ergangen, und verkündet, sol der *Appellant* auff diesem *Termin* die auch *reproduci*ren, und ob deren entgegen etwas *attenti*rt und fürgenommen, auf die Pöen wie obstehet, geklagt und verfahren werden, oder da keine *inhibitio* außgangen, und demnegst *attenti*rt, solcher *innovation* halber in Schrifften zu handlen, und deren *Revocation* zu begehren frey stehen und zugelassen sein.

[10] In welchem *puncto attentatorum,* da die Abschaffung der Newerung, wie imgleichen *in puncto inhibitionis,* da *poenae Declaratio* gebetten, kein ordentlicher zierlicher Proceß sol geführt, sondern nur *Judicis officio implorato* die *attentata & contraventio articuli*rt, und darauff dem Gegentheil, wie sich zu recht gebühret, Einred und Antwort zu thuen, Monats Frist angesetzet, auch solche *Articul,* ob die verneinet, wo sie *pertinentes,* fürträglich, und zulässig, auff klagender Parthey Begehren in sicher Zeit zu beweisen zugelassen, und mit solcher *probation* und dieses *Puncts* Beschluß zum schleunigsten verfahren werden.

[11] *Inhibitiones in Appellationibus* belangend, wollen Wir, wan *à definitiva, vel vim definitivae habente appelli*rt, der Richter *à quo,* habe der *Appellation deferi*rt, oder nicht, daß *indistinctè* die gebettene *Inhibitio* sol erkent werden, ausserhalb folgender Fällen: Nehmlich *in possessorio retinendae,* da der *Appellat* in Besitz, oder wan man der *Jurisdiction* halber noch in Zweiffel stünde, oder sonsten *jure communi* die *Appellatio* verbotten wäre.

[12] Wan aber von einer gemeinen *Interlocutori,* die doch *appellabilis, appellirt* würde, sol nach Inhalt gemeiner beschriebener Rechten (es wäre dan *Evidens periculum in morâ,* oder daß daraus *Damnum irreparabile* erfolgen müste, welches doch zuvor sol bescheint werden) vor der Kriegs-Befestigung, oder zum wenigsten, ehe der Gegentheil darüber gehört, keine *Inhibitio* erkent werden.

Von anderen nachfolgenden Terminen, in zweyter *Instantz,* wie und was in denselben gehandelt werden sol. *Titulus XLI.*

[1] Hätte der *Appellat contra formalia Appellationis* oder *Devolutionem* einzureden, oder sonsten andere verzügliche *Exceptiones* fürzuwenden, die sol man in diesem angesetzten Termin sambtlich und in Schrifften *articulatim* fürbringen, darauff ferner *replicando & duplicando* handlen und verfahren, wie droben von den *Dilatorijs* geordnet, jedoch in solchen *Exceptionibus* die Haubtsache vergebentlich einzuziehen, und zu *disputi*ren unterlassen bleiben.

[2] Hätte aber *Appellat* mit dergleichen *Exceptionibus* die *Appellation* nicht anzufechten, auch *Appelant Formalia,* durch Einbringung der Gerichts-*Acten, Appellation-Instruments,* oder sonsten der Gebühr *justifici*rt, sol der *Appellat* in diesem *Termin* auf die fürbrachte Beschwernüß und Klag-*Articulen* zu antworten, und den Krieg in gemeiner Weiß in wenig Worten zu befestigen, auch *Juramentum Calumniae,* so das beyde oder eine Parthey begehrte, zu leisten schuldig sein.

[3] Der *Appellant* sol nach so gethaner Antwort und Kriegs-Befestigung, da er nicht anders, dan was in voriger *Instantz & libello appellatorio* fürbracht, zu beweisen und einzubringen hätte, alsobald mündlich beschliessen, oder ihm auff sein Begehren *Terminus producendi omnia & concludendi* auff Zeit eines Monats oder sechs Wochen angesetzet, darauff *appellato* ein solches gleicher Gestalt alsobald, oder in so viel gleicher Frist zu thuen aufferlegt, und weitere Schrifften nicht zugelassen werden.

[4] Hätten aber *Appellant* oder *Appellat* etwas newes oder weiters, dan in erster *Instantz* einkommen (welche newe Klag-*Articul* doch, deren in erster *Instantz* einbrachter Klag sollen gemäß, und daraus gezogen, aber darauff andere Sachen, darumb zuvor nicht geklaget und gehandelt, nicht gestelt sein) *articuli*rt und einbracht, und dasselbige von newen oder weiter darzuthun und zu *probi*ren, sol in diesem *Termin* die *articuli*rte Klag an statt der *Articul repeti*rt, und darauff ferner mit Beweisung, und anderen *Terminen* biß zum Beschluß und End der *Appellation*-Sachen *procedi*rt werden, in aller massen, wie oben bey den *Terminen* erster *Instantz* ist angezeiget und verordnet worden.

[5] *Item* ob die Gegenparthey *peremptorias* der andere *Exceptiones* von newen einbringen und beweisen wolte, damit stehet es zu halten, wie in den *Terminen* und sonsten oben von den *Peremptorijs* angezeiget.

[6] Da von Beschwerden oder Bey-Urtheilen, die nicht Krafft einer End-Urtheil hätten, *appelli*rt, ist unnöthig obgemelte *Terminen* zu halten, sondern mag *Appellant Instrumentum vel scedulam* an statt *Appellationis* mündlich oder in Schrifften *repeti*ren, und darauff mit wenig Worten begehren zu erkennen, daß nichtig oder übel geurtheilet, und wol *appelli*rt sey.

[7] Darauff dem Wiedertheil, wo er dan mit Antwort ungefast, auff sein Begehren Monats Frist zu solcher Antwortung angesetzet, und wo alsdan auf dessen Verneinung dem *Appellan*ten noht wäre zu beweisen, daß sol ihme zugelassen, und damit, wie oben vermeldet, gehalten werden.

Von Nüllität und Nichtigkeit der Urtheilen, und welcher Gestalt darin *procedi*rt werden soll. *Titulus XLII.*

[1] So jemand ein gesprochen Urtheil aus Grund der *Nulli*tät, *incidenter* und nicht *principaliter* anfechten wolte, sol er das sambt der Klag auff die *iniqui*tät, Beschwerden und Ungerechtigkeit deroselben Urtheil, *alternativè* und mit einander *specificè* einzubringen, und damit *simultaneo processu*, und zugleich auff alle hie oben in *Appellation*-Sachen gesetzte *Terminen*, zu Verhütung zweyfacher Rechtfertigung und gefährlicher Erlängerung zu *procedi*ren schuldig sein, es wäre dan, daß *in actis prioris instantiae* eine so offentliche *Nulli*tät begangen und befunden, alsdan Unser Hoff-Richter und *Assessores*, auch *ante litis contestationem, & ex officio* darüber zu sprechen und erkennen.

[2] Wo von Urtheilen nicht *appelli*rt, sondern dargegen auff die *Nulli*tät, *principaliter* und alleinig geklagt, derenthalben sol, wie in anderen Sachen *simplicis querelae procedi*rt werden.

[3] Würde sich aber befinden, daß die *Nulli*tät muhtwillig getrieben, und fürgeschützet, sol die daran schuldige Parthey unserm *Fisco*, mit einer Pöen nach Gelegenheit und Wichtigkeit der Sachen, und Unser Hoff-Richter und Beysitzer Erkäntnüß verfallen, auch dem Gegentheil, alle dardurch verursachte und auffgedrungene Unkosten zu erstatten schuldig sein.

Welcher Gestalt obgemelte Terminen, in erster und zweyter *Instantz* gehalten oder gemässiget, auch wie die nicht gehaltene *Terminen* gebessert und erhohlet werden sollen. *Titulus XLIII.*

[1] Dieweil fast allenthalben über Auffhalt und langweilig Umbtreiben von den in Recht streitenden und klagenden Partheyen *queruli*rt, damit dan dißfals solches alles, so viel müglich, abgewendet, und männiglichen zu fürderlichem Gleich und Rechten gedeylich und außträglich verholffen werde; So ordnen und wollen Wir, daß ein jeder *Procurator* in Fürbringung und Außführung der Sachen obgemelter massen, mit Haltung der Terminen, so wol erster als zweyter *instantz*, bey Unser ernster willkührlicher Geld- und ander, oder auch Straff der *Remotion* sich Unserer Ordnung durchaus gemäß verhalten, deren in allen geleben, nachkommen, und ihr keiner dem anderen *tacitè vel expressè* längere oder mehre Frist, dan obstehet, gestatten, noch verhengen, sonst aber die *Terminen* zu *anticipi*ren und *praevenij*ren Macht haben sol.

[2] Wäre sonsten der Sachen Geringigkeit oder Wichtigkeit also gestaltet, daß die *Dilationes* und *Terminen* etwa gekürtzet, eingezogen und abgeschnitten, oder auch weiter und länger (so doch ohne sondere grosse wahre und erfindliche unumbgängliche ehehaffte Noht nicht leicht geschehen sol) müsten gegeben werden; So sollen Unsere Hoff-Richter und *Assessores* Macht haben, auff bittlich Anruffen, oder *ex officio* nach Gestalt und Gelegenheit der Sachen, Händel und Partheyen, die bestimbte *Terminen* zu mässigen, mehr oder weniger zu geben, auch weitere Schrifften über die Ordnung, als *Triplicas, Quadruplicas,* und der gleichen (doch in gewisser Anzahl und beyden Theilen gleich) zuzulassen, und darüber den Partheyen, daß solches ihre hohe Nohturfft, also und nicht anders erforderte, die vorgehende Aydts-Betheurung auffzulegen.

[3] Ferner begebe sich, daß die *Procuratores* an Haltung der *Substantial-Terminen,* wie sie vermög der Rechten und dieser Ordnung zu thuen schuldig, säumig und unterlässig wären, oder sonsten auch unförmlich gehandelt hätten, solches dan zu verbesseren, sollen sie nicht thuen, mit Wiedervorbringung vorigen Schrifften, sondern mit wenig Worten die *Terminen,* so nicht recht oder gar nicht gehalten, von newen, den Rechten und dieser Ordnung gemäß halten, und alsdan darauff, was sonst hernach durch sie förmlich gehandelt und fürbracht, mit schlechten Worten *repeti*ren, erneweren, bewilligen, und bekräfftigen, darauff dan in Sachen, wie sichs gebühret, *concludi*ren.

[4] Letzlich, ob unter den *Procuratoren* umb ein oder mehr *Terminen* Streit einfiele, sollen Unsere Hoff-Richter und *Assessores* darüber *in eadem Audientia* mündlichen Bescheid geben, und den *Termin* nach Gestalt der Sachen mässigen.

Von *Contumacien* und Ungehorsamb des nicht erscheinenden *Appellanten* oder *Appellaten* in zweyter *Instantz.* *Titulus XLIV.*

[1] Was oben von *Terminen* in zweyter *Instantz* geordnet, sol verstanden werden, in Sachen, da beyde Theile zugegen sein, so aber ein Theil und erstlich der *Appellant* nach außgangener Ladung außbliebe, oder da er einmahl erschienen, vor oder nach der Kriegs-Befestigung ungehorsam sein würde, sol dem *Appellaten* zugelassen sein, sich der Wege, wie oben *Tit. 39.* von des Klägers Ungehorsamb in erster *Instantz* gesetzet, gegen ihne zu gebrauchen; Neben dem sol dem *Appellaten,* so er sich der *Appellation* behelffen wolte, gegen den ungehorsamen *Appellanten,* so in Recht nicht erschiene, zu *libelli*ren, und darauff wie sich zu recht gebühret, zu *procedi*ren zugelassen sein.

[2] Doch sol in diesem Fall der *Appellat,* so auff Ungehorsamb des anderen Theils also handlen wolte, zuvorderst *Formalia Appellationis,* zu Begründung der

Jurisdiction beweisen, und darnach allererst seine Meinung und Begehren, wie obstehet, darzu *Acta* erster *Instantz* fürbringen, und so er nichts newes einzuwenden, auff vorige *Acta* zu beschliessen, Fug und Macht haben, sonsten wo *Appellatus* etwas newes einzulegen oder zu beweisen hätte, sol ihm das zugelassen, und damit wie oben versehen, gehalten werden.

[3] Wo aber der *Appellat* aus Ungehorsamb nicht erschiene, sol gleichfals dem *Appellanten* deren von des Beklagten Ungehorsamb obengesetzten wegen, einen fürzunehmen, und darin zu handlen zulässig sein, und sonderlich, so er in der Haubtsachen vollnfahren wolte, vor allen Dingen *Formalia Appellationis* beweisen, und rechtfertigen, darnach sein *Libell* oder Klag der Beschwerung fürwenden, und in Sachen *procedi*ren, wie oben außgedrückt.

[4] Thäte nun der ungehorsame *Appellant* oder *Appellat* nachmahls erscheinen, es wäre nach einem, mehr, oder allen *Terminen,* sol in dem Stand, wie er die Sache und Proceß findet, ferner zu handelen zugelassen, und gehört werden, doch zuvor dem gehorsamen Theil alle Köst- und Schaden seines Ungehorsambs halber erlitten, nach Gerichtlichen Ermessen, ohne allen Verzug und Auffhalt Erstattung thuen.

[5] Würde aber die Parthey, wieder welche *in Contumaciam* so wol *in causis simplicis querelae* als *Appellationis procedi*rt, folgends erscheinen, und Ursachen fürbringen, warumb sie nicht ungehorsam wäre, noch erkant sein solte, noch daher einige Köst- und Schaden zu bekehren schuldig, auch das jenige, so auff solchem Ungehorsamb gefolget, sol nichtig erkant, abgethan, und *revoci*rt werden, darin sollen Unsere Hoff-Richter und *Assessores* demselben anmassenden Theil, so viel recht ist, hören und zulassen.

Von *Extraordinari* und *Summari* Sachen, und wie in denselben *procedi*rt werden soll. *Titulus XLV.*

[1] Nachdem von Recht etzliche *Extraordinari* und *Summari* Sachen sein, in welchen obgesetzte Ordnung erster und zweyter *Instantz* nicht gehalten, sondern dieselbe *summariè* und kürtzlich ihrer Art, Natur und Eigenschafft nach, verhandelt werden müssen, wan dan solche Sachen *in prima Instantia*, oder auch durch *Appellation* an Uns und Unser Hoff-Gericht erwachsen, so sol erstlich die klagende oder begehrende Parthey, sie Sache, darumb Beklagter abzuladen sey, dermassen klar und deutlich Unserm Hoff-Richter und *Assessoren* vermelden, daß man darauß zu vermercken, ob sie *summari*sch oder nicht sey, welches dan auch der *Citation inseri*rt, und so viel Zeit, daß Beklagter erscheinen könne, darin angesetzt werden.

[2] Da dan die *citi*rte Parthey also *in Termino* erschienen, sol Klägers Anwald zuvordrist, wie oben verordnet, sich *qualifici*ren, seine Klag *articuli*rt *medio Juramento Dandorum* eingeben, und den Krieg Rechtens *affirmativè* befestigen.

[3] Darauff sol Beklagter vermitz gleicher *Legitimation* einwendig dreyer Wochen, oder vierzehn Tagen ebener Weiß den Krieg Rechtens befestigen, und seine *Responsiones medio Juramento Respondendorum,* neben und mit seinen angehenckten *Exceptional, Defensional,* oder *Peremptorial-Articulen,* ob und was er deren hätte, übergeben; Und sol alsdan, zu Beweisung gegeneinander fürbrachter *Articul,* einem oder beydem Theil Zeit sechs Wochen *statui*rt, aber keine *Prorogation,* noch die zweyte oder mehr *Dilationes* zugelassen werden, es wäre dan, daß sich Sachen und Fälle zutrügen, durch welche der beweisende Theil nohtwendig gehindert, daß ihme keines weges müglich gewesen, die Beweisung in angeregter Zeit zu verrichten, und dasselbige also bey seinem Aydt würde erhalten, auf welchem Fall noch ein *Termin ad probandum peremptoriè* sol angesetzet werden.

[4] Wan dan also das Beweiß zu allen Theilen geführt, einbracht und *publici*rt, sol einer jeden Parthey noch ein *Termin* zugelassen sein *ad excipiendum contrà factas probationes & ad producendum omnia,* und darauff ohne fernere *Termin* und Auffschub, die Sache für beschlossen geachtet, gehalten, und darüber Urtheil und Recht fürderlich gefället und *exequi*rt werden.

[5] Würden aber in diesen *Summari*-Sachen *in primo Termino* von Beklagtem einige *Dilatoriae Exceptiones* fürbracht, dagegen sol der Kläger alsobald, wo er darzu gefast, oder sonsten *ad primam vel secundam Juridicam* gehört, und zu Beweisung solcher *Exception* oder *Replic,* wo nöhtig allein ein kurtzer *Terminus* angesetzet, und darüber ohne Verstattung fernerer Frist, was recht, gesprochen, auch fürter laut dieser Unser Ordnung fortgefahren werden.

[6] Thäte sonst Beklagter in erst- oder zweyten *Termin* nicht dero Gebühr erscheinen, sol und mag der Kläger auff solchen Ungehorsamb in der Haubtsachen, oder sonst nach laut dieser Ordnung *procedi*ren, und würde dan hernacher Beklagter erscheinen, sol er zur Sachen allein in dem Stand, wie die befunden, gelassen, und ihme zu den verflossenen *Terminen* kein *Regress* oder Zutritt verstattet werden.

[7] Und damit man wissen möge, was *Causae Extraordinariae vel summariae* sein, folgen die hernach gesetzet, und nehmlich:

Causae Diffamationis.

Cognitio super interesse ejus, qui Judicio intervenit.

Causae ex onerationis Mandati.

Causae Dotis.

Causae miserabilium Personarum, Viduarum & Pupillorum, intra summam non appellabilem.

Tutorum & Curatorum petitio.

Causa Mandati de relaxandis captivis.

Causa Executionis.
Missio in possessionem.
Punctus Liquidationis.
Causa Restitutionis ob lapsum fatalium.
Causa Pignorationis.
Causa Possessorij momentanei Processus.
Causa Spolij.
Actio ad exhibendum.
Causae Alimentorum.
Petitio Possessionis ex Edicto Carboniano.
Petitio missionis in Possessionem ventris nomine.
Missio ex L. fin. C. de Edicto D. Adriani tollendo.
Petitio missionis in Possessionem absente Reo ex primo Decreto.
Causae Honorariorum & Mercedis.
Novi operis nunciationis.
Cautiones Damni infecti.
Si causa modica & Summa 20. Florenos aureos non excedat.
Si in mora sit periculum.
Si causa sit notoria.
Si Partes consentiant.
*Fiscal*ische *Process*en und Sachen

Von Urtheil-Fassung und deren Eröffnung.
Titulus XLVI.

[1] So bald nun in *ordinari*, oder *extraordinari* Sachen *definitivè* erster oder zweyter *Instantz* beschlossen, damit dan die Partheyen nicht lang auffgehalten, die Urtheil oder Bescheide, desto schleuniger und abhelfflicher ihre *Expedition* und gedeiligen Außschlag gewinnen; So ordnen und wollen Wir, daß erstlich auff geringe schlechte *Submissiones*, als *Ratione Termini, Dilationis, Litis Contestationis, Responsionis, Juramenti Calumniae, item* ob die Klag, Gewald, *Exception, Replic, Duplic,* und derogleichen zulässig, alsbalden, oder *ad proximam vel secundam Audientiam, ex Judiciali Protocollo & Productis,* Bescheid soll gegeben werden.

[2] Wo aber zu Fällung einer wichtigen *Interlocutori* und *Definitiv*-Urtheil, nicht allein des *Protocols*, sondern auch der vielen *Producten,* oder sowol *Assertori* als *Probatori Acten* Verlesung vonnöhten, so soll die *Interlocutori* in ein oder zweyen Monaten, und das End- oder *Defintiv*-Urtheil, in drey oder zum längsten vier Monaten abgesprochen, und die Partheyen darüber nicht verzogen, noch auffgehalten werden.

[3] Und sollen Unsere Hoff-Richter und Beysitzer, die Urtheil und Bescheide, nicht auff ihr Gutdüncken, eigen und den Rechten ungemäß *informi*rten Gewissen, sondern auf die algemeine beschriebene Rechten, Reichs-*Constitutionen,* und dieses Unsers Stiffts und Fürstenthumbs löbliche rechtmässige Ordnungen, auch erbahre redliche Gewonheiten (da die für sie bracht) alles nach vermög ihres Aydts, wie obstehet, fassen und außsprechen.

[4] Vor und zu solcher Verfassung sollen sie alle *Acta* und Handlung, auch alle Einlagen, Kundschafften, schrifftliche Urkunden, und was Gerichtlich mehr einbracht, gantz eigentlich und zum allerfleissigsten ersehen, und durchlesen, ob nach Besag der Rechten die Ladung, nohtürfftige *Legitimation,* und Verfassung des Krieges, und alle andere wesentliche Stücke und *Terminen* (wie hie oben angezeiget) nach jeder Sachen Gelegenheit, richtig beschehen, und fürgangen, *observi*rt, und in Acht gehalten werden.

[5] So nun der Proceß und Handel dermassen rechtmässiger Gestalt befunden, sol weiter sonderlich, was der Kläger in seiner Klag fürbracht und erwiesen, was darwieder *excipi*rt, und sonsten fürgewendet, auch ferner alles das , so von beyden Theilen, von Anfang biß zum endlichen Beschluß der Sachen, dem Haubt-Handel dienlich einkommen, in Acht genommen, und nach Unsers Hoff-Richters und *Assessoren* besten Verständnüß reifflich *ponderi*rt und erwogen werden.

[6] Wan nun obgeschriebener massen Unsere Hoff-Richter und *Assessores* der Sachen guten völligen und gnugsamen Verstand und Bericht eingenommen, sollen sie sich beysammen thuen, ein jeder unter ihnen seine Meinung, was er darin zu Recht spreche, auch aus was beständigen, gegründeten, red- und rechtlichen Ursachen, Grund und *Motiven* er also zu erkennen bewegt werde (welches doch bey ihren Uns gethanen Ayden und Pflichten, in gutem Geheimb sol gehalten und niemand offenbahrt werden) kürtzlich und verständlich, ohne alle gefährliche *Singulari*tät und Aufflehnung anzeigen und vermelden, auch was sie dan also alle, oder der mehrer Theil unter ihnen, nach gnugsamer Umbfrag beschliessen und erkennen, solches sol in Form eines Urtheils *concipi*rt, und folgends im sitzenden Hoff-Gericht, zu Anfang der *Audientz publici*rt, und durch Unseren *Secretarium* abgelesen werden.

[7] Hieran sollen Unser Hoff-Richter und *Assessores* sich weder durch Forcht, Drohen, Gewalt, Befehl, Geschäffte, noch einige andere Sachen oder Bewegnüß, von weme, wie, oder in wes Nahmen oder Schein das immer geschehen mögte, verhinderen lassen, sondern männiglichen hohes oder niederen Stands, ohne einige *Affection* bey ihren Ayden und Pflichten gleichmässig Recht sprechen und ertheilen.

[8] Begebe sich dan, daß sie *in votis & Decisionibus* zweyspaltig, auff jeglichem Theil gleich stünden, und der Urtheil nicht könten einig werden, oder sonsten aus erheblichen und bewegenden Ursachen selbst darin zu sprechen, Bedenckens trügen, oder daß auch die Partheyen solches selbst also begehrten; So können und mögen die *Acta* an eine unverdächtige berühmte *Universi*tät, oder andere bewehrte

unpartheyische Rechts-Gelehrten, umb Rechts-Belehrung auff der Partheyen Kösten verschickt, und die Urtheil also eingehohlet werden, thäte aber ein Theil der Verschickung sonderlich, der andere aber nicht begehren, sondern der Zulage zu dieser Behuff Beschwer tragen, so sol es auff des suchenden und andringenden Theils alleinige Kösten die Verschickung nicht destoweniger fürgehen, wan aber Hoff-Richter und *Assessores,* wie negst oben gemeldet, vor sich selbsten eine Nohturfft sein erachteten die *Acten* also verschicken, sollen, wie billig, beyde Theile die auffgehende Kösten und Beylagen zugleich tragen.

Von *Appellation,* so von Unserem Hoff-Gericht beschehen. *Titulus XLVII.*

[1] Wan jemand von Unserem oder Unser Hoff-Richter und *Assessoren* außgesprochenen End- oder Bey-Urtheilen als beschwehrt sich befindend *appelli*ren wolte, das sol ihme an die Römische Käyserliche Majestät, oder das löbliche Käyserliche Cammer-Gericht ohnbehindert zu thuen frey stehen; Es wäre dan, daß vermög allgemeiner Rechten, und dero im Reich außgangener *publici*rter Cammer-Gerichts, auch dieser Ordnungen und Abscheiden, das *appelli*ren nicht zulässig, in welchen Fällen Unser Hoff-Richter und *Assessores* erkennen, thuen, und geschehen lassen sollen, was sich nach Inhalt der Rechten, Reichs-Abschieden, und dieser Ordnung wolte gebühren.

[2] Dieweil aber je zu zeiten etliche Partheyen mehr aus Muhtwillen, Frevel, und zu außflüchtigen Auffhalt, oder Verhinderung und Entfliehung dero wollgesprochener Urtheil *Execution,* auch damit sie etwa ihren Gegentheilen desto länger umbtreiben, außmatten, und zu endlichem Verderb oder Verlassung der Sachen, oder zu ungebührlichen nachtheiligen und beschwerlichen Verträgen dringen, oder desto länger in Niessung der Güter sitzen und bleiben mögen, als aus Nohturfft und bessern verhoffenden Rechten *appelli*ren; Solchem, so viel möglich, bey diesen unfriedsahmen unruhigen und gefährlichen Läufften zu begegnen, ordnen und wollen Wir, daß von Unserm Hoff-Richtern und *Assessoren* keine *Appellatio,* wie obstehet, sol zugelassen, noch deren statt gethan werden, der *Appellant* thue dan selbst, oder durch seinen hierzu *special Mandat* habenden Vollmächtigten erst, und ehe er seine *Appellation* zu *prosequi*ren fürnimbt, einen Ayd zu Gott und auff das heilige Evangelium schweren und geloben, daß er gäntzlich glaube und dafür halte, wieder Recht beschwehret, und ihme *appelli*rens noht sein, auch besser Recht zu überkommen verhoffe, daß er auch solche *Appellation* nicht aus Frevel, noch zu Auffenthalt oder Verlängerung der Sachen gebrauche; Er sol auch alsobald dem *Appellaten* alle seine in unserm Stifft, oder anderswo vorhandene unbewegliche und gereide Güter *obligi*ren, oder wo die ungnugsam oder daran Mangel wäre, sonsten mit Bürgen oder Pfanden gnugsahme *Caution* und Sicherheit, oder wo

er die nicht hätte oder haben könte, *Juratoriam Cautionem* thuen und leisten, da er des Rechten verlüstig und niederfällig würde, dem *Appellaten* nicht allein Köst- und Schaden, nach Rechtlichem Ermessen, sondern auch der Sachen Erkäntnüß zu vergnügen, zu entrichten und gut zu machen.

[3] Wan dan derogestalt die *Appellatio* zulässig, entweder *judicialiter* oder sonsten *coram Judice causae vel Notario extrajudicialiter interponi*rt und geschehen, sol dieselbe jederweil unsern Hoff-Richter und *Assessoren insinui*rt, in recht gebührender Zeit daselbsten *apostoli* gebetten, erwartet, und dessen Schein und Urkund ans Käyserliche Cammer-Gericht genommen, sonsten aber keiner *Appellation* dahin statt gegeben werden.

[4] Wan dan auch bey Hoff-Richtern und *Assessoren* auff Käyserliche *Compulsoriales* umb *Acta* angehalten, sollen solche so wol *assertoria* als *probatoria vel rotulata,* wie auch *in Appellationibus prioris instantiae,* dergleichen *Acta* gantz *integrè,* vollständig und nicht offen, sondern verschlossen und versiegelt *edi*rt und außgefolget werden.

Der *Appellanten* Aydt.
Titulus XLVIII.

Die *Appellanten* sollen einen Aydt zu Gott und auff das heilige Evangelium schweren und geloben, daß sie gäntzlich glauben und dafür halten, wieder Recht beschwehrt, und ihnen *appelli*rens noht sein, auch besser Recht zu überkommen verhoffen, daß sie auch solche *Appellation* nicht aus Frevel, noch zu Aufenthalt, oder Verlängerung der Sachen gebrauchen, ohne Gefehrde.

Von *Revision*-Urtheilen, und Sachen, so ans Käyserliche Cammer-Gericht nicht erwachsen.
Titulus XLIX.

[1] Dieweil nunmehr vermöge der *in Anno 1600.* zu Speyer verabschiedeter *Visitation*-Handlung die *Appellationes,* da die *Summa* Haubt-Gelds unter dreyhundert Gulden Rheinisch dahin nicht *devolvi*ren, gleichwol dabey den jenigen, so sich beschweret befinden, ihre *Gravamina per viam Supplicationis* an die ordentliche Obrigkeit in gebührender Zeit Rechtens anzubringen zugelassen, mit dem Anhang, daß dieselbe schuldig die anzunehmen, und *per modum revisionis ex eisdem actis* (es hätten dan die Partheyen etwas newes fürzubringen, darüber sie gehört werden müsten, in deme ihnen noch zwey Sätze oder zwo Schrifften weiter zu gestatten wären) endlich zu entscheiden, oder aber nach Gelegenheit einer jeden Sachen, oder da es von ein- oder anderer Parthey begehrt, und erhebliche Ursachen darzu

vorhanden, auf einer *Universi*tät oder sonst zweyen oder dreyen Rechts-Gelehrten *ad revidendum* zu übergeben; Als lassen Wir es bey solcher wollgemeinter und nützlicher Anordnung, damit jederweil allerdings richtig und ohne Verdacht umbzugehen und zu verfahren, gnädigst verbleiben.

[2] Damit doch hierunter niemand an seinen erlangten Rechten muhtwillig, freventlich, und außflüchtig umgetrieben und auffgehalten, wollen Wir, daß keiner zu solchem Wege *Revisionis* verstattet werden, er schwere dan zuvordrist und gleichfals, laut negst vorigen 48. Tituls selbigen des *Appellanten* darin verleibten Aydt, auch da er abermahlen hierin verlustig erkant, sol er Köst- und Schaden daher beursacht allein tragen, und dabeneben, ob sein muhtwillig und vorsetzlich Umbleiten sich *notori* befünde, die frevelmühtige *Supplicanten* zu desto mehrem Abscheu in eine *pro arbitrio judicantis* willkührliche Buß, *Fisco* zu *applici*ren verfallen sein, das *supplici*ren aber, wie obstehet, sol inner zehen Tagen beschehen, und darauff mit der übrigen *Cognition* und Abhelffung ohne Auffhalt und Erlängerung *procedi*rt werden.

Von endlicher *Execution* und Vollstreckung der Urtheil.
Titulus L.

[1] Dieweil das fürnehmste Stück des *Justitz*-Wesens an der *Execution* gesprochener Urtheil gelegen, und wir endlich gemeint seynd dero *Justitz* ihren stracken, richtigen, unbehinderten Lauff zu lassen, das Recht in mögliche abhelffliche und gedeyliche Wege schleunig und außträglich zu befürderen; Hierumb ordnen, setzen und wollen wir, so ein Urtheil an Unserm Fürstlichen Hoff-Gericht abgesprochen und ergangen, davon innerhalb Rechtlicher Zeit nicht gebührlich *appelli*rt, oder wo gleich *appelli*rt, die Sachen demnegst also gethan wäre, daß darab nach dieser Unser und gemeiner Reichs- auch der gemeinen Rechten Ordnung und Versehung, keine *Appellatio* könte oder mögte statt haben, oder wo in dero *deferi*rt, doch folgends darauff *renuncij*rt, oder dieselbe sonsten *desert* worden, daß in solchen Fällen die *triumphi*rende und obsiegende Parthey umb *Execution* und Vollnziehung der Urtheil bey Unserm Hoff-Richter und *Assessoren* ansuchen, und *Executoriales* Ober-Gebotts-Brieff[1] außbringen und erlangen möge.

[2] In welchen *Executorialibus* dem verlustig erkanten und *condemni*rten Parth, nach Gestalt der Sachen, bey einer benanten Pöen, halb Unserm *Fisco,* und die andere Helffte dem gewinnenden Theil zu bezahlen, in bestimbter Zeit, nach überantwortung des Brieffs, dem außgesprochenen Urtheil Folge zu thuen, sol gebotten, oder wo darin nicht *pari*rt, derselbe zugleich auff einen anderen angesetzten

1 Wahrscheinlich muss es „oder Gebotts-Brieff" heißen, vgl. oben S. 149.

endlichen Gerichts Tag zu erscheinen, zu sehen, und zu hören, sich umb solcher Ungehorsamb willen in die *condemni*rte Pöen gefallen sein, mit Urtheil und Recht zu *declari*ren und zu erklähren *citi*rt werden.

[3] Wo dan der *Citi*rter auff solchen Rechts-Tag Ursachen fürbringen, und die für erheblich angesehen würden, sol dem gewinnenden Theil alsobald, oder auff die negste *Audientz* seine Gegen-Rede in einer Schrifft darwieder fürzubringen vorbehalten sein, und ohne weitere Schrifft oder mündliche Fürträge, darauff ergehen und geschehen, was Recht ist, es thäten dan Hoff-Richter und *Assessores* aus befundenen mercklichen und ehehafften Ursachen mit einer gesetzten fürderlichsten Maaß, weiter Zeit für- und einzubringen, nachgeben.

[4] Würden aber des verlustigten Theils eingewendete Ursachen und Einreden unerheblich befunden, sol wieder ihn als Ungehorsamen (wo nicht in geringer darzu *praefigi*render Zeit die würckliche *Paritio* geleistet) mit *Declaration* der angedroheter Pöen, und Ertheilung in die Gerichts-Kösten verfahren, und darauff vermög voriger Gebotts-Brieff, nicht allein zu Erstattung und Ablegung der verwürckter Pöen, sondern auch zu endlicher würcklicher Vollnziehung der Urtheil, umb fernere schärffere *Executorialen* an Unsere Drosten, Ambtleuthe, Renthmeister, Befelchhabere, Schultheiß, Burgermeistere, Scheffen, Gogräven, Richtere und Vögte, da das Gut, darumb der Streit gewesen, und darüber das Urtheil ergangen, gelegen, oder die Persohn, wieder welche geurtheilet, gesessen, angehalten, dieselbe auch von unserm Hoff-Richter und *Assessoren decerni*rt und zugelassen werden.

[5] *Mandi*ren und befehlen darauff, und in Krafft dieser Ordnung nochmahls, allen und jeden Unsern Drosten, Ambtleuthen, Renthmeistern, Befelchhaberen, Schultheissen, Burgermeistern, Scheffen, Gogräven, Richtern, Rähten, Vögten, Dienern und Unterthanen, da sie und ihr jeder also durch *Executoriales* und Gebotts-Brieffe ersuchet, daß sie denselben ohne Weigerung, Wiedersatz und Verzug, auch unangesehen einiger dargegen erregter *Disputation* (als vor sie die *Executores* nicht gehörig) auch ohne ferner rechtlicher oder gütlicher Verhör, bey Vermeidung unser Ungnad und Straff, auch angedroheter Pöen gestracks sollen nachkommen, geleben, und Gehorsam leisten.

[6] In welcher Vollnziehung dan diese Maaß und Ordnung sol gehalten werden: Wan die Urtheil *in actione reali* auff Güter, die der Kläger als das Seinige angesprochen, ergangen, und der *condemni*rter Theil inner darzu angesetzten 14 Tagen, dem Urtheil nicht nachkommen würde, soll durch die *Executores* zu würcklicher Vollstreckung, solch Gut oder Ding von dem Beklagten genommen, und dem Kläger zugestellet und eingegeben werden.

[7] Und wan *in personali actione* Vollnstreckung zu thuen, und Beklagter in ein gewisses Ding *condemni*rt, soll auch solche *Execution* auff dasselbe Gut, so weit und so fern es verhanden, fürgenommen; Da aber der Beklagter in ein gewiß Ding nicht verdammet, sondern nach gestalten Sachen die *Executio* in andere seine Güter zu vollnstrecken wäre, sollen alsdan zu erst die fahrende Gereide, und bewegliche

Haab, und wo die nicht so weit reichen könten, die ligende und unbewegliche Güter, auch andere, so denen nach Recht und Gewonheit einlich und verglichen werden, und dan des Beklagten geständige und kentliche *Debitorn* (es were dan, daß zu Rechte in sonderen Fällen ein anders versehen) gepfändet, und angegriffen, auch solche Pfande *aestimir*t, *distrahi*rt, verkaufft, und umbgeschlagen, oder dem Klägern *in solutum* angewiesen und eingegeben werden.

[8] Es soll aber hierin diese *Discretion* und Bescheidenheit zu halten seyn, daß solche Güter, so dem Beklagten am wenigsten Schaden bringen, und doch dem Kläger zu Vollziehung der Urtheil und seiner Erhohlung gnug seyn, genommen werden. Und ob sich begebe, daß jemand *in puncto hujusmodi executionis* erscheinen, und das gepfandete Gut für sein eigen, in Zeit der Pfandung, oder darnach, ansprechen thäte, so sollen die verordnete *Executores* die Sachen an Unsere Hoff-Richter und *Assessores remitti*ren, und darüber derselben Erkändnüs und Bescheid erwarten.

[9] Da die *Executores* gefährlicher, *affectioni*rter, oder anderer weiß, unziemblich *in executione modum excedi*rten, mag von dem Beschwerten, Unsern Hoff-Richter und *Assessorn* solches fürbracht werden: welche darauff nach Befindung, rechtliches Einsehen und Verhelffung thun sollen, auch da solche des *Executorn* unziembliche Handlung also kentlich gemacht, denselben in eine *arbitrari* Geld-Buß unserm *Fisco* und dem Beschwerten zu entrichten, verweisen.

[10] Wäre das streitige Gut, oder die verlustige Parthey frembder *Jurisdiction* und Gerichtbarkeit unterworffen, sollen auff obsiegenden Theils Begehren *Literae mutui compassus seu Juris subsidiales,* wie Recht und Gewonheit, dahin erkant und mitgetheilt werden.

Von den Gerichts-Kösten, und wie die begehrt, erkant, fürbracht, *taxi*rt, und gemässiget werden sollen. *Titulus LI.*

[1] Wan eine oder andere Parthey in die Unkosten und *Expensen* neben der Haubtsachen verdammet, und von dem gewinnenden Theil darüber *Taxation* begehrt, sollen dieselbe Kösten alle in einem *special-*Zettul und Verzeichnüs, underscheidlich, wan, wem, wofür, und in was *Summa* die außgeben, Gerichtlich eingelegt, und dem Gegen-Anwald davon Copey und kurtzer *Termin,* ob oder was er darwieder zu *excipi*ren hätte, auch da also *excipi*rt, dem anderen Theil Abschrifft, und geringe Zeit darwieder *per generalia* zu beschliessen, verstattet, folgends solche *Expensen* wie Recht, durch Unsere Hoff-Richter und *Assessores* fleissig übersehen, *taxi*rt, und gemässiget werden.

[2] Wir wollen auch, daß zu Verhütung übriger Mühe und Kösten, hinführo in keinen Sachen noch Fällen der *Expensen* halber neue Ladung gegeben oder genommen werden, sondern es sollen die *Procuratores* in Krafft ihrer zu der Hauptsachen

habenden Gewaldten, ob gleich darin von *Expens-* und *Execution*-Sachen zu handlen nit gedacht, zulässig erachtet werden; Doch so einer die *Expensen* mit dem Ayd erhalten, oder darvon *quiti*ren wolte, zu solchem soll er von seinem Principalen nicht allein sonderbahren Gewaldt, sondern auch beweißlichen Bericht und Befelch empfangen haben und aufflegen.

[3] Wo dan die *Summa* der *Expensen* etwa groß, und sonst nicht so gar gewiß oder außfündig gemacht wäre, daß dem obsiegendem Theil, oder dessen Anwaldt *in taxam* zu *juri*ren müste aufferlegt werden, soll er selbst oder sein Anwaldt solchen Ayd dergestalt leisten, daß seiner Seiths in dieser Sachen die *taxi*rte *Summa* der Gerichts-Kösten, darüber und nicht darunter außgeben und erlitten, oder er noch außzugeben schuldig seye, und soll der *Procurator* diesen Ayd in seiner Partheyen Seel schweren, daß auch also zu thuen, daher wie oblautet Gewalt empfangen haben, und unterrichtet sein.

Taxa der Gerichtlichen *Salarien,* und Belohnung der Hoff-Gerichts-Persohnen. *Titulus LII.*

[nicht ediert]

Von den Ferien Unsers Hoff-Gerichts. *Titulus LIII.*

[1] Die *Vacantz* und *Ferien* sollen gehalten werden, an- und außgehen, wie nachfolget:

Vom 20. *Decembris* biß auf das *Fest SS. Trium Regum.*

Vom Sontag *Esto mihi,* biß auf *Invocavit.*

A Festo Palmarum biß auff Sontag *Quasi modo.*

Von Pfingsten biß auff Sontag *SS. Trinitatis.*

Vom Abend *S. Jacobi,* biß auff den ersten Septembris allenthalben einschließlich.

Darzu alle Feyrtägliche Feste zu Gottes, und seiner Heiligen Ehr gebauet, durchs gantze Jahr.

[2] Und damit die Partheyen und ihre Sachen, jederzeit desto bälder, ehe und mehr befordert, sollen Unsere Hoff-Richter und *Assessores* in Zeit solcher *Ferien,* oder auch sonsten (doch ausser der Sontag und hohen Festen) nicht allein mit Fassung Urtheil und Bescheiden sich fertigen, sondern auch auff einkommende *Supplicationes,* Ladung und Processen erkennen, und außgehen lassen, doch *Terminum comparitionis* nicht anders dan nach Außgang der *Ferien* ansetzen.

Von Haltung dieser Unser Ordnung, und daß in anderen hierin nicht außgedrückten Fällen, Vermög gemeiner Rechten, soll verfahren werden. *Titulus LIV.*

[1] Solches alles, wie hievor von Titul zu Titulen, und von Articul zu Articulen vermeldet, angezeigt, und einverleibt stehet, *statui*ren, odernen und setzen: Von Gottes Gnaden Wir FERDINAND, erwöhlter und bestättigter Ertz-Bischoff zu Cölln, und Chur-Fürst, Bischoff zu Paderborn, Münster, und Lüttig, *Administrator* der Stiffter Hildesheimb, Berchtesgaden, und Stabel, Pfaltz-Graff bey Rhein, Hertzog in Ob- und Nieder Bayeren, Westphalen, Engeren, und Bullion, Marggraff zu Franchimont, etc. In der besten beständigen Formb, Weiß, und Maaß, als Wir in Krafft und Macht Unser hohen Lands-Fürstlichen *Regalien, Auctorit*ät, Oberkeit, und Freyheiten, auch von Rechts- und Gewonheit wegen thuen sollen, können und mögen.

[2] *Mandi*ren, befehlen, und gebieten auch darauff nochmahls, bey Vermeidung Unser unnachlässiger Straff ernstlich und wollen, daß solche Unsere Satzung und Ordnung in Unserm Stifft und Fürstenthumb stet, vest, und unverbrüchlich soll gehalten, und dero durchauß von Unserm Hoff-Richter und *Assessoren, Secretarien*, auch *Advocaten, Fisco, Procuratoren*, Botten, Gerichts-Verwandten, Persohnen, Partheyen, und allen Unseren Unterthanen, in aller unterthänigster Gehorsamb gelebt und nachgesetzet werden.

[3] Doch thun Wir Uns und Unsern Nachkommen hierin den freyen Vorbehalt, diese Unsere Ordnung, zu jeder Zeit nach vorfallender Gelegenheit, vermitz reiffen und zeittigen Raht, zu änderen, zu mehren, zu minderen, und zu verbesseren, den Partheyen und jedermäniglichen, unverletzt an ihren Rechten, auch zu jeder nöhtiger Zeit, zu mehrer Handhabung derselben, über alle Gerichts-Persohnen nohtürfftige *Visitation* vorzunehmen, die erspührte Mängel *in personis & rebus* zu *corrigi*ren, zu *reformi*ren, zu besseren, und alles in guter Richtig- und Gleichmässigkeit zu erhalten.

[4] In anderen Sachen und Fällen aber, welche in dieser Unser Ordnung des Gerichtlichen Proceß nicht sonderlich und außtrücklich begriffen stehen, sol es nach gemeinen beschriebenen Rechten, Reichs-*Constitutionen* und Abscheiden gehalten, gehandelt, und verfahren werden; Zu beständiger Urkund und Nachrichtung, haben diese Unsere Hoff-Gerichts-Ordnung mit Unserem Handzeichen und Insiegel befestiget. Geschehen und geben den 7. May *Anno 1619.*

Ferdinand. (L. S.)

III. ENTWURF EINER HOFGERICHTSORDNUNG 1666

Inhaltsübersicht

III. Entwurf einer Hofgerichtsordnung 1666

Des hoc[hwürdigen]
fürsten und [herrn] herrn
ferdinandten [bischouen]
des stiffts P[aderborn] des
H[eiligen] Rom[ischen] Reichs [für-]
sten undt Grauens
zu Pyrmont p.
Ernewerte
Hoffgerichtes-Ordt-
Nung
Getrucket auffm Schlos New-
Haus im Jahr M.DC.LXVI

[Bl. 1r]

Praefatio

Wir ferdinandten von Go[ttes Gna-]den Bischoff des stiffts Pad[erborn] des heiligen Rom[ischen]Reichs fürst und Graff zu Pyrmont p. fügen allen und jedermenniglichen zu wißen,

demnach in vorjahren unser in Gott ruhender lieber, Großöhme und hochlöblicher Antecessor Theodorn Episcopus nach antrettung seiner furstlicher Regirung Gott dem Allemechtigen zu Ehren, und den Unterthanen zu ersprießlicher wollfahrt ein absonderliches fürstliches hoffgericht angestellet und demnselben eine gewisse Ordtnung wie und waß massen in ertheilung der Justitz procedirt und verfahren werden solle, vorgeschrieben, solche Ordtnung auch von dessen Successoribus herrn Ferdinando Ertzbischouen zu Coln, und Cuhrfürsten wie auch herrn Theodoro Adolpho confirmirt und bestattiget

Undt obwoll diese Ordnung dem rechten [Bl. 1v] und ublichen gebrauch gemeeß eingerichtet, weilen unß dannoch bey antrettung unserer fürstlicher Regierung vorkommen, daß die nach tohtlichem hintrit hochgedachtes unsers lieben herrn Großöhmen sehligen, eingefallene und langewehrte verderbliche Kriegs unruhr, allerhandt unordtnung und Mengell causirt, daß solcher wolgemachter Ordtnung in allen Jeden Zeit stricte nicht nachgelebt, sonsten auch unterscheidtliche daron verordnete Puncta den umbständen nach einiger declaration nöhtig haben, darneben der letzten Reichsschluß de Anno 1654 statuirt daß die gerichtliche Processes uffs kürtzeste eingespannen werden sollen.

So haben wir uff mittel und wege gedacht, wie die eingerissene mengell geendert, und die Justitz ordentlich, schleunig, und ohne weitleüfftigkeit einem Jeden, welcher deroselben benötiget, und darumb gebührlich anhelt [Bl. 2r] ertheilet werde, deßhalb[en nicht] unterlassen wollen angerührte hoffgerichts Ordtnunge vor unß zu nehmen, zu revidiren, und uff vorgangene nttürfftige erkundigung, und erinnerung auch mit fleißigen reiffen erwegung dieselbe an dienlichen ortern zu vermehren, die befundene mängell zuersetzen, ach nach dem Inhalt des Jünsgten Publicirten Reichs Abscheidts de Anno 1654[1] so viell das verbesserte Justitien wesen betrifft, hin und wieder mit einzurichten, und sonsten allenthalben also zu verbesserung daß nuhmehr unsere Unterthanen und welche in diesem unserem Stiffte rechtenß zusuchen benötiget, eine gewisse bestandige Ordnung vor sich haben welche wir hirmit auß fürstlicher macht confirmiren und bestettigen und wollen daß dieselbige nuhn hin führo anderst nicht dan vor unser Ordtnung gehalten, undt nach dessen inhalt bey unserm hoffgerichte die [Bl. 2v] Justitz zu wercke gerichtet werde, auch daß nicht alleine die Aduocati, Notarij, Procuratores, Sollicitatores, Pedelli und andere Persohnen so im Gericht anhengig seyn, wie auch die Secretarij in unsern Stätten und andere gemeine Notarij und Scribenten uff dem lande dieselbe fleißig lesen, deren inhalt sich woll incorporiren, und lernen, sondern auch unsere Rentmeister, Gogreffen, Rocjtere und andere so in unseren diensten begriffen, und zum Justitz wesen und dessen Execution adhibirt und gebraucht werden, auch die hinfüro in diesem unserm stiffte zu einigen diensten Promouirt zu werden intendiren, solches obseruiren und sich darnach richten sollen.

Setzen und beuehlen deswegen daß diese unsere hoffgerichts Ordnung mit allen deroselben einuerleibten Clausulis, punctis, und Articulis von unserm hoff- [Bl. 3r] Richter und Assessoren, wie au[ch allen] jetzbenenten Gerichts Persohnen, und ins gemein von allen unsern Unterthanen auch frembden so für diesen unserm Gericht zuthuen, zu handelen, und umb hülff rechtens anzusuchen, oder Beklagt werden, stricte gehalten werden sollen.

Gebieten und beuehlen auch allen unsern Beambten, Rentemeistern, Gogreffen, und Vögten ernstlich, und bey vermeidung unser Ungnaden, und denen in den abgangenen Gerichtlihen Mandaten und Processen inserirten straffen, daß sie die von unserm hochhrichter und Beysitzern an sie abgangene Executoriales, Mandata, Inhibitiones und andere pro facienda Executione abgehende Processus gebührendt respectiren, und denselben gehorsame folge leisten, auch sich dauon durch keinen abhalten lassen.

Dies ist unser ernstlicher beuelch, will und meinung, Geben auff unserm Schloß Newhauß den p.

---

1 „Nunmehr auch des visitations Recess de anno 1713".

[Bl. 9r]Titulus Primus
Von Besetzung unsers hoffgerichts auch
des hoffrichters undt Beysitzer ambt

1. Anfenglich wollen wir zu Jederzeit unsers weltliches hoffgericht, mit einem redelichen, verständigen Hoffrichter der ein Adeliche, gelehrte, oder in den rechten graduirte Persohn sein solle, auch mit dreyen Beysitzer, welche unß darzu von unserm würdigen Thumbcapittull, adelichen Ritterschafft, und Stiffts Ständen praesentirt, und darzu geschickt und qualificirt befunden, auch alle und Jede eines erbahren wesens und der gerichtlichen Sachen geübt, und erfahren sein sollen, besetzen.

2. Dieselbe sollen bey ihren Aidten und pflichten, so sie vor anfang ihrer verwaltung unß (immassen in nachfolgenden [Bl. 9v] Titulo beschrieben stehet) leiblich leisten alle und Jede solche rechtliche Processe und handelungen in Gericht und Rahtt, vermöge folgenden unser Ordtnung dirigiren, richten, die Partheyen zu außtrag und erörterung fordern, und sonsten zum trewligsten auffsehen, daß dieser unser Ordtnung durchauß in allen steiff und vest gemeeß gelebt, und deren zu entgegen nichts gehandelt noch furgenommen werde.

3.[2]Undt sollen dieserhalb die hoffgerichts ordentliche gerichtliche audientien in der wochen einmahll auff Jeden Donnerstag oder wo alsotan alstan ein feyertäglich fest oder andere ehrhaffte verhinderungen wo solcher tag feyerlich anticipando vorhergehenden Mitwochens auff unserm Bischofflichem hoffe in Paderborn bey sommer zeiten vormittags von sieben biß zu zehen und zu winterzeiten von acht biß eilff Uhren gehalten, und falß in sell-[Bl. 10r] biger zeit, alle Partheyen und furtragende sachen nicht könten fürgebracht, selbigen nachmittag umb Ein Uhr die gerichtliche audientz wieder angehoben, und biß zu eines Jeden nottürfftigen verhörung continuirt und wan das gericht uff den Ordinari Donnerstag wegen einfallenden festags oder anderen verhinderung nicht gehalten werden kann, von Notarijs Judicij dasselb in ihren gerichtlichen Protocollen annotirt, auch einen ieden sach in Extractu Protocollari uel Actorum specifice mitanfueget.

4. Bey welchen audientien dan allemahl zuerst die begriffene Bescheidt undt Urtheill eröffnet.

5. Undt darauff die Procuratores nach Jedes Ordtnung (darin gleichwoll unser Fiscall in unseren fiscalischen sachen der vordersten standt haben soll) zu ihren fürtragen und handtlungen gebührlich gehortt. [Bl. 10v]

6. Ehe und beuor aber die Urtheill publicirt, und die Procuratores gehört werden, sollen die beyde Notarij, und alle Procuratores Jeden bey straff drey schilling

2 „Münsterische hoffgerichts Ord. Pag. 23. § dieses gericht, anno -80".

gegenwertig sein, die abwesende aber a Notario praesente, vel Procuratore Fiscali annotirt werden.

7. Es sollen auch unser hoffrichter und Beysitzer von allen und Jeden rechthengigen sachen ihre Urtheilen, Bescheidt, und erkendtnüß auff die algemeine beschriebene rechten, keyserliche, und des heiligen Romischen Reichs Constitutiones, und abscheide, gute redtliche, und bestendige statuta und gewohnheiten, wie imgleichen gemeine und sonderbahre Priuilegien, freyheiten, und begnadungen, da die ihnen vorbracht und kündig gemacht, vermöge ihrer pflicht und äidtstellen fassen, und aussprechen.

8. Solchem ihrem Ambt trewlich und redlich vorsein, nach ihren besten verständtnüß [Bl. 11r] Menniglichem hohes und niedriges standts gleich und recht thuen, sich in nichts dargegen durch lieb, oder leidt, gunst oder ungunst, gab, geschenk, freundt, oder feindtschafft, noch keinerley anders bewegen lassen, keiner Parthey in sachen so an diesem unserm hoffgericht rechthengig, oder auch nachgehents dahin devolubel advocando bedient sein, noch einigen rahtgebung oder verwarnung thuen, weiniger die geheimblichkeit, undt rahtschlagen des gerichts vor oder nach der Urtheill Jemandt offenbahren, auch die sachen oder Urtheill bösen, einseitigen, oder verdechtigen meinung nicht verziehen, verlengern, noch auffhalten, und sollen uns hiezu unser hoffrichter und Assessores sonderlich gelobt, und geschwohren haben.

Tit. II
Hoffrichers undt der Beysitzer aidt

[Bl. 11v]

Unser verordtneter hoffricher und die Beysitzer sollen unß und unseren nachkommen am stifft Paderborn folgenden aidt zu Gott und auff das heilig Euangelium schwehren, daß sie wöllen an unserm verortnetem Hoffgericht, ihrem Ambtern getrewlich, fleißig und redtlich vorsein, nach gemeinen beschriebenen rechten, erbaren und guten Ordtnungen, statuten, und gewohnheiten, wie imgleichen gemeinen und sunderbahren Priuilegien, freyheiten, und begnadigungen (da ihnen dieselbe vorbracht, und kundig gemacht) nach ihrer besten verständnuß menniglichen hohen und niedrigen standts gleich urtheilen undt handelen, sich weder umb lieb, neidt, gabe, freundschafft noch keinerley sachen dawieder bewegen laßen, Auch mit keimandts keinerley anfang oder zufall in urtheilen gefehrlicher weise suchen, noch machen, von dem Partheyen, so von ihnen zu rechten, oder zu handelen haben, oder von ihrentwegen keinerley geschenck gab, oder nutzung durch sich selbst, oder andere nehmen lassen, in waß gestelt oder [Bl. 12r] schein das geschehen mögte keiner Partheyen rath oder warnung thuen, die heimblichkeit und rathschlege des gerichts den Partheyen oder anderen vor- und nach der Urtheill nicht eröffnen, die sachen oder Urtheill böser meinung nicht verziehen, sondern dieser unser Ordtnung in allen puncten und Clausulen sich gemeeß verhalten, und alleß anderß thuen und lassen, das einem frommen Richter, Beysitzer und Urtheiler woll gebührt, alles getrewlich und ohne gefehrde.

Tit. III

Von unser hoffgerichts Notarien amt, obliggen undt verichtungen

1. Unser pro tempore zu den gerichtlichen sachen bestelte, und auffgenohmmene, auch veraidete Notarien, oder wan wir neben Ihnen hierzu mit deputiren, [Bl. 12v] und gebrauchen würden, sollen bey ihren pflichten undt Aidten bey den Richterlichen audientien (wofern sie durch leibs schwecheit devor nicht behindert[)] selbsten zugegen sein, oder da sie sünsten wegen andere ehrhaffte und unvermeidtliche geschefften absein müsten, solches nit anderß dan mit unsers hoffrichters und Assessoren wissen und belieben thuen, alle einkommene handtlung, fürträge, und Acta trewlich und mit gutem fleiß protocolliren, brieffe, urkundten, scheinen und dergleichen Jura, bey unsers hoffgerichtes archivo, wo wir dasselbe verordtnen mögten, in getrewer gewahrsamb halten, auff die Producta tag, Jahr, platz wan und wo die eingeben, notiren, undt niemandten dan den Partheyen die es selbst alß Communia Jura angehet was erkendt oder sonsten einbracht ohne unsers hoffrichters und Assessoren wissen abschrifft geben, undt folgen lassen, noch sonsten was heimblich eröffnen, nicht allein keiner Parthey wieder die andere, in sachen darinnen Er gerichtlicher [Bl. 13r] Notarius ist warnung oder anreitzung thuen, niemandt gefehrlicher weise auffhalten, vielmehr ohne geschenck gunst oder ungunst lieb oder leidt freund, oder feindtschafft Jedermenniglichen richtig, gleich und recht begegnen lassen, sondern auch in keiner anderer am selbigen unserm hoffgericht rechthengiger sach procurando sollicitando alioue modo dirigendo vel suadendo dienen, wie dan vniversaliter kein Notarius in sachen, worinnen er alß Notarius von einer Parthey ersucht, und adhibirt worden, folgentz sich oberwehnter maaßen procurando oder sonsten gebrauchen lassen, und vice versa worinnen er anfenglich procurando, sollicitando direigendo alioue modo suadendo gebraucht worden Notarij munus vertretten.

2. Wan der einer Notarius also wie vorberurt am gerichte nicht erscheinen kann, so soll er den anderen unseres hoffgerichts Notarium substituiren, demnselben sein Protocollum Judiciale zuschicken, und dieser gehalten sein, in nahmen des abwesenden, waß in dessen [Bl. 13v] Partheyen sachen dasmahll gerichtlich gehandelt, oder sonsten fürlauffen mögte, darinnen zu annotiren, anzunehmen, solche producta zubemercken, undt denen abwesenden ahns hauß schicken, oder

dessen Mandatario zur ordentlicher Registratur behandtreichen, undt daraus durch des abwesenden Copijsten oder sonsten darzu gewilligten dem Protocollo gemeeß verfertigte Expeditiones in dessen nahmen unterschreiben, die gebühr den absenti völlig in allen genießen lassen.

3.[3]Es soll auch der Notarius zu anfang einer jeden sachen in Protocollirung der gerichtlichen Recessen und ubergebung der Producten die Partheyen mit nahmen und zunahmen, auch was ein Jeden wohnhafft verzeichnen, undt solche intitulatur nicht enderen.

4.[4]Wan einige Constitutiones partium substitutiones, Protestationes oder andere [Bl. 14r] Actus vor den Notarien geschehen, sollen sie dieselbe entweder in solenni forma, oder zum weinigsten Protocolß weise schrifftlich verfaßen, und nach denen repetition, oder production zu den anderen gerichtlichen productenin ihrer Ordtnung leggen, undt registriren.

5.[5]Da auch die Procuratores oder deren Principalen ex Protocollo gerne informirt und ein oder anders, worauff die sache berührte, nachsehen wolten, soll er Ihnen damit an die handt gehen, undt Terminos Protocollares, weiters aber nicht zeigen undt leßen lassen und sich sonderlich hüten, daß ihnen der Referenten handt, von denen die bescheide verfasset, nicht offenbahr werde.

6. Undt dieweill von unß hiebey gnedigst ermessen wurtt daß es zu der Partheyen mercklicher erleichterung, undt beschönung vieler Unkosten, reichen kan, so setzen, ordtnen, und wollen wir, [Bl. 14v] daß unsere hoffrichter, undt Assessores in denen sachen, da die forderung undt summa vermüge des in Anno 1654 auffgerichtetem Reichstags abscheidts § Viertenß – 112. Unter vier hundert Rthlr undt nicht daruber, undt also in das hochlöblich keyserlich Cammergericht per Appellationem nicht deuoluirlich undt gehörig oder auch da dieselb auff der Partheyen begehren, oder sonsten auß erheblich undt bewegenden Ursachen an andere Rechtsgelehrten umb Urtheillfassung nicht zu verschicken weren die bescheidt, bekendtnüß, undt Urtheillen, jederweill ex hinc inde partium productis ac protocollo et terminis extractis faßen und begreiffen, auch dabey jedem theill uber die sachen instructiue da sie wollen zuschreiben undt ex Jure informiren, auch zu der behueff mittheilung Extracti Protocolli et Terminorum zubegehen, freylassen sollen.

7. Undt obwoll in negst berürten anderen [Bl. 15r] zween fellen, wan Appellirt wirt, formbliche Acta, wie auch uber die abgehörte Zeugen außsagung Rotuli nothwendig müssen geschrieben, undt verfertiget werden.

3 „Münsterische pag. 22 § dieses gerichts ao 1575 in principio".
4 „Münsterische pag. 22 § dieses gerichts visitatio anno 80 vers: Beschluß".
5 „Lüneburgische pag. 26".

8. So wollen wir doch, daß man darin aller unnöttiger undt uberflüßiger Extension der Titulen Praefationen, verenderung der zeit und dergleichen undiestlicheit vermeiten, müglicher kürtze sich befleißen sollen.

9. Was aber der zeugen sagen anbelangt, denselben nichts ab- oder zuthuen, sondern die eben mit den worteren, wie der zeuge deren in depositione gebraucht verstendtlich Protocolliren, auch die masse dabey halten soll daß der zeug finito Examnie in selbiger frist wiederumb in seiner gegebener deposition gehört, undt was er dan also für wahr bekunden württ, solches wie erß zum letzten mahll gemeinet, undt erkleret, vor sein außsag gehalten, geschrieben, [Bl. 14v] undt ihme damit silentium eingebunden werde.

10. Die gewohnliche admonition des zeugen aidts undt warnung vor den meinaidt wie dieselb in außführlicher formb den zeugen vorzuhalten, ist darunter vorhanden, mag in Rotulo einmahll nach der lenge inserirt, aber bey keinem zeugen weiter, dan mit gar weinig kurtzen wortten angeregt werden.

11. Wan Priuilegia, Instrumenta, Commissiones, Libellen, Materien Producta, litteraria Documenta et Jura mehr dan einmahll exhibirt, sollen sie doch nur einmahll ad Acta gebracht, undt am anderen orth mit kurtzer Verzeignüß des darüber gehaltenen Recess, der leßer an dem orth die Acten, da sie zufinden remittirt, auch in beschreibung der gerichtlichen Acten, Attestationum, und andere handtlungen, darzu geschickte undt veraidete Persohnen, welcher, darzu [Bl. 16r][6]richtiger, verantworttlicher gebühr gantz correct, undt auff gutt tauglich Pappijr geschrieben, jedes blath gebührlich erfällen, und die Acta jederweill recht collationiren gebraucht werden.

12.[7]Undt damit die Partheyen wegen des schreibenß zu queruliren keine Ursache haben, sollen die Notarij auff jeden Paginam der gerichts Acten, undt zeugen sagen so woll in Originali alß deren Copeyen sechs undt zwantzig linien, undt in jeder linien ungefehr zwolff syllaben schreiben, undt zu dessen besser effectuirung ein liniall brett, so auf seine gebehrende breitte und lengende formirt gebrauchen.

13.[8]Wir wollen auch daß die Notarij vor jeder audientz specificiam designationem deren sachen darin alßdan zu handelen Terminus continuirt, oder auch sonsten einfelt, vor die herrn Judices auff den tisch leggen, welche dieselbe zu sich [Bl. 16v] nemmen undt attendiren sollen, ob auch die Procuratores ihrem ambt undt schuldigkeit ein begnügen thuen, da sich dan befindet, daß die Procuratores nicht gehandelt, auch keine Contumaciam, accursirt, so soll Notarius causae solches ex officio protocolliren, undt weilen tali casu sie sache nichts destoweiniger pro

6 „Münsterische pag. 24 vers: sollen die Acta".

7 „Münsterische pag. 25 § undt als angeben et § damit dan keiner".

8 „Decreta praeliminaria".

submissa zuhalten, wie darunter Titulo 23 § undt sollen p. 2. Demnegst Terminos cum Juribus praesentiren damit darauß gesprochen werden könne, was rechtenß.

14.[9]Die Notarij sollten auch mit ihren substituten die Collation der acten fleißig vollenziehen, undt wan dieselbe ad pronunicandum zu praesentiren sein, mit äigener handt subscribiren, da sie dan incorrect geschrieben zu sein befunden, sollen sie vom hoffrichter undt Beysitzern ohne einige nachlaeß lacerirt, undt nach der Partheyen willkühr correct vom Notario umbgeschrieben oder dauon der empfang [Bl. 17r] den Partheyen zugestellet werden.

15. Sollen aber die einkommende producta oder Vorträge an ihnen selbst unrichtig befunden werden, soll solcher mangell von den Notarijs ad marginem an seinem orthe annotirt werden.

16.[10]Da auch die außgangene Processe unfleißig agrossirt, oder mit eingeflickter interliniatur zu- undt bey setzen, auch rasuren bemackelt, sollen die Partheyen, oder ihre Procuratores selbige nicht annehmen, noch der hoffrichter das siegell darunter trücken sondern die Notarij auff ihren kosten sie zu rescribiren schüldig sein.

17. Weiter wirtt vor noth und dienlich ermessen, umb desto mehrer undt pleiblicher, auch nachrichtiger erinnerung willen Jederweill bey unserm hoffgericht ein besunder buch zu halten, und darin alle Endt-undt Beyurtheill so [Bl. 17v] vim definitivae haben, auch transactiones und verträge was deren daselbsten außgerichtet, einzuschreiben.

18.[11]Die Notarij sollen schüldig sein, wan die audientz gehalten, alßbalt selbigen tags die Terminos Protocollares zu extrahiren, und darauß in Jeder sachen ein Speciall Protocoll zufertigen, demselben auch alle Decreta undt sententias welche des tags abgesprochen, so viell müglich beyschreiben undt wan sie sehen, daß in einer sachen zum schlechten Decret, ratione Termini, Dilationis, Responsiones, Juramenti Calumniae, et an querela, Mandatum Exceptio, Replica, vel similes materiae admittendae sint submittirt ist, sollen sie solche Protocolla cum Juribus Exhibitis, litteris uel numeris tam in Protocollo quam a tergo materiarum notatis dem hoffrichter oder auß dessen befelch der Assessoren einem alßbalt des negstfolgenden wercktags zustellen [Bl. 18r] daß darauf in prima uel secunda audientia bescheidt erfolgen könne damit dan von den Exhibirten Productis undt beylagen nichts abkomme, sollen sie hinführo eingehefftet folijrt, undt wie sie nacheinander einkommen registrirt auch ein Jedes stück litteris vel numeris bezeignet werden deßhalben keine schrifft sie sey auch so geringe wie sie wolle, angenohmen werden soll, die nich auff ein gantz folium geschrieben sey.

9 „Münsterische pag 24 § sollen die Acta".
10 „Lüneburgische Cantzley Ordtnung pag. 27".
11 „Reichsabscheidt de ao. 1654 § 37 es soll auch".

19.[12]Der Notarius solle auch in ein besunder Protocoll verzeichnen, waß fur sachen ad referendum auffgegeben, weme undt wan solches geschehen, wie dan auch beyden Partheyen, oder ihren Procuratoren soll freystehen, des negst folgenden wercktags bey dem Notario causae des morgens umb 7 UIhren sich anzugeben undt zusehen, daß die Termini undt producta inrotulirt werden in verbleibung dessen aber mit der Praesentation gleichwoll verfahren werden solle. [Bl. 18v]

20.[13]Der Notarius soll pro annotatione et Extractione von jederem so woll schlechten alß substantiall Terminen zwey schillinge haben, dauon einen der Kleger, undt de anderen der Reus zubezahlen schüldig nicht allein in denen sachen welche per sententiam decidirt sondern auch per amicabilem compositio beygelegt werden, oder auch sonsten unaffterfolget liggen bleiben.

21. Sie sollen aber die Expedition wegen praetendirter mißzahlung nicht auffhalten, sondern der solution darnach gewertig sein, undt wan sich dieselbe verweilen, undt der rückstandt ad aliqualem summa ersteigen würde, sollen die designationem deroselben in der audientz exhibiren, undt darauff jegen anwaldten beuohlen werden, seinen Principalen ad solutionem intra 15 dies faciendam sub poena Executionis zuermahnen, da aber solche ermanung nicht helffen würde, soll dem Procuratori wiederumb [Bl. 19r] per Decretum anbeuohlen werden, dem Principalen zu notoficiren, woferne er alnoch innerhalb 14 tagen die Zahlung nicht verschaffete, daß ietz alßtan, undt dan alß jetz den fürstlichen Beambten, darunter die Partheyen gesessen, die Executio befohlen sein solle.

22. Worauff dan auch Executoriales alßbalt abgehen, oder aber da die Partheyen frembden Jurisdiction unterworffen, an denen Obrigkeit Juris subsidiales erkant werden sollen.

23. Wan aber die Partheyen copiam gedachten Protocolli vor ihre absonderliche Instruction bitten würden sollen dieselbe pro descriptione eiusdem nicht mehr, alß von Jedem blatt einen schilling zugeben ghalten sein.

24. Würde aber ein oder ander [Bl. 19v] theill Acta zuschreiben begehren, soll pro annotatione et Extractione Terminorum nicht genommen, oder so dauon etwa außgeben, an den schreibgeldern von den Acten wieder abgezogen werden.

25. Wan die gerichts sachen per sententiam definitivam determinirt, sollen originalia producta cum Terminis ex Protocollo Extracto, ad Archivum so darzu forderligst zumachen, deponirt werden.

12 „Decreta praeliminaria".

13 „Ex decretis praeliminaribus".

Tit. IV
Des hoffgerichtes Notarij Aidt.

Unserß fürstlichen Hoffgerichts Notarij sollen geloben, undt schweren zu Gott,undt das heilig Euangelium daß sie ihr ambt im schreiben, und lesen mit getre- [Bl. 20r] wen fleiße vertretten, der Partheyen fürträge und Acta, daßgleichen alle brieffe, schrifften undt anderß so gerichtlichen einbracht, trewlich Protocolliren, auff-schreiben, undt verwahren, die niemandten dan den Partheyen die sie selbst alß Communia Jura angehen, ohne erkandtnüß mittheilen, noch abschrifft dauon geben, noch sonsten was heimblich eröffnen, keinerley Parthey gegen die andere warnung oder anreitzung thuen, auch von den Partheyen keine andere belohnung oder nutzbahrkeit, dan diese unsere Ordtnung mitpringt, undt zulest, nehmmen, noch erheben lassen, deßgleichen den gerichtlichen audientien selbst in aigener Persohn, so fern sie leibß schwacheit halber nicht daran verhindert, oder auß erheblichen Ursachen von unserem Hoffrichter undt Assessoren darumb nicht beurlaubet, beywohnen, die Parthey gefehrlicher weise nicht auffhalten, undt sonsten alleß anderß thuen, undt laßen wollten, [Bl. 20v] was einem getrewen auffrechten Notario gebührt, ohne gefehrde.

Tit. V
Von Procuratoren Undt ihrem Ambte.

1. An unserm hoffgericht soll niemandt procuriren, Er sey den zuuor durch unß, unsere Cantzlar undt Rähtte darzu tauglich undt geschickt befunden, angenommen, undt haben dem hirnach gesetzten aidt darüber geschworen.

2. Wollte aber Jemandt sene äigene sachen in gericht vortragen, soll ihm vergönnet werden, doch dieses unser Ordtnung sich gemeeß zu verhalten.

3. Undt wollen daß der Procuratoren zu dem gericht vier gehalten, auch wo der ein oder andere nach seiner annehmung verabsaumblich, träg, faull, oder unfleißig, oder [Bl. 21r] sonsten unrichtig gespüret, von seinem ambtt abgesetzet, undt andere an deren statt angestellet werden sollen.

4. Bemelte Procuratores sollen persohnlich zu allen undt jeden Terminen undt gerichtstagen erscheinen, zu rechter zeit dasselb anfangen, auch biß zum endt in der Audientz verharren, sich aller erbahrkeit undt Zucht befleißen, in ihren fürträgen undt Recessen aller Unnöttiger undienstlicher, undt vergeblicher Extension auch insonderheit Unglimpflichen Calumnijrenß undt anzepfenß so woll mündtlich alß schrifftlich (alles bey straff nach ermessung) enthalten, dagegen aber dürchauß der Kürtze undt bescheidenheit mit sonderer auffachtung

gebrauchen, oder[14] wo sie dero weittläufigkeit halber also füeglich undt in weinig linien, oder Ziehlen nicht thuen könten, das recessiren in schrifften thuen, Jedoch daß in solchen schrifft- an statt mündtlichen Recessen die haubtsachen oder haubtpuncten nit dispu- [Bl. 21v] tirt werden.

5. So dan ihre notturfft bescheidentlich und züchtig mit gutem verstandt, gantz dienst- undt begreifflich außdeüten, undt handelen, zu dem Endt Jeder zeitt ihre darüber zu vor begrieffene beständige Protocolla bey henden haben, darauß dero gestalt das alleß von wortt zu wortten gemeglich könne protocollirt werden, dictiren, zu dero behueff sie dan an die keyserliche Cammergerichts Ordtrnung, undt processen wie die in trück außgangen zu ungeferlicher nachrichtung sollen angewiesen sein.

6. Da sie aber bißweilen auß unvermeitlicher, nothwendiger und ehrhaffter hindernüß einen oder mehr Terminen per Substitutum respicijren laßen müßen, das soll jeder zeitt nicht anderß, dan durch einen ihrer Collegen und mitprocuratoren beschehen, aber [Bl. 22r] solcher substitutiones nicht krefftig sein, sie thuen dan die unter aigener handt- oder vor unserm hoffgerichts Notario der auch die alßbalt ad Protocollum setzen, oder sie thuen solche substitution vor einem anderen Notario, der dasselbe Protocolliren, und dauon Copiam ad Acta zu ubergeben, ediren soll.

7. Dieselbe Procuratores sollen zu anfang jeder sachen, wie hirunter ferner verordtnet, mit gnugsamen, rechtmessigen, und volständigen gewalt, unter ihre Principalen aigen handt, oder des gerichts, darunter Er gesessen, siegell, oder vor Notarien undt zeugen auffgerichtet, die alle wesentliche nothwendige requisita undt substantiall stück in sich haben, nemblich, wer, von wem, wan, in waß sachen, wieder wen, und wie solcher gewalt gegeben, mit anderen nöttigen Clausulen und puncten mehr, [Bl. 22v] so zur forderung der sachen dienlich, auch nit verzüglich, noch ad unum actum allein, sondern zur gantzer sachen gestalt, sich legitimiren, undt gefast sein.

8. Oder ob sie hingegen ohne solche volmacht einigen sachen, oder substantial puncten submittiren, und beschliessen würden, wieder sie nach ermessigung unser hoffrichters und Assessoren ex officio darumb unnachleßig gestrafft vorgenommen, auch sie dahero geursachte kosten, und sumptus retarda litis abzutragen, condemnirt werden.

9.[15] Damit auch die sache so viell demehr beschleüniget, und unkosten vermitten werden, so sollen solche mandata procuratoria also eingerichtet sein, daß denselben vermöge Reichsschlußeß de Anno 1654. zugleich der Partheyen Erben

14 „Braunschweische hoffgerichts Ordtnung pag. 23".

15 „Reichsabscheidt § alß auch weiter 100. Braunschweig-wulfelbüttische Ordtnung pag. 21 § die Procuratoren".

mit inferirt, undt dem Constituto Procuratori Jemandt anderß substituirt werde, damit [Bl. 23r] nit nöhtig auff des Constituentis Principalis oder des Constituti Procuratoris begebenen thodtsfall, Citationes ad reassumendas causas abgehen zulassen, den tali casu, die in Constitutione mitbegrieffene Erben den Process sine reassumptione Continuiren, auch der substitutus Procurator sofort die Vices des abgangenen substituentis Principalis, oder des Constituti Procuratoris gleichfalß sine reassumptione vertretten kan.

10. Ob des eingelegten gewalts Ungnugsambkei halber Zweiffell einfiele, soll der anwaldt bestandt und caution der genehmhaltung tuen, daß ist, daß sein Principall oder hauptsacher, was durch ihnen gehandelt, ratificiren, undt von ihm volkommen, und gnugsamb gewalt vor weiterer handtlung, oder auffzeit, so man ihme bestimmen würde, einbracht werden solle.

11. Sie sollen auch ferner (außerhalb brieffliicher Urkunden) alle undt jede Producta und schrifften der Partheyen duplirt und gantz [Bl. 23v] correct, gerecht und gleichlautendt, gutt und wolgeschrieben fürbringen, und damit desto weiniger mangelß davon gespüret, solche duplirte einlagen, mit ihnen handen unterschrieben haben. Auch was deren exhibirt nicht hinter sich liggen lassen, sondern den Advocaten oder Partheyen ohne seümigkeit zustellen, oder in erspürung des wiedersins wilkührlicher straeff unterworffen sein.

12. Da aber wegen kürtze der zeit solches nicht geschehen könte, soll der Procurator verpflichtet sein, denselben gerichtstag, oder da die handtlung groß und weitleuffig, den nachfolgenden tag zum allerlengsten die abschrifft gegen anwaldten zuzustellen schüldig sein. Undt soll der Terminus zur Gegenhandtlung von solcher Zeit dero zugestelter Copey, undt nicht eher lauffen, auch der Producens zeitlicher zu Contumacijren keine macht haben.

13. Würde er aber in einem oder anderem wege seumig sein, oder da gegenhan- [Bl. 24r] delen, soll er mit einer halben marck gestraffet sein, welche von Procuratore Fiscali fleißig zu exigiren.

14. So soll auch kein Procurator dem anderen in seiner Ordtnung fürgreifen, sondern negst unserm Fiscall jeder in seinem standt vorgehen, und also nacheinander wie sie ordentlich stehen ungeirret, die fürtrage der gebühr verhandelen.

15. Alß auch zu zeitten zu mercklicher verhinderung und auffhalt unnöttige submissiones beschehen, solchen zu vorkommen, ordtnen wir daß vorhin ein jeder Procurator bey straeff nach ermessigung sein Protocoll jeder zeitt mit fleiß besichtiget haben, undt für vergeblichen rechtsatzen sich hüeten, auch unser hoffrichter undt Assessoren ernstes einsehen darauff thuen sollen.

16. Undt damit die sachen desto mehr befürdert, fortgetrieben, und alle ursach undt [Bl. 24v] verdacht des auffhalts so viel müglich abgeschnitten, auch die Partheyen destoweiniger beschwehrt werden, sollen sie hinführo von den Partheyen wart- oder dienstgelt jährliche bestallung, oder dergleichen gelt (außerhalb einer

subarration, die zu der Parten gefallen, undt gunst stehet[)] nicht forderen, abnöttigen, noch mehr nehmen, dan ihnen von Unß deputirt, undt verordtnet, sondern an solcher salario sich settigen, und begnügen lassen, bey pöen des abweisenß, oder einer geltbueß, oder auch entsetzung ihres ambts, nach wilküher und ermeßigung.

17. Es sollen auch die Procuratores mit ihren Partheyen umb einen theill der steitigen sach oder guths kein geding, noch verspruch pactum de quota litis remuneratorium genandt, machen, bey straff rechtens, daß sonst solche Paciscentes ihres ambts entsetzet, dadurch infamiam juris auf sich laden und ob das ubertretten würden. [Bl. 25r]

18. Soll doch solch pact und geding, wans gleich hoch und fest cautelirt, ja mit einem äidtschwuhr betheüert, und verknüpfft were, krafftlöeß und unkündig sein, und die Procuratoren, welche gemacht arbitrarie gestrafft werden.

19. Undt demnach sich fast befindet, daß die Procuratores nach verscheinung gegentheilischer gehabter zeit zu offtermahlen gar nicht, oder je unfleißig contumacijren sondern viell ubrige zeitt mit stilschweigen hinfließen lassen, ja bißweilen mit selbsten nachgeben, mehr dilation und prorogation conniuiren, undt colludiren ob welchem auffhalt dan den Partheyen mercklicher beschwer entstehet, welches abzuschneiden, wollen Wir, daß ein jeder Procuator, die angesetzte Termin vermöge dieser unser Ordtnung mit gutem auffachtsamen fleißhalten, nicht fürüber gehen lassen und keiner dem anderen darüber bey ernster wilkührlicher straff mehr frist nachgeben soll. [Bl. 25v]

20. Wan einer eine sache Procurando zuuerwalten angenommen, soll er deren biß zum endt außwartten, und sich dauon ohne rechtliche ehrhaffte ursachen, und rechtliche erkendtnüß nit abthuen, sondern biß zu endt dabey verharren, vielweiniger da er einer Parthey grundt, und heimblichkeit erfahren, darwieder zu dienen sich annehmen lassen.

21. Ob jemandt der Procurantoren an klagender oder beklagter seiten in nahmen ohnmündiger kinder, oder der Curatoren ad litem in recht erscheinen und handelen wolt, der soll sein actorium und gewalt allermassen, wie obstehet, auch damit zugleich constituentis curatorium beibringen, oder wo der Minorennis mit solchem Curatore noch nicht versehen, ihme von Unß, Unseren Cantzlaren undt Rähtten, auch hoffrichtern und Assessoren zu rechtlichen sachen und gescheffften derselb gegeben, und darzu vermitz leißtung pflicht und äidten bestättiget werden. [Bl. 26r]

22. Undt gleich wie man so woll in schreiben, alß Procuriren sich aller müglicher kürtz befleißen, aber ohnnöttiger Extension enthalten, alß sollen, die Aduocaten alß verstendige rechtsgelehrte nicht weiniger alß die Procuratores jederweill in productis et scriptis ebenmessiger, wo nit mehrer bescheidener kürtz was nur nützlich und nothwendig gebrauchen, unnöttiger und uberflüßiger vergebligkeit, zusatz, und Extensionen, so woll bey den nahmen, Titulen repetitionen, anfang,

mittell und endt, undt was dessen mehr als sonsten in den schrifften (so allein zu ergrößerung foliorum et Actorum, und den Partheyen zu desto mehrer beschwer reichen thuet) darin sonderlich des Calumnijrens, anzepfens, verschimpfens, und dergleichen ungepuer abmaeßen, und entlhalten, undt in diesen allen wie auch sonsten gegen die Partheyen, deren soe patrociuiren in der besoldung aller zimblicher masse, und bescheidenheit verhalten, wie Unsere gendigsten Vertrawen nach ihnen wollanstehet und sie bey ihren pflichten, und gewissen, gegen [Bl. 26v] Gott und Unß wollen wissen zu verantwortten.

23. Tragen auch zu ihnen die ebenmässige gnadigste zuversicht, und thuen beuehlen, wan undt wo sie, bey anfang oder verfolg der sachen die Partheyen mehr zu ablaßung oder in güttlichen wegen, alß kostbahren, verzügigen, muthwilligen, und ungegründeten rechtspflegen, oder dessen gefehrlichen außgang trewlich rahten, undt sie in unrecht nicht steiffen, halßstarcken, noch anreitzen, vielweiniger in solchen unrechten sachen zu dienen verpflichtet sein.

24. Da nun ein oder ander Procurator wider obgefügte puncten ein oder mehr wissentlich oder vorsetzlich handelen würde, soll der oder dieselbe von Unserem hoffrichter und Assessoren arbitrarie nach ermessigung, und gelegenheit auch mit entsetzung des ambts ernstlich gestraffet werden.

25. Dan wir entlich meinen, ordtnen [Bl. 27r] undt wollen, daß die Procuratoren alß ehrliebenden undt auffrechten Personen gebührtt, in gemein sich in ihrem ambt, den rechten, Reichsabscheiden, Cammer, undt dieses Unsers hoffgerichts Ordtnung, auch deme so vorstehet dürchauß gemeeß verhalten, auch deren verständig undt kündig sein sollen.

26. Undt soll nicht destoweiniger, wan ein Procurator, durch untrew, unfleiß, ubersehen, und fahrleßigkeitt seine Partheyen in rechten verabseümen, verkürtzen, und in schaden führen würde, solchen verursachten schaden auß dem seinen, nach Unser hoffrichters undt Assessoren erkentnüß zuerstatten schüldig und gehalten sein.

Tit. VI
Der Procuratoren Undt Redner aidtt

Die procuratoren sollen schweren einen [Bl. 27v] Eidt zu Gott und auff das heilig Euangelium, daß sie die Partheyen, deren sachen sie auff undt angenommen, mit gantzen undt rechten trewen meinen, in deren sache sie die notturfft nach ihrem besten fleiß und verstandt produciren, fürbringen, schreiben, reden, und handelen, darrin wissentlich keinerley falsch oder unrecht gebrauchen, keine gefehrliche dilationes und auffschuff zu verlengerung der sachen suchen und begehren, noch die Partheyen solches zuthuen oder zu suchen unterweisen, lesterung und schmache vermeiden, mit den Partheyen keinerley geding oder fürwartt einen theill von der sachen zuhaben, oder zugewartten pactum de quota litis genandt machen oder auffrichten, der Partheyen heimblichkeit oder behulff ihnen zu nachtheill niemandt offenbahren, erbar, auffrichtig und rechte redtlichkeit vor gericht gebrauchen, uber gebührliche undt ihnen von Unß undt unserem hoffrichter und Assessoren vermachte, oder auch gerichtlich taxirte belohnung niemandt [Bl. 28r] beschweren, undt wo sie darüber etwas empfangen, solches den Partheyen zurückgeben, auch sich der sachen die sie einmahll zu dienen angenommen, ohne redtliche ursachen und sondere rechtliche erlaubnüß nicht exoneriren, sondern bey derselben biß zu endt verharren, undt sonst alleß anderß thuen und lassen wollen, das einem getrewen Procuratoren von rechts wegen gebührt, trewlich und ohne gefehrde.

Tit. VII
Von dem Fiscalen undt seinem ambtt

1. Es soll Unser Fiscall, den wir, und unsere Nachkommen jeder zeit ordtnen werden, mit allem getrewen fleiß seinem ambt vorsein, wieder die so entweder an unsrem hoffgericht in pöen erklert, und sonsten alß straffbahr, und [Bl. 28v] brüchtfellig anzuklagen befunden getrewelich und fleißig nach inhaltfolgenden aidts procediren, die straffen zu rechter zeitt forderen und einziehen, darüber beständig Register und Protocoll halten, undt Unß dauon jahrlichs auffrechte rechnung thuen, undt soll der Fiscall in angezeigten fellen nicht allein auff vorgehende Klag, sondern auch vor sich selbst von ambts wegen in Fiscalischen sachen und pöen fellen sich seines ambts gebrauchen, undt dieselb einbringen, darzu dan nach aller gebühr ihme soll geholffen werden.

2. Es soll auch sein ambt, und des Fiscalischen Proceß in der persohn außwarten oder da er wegen leibsschwachheit, oder sonsten seiner gelegenheit nach mit Unsers hoffrichters und Assessoren erlaubnuß absein müste, durch einen geschwohrnen des gerichts Procuratoren sein nottwurfft in scriptis verhandelen, in seinen mündtlichen fürträgen sich der Kürtze befleisen, undt es sonsten alle wege der [Bl. 29r] ordtnung gemeeß, wie andere Procuratoren halten, in jeder Audientz zu rechter zeit erscheinen, die pöen felle und fiscalische sachen in acht nehmen, undt soll am ersten für anderen mit seiner proposition gehörtt, auch in huiusmodi Fiscalibus Judicij summarij Processus gehalten werden.

3. Was zu verrichtungen fiscalischer Proceß und sachen hin und wieder auffgehet, soll jeder zeitt von des Fisci gefällen, wie auch Bottenlohn, und andere nothwendiger gerichtsausgaben genommen und entrichtet werden.

Tit VIII
Des Fiscalis aidt

Unser Fiscall soll schweren zu Gott, und auff das heilig Euangelium, daß er die an unserm hoffgericht erkante, und vorfallene pöen trewlich einforderen, was vor sachen alß ihme Fiscalen vorkommen, beuohlen [Bl. 29v] undt von ambtswegen zu verrichten gebührt, mit fleiß verhandelen, und vollenziehen, seines ambts, und der fiscalischen sachen halber von den Partheyen keine gab, geschenck, undt genieß noch einigen vortheill selbst nemmen, noch durch jemandt anders von seinentwegen erheben, sondern an seinem ihme von Unß deputirter besoldung sich begnügen lassen, dieser ordtnung so viell ihnen belangen thuet gantz gemeeß verhalten, Undt in diesem, auch allein anderen, aller unuerweißlicher und richtiger gebüer erzeigen wolle, ohne gefehrde.

Tit. IX
Von Botten undt derselben Ambt

1. Ferner setzen und ordtnen wir daß unser hoffgericht mit einem oder zween Botten, die erbar und glaub- [Bl. 30v] hafft sein, schreiben und lesen konnen, versehen und durch unser Cantzlar und Rähtte darzu auffgenommen werden sollen.

2.[16]Welche Botten einer oder beyde jeder zeit in den Audientien zugegen sein, und das ruffen so offt im gericht erkandt wirtt von stunden an und in wehrender Audientz an gewohnlichem Orth offentlich undt mit heller stim verrichten, undt dauon alßbalt dem Notario referiren, damit er dasselb zu Protocol setzen könne.

3.[17]Die proceß so ihnen ad insinuandum auffgeben unsaumblich und bey geraumer zeitt, daß uber ihren unfleiß, verkürtzung leengen, undt nachtheill füglich niemandt zu klagen habe, den Parten zu handen stellen. Und damit solches ohne uffschub expedijrt werde, sollen die Notarij gehalten sein, die Pedellen bey extradirung der Processen dahin zu weisen, daß sie alßbalt bey verlust ihres dienstes, wan schon nur ein proceß vorhanden, fort- [Bl. 30r] reisen und die Insinuation verrichten, keines weges aber wie bißhero vielfeltig geschehen, uff fernere mehrere Processen und anders ihrer gelegenheit nach mit auffenthalt und gefahr der sachen warten und sonsten in Executione sich verhalten, wie hernach sub Titulo, wie und welcher gestalt die außgangene und erhaltene Proceß verkündet und exequirt werden sollen, verordtnet ist.

16 „Braunschweigische hoffgerichts ordtnung pag. 33. § das ruffen".
17 „Reichsabscheidt de anno 1654 § 68 zu dem Endt".

Tit. X
Der Botten Eidt.

Solche angenommene Botten sollen angloben und schweren, ihres Botten ambts und beuelchs trewlich und mit fleiß außzuwartten, die gerichts brieffe so ihnen von unserem hoffgericht zu verkünden auffgeben, und beuohlen trewlich und mit fleiß, der jenigen daran sie stehen und halten, in ihr eigen persohn da sie die [Bl. 31r] betretten mögen, oder in ihre heuserliche, wonung, auch sonsten nach dieser Ordtnung, wie es ihnen beuohlen wirtt, alß ohne einig gefehrlich verziehen, zu uberantwortten und zu verkunden, darab jahrzahl, taag- und mahlplatz auff die proceß zuschreiben, und dem gericht haubtliche relation einzubringen, auch sonst alles anders zuthuen und zu laßen, das einem redelichem und getrewen Botten seines ambts halber (wie oben vermeldet) zugehört, und sich nach inhalt dieser unser Ordtnung gebührt, ohn alle gefehrde.

Tit. XI
Von den armen Partheien wie die mit Aduocaten undt Procuratoren versehen werden sollen.

1. Damit unsere unterthanen [Bl. 31v] und andere nicht zuklagen, daß sie armuthhalber ihren rechten nicht konnen nachkommen, oder rechtloeß würden gelassen, so wollen wir, ob Partheyen auß armuth, den Aduocaten, Procuratoren, Pedellen, Botten, oder anderen gerichts persohnen die belohnung nicht zahlen, und den Eidt Paupertatis, wie der hernach gesetzt, mit gutem unuerletzten gewissen, auff vorgehendem ihren kündtlichen armuth, glaubhafften und unuerdechtigen schein des gerichts oder Magistratz, da sie seßhafft schweren würden, daß sie alßtan zu solchem Eidt sollen gelassen, auch mit obbemelten persohnen gebührlich versehen werden.

2. Welche armen sachen manh doch unter die Advocaten, und Procuratoren nicht anders, dan gleichmessig darein zum besten zu rahten, und zu dienen, außtheilen, darin einen vor dem anderen nicht beschweren, auch denen [Bl. 32r] also die sachen beuohlen, bey straff der entsetzung, solche ohne verweigeren, anzunehmen, und darein nicht mit weinigerm fleiß, alß in andern ihren vermüglichen partheyen sachen zu dienen, zu rahten, zu meinen und zu schreiben schüldig sein sollen.

3. Jedoch sollen unser hoffrichter und Assessores achtung geben, ob die angegebene arme partheyen auch justam causam litigandi haben, sonsten ihnen die befreyung mit nichten concediren, und da ihre sache also bewandt were, daß die güttliche handtlung zureichender sein mögte, soll dem gegentheill der vergleichung halber zugeredet werden.

Tit. XII
Der armen partheien Aidt

Die dan so arm und unuermüglich sein [Bl. 32v] undt solches mit glaubhaffter urkundt bescheinen, sollen schweren einen Eidt zu Gott und das heilig Euangelium, daß sie dermassen arm sein, und an fahrenden und liggenden haab und gütte oder schülden so viell nicht vermügen die Aduocaten, Procuratoren, und des Gerichts Tax und besoldung zu bezahlen, daß sie auch umb leistung willen dieses äidts ihres gutts oder haab in nichtes vereüssert, oder anderen ubergeben, und wo sie in rechten obliggen, oder sonsten zu vermögen kommen würden, alßtan einjedem seiner gebühr erbahr außrichtung thuen wollen, alles ungefehrlich,[18] daß sie auch glauben eine gerechte gute sache zu haben, und zu diesem proceß benöttiget, und nit gemeint noch vorhabens seyn, seinen gegentheill in unnohtige unkosten zuführen.

Tit. XIII
Wer fur unser hoffgericht [Bl. 33r] geladen, auch was sachen am selben angenommen, undt gerechtfertigt werden sollen undt mögen

1. Setzen, ordtnen und wollen, daß alle unsere Ritter und Edelleüte, die den Beambten nicht unterworffen, auch unsere weltliche Rähtte, drosten, Rentemeister, Gogreben, ambtleüte, und Richtere, mit weib und Kinderen, so lange sie ihren diensten verharren in sachen da sie inter priuatos einmahll erkennet und rechtgesprochen auch Stätte, wilbelden, communen, gemeinde und Gerichte, des gleichen alle andere persohnen, so niemandt zugethaen, noch unter den Untergerichtern sitzen und wohnen.

2. Auch ob von einem Kleger andere persohnen beklagt werden wollten, und diuersi fori weren für dies unsers hoffgericht, so fern sie sonsten durch besondere Priuilegien herbrachte gerechtig- [Bl. 33v] keit, gewohnheiten, und verträge von unß Landtsfürsten, und supremi ordinarij jurisdiction in erster instantz nicht eximirt, und befreyet, mögen geladen und daselbst gerechtfertigt werden.

3. Es sollen auch die sachen in erster Instantz die ohne mittell vor Unß (doch geistliche und lehen auch criminall und unsere Regierung Jurisdiction und Cammergütter betreffende sachen außbescheiden) ordinarie gehörig, darzu wo Partheyen, unter den ander gerichten für unser hoffgeriht in ersten Instantz zu kommen bewilligten.

18 „Braunschweische hoffgerichts Ordtnung pag. 45“.

4. Oder andere außlendische Persohnen, solch unser hoffgericht prorogirten, oder sich darhin veranlaßen, an diesem unserm hoffgericht angenommen, und dieser Ordtnung nach, rechtliche erschieden werden.

5. Desgleichen sollen alda ventilirt werden alle und jede Fiscalische sachen in welchen unser Fiscall vermüge der [Bl. 34r] rechten, und dieser Ordtnung nach, anzuklagen und zu forderen macht haben.

6. Item alle und Jede Appellation sachen so von den untergerichten an unß alß ordentlichen Oberrichtern, von Endt und Beyurtheilen dauon die keyserlich recht zu appelliren gestatten, beschehen, sollen an unserm hoffgericht doch so die Appellatio alßbaldt, undt in continenti nach eröffnung deroselben Urtheill oder zum lengsten innerhalb zehen tagen in schrifften, und wan von einem beyurhteill appellirt wirt, mit anzeig der Ursachen bescheinlich und erfindtlich interponirt were angenommen und darin laut dieser ordtnung verfahren werden.

7. Undt ein jeder der also rechtmessig appellirt, soll seine appellation in zweyen Monatten von zeit der ordentlich interponirten Appellation anzurechnen, an viellgemelts unser Hoffgericht, durch außbringung und reproducirung der ladung anhengig zu machen schüldig sein. [Bl. 34v]

8. Sonsten aber da das unterlassen, mach der Appellat umb Execution bey dem unterrichter ansuchen, oder aber vor unserm hoffgericht erscheinen, auff die desertion procediren, und um remission ad exequendam bitten.

9. Es soll auch der Appellant innerhalb 30 tagen nach eröffneter Urtheill die ausserhalb gerichts interponirte Appellation, dem Judici a quo insinuiren und Apostolos bitten, da jedoch dasselb unterlassen were, wollen wir wegen der partheyen einfeltigkeit auch eines theils unuermöglichkeit, damit sie in anbringung ihre Appellation nicht geführet noch unuersehens die Appellation vor desert geachtet, daß unser hoffrichter und Assessores solche Appellation da sie sonst innerhalb gebührender zeitt rechtens interponirt und in bestimbter zeitt angebracht angenommen werden, undt nicht vor erloschen zu halten sein soll.

10. Undt wo jemandt an unsern Goge- [Bl. 35r] richtern, oder gerichten, so wir uns unsern stätten gesetzt, oder sonsten die stätte selbst haben, oder an des adelß dorffgerichten, das recht und gerechtigkeit kündtlich versagt, oder aber auff andermahlig ansuchen (welches nach verfließung eines Monaths nach dem ersten suchen geschehen soll) nach uber sechs wochen dieselbe rechts hülff verzogen würde.

11. Oder da auch soinsten die Richter auß gnugsamer anzeig partheisch, oder auß anderen ursachen alda das recht, nicht zubekommen were, soll der oder dieselbe bey unserm hoffgericht umb ladung suppliciren mögen, doch daneben beglaubten schein, und urkundt des versachten rechtens zugleich beibringen, darauff dan so gebettene ladung soll erkandt werden.

12. Undt soll hiebey selbiger supplicant, und impetrant zu vor mit Bürgen gnugsame Caution thuen, da die sache anders, alß anbracht sich befünde seinem

Gegentheill kost und schaden deshalben ergangen auff unser hoffrichter und Assessoren [Bl. 35v] erkendtnüß anzurichten, oder in mangell solcher bürgerlicher Sicherheit, die Eidts beteürung darüber zugelassen werden, auch waß daroben und hernacher von Monatten gesetzt, sollen, Irthumb zu verhüten uff jeden monath 30 tage gerechnet werden.

13.[19]Außerhalb dieser fellen die Jurisdictiones nicht confundirt, noch einige sache in prima instantia, da dieselbe jemandten von unsern unterthanen competirt an dieß unser hoffgericht, anderer gestalt alß per viam Appellationis, Remissionis aut ex capite protractae vel denegatae Justitiae, oder wegen einfallender verdacht des Unterrichters introducirt, und anhengig gemacht werden.

Tit. XIV
Von processen so in prima Instantia an das hoffgericht gehoren, undt erstlich wie die ladung undt process [Bl. 36r] ausgebracht werden sollen

1. An diesem unserm hoffgerichte sollen keine ladung, oder andere processen außgehen, sie sein dan zuuor durch unser hoffrichter und Beysitzer, gerichtlich, oder in Concilio extrajudiciali collegialiter uff ansuchen eines des hoffgerichts geschwornen Procuratoris, so alßbalt seinen gewalt vorgelegt, oder sub manu et sigillo suo schrifftliche Caution de rato denselben gewiß in Termino reproductionis vorzubringen oder da dasselbe nicht geschehen könte, bey zeitten umb prorogation zubitten, gethaen, erkandt, und zugelassen werden.

2. Würde aber der Procurator solche Caution alßtan nicht einbringen, sondern in der sachen weiters verfahren, und sine Mandato in einigem substantiall puncto beschließen, soll derselb Expensas morae et retardatae litis, nec non damna Judicio et partibus illata, vom seinigem erstatten. [Bl. 36v]

3.[20]Die supplicatio pro [...][21] wie auch alle Producta Judicialia und schrifften in offener formb mit beyder Partheyen ubergeschriebenen Nahmen, eingerichtet, und waß es vor sachen und klage concernirt auch in welchen puncten gehandelet wirt, ob es nemblich eine causa Mandati, simplicis queraelae Appellationis, con et reconuentinis, Iniuriarum, Realium et verbalium sey. Item ob es in puncto cautionis, legitimationis, Responsionum beruhe, dabey verzeichnet, und da eine Parthey mehr sachen hette, eine von der anderen klar und richtig unterscheiden werden.

19 „Braunschweische pag. 50 § außer obgesetzten allen p."

20 „Lüneburgische Cantzley Ordtnung pag. 8 et 9".

21 An dieser Stelle befindet sich im Original eine Auslassung.

4. Im fall auch Documenta und Beylage zugleich mit eingegeben werden, sollen dieselbe mit einer deütlichen kurtzen intitulatur uberschrieben, und numerirt oder mit buchstaben notirt,sonsten aber nit angenommen werden.

5. Desgleichen wollen wir, daß die an Klägers seiten, zu anfangs produci- [Bl. 37r] rende schrifften, mit keinen anderen inscriptionibus oder Titulis, alß supplicatio pro decernenda citatione, Mandato de soluendo, summarische Klage, anseiten aber des Beklagten, und respectiue des Klegers, in ipso Processu, Exceptiones, Replicae, Duplicae, et Riplicae, oder da procedente causa cognitione weitere schrifften zugelassen würden, Quadruplicae, oder submission nominirt, hingegen alle andere Titulaturen, alß anzeige, Gegenanzeig, ableinung, Gegenableinung, kurtze recapitulationes, oder wie es sonsten nahmen haben mag, bey straff der verwerffung verbotten sein soll.

6.[22]Es soll auch der Producent strackes in der uberschrifft, an wessen seitten die schrifft ubergeben, mit nahmen melden, alß wan der kleger seine erste schrifft exhibirt Titulirt er dieselbe auffmasse wie obstehet undt setzet darneben außtrücklich [Bl. 37v]

Anwaldts N. N. klegers
Contra
N. N. beklagten

Der gegentheill oder beklagter inscribirt dargegen seine schrifftliche notturft

Exceptiones
N. N. Beklagten
In sachen
N. N. Klägers
Contra
N. N. Beklagten

Undt so fortan solches in allen sachen biß zu gentzlicher außfehrung so woll in secunda alß prima instantia unuerändert gelassen, alles bey willkührlicher straeffe dem Procuratori auffzuleggen. Es mögte sich dan dabey ratione rerum et Personarum eine merckliche veränderung begeben, alßtan solches, iedoch mit weinig wortten, dabey zusetzen.

7.[23]Es soll auch die Klage mit der supplication alßbalt gedoppelt oder mehrfach nach viel heit der citirten ubergeben, oder [Bl. 38r][24]der supplication einuerleibt, undt solches alles dem Beklagten zugleich insinuirt werden, damit er sich in diesem

22 „Lünebergische Cantzley p. 10".

23 „Lünebergische Cantzley pag. 8".

24 „Reichs abscheidt de anno 1654 § 34".

allen woll ersehen, und reifflich bedencken könne, ob er diesfalß weichen, oder in dem Proceß verfahren wölle.

8.[25]Die klagen soll nicht articulirt, sindern alleine summarischer weise verfasset sein, und darein das factum kurtz und neruose jedoch deütlich und distincte, klar, auch da dem Klägern beliebt, oder der sachen weitleüffkeit, und umbständen es erforderen, puncten weiß, narrirt werden, Mit angehenckten Conclusion und Bitte, den Gegentheill nicht alleine zu citiren, daferne dasselb durch eine besondere supplic nicht geschehen, sondern auch zu condemniren, alle zeitt auch deroselben clausulam salutarem subnectiren.

9. Wan der Kleger zu beschleünigung der sachen bey außziehung der processen, brieffliche Documenta, urkunden [Bl. 38v] undt andere probatorien mit ubergeben dauon soll dem Beklagten gleicher gestalt copia Authentica zugeschickt werden, damit er in Termino dargegen seine notturfft einbringen könne.

10. Were es auch eine schuldtsache, oder sonsten der handell also beschaffen, daß Mandata soluendi, cum uel sine clausula, oder andere media Executiua von rechts wegen erkandt werden könten, so soll in der supplic pro decernendis huius-modi mandatis, die ursachen warumb solches also geschehen könte, oder müste, dedurcirt und außgeführt werden.

11. Den citationibus soll die erscheinung peremptorie zugeschehen, einuerleibt, die darin bestimmete zeitt in drey terminen deromassen erlengert werden, daß der geladenen zu jedem von seiner behausung an das gerichtt bequemlich erscheinen könne.

12. Weren aber mehr dan eine [Bl. 39r] Persohn zu einer sachen verwandt, die nicht an einem orth gesessen, nach denen allen eines tages die citation mögte uberanttworttet werden, soll ein nahmlicher geraumer zeitt tag, uff welchen sie erscheinen mögen von unserm hoffgericht angesetzet und benennet werden.

13. So dan ein Procurator von vieler mitconsorten wegen sich einleßet, soll er auß denen einen, sonderlich den ersten, jedoch mit dem anhange, und anderen in der ladung bestimmet, anzeigen, und folgents, in dem Proceß bey solcher erster Intitulation, und nomination verpleiben.

14. Würde er auch nicht von aller wegen in citatione benennet, erscheinen, soll er nur die jenige, dauon er bestellet, zubenennen haben mügen.

15. Ferners soll in allen citationen welcher gestalt, oder formb die außgehen, zu ende gesetzet werden, daß die gela- [Bl. 39v] dene der sachen, und allen ihren Terminen und gerichtstagen biß nach entlichem beschluß und urtheill außwarten sollen.

25 „Münsterische Cantzley ordtnung nu. 3. Reichsabscheidt de anno 1654 § 34 diesem negst“.

16. Item alle compulsoriall und inhibition, sequestration, Executorialn, und andere dergleichen Mandata sollen nach gelegenheit der sachen und zimblichen ermessen unsers hoffrichters und Assessoren verpoenet werden.

17. Undt ob einer dem ersten Gebott oder Verbott nicht parirte, und auff sein ungehorsamb arctiora Mandata außgiengen, soll die poena darin er vermöge voriger Mandaten und Proceß gefallen, durch die nachfolgende nicht auffgehebt, sondern eine jegliche zu rechtferttigen vorbehalten sein, auch dauon in erfolgenden Processen besondere meldung geschehen.

18. Es mag auch an der Parthey, die solche erste gebotts brieffe erlangt, [Bl. 40r] neben den Arctioribus ladung, wieder den ungehorsamen gebetten werden, zuerscheinen zusehen, undt anzuören, sich in die vorhin angedrohete poenen gefallen sein zu erkleren, oder ursache anzuzeigen, warumb das nicht geschehen soll.

19. Solche poenae undt büßen eines jeden Processen sollen zum halben unserm Fiscall und der ander theill der gehorsambe Parthey anfallen, und zugeschrieben werden, und obschon selbige Parthey den ihren fallen ließen gleichwoll die Fiscalische poen unerleßig eingefürdert, und entrichtet werden.

20. da von Endturtheilen Appellirt, soll dem Appellanten uff sein anhalten neben der ladung, Inhibition, aber in Appellation von Beyurtheilen, oder anderen beschwerden, die ehe nicht erteilt werden, es sey dan zuuor durch rechtliche erkandtnüß selbiger Appellation sache dahin deuoluirt und erwachsen. [Bl. 40v]

Tit. XV
Wie undt welcher gestalt die ausgangene undt erhaltene Process undt ladungen verkündet undt exequirt werden

1. Wan nuhn selbige Proceß bey unserm hoffrichter und Assessoren erkandt und erhalten, sollen dieselbe durch einen geschwornen hoffgerichts Botten gebührlich exequirt und verkündiget werden, und sonderlich so dieselbe gegen eine priuat und eintzige persohn außgehen, soll der Botte an das orth, da der jenige gegen welchen der proceß ausgangen sein domicilium und haußhaltung hatt, sich verfüegen und ihme getrewlich nachtragen, und so er ihme persohnlich haben mag, das originall uberreichen, undt darab eine gleichlautende durch unseren gerichts Notarium untergeschriebene Copey, wieder zum gericht einbringen.

2. So ferne aber mehr Persohnen [Bl. 41r] dem processe einuerleibt, soll ihrer jedem so die verkündigung geschichtt, eine besondere Copei uberantworttet das originall zu verleßen vorgezeigt, und zum hoffgericht mit abgeschriebener Insinuation wieder eingebracht, und solche Copeyen von unserm Notario jederweill ebenmessig untergeschrieben werden.

3. Were es aber sache, daß der Botte ohne still liggen bey die Parthey nicht komme mögte, soll er die Proceß in der Partheyen gewohnliche behausung, doch nicht einem Kinde, sondern seiner haußfrawen, oder einem andern bestendigen haußdiener zustellen, Mit beuelch, die uffs fürderligst dem citirten zu uberantwortten, oder nachzuschicken, kosten und schaden, so sonst darauß erfolgen mögten, zuverhüten.

4. Begebe sich nun daß niemandt solche proceß von dem Botten annemmen wollte, soll er die in citirten hausse liggen lassen, [Bl. 41v] doch in beisein eines auß dem haußgesinde oder da das hauß vor ihme geschlossen, und er nicht eingelassen, noch jemandt zugegen sein wölte, oder würde, soll der Botte, ein oder zwey der Nachbahren, so fern er dieselbe ungefehrlich haben mag, zu sich beruffen, und die brieff und proceß in deren beysein an das hauß kleiben oder anschlagen, oder wo auch solcher zeugen in der nahe keiner bey dem hauße zu bekommen, mag er auch ohne die zeügen, die processe, wie jetz vermeldet, an das hauß stechen, festen, und daselbst verlassen.

5. Undt soll darauff der Botte solche seine gethane Execution, auff das originall oder copeyen, die er dem citirten theill uberantworttet, desgleichen der anderer Impetrirenden, oder außbringenden Partheyen, und also Actori et Reo Appellanti et Appellato, auff welchen tag, monath, undt jahr, auch ob die unteraugen, oder in sein hauß und [Bl. 42r] sonsten welcher gestalt die geschehen were, die Processen von ihme empfangen, desgleichen seinen nahmen, auch des jenigen, deme er die verkündigung gethaen, alles ordentlich und auffs kürtzeste auffschreiben, und dauon wie obstehet relation thuen.

6. Da einiger Proceß auch, wieder Praelaten, abten, Praelatinnen, abtissinnen, und derogleichen Geistliche persohnen außgehen, soll der Bott denselben Praelaten oder Praelatinnen suchen, und so er die anheimbnisch findet, ihnen alßtan solche brieffe, oder proceß obgemelter massen, unter augen verkündigen. Oder aber, wo der Praelat oder Praelatin nicht verhanden, oder der Botte selbst ohne still liggen persohnlich zu ihnen nicht kommen könnte, daß dem die brieffe, und proceß dem vorweßer, oder sonst einer beuelch habender, und keiner unachtsamben persohnen uberantwortten. Es were dan, daß dieselbe auch nichtt vorhanden, oder solche Processen anzunehmmen verweigert würden, auff welchen fall mag man die dem Pfortener geben, oder an das Thor stecken, [Bl. 42v] oder dauor augenscheinlich liggen lassen.

7. Werden nun die Proceße wieder Bürgermeister und Rahtt, eine Statt, oder flecken außgehen, soll er sich dahin verfügen, und dafern er den Rahtt daselbsten versamblet findet, die Proceß dem sitzenden Rahtt in Originali uberantwortten, wo aber der Rahtt nicht gleich versamblet, und dem Botten alda zuverharren ungelegen, soll er sich bey dem Bürgermeister oder Vorweser des ambts angeben, mitt begehren den Rahtt oder deren etliche zu ihme zuruffen und so das beschicht soll

er dem Bürgermeister in beysein deroselben Rahttsfreünden, die Verkündigung thuen, würde es ihme aber abgeschlagen, daß doch nicht sein soll, so soll er die Proceß undt undt Vorwesern allein uberantwortten , oder wo die auch nicht wollen angenommen werden, die Proceß vor ihnen leggen, und dauon gehen, jedich außerhalb der Statt ob er gleich den Bürgermeister, oder etliche des Rahtts antreffe, soll der [Bl. 43r] Botte die Proceß oder Citation nicht verkündigen, sondern die Execution obgerührter massen in der Statt oder flecken thuen, und darauff die Execution mit verzeignüsse der Nahmen, und Zunahmen des Bürgermeisters oder Vorwesers, undt des Rahtts, die er zu ihme gefordert, mit allen begegneten Umbständen nach dieser Ordtnung auff die Processe fleißig schreiben und also in seine Execution und relation bringen.

8. Da wider eine gantze Gemeine Proceß ausgehen, die sollen dem Bürgermeistern und Rahtt, wie oben vermeldet, verkündet werden, und weilen in des Botten macht nicht stehet eine gemeine zu beruffen auch nicht zuversichtig, dieselbe auff sein begehren, versamblen werden, soll der Botte die Proceß an das Rahthauß daselbst oder wo des orths keiner verhanden, an die Pfarkirchen, oder an einen anderen, offenen, gemeinen orth anschlagen, und darauff seine relation, wie und welcher gestalt [Bl. 43v] er solche Execution gethaen, obermelter massen ordentlich einschreiben.

9. Wan sich auch begebe, daß einem Gerichte Proceß, Mandata, oder dergleichen zu uerkünden wehren, so soll der Botte dieselbe dem gantzen Gerichte, so ferne es bey ein ander wehre am selbigem orth mit Uberantworttung des Originalß, verkünden, were aber das Gericht nicht bey ein ander, soll der Botte an das orth da das Gerichte gewohnlich besessen, und gehalten wirtt, nach dem Richter, Rentmeistern, ambtman, vorwesern und eltisten des Gerichts fragen, denselben anzeigen, daß er brieffe dem Gerichte zu insinuiren hette, Mit begehren, zwey oder drey des gerichts zu ihme zunehmen, und so das beschicht, soll er in deren gegenwahrth die verkündigung, wie oben vermelt, verrichten, wo ihme aber das abgeschlagen, alßtan dem Richter, Rentmeister, ambtman, vorwesern, oder eltisten des Gerichts uberantwortten, oder ob deren ein oder keiner die Processe annemmen wolte, die für [Bl. 44r] ihnen leggen,und dauon gehen, aber die Execution dießfalß verrichten, verzeichnen, und damit handelen, wie obstehet.

10. Ferner so einem gantzen Kerspell Processe zu verkunden wehren, soll die verkündung dem Pastor, oder seinem Capellan geschehen, mit anmahnung auff den negstfolgenden Sontag, oder feyrtag den Kerspelßleüten von der Cantzell Copey des außgangenen processes, die er zum endt bey ihme zu verlaßen offentlich abzuleßen, und zu uerkündigen, sich darnach wißen zurichten, und soll gleichwoll zu mehrer und volliger Execution, durch derselben Botten noch eine Copey an die Kirchthür, solches Kerspelß deßelbigen tags, alß der Pastor oder sein Capellan die zugestelte Copey abzuleßen schüldig mit auffgeschriebener Execution angeschlagen.

11. Trage es sich zu, daß Edicta und offene brieffe zu verkunden weren, wie geschickt wan der Citirter keine äigene [Bl. 44v] sonderbahre behausung und wohnung hatt, nirgentz pleiblich gesessen, oder in eigener Persohn, nicht woll noch sicher ist, anzutreffen, soll der Botte dieselbige an den orten, die in solchen Edicten und brieffen benent, oder aber sonst wie er durch unser hoffrichter und Assessores dessen bescheiden würde, öffentlich anschlagen, und die Execution laut dieser Ordtnung verzeichnen.

Tit. XVI
Von Mandaten, undt in wass fellen die ohne, oder mit Justificatori Clasulen erkandt, und wie darin procedirt werden soll

1. Mandata cum clausula seu monitoria mögen erkandt werden, in sachen Reichs, oder sonsten Landts undt [Bl. 45r] andere eingewilligte steüren, und Schatzungen, unsers Fisci gefellen, auch wan umb verdinget und verlehnet lohn, erschienene, und versessene Jahrgülden, Zinß und Pfachtt, item wegen geliehen geldt zu borg und auff handtschrifften, und derogeleichen kündtliche forderung verhanden.

2. In diesen und anderen klaren Mandatsachen cum clausula, wan Reus denselben kein begnügen thuet, soll Mandatum secundum mit der Commination erkandt werden, daß sonsten die Klage vor bekandt anzunemmen, welchem zweiten Mandato, Citatio ad docendum de paritione zu annectiren, da dan beklagter abermahlß außpleibt, soll es bey dem Mandato gelaßen, und auff dessen Commination endtlich erkandt werden.

3. Mandata sine clausula konnen erkandt werden, wan die sache von ihr selbst von recht- oder gewohnheit wegen verbotten, und wo die begangen, auch ohne [Bl. 45v] weitere erkendtnüsse für straff- und rechtmessig zuhalten, oder daß dadurch den anruffenden theill ein solche beschwehrung zugefüget, die nach begangener thadt nicht wiederzubringen sey nach einiger verzug zu erleiden haben mögten oder ob die sache wieder den gemeinen nutzen were, in solchen und anderen gleichen fällen, da vermoge der gemeinen rechten a Praecepto ohne vorgehende erkendtnüsse angefangen werden mag, konnen unser Hoffrichter und Assessores Mandata sine clausula (doch nur gegen die so unserem hoffgericht immediate unterworffen) erkennen, aber ehe und beuor das beschichtt, soll durch schrifft, oder ander glaublich anzeig der geklagter handell,[26] so viell gestalten sachen nach, möglich beschienen, und verificirt sein, welchem dan ohne einige wiederred, dahero keine

26 „Lunebergische Cantzley pag. 85".

sub- et obreptio mit bestande dawieder beygebracht, ohne verzug, und weitleüffigkeit parirt, oder darauff wider die verbrecher, ubertretter, und ungehorsamben auff [Bl. 46r] die comminierte pöen, wie sich dieser Ordtnung und denn rechten nach gebührtt procedirt werden soll.

4. Es soll gleichwoll solche parition keinem theilll zu vortheill oder praeiuditz tam in possessorio quam petitorio ihres habenden rechtens gereichen, deßwegen alle der restitution untergesetzte stücke beygehalten, nicht deteriorirt, noch in andere handen gebracht, oder darin rechtformige ordentliche recuperation und befügte wiedererlangung praevia causae cognitione dem parirendem theill schwehr gemacht werden solle.

5. Jedoch dafern der Impetrant, oder jemandt anders durch die geklagte thadt in schaden gerahten were, soll Beklagter demselben cum omni causa et interesse zuerstatten schüldig sein, und der beschedigter, uff beygebrachter und so viell füglich geschehen kann bescheinter Designation, wan selbiger [Bl. 46v] durch hoffrichter und Assessoren nach befinden, Taxirt in odium facti nullo Jure Justificabilis ad Juramentum in litem verstattet, und ihme daruff sothane quantitet adiudicirt, und Executiue beygebrachtt werden.

6. Zu dem ende, und damit keiner an seine Indemnisation einiger gestalt durch unuermügenheit und sonsten anderer hinderung halber verkürtzet werde, soll Jetwedderen sonderlich aber den geringen und schlegten leüthen ihre sache dem Fisco anzutrawen, und demselben darzu volmacht zuertheilen freystehen, Er aber dieselbe anzunemmen, und so woll zu der Partheyen alß äigenen interesse zutreiben und außzuüben gehalten sein.

7. Wolte aber in angeregten fall der theill gegen welchen solche Mandata außgangen nach geleisteter parition, oder so er on contumaciam in poenam erklert, nach deren abrichtung, und [Bl. 47r] würcksamer vollenziehung dessen, was gebotten worden, dagegen ichtwaß fürtraglich einbringen, das solle ihme an Ortten da sichs ordentlicher weiß gebührtt, zugelassen, der wieder Partt darin gehörtt, und auff beyder theill fürbringen, was billig und recht, gehandelt und erkandt werden.

8.[27]Und solte sich dan bey solcher cognition befinden, daß der Impetrante keine befügte Ursachen zu klagen gehabt, undt seinem jegentheile wieder recht vorsetzlichen schaden und kosten auffgebürdet, der Beklagter aber daran keine schuldt hette, soll derselbe poenam temere litigantium und darueber zu erstattung aller kosten undt schaden verdammet und angehalten werden.

27 „Münsterische Cantzley Ordt. § 25 in fine".

9.[28]Wan einer gegen seine ohnmittelbahre Obrigkeit klagten einfahren würden sollen Mandata sine clausula nicht leicht erkandt, sondern zu vorders an die oberen geschrieben werden.

10.[29]Daferne aber Beklagter Exceptiones [Bl. 47v] sub et obreptionis bestendig einzuwenden hette, soll er dieselbe in termino docendi de paritione Mandato sine clausula annexo würcklich einzubringen schuldig sein, und solche von unser hoffrichter und Assessoren examinirt werden, wan dan dieselbe von den Referenten unerheblich und vor friuole erkent alß daß sie deswegen nicht anzunehmmen, so soll zur gegenhandelung keine ferner Terminus angesetzet, sondern der Beklagter ad parendum per sententiam angehalten, es were dan sache, daß ihme in puncto paritionis nachmahliger Terminus angesetzet würde, uff welchen fall vermöge des letzten Reichsschluß de Anno 1654 und deputations Abscheidt de Anno 1600 alßbalt der ersten paritoriae nicht allein declaratio poenae euentualiter anzuhencken sondern die arctiores nicht beschehener parition ohn ferner anrufen gefolget werden.

11. Auff den jegenfall aber da die vorerwändte Exceptiones vor erheblich und releuant geachtet würden, soll [Bl. 48r] darauff der Kleger per interlocutoriam ad replicandum gelassen, oder auch ihme von Ambts wegen, da er darzu kein Zeitt gebetten ein gewisser Termin in puncto sub et obreptionis mit der probation zu verfahren bestimmet, uber die replic aber keine fernerschrifft oder handtlung doch saluo Judicis arbitrio zugelassen werden.

Tit. XVII
Wie der Kleger oder sein anwaldt auch der Beklagter auff den angesetzten Ersten Termin in recht erscheinen undt handelen soll.

1. So viell demnach den ersten zu außgangener ladung am bestimbten tag belangt soll darauff der Kleger selbst, oder durch einen auß den geschwornen Procuratoren erscheinen.

2.[30]Undt so der Kleger selbst kombt soll [Bl. 48v] er zu Fundirung des Gerichts zwanges die außgangene ladung Mandat, oder Proceß mit ihrer Execution einbringen, sich auff die ubergebene Klage referiren und des citirten erscheinen, wie auch handtlung, vornemmen laßen.

28 „Reichsabscheidt de anno 1654 § 185 Benebens sollen. Lüneburgische Cantzley pag. 85“.

29 „Reichsabscheidt de Anno 1654 § Belangendt die Mandata sine clausula 76 et 77“.

30 „Reichsabscheidt de Anno 1654 § 37 Es soll auch“.

3. Wan Er auch selbst nicht sondern durch einen anwaldt allein erscheinet soll derselbe anwaldt sein Mandatum Procuratorium, wan es bey außziehung der Processen nicht exhibirt neben obbestimmeter ladungs Execution einleggen, vorbringen, und daneben gleichmessig wie ietz gesaget, verfahren.

4.[31] Es soll auch Kleger alßtan die brieffliche Documenta, und andere Probatorien die er der Supplic pro Processibus beygelegt, an statt des beweises repetiren und der Documenten recognition bitten.

5. Hette aber der Kleger bey außziehueng der Processen keine Documenta beyge- [Bl. 49r] legt, soll ihme dasselbe alnoch uff diesen Termin zu thuen, oder sich sonsten in andere wege mit dem beweißthumb gefast zu machen freystehen, er kann auch solches alles dahin biß Beklager mit seiner Verantworttung einkommen uff den zweiten Termin verschieben.

6.[32] Dagegen soll Beklagter, oder dessen mit gnugsamer Volmacht erscheinender Procurator, wan er Exceptionem fori declinatoriam bestandig einzuwenden hette, dieselbe abgesondert ubergeben, oder da solche nit vorhanden, sondern andere dilatoriae, oder peremptoriae Exceptiones vorgebracht werden wolten, selbige praescise alle sämbtlich miteinander uff einmahll schrifft- oder mündtlich vorbringen. Mit dem anhang so jemandt deren eine oder mehr, oder sie alle unterlassen würde, daß ihme hernacher der weg solches zu thuen oder vorzubringen benommen sein soll.

7. Daneben soll der Beklagter auch in eodem hoc primo Termino auff die [Bl. 49v] Klage, vorgebrachter verzoglicher Exceptionum pro arbitrio Judicis ungeachtet hauptsächlich antwortten, und solche seine hauptsächliche verantworttung den Exceptionibus euentualiter annectiren, auch bey deren Exhibition oretenus litem in euentum contestiren.

8. Es soll aber Beklagter, wan Exceptio Fori declinatoria eingewandt vor erörterung solches puncti sich in der hauptsache einzulaßen, nicht verbunden sein.

9. Maßen dan auch solche euentuall hauptsachliche handtlung, wan die Exceptiones erheblich befunden werden gantz unnachtheilig sein sollen.

10. Würde der Beklagter wegen wigtig- und weitlleuffigkeit der sachen uber angewandte mühe, und fleiß mit der hauptsachlicher handtlung nicht fertig werden können solle ihme solches zu entschüldigen, und prorogationem Termini, doch ohne gefehrde zu bitten, erlaubt seyn, jedoch solcher gestalt [Bl. 50r] daß er die ursach solcher prorogation nach erkentnüß unsers hoffrichters und Assessoren aidtlich zu betauren, erbietig und gefast sein.

11. Die verantworttung in der hauptsach soll kurtz, neruose und deütlich auch unterschiedtlich und klar, ob und wahrumb das factum anders, alß vom Kleger

---

31 „Reichsabscheidt de Anno 1654 § 37 Es soll auch".

32 „Reichsabschied de anno 1654 § were es dan".

vorbracht, und wie es sich äigentlich verhalte, specifice und auff jeden punct mit allen seinen umbständen vorgebracht werden, daß also nit nötig Articulos peremptoriales, Elisiuos, additionales, und waßerley Articulen, welche allerdings außerhalb der probatorialn in dem Reichs Abscheide de Anno 1654 und auß dieser unser Constitution wegen auffenthalt der sachen, welcher dadurch vielfeltig causirt wird, cassirt und abgeschafft sein.

12. Daferner Kleger in Extrahirung der Processen alßbalt seine habende Documenta, verträge, letzten willen und andere probato- [Bl. 50v] ria beygelegt, und dieselbe der Beklagten in Authentica Copia insinuirt, soll er auch uff dieselbe in diesem ersten Termin die notturfft zu verhandelen schüldig seyn.

13. Wo aber Kleger solche urkünden in hoc primo Termino ersten einbrechte, kann der Beklagter abschrifft, und zeit dargegen zu handelen Bitten, soll gleichwoll uff die Klage zu antwortten schüldig sein, auch in pruncto recognitionis uff des Klegers erforderen rcognoscendo, vel diffitendo unter gewohnlichem praeiuditz, und straff der Procuratoren sich vernehmen lassen.

14. Da auch Beklagter den Klegern zu reconuenijren gemeinet soll er dasselb in diesem Termin thuen.

15. Waß nun der Beklagter solcher gestalt einbracht, daß solle dem Klegere communicirt werden, umb dargegen seine notturfft zu Exhibiren. [Bl. 51r]

Tit. XVIII
Wie in der Hauptsachen nach eingebachtem gegenbericht die Partheien zum guttlichem Vergleich angemahnet werden sollen.

1.[33]Wir setzen, ordtnenen, und wollen auch daß unser hoffrichter und Assessores so balt Beklagter seinem gegenbericht in der hauptsachen ubergeben nach anleitung des Reichsschlußes de Anno 1654 § zweitens. 110 zum gutlichen Vergleich einen tag ansetzen, sonderlich, wan es sachen von keiner grosen wichtigkeit sein, oder dieselbe pias causas, iniurias, wittibben, waisen, und sonsten miserabiles Personas, oder nahe anbewandten betreffen, damit dadurch zeit, unkosten, verbitterung, und andere inconuenientien verhütet werden.

2. Damit auch unser hoffrichter und Assessores wissen, ob die sachen alß bedeü- [Bl. 51v] teter massen beschaffen sein, soll Notarius causae die vom Beklagten ubergebene handtlung cum Terminis protocollaribus einem auß denselben alßbalt des anderen tags praesentiren umb dieselbe dazusehen, und nach

33 „Reichsabscheidt de Ao 1654 § zweitenß solle. 100. Hannoversche Cantzley Ordtnung pag. 34. Et seqq.“

befindung die Citation zum güttlichem verhorßtag alßbalt zu decerniren, den Terminum auch biß dahin außzusetzen, daß des Klegern, zu einbringung seiner wieder des Beklagten ubergebene Verantworttung und hauptsachlichen gegenbericht Replic und gegen notturfft verfertiget damit dieselbe bey dem Vergleich auch beobachtet, und so viell de bälter de sache und Transaction ihren fortgang haben könne.

3. Zu mehrer facilitirung des güttlichen vergleichs, sollen die Parthen beyder seits in der persohn neben ihren Aduocaten, wan es also von den Referenten vor gutt angesehen, und es die Citation erforderen wirtt unfeilbar einstellen, damit nicht die Procuatores wegen eingeschrenckter Volmachtt oder mangell nöttigen berichts sich zu entschüldigen, und dahero der verhörßtag umb sonsten angesetzet. [Bl. 52r]

4. Da aber der Kleger durch Gottes gewalt in der Persohn zu erscheinen verhindert würde, soll er durch gnugsame, instruirte, beuolmechtigte sich zu sistiren und einzulaßen schüldig sein.

5. Es sollen auch die Partheyen ihre zur sachen dienliche brieffliche Urkunden mit sich bringen, oder da es auff ein zeügen verhör oder einnehmung des augenscheins bestehen solte, alßtan auch weinige und kurtze bloß auff das factum gerichtete Articul bey der handt haben, damit dieselbe uff bedurffenden fall bey der handtlung können ubergeben werden, undt man sich wegen anordtnung des zeugen verhörs oder warauff der augenschein eigentlich anzustellen, darnach zu richten haben möge.

6. Gleich gestalt wan die streittige sache Grentzen, hude, Trifft, weide, Jagten, fischereyen, oder dergleichen betrifft, so soll so woll der Kleger alß Beklagter schüldig sein, einen taütlichen abriß des streittigen orts beyzubringen, auff daß man sich in [Bl. 52v] facto eigentlich darauß informiren, und alßbalt die sache nach befindung schleünig erörteren oder die etwa notwendig befindende zeügen verhör oder einnehmung des augenscheins darnach verordtnen könne.

7. Damit auch unser hoffrichter und Assessores von der sachen in termino nottürfftig informirt sein, und so viell debesser dienliche mittell und wege, auch scheidtliche erinnerung vorschlagen können. so soll Notarius bey vermeidung wilkührlicher straffe, alle handtlung ein paar tage vor angesetzem Termino unserm hoffrichter, wiederumb praesentiren oder denselben dessen erinneren, auch daferne Kleger uff des Beklagten hauptsachlichen gegenbericht seine Replic ubergeben, oder damit fertig were, dieselbe dabey fügen, daß sie wiederumb durchgesehen werden können.

8. Undt soll Notarius causae, die angesetzte tagleistung allemahll anschreiben, undt dauon zeitlich auisiren.

9. Wan ein oder ander theill auß ehe- [Bl. 53r] hafften ursachen verhindert würde, die angesetzte dietam abzuschreiben, so soll daßelbe so zeitig geschehen, daß es dem gegentheill vorhin und ehe er ich auff die reise begibt insinuirt werden

könne, welches dan auff des abschreibenden theilß unkosten und beforderung geschehen soll.

10. Im fall aber daßelbe verabseümet würde soll dem in Termino erscheinenden theill die verursachte Unkosten jedoch uff richterliche ermessigung also fort und vor einiger weiterer handtlungen auch ohne Remission ad punctum Expensarum zuerstatten schüldig sein.

11. Solte aber die güte bey den Partheyen nicht zuerheben sein, gleichwoll die sache bey dem Verhör, und eingenommenen gnugsamen bericht und gegenbericht in so klaren Terminis befinden, daß es keiner ferneren weitleüfftigen außführung bedürffte, sondern durch einen rechtlichen Bescheidt woll erlediget werden könne.

12. So sollen sich unser hoffrichter und [Bl. 53v] Assessores darüber alßbalt vergleichen, den Bescheidt auffsetzen und publiciren, aber verhör nachmahlß vor sich erforderen, und ihnen solches zu verstehen geben, und nachmahlen die güte versuchen, mit der erklerung daß sie solche je nicht annehmen wolten, daß in omnem euentum mit der publication verfahren werden solte darüber sich auch keiner mit fugen zu beschweren hatt, weilen der Citation pro tentanda concordia diese clausula annectirt werden soll, daß in entstehung der güte nach befindung rechtlicher Bescheidt erfolgen soll.

13. Es sollen aber bey diesen güttlichen vergleichen unser hoffrichter und Assessores ihr absehen dahin jeder Zeit sorgfeltig stellen, damit die eine offentlich ungerechte sache führende Parthey zu demselben nicht gelassen, noch der recht habender theill damit beschwert noch auch die Justitz wieder des anderen theilß willen verzogen werde.

14. Sie sollen auch die versichtigkeit gebrauchen, damit nicht ein oder ander theill [Bl.54r] dabey zur ungebuhr ubereilet werde, wie dan auch uff solche masse nicht definitiue gesprochen, werden solle es sein dan geringschetzige sachen oder richtige und agnoscirte Siegell und brieffe confessiones partium oder sonsten derogleichen gnugsame ursachen vorhanden.

Tit. XIX
Wie in entstehung der gütte im zweiten Termin gerichtlich zu verfahren.

1. Wan die Partheyen zu der gütigkeit nicht zubewegen oder auch kein gütlicher verhörs tag angesetzet soll Kleger gegen des Beklagtens einbrachte Exceptiones dilatorias und denselben angehenckten euentual hauptsachlichen gegenbericht, und andere vorhin ubergebene handtlungen in diesem zweiten Termin seine Replicschrifft gegen deduction und notturfft exhibiren, und zu beweisung dessen, waß ihme vom Beklagten negirt, so viel nötig bereit sein.

2. Undt wan er solchen beweißthumb mit [Bl. 54v] brieffllichen Documenten zu erstatten vorhabens, selbige aber vorhin bey Extrahirung der Processen, oder auch bey deren reproduction nicht exhibirt weren, soll er zugleich dieselbe produciren und deren recognition bitten, auch sonsten der sachen, und des facti halber fernere schrifftliche außführung thuen.

3.[34] Wolte er aber sein intent mit des Beklagten Äidtlicher antwortt und in euentum negationis mit lebendiger Kundtschafft verificiren und darthuen, soll er etliche kürtze probatorial Articul ohne uberflueß oder weitleüffigkeit auß der substantz des klag libels gezogen, eingeben, und des beklagten klare antwort daruber erforderen.

4. Worauff [...][35] durchs wortt wahr oder nicht wahr so viel seine eigene geschicht betrifft so viel aber frembde geschichtt belangt durch daß wortt glaub wahr, oder nicht wahr ohne allen anhang pure et simpliciter beantwortten, sonsten die anderß verant- [Bl. 55r] wortete Articull für gerichtlich gestanden und die Responsiones pro puris angenommen, auch der ander theill zu keinem fererem beweiß gehalten sein sollen, die die Disputationes uber die Responsiones gantz abgestellet.

5. Es soll aber zu des Klegers wilkühr stehen die Responsiones also zu erforderen, oder alßbalt zu zeugen verhör schreiten p.

6. In diesem Termin soll der Kleger auch uff die gegen Klag, da einige eingeführt uff weiß und mannier, wie daroben von der antwortt uff die Klage gesetzet ist seine Responsiones einbringen.

Tit. XX
Was weiter im dritten Termin zu verhandelen.

1. Auff diesen dritten termin soll Beklagter in puncto der verzüglichen einreden und euentual gegenberichts in der hauptsache und anderen in primo Termino ubergebenen handtlungen mit [Bl. 55v] seiner Duplicschrifft einkommen, und da ihme dießfalß etwaß verneinet gleicher gestalt mit dem beweißthumb gefast erscheinen, und wan Er denselben mit schrifftlichen Documenten, Register oder anderen Urkunden, oder auch mit des Klegers äidtlicher antwortt, und lebendigen Zeügen zuerstatten gemeinet gleichfalß gewisse Articulos eingeben, und darauff procediren und verfahren, wie ietz von des Klegers beweißthumb gesetzet und verordtnet ist.

2. Es soll auch der Beklagter in diesem dritten termin in puncto reconuentionis uff des Verklegerß einkommenen gegenbericht und rechtliche antwort Replic schrifft

34 „Reichs Abscheidt de Anno 1654 § weilen aber auch 41".

35 An dieser Stelle befindet sich im Original eine Auslassung.

beweißthumb, und andere gegen notturfft Exhibiren, und mit dem beweißthumb verfahren, wie ietzo des Klegers beweißthumb halber erwehnet worden.

Tit. XXI
Was im vierten Termin zu verhandtlen

1. In puncto Exceptionem dilatoriarum soll [Bl. 56r] ferner zu tripliciren oder zu quadrupliciren nicht zugelassen werden, sondern alßbalt vor weitere verfahrung darin bescheidt ertheilt werden.

2. Wan dan dem Beklagten theill solche Exceptiones dilatoriae und derogleichen in recht aberkandt, soll er damit in auffgelauffene Gerichts kosten verdammet werden, auch da bey einwendung solcher seiner einrede eine gar kentliche Mutwillige und vorsetzliche unfuge und auffenthalt befunden würde, derentwegen einer geltbueß unterworffen, und darüber die ermessigung unserm hoffrichter und Assessoren heimbgestellet sein.

3.[36]Die hauptsache belangt, wofern der kleger sich zu keiner beweisung erbotten, oder hoffrichter und Beysitzer auß dem Proceß und vortrag befunden, daß keiner beweisung ferner von nöhten, soll der Kleger auff des antworters einbrachte handtlung in diesem Termin seine Triplic und nachschrifft einbringen, und damit beschließen.

4.[37]Da aber die Partheyen zur be- [Bl. 56v] weisung admittirt, soll Ihnen für einbringung deroselben beweisung keine schrifft in recht vorzuwenden zugelassen werden, es were dan auß bewegenden dapferen ursachen zuvor durch unsers hoffrichteres und Beysitzern Decret und erkantnüß zugelassen.

Tit. XXII
Was im fünfften Termin zu verhandelen.

1.[38]Es soll dem Beklagten vergönnet sein in dem fall da dem Klegere kein beweiß aufferlegt, oder deßhalben nicht von nöhten, uff des Klegers Triplic nachschrifft und deroselben angehenckte submission in diesem Termino seine schrifftliche conclusiones vorzubringen und darauff beyde theile, wo nicht in diesem jedoch in negstfolgendem Termin mündtlich zu beschließen schüldig sein.

36 „Cammergerichts Ordtnung part. 3. Tit. 16".

37 „Regenspurgische Recess de Anno 1654 § 52 Im ubrigen".

38 „Reichsabscheidt de Anno 1654 § 55. Wie auch in diesem fall".

2. Wan aber Beklagter keine Exceptiones dilatorias vel peremptorias in vim dilatoriarum vorzubringen hette, so soll Beklag- [Bl. 57r] ter in primo Termino litem pure contestiren oder er soll pro contestata gehalten sein, und soll dabey uff die Klage hauptsachlich jedoch kürtzlich neruose und deutlich wie vorhin von der euentual hauptsachlichen antwortt verordtnet, respondiren, auch alßtan seine gegenklag, da er dieselbe einzuwenden hette, exhibiren.

3. Warauff die Partheyen zum gütlichem verhör ermahnet, und in dessen entstehung ferner procedirt werden solle, wie im zweiten, dritten und folgenden Terminen vorgeschrieben stehet.

4. Wie weit aber diese vorgesetzte Termine von ein ander zusetzen, solches weiset nachfolgender Titulus auß.

Tit. XXIII
Erklerung etlicher handelungen dauon in vorigem Titulo, wie in entstehung der güte gerichtlich zu verfharen undt anfänglich [Bl. 57v] wie weit die gerichtliche Termine von einander zu setzen, undt es dabey weiter zu halten.

1.[39]Vorgesetzte Termine sollen vier wochen von ein ander zusetzen sein wie dan auch in danderen Ordinari sachen von vier wochen zu vier wochen, wan es die Principallhaupthandelunge betrifft zu handelen, in zufelligen Nebenpuncten aber da man belter und eher gefast sein könte, sollen die Termine kürtzer und enger auff 8. oder 14. tage oder zum höchsten drey wochen eingespannet werden und keine andermahlige zeit bittung statt haben, wie aber in Extraordinijs oder summarijs zu verfahren,ist darunter Tit. 51. Von Extraordinarijs und summari sachen zu sehen.

2. Und sollen die Termini so stricte gehalten werden, daß auch wan gleich nach verscheinung der praefigirten und erlangten fristungen, gegen den nit handelen theill keine Contumacia accussirt würde,[40]daß ebenmessig an sich selbsten der gestrit- [Bl. 58r] tener punct pro submisso zu halten sey, und darauff fürderlich bescheidt erfolgen solle.

3. Undt weilen dasselbe zu mercklicher beforderung der sachen die sonsten den Partheyen zu großem schaden und nachtheil, auch unsers hoffgerichts mercklicher verkleinerung von einem Jahr ins andere unoffterfolget liggen pleiben, gereichen thuet, so soll Notarius causae bey straff einer halben marck verbunden sein, in denen sachen, darin die Procuratoren zu handelen schüldig gewesen, aber nicht

39 „Hanouerische Cantzley Ordtnung pag. [?] et seqq."

40 „Alte paderbornische Ordtnung Tit. 17 § welche Terminen in fine".

gehandelet, alßbalt des anderen tags nach gehaltenem gerichte unserm hoffrichter Terminos cum Juribus zu praesentiren.

4. Es soll auch unser hoffrichter und Assessores achtung haben, ob der Notarius diesfalß sein officiam verrichte, welches sie ex specifica designatione deren sachen, darin Terminus constituirt, oder sonsten einfelt, so die Notarij im anfang jeder Audientz vor den hoffrichter iuxta contenta Tit. 3 § wir wollen auch 13. Auf den tisch leggn sollen, alßbalt vernemmen können. [Bl. 58v]

5. Solten gleichwoll solche verhinderung vorfallen, daß vor dem praefigirten Termino jemandt zuhandelen nicht vermögte, und dan derselbe vor ablauff der Termini sein ursach vorbrechte, und das Impedimentum in Continenti gebührendt beschienete, oder da er darzu sobalt nicht gelangen könte, solches in prorogatio Termino zuthuen, oder äidtlich zuerhalten schüldig sein, wiedrigen falß so wenig die erlangte prorogatio alß etwa post Terminum die eingereichte schrifft nit attendirt, sondern gleich were keine dilatio verstattet in contumaciam verfahren werden.

6. Wan wegen der gebottener prorogation des angesetzten, oder einfallenden Termini viso protocollo interloquirt werden müste und in dem darauff erfolgtem Decreto ein sicherer Terminus alnoch verstattet würde, soll derselbe von der Zeitt do die prorogation gebetten, angehen, und daferne vor publication solches Decreti der Termin schon zum ende gelauffen, immittelß aber nichts einkommen, soll die sache vor beschloßen gehalten sein. [Bl. 59r]

Tit. XXIV
Form gemeinen gewalts

1. Dieweill in vorgehendem Tittull verordnet, daß ein genugsamer und auff die hauptsache gestelter gewaldt soll eingelagt werden, und dan vielmahlß zu nicht geringem auffzug bey diesem und folgendem termin, ob der gewalt gnugsamb sey oder nicht, streit erreügt würde, so haben wir zu auffhebung aller hirauß entstehenden unrichtigkeit, hindernuß, und verursachenden submittirenß nachfolgende gemeine forme zur nachrichtung beytrücken laßen.

2. Bekenne hirmit und thue kundt allermenniglich vor mich und meine Erben, demnach ich an dem fürstlichen hoffgericht, wieder N. in äigener Person auß- und abzuwartten meine gelegenheit nicht sein will, daß ich mit gewohnlicher genehmhaltung aller bißhero ergangener Acten und handelungen in der bester formb, weiß, und gestalt, wie solches von rechts und gewohnheit wegen, oder de stylo geschehen [Bl. 59v] soll, zu meinem, und[41] nach meinem thodt, meiner

41 „Reichsabscheidt de Ao 1654; Hanouerische Cantzley pag. 142".

Erben, anwaldt und Actorem den N. gedachtes hoffgerichts verordtneten, und geschworenen Procuratoren geordtnet, und gesetzet habe, ordtne und setze den auch hiemit, also und der gestalt, daß er bey meinem leben, in meinem und nach meinem thodt, in meiner Erben nahmen, und so offt es die notturfft erfordert, an gemeltem fürstlichen hoffgericht erscheinen nottürfftige Proceß auß- und die wieder einbringen, actiue et passiue zuhandelen, Exceptiones dilatorias, declinatorias, non deuolutionis und dergleichen einreden, fürwenden, auch dabey in der hauptsache zugleich litem euentualiter, oder da keine verzügliche einrede vorgebracht, pure contestiren, antwortten, gegenklagen, darauff laut dero hoffgerichts ordtnung verfahren, Juramentum Calumniae, malitiae, veritatis dicendae, affectionis, aestimationis litis, causae, vel rei, dandorum, Respondendorum, suppletorium, litis decisorium, purgationis, und zutragenden fellen, Juramentum tertiae dilationis, eiusdemque prorogationis, cum solennitate legali, item Appellationis, Expensarum, und einem jeden anderen mit recht zuertheilten äidt in mein, und respe[ctive] meiner Erben seell schweren, und vom [Bl. 60r] Jegentheill derogleichen zugeschehen begeren, alle und jede substantial und nöttige Termine halten, contumaciam accusiren, und purgiren, dilationes purgandi bitten, zeügen und kundtschafft führen, nottürfftige behilff und beweisung vorbringen, dieselb saluiren, siegell, pitschafft, und handtschrifften recognosciren, oder diffitiren, wieder des gegentheilß geführte zeügen beweisung und alles ein- und furbringen, Excipijren, und respe[ctive] Repliciren, dupliciren zu bey- undt Endturtheilen beschließen, dieselbe auß erheblichen ursachen zu reuociren, und so von nöthen zu rescirdiren, bitten, und zu solchem allem notwendige dilationes erlangen, umb bey- und Endt Urtheilen anhalten, die acceptiren, oder wo die mir, oder meinen Erben zugegen, darab und von allen beschwerden appelliren, die appellation anbringen, und verfolgen, Expens, und erlittene kosten und schaden designiren, zu taxiren bitten, die taxirte mit dem Eidt erhalten, dieselbige empfangen und dafür quitiren, umb Execution gesprochener Urtheill Executorialen, und anderen nothwendigen Processen anhalten, und darin biß zu endtlicher effectuirung tam actiue quam passiue verfahren, einer oder mehr offter anwaldt an seine statt [Bl. 60v] setzen, die reuociren, und sonsten ins gemein alles anderß thuen und laßen soll, waß die gelegenheit und notturfft der sachen erfordert, und Ich selbst zugegen, oder nach meinem thodt meine Erben thuen solten, könten oder mögten, in gewin, verluß und allen rechten da auch gedachter mein anwaldt oder sein substituirter einiges weitere gewaldts, dan hirin begriffen nöhttürfftig weren, oder sein würden denselben woll ihnen in meinem und meiner Erben nahmen ietz alßtan, undt tan alß ietz so volkomblich geben, und zugestellet haben, alß ob der mit außgetrückten special clausulen hirin begriffen, und versehen were, Gerede und verspreche auch vor mich und meine Erben alles was obgemelter anwaldt und seine substituirte jeder zeitt handelen, thuen und lassen werden, stett, vest und unuerbrüchlich zuhalten, auch des wegen sie aller bürden der rechten, sonderlich aber der caution, und satisdation judicio sisti et judicatum solui zuentheben, und schadeloß zuhalten, bey verpfändung aller meiner haab und gütter, so viel hierzu jeder zeit [Bl. 61r] von nöhten sein wirtt getrewlich und ohne gefehrde p. dessen zu mehrer urkundt habe ich diesen gewalt brieff mit äigener handt unterschrieben, und mein angebohren pitschafft auffgetrückt. Geben p.

Tit. XXV
Von den Exceptionibus wie auch von der Caution und Sicherheit

1. Nachdem daroben verordtnet, daß im ersten Termin vor befestigung des Kriegs alle dilatoriae Exceptiones auff einmahl zugleich vorgebracht und die Partheyen darmit darnach gehört werden sollen, so hatts dabey sein verpleiben,[42] wie dan auch die Exceptiones peremptoriae, mit und neben dem hauptsachlichen gegenbericht, uff einmahll und in einer schrifft eingegeben, darnach aber ferner nicht zugelassen werden sollen, ob gleich deren mehr bey dem gegenbeweise angezogen werden wolten, Es were dan daß solche Exceptiones dem Beklagten de nouo vorkommen, dauon er zur zeit der Kriegs beuestigung [Bl. 61v] keine wissenschafft gehabt, und solches uff erforderen äidtlich erhielte.

2. Waß aber Exceptionem cautionis de Judicio sisti et Judicatum solui anbelangt, wan beklagter dieselbe von Klegern erfordert, soll er sie ihme unuerlengert und alßbalt oder je gewiß ad proximam Audientiam mit Bürgen oder güttern, daran er gnugsamb verwahrt zuzustellen, und zu leisten schüldig sein.

3.[43] Auch auff die reconuention klage, wofern selbige wieder ihnen erhoben würde, sich an diesem unserm hoffgericht einzulaßen und caution zu leisten schüldig gleichwoll mit seiner obliggender handelunge und haltung des Termini gefast sein.

4. Desgleichen soll auch Beklagter auff Klegerß gegenbegehren sich in recht zustellen, und der sachen außzuwarten ebenmessige caution und sicherheit zuthuen verbunden sein, könten aber kleger oder Beklagter mittell äidts beteuren daß sie nach müglichem angewandten fleiß keine solche caution und Bürgschafft zustellen, wissen, [Bl. 62r] soll juratoria cautio verstattet werden.

5. Weren aber Klager und Beklagter in unserm stifft und fürstenthumb mit liggenden oder beweglichen güttern zu des gegenparts erholung genugsamb haabschafft gesessen, und versehen, sollen sie einem anderen zu weiterer caution und verstandt nicht verpflichtet sein alß daß sie dieselbe dafür zu pfanden setzen.

42 „Lüneburgische Cantzley Ordt. pag. 50".
43 „Lüneburgische Cantzley pag. 51".

6.[44]Wer dan oberwehnter massen mit reconuention drewet, und deß falß auch caution haben will, derselb soll also fort andeüten, auß waß ursache, und grunde rechtens er dieselbe anzustellen vermeinet, damit so fort zuerkennen, ob auch solches puncts halben mit fuge gefordert werden konne.

Formula Cautionis Juratoriae

Ihr sollet schweren einen Eidt zu Gott, daß Ihr nach angewandtem müglichem fleiß die geforderte caution in diesem stifft, ambt oder Gerichte [Bl. 62v] mit Bürgen, Pfänden, oder güttern nit bestellen konnet oder möget, und daß ihr den rechtlichen streit nicht desto weniger durch euch selbst, oder eweren rechtmessigen anwalt, biß zum ende außführen, und wan ihr der sachen uberwunden würdet allen zuerkandten unkosten und schaden entrichten wollet, getrewlich und ungefehrlich.

Tit. XXVI
Von reconuention oder gegenklag undt wie in derselben procedirt werden soll

1. Wan der Beklagter den Klegern in primo Termino nach beschehener seiner verantworttung in der hauptsache wie daroben Tit. 17. Angedeütet, reconuenijrt soll solche reconuention, wofern sie sonsten erheblich und zuleßig von unserm hoffrichter und Assessoren angenommen, und darmit neben der hauptsachen simultaneo Processu ein Termin umb den anderen, wie das die gemeine rechte vermögen, verfahren, auch zu einem mahll und zugleich con- et reconuentio mit endtlichem [Bl. 63r] Urtheill entschieden, und abgerichtet werden.

2. Ob aber solche Jegenklag hernacher jedoch vor beschluß dero sachen fürbracht, so sollen beyde klag und gegenklag urtheilet und jede solche separatim vor sich selbst und allein vermög dieser Ordtnung und gemeinen rechten, gehandelt, und außgeübt werden.

3.[45]Auff bekändtliche siegell und brieffe und andere dergleichen klagten, aber welche paratam Executionem auff dem Rücken tragen soll keine wiederklag statt finden, sondern dieselbe biß nach bezahlter schuldt, verschoben pleiben, es stünde dan die reconuentio gleichfalß auff so klaren brieff, und siegelen, daß sie sonder pro traction den angestelten Executionklage simultaneo processu mit außgeführet werden könnte.

44 „Lüneburgische Cantzley pag. 52".

45 „Lüneburgische Cantzley Ordtnung pag. 55".

4. In anderen von der hauptsache dependirenden, oder darauß new entspringenden sachen, soll es nach verordtnung der gemeinen rechten gehalten werden. [Bl. 63v]

Tit. XXVII
Von der Interuention

1.[46]Wer bey einem Proceß sich interessirt befindet, demselben stehet frey, gleichwoll daß es so balt er von der sachen, daß sie in recht befangen, wissenschafft hat, geschehe, sichbeym gericht anzumelden und mit seiner notturfft gegen klegern oder Beklagten oder auch alß in assistente einzukommen, jedoch daß er sein angegebenes interesse summarischer weise in continenti beybringe welches dan so balt exxaminirt, und ob es zuzulassen erkandt werden soll.

2. Werde er aber biß es schier zum beschluß der sachen gekommen, damit zurück pleiben soll er in illo Judicio nit gehört werden, Er beweise dan, oder erhalte äidtlich daß solche de nouo emergirt, oder dasselbe nicht ehender erfahren mögen, oder von der Klage vorhin meine wissenschafft gehabt.

3. Sollte sich dan versacht erreügen, daß einige gefehrlichkeit darunter gesucht [Bl. 64r] und etwa per Collusionem zu eines oder anderen theilß hinderung nur vergebliche weitläuffigkeit veranlaßet werden wolte auff solchem fall soll auch ex officio das Juramentum malitiae exigirt werden, und der Interuenicnte dasselbe ohnweigerlich schweren.

Tit. XXVIII
Von der Denunciation undt Auctoris nomination

1.[47]Es mag auch entweder, vor, oder nach der litis contestation, in denen fällen, warinnen die litis denunciatio statt findet, dieselbe der gebühr gesuchet werden, und ist alßtan auff des Beklagten anhalten der Denunciat zu der sachen zu citiren auch zugleich Copey des jenigen so in der sachen vorgangen demselben mit zu uberschicken.

2. Da nun der Denunciat auff solche citation erscheinet, und den Beklagten in recht [Bl. 64v] zu vertretten gemeint ist, soll derselbe in so weit zugelassen werden, daß er ihme beystandt leisten, odre alß ein Defensor die sache außführen möge, es

46 „Lüneburg Cantzl Ordt. pag. 56 et 57 ; Gail 1. obs. 20".
47 „Lüneburgische Cantzley Ordtnung pag. 57.58.59".

pleibt aber nit destoweniger Beklagter in lite, und wirt auch das etwa erfolgende wiedrige Urtheill gegen denselben Exequirt, und vollenstreckt.

3. Wan aber der Citirte vertretten zurück pleibt, und nicht erscheinet, so ist Kläger keines weges verbunden, sich dardurch auffhalten zulaßen, sondern Beklagter dessen ungehindert schüldig in der sachen gebührendt zu verfahren, und mag derselbe krafft beschehener Denunciation seinen Regress an seinem Auctore demnegst suchen.

4. Im fall der Beklagter das jenige warumb er in zuspruch wirtt genommen, nicht in seinem Nahmen, sondern von einem anderen, alß etwa ein Conductor, Commodatarius, oder Depositarius innehatt, so mag er seinen Auctorem, und rechten herrn des Guts, so fort benennen, und ihme den krieg rechtens anzukündigen, bitten, warauff der kläger die klage änderen, selbige wieder den rechten herrn einrichten, [Bl. 65r] und der Beklagter ex lite gelassen werden soll.

Tit. XXIX
Von der litis contestation

1. Es wirtt aber der Krieg rechtens alßtan befangen, und vor beuestiget gehalten, wan nach einbracht- und ubergebener Klage, der Beklagter darauff durch nicht gesthehen, oder widersprechen, auff dieselbe klage antwort gibt, und damit dießfalß richtigkeit gebrauchet, so ordtnen und wollen wir daß die Kriegs beuestigung nicht in schrifften, sondern durch die Procuratores mündtlich mit ungefehr nachfolgenden wortten verrichtet werde. Alßnemblich In sachen N. N. contra N. N. bin ich der Klage nicht gestendig. Hingegen an des Klegers seiten mit diesen wortten: In angereichter Sachen erhole ich meine Klag undt bitte inhalts deroselben. Undt soll mit diesen gebrauchten wortten der Krieg rechtens, ob auch dessen sonsten keine spe- [Bl. 65v] cial meldung mehr geschehe beuestiget zusein, verstanden werden.

2. Würde aber Beklagter solche litis contestation nicht verrichten, soll lis ob contumaciam ohne ferner anruffen, oder erkentnüsse vor beuestiget erkant, und gehalten werden. Auch die Klage dafern Beklagter einmahll gerichtlich erschienen und litem contestirt hette, aber mit der antwort zu rück bliebe in contumaciam non respondentis vor bekandt angenommen, und ferner darauff wie recht procedirt werden.

Tit. XXX
Von Articulis probatorialibus undt äidtlicher antwort.

1.[48]Die Articuli probatorij sollen auß der eigentlichen substantz der klage, Exception, gegenklage, oder Interuention, ohne uberflüßige weitleüffigkeit gezogen auff das Factum und dessen umbstände kurtz, und deütlich eingerichtet und in [Bl. 66r] jedem Articull nur ein Membrum Facti begriffen, die Parentheses aber alß welche die Articulen mannigmahll verdunckelen, außgelassen werden, damit einfeltige leüte nicht irregemacht, sondern der rechte inhalt eingenommen, und bestendige antwort sine captione gegeben werden könne.

2. Es sollen auch solche Articul alle auff einmahll, und mit außtrücklicher abschneidung aller ferner peremptoriales, Additionalen, superadditionalen, correctorien, reprobatorialen, reprobatorialen reprobatorialiorum, oder wasserley anderen Articulen.

3. Es were dan daß Jegentheill praestito juramento mit newen vorhin unbewusten Exceptionibus noch zugelassen würde in einer richtigen Ordtnung abfassen, und einwenden laßen, darnach aber damit nit gehört werden.

4.[49]Wan nun solche Articuli alß unzuleßig angefochten würden soll darauf alßbalt ohne zulassung einer Replic per Decretum erkandt [Bl. 66v] werden, ob, und waß dauon zu admittiren, und da Kleger, Beklagter, Interueniente, uff des gegentheilß äidtliche antwort tringen tehte soll er zum ersten Juramentum dandorum leisten, und krafft dessen die Articulos repetiren, darnach soll Reus vermittel äidts Respondendorum antwortten.

Tit. XXXI
Vom äidt Dandorum et Respondendorum

1. Juramentum Dandorum et Respondendorum betreffendt, soll Klegern zu erst den Eidt dandorum aufferlegt, und vom ihme, so er selbst zugegen in seine eigen aber von dem anwalt in selbiges seines Principalen seell zu Gott und auff das heilig Euangelium also geschworen werden, daß die einbrachte Articul, so viell seine des Klegers eigene geschicht oder tahtt, berüren, wahr sein, so fern die aber frembde und andere geschicht oder that belangten, daß er sie glaub wahr, und beweißlich sein, ohne alle gefehrde. [Bl. 67r]

48 „Reichs abscheidt de Anno 1654".

49 „Lüneburgische Cantzley pag. 62; Alte Paderbornische Tit."

2. Gleicher gestalt soll auch Beklagter oder sein Anwaldt den Eidt Respondendorum also leisten, daß er nemblich des Klegers Articul so viel deren sein Beklagtens eigen taht, und geschichtt belangt, wahr oder nit wahr zu sein, so viell sie aber frembde thadt berüren, durch das wortt glaub wahr oder nicht wahr zu sein beantwortten wolle, ohne alle gefehrde.

3. Undt soll alle zeit ehe und beuor geantworttet diese wückliche Eidtsleistung fürgehen, doch die Articull, darauff man nach gemeinen beschriebenen rechten, und dieser Ordtnung zu antwortten nit schüldig, damit nicht gemeinet sein.

4.[50]Es soll auch unserm hoffrichter und Assessoren zugelassen sein, der Partheyen diese eide, wan schon dieselbe von ihnen nicht gefordert noch begert würden, von ambts wegen, im fall es zu zeitten nach gestalt, und gelegenheit der sachen und personen für rahtsamb und nohtwendig erachtet würde zu praes- [Bl. 67v] tiren auffzulegen.

5.[51]Würde dan die Parthey welche zeit ad Respondendum Articulis angesetzet, ohne erhebliche entschüldigung nit antwortten, so sollen die Articull pro confessis angenommen, und gehalten werden, jedoch unserm hoffrichter und Assessoren unbenommen, über das noch einen endtlichen Termin, jedoch cum Comminatione confessati dem antworter zugeben, und zu lassen.

6.[52]Diese Juramenta Dandorum et respondendorum sollen regulariter in eigener der Partheyen personen, oder wan es communen betrifft durch die jenige auß ihren mittelen, welche die beste wissenschaff der sachen haben, abgestattet werden, es weren dan solche Impedimenta und ursachen angeführet worden, daß die unmöglichkeit des persohnlichen erscheinens darab zu erkennen oder sonst der persohnen gelegenheit und der sachen umbstände, solches nit erleiden können, alßtan bey unsers hoffrichters [Bl. 68r] und Assessoren ermessigung stehet, ob vermittelß eines specialen gewalts, durch einen beuolmechtigten der Eidt abzuschweren oder sonsten ihres orts von ihnen selbsten eingenommen werden solte.

7. Wan der Principall Juramentum Respondendorum durch einen beuolmechtigten zuschweren zugelassen wirdt soll derselbe die Responsiones unter seiner oder eines anderen handt unterschrifft und mit dessen pitschafft, oder des Richters darunter er wohnet, siegell bekrefftiget dem Procuratori zuschicken, und in M[an]d[a]to ad Jurandum cauiren daß er in seiner seell, und alß wie es in den uberschickten Responsinibus begriffen, schweren, und antworten solle.

50 „Reichs abscheidt de Anno 1654 § dieweilen aber auch 14. In fine vers: wie dan auch dem rechten".

51 „Münsterische hoffgerichts Ordtnung pag. 65 § penultimo".

52 „Lüneburgische Cantzley pag. 59".

8. Es soll gleichwoll unserm hoffrichter und Assessoren frey stehen uff solchen fall selbst in loco Domicilij des antworters responsiones auffzunehmen, oder dasselbe von jemandtes ex Assessoribus oder Notario causae recipijren zulassen. [Bl. 68v]

9. Die Responsiones ad Articulos betreffendt, sollen zu verhutung unnöttigen Disputirens keine andere antwort alß durch das wortt wahr oder nicht wahr so viell eigene beschicht belangt was aber frembde geschicht anreichet, durch das wortt glaubt wahr, oder nicht wahr sein ohne allen anhang lauter und richtig geschehen.

10. Die jenigen Articul aber darauff mit anhangen geantwortet, alles einwendens ungehindert für richtig gestanden, auch die Responsiones pro puris angenommen, und der andere theill zu keinem ferneren beweiß deß falß gehalten werden.

Tit. XXXII
Vom Eide für gefherde Juramentum calumniae genandt

1. Wan der Eidt vor gefehrde Juramentum Calumniae genandt, von einem oder beyden theilen gefordert wirt, soll derselbe alßbalt auff solche erheischen bey pöen des rechtens erstattet werden. Daß nemblich [Bl. 69r] Beklagter, wan Kleger solchen Eidt zu erstatten sich weigert, von der Klage absoluirt, und Actor in Expensas condemnirt, hingegen aber da die verweigerung bey dem Beklagten sich findet, derselbe anders nicht, alß wan er die Klage bekandt hette, geachtet werden solle.

2.[53]Dieser Eidt für gefehrde soll auch Regulariter in eigener persohn, oder wan es communes betrifft, auff masse wie daroben bey den Juramentis Dandorum et Respondendorum verordtnet würcklich abgestattet werden, wan er aber per Procuratorem gestalten sachen noch zu praestiren zugelassen wirt, soll derselbe in seine eigene, und der principalen sehele in nachfolgender formb fürgestellet werden.

Formula Juramenti Calumniae

1. Ihr weret schweren einen Eidt zu Gott, und auff das heilig Euangelium [Bl. 69v] 1. daß ihr glaubet, eine gute sache zuhaben, 2. daß ihr auch keinen unnottigen gefehrlichen auffschüb oder außzug der sachen begehren, 3tio undt so offt ihr in rechten gefraget werdet, die warheit nicht verhalten, sondern recht und auffrichtig anzeigen, außsagen, und bekennen. 4. Auch in dieser sachen niemandt etwas anders, dan den jenigen, welchen das recht zuleßet ichtwaß geben oder verheißen wollen, damit ihr die urtheill erlangen und erhalten mögen. 5. Undt so balt ihr auß denen beweißthummen oder sonsten in progressu befindet würden,

53 „Lüneburgische Cantzley Ordtnung Tit. 18. Pag. 59".

daß ihr eine ungerechte sachen hetten, dauon abstehen, und euch deren gentzlich entschlagen wollen, alles getrewlich und ungefehrlich.

2. Gleicher gestalt soll von den Principalen der Eidt in selbiger formb auch geschworen werden.

3.[54]Dieses Procuratoris volmacht soll dieser Eidt wörtlich inserirt werden, [Bl. 70r] und soll dieselbe vor dem Principalen, oder da er schreibens unerfahren, in dessen Jegenwartt uff sein begehren, und in seinem nahmen mit außtrücklicher dessen vermeldung vor der Obrigkeit, oder des Ambtmans dselbst, oder sonsten a Persona Publica und in mangell deßelben durch zweien andere ehrliche Männer unterschrieben werden.

Tit. XXXIII
Vom aide der Bossheit Juramentum Malitiae genandt

Unser Hoffrichter und Assessores so offt es begeret, oder bey einem nötig sein erachtet mügen einen oder beyder Parthey, wo sie gefehrliche außzüge zu suchen, oder sonst ein andern unpillig umbzutreiben unterstünden, den Eidt der Boßheit, Juramentum Malitiae genandt, aufflegen, und denselben entweder durch den Principalen, da er ihm Gericht zugegen, oder dessen anwaldt in nachfol- [Bl. 70v] gender formb mutatis mutandis fürzuleßen praestiren laßen.

Formula Juramenti Malitiae

Ihr werdet in ewer Partheyen und ewer eigen Seelen schweren einen Eidt zu Gott und auff das heilig Euangelium, ob ihr das in ewer gewissenheit thuen mügen, daß ihr das jenig, was ihr furbringet, und begert nit auß gefehrden und böser meinung, noch verlengerung der sachen, sondern allein zur notturft thuet, und das ihr solches also zu thuen von ewer Parthey unterricht und gewalt empfangen habtt.

54 „Reichs abscheidt de Anno 1654 § Uber dieses 43. Vers. Damit auch ein jeder".

Tit. XXXIV
Von der Beweisung so durch Zeügen geschehen. Undt erstlich von kundtschafft zeugen so vor ubergebung einiger Klage oder aufbringung ordentlicher process ad perpetu- [Bl. 71r] am rei memoriam auffgenommen werden.

1. Obwoll in dem Reichsschlusse de Anno 1654 § Beneben bleibt einem p. zugelassen gleich in außziehung der Processen sich mit dem zeügen verhör gefast zumachen, dieweilen sich aber vielmahlen begibt, daß vor ubergebung einiger Klage, und ordentlicher außbringung der Processen, zeugnüß ad perpetuam rei memoriam auß rechtlicher zulaßung und erheblichen ursachen mögen auffgenommen werden, alß wan die zeügen mit hohem alter, und sorglicher Kranckheit beladen, oder sonsten in andere weit abgelegene örter zu verreißen wagfertig, oder wan in schweren sterblichen leuffen were, item so sich einer besorgte, daß er von jemandt künfftig möge besprochen werden, und zeügen hette darmit er die Klage verleggen könte,[55] item wan man vermutet, daß die zeügen ihre gedechtnüsse, ehe dan der Kleger klagen [71v] konte, ableggen möchten, in solchen und derogleichen fällen, mögen unser hoffrichter und Assessores auff ansuchen des nötig habenden theilß, und fürbrachte solche ursachen (die wir dan in ihr bedencken und ermessen wollen gestellet haben) auch sonsten auff ubergebung der beweiß Articul cum annexa nominatione testium so alßbalt bey dem ansuchen geschehen soll, mit der zeügen annehmung, veräidung, und abhörung, wie sich gebühret, zu verfahren haben.

2. Jedoch, daß der jegentheill jegen den diese zeügnüß künfftig zugebrauchen hirzu vermitz verstendigung solcher fürbrachter ursachen rechtmessig citirt werde.

3. Es soll aber die kundtschafft biß ad Terminum publicandi ordinarium (es were dan daß beyde partheyen darin verwilligten) verschlossen pleiben. [Bl. 72r]

4. Undt ist bey verhörung dieser Zeügen der unterscheidt zu vermercken, ob der zeugführer der klagende Parthey were, und sich solcher abgehörter Kundtschafft innerhalb Jahrs frist nicht gebrauchte, noch die Verhörung dem gegentheill zu wissen thuen liesse, so erlöschet die zeugnüß, wirtt unkrefftig und fahrt das Jahr an zulauffen, da der antworter füglich mit recht mag fürgenommen werden.

5. Hette aber der antworter also seine kundtschafft auffnemmen laßen, die kan in jahres frist nit verleschen, sondern pleibt für und für bey krefften dan in Klegerß freyer machtt, und willkühr stehet, wan er will, seinen widertheill zubeklagen, der antwortter aber muß des Klegerß erwartten, wan er vorher besprochen, und angeklagt würde dienet alß dem antwortter seine kundtschafft, die er in diesem fall alleine vornimbt, darzu, daß er damit wieder des Klegers ansprach und klag

55 „Braunschweigische hoffgerichts ordtnung Tit. 43. Pag. 102“.

sich sicheren und schützen müge, [Bl. 72v] und sonst nicht weiter et sic non valet ad agendum sed solum ad repellendum.

6. Es sollen auch solche zeügleitung ad perpetuam rei memoriam lite instituta et pendente eaq non obstante, daß man hernach ordinaria via zur beweisung gelangen möge, zuleßig und arbitrio Judicis, waß hirin befundener gestalt und gelegenheit der sachen, zuerkennen, heimbgestellet sein.

Tit. XXXV
Von abhörung der Zeugen welche bei ausziehung der Processen oder danach benent werden.

1.[56]Waß das ordinari zeügen verhör, so lite introducta vorgenommen werden muß, anbelanget, solches soll wan punctus responsionum richtig gemacht, oder die Responsiones nicht [Bl. 73r] gefordert, welches zu des beweisenden theilß wilkühr stehet, alßbalt vorgenommen, und dem Klegern, und Beklagten, auch Interuenienten, wan sie gegenbeweiß zuführen gemeint sein, darüber sie sich alßbalt sub poena praeclusionis erkleren sollen, zu verificirung der Klage, jegenklage, und Interuention, neün wochen, zu den Exceptionibus aber sechs wochen praefigirt und angestellet werden.

2. Deme zu folge sie dan ihre probatorial Articul alßbalt, oder innerhalb negsten 8. tagen repetiren, und die zeügen da es vorhin nicht geschehen una cum directorio benennen, auch anhalten, daß sie auff einen bestimbten tag citirt und den wiedertheill, oder dessen anwaldt neben uberschickung der zeugen nahmen, Articulen und designation, wo das im Bericht zuvor nit geschehen, noch ubergeben, zeitlich darzu verkünden lassen, die zeugen zu sehen, und hören, globen und schweren, ob er wolle messige Inter- [Bl. 73v] rogatoria beybringen, und soellen also die fragstücke zwischen 3. wochen oder nach gelegenheit, und ermessen des hoffgeruchts in geringeren frist gewiß und ohne lengeren verzug beybracht, und darauff der beweiß und gegenbeweiß pari passu so viel möglich getrieben, mit dem gegenbeweiß aber biß zu gentzlicher vollenführung des ersten beweises nicht mehr angestanden werden, wolte aber das Contrarium und gerade wiederspiell nit bewiesen, oder sonsten Exceptiones contra Testes außgeführet werden, das kann nach eröffnung der zeügen außsage geschehen, wie darunten Titulo von Publication der zeugen außsage 44. disponirt ist.

3. Und dieweilen sich offtermahlen begibt, auch die erfahrnüß bezeügt, daß viell uberflüßige ungereimbte, ja zum verdruß offt repetirte, verwickelte, verkehrte,

56 „Collische Cantzley Ordtnung pag. 32".

und verwirliche fragstücke, die [Bl. 74r] einfältige zeügen, wie auch die Examinatores damit ihrr zumachen, und zu verführen, einkommen, darunter aber auch nit geringe ursachen zu weitleüffigkeit, cauillation und anderen auffzugen gesucht, solche aber in den rechten hochverbotten, und den gelißteten äidten gantz zuwieder.

4. So wollen wir daß solche und dergleichen verbottene Interrogatoria die nichts zur sachen thuen, an ihnen selbst unerheblich, und ubermessig sein, hinführo gentzlich sollen vermitten, und außgelaßen dagegen aber alleine, waß zur sachen dienlich fugsamb und zu ergründung der warheit nützlich gefraget, auch darin richtige, gute maaß und ordtnung gehalten oder in erspürung des gegenseins dawider unsere ernste straffe nach ermessigung infligirt werden.

5.[57] Darumb dan auch die Interrogatoria generalia seu praeliminaria ad causam gentzlich abgeschaffet, und mit nichten ange- [Bl. 74v] nommen werden, sondern an statt deren die Partheyen etwa defensionales oder reprobatorios, so ohne deme dahin eigentlich gehören, ubergeben, und darin, wie vorhin bey der Articulis probatorijs disponirt, obseruiren, pleibt alßtan dem Gegentheill seine Interrogatoria, wie sich zu rechte gebührt, darauff einzureichen beuor.

6. Weilen dan auch die Interrogatoria specialia ad Articulos zun zeiten nicht auff die umbstände des Facti darüber die Articulen concipijret, oder uber die causas scientiae, sondern auff des jenig, was sonsten zur hauptsachen und also ad Articulos reprobatorios gehöret gesetzet sein, so sollen die Zeügen uff die Interrogatoria circa Articulos nicht vor sondern nach dem Articull, und dan ersten, wan derselbigen der zeüge beiahet, Examinirt werden. Wan aber die Articull per negat, oder nescit beantwortet werden. Alßtan sollen die Interrogatoria desselben [Bl. 75r] Articuli verbeygegangen, und mit dem gewohnlichem wortt, cessant, abgefertigt werden.

7. Derowegen dan gleichfalß die bey solchen Interrogatorijs bißweilen angemaste productiones Documentorum, welche zum gegenbeweiß gehören hir mit auffgehoben, und in Examine Testium bey seiten gesetzet werden.

8. Undt da schon bey diesen fällen die zeugen uber solche Interogatoria praeliminaria seu generalia ad causam oder Specialia ad Articulos examinirt, auch brieffliche Urkunden, bey solchen fragstücken procedirt weren, so sollen gleichwoll die darüber gegebene Responsiones in verfassung der Urtheill nicht attendirt, sondern ubergangen werden.

9. Wan der Denuncijrter gegentheill ungehorsamblich außplieben oder keine Interrogatoria in anbestimmeter zeit einbringen würde, sollen ebenwoll [Bl. 75v] ohne verzug mit der erscheinenden, und vergestelten zeugen veräidung, und verhörung wie sich zu recht gebühret, verfahren, und die gemeine fragstücke in Examine gebraucht werden, würde aber der außpleibender hernacher begehren die

57 „Lünebergische Cantzley Ordtnung pag. 69".

zeügen und deren Examen uber seine erfolgte fragstücke zu repetiren, soll auff seine kosten bey der zeügen einmahll ad totam causam gethanen Eidt und pflichten zu erstatten sein.

10.[58]Hette auch der, wieder welchen der beweiß geführet wirt, Exceptiones contra personas Testium anzuziehenn, kann er nach dem verhör damit einzukommen sich bedingen. Es soll aber dadurch das Examen nit auffgehalten werden, es weren dan solche Exceptiones, wegen ein oder anderen zeügen von sonderbahrer erhebligkeit, sintenmahlen solchen falß zwarn mit der beäidt- und abhörung der ubrigen zeugen verfahren, mit denen personen aber, so dero gestalt [Bl. 76r] angefochten werden, in so lang zur ruhe gestanden werden solle, biß uber solche Exceptiones erkandt.

11. Massen dan auch wan ein oder ander zeuge auß vorgewandten ursachen zeügnüß zu geben sich selbsten verweigert und solches zu rechtlicher erkendtnüsse gestellet, es gleicher gestalt soll gehalten werden, und die die ubrige zeuge, der gebühr auch abgehoret gleichwoll die publication des Rotuli so lang eingestellet werden solle biß dieser incident Punct erlediget, es wollte dan Producent die in streit gezogene, oder sich verweigerende zeug von sich selbsten fallen laßen uff welchem fall billig mit der publication verfahren wirtt.

Tit. XXXVI
Ermahnung undt auisation so fur dem zeugen aidt geschehen undt ante Examen repetirt werden soll.

[Bl. 76v]

1.[59]Es soll unser hoffrichter, oder dessen Commissarien mit entblößetem haupt, und hohen ernst, der zeügen ehe und beuor sie den aidt thuen diese nachfolgende erinnerung verstendiglich fürlesen laßen. Nemblich, daß da einer seinem aidt nicht nachkompt sondern den falsch und meinäidig schweret, daß derselb die Almächtigkeit Gottes lastert und schändet, auch sich dardurch beraubet aller Gnaden Gottes,und ladet auff sich alle die straff und fluch die Gott den verfluchten aufferlegt hat, darzu daß ihme Gott in allen seinen sachen und nöhten nimmer mehr zu hülff noch zustatten kommen sondern mit leib und seell ewiglich verfluchet sein, und nimmer mehr theill haben soll an die versprechung, die Gott den Cristen gethaen hatt, und darumb der zeug sich woll bedencken soll, alle argelist und betrieglichkeit bey seiten stellen, und die lautere wahrheit, wie ihme die mit seinen

58 „Lüneburgische Cantzley Ordtnung pag. 58 nu. 7".

59 „Münsterische hoffgerichts Ordtnung pag. 68. Tit. 16 und Münsterische Officialat Ordtnung Tit. 8".

sinnen bewust, Gott zu ehren, der gerechtigkeit zusteür, und vermeidung seiner selbst verdambnüsse [Bl. 77r] sagen, und hiran kein gab oder zeitliche nutzbahrkeit, feindtschafft, oder feindtschafft oder ichtwas anderß bewegen lassen, sondern die gerechtigkeit vielmehr, die wahrheit, und sein äigen sehligkeit betrachten, für augen haben, und fürsetzen.

2.[60]Diese vorstehende Erinnerung und warnung soll an unserm hoffgerichte mit endtdechten haupt und hohen ernst der zeügen ehe und beuor sie den Eidt thuen, verstendtlich vorgeleßen werden, gleichwoll mit dieser Linderung, wan die zeügen vornehme Personen, so adelichen standes, oder andere gelehrte, oder erfahrene personen weren, daß bey Producirung deroselben diese warnung des Mein äidts im Gerichte unterlassen, und von Ihnen alleine der Zeugen Eidt alda auffgenommen werden könne, es solle gleichwoll denselben in Zeit des verhörs, vor der Examination solche warnung, wie sich gebühret, ernstlich vorgehalten werden.

3. Diese Erinnerung des [Bl. 77v] Meinäidts soll, wie oben vermeldet, nicht allein bey der zeügen, sondern auch in allen anderen fellen da jemandt einen Eidt zuleisten willig, oder schüldig ist, jedeßmahlß geschehen und gehalten werden.

Der Zeugen Eidt

1. Nach solcher warnung, und handtgegebener trew, sollen die zeugen und mans personen mit außgestreckten, und erhobenen zweyen fingern ihrer forderer handt, die weiber aber mit aufflegung ihrer rechten handt, auff die linke Brust diese wortt nachsagen.

2. Alß mir vorgehalten ist, undt ich woll verstandes habe, dem will ich also nachkommen getrewlich undt sonder gefherde, alß mir Gott helfft undt das heilig Euangelium.

3.[61]Wan aber den adelichen, ge- [Bl. 78r] lehrten, undt fürnehmen personen solche warnung im Gerichte nicht vorgehalten wirt, wie vor berürt, so soll denselben nach beschriebener Eidt zu verleßen geben, oder durch den Notarium causae vorgeleßen werden, und wan er dessen inhalt woll eingenommen, den aidt in nachbeschriebener formb abschweren.

4.[62]Ich globe undt schwere einen Eidt zu Gott undt auff das heilig Euangelium, Das ich in dero gantzen sachen zwischen N. undt N. wolle vor beyde Partheien keinem zu liebe noch zu leidt die wahrheit sagen, so auch dauon wissent, und ich gefraget werde und das nicht unterlassen, umb gunst, gabe, freündt- oder

60 „Ibidem".

61 „Münsterische Ordtnung pag. 69. § was dan die Eidt".

62 „Ibidem pag. 70".

feindtschafft, haß, noch anderß, wie das von Menschen sinn erdacht werden mögte, alles getrewlich, und ungefehrlich.

Tit. XXXVII [Bl. 78v]
Welcher gestalt nach vereidung der zeugen das Examen vorgenommen werden undt geschehen soll.

1.[63]So nun die Gezeügen also geschworen, soll ein Jeder durch unsern hoffrichter und Assessores, oder nach deren gutachten vor ihrer einen beiseins des Notarij auff einen jeden Articull den Zeügen verstendlich , und einem nach den anderen fürgeleßen, deßgleichen auff die ubergebene fragstücke verhöret, seine außage auß seinem mundt fleißig und trewlich auffgeschrieben und bey den Acten heimblich biß zur publication und ertheilung des Rotuli, oder Copeyen behalten werden.

2. Nachdem sich auch zu zeiten zutragen kann, daß der Zeug von den Examinatoren den rechten Inhalt nicht äigentlich verstanden, oder daß seine kundtschafft [Bl. 79r] auß einem anderen sin, alß gemeinet, eingenommen, oder daß auß einigem zufall in einem oder anderen punct geirret, darumb soll einem zeugen nach beschehenem verhör seine getahne kundtschafft, ob er deren also gestendig, ordentlich nach ein ander wieder fürgeleßen werden, und wie er sch in seiner antwortt verhelt, solches soll obseruirt, in achtgenommen, und darnach bey gethanen Eidt, ihme stilschweigen, und biß nach eröffnung in geheimb zuhalten, aufferlegt, und beuohlen werden.

3. Unsere hoffrichter und Assessores sollen dero zeügen außage, alßbalt bey dem verhör jedeßmahlß dero gestalt abfassen, daß vermöge letzten Reichs abscheidts § 52. Ihm ubrigen verpleibts allerdings p. vers: sonsten aber p. und dieser unser ordtnung nach einem jedes beweiß Articull und fragstücke, aller und jeder zeugen außsage in ihrer Ordnung, mit [Bl. 79v] dem wortt, wie jeder Zeuge geredet, also gleich ordentlich subnectirt, und wan also dem ersten Articull, und dabey ubergebenen Interrogatorijs aller und jeder Zeügen sagen untergesetzet, folgentz der ander Articull voran, und abermahll demselben aller und jeder zeugen depositiones worttlich und ordentlich untergestellet, auch ein solcher Ordtnung durch alle Articull, wie auch bey den Interrogatorijs verfahren werden, damit der Richter aller Zeugen außsage auff einem Jeden Articull allezeit unter augen haben könne, und deß sonsten nothwendigen vielfeltigen auffsuchens, oder mühesahmens Extrahirens uberhaben bleibe.

63 „Reichs Abscheidt de Anno 1654".

4. Und demnach dieser Modus die zeugen außsag in ipso Examnie einem Jeden Interrogatorio und beweiß Articull nacheinander zu subnectiren an unsern Geist- und weltlichen hoffgerichten schon practizirt ist, und [Bl. 80r] die erfahrung gibt, daß solches nicht mit vielmehr mühe und arbeit, alß der alte Modus erfordert, dadurch nicht allein dem Judici, sondern auch den Aduocaten eine große erleichterung wiederfähret, so wirt Notarijs causarum bey straff 5 Marck beuohlen, solchen modum bey jedem Examine steiff und fest zuhalten.

5. Die Zeugen so in diesem unserm stifft und fürstenthumb gesessen, sollen bey pöen zwolff goltgülden, die halbscheidt unserm Fisco, und den anderen theill der fürstellenden Parthey zu bezahlen, zu der zeügnüß citirt und abgeladen werden. Und ob der außpleibender gleich in solche pöen einmahll gefallen, und dieselbe erlegte, soll er sich doch darmit von der zeügnüß nit erledigen, sondern durch scherfere ernste straffmittell, nach erkendtnüß unser hoffrichter und Beysitzer darzu compellirt werden.

6. Unter dessen dem Producendten bey [Bl. 80v] solchem ungehorsamb, und verzug die zur beweisung statuirte zeit nicht verleüfft es soll aber der Producent umb den zwang der zeügen bey dem hoffgericht unnachleßig anhalten, und von seinem fleiß protestiren.

Tit. XXXVIII
Von gemeinen fragstücken.

1. Damit ein jeder wissen möge, was für gemeine fragstücke, da die von gegenparth zu ubergeben unterlassen, von ambts wegen den zeügen fürzuhalten, so sollen hernacher etliche gesetzet werden, und erstlich

1. Was alters und standts, auch was vermügens der zeug sey.
2. Ob er in Bann oder keyserlicher achtt sey. [Bl. 81r]
3. Woh er gebohren, erzogen, und seßhafft sey, auch wie lang er da gewohnet, und wessen er sich nehre, und seine hantirung sey?
4. Ob er einen oder anderem theill die ihnen zum zeügen führet, mit bluth verwandtnüsse gesipt, oder sonsten schwager- und gevatterschafft, familiaritet, oder in andere wege verwandt sey welcher gestalt, und wie nahe?
5. Item, ob ihme ichtwas verehret, gegeben, nachgelassen, gelobt, oder versprochen, seine kundtschafft in dieser sachen zu geben, und waß?
6. Ob er einem theill mehr günstig sey dan dem anderen, und welchem, und warumb?
7. Ob er auch nutzen und schaden, so der führender theill gewinne zuhoffen, oder zubesorgen habe, welcherley gestalt und was? [Bl. 81v]

8. Ob er von dem führenden theill oder jemandt anders seinetwegen unterrichtet, und erinnert sey, was er sagen, zeugen und verschweigen soll?
9. Ob er von Producenten oder sonsten jemandten unterrichtet sey, oder sich mit seinen Mitzeügen auff die sachen unterredet, besprochen und verglichen haben, wie und was sie auff einerley sinn und meinung zeugen undt kundtschafften wollen?
10. Ob er wisse, warzu ihnen der abgestatteter Eidt verbinde, und vestiglich glaube, da er solchem nit nachommen sondern fürsetzlich und gefehrlich ubergehen würde, daß er sich alßtan aller gnade und segen Gottes berauben, und leib und seel selbst muthwillig in gefahr der ewigen verdambnüß stürtzen würde?
11. Ob er deme in allen, darumb er wirt gefraget werden die rechte [Bl. 82r] reine, wahrheit auffrichtig,ohne allen scheüw berichten und außsagen wolle?

2. Begebe sich aber daß einer oder mehr zeügen so beschaffen weren, daß ihrer person halber in specie uber etwas anderß alß in vorgesetzten generalibus enthalten, gefraget werden müste soll solches in zweyen, oder zum hochsten dreyen fragstücken hinzuthuen, vergonnet, jedoch alle und jede Interrogatoria criminosa et quae Turpitudinem vel partis vel Testis betreffen, ernstlich und bey straff der verwerffung, auch anderen einsehens verbotten sein, in massen dan auch der Commissarius seiner legalitet nach ermessen wirt, ob vorgesetzte Interrogatoria ingesambt zu gebrauchen oder nach beschaffenheit des Producenten und der zeügen eines oder mehr verbey zugehen.

3. Darnach wo zeug der probatoriall Articull ein- oder mehr wahr sagen [Bl. 82v][64]würde, soll umb die ursach seines wissens, wie, woher, und mit was gestalt ihme das bewust, auch umb zeit, mahlstatt und andere umbstände der sachen gar äigentlich und gründtlich unterforschet, und gefraget werden.

Tit. XXXIX
Von beuohlener Verhörung der Zeugen.

1. Begäbe sich daß zu zeiten auß fürfallenden Ursachen die zeugen an unserm hoffgericht nicht mogten verhört, oder von den Partheyen, auß erheblichen Ursachen darzu Commissarien gebetten werden, soll alßbalt oder in Termino probandi solche gelegenheit in schrifften mit angeben der Commissarien berichtet, und so die anzeig und bitt erheblich befunden, der gegentheill aber darein nicht

64 „alte ordtnung".

zu willigen hette, alßtem von ambts wegen einen oder mehr unargwohnlichen teüglichen Personen, das Examen be- [Bl. 83r] uohlen, vertrawet, Commission vermitz beygethaner Verschließung der Articulen super quibus dahin ertheilet und gegeben werden.

2. Undt so jemandten unß und unserm stifft verwandt, und unterworffen durch Commission zeugen zu verhören aufferlegt, auff der Partheyen ansuchen, darin seümig, und wiedersahm were, soll derselb bey ernster straff (wo er sonßten dagegen keine erhebliche ursachen, und beschwer fürzuwenden hette) darzu gezwungen und gehalten werden.

3. Weren aber zeugen zuführen, so unserm Gerichtzwang nicht unterworffen, mügen sie dero behueff Juris subsidiall, und Compas brieffe an die Obrigkeit, darunter die Zeügen gesessen, zuerkennen begert, bey denen dan also ertheilten, und außgehenden Processen, die designirte Articulen und fragstücke (wofern dieselb auch ubergeben) der angezeigter Obrigkeit verschlossen zugeschicket werden, gestalt zu beforderung des rechtens und ergrundung der wahrheit die zeügen fur [Bl. 83v] sich rechtlich zuforderen, und zubeäiden, dem wiedertheill ob er solche Veraidung sehen und hören, Interrogatoria (die nicht zuvoreinkommen und beygeschickt) in messiger wege zugebrauchen, und was mehr zuleßig zu verrichten, solches zeitlich vorhin zu verkünden, und folgentz einem jeden zeügen auff solche Articull und fragstücke nach vorgehender ernster verwarnung des mäinäidts fleißig zu verhören, ihre kundtschafft mit getrewen fleiß aufzuschreiben und sünsten nach ordtnung der rechten zu verfahren, und daß sie daß alles was also für ihnen ergangen, und bekundtschafftet, unß oder unserm hoffgericht verschlossen zuschicken.

4. Damit das Examen desto schleüniger befordert werde, soll certus Terminus pro expeditione eiusdem den Commissionibus solcher gestalt einuerleibt werden, daß im widrigem fall entweder die Commissarij, oder der Producent bey welchem die mora hafftet nach befindung in poenas arbitrarias, oder retardatae litis condemniren, und dannoch nichts deweniger die Commissio, beuorab, [Bl. 84r] wan die beforderung und beschleünigung gantz oder zum theill an den Partheyen hafftet, nach ablauff des praefigirten Termini ipso jure erloschen sein, auch und ehe und beuor vorbemelte pöen erlegt, oder wichtige ursachen des Verzugs satsamb beygebracht, nicht renouirt und ernewert werden, darumb der zeügen führer unuerzüglich, und zum lengsten innerhalb 14 tagen unfeilbahr die commission ablöesen, und dem Commissario oder sonsten gehörigen orts alß fort insinuiren, und umb Expedition gebührendt ansuchen.

5. Wobey dan auch die Caommissarij erinnert werden, die Partheyen nicht auffzuhalten, sondern die Commission so balt müglich werckstellig zumachen, und den gefertigten Rotulum gegen zimbliche belohnung verschlossen furdersambst dem Producenten außfolgen zu lassen.

Tit. XL
Von zeit der beweisung undt zeügen fuhrung

1. Was dilationes probandi antrifft, sollen [Bl. 84v] die Procuratores hinfürter daran sein, daß in oberwendter erkendter dilation, und frist ihrer Partheyen beweisung der gebühr außgeführet, und dießfalß keine seümbnüß oder fehrleßigkeit begangen würde, und ob woll wir, wie oben verordtnet dem Producenten geraume zeit von 9 wochen zu der beweisung der Klag, oder Gegenklag nachgegeben, so konnen wir doch auß billigkeit in dem fall wo der Producirender theill auß ehrhafften beweißlichen ursachen in solchem angesetztem Termin an vollenfuhrung seiner beweisung nothwendig behindert were, gnedigst gestatten und zulassen, daß alßtan Secunda oder da nöhtig Tertia dilatio probandi ertheilt, indulgirt, und gegeben werden möge, doch alß daß man vor außgang des statuirten Termino darumb bey unserm hoffrichter und Assessoren ansuchen, und die uber müglichen fleiß zugestandene, und angezeigte behinderung glaubwürdig bescheinen aber dieselbe und lengere dilatio nach gestalt und gelegenheit der sachen uff funff wochen durch unsere hoffrichter und Assessores [Bl. 85r] eingezogen und gemessiget werden.

2. Dan hinführo die Procuratores in petendis dilationibus vlterius probandi jederweill schein der verhinderung einzuringen schüldig sein, und ohn dessen fürleggen, weiter dilation ad probandum nicht so gegeben werden viel weiniger bey ihnen den Procuratoren stehen soll solche dilationes sich ein ander selbsten zuzulassen, oder nach zugeben.

3.[65]Aber die dritte dilation soll ohne solennität der Rechten nicht gegeben werden, das ist, ehe und beuor der begehrender theill bey seinem Eidt beteüret, daß er die zeugen so er führet, hat zeitlicher nit uberkommen mögen, daß er auch der zeugen sagen, so er zuvor vielleicht gefuhret, nicht besichtiget noch erlehret, undt diese dritte dilation, nicht auff einigen bedruge, verzug oder gefehrde begehren thue, alles vermöge der rechten.

4. Undt soll darzu ein special gewalt ad Juramentum beygebracht, oder sonsten der [Bl. 85v] Recess verworffen werden.

5. So wirtt auch jedem theill frey gelaßen, bey dem Examine Notarium legalem zu adiungiren, doch daß derselb den sachen zuuor nicht soll gedienet gewest, noch sonsten verdechtig sein, auch darüber und zuhaltung obligenden geheimen verschweigens, fidelitädt und gebührlicher erzeigender bescheidenheidt einen leiblichen Eidt geschworen haben.

65 „Reichsabscheidt de Anno 1680, § 50 den Punctum probatorium betreffend". Bei der angegebenen Jahreszahl handelt es sich um einen Schreibfehler. Gemeint ist der Jüngste Reichsabschied von 1654.

Des Adiungirten Notarij undt scribenten Eidt

Ihr sollet geloben und schweren, daß ihr alles waß bey diesem vorwesenden zeügen verhor vorfallet, und ihr darbey erfahret in ewer Protocoll mit allem fleiß verzeichnen, dasselbe mit des commissarij Protocollo fleißig conferiren, und dauon weder den Partheyen selbst noch deren Aduocatenund Procuratoren, oder sonsten jemandt, wie der auch sey biß zu der zeugen außsage beschehener gerichtlichen eröffnung [Bl. 86r] nichts offenbahren, auch sonsten hiebey alles verrichten wollet, was einem ehrlichen Manne und getrewen Notario eignet und gebühret getrewlich und ohn gefehrde.

Tit. XLI
Von furbringung schrifftlicher Urkunden, brieffen undt anderen Beweisthumben.

1. Wan kleger oder Beklagter, oder Interuenient ihre Klage und gegenwehr durch Instrumenta, brieffe, und siegell, zahlbücher, Register, und andere schrifftliche Urkunde, und schein zu [...][66] ihres intents vorzubringen hette, so sollen dieselbe im ersten oder zweiten oder zum lengsten dritten Termin adagnoscendum uel diffitendum beygebracht werden, wie daroben verordtnet ist, mit nicht aber solche production biß zum zeugen verhör anstehen bleiben, sonsten der Producent [Bl. 86v] in Expensas temere dilatae litis alßbalt condemnirt werden solle, es were dan sache, daß er äidtlich betauren könte, daß er von solchen brieffschafften vorhin nit gewust, oder solche damahlen nit einbringen können, oder einzubringen nit vor dienlich oder nötig erachtet, nunmehr aber darfür hette, daß dieselb zu erhaltung seines rechtens dienlich und nothwendig sein.

2. Post conclusionem causae aber sollen keine schrifftliche Documenta, und andere urkunde zugelaßen werden, nur in denen fallen, darin nach inhalt gemeiner rechten Instrumente post conclusionem causae einzubringen zuleßig, welche casus hirin außgenommen sein sollen.

3. Undt damit solche brieffliche urkunden, alß daran den Partheyen hoch und vielgelegen, nit mögen verletzt und verloren, auch an anderen nöttigen ortern gebraucht werden, soll dieselbe die gegen Parthey alßbalt, oder zwischen, und [Bl. 87r] in dem negstfolgenden Gerichte, ob sie darwieder einred, sichtbahren argwohn, defect oder mangell an siegelen und signeten oder schrifften, oder dergleichen hette besichtigen darauff vor unserm hoffrichter und Assessoren, dieselbe

66 An dieser Stelle befindet sich im Original eine Auslassung.

agnosciren, oder diffitiren, und wan solche recognitio fürgangen, darauff solche brieff und schrifften dem beweisendem theill auff sein begeren unuerlangst, wieder zugestellet doch glaubwürdige Copey durch unsern hoffgerichts Notarium auscultirt, und unterschrieben, auch dem begerendem Gegentheill Copey verstattet werden.

4.[67]Were aber der Principall im Gerichte nicht gegenwertig, soll der Procurator demselben zum negsten Gerichte ohne fernere absonderliche Citation stellen, und alßtan die agnition, oder diffession vermittelst eines corperlichen aidts thuen, und verrichten oder es soll die Recognition pro facta, und die Urkunden pro recognitis gehalten und angenommen werden.

5. Würde jemandt gegen Producirte [Bl. 87v] brieffliche Urkunden einwenden, daß ihme die darunter befindtliche handt, und siegell nicht bekandt, und solches Jurato erhalten wolle, ist derselbe vor eine äidtliche diffession zu achten.

6.[68]In welchem fall jedoch dem Producenten freystehet, ob er an statt, oder auch beschehenen äidtlichen diffession per Comparationem litterarum, auch recognitionem Testium die urkunden behaupten wolle, alßtan er etliche weinig Articull, so nit auff die Contenta solcher brieffichen Urkunden, sondern allein uff deren handt und siegell gerichtet, neben der zeugen nahmen mag ubergeben, wo gegen den widerparth seine notturfft mit gezimmenden Interrogatorien zu beobachten frey und beuor pleibt.

7. So auch eine Parthey in rechten erweißlich anzeigt, daß bey seinem Jegentheill Instrumenta Communia verhanden, so ist dieser schüldig vemittelß aidts die- [Bl. 88r] selbe ins Gerichte zubringen, sie besichtigen und verleßen zulassen, jedoch mit dieser bescheidenheit, dafern die angegebene Urkunden so weitleüffig und der beschaffenheit weren, daß sie auch etwas anders, alß zu der in lite befangenen sache gehörig, und etwa geheimbe dinge in sich hielten, daß alßtan mit fleiß die puncten, welche gemein sein, von denen da zu sonderlich verordtneten Gerichts Personen auß dem originall gezogen, solcher Extract dem jenigen, so solche nachricht gebetten, außgeantwortet, und sothanen außzuge so viell glauben, alß dem Originall selbst gegeben werden solle.

8. Würde dan der Gegentheil mit solchen Extracten noch nicht sich begnügen lassen, sondern integras Copias haben wollen, so soll er zu vor bey seinem leiblichem aidt erhalten, daß er solches nicht gefährlicher noch arglistiger meinung sucht, sondern daß solches seine hohe notturft erfordere, und darauff ihme solche begerte gantze Copey auff seine Unkosten abgefolget, dem ienigen auch [Bl. 88v] welchem diese abcopijrung anbefohlen, und anvertrawet wirt, aufferlegt werden, den gantzen, und sonsten ubrigen in solchen Instrumentis befindtlichen inhalt bey

67 „Lüneburgische Cantzley pag. 78".

68 „Ibidem pag. 79".

sich verschwiegen zuhalten, und niemandt zu gefahr oder schaden dauon einige nachricht, weder schrifft- noch mündtlich zugeben.

9. Würde es auch der sachen wigtigkeit erforderen, soll er auff des Partis Instrumenta edentis begehren, nach befindung mit einem Eide deßhalben belaget werden.

Tit. XLII
Von aiden so zu ergentzung vorgeleisteter kundtschafft vollenfuhret werden.

1. Ob jemandt sein intent und fürbringen semiplene und auch nicht gnugsamb hette bewiesen, so wirt der Eidt in [Bl. 89r] supplementum daß ist erfüllung er vollenkommenen beweisung ertheilet,[69] und entweder auff der Partheyen anhalten, oder ex officio in recht einem zuerkandt, ob aber, auch wie, und welcher Parthey[70] solcher äidt zu deferiren, oder auch ob das Juramentum purgationis vielmehr zu erkennen, stehet zu unser hoffrichter und Assessoren ermessen, welche die sachen mit allen umbständen, anzeig, und vermüthung sonderß fleiß sollen erwegen, in waß ansehen, ehr, und dapferkeit jede parthey sey, und der sachen am besten wissenschafft habe, waß jeder theill vor dem anderen erwiesen, auch derhalben stercker und besser vermüthung vor sich habe, alßtan mag auß erst erzehlten, und anderen dergleichen bewegnüssen nach rechtlicher erkendtnüsse dieser aidt durch den principalen in äigener person, oder sonsten auff deßselben erhebliche verhinderung ehrhaffter gescheffen, und schwacheit, durch seinen darzu gnugsamb und in specie gevolmechtigten anwaldt zuerstatten wolaufferlegt werden. [Bl. 89v]

2. So stehet auch sonsten einem jeglichen theile frey, seinem widerparth das gewissen zu rühren, und das juramentum judiciale demselben zu deferiren welcher dan auch regulariter solchen Eidt bey verlüß der sachen zu schweren oder zu deferiren schüldig sein soll.

3. Es kann aber der jenig deme dies juramentum judiciale deferirt wirt, so er will, das juramentum calumniae vorhero a Deferente begehren, und ehe solcher Eidt ist abgestattet, der ander in der hauptsache zu schweren nicht angehalten werden.

4. Da auch ein ding, darumb gestritten wirdt, nit mehr verhanden, oder sonsten dolo Adversarij nicht restituirt, oder edirt werden will, so erfolget das juramentum in litem, und zwar nach beschaffenheit der sachen, das juramentum aestimationis siue veritatis, oder auch affectionis, deren formulen, wie auch auff [Bl. 90r] was ahrth die

69 „Lüneburgische Ordtnung".

70 „Juramentum purgationis".

vormünder vor ihre unmündige, oder Minderjahrige solchen Eidt abschweren sollen, hernach folget.

5. Welche Eide, wan, in was vorfällen, und zu welcher zeit sie zuerkennen, stehet wegen vielfeltigen unterscheidts der verkommenden sachen nicht woll zu determiniren sondern wirtt billig des Richters Discretion und ermessigung anheimb gestellet.

[71]Formula juramenti das ein handelsman über seine Bücher undt Register schweret

Ihr sollet geloben und schweren einen äidt zu Gott und auff das heilig Euangelium, daß dasjenige, so in eweren jetz producirten handelsbüchern verzeignet, auch mit denen bey den Actis verhandenen Rechnungen, collationirt, und die wieder N. N. darauß bißhero angestellet, und gerichtlich geklagte [Bl. 90v] schuldtforderung betrifft, sich in wahrheit also verhaltet, und richtig eingeschrieben, auch darin arglist oder gefehrde nit begangen sey, so wahr mir Gott hilfft, und sein heilig wortt.

Formula juramenti Purgationis

Ihr sollet geloben, und schweren einen aidt zu Gott, daß ihr an der beschuldigten thadt (so specifice benent werden muß) unschuldig seyt, oder daß ihr von der sachen deren ihr beschuldiget, nemblich das, und das, so nach der lenge erzehlet werden muß, nichts wisset, selber nicht gethaen, auch anderen keinen raht oder beystandt darzu gegeben habt, oder daß ihr klagendem theill, das, und das (enumeretur) nicht zugesagt versprochen oder verheisen habt, getrewlich und ohn gefehrde.

Juramentum Aestimationis, veritatis genandt.

[Bl. 91r]

Ihr sollet geloben und schweren einen Eidt zu Gott, daß die geklagte stücke, so hoch, wie sie in ewer Klage specificirt, außtragen, getrewlich und ohn gefehrde.

Juramentum affectionis

Ihr sollet geloben und schweren einen Eidt zu Gott, daß ihr lieber so viell und so hoch an gelde, wie in der Klage benennet, verlieren, alß der Beklagten stücke entbehren wollet, getrewlich und ohne gefehrde.

---

71 „Lüneburgische Cantzley Ordtnung pag. 165“.

Wie die Curatores oder Tutores solche äide schweren sollen

Ihr sollet geloben und schweren einen Eidt zu Gott, daß wan ihr an ewer unmündigen, und verpflechten stelle, und deren condition wehret, des geklagten dinges so hoch und nicht geringer entrahten wollet, alß solches in der Klage aestimirt, und verschlagen [Bl. 91v] getrewlich und ohn gefehrde.

Aidt der jenigen so einige kunst oder handtwercke gelernet, oder darin erfahren sein, zu Latein peritorum in arte genandt

Ihr sollet geloben, und einen Eidt zu Gott schweren, daß ihr in dieser sachen, darumb ihr gefordert, so viel ihr das auß erfahrung gelernet, und mit eweren leiblichen sinnen erkündiget habet, keinem zu liebe oder zu leide, noch wegen gabe, geschenck, nutzen, Gunst, haß, freündtschafft, feindtschafft, forcht, oder anders, wie das menschen sinne erdencken mögen, besonderen allein zu beforderung der Gerechtigkeit, wie ihr die nach gestalt der sachen erfinden werdet, die wahrheit sagen wollet, und daß ihr glaubt deme also zu sein, alles getrewlich, und ungefährlich. [Bl. 92r]

Aidt der jenigen so zu eines dinges aestimation undt wardierung erfordert werden.

Ihr sollet geloben und einen Eidt schweren, daß ihr das jenige, was euch zu wärdiren vorgestellet, oder gezeiget werden wirtt, so viell ihr dessen wisset, verstehet, und ermesset, den wahren eigentlich werth vermelden, und darunter keinem etwaß zu liebe oder zu leide, noch wegen, gabe, geschenck, nutzen, gunst, haß freündtschafft, furcht, oder anders, wie das menschen sinne erdencken mögen vorgehen lassen, besondern allein zur forderung, die gerechtigkeit, die eigentliche Beschaffenheit berichten wollet, getrewlich und ohn gefehrde.

Der wundtartzen äidt, welche eine leibs beschädigung besichtigen sollen.

Ihr sollet geloben, und einen Eidt zu Gott [Bl. 92v] schweren, daß ihr des N. N. empfangene leibs beschädigung mit fleiß besichtigen, und so viel ihr auß erfahrung ewer kunst gelernet, und mit eweren leiblichen sinnen erkennen möget, anzeigen wollet ob solche zugefügte leibs beschädigung beinbrüchlich, ein lähme, groß oder klein, deßgleichen ob eine schweidung, oder sonst eine Müde des verletzten gliedts dem beschädigten in seiner handthierung und nahrung, und wie hoch nachtheilig zu befahren, ob ihme wider zuhelffen oder nicht, und was der wundtartz der ihn geheilet, ungefehr verdienet, ob er auch durch denselben nit recht geheilet sondern verwahrloset worden sey, alles getrewlich und ungefehrlich.

Der Juden Eidt

1. Wan einem Juden ein Eidt aufferlegt so soll er zuuor, ehe er den Eidt thuet, vor handen und augen haben, ein Buch, darin die Gebotte Gottes, die dem Moysi auff dem Berge Sinai von Gott geschrieben, gegeben [Bl. 93r] sein, und mag darauff den Juden bereden, und beschweren mit den nachfolgenden worten:

2. Jude ich beschwere dich bey dem einigen lebendigen, und almechtigen Gott, Scöpfer der himmell und des Erdtreiches und bey dem Torach und gesetze, daß er gab seinem Knechte Moysi, auff dem Berg Sinai, daß du wollest wahrlich sagen und verjahen, ob dies gegenwertige Buch, sey das Buch darauff ein Jude einem Cristen oder Juden einen rechten gebührlichen Eidt thuen und vollenführen möge und solle.

3. So dan der Jude auff solche bescherung bekennet, und saget, daß es daßelbige Buch sey, so mag ihn der Crist der den Eidt von ihm erfordert, oder an seine statt der ihm den Eidt gibt, fürhalten, und fürleßen, die nachfolgende frage und vermahnung, nemblich:

4. Jude ich verkündige dir wahr- [Bl. 93v] hafftiglich, daß wir Cristen anbetten den einigen allemechtigen und lebendigen Gott, der himmell und Erden, und alle dinge geschaffen hat, und daß wie ausserhalb dessen keinen anderen Gott haben, ehren, noch anbetten, daß sage ich dir darumb und auß der ursachen, daß du nicht meinest du werest entschüldiget vor Gott eines falschen äidts, in dem daß du meinen und halten mögtest, daß wir Christen eines unrechten glaubens weren, und frömbde Götter anbetteten, daß doch nicht ist, und daß du darumb, daß die Nesie oder hauptleüte der Kinder Israel schüldig sindt, das zuhalten, daß sie geschworen hatten den Männeren von giffan oder Gibea die doch dienten den frembden Göttern, vielmehr schüldig bist, unß Crhisten, alß denen, die einen lebendigen und almechtigen Gott anbetten, einen wahrhafftigen und betrieglichen Eidt zu schweren und zu halten.

5. Darumb Jude frage ich dich [Bl. 94r] ob du das glaubest, daß einer schändet und lestert den allmechtigen Gott in dem er schweret einen falschen, und unwahrhafftigen äidt? So spreche der Jude Ja.

6. So spricht der Christe: Jude ich frage dich ferner, ob du auß wollbedachten muth, und ohne argelist und betriegligkeit, den einigen lebendigen und almechtigen Gott wollest anruffen zu einem zeugen der wahrheit, daß du in dieser sache, darumb dir ein aidt aufferlegt ist, keinerley unwahrheit, falsch- oder bedriegligkeit, reden und gebrauchen wollest, in einigerley weise, so spreche der Jude Ja.

7. So das alles beschehen ist, so soll der Jude seine recht handt biß an Knorren leggen in das vorgemelte Buch, und nemblich auff die wortte des gesetzes, und

gebottes Gottes, welche wortt und gebott in hebraisch also lauten, Losissa et schen Adonaij elocha laschoff Kilo! [Bl. 94v] Jenaque adonaij et ascher issa et schemo laschoff; zu teutsch, nicht erhebe den nahmen des herrn deines Gottes unnützlich, dan nicht wirt unschüldig oder ungestraffet lassen der herr den, der erhebt seinen Nahmen unnützlich.

8. Alßtan und darauff und ehe der Jude den Eidt vollenführet, soll der Jude dem Christen, dem er den Eidt thuen soll, oder an seine statt dem, der ihme den Eidt auffgibt, diese wortte nachsprechen:

9. Adonaij, Ewiger allmechtiger Gott ein herr uber alle, Melachim ein einiger Gott meiner Vätter, der du unß die heiligen Torach gegeben hast, ich rüffe dich und deinen heiligen Nahmen, adonaij und deine almächtigkeit an, daß du mit helffest bestättigen meinen Eidt, den ich jetzo thuen soll, und wo ich unrecht, oder betrieglich schweren werden, so sey ich beraubt aller gnaden des ewigen Gottes, und mit werden aufferlegt alle die [Bl. 95r] straffen und flüche, die Gott den Verfluchten Juden aufferlegt hatt, und meine Seell und leib haben auch nicht mehr einiges theill, an der versprechung die unß Gott gethaen hat, und ich soll auch nicht heill haben am Messia noch am versprochenem erdtreich des heiligen sehligen Landts. Ich verspreche auch und bezeuge bey dem einigen Gott adonaij daß ich nit will begehren, bitten, oder auffnehmen einige erklerung, außlegung, abnehmung, oder Vergebung von keinem Juden, noch anderen Menschen, wo ich mit diesem meinem äidt, so och ietz thuen werde, einigen Menschen betriege. Amen.

10. Darnach so schwere der Jude und spreche dem Christen nach diesen Eidt p. Adonaij, ein Schopfer der himmell und des ertreichs, und aller dinge, auch mein, und deren Menschen die hie stehen, ich ruffe dich an durch deinen heiligen nahmen, auff diese zeit zu der wahrheit alß der N. mir zugesprochen hat, umb den, oder den [Bl. 95v] handell, so bin ich ihm darumb, oder daran gantz nit schüldig, oder pflichtig, und habe auch in diesem handell keinerley falscheit, oder unwahrheit gebraucht, sondern wie es verlautet hat umb hauptsache, schuldt, oder sonst was die sache ist, also ist es wahr, ohne alle gefährde, argelist, und verborgligkeit, also Bitte ich mich auch Adonaij zu helffen und zubestättigen die wahrheit, woh ich aber nicht recht, oder wahr habe in dieser sache, sondern einige unwahrheit, falsch oder betriegligkeit darinnen gebraucht, so sey ich heran, und verfluchet in alle ewigkeit, wo ich auch nicht recht oder wahr habe in dieser sache daß mich dan ubergehe und verzehre das fewer welches zu sodoma und gomorra uberging, und alle die fluche die an der Torach geschrieben stehen, und daß mir auch der wahre Gott, der laub und graß, und alle dinge geschaffen hatt, nimmer mehr zu hülffe noch zu statten komme, in einigen meinen sachen und nöhten, wo ich aber wahr und recht habe [Bl. 96r] in dieser sache, also helffe mir der wahre Gott Adonaij.

Tit. XLIII.
Von beweisung durch den augenschein

1. Beweisung durch augenscheinliche besichtigung, mag vor oder auch, wan es ante conclusionem begert, nach beschluß der sachen, oder auch da es gleich von keiner Partheyen begert, auch unser hoffrichter und Assessores auß richterlichem ambt, und erheischender notturfft doch vermits wiedertheilß vorhergehender rechtlicher verkündung und beforderung zugelassen und eingenommen werden.

2.[72]Undt wan es umb Grentzen, weggangen, Jagten, oder andere derogleichen Jura, und gerechtsambkeiten zuthuen, und deßhalben den [Bl. 96v] Augenschein einzunemmen von nöhten, solle zu unsers hoffrichters, und Assessoren besseren Information eine jede Parthey einen abriß zu produciren schüldig sein.

Tit. XLIV
Von publication der Zeügnüs undt wie darnacher ferner bis zum Beschlus der sachen gehandelt werden soll.

1. Nach verscheinung der zeit, so zur beweisung gegeben, und derselben volnführung, soll alßbalt auff ansuchen der Partheyen, der zeugen sag und kundtschafft, auch andere einbrachte beweisung publicirt, dem Producenten Communicatio desuper Expediti Rotuli und seinem Jegentheill dauon abschrifft [Bl. 97r] auch ob er wieder dieselbe außsag, und alles anders einbringen, zureden, undt zu handelen hette, vier wochen, oder nach gelegenheit, und gestalt der Attestationen, und der sachen wigtigkeit, sechs wochen frist zugelassen werden, oder wolt die Jegenparthey dawieder alßbalt, und nur durch gemeine Einrede, Mit begebung weiterer schrifftlicher handtlung schließen, soll sie auff diesem oder negstfolgenden Terminen zuthuen macht haben.

2.[73]Wie wir dan auch hiemit statuiren, und wollen, daß hinfuhro in causis summarijs, priuilegiatis, und Mandatorum, wan die nicht von groser Importantz sein, einige deductiones nicht mehr verstattet werden, sondern nach publicirten attestationibus in der sachen unuerlengt definitiue erkandt.

3. Were sonsten solch beweiß [Bl. 97v] nicht geradt auff das widerspiel gerichtet, oder wolt sonsten wieder der zeugen person eingeredt, und die angefochten werden, so mag solch anmassender theill nicht destoweniger nach eröffnung der zeügen sage seinen nottürfftigen Jegenbeweiß, und weitere zeugen, die in rechten

72 „Ex Recessu vlt. De anno 1654 § 51".

73 „Lüneburgische pag. 75".

genandt werden Reprobatorij probatoriorum führen, In welchem fall dan dem Jegentheill wider solche reprobatorios auch zeugen furzustellen erlaubt, reprobatorij reprobatoriorum genandt, darüber dan weiter keine zeugen zu wiederahtung der zeugen person zuleßig.

4. Da aber Producirender theill seiner zeugen außsag gesehen, erkennet, und erfahren, wirtt ihme ferner zeug führung, und gefehrliche subornation zu vermeiten nicht zugelassen, Es weren dan merckliche in recht begründete zu zuleßige ursachen vorhanden, die unser hoffrichter und Assessoren [Bl. 98r] darzu erheblich finden, und erwegen mögten.

5. Es mögen auch zu zeiten die vorhin abgehörte zeugen von wegen unlauterer und zweiffelhaffter außsag, so das unser hoffrichter und Assessoren für nothwendig ansehen, ex officio reexaminirt, jedoch soll hiebey guter fleiß gethaen werden, damit keine verdechtiger unterricht oder anstifftung mit denselben zeugen gebrauchet, sondern alle gefehrligkeit vermitten, und fürkommen werden, welches auch[74]in Appellation sachen statt haben soll.

6. Desgleichen wo die kundtschafften bey dem Gericht verlegt, oder verloren, mag man auch in solchem fall (wie oben vermeldet) die verhöreten zeugen repetiren, und Examiniren, doch auf kosten dessen, durch welches fahrloßigkeit, und seümnüß alle die verlierung verursachet, und herflossen.

7.[75]Wan auch die zeügen [Bl. 98v] auff etliche nothwendige Interrogatoria ad causam facienda, oder auch Articull nicht verhöret werden, so mögen sie nochmahlß auch auff dieselbige repetirt und examinirt werden.

8. So nun also die gerichtlich vollenführte, und einbrachte beweisung eröffnet, Rottull und Copey darauff zu handelen mitgetheilet, will dan Producent sein probation, oder saluation schrifft einbringen, soll er darzu zeit vier, oder zum hochsten sechs wochen, und dagegen sein widertheill Exception und gegenschrifft inner gleichen zeit zu ubergeben haben.

9. Auff solche Exception soll dem anderen theill hinwider seine Replic, und Gegenschrifft, auch omnia zu produciren zugelassen, und darzu gleich vier oder sechs wochen, so dan der gegen Parthey zu einbringung seiner duplicschrifft, und in derselben omnia zu produciren, selbig zeit [Bl. 99r] hiemit gegen ein ander gesetzet sein.

10. Damit dan zugleich ad definitiuam pure submittirt, oder in dessen verpleiben, nichts da weniger die sache ohne fernere erkendtnüsse, auß richterlichem ambte vor beschlossen angenommen, und darauff der Partheyen etwas weiters in recht vorzubringen, oder einigen beweiß mehr zu thuen nicht verstattet werden soll.

74 „Braunschweig pag. 100".
75 „Braunscheig pag. 115".

11. So aber etwas newes nach der sachen beschluß fürfiele, und solches der begehrender theill vermittelß aidt betauren mögte, soll ihme Rescissionem conclussionis zu bitten, und solch weiter fürbringen, einzuwenden, vorbehalten, und unbenommen sein, auch darin rechtlich erkendtnüß erfolgen.

12. Es mögen auch unser hoffrichter und Assessores jeder zeit vor sich selbst von ambts wegen der sachen gelegenheit, und notturft nach dem beschluß rescindiren, und in handell fürnehmen, was sie in deme dienlich erachten. [Bl. 99v]

13. So hatt auch jeder Parthey machtt, wan seines bedünckenß durch den gegentheill nichts newes oder erhebliches fürbracht, alsobalt mündtlich zu beschließen, und da das beschichtt, soll gegentheill auch gleicher gestalt mündtlich zu concludiren, ohne weitere Termin, und zeitgebung gehalten, und verbunden sein, es were dan etwas newes, so er mit seinem Eidt betauren mögte fürgefallen.

14. So aber sonsten eine Parthey die andere mit schneller verfenglicher beschließung ubereilen wolt, das soll nicht gestattet, sondern hir in dieser Ordtnung richtig nachgegangen, und gelebt werden.

15. Deme allem nach, sollen auf eröffnung der zeugen sagen mehr schrifften, alß obstehet, nicht zuleßig sein, es were dan, daß der sachen wigtigkeit und der Partheyen unumbgengliche notturfft, ein anderß alß hinc inde triplicando, et quadruplicando respe[ctive] zu handelen, und dan endtlich zu concludiren erforderte, welches doch ohne große ehehaffte [Bl. 100r] und rechtmessige ursachen nicht, auch jederweill mit vorgehender unsers hoffrichters und Assessoren erkendtnüß geschehen soll.

16. Dieweill sich auch befindet, daß die Aduocaten bißweilen in solchen negst obberürten hauptsachlichen handelungen entweder auß auffhalt, oder daß sie sonsten wegen vielheit uberladener geschefften in gebührenden und gehaltenen Terminen nicht fertig worden, noch weiter schrifften gebrauchen konnen, oder dieselb sonsten unachtsamb und verabseümblich hintreiben laßen, auff Excogitirte nebenpuncten einen absprung machen, und darzustellung der hauptsachen damit absonderliche Process und Disputationes causiren dadurch dan die sachen mercklich gestercket, auch die Partheyen in vergebliche Kosten, und schaden geführet werden.

17. Solchem vorzukommen, wollen wir, daß man die notturfften nicht separatim, sondern neben, und mit der haupthandelung zugleich einbringen, daß alles unser hoffrichter und [Bl. 100v] Assessoren in gute auffachtung nehmen, und mit nichten ein widriges einschleichen lassen sollen.

Tit. XLV
Von Contumacien undt Ungehorsamb des nicht erscheinenden Klegers oder beclagtens in erster instantz.

1. Wan eine Parthey auß rechtlichem aufflegen, oder sonst vermöge dießer Ordtnung zu handelen schüldig, der ein aber verzüglich, oder ungehorsamb, soll ob contumaciam zu sambt der poen gemeiner rechten der ander theill zu ferner handtlung, und in der sachen zu procediren zugelassen der ungehorsamber in kost und schaden ertheilt, und so er die nach ermessigung ds gerichts entrichtet, dan erst in den standt wie die sachen und proceß befunden, fürter zu handelen verstattet werden. [Bl. 101r]

2. Undt erstlich, waß den Kleger belangt, so der oder dessen anwaldt auff bestimbten rechtstag nit erschiene, soll Beklagter auß nachfolgenden mittelen ein nach selbsten wilkühr an handt zunehmen, machtt haben, nemblich kann der Kleger geruffen zuwerden begert, und da er nach so beschehenem zugelaßenen ruffen bey ungehorsahmen außpleiben befunden, den Gerichts kosten abzulegen, erkandt, auch Beklagter auff sein begehren von der ladung absolvirt werden, doch daß durch solche erkendtnusse dem Kleger nach abrichtung des ertheilten schadens seine sachen widerumb rechtlich fürzunehmen, und Beklagter von newen zu citiren unbenommen sein.

3. Wo aber Beklagter vermercket daß Kleger ihnen ohne rechtmessige forderung umbzutreiben, oder ungebührliche erlengerung und außzusuchen vorhetten, mag Beklagter vor den zweyten weg dem Klegere eine nambliche zeit zu eröffnung seiner klag anzusetzen, oder wo er das nit thäte, Ihme ein ewig stilschweigen auffzuleggen bitten, welches [Bl. 101v] ihme also wiederfahren soll.

4. Were sonst die sache mit klag und antwort, auch nottürftiger beweisung instruirt so mögen unser hoffrichter und Assessores in contumaciam laßen ver fahren, und für dem Kleger, oder Beklagten, je nach gestalt des handelß urtheilen, doch soll in solchem fall der gehorsamb theill, ob gleich wieder ihnen gesprochen würde, den Gerichts kosten abzuleggen nicht schüldig sein.

5. Was Beklagtens ungehorsamb belangt, so dan derselb auff einigen Termin außbliebe, kan der Kleger wieder ihn auch ruffen bitten, und wan das also erkandt, und beschehen, aber Beklagter alnoch zum negsten Gerichts tag und Termin gebührender weiß nicht erschiene, in der hauptsachen procediren und sein recht und fuge fürbringen.

6. Da aber Kleger das ungelegen oder auch Beklagter dardurch zu recht nicht zubringen were, mag Kleger in real klagten [Bl. 102r] bitten, sich auff beschehen ruffen, und erkendten ungehorsamb, in das angesprochen guth ex primo Decreto zu immittiren.

7. Sonst in personall ansprachen, mag ob contumaciam in Beklagtens Güter gemeine einsetzung nach masse, größe, erklereter, und liquidirter schuldt begert, doch soll in obgemelten beyden fällen, dem Beklagten durch newe ladung zu vor verkündet werden, solche einsetzung zu beschehen, zusehen, und anzuhören, oder redtliche ursachen, warumb nicht, anzuzeigen.

8. So nun die einsetzung auß erster erkendtnüß also vorgangen, und der ungehorsamb theill dem Kleger kost und schaden entrichtete, auch inner Jahrs frist nach erster Immission, cautionem de Judicio sisti , vel lite prosequenda bestellte, soll solche erkandte immissio abgethaen, und in der hauptsache verfahren werden.

9. Beschäch das aber nicht, mag nach [Bl. 102v] verlauff eines Jahrs von voriger einsätzung anzurechnen, zu der einsätzung auß dem ersten Decret, wie die rechte zugeben, oder auch woll auß rechtmessiger bewegenden ursachen, und erkendtnüß unser hoffrichter und Assessoren vor außgang des Jahrs zu der einsetzung ex secundo Decreto, sonderlich in personalibus verfahren werden.

10. Undt wan die Immissio ex secundo Decreto ergangen, wirtt Kleger bey dem angesprochen Guth so lang, biß er vom Beklagten mit recht darauß widerumb erwonnen, gehandthabt, und der gestalt Beklagter zum Kleger gemacht, auch mit dem beweiß beladen.

11.[76] Wolte aber kleger auff dies remedium ex primo et secundo Decreto, so wegen vieler darauß offtermahllen entstandener Ungelegenheit, und verzögerungen in dem letzten Reichs abscheide, de Anno 1654 § Würde hierauff der citirter 36. auffgehoben, nicht tringen, so soll ihme erlaubt [Bl. 103r] sein in actione reali, sequestrationem fructuum zu bitten, in actione vero personali, auff pfandung des absehen zuschlagen, und soll in unser hoffrichters und Assessoren arbitrio stehen, mit welchem Remedio dem klegern dießfalß am besten zuhelffen.

12. Es soll auch Klegern erlaubt sein, auff seines Jegentheilß erkandten ungehorsamb von unserm hoffgericht poenale monitorium vel praeceptum außzubringen, und darin gebotten werden, nochmahlß auff einen bestimbten tag bey vermeidung angedroheter pöen in recht zu erscheinen, und zuhandelen, oder im fall lengere außpleibens zusehen, ihnen in poenam zu declariren, und zu deren Execution auch ebenwoll in andere scherffere wege wieder ihn zu pocediren.

13.[77] Damit auch der Kleger gegen den ungehorsamben, außpleibenden Beklagten desto mehr, und uberflussiger wege habe, gegen dessen ungehorsamb zu handelen, [Bl. 103v] so wollen wir uber vorige angeordtnete wege auch diesen gesetzet haben, nemblich daß Kleger umb ein Mandatum ad purgandum contumaciam, et Respondendum sub poena confessari anhalten, und erkandt werden möge.

---

76 „Lüneburgische Cantzley ordtnung pag 87; Braunschweigische hoffgerichts ordtnung pag. 121".

77 „Münsterische hoffgerichts Ordtnung pag 87 in fine".

Tit. XLVI
Von Process undt termin in zweiter Instantz, undt erstlich wie Appellant auff den in der landung bestimmeten Termin erscheinen und handelen soll.

1. Obwoll die terminen und processen in zweiter Instantz und Appellation sachen fest nach artt , und ordtnung der ersten Instantz seint zu halten, dieweilen jedoch bey dieser Instantz zu zeiten allerhandt sachen, so in erster rechtfertigung nicht [Bl. 104r] einkommen, sich zutragen, auch offt die eine Appellation sache anders, alß die andere beschaffen, alß werden auch die termin bißweilen ungleich, und anderß müssen gehalten werden.

2. So nun jemandt in- und ausserhalb Gerichts grauirt, mag derselbe intra decendium coram Notario et Testibus, oder vor dem Richter voriger Instantz appelliren, oder auch sonsten Appellation zettul unserm hoffrichter und Assessoren inner solcher zeit uberreichen, undt wan also rechtmessige beruffung geschehen, soll selbige Appellatio bey unserm hoffgerichte in zeit zweyer monathen, wie oben verordtnet, anbracht, eingefuhret, ladung, compulsoriales, auch wo noth und zuleßig inhibition erkandt, und auff des Appellanten, oder seines machthabenden, oder de rato cauirenden anwaldts anhalten dem Appellaten [sic!] und vorigem Richter gebührlich, wie in sachen erster Instantz abgezeigt, verkündet werden. [Bl. 104v]

3. Undt soll Appellantis Procurator in dem ersten Citationis praefino Termino neben einbringung seines gewalts die abgangene Proceß, ladung, Inhibition und compulsorialen mit ihrer auffgezeigneten Insinuation, zu fundirung dieses Gerichtszwangs, und daneben pro Justificatione formalium, Instrumentum Appellationis reproduciren, solchen gewalt und Appellation ex adverso [sic!] agnosciren lassen, so dan Acta voriger Instantz und damit zugleich und alßbalt die Appellation Klage puncts weiß und Reichsabscheidts de Anno 1654 vorbringen, darin Formalia Appellationis unterschiedtlich anzeigen, die der gebühr und rechtlicher Ordtnung gemeeß verificiren, und damit zugleich litem affirmatiue contestiren.

4. Undt zu mehrer forderung der sachen soll Appellant schüldig sein, es weren Reuerentiales, oder Refutatorij, oder deren keine vor Apostell gegeben, unter 30 tagen nach beschehener Appellation bey dem vorigen Richter umb fertigung der Acten, anzusuchen, darauff [Bl. 105r] auch der Richter, die unuerzüglich soll fertigen laßen, und umb zimbliche belohnung mittheilen, damit Appellant an fürderlicher außführung seiner Appellation nicht behindert würde.

5. Wie wir dan hirmit unsern untergerichten ins gemein mit ernsten beuelch auffleggen, den Appellanten in außbringung und mittheilung der Acten gefehrlich nicht auffzuhalten, sondern auff sein, oder seines machtbotten ansuchen ohne allen mangell und seümen, mit gentzlicher Inserirung alles und jedes, so woll, waß vor der Urtheill, alß darunter, und darnach einbracht, erkennet, gehandelt,

oder vorgenommen, gegen zimbliche belohnung ediren, und sonderlich den tag der Appellation, und ob bey sitzendem Gerichte, oder nicht, oder welcher massen, appellirt, äigentlich außzutrücken, und unter ihrem siegell außfolgen zulassen, desgleichen ihre schreibere anzuhalten, der Partheyen vorträge, und alle handtlungen, sonderlich in sachen dauon Appellairt werden mogte aigentlich auffzuschreiben.

6. Und ob die compulsoriales [Bl. 105v] gleich zu anfange neben, und mit der ladung nicht außgingen, soll doh appellirender theill auffs lengste in hoc primo Termino dieselbe zu nemmen schüldig sein, oder wo das unterlassen oder verabseümet würdt, der Appellat auff sein anhalten, von der außgangenen ladung absoluirt werden.

7. Würde aber vom richter voriger Instantz auff außgangene und verkündigte compulsoriales die Acta vollenkommentlich und der gebühr zu ediren verweigert, und verzogen, mag Appellant auch dieser Fiscall auff die angetrohete pöen procediren, darin auch unser hoffrichter und Assessores denselben mit gebührender Declaration, und einziehung solcher pöen, wie sich, vermög der Rechten gebührtt, ohne weitleuffigkeit sollen verholffen sein. Neben dem auch voriger Instantz ungehorsamber Richter der Parthey den schaden und kosten, darin sie durch solcher Acten verweigeren, und auffhalt geführet nach erkentnüß unser hoffrichter und Assessoren abzuleggen schüldig sein. [Bl. 106r]

8. So aber die Acta vor deme ersten termin von dem Unterrichter Appellanti zugestellet, sollen dieselbe neben der Apellation klag, wie obstehet, in diesem ersten Termin einbracht, oder ob die verschlossen edirt, alßbalt so verschlossen unserm hoffrichter und Assessoren eingehendiget, und von denen in beysein des hoffgerichts Notarij ohne verletzung der siegell eröffenet, und Appellanti gestalt in primo Termino, gefast zu sein communicirt, sonsten vor solcher einbringung der Acten wider Appellanten so lange es an seinem müglichem fleiß nicht ermangelt, umb nachpleibenden und hintersamen libellirens willen, nicht angeruffen werden.

9. Ferner da neben der ladung inhibition ergangen, und verkündet, soll der Appelant auff diesem Termin die auch reproduciren, und daferne dagegen etwas attentirt, undt vorgenommen, auff die pöen, wie obstehet, geklagt und verfahren werden, oder da keine inhibitio außgangen, und dem negst attentirt solcher Innouation halber in schrifften [Bl. 106v] zuhandelen, und deren reuocation zu begehren frey stehen, und zugelaßen sein.

10. In welchem puncto attentationis, da die abschaffung der newerungen, wie im gleichen in puncto inhibitionis da poenae declaratio gebetten kein ordentlicher zierlicher Proceß soll gefuhret, sondern nur Judicis officio implorato, die attentata et contrauentio puncten weiße vorgebracht, und darauff den Jegentheill wie sich zurecht gebührt, einredde und antwortt zu thuen Monats frist angesetzet, auch solche puncta ob die verneinet, wo sie pertinentes vorträglich, und zuleßig, auff

klagender Parthey begehren, in sicherer zeit zu beweisen, zugelaßen und mit solcher probation und dieses puncts beschluß zum schleünigsten verfahren werde.

11. Inhibitiones in Appellationibus belangt, wollen wir, wan a definitua vel vim definituae habente appellirt, der Richter a quo habe der Appellation deferirt oder nicht, daß indistincte die gebettene [Bl. 107r] Inhibition soll erkandt werden. Außerhalb folgender fällen, nemblich in possessorio Retinendae da der Appellat in besitz, oder wan man dero Jurisdiction halben noch in zweiffell stünde, oder sonsten jure communi die Appellatio verbotten were.

12. Wan aber vor einer gemeinen Interlocutori, die doch Appellabilis ist, appellirt würde, soll nach inhalt gemeiner beschriebenen rechten, es were dan euidens periculum in mora, oder daß daraus damnum irreparabile folgen müste, welches jedoch zu vor soll bescheinet werden, vor der Kriegs befestigung, oder zum weinigsten ehe der Gegentheill darüber gehöret, keine Inhibitio erkandt werden.

Tit. XLVII
Von anderen nachfolgenden Terminen in zweiter Instantz, wie und was in denselben gehandelt werden soll.

[Bl. 107v]

1. Hette der Appellat contra formalia Appellationis, oder deuolutionem einzuredden, oder sonsten andere verzügliche Exceptiones vorzuwenden, die soll man in diesem angesetzten Termin sämptlich und in schrifften puncten weiß vorbingen, darauff ferner Replicando et duplicando handelen, und verfahren, wie daroben in dilatorij verordtnet.

2. Hette aber der Appellat mit derogleichen Exceptionibus, die Appelation nicht anzufechten, auch Appellant formalia durch einbringung der Gerichts Acten, Appellation Instrumenten, oder sonsten der gebuer justificirt, soll Appellat in diesem termin auff vorbrachte beschwernüß und klag puncta zu antworten, und den Krieg in gemeiner weise mit weinig wortten zubeuestigen, auch Juramentum calumniae, so das beyde, oder eine Parthey begerte zuleisten schuldig sein.

3. Der Appellant soll nach sothaner antwortt, und Kriegsbeuestigung [Bl. 108r] da er nichts anders, dan was in voriger Instantz ex libello appellatorio vorgebracht, zu beweisen und einzubringen hette, alßbalt mündtlich beschließen, oder ihme auff sein begehren, Terminus producendi omnia et concludendi, auff zeit eines Monaths angesetzet, darauff Appellato ein solches gleicher gestalt, alß balt, oder in so viell gleicher frist zuthuen, aufferlegt, und weitere schrifften nicht zugelassen werden.

4. Hette aber Appellant oder Appellat etwas newes oder weiters dan in voriger Instantz einkommen (welche newe klag doch deren in erster Instantz einbrachter Klag sollen gemeeß, und darauß gezogen, aber auff andere sachen, darumb zuvor

nicht geklagt und gehandelt, nicht gestellet sein) eingebracht, oder dasselb von newen oder weiter zuthuen zu probiren, soll in diesem Termin die Klage repetirt, und darauff ferner mit beweisung, und anderen terminen, biß zum beschluß und ende der Appellation sachen, procedirt werden. [Bl. 108v]

5. Item ob die gegen Parthey peremptorias oder andere Exceptiones vom newen einbringen, und beweisen wolle, damit stehets zu halten, wie in den Terminen und oben in den peremptorijs angezeiget.

6. Da von Beschwerden, und beyurtheilen, die nit krafft einer Endturtheill hetten, appellirt, ist unnötig obgemelte Terminen zuhalten, sondern mag Appellant Instrumentum vel scedulam an statt Appellationis mündtlich oder in schrifften repetiren, und darauff mit weinig wortten begehren, zu erkennen, daß nichtig und ubell geürtheilet, und woll appellirt sey.

7. Darauff dan widertheill, wo er dan mit antwortt, ungefast, auff sein begehren, Monath frist zu solcher antworttung angesetzet, und wo alßdan uff dessen verneinung dem Appellanten noth were zu beweisen, daß soll ihme zugelassen, und damit wie oben vermeldet, gehalten werden.

8. Wan in dieser sachen definitiue [Bl. 109r] beschlossen, soll alßtan des Appellanten anwaldt die Acta voriger Instantz in Termino conclusionis, oder je dannach ad proximam zu reproduciren schüldig, damit dieselb den Protocollis und Actis so vor unserm hoffgerichte ergangen beygelegt, und ad referendum auffgeeben werden können.

9. Da aber des Appellanten anwaldt hirin seümig, so mag des Appellaten anwaldt alßtan anhalten, dem Gegentheill solchen Terminum ad producendum acta sub poena absolutionis ab Instantia sine remissionis causae anzusetzen.

Tit. XLVIII
Von Nullitet undt Nichtigkeit der Urtheilen undt welcher gestalt darin procedirt werden soll.

[Bl. 109v]

1. So jemandt ein gesprochen urtheill auß grundt der Nullitet incidenter und nicht principaliter anfechten wolt, soll er das sampt der klag auff die iniquitet, beschwerden, und ungerechtigkeit deroselben alternatiue, und mit einander specifice einzubringen, und damit simultaneo Processu, und zugleich auff alle hiroben in Appellation sachen gesetzte termin zu verhütung zweifacher rechtfertigung, und gefehrlicher erlengerung zu procediren, schüldig sein, es were dan, daß in actis prioris Instantiae eine so offentliche Nullitet begangen, und befunden, alß konnen auch unser hoffrichter und Assessoren auch ante litis contestationem, et ex officio darüber sprechen und erkennen.

2. Wo aber von urtheilen innerhalb zehen tagen nicht appellirt, sondern principaliter und allein auff die Nullität geklagt werden wolle, solches soll vermüge letzten Reichs schlusses § [...][78] nicht zugelaßen werden, noch hoc casu Exceptionu Nullitatis wieder die gebettene Execution kein platz zu geben. [Bl. 110r]

3. Würde sich aber befinden, daß die Nüllität muthwillig getrieben, und fürgeschützet, sol die daran schüldige parthey unserm Fisco mit einer pöen nach gelegenheit, und wigtigkeit der sachen, und unser hoffrichter und Beysitzer erkendtnüß verfallen, auch dem Jegentheill alle darduch beursachte, und auffgetrungene unkosten, zu erstatten schüldig sein.

Tit. XLIX
Welcher gestalt obgemelte Terminen in erster Instantz gehalten oder gemessiget, auch wie die nit gehaltene gebessert, und erholet werden sollen.

1. Dieweill fast allenthalben uber auffhalt und lang weilig umbtreiben, von dem in recht sprechenden, und klagenden Partheyen querulirt, damit dan dießfalß solches alles so viel müglich abgewendet, und men- [Bl. 110v] niglichen zu fürderlichen gleich und rechten gedeylich und außtreglich geholffen werde, so ordtnen und wollen wir, daß ein Jeder Procurator in fürbringung und außführung der sachen obgemelter massen, mit haltung der Terminen so woll erster, alß zweiter Instantz, bey unser ernsten, wilkührlicher gelt- und ander, oder auch straff der Remotion sich unser ordtnung durch auß gemeeß verhalten, deren in allen geloben, nachkommen, und ihr keiner dem andern tacite vel expresse lengere und mehrere frist dan obstehet, gestatten noch verhengen, sonst aber die terminen zu anticipiren, oder zu praevenijren, macht haben soll.

2. Were sonst der sachen geringigkeit, oder wigtigkeit also gestalt, daß die Dilationes und Terminen etwas gekürtzet, eingezogen und abgeschnitten, oder auch weitere und lengere (so doch ohne sonder große wahre und erfindtliche unumbgengliche ehrhaffte noth nicht geschehen soll) müsten gegeben werden, so sollen unsere hoffrichter und [Bl. 111r] Assessores macht haben, auff bitlich anruffen oder ex officio nach gestalt und gelegenheit der sachen, handell und Partheyen, die bestimbte Terminen zu messigen, mehr oder weiniger zu geben, auch weiterschrifften uber die ordtnung alß Triplicas und quadruplicas, und dergleichen (doch in gewissen anzahll und beyden theilen geleich) zuzulassen, und den Partheyen darüber, daß solche ihre hohe notturfft, also und nicht anders erforderte, die vorgehende äidts beteürung auffzulegen.

78 An dieser Stelle befindet sich im Original eine Auslassung.

3. Ferner begebe sich daß die Procuratores an haltung der substantiall Terminen, wie sich vermöge der rechten und dieser ordtnung zuthuen schüldig, seümig und unterleßig weren, oder sonsten auch unformblich gehandelt hetten, solches dem zu verbesseren, sollen sie nicht thuen, mit wieder vorbringung voriger schrifften, sondern mit wenig wortten die Termin, so nicht recht, oder gar nicht gehalten, von newen den rechten, und dieser Ordtnung gemeeß halten, [Bl. 111v] und alßdan darauff, was sonsten hernach durch sie formblich gehandelt, und fürbracht mit schlegten wortten repetiren, erneweren, bewilligen, und bekrefftigen, darauff dan die sachen wie sich gebühret, concludiren.

4. Letzlich ob unter den Procuratoren umb ein oder mehr Terminen schrifft einfiele, sollen unser hoffrichter und Assessores darüber in eadem Audientia mündtlich bescheidt geben, und den Termin, nach gestalt der sachen, messigen.

Tit. L
Von Contumacien undt ungehorsamb des nicht scheinenden Appellanten oder Appellaten in zweiter Instantz.

1. Was oben in den Terminen in zweiter Instantz geordnet, soll verstan- [Bl. 112r] den werden, in sachen, da beyde theill zugegen sein, so aber ein theill und erstlich der Appellant nach außgangener ladung außpliebe, oder da er eimahll erschienen, vor oder nach der Kriegs beuestigung ungehorsamb sein würdt, soll dem Appellaten zugelassen sein, such der wege, wie oben von des Klegers ungehorsamb in erster Instantz gesetzet, jegen ihnen zugebrauchen, Neben dem soll dem Appellaten, so er sich der Appellation behelffen wolt, gegen den ungehorsamen Appellanten, so in recht nicht erschiene zu libelliren, und darauff wie sich zu recht gebührt, zu procediren zugelassen sein, doch soll in diesem fall der Appellat, so auff ungehorsamb des anderen theilß also handelen wolt, zuforderst fomalia Appellationis zubegründung der Jurisdiction beweisen, und darnach aller erst seine meinung und begeren, wie obstehet, darzu Acta erster Instantz fürbringen, und so er nichts newes einzuwenden, auff vorige Acta zu beschließen, fueg und macht haben, sonsten wo Appellatus etwas newes abzu- [Bl. 112v] leggen oder zu beweisen hette, soll ihm das zugelassen, und damit wie oben versehen gehalten werden.

2. So aber der Appellat auß ungehorsamb nicht erschiene, soll gleichfalß dem Appellanten, deren von des Beklagten ungehorsamb obangesetzten, wegen einen vorzunehmen, und darein zu handelen zuleßig sein, und sonderlich so er in der hauptsachen vollenführen wolt, vor allen dingen formalia Appellationis beweisen, und rechtfertigen darnach sein libell oder Klag der beschwerung vorwenden, und in sachen procediren, wie oben außgetrückt.

3. Thette nun der ungehorsab Appellant oder Appellat nochmalß erscheinen, es were dan noch einem mehr, oder allen Terminen, soll in dem standt, wie er die sache und Proceß findt, ferner zu handelen, zugelassen, und gehört werden, doch zuuor dem Gehorsmben theill alle kost und schaden seines ungehorsambs halber erlitten, nach gerichtlichem ermessen, ohne allen verzug und auffhalt erstattung thuen. [Bl. 113r]

4. Würde aber die Parthey wieder welche in contumaciam so woll in causa simplicis querelae, alß Appellationis procedirt, folgentz erscheinen, und ursach fürbringen, warumb sie nicht ungehorsamb were, noch erkandt sein solte, noch daher einige kost und schaden zu bekehren schüldig, auch das jenig, so auff solchen ungehorsamb erfolget, soll nichtig erkandt, abgethauen, und reuocirt werden, darein sollen unsere hoffrichter und Assessores denselben anmassenden theill, so viell recht ist hören, und zulaßen.

Tit. LI
Von Extraordinari undt summari sachen.
Undt wie in denselben procedirt werden soll.

Pro Extraordinarijs seu summarijs causis sollen gehalten werden. [Bl. 113v]

1. Erstlich so eine Parthey begert leibs nahrung oder unterhaltung.
2. Item da das jenig, darumb der spän ist, auß verzug oder langwirigkeit der ordentlichen rechtfertigung mögte verderben.
3. Item sachen Interdicti, recuperandae possessionis, Item Interdictorum retinendae uel adipiscendae possessionis, ubi agitur de possessione momentanea, uel mero possessorio quod per definitiuam in petitorio reparari potest.
4. Item der Tutoren, oder Curatoren gebung oder bestättigung.
5. Item da von wegen wuchers geklagt würdt.
6. Item wan nach aufflösung der ehe den frawen angebracht, heirath, Guth gefordert wirtt.
7. Item sachen der Reichs steüren, [Bl. 114r] Schatzungen, datzen, zollen, und anderen fällen unserm Fisco gehörendt.
8. Item wan in contumaciam Immissio ex primo decreto gebetten wirt.
9. Item wan ein Legatarius von des abgestorbenen Erbgenohmen Bürgschafft begert. für den das der abgestorbener ihme legirt und vermacht hatt.
10. Item wan einer begert zeügen ad perpetuam rei memoriam fürzustellen.
11. Item wan die sache ringschätzig und nicht uber zwantzig thaler hauptguts wert ist.
12. Item wan die sache witwen und wäisen angehet, so nicht uber vier hundert Reichsthaler hauptguts reich sein.

13. Item sachen so kauffleüthe gewerb oder kauffmanschafft angehen.
14. Item ins gemein alle sachen in denen [Bl. 114v] begert wirtt Decreti interpositio.
15. Item sachen erlittenen Schiffbruchs und da man sich beklagen thuet, daß ex iactu etwas entfrembdt.
16. Item, wan bedingt oder verdint lohn begert wirt.
17. Item da verschienene und versessene Jahrgulden, Pension, Pfacht, oder auff handtschrifft oder Boerg, geliehen gelt gefordert wirtt.
18. Item Pöenfäll, in sachen die vor unser hoffgericht, vermög dieser ordtnung gehören.
19. Item Insinuationes Donationum Exemplationes Priuilegiorum. Noui operis Nunciationes. Cautiones damni infecti.
20. Item da vertragen ist äigener auctorität, oder eines wolgefallen, des andern haab und gütter anzugreiffen, oder deren Possession anzunehmen. [Bl. 115r]
21. Item alle Executions sachen tam sententiarum quam Instrumentorum.
22. Item wan Tertius kompt pro suo interesse ad impediendam Executionem.
23. Item sachen der Nullität wieder die proceß und Urthell.
24. So viel nun auß specificirten Insinuationes Donationum Exemplationes priuilegiorum, Noui operis Nunciationes, Cautiones damnio infecti, Item [?] Interpositiones Decreti undt dergleichen andere mehr summarischer sachen belangt, welche keinen gleichen Process haben, auch derselbe eigentlich nit vorgeschrieben werden mag, so soll es in denen sachen gehalten werden, wie recht ist.
25. In contribution und anderen, das gemeine wessen concernirenden, item armen und priuilegijrten sachen, sollen nur substan-[Bl. 115v] tiales Processus, videlicet, simplex facti narratio, vel petitio, citatio, summaria causae cognitio juramentum calumniae â parte exactum, probationes et sententiae, ein mehres aber nicht erfordert, oder gestattet werden.
26. [79]Anlangendt die sachen der gerichtlichen, oder vor Notarien und zeügen geschehenen, bekundtlichen schülden, soll Kleger die bekentnüß ubergeben, und dan mit kurtzen wortten pro monitorio soluendi suppliciren worauff dasselbe erkandt werden soll, und wan Reus demselben nicht parirt, noch in Termino erscheint soll Mandatum secundum mit der Commination decernirt werden, daß sonsten die Klage vor bekant anzunemmen, welchem zweitten Mandato citatio ad docendum de paritione zu annectiren, da den Beklagter abermahlß außpleibt, solches bey dem Mandato gelassen, und auff dessen commination endtlich erkandt werden, und soll dießfalß Beklagter zu keiner anderen Defension zugelassen werden, alß daß die solutio eines Theilß, oder zumahll beschehen sey, oder daß er die Bekendtnüß gethaen zu [Bl. 116r]

79 „Münsterische pag. 89. et 90".

haben nicht gestanden were, vorwenden würde, uff diesen fall, soll er gehört und der ein oder ander teill zu beweisung seines intents gestattet werden.

27. Da aber Beklagter sein vorbringen nit wüste darzuthuen, soll gleichwoll nach befindung der sachen zu der rechtlichen erkendtnuß geschritten werden.

28. Belangendt die handtschrifften oder versiegelte Brieffe, oder glaubwürdige Register, von wegen besitzlicher, oder berechtigter jahrlichen Pension soll der Kleger gleichfalß seine notturfft summarischer weise supplicando eingeben, und zu bewehrung seines intents die handtschriffte, brieffe und siegell, Register oder glaubhaffte Extracten anstatt der Klage mit uberreichen, und darauff Monitorium soluendi cum annexa Citatione ad videndum produci huiusmodi litteras, Registra et Jurato agnoscendum vel diffitendum manus et sigilla, und darauff dan erkennen lassen was rechtens. [Bl. 116v]

29. Undt sollen in obgeschriebenen fällen der Klegeren anwalde im ersten Termino der Monitorij und Citationis narrata deroselben repetiren darauff ihre habende handtschrifften, Brieff und Siegel oder die glaubwürdige Register vorbringen und da Beklagte Partheyen erscheinen, dieselbe recognosciren, und diffitiren, oder ihres ungehorsamen außpleibens summariè alßbalt verificiren lassen und darauff was recht endtlich zuerkennen bitten.

30. Undt so Beklagte im fall ihres erscheinens gegen das vorbringen nichts erhebliches und ansehentliches excipijren, oder auch ungehorsamblich außpleiben würden, sollen die hoffrichter und Assessores schleünig was recht, endtlich ergehen lassen.

31. Da aber bestendige Exception, oder defension vorbracht, uff den fall soll der Process gehalten werden, wie daroben von den causis ordinarijs geschrieben stehet, außerhalb daß die Terminen von 14 tagen, zu 14 tagen gehalten, die Termini probandi uber 6. wochen nicht erstreckt, auch keine prorogation noch die zweite, noch mehr dilationes zugelassen [Bl. 117r] werden sollen, es sey dan daße felle sich zutragen, durch welche der beweisender Theill nothwendig gehindert daß ihme keines weges müglich gewesen die beweisung in angereigter zeit zu vollenführen, und daßelbe also bey seinem äide erhalten würde, uff welchen fall noch ein Termin ad probandum peremptoriè soll angesetzet werden.

32. Were also der beweiß zu allen theilen geführet, einbracht, und publicirt ud die Examinatores auß dem verhör der zeugen vernommen, wie sie thuen konnen, daß ohne fernere deduction, darauß die urtheill formirt und abzufassen, so soll alles feißig ponderirt, erwogen, und darauß ein rechtmessig urtheill gefellet werden.

33. Sonsten soll einer jeden Parthey noch ein Termin zugelassen sein, ad Excipiendas contra factas probationes, et ad producendum omnia, und darauff ohne gerner termin und auffschub die sache vor beschlossen geachtet, und

gehalten, und darüber urtheill und recht [Bl. 117v] fürderlich gefellet und exequirt werden.

34. Thette sonsten Beklagter im erst oder anderen Temrin nicht der gebüer erscheinen soll und mag der Kleger uff solchen ungehorsamb in der hauptsache, oder sonsten nach laut dieser ordtnung procediren, und würde dan hernacher Beklagter erscheinen, soll er zur sachen allein in dem stande, wie die befunden gelassen, und ihme zu den verfloßenen Terminen kein Regress oder zutrit gestattet werden.

35. Solcher Process soll auch in interdicto Recuperandae et adipiscendae possessionis gehalten werden. Was aber das possessorium retinendae, da die possession streitig ist, und die sache zur weiterung angesehen wirtt, betrifft, darein soll wie nachfolget, verfahren werden.

Tit. LII
Wie in sachen streitiger posses- [Bl. 118r] sion hoffrichter undt Beisitzer erkennen mögen undt sich zu verhalten haben.

1.[80]Wan schwischen Untertahnen dieses Unsers Stiffts besonders denen vom adell und communen span und zur zeiten schedtliche weiterungen wegen strittiger possession und gewehr entstehen, oder ferner zu besorgen sein, und solch untertahnen ohn mittell dem hoffgerichte unterworffen, oder da das auch nicht were, dannoch die gütter und gerechtigkeit ohn allen mittell unter des hoffgerichtes Jurisdiction gelegen, und umb einhaben und Besitz deroselben, streit were, also daß sich ein Jeder für einen Besitzer deßelben Guths, oder Gerechtigkeit hielte, und des zimbliche und redtliche anzeig hette, und solche hffrichter und Beysitzers glaublich beybracht, und dergethaen würden.

2. Daß sie alßtan auff eines oder anderen theilß anruffen, oder auch [Bl. 118v] für sich selbst ex Officio die possession rerum corporalium sequestriren, aber die quasi possession rerum incorporalium von Gerechtigkeit, servitut, und dergleichen, an statt der Sequestration beyden theilen bey ernster und nahmhaffter poena sine clausula gebieten mögen, sich derselben zuenthalten, darauff alßtann summariè welchen Theill die possession vel quasi einzugeben, oder zu inhibiren sey, wie hirunden folget procedirt und erkandt werden soll.

3. Undt obwoll nach verscheidenheit der fälle und sachen, keine äigentliche maaß, oder Ziell zusetzen wie solche sequestrationes oder Inhibitiones außgehen sollen, so möchten dannoch diese nachfolgende stück darin fürnemblich obseruirt

80 „Münsterische Hoffgerichts Ordtnung pag. 106.7.8“.

werden, für erst, daß die narrata supplicationis so auff diesem Process strittiger possession qualificirt dem Mandat inserirt würden, darauff dan effectus Mandati ferner dieser gestalt gerichtet werden mag. [Bl. 119r]

4. Nachdem auß erzehlten narraten, so viell befunden, daß die angezogene possession vel quasi zweiffelich, und zubesorgen, oder vermuhten, daß in handthabung derselben allerhandt thadtliche handtlung und unruhe zwischen beyden Partheyen erfolgen möchten, und dan die hoffgerichts Ordtnung Ihren Hoffrichter und Beisitzern aufferlegt, in solchen und dergleichen fällen, auff den Partheyen anruffen, oder fur sich selbst ex officio gebührlich und rechtlich einsehens zu thuen, So hetten dannoch sie nach nottürfftigen erwegen, und ermessen, zu verhütung tahttlicher handtlung fernern unrahts und wiederwillens auch der hoffgerichts Ordnung anzusetzen, vermög rechtens gegen beyde Partheyen von Gerichts und ambts wegen. Nemblich, wo es ein possession sache Mandatum sequestrationis, und was dem anhengt und darauff gebürtt, aber da es ein quasi possession sache, Mandatum Inhibitionis an statt der sequestration mit angehenckter ladung zuerkennen.

5. Undt sollen darauff beyder [Bl. 119v] theilen, unter einer ansehentlicher poena, welche allein des hoffgerichts Fisco zu appliciren gebieten, sich sembtlich und sonderlich der possession vel quasi biß zu fernerer des hoffgerichts erkentnüsse gar und gantz zuenthalten, auch derenthalben mit oder gegen ein ander zur thattlicher handtlung und weiterung nicht kommen.

6. Undt soll solchem Mandat fort ein Citation angehenckt, darinnen beyde Partheyen auff einen bestimbten, und äigentlichen doch geraumen termin, ungefehr von vier wochen, oder mehr Zeit, nach gelegenheit der sachen und Partheyen peremptoriè ctirt werden ihre Unterscheidtliche angemaste Gerechtigkeit berürter Possession vel quasi in Articulen gestellet, auch nahmen der zeugen sampt specification der Articulen darauff ein Jeder zeüg zu verhören, fürzubringen und ferner zu sehen und horen summariè ohne einige Gerichtlichen Proceß, oder anderer weitleüffiger außführung der sachen, zu erkennen welchem Theill die possession vel quasi einzugeben, oder ferner zu inhibiren sey, und unter des, der- [Bl. 120r] selbigen, wie gerürt ist, biß zu endtlichem außtrag des ordentlichen rechtens in pleno possessorio zuenthalten, und solcher sachen biß zu gantzer summarischer erörterung außzuwartten cum clausula certificatoria.

7. Wan nehr der Termin außgekündigter Citation sein wirtt, soll auff das exequirte Mandat und citation durch die Parthey auff deren anruffen, dieselbe außgangen reproducirt, darauff sein articulirte gerechtigkeit der possession vel uasi sampt der Zeugen nahmen, und specification auff welche Articull dieselben zu verhören, fürbracht, und da der ander Theill, wie sich gebürt erscheine, dergleichen zuthuen von ihme erwartet. Darauff fort zum verhör der zeügen, Commission und eine zimbliche geraume dilation ungefehr ein monath, oder zum lengsten 6. wochen, gebetten, erkent, angesetzet und zugelaßen, oder auch die Gezeügen

am hoffgerichte selbst zuerscheinen citirt, und abgehört und dem Jegentheill, mit zuschickung oder mit- [Bl. 120v] theilung der Zeugen nahmen, ob er auff oder gegen ihre personen Generalia Interrogatoria geben lassen wolle, denuncijrt werden.

8. Da aber der ander theill nicht scheinen würde, mag der erscheinender theill dessen Ungehorsmb beklagen, darauff ein ruffen bitten, und nach erkandten ruffen gleichwoll wie vorgemelt, fortfahren.

9. Hiebey sollen aber hoffrichter und Beysitzere von Ambts wegen, achtung und gewalt haben, da die Partheyen zu dieser sachen momentaneae possessionis eine undienliche un ubermessige Zahll der Gezeugen nahmhafft machen würden, dieselben nach gelegenheit zu minderen.

10. Solte aber einige erscheinende Parthey auß erheblichen Ursachen zu gebührlichem Termin mit seiner Articulirten gerechtigkeit oder auch in angesetzter dilation probandi mit seiner beweisung nicht gefast sein konnen mögen hoffrichter und Beysitzere dieselben Termin und dilation einmahll bescheidentlich etwas proro- [Bl. 121r] giren, und kein weiter gestatten.

11. Da sonst wegen des einen theilß verzügliche oder nicht handelunge oder beweisung, mag und soll gleichwoll der ander theill fürderlich fortfahren, und darauff keines weges auffgehalten werden.

12. Undt dieweill wie gemelt diese streittige possession sachen für anderen gemeinen possessorijs Judicijs summarijssimè expedijrt werden sollen, so ist zu wissen, daß deren hinc inde fürbrachten Articulirten gerechtigkeiten lebendiger oder schrifftlicher beweisung, oder auch anderer producten keinem theill Copeyen außerhalb der Gezeugen nahmen, darauff generalia Interrogatoria zustellen zuerkent, noch dagegen zu Excipiiren oder zuhandelen zugelassen werden soll.

13. Undt ob vielleicht einiger theill etwas schrifft- oder mündtlich hoffrichter und Beysitzeren fürbringen und begehen würde, so mag dawieder der andertheill per generalia beschließen, und es rechtlicher er- [Bl. 121v] kendtnuß setzen, und deren so viell nöhtig gewartten, oder seines theilß fortfahren.

14. Nach vollenführter beweisung und einbrachten Rotul aber, so fern dan alßbalt die Partheyen für sich selbst kein weitere schrifftliche monumenta oder Urkunden zu beweisung der streittiger possession dienlich fürbringen würden, oder so dieselben fürbracht, und doch nicht agnoscirt weren, sollen hoffrichter und Beysitzere von ambts wegen einen zimblichen Termin, beyden, oder einer Partheyen nach gelegenheit der handtlung ansetzen, die noch fürhabende Urkunden, ob sie wollen zu produciren, und fürbrachte Siegelen zu agnosciren, oder diffitiren, darauff auch fort in dieser sachen zu beschließen.

15. Im fall aber hirin ein oder die andere Parthey seümig sollen und mögen Hoffrichter und Beysitzere von ambts wegen die Urkunden pro agnitio, und darauff die sache für beschlossen annehmen, und zum fürderligsten daruber entlich erkennen. [Bl. 122r]

16. Undt was alß erkendt, solches soll, hindan gesetzet aller Appellation, an stundt exequirt, und dem obsiegendem Theill die streittige possession eingethaen, und dabey gehandt habt werden, doch beyden Partheyen ihr plenum possessorium oder petitorium ferner zu deduciren, und außzuführen Jeder zeit fürbehalten.

Tit. LIII
Welcher gestalt fur unserm Hoffgerichte ex L. Diffamari gehandelt werden soll.

1.[81]Bey dem Remedio L. diffamari soll die disposition so woll der gemeinen rechten, also auch der Reichs abscheidt, in gute obacht genommen werden, und keine Citatio darauß ander gestalt, es weren dan die diffamanten in specie nahmhafftig gemacht die angegebene diffamation, auch noch vor der ladung durch schrifftliche und andere glaubliche urkunden anzeig etlicher massen beygebracht und [Bl. 122v] erwiesen, erkennet, nach erkennung der Processen aber soll vor allem die diffamtion, wan sie verneinet werden wolte, volkomblich erwiesen werden.

2.[82]Der Citation soll auch sonderlich einuerleibt werden, daß der Beklagter erscheine, zu sehen und hören auff weitere darthuunge und beweisung angezogener Diffamation dem diffamanti eine benente Zeit anzusetzen, die Klagspruch und forderung so er gegen den diffamatum zuhaben vermeint im Rechten vor zubringen, und im fall er solches nicht tähtte, alßtan solcher diffamation halber ihme ein ewiges stillschweigen auffzuereleggen, oder aber rechtmessige gegründete ursachen, ob er einige hette, warumb solches nicht geschehen solte vorbringen.

3. Und soll hinfürter L. Diffamari an Unserm hoffgerichte verstanden und gebraucht werden, In Schmähunge und anderen sachen in denen solcher Diffamation gefehrlicher betrieglicher weise, oder in andere wege dem anderen zu nachtheill und beschwerunge geschehe, auch nicht anders dan so die [Bl. 123r] ansuchende Partheyen in der hauptsachen antwortten, und er oder die sache ihrer natur nach unsers Jurisdiction laut dieser Ordtnung ohne mittell unterworffen.

81 „Reichs Abscheidt de anno 1654 § 83 CammerRichter Praesidenten und Beysitzere".
82 „Münsterische hoffgerichts Ordtnung pag. 109".

Tit. LIV
Von Arrest sachen und sequestrationen, wie darin zu verfahren, auch in welchen fällen die selbe zugelassen sein sollen.

1.[83]Nachdem auch causa arresti pro causa summaria et extraordinaria billig zu halten sintenmahlen die verarrestirte gütter und sachen auß langwiligkeit der ordentlichen rechtigung offtermahlen verderben können So ordtnen und wollen wir daß hinführo in diesem unserm Stifft keiner den anderen weder an seinem leib, noch Guth bekümmeren und in verbott oder Arrest beschlagen lasse, sondern wer den anderen zu besprechen hatt, soll er mit ordentlichem recht thuen, es sey dan sache, daß der Arrest in solchen fall zu rechte Justificirlich, auff welchem fall dan summariè [Bl. 123v] procedirt , und dem Arrestirter alßbaldt der Arrest und Kummer gebührlich denuncijrt, umb dargegen ihre notturfft zu bestimbter Zeit gerichtlich vorzubringen, und ehe solches geschehen, nicht verfängliches mit den gütteren vorgenommen werden soll.

2. Da dan hirauff der Principall erscheinen würde, solle gleichwoll solcher Arrest nicht abgethaen werden, es beschehe dan zu vor gnugsame Caution durch Bürgen, oder andere gütter, den rechten außzuwarten, und was erkandt, solchem gebührende folge zuleisten.

3. Bliebe aber der Denuncijrter auß, und seine notturft nicht vorbracht würde, so mag durch unsern hoffrichter, und andere unsere Richtere uff ubergebene, erwiesene Klage erkennen, was recht ist, und darauff in solche güter alßbalt schleünige würckliche Execution verhenget werden.

4. Wolle auch der Kleger in Contumaciam procediren, darzu soll er nach außweisung dieser unser hoffgerichtsordtnung gelaßen werden. [Bl. 124r]

5. Würde aber der Principall selbst verarrestirt, und bekummert, so soll er nit entweichen, er habe dan den Klager befriediget, oder obberürte Caution geleistet.

6. Damit aber ein jeder wissen konne, in welchen sachen in diesem unserm Stifft der Arrest und Kummer platz habe, so werden dieselbe hernach gesetzt.

1. Erstlich wan einer wegfertig oder flüchtig were, in ein ander Gerichte zu ziehen, und nicht so viell an liggenden, oder sonsten gewissen güttern hinter sich verlaßen, daß sich daran der Kleger zuerholen hette.
2. Zum anderen wan ein außlendischer in diesem Unserm Stifft nit gesessen, mit unsern Unterthanen in gerürtem unserm Stifft contrahirt, der bey handtwerckes Leüthen etwas machen lassen, und nicht bezahlt hette.

83 „Münsterische gemeine Landt Ordtg. pag. 84. 85; Braunschweig pag. 160".

3. Drittens wan ein frember unserm Unterthanen etwas schüldig were, und ihme in dem orthe da der Beklagter und frembder gesessen auff gebührliches ansuchen rechtens nicht gestattet [Bl. 124v] noch verholffen were.
4. Vors vierte, da es eine Erbschafft oder andere fahrende haab belangte, die vermühtlich vom Inhaber verrücket, oder alienirt werden mögte.
5. Vors fünffte, so einer an einem orth etwas verwircket hette, oder vom Gerichte hinginge in sachen die nicht nicht entschieden weren.
6. Sechstens mag ein Gast umb schüldige Zehrung, und ein Zinßman der hinweg ziehen will, umb versessenen Zinß, von einem hauß, hoffe, acker, wiesen ider anderen gütteren woll bekummert werden.

7.[84]Außerhalb ietz erzohlten fällen aber, soll keiner den anderen arrestiren, bekümmern oder auffhalten, es were dan, daß solches durch unß selbsten, oder durch unsere hoffrichter und Assessores auß rechtmessigen beweglichen Ursachen gestattet, und zugelassen würde.

8.[85]Weilen auch zu zeiten vom Klagenden theile gesugt wirt, dem Beklagten die strittige gütter nemmen, von Gerichts [Bl. 125r] wegen sequestriren, oder die darauff gewachsene früchte Jahrlich biß zu außtrag dero sachen an einen dritten orth führen, oder bey den Meyer leüthen arrestiren zu lassen, soll daßelbe Keines weges gehört, noch Jemandt seines inhabenden besitzes ohn erlangenten rechten entsetzet werden, Es konne dan der Kleger gnugsamb in recht gegründete ursachen so balt anzeigen, und einbringen, warumb die sequestratio geschehen möge, und solle. Alß, so der Beklagter die gütter, darumb die Klage erhoben, augenscheinlich in abfall kommen, und ungebraucht liggen lassen, und darauß zu besorgen, daß er bey hangendem rechtte solches noch mehr thuen werde, oder wan der Beklagter ein verschwender ist, und Jahrlich was ihme wechset, auffgehen lasset, oder verschwendet, oder wan sonsten zubesorgen, daß er die Jahrliche früchte, im fall sich die rechtfertigung in erster oder zweiter Instantz in die lenge, und auff ettliche Jahr verweilet, zu letz dem Kleger so er gleich das recht entlich erhielte, nit vermögen würde zu restituiren: Item da er ohn-uermüglicher an seiner nahrung were, dan daß [Bl. 125v] er in ietz erzehlten fällen solcher versorgen halber gebührlich, und gnugsame Caution und sicherheit dem Kleger thuen mogte, und was dergleichen ursachen mehr, so in den rechten gegründet sein, dardurch Unsere hoffrichter und Assessoren die begehrte Sequestration zu willigen bewegt werden möchten, dan in solchen fällen dieselbe zugestatten Ihnen zugelassen sein, die früchte aber, doch bey den Meyerleüthen nicht gelaßen, sondern von den Beambten eingemahnet,

84 „Braunschweigische pag. 660".
85 „Lünebürg. pag. 128 et 129".

und dem obsiegendem theill zum besten, so gut, und hoch alß möglich verkaufft, und das darauß gemachte gelt und gericht hintergelegt werden soll.

Tit. LV
Vom Discussion Processe.

1.[86]Weilen auch leider die erfahrung bezeuget, daß durch das langsame procediren in den Discussion Prozessen den Creditoren großer schade und nachtheill zugefuegt wirtt in dem dadurch die gutter, welche discutijrt und sonderlich die heüßer, und gebäwen, bey [Bl. 126r] hangendem Processe nicht beobachtet werden, sondern offtermahlen gantzer dings hinunterfallen, die landerey öde und wüste liggen bleiben, und dahero von den Meyerstattischen gütern die pfächte nicht bezahlt, und also den Güthern zur Caducität der Weg eroffnet, die stätte und andere örter auch deformirt, und an Contribution, Schatzung, und anderen lesten, wie imgleichen an Bürgerlichen Personen abbruch leiden, und dan auch unter dessen die Debitores zue zeiten in den gütern sitzen bleiben, und was noch ubrig ist, concoquiren, und verzehren.

2. Damit dan diesem Ubell so viell möglich vorgebawet, und alles unordentliches verfahren, so bey solchem Processe eingeschliechen abgeschaffet werde, so ist unser gnedigster will und beuelch, daß in diesem Processu summariè verfahren, und nachfolgende Ordtnung gehalten werden solle.

3. Es soll ad instituendum hunc Processum Discussionis niemandt zugelassen werden, er scheine dan vor unserm hoffrichter und Assessoren in der Person, oder durch [Bl. 126v] einen gnugsamb beuolmechtigten, und cauire stipulata manu, daß er derselben nicht calumniosè anfange, sondern darzu darumb verursachet werde, daß Debitor und Dominus bonorum in Discussionem trahendorum, dieselbe verlaste, oder wegen armuth und vieler schülden verdistrahiren, untergehen, und verfallen laße, oder daß er der Impetrant auff andere wege zu dem seinigen nicht zulangen wisse, oder verhoffe.

4. Darnach soll derselbe vorherr unserm hoffrichter und Assessoreen supplicam pro monitorio soluendi sub poena instituendi Processum Discussionis einreichen, und darin debiti sui quantitatem et bona super quibus und aß was ursachen dießen proceß anfangen müßen, außtrücklich anzeigen, auch seine verschreibung, da er einige hatt deroselben beyleggen.

5. Warauff das begerte monitorium, wan die in supplica angezogene Ursachen vor gültig und erheblich angesehen, erkandt werden kan.

86 „Münsterische Officialats Ordtnung Tit. de processu discussio 28. per totum".

6. Würde dan der Debitor [Bl. 127r] in Termino huiusmodi monitorij erhebliche und in dem rechten begründete Exceptiones vorbringen, warumb der anbedraweter Proceß nicht anzustellen were, soll dem Creditori zu gelassen werden, dagegen zu Repliciren, oder da er wolle, alßbalt per Generalia zu concludiren.

7. Warauff dan fürderligst interloquirt, und statuirt werden solle, was rechtens.

8. Würde aber der Debitor uff das sub poena Discussionis bonorum abgangenes monitorium nicht scheinen, und dociren, daß er demselben parirt, so soll ipso non amplius exspectato, Mit der Discussion verfahren werden, Jedoch daß zuforders der Impetrant, was er vorhin stipulato de non calumniose hunc Processum instituendo angelobt, solches äidtlich auch repetiren, und dabey anloben, daß er seinem besten fleiß und würckligkeit noch vrgiren, und treiben wolle, daß der proceß zum ende gefordert werde.

9. In diesem Termino soll auch Citatio [Bl. 127v] wieder den Discussum so woll alß Creditores ad videndum confici Jnventarium an des Discussi hauß decernirt werden, umb zu sehen, was alda für mobilia so discutijrt werden können, ubrig und noch verhanden sein.

10. In causis maioribus da der Kampff super vniuersitate bonorum alß adeliche und andere große weitleüffige Güter der Proceß angestellet, soll neben vorgedachter citation, auch citatio contra debitorem ad iuratò designadum omnia bona sua eorundemque qualitatem , nec non omnes et singulos suos creditores aperiendum et Judicandum, vnà cum Inhibitione tam contra Debitorem quam eiusdem familiam de non alienando, subtrahendo et subducendo bona mobilia quouis modo erkant werden.

11. Wan dan darauff die Inuenterisatio also werckstellig gemacht, so sol hingegen der Discissus vor unserm hoffrichter und Assessoren, sich äidtlich verbinden, daß alles dem Inuentario einverleibt, auch nichts gefehrlich vorbracht, oder verschwiegen sey. [Bl. 128r]

12. Diesem allem nun vorgangen, solle die erste Citatio gegen alle und Jede Creditoren, welche zu den distrahirenden Güttern spruch und foderung zu haben vermeinen decernirt und erkandt werden. Uff einen gewissen tag durch sich selbsten, oder einen gewissen beuolmechtigten zu erscheinen, Ihr jus und Interesse zu proponiren, und vorzubringen, die zu deren beweißthumb habende Documenta, literas, Instrumenta, und andere probationes realiter bey straff eines ewigen stillschweigens gerichtlich zu exhibiren, und wahr zu machen. Welche citation nicht alleine von dem Predigtstuell, sondern auch per edictum publicum an die Kirchthüer der hohen Thumbkirchen alhir in Paderborn, und anderen gewohnlichen orten, damit zu mennigliches wissen gelangen könne, und da nötig in den benachbahrten außerhalb dieses Unseres Stiffts gelegenen Stätten, und örteren per Jurissubsidiales in locis publicis ad hunc finem destinatis angeschlagen, und darnach cum Executo inscripto wieder zu rückgesandt, und ad Acta gebracht werden. [Bl. 128v]

13. Daferne nun nach abgangener vorgedachter Citation ad videndum fieri Inuentarium contra Discussum, und ersten citation contra omnes et singulos Creditores ad proponendam Interesse sich befinden würde, daß etliche gütter vorhanden, die alnoch kein Creditor legitimè einbekommen, soll er solche viso protocollo den senioribus, et potioribus Creditoribus praestita cautione de perceptis fructibus et obuentionibus rationes reddendi untergethaen, und inhibirt werden, daß keine Juniores oder clancularij Creditores praesertim personales die mobilia, so ad Inuentarium gebracht, unter keinem praetext den elteren praeripijren und wegnemmen, sondern sollen dieselbe aestimatione per Judices locorum adhibitis ad hoc iuratis Personis praeuia in vsum Processus vel creditorum distrahirt, und das pretium erforderter sachen notturfft nach, salva eorundem praerogatiua conuertirt, und verwendet werden.

14. Es soll auch in maioribus causis mandatum de euacuando contra [Bl. 129r] Discussum Habitatione tamen ei libera cum vtensiibus necessarijs et pro qualitate Personae, alimentis Congruis relicta decernirt werden, Es were dan, daß der Creditor ex Feudis den unterhalt haben könte.

15. Diesem nach soll die 2. 3. und da unserm hoffrichter und Assessoren vor guth erachten würden, noch die 4. Citation decernirt, und Exequirt werden.

16. Solte dan ex Confessione Discussi oder sonsten ex Actis bekandt sein, daß ein oder ander Creditor alnoch nicht erschienen were, darüber Notarius causae unser hoffrichter und Assessores fleißig zu erinneren, schüldig, und da nöhtig dieselbe alnoch specialiter zu citiren, damit sie darnach keine ignoratiam praetendiren können.

17. Nach der 3. oder vierten rechtmessig insinuirt-, und producirten Citation, soll den außgebliebenen Creditoren, per sententiam perpetuum silentium imponirt werden und sollen demnegst unser hoffrichter und Assessoren die handelung [Bl. 129v] mit gebührendem fleiße durchleßen, und die Ordtnung also abfassen, daß der Jenige welcher potior in Jure ist, die praeferentz habe.

18. Es soll gleichwoll Jedem Creditori zugelassen sein, da einer dem anderen auß rechtmessigen ursachen praeferirt zu werden vermeinen will, daß ihme solche ursachen innerhalb negsten 4 wochen, die ihme darzu peremptoriè praefigirt sein sollen, cum deductione facti et Juris vorzubringen frey gelaßen sein soll.

19. Undt wan dem unter etlichen wegen der praelation streit fürfelt, derselb soll summariè decidirt, und darin vltra duplicam nicht procedirt werden.

20. Da aber solcher streit wegen der praelation nicht vorfiele, und 4 wochen â Termino prublicati ordinis verlauffen weren, so soll zu der aestimation der discutijrten Gütter geschritten, und dieselbe denn fürstlichn Beambten, oder Richtern des orts [Bl. 130r] alda die Gütter gelegen comittirt und beuohlen werden, gestalt die ungesaumet ins werck richten zulassen, und darüber Documentum factae aestimationis ad Acta einzuschicken.

21. Es sollen aber bey der Tax dahin gesehen werden, wie man die gütter ins gemein der zeit gelegenheit nach in genere zu verkauffen pflecht, nicht aber was sie etwa und insonderheit die geber vom newen gekostet haben mögen.

22. Undt soll dabey von den Aestimatoren die Umbstände fleißig ponderirt, und beobachtet werden, und sonderlich ihre qulität, gelegenheit, ob sie nahe bey den stätten, oder weit dauon gelegen. Item sollen die condition der Lendereyen, wiesen, Kempfen, weiden, geholtzungen, Fischereyen, Teichen, und derogleichen Gütter und ander zu ergründung des rechten werts dienliche sachen Examinirt werden. [Bl. 130v] darzu dan die benachbahrte verständige und glaubhaffte erfahrene Mans Personen, auch woll Edelleüthe, denen der Güter qualität und werth bekandt ist, darzu interpellirt und gebraucht werden.

23. Die Aestimatoren sollen theilß vom Discusso, und theilß von den Creditoren benennet werden, und da sie in deren election nicht einig werden können, etliche darzu ex officio assumirt und beruffen werden.

24. Würde der Discussus oder die Creditores erhebliche ursachen haben, warumb solche Aestimation nicht gutt zuheisen, so sollen sie dieselbe Innerhalb 4. wochen darnach gerichtlich vorbringen, und praevia causae cognitione zugelassen werden, pro noua aestimatione anzuhalten, und warauff es dan gesetzet, dabey soll es sein verpleiben haben, und fürter zur subhastation Distraction und adiudication procedirt werden.

25. Gleicher gestalt soll Notarius [Bl. 131r] causae alle Credita an Capitaell, und zinsen absonderlich secundam quemlibet gradum in eine summam computiren, und gerichtlich ubergeben, auch dagegen das aestimatum pretium setzen, wan dan unser hoffrichter und Assessores facta hinc inde collatione darauß vernemmen, daß ein Jeder Creditor zu seiner zahlung gelangen könne, sollen sie beuehlen daß sie öffentlich subhastirt und feilgebotten, und dem Jenigen welcher mehr dafür alß sie werdirt sein, offeriren und bieten würde, zugeschlagen, und das gelt so darauß kompt, wie auch das pretium ex venditione rerum mobilium redactum Judicialit praesentirt und deponirt werden.

26. Solch gelt soll unser hoffrichter und die creditores, vertheilen, und den anfang â primo gradu so weit sich dessen quantitas erstreckt, machen, und in welchem gradu das bahr gelt deficijrt, und abnimbt, da sollen die Gütter, welche bey der subhastation sub auctione nicht verkaufft werden können, unter die folgende creditores vertheilet werden, also daß cuiusque gradus interesse et è regione gesetztes pretium [Bl. 131v] darauff dies oder Jenes stück aestimirt gegen ein ander computirt, und einem, zweyen, dreyen, vieren, fünffen, oder mehreren, nach dem es eines Jeden Creditoris Interesse, und das pretium eines jeden stückes geben, vor das pretium, da für es publicè aestimirt, und da die aestimatio zweymahll geschehen, zum letzten mahll angeschlagen, an bezahlung addicirt, und angethaen werden solle, welche auch dieselbe in solutum anzunehmen schüldig.

27. Undt soll solches also in den negstfolgenden gradibus biß zum ende gleicher gestalt obseruirt, und gehalten werden.

28. Undt wan dan also ein Jeder Creditor entweder mit bahren gelde oder güttern seine bezahlung erlangt, so soll das ubrige wan dan noch etwas verhanden ist dem Debitori Discusso oder dessen Haeredibus restituirt, und wieder gegeben werden.

29. Es soll auch in Minoribus Discussionum causis, alß da uber ein [Bl. 132r] hauß, oder Garten, oder hoff, oder kamp der Proceß allein angestellet ist, soll dem Creditori in ordine primo freygelaßen werden, das stücke guts zu acceptiren, und dem negst folgenden Creditori zu offeriren, welcher dan demselben sein Interesse widerzugeben, oder seinem Juri sub poena perpetui silentij zu renuncijren schüldig sein solle.

30. Es were dan sache daß ein Creditor die mittell nicht hette, daß er praecedentes in ordine Creditores ableggen könte, und gleichwoll seines etwa geringen Interesse ungerne caviren und darauff renuncijren wolte, so soll das hauß, hoff, Garte, oder kamp einem, zweyen, oder mehr creditoren pro rata quantitate Interesse cuilibet competentis zugleich wie vorhin in maioribus causis cauirt, assignirt, biß dahin ein Keüffer gefunden, der solch stück annimbt, und einen Jeden, deme daran sein part assignirt, contentirt, und abfindet.

31. Der Acceptans soll hoc casu in eigener Person, oder durch einen mit gnugsahmer volmacht erscheinenden Procuratoren, einen [Bl. 132v] leiblichen Eidt schweren, es were dan, daß aller verdacht cessirte, daß das von ihme vorgebrachtes Debitum richtig, und nicht mehr deßhalben gefordert sey, alß ihme der Debitor wahrhafftig schüldig ist, damit aller betrug der sich in diesem fall pflecht zu begeben, verhütet werde.

32. Uff dem fall aber unser hoffrichter und Assessoren ex computatione vniuersorum Debitorum et pretio vniuersorum bonorum vermerckten, daß die schülde den werth der güter ubertreffen, und also ein Jeder seine bezahlung nicht erlangen konne, so setzen und ordtnen wir, daß den Posterioribus creditoribus 4. wochen zeit indulgirt werden solte, sich zu bedencken, ob sie alle oder etliche von ihnen oder auch einer alleine ein mehres vor die güter alß sie werdirt sein, geben, und also dieselbe acceptiren, und an sich bringen wollen, damit sie ihre eigen Interesse retten.

33. Wan sie sich dan darzu willig erklert, so sollen sie dazu gelaßen, und ein gewisses [Bl. 133r] tag pro publica venditione seruata gradus praerogatiuâ praefigirt, und angesetzet werden.

34. Wan dan auch uff solche weise die gantze gütter hoher alß sie werdirt, nicht verkaufft werden konnen, so mag ad singulorum bonorum publicam distractionem procedirt werden, dabey den posterioribus creditoribus zugelassen sein soll ein stück gutes per auctionem an sich zubringen, und zu seinem nutzen zu behalten.

35. Wan res aliqua mobilis sub auctione verkaufft ist, soll der Keüffer dessen plenus Dominus werden, was aber den Creditoribus in solutum addicirt ist, das

sollen die Debitores, und ihre Erben innerhalb zwey Jahr nach abzahlung der Summen, dafür es ihnen adiudicirt und erstattung dero deßhalben angewandten unkosten zu recuperiren berechtiget sein, darnach aber sollen sie damit weiter nicht gehört werden.

36. Zu mehrer beschleünigung dieses Discussions Processes setzen, und ordtnen wir auch, daß ein jeder creditor pro annotatione et [Bl. 133v] extractione Terminorum, die derselbe, oder sein Procurator in seinem nahmen helt, dem Notario die gebühr auß seinigen entrichten und deren zahlung nicht ad distractionem bonorum die bißweilen so balt nicht erfolgen kan, hinweißen.

37. Damit auch die Partheyen und ihre Procuratores wegen mangell der Acten umb darauß die notturfft zufertigen, sich in Termino praefixo nicht zu beklagen haben, so soll Notarius dieselbe doppelt conscribiren, eine vor den Discussum, und die andere in vsum communium creditorum schreiben, und so offt einer deren nöttig hatt, soll er dieselbe vom Notario entlehnen, und inner 6. tagen integra et illaesa demselben bey straff einer marck restituiren.

38. Zu welchem ende der Notarius den tag, an deme sie einen oder anderen extradirt, und respe[ctive] restituirt, cum anno, Mense, et die in sein rapiarium zu verzeignen schüldig sein soll damit andere Interessenten deren Communication nicht defrau [Bl. 134r] dirt werden, und darüber zu Klagen haben.

39. Wie viell aber Jeder credior und Interessent zu den conscriptions Kosten der Acten contribuiren soll, dasselbe wirt unsers hoffrichters Arbitrio anheimb gestellet.

40. Damit auch die Notarij wegen der ubrigen Kosten so denselben ratione Extractionis citationum und anderer Processen gebühren, Item die Pedelli wegen affixion und defixion, auch Insinuation der Processen, und wegen der reisen, und anderer gebühr gesichert sein. Item die Aestimatores bonorum ihre gebühr ohne beschwerung haben können, wie dan auch woher die sportulae zunehmen darüber sollen unser hoffrichter, und Assessores consultiren, und rahtschlagen, Ob sie ex venditione rerum mobilium, vel ex obuentionibus rerum immobilium, oder anders woher zu redigiren, und zu bezahlen, allezeit aber dahin zusehen daß wegen solcher kosten, der Processus nicht gehemmet werde, weniger ins stecken gerahte. [Bl. 134v]

Tit. LVI
Von Urtheill fassung undt deren eröffnung

1. So balt nun in ordinari oder extraordinari sachen definitiuè, vel interlocutoriè erster oder zweiter instantz beschlossen, damit dan die Partheyen nicht lang auffgehalten, die Urtheill oder bescheide desto schleüniger und abhilfflicher ihre Expedition und gedeylichen außschlag gewinnen, so ordtnen und wollen wir, daß erstlich auff geringe und schlegte submissiones, alß ratione Termini dilationis, litis

contestationis, Responsionis, Juramenti Calumniae, Item ob die Klaggewalt, Exception, Replic, Duplic, und dergleichen zuleßig, alßbalt der ad proximam vel secundam Audientiam ex Judiciali protocollo et productis bescheidt soll gegeben werden.

2. Wo aber zu fellung einiger wichtigen Interlocutori, und definitiff urtheill nicht allein des Protocolß, sondern auch der vielen Producten, oder so woll assertori, [Bl. 135r] alß probatori Acten verleßung von nöhten, so soll die Interlocutori in ein oder zweyen Monathen, und das endt, oder definitiff Urtheill in drey oder zum lengsten vier Monathen abgesprochen, und die Partheyen darüber nicht verzogen, noch auffgehalten werden.

3. Undt sollen unser hoffrichter und beysitzer, die Urtheill und bescheide, nicht auff ihr gutdüncken, eigen, und den rechten ungemeeß informirten gewissen, sondern auff die algemeine beschriebene rechten, Reichs Constitutionen, und dieses unsers Stiffts, und fürstenthumbs lobliche, rechtmessige, Ordtnungen auch erbare redtliche gewohnheiten (da sie für sie bracht) alles nach vermöge ihres Eidts wie obstehet, fassen, und außsprechen.

4. Vor, und zu solcher verfassung sollen sie alle Acta, und handtlung, auch alle einlagen, Kundtschafften, schrifftliche Urkunden, und was gerichtlich mehr einbracht gantz äigentlich und zum allerfleißigsten ersehen, und durchleßen, ob auch besag der rechten die ladung nottürfftiger legitimation, und verfassung des Kriegs, und [Bl. 135v] alle andere wesentliche stücke, und termin (wie oben angezeigt) nach Jeder sachen gelegenheit richtig beschehen, und fürgangen, obseruirt und in acht gehalten werden.

5. So nun der Proceß und handell dermassen rechtmessig gestellet befunden, soll weiter, sonderlich was der Kleger in seiner Klag fürbracht, und erwiesen, was darwieder Excipijrt, und sonsten fürgewendet, auch ferner alles das, so von beyden theilen von anfang biß zum endt beschluß der sachen dem haupthandell dienlich einkommen, in acht genommen, und nach unsers hoffrichters und Assessoren besten verstandtnüß reifflich ponderirt und erwogen werden.

6. Wan nun obgeschriebener massen unsere hoffrichter und Assessores, der sachen guten volligen, undt gnugsamen verstandt und bericht eingenommen, sollen sie sich bey sahmen thuen, ein Jeder unter ihnen seine meinung, was er darin zu recht spreche, auch auß was bestendigen gegründeten, redt- und rechtlichen ursachen, grundt, und motiuen er solche also zuerkennen bewegt werde, welches [Bl. 136r] doch bey ihren unß gethanen Eiden und Pflichten in gutem geheimb soll gehalten, und niemandt offenbahrt werden, kürtzlich und verständtlich ohne alle gefehrliche singularität, und auffleinung anzeigen, und vermelden, auch waß sie dan also alle, oder der mehren Theill unter ihnen nach genugsahmer umbfrage beschließen, und erkennen solches soll in formb eines Urtheilß concipijrt und folgentz in sitzendem hoffgericht zu anfang der Audientz publicirt, und durch unsern Notarium abgelesen werden.

7. Hiran sollen unser hoffrichter und Assessores sich weder forcht, drowe, gewalt, beuelch, geschäffte, noch einige andere sachen, oder bewegnüß von weme, wie, oder in was nahme oder schein das ihme geschehen mögte, verhindern lassen, sondern menniglichen hohes, oder niederen standes, ohne einige affection, bey ihren eiden und pflichten gleichmessig recht sprechen, und ertheilen.

8. Begebe sich dan, daß sie in votis et decisionibus zweyspältig auff ieglichen theill gleichstünden, und der urtheill nicht könten einig werden, oder sünsten auß erheblichen und bewegenden [Bl. 136v] ursachen selbst darein zusprechen, bedenckens trügen, oder daß auch die Partheyen solches selbst also begerten, so konnen und mügen die Acta an eine unuerdechtige Vniuersität, oder andere bewehrte unpartheysche Rechtsgelehrten, umb rechts belehrung auff der Partheyen kosten verschickt, und die Urtheill also eingeholet werden.

9.[87] Jedoch daß die verschickung wan super competentia Fori gesprochen werden solte nicht leichtlich zugelassen, und wan die Decisio der sachen, auß unsern Landtags Abscheiden, statuten, Ordtnungen, Gebreüchen, und herkommen zunehmen, oder ein Parthey mit dem in dieser Ordtnung zu des Processes abkürtzung gemachtem modo procedendi nicht friedtlich sein, und man sonsten waar nehmen würde, daß lieber die sache, und deren Decision uff unkündige Referenten zustellen und auff weitleüffigkeit verantlassest werden wolle.

10. Thätte aber ein Theill die verschickung sonderlich, der ander aber nicht begeren, sondern der zulage zu dieser behueff beschwer tragen, so soll die verschickung [Bl. 137r] nicht desto weniger fürgehen, aber der suchender theill das viaticum, und waß darzu weiter nötig allein bezahlen, die sportullgelder aber sollen von beyden Theilen abgetragen werden, in erwegung daß die bezahlung der halbscheidt sportularum auch à parte Transmissionem non petente dem herkommen nach, dabey wirs noch zur zeit bewenden lassen, erlegt werden müste, wan die Acta nicht verschicket werden.

11. Wan aber hoffrichter und Assessores, wie negst oben vermeldet, vor sich selbsten eine nutturfft zusein erachten, die Acten alßo zu verschicken, sollen, wie pillig, beyde Theilen alle auffgehende Kosten und beylagen zugleich tragen.

12.[88] Und damit solcher Kosten halber die Justitia nicht remorirt werde, soll der Jenige welcher Transmissionen suchet, das viaticum und die halbscheidt der sportullgelder alßbalt beibringen, und deßhalben eine erkleckliche Summen Notario causae auff rechnung einliefferen sonsten aber die verschickung wieder cassirt und abgethaen, und durch unser hoffrichter und Assessores in der sachen gesprochen werden, wan das der [Bl. 137v] suchender Theil solche seine zulage beygebracht

87 „Braunschweigische pag. 128".

88 „Braunschweig pag. 128".

soll der ander Theill in behueff der anderen halbscheidt der sportularum auch ein sichers erlägen.

13. Wan aber die Transmissio von ambts wegen geschicht, sollen beyde Theile alle unkosten zugleich tragen, und zu solchem ende, auch ein gewisses beybringen und Notario causae auff rechnung auch einliefferen und sollen die saumhafften zu beforderung der Justitz durch schleünigste Executons mittell zur zahlung constringirt werden.

14. Es soll aber Transmissio Actorum bey der conclusionschrifft mündtlich sub poena praeclusionis gebetten werden und darauff facta hinc inde conclusione Terminus inrotulandi alßbalt angesetzet, und post inrotulationem die Acta in aller seits[89]Partheyen gegenwarth von unserm hoffrichter versiegelt, auch den Parthen da sie wollen, mit verpitzirt werden sollen, auch innerhalb negsten 8. oder 14. tagen post inrotulationem [Bl. 138r] verschicket, und so balt dieselbe wieder einkommen die Urtheill publicirt werden.

15.[90]So viell modum referendi et votandi belangt, soll derselbe nachfolgender gestalt, alß der am besten, und sichersten gehalten werden, und darnach die außtheilung der Acten geschehen. Nemblich, daß in allen sachen, darein so woll zu interloquiren, alß definitiuè beschlossen, der hoffrichter die designationes Protocollorum und dabey gehorige Originalia producta einem Jeden Beysitzer, und anderen, so darzu deputirt worden, außtheilen, welche dieselbe priuatim bey sich verleßen, nottürfftiglich erwegen, und da es nötig, und weitleüffigkeit, oder wichtigkeit der sachen oder puncten erfordert, wan gleich auch alleine ad Interlocutorium beschlossen, die substantiam Actorum Extrahiren, und darnach aller erst in Consilio den anderen mit Urtheilen ordentlich die notturfft referiren, und dabey sein votum eröffenen soll, welche auch, wan die puncten wichtig, und reifflichen nachdenckens [Bl. 138v] eigen, solche relation summariè protocolliren und da die quaestio difficilis, oder grauis fürfallen würde, da´dieselbe alßbalt nicht könte expedijrt werden, daß sie alßtan die sache in bedencken nemmen, den Büchern und rechten nachsehen, und demnach mit gutem vorbedacht darüber einer rechtlichen meinung sich samptlich vergleichen, oder zum bescheidt, oder Urtheill schließen sollen. Damit also alle sachen Klein und groß mit gutem reiffen recht abgehandelt, und wegen eilfertigkeit, oder ungenugsamer erwegung keine Parthey vernachtheilet werde.

16.[91]So soll auch den sententijs Jedesmahls ein gewisser Terminus ad parendum einverleibt, und da durch die ad partes bißhero mehrentheilß vergeblich gerichtete Executoriales gantz abgeschaffet, und an deren stätt Mandata Executorialia so fort

89 „Lüneburgische Cantzley Ordt pag. 91".

90 „Münster. pag. 4".

91 „Reichsabscheidt de Anno 1654 § da mit auch die 159".

erkent und außgefertiget werden, und daferne solcher Terminus von den frembden Referenten der Urtheill nicht annectirt sollen unser hoffrichter und Assessores bey der publication selbigen ansetzen. [Bl. 139r]

17.[92] Wohin die Acta einmahll verschickt geweßen, an den orth sollen sie zum anderen mahll nicht widerkommen, Es were dan daß eine Declaratio voriger Urtheill eingeholet werden müste.

18. Da auch die Partheyen bey erlaubter verschickung der Acten einige Juristen Faculteten, auff den Academien eximiren wollen, soll ihnen nicht mehr alß zum höchten zwey Academiae in specie zu verhütung aller handt hohen Kosten, ungelegenheit, und auffenhalt der sachen zu eximiren vergünnet sein.

19. Undt da sich ein oder ander theill mehrere faculteten auffzunemmen gelüsten lassen würde, soll nichts deweniger unserm hoffrichter und Assessoren freystehen, die Acta auff die, uber die eximirte befindtliche Academien nach belieben, zu verschicken, und von dannen die sententz einholen zulaßen.

20. Solte auch von einem oder beyden Theilen begert werden, sich bey der [Bl. 139v] rotulation zuerklären, von was hohen Schulen informationes einhölen laßen, soll solches auffrichtig ein Jeder zu entdecken verbunden sein, allermassen dan auch dem an die Facultät abgehendem schreiben außtrücklich einzurücken, daß daferne sie in dieser sach vorhin consulirt, alßtan die Acta ohne abfassung des rechtens, spruchs lediglich zu rück geschicket werden mögten, auff welchem fall dan der Jenige, so die eingeholete belehrung verschwiegen, die vergeblich verursachte Kosten unuerzüglich herbey tragen soll.

Tit. LVII
Von Appellation so von unserm Hoffgerichte bescehen.

1. Wan jemandt von unserm, oder unseren Hoffrichter und Assessoren außgesprochenen Endt oder Beyurtheilen also beschwert sich befindet, Appelliren wolt, das soll ihm [Bl. 140r] an die Römische Kayserliche Mayestät, oder an das löblich Kayserliche Cammergericht ohn behindert zu thuen frey stehen, Es were dan daß vermög allgemeiner rechten, und dero im Reich außgangener, publicirter Cammergerichts, auch dieser Ordtnungen und abscheiden das Appelliren nicht zuleßig, wie darvon die casus hirunter Tit. von endtlicher Execution § 8 exprimirt sein.

2. In welchen fallen unser hoffrichter und Assessores erkennen, thuen und geschehen lassen sollen, waß sich nach inhalt der Rechten, Reichs Abscheiden und dieser ordtnung gebühren wolt.

92 „Lüneburgische Cantzley Ordtnung pag. 91 et 92 et 93“.

3. Diesweill aber Je zu zeiten, entliche Parthey mehr auß muthwill, freuell, und zu außflüchigen auffhalt, oder verhinderung, und entfliehung dero wolgesprochener Urthell, Execution, auch damit sie etwa ihren gegentheilen desto lenger umbtreiben, außmatten, und zu endtlichen verderb, oder verlaßung der sachen, oder zu ungebührlichen [Bl. 140v] nachtheiligen, und beschwerligen verträgen dringen, oder desto lenger in nießung der gütter sitzen, und bleiben mügen, also auff notturfft und besseren verhöfften rechten appelliren, solchen so viell müglich, bey diesen unfriedtsahmen verühigen und gefehrlichen leüffen zubegegnen, ordtnen und wollen wir daß von unserm hoffrichter und Assessoren keine Appellatio, wie obstehet, soll zugelassen, noch deren statt gethaen werden,[93]der Appellant thue dan in der Person erst, und ehe seine Appellation zu prosequiren fürnimbt einen Eidt zu Gott, und auff das heilig Evangelium schweren, und globen, daß er gentzlich glaube und dafür halte, wieder recht beschwert, und Appellirens noth sey, auch besser recht zu uberkommen verhoffe, daß er auch solche Appellation nicht auß freuell noch zu auffenthalt, oder verlengerung der sachen gebrauche.

4. Er soll auch alßbalt dem Appellaten alle seine und unserem Stiffte oder anders wo verhandene, unbewegliche, und gereide [Bl. 141r] gütter,[94]welche in specie designirt werden sollen, obligiren, oder wo die ungnugsamb oder daran mangell were, sonsten mit annemblichen Bürgen oder pfanden gnugsahme caution und sicherheit, oder wo er die nicht hette oder haben könte, Juratoriam Cautionem thuen und leisten, da er des rechten verlüstig und niederfallig würde, dem Appellaten nicht allein kosten, und schaden, nach rechtlichem ermessen, sondern auch der sachen erkendtnüssen, zu vergnügen, entrichten, und guth zumachen.

5.[95]Undt soll Appellans Innerhalb 30. tagen â die Interpositae Appellationis umb ansetzung eines Termini zu solcher äidts leistung caution und sicherheit anhalten. In verbleibung dessen aber soll die Appellatio pro deserta gehalten, und alßbalt Executorialen gebetten, erkandt, und die Urtheill würcklich exequirt werden.

6.[96] Dero behueff dan und allem unterschleiff vorzukommen, in denen fällen worin [Bl. 141v] solche Appellatio ad Aulam vel Cameram Imperialem stattfindet bey insinuirung der Proceß dem Keyserlichen hoffraths, oder Cammer-Gerichts Botten, in seiner relation zu verzeichnen, anzudeüten, daß zwar der Keyserlichen Mayestät zu unterthenigsten Ehren die begerte Acta außgefolgt werden, die Appellirende theile aber mit abstattung des Appellation Eidts, und gnugsamer Caution ein volles begnügen bey diesem Gericht thuen sollen.

93 „Lüneburg. pag. 101. Braunschweig. pag. 131".

94 „Braunschweig pag. 133".

95 „Braunschweig. pag. 132. Lüneburg. pag. 102; Münster. pag. 95".

96 „Braunschweigische hoffgerichts ordtnung pag. 132".

7. Wan aber die Appellatio gebührlich entweder Judicialiter, oder sonsten Coram Judice vel Notario causae extraiudicialiter interponirt, und geschehen, dieselbe auch in den rechten zuleßig und unsern hoffrichter und Assessoren insinuirt in recht gebührender zeit Apostoli gebetten, oder an dere statt communicatio Actorum gebührlich requirirt, und darauff die vorgedachte Eidts leistung und caution praestirt, so solle die Appellatio zugelassen, und dem Appellanti Acta sowoll assertoria alß probatoria vel rotulata gantz integrè, volstendig und nit offen, sonder [Bl. 142r] verschlossen und versiegelt edirt und außgefolget werden.

Der Appellanten Eidt.

Die Appellanten sollen einen Eidt zu Gott und auff das heilig Euangelium schweren, und geloben, daß sie gentzlich gelauben und dafür halten, wieder recht beschwert, und ihnen Appellirens noth sey, daß sie auch solche Appellation nicht auß freuell, noch zu auffhalt, oder verlengerung der sachen gebrauchen ohn gefehrde.

Tit. LVIII
Von Revision Urtheilen und sachen so aufs Keyserlichem CammerGericht nicht erwachsen.

1.[97]So viell weiter den punctum Reuisionis, wan nemblich die Summa unter 400. [Bl. 142v] Reichstaler ist, anbelangt, soll ein Jeder der Reuisionem zusuchen begehrt, verbunden sein, die deßhalben interponirte Appellation in den negsten 12. wochen von zeit der außgesprochenen urtheill anzurechnen, bey straff der desertion nachfolgender massen zu Justificiren, und zu introduciren, alß nemblich daß er ante lapsum 7. Septimanarum â die latae sententiae pro Processibus suppliciren, auch dabey seine grauamina Reuisionis exhibire, zu dem ende der Aduocatus die conceptus der gerichlich exhibirten handtlungen woll zusahmen zuhalten, und zu verwahren.

2.[98]In diesen grauaminibus soll appellans vermög letzten Reichsabschlusses de Anno 1654. absonderlich anzeigen:

1. Warinne er sich beschwert erachte,
2. was er besser zu beweisen, oder von newen vorzubringen gedencket, oder da er simpliciter ad Acta priora schließen will dessen in supplica

97 „vide Reichs Abschiedt de anno 1654 § 58. 59. 60. 61. 62. 63“.
98 „§ 64“.

pro receptione Appellationis meldung thuen, damit es den Processibus eingerücket, und der Appellatus sich [Bl. 143r]darnach zu richten wisse.

3. [99]Er soll 3tio die außbringung der Processen der gestalt beforderen, daß deren Insinuation wenigst 5. wochen, vor ablauff der zwolff wochen ohnfeilbahr werckstellig gemacht werde, damit die citatio ante finem harum 12 septimanarum reproducirt, und in Termino vom Appellato ad grauamina respondirt, und die gegennotturfft vorgebracht werden könne.

4. Eß solle auch 4o bey uberreichung der supplication pro Processibus Copia sententiae, und Documentum Appellationis intra decendium factae, wie auch ein schein, daß copia Actorum laut letzten Reichsschlußes gebetten, und erhalten beygelegt werden.

3.[100]Undt weilen dieser fürstlichen hoffgerichts ordtnung Tit. praecedenti einuerleibt, daß keine Appellatio, oder Reuisio zuzulassen, es hette dan der Appellant das Juramentum Reuisorium in Judicio â quo abgelegt, so soll der supplication [Bl. 143v] pro Processibus gleichfalß Documentum praestiti huiusmodi Juramenti adiungirt werden.

4. Dieß alles soll vor erkentnüß der Processen von unsern Cantzlar und Rähtten fleißig geleßen, und erwogen werden, und dafern darauß sich befünde, daß deren eins oder ander unterlassen, und sonsten nit beobachtet, sollen die gebettene Processus Reuisorij abgeschlagen, und die vermeinte Reuisio alß nicht gesuchet, oder vor nichts gehalten, nicht zugelassen, sondern die urtheill simpliciter alß in rem Judicatam erwachsen, der Execution untergeben werden.

5.[101]Solte aber erhebliche verhinderung vorgefallen sein, warumb dem Appellanten so zeitlich die grauamina einzubringen nicht müglich, und solches beweißlich dargethaen würde, bliebe in unser Rähtte arbitrio stehen, Ihme gestalten sachen nach das fatale obtinendorum Processum zu prorogiren.

6. Wie dan auch in arbitrio und [Bl. 144r] Discretione deroselben stehen soll, wan sie sonsten auß den grauaminibus vermeckten, daß die Reuisio friuolè gesucht, die Processus auch abzuschlagen, oder zum wenigsten selbige allein quoad effectum deuolutiuum anzunehmen und darumb keine Inhibition decerniren wie dan auch in Appellationibus ad Reuisionem keine Inhibitio, wan dieselbe von einiger Interlocutoria, so nicht vim definitiuae oder sonsten damnum irreparabile mit sich führete, vorgenommen were zuerkennen.

99 „§ 67".

100 „alte Paderbornische Ordt."

101 „Reichs abscheidt de anno 1654 § 66".

7. Die Acta prioris Instantiae sollen in primo reproductionis Termino sub poena desertionis von Appellanten eingebracht, oder doch zum wenigsten ein beglaubtes Documentum Requisitionis mit einverleibter Ursache, der nicht beschener außfolge ubergeben werden.

8.[102]Wan dan Appellans darauff erscheinet, und Exceptiones non deuolutionis oder desertionis einzuwendden hette, soll er dieselbe exhibiren, und denselben euentua- [Bl. 144v] liter seine antwortt, und hauptsachliche handtlung wieder die einbrachte grauamina annectiren, wie in erster Instantz auch verordtnet.

9. Wogegen zwar dem Appellanten in puncto Exceptionum zu repliciren zugelaßen aber weiter keine handtlungen in schrifften zugestatten.

10. In der hauptsach soll er seine gegen notturfft zugleich auch neben den Replicis exhibiren, und damit concludiren, so dan auch dem Appellato dargegen noch eine schrifft in causa principali zugestatten, wie dasselbe in causis Reuisionum da die Partheyen etwas newes vorzubringen haben der Reichs Abscheidt de Anno 1600 dan darinn nur zwey setze, oder zwey schrifften zugelaßen verordtnet, welchem Reichsschluß nachgefolget und darauff die sache entscheidet, oder nach gelegenheit die Acta da es von einen oder anderen Partheyen begert, und erhebliche ursachen darzu verhanden, auff eine universitet, oder sonsten zween, oder dreyen rechts gelehrten ad Reuidendum uberschickt werden sollen. [Bl. 145r]

Tit. LIX
Wie die Nullität, wan dieselbe an unsere Cantzley deuoluirt wirdt, ausgeführt werden soll

[103]Waß anlangt den punctum Nullitatis ist daroben Tit. 48. verordnet, daß Nullitas anderer gestalt nicht, alß per modum Appellationis, und alßo incidenter zu deduciren, und außzuführen zugelassen sein solle, so laßen wirs dabey und wollen daß zu verhütung unnöttigen gezancks das fatale introducendi gleich wie in den fallen, da â sententia iniqua appellirt wirtt, obseruirt, und daß das Decendium strictè obseruirt werde. Bey den Jenigen Nullitäten aber, welche insanabilem defectum, auß der Person des Richters, oder der Urtheill, auch auß den substantialibus des Processus nach sich führen oder da die Urtheill auß falscher zeugnüß oder falschen Instrumenten ergangen, pleibts bey der gemeinen rechten disposition, [Bl.145v] wan dan â sententia tanquam nulla intra decendium appellirt, und der Nichtiger

102 „Reichs Abscheidt de anno 1654 § 69".

103 „Collische Cantzley Ordt. pag. 59; Münsterische hoffgerichts Ordt. pag. 96; Luneburgische Cantzley pag. 104".

Kleger Nullitatem incidenter zu deduciren vorhabens, soll er das Juramentum de non friuolè nullitando wie in puncto appellationis daroben verordtnet, gleichfalß schweren, die Appellation oder Nulliät in zwolff wochen an unse fürstliche Cantzley bey straff der Desertion, anbringen, und Justificiren lassen zu daß die Nullität innerhalb sechs wochen konne abgebracht werden. Item die grauamina der nichtigkeit halber in forma supra scripta cum copia sententiae, Documento Appellationis interpositae, et petitionis Actorum primae Instantiae, item praestiti Juramenti Appellationis exhibiren, damit unser Cantzlar und Rähtte sehen können, ob der Appellation in puncto Nullitatis zu deferiren, oder nicht, und dan ferner verfahren, wie in außführung der Reuision daroben verordtnet. Wolte aber der Nichtiger Kleger, nicht an der Cantzley, sondern bey dem Judici â quo deduciren und außführen, so soll er alda ebenwoll intra decendium â die latae sententiae dauon protestiren und [Bl. 146r] nullitiren, und dan ferners auch innerhalb 4 wochen darnach das Juramentum Calumniae de non friuolè nullitando vorgeschriebener massen ableggen, und die Nullitates in continenti ex Actis remonstriren, wan dessen ein oder ander nicht geschehen soll zur Execution der Urtheill geschritten werden.

Tit. LX
Von der Restitution in integrum

1. Wolte einer auch contra obtentam sententiam remedium restitutionis in integrum vorwenden so soll das zwarn zugelassen werden, aber die ursachen kurtz und deutlich, und wan deren mehr und verschiedene vorhanden puncts weiß auffgesetzet werden, damit sich die Judices darnach richten, und wahr nehmen können ob dieselbe zur handtlung zu communiciren oder[104]nicht, und sollen dabey unser hoffrichter und Assessores ein fleißiges auffsehen [Bl. 146v] haben, daß die gebettene Restitution nicht calumniose oder gefehrlicher weiße, oder auch denen vormahlß im Gerichte angezogenen, und deducirten, oder sonsten auffs new unrechtmessigen, und unerheblichen ursachen der gewinnender Parthey schaden begert werden dan solchen falß Executio sententiae nicht gehemmet, sondern ungehindert vollenstreckt werden soll.

2. Wir wollen Jedoch, daß der gewinnender theill Cautionem de restituendo daferne es bey verfolch der sachen anders erkandt würde praestiren solle.

3. Würde sich dan auch befinden, daß die restitutio in integrum ehe und beuor Executio sententiae gesucht, nicht gebetten, und darüber die pro restitutione vorbrachte ursachen altiorem indaginem erforderten, so soll gleichfalß Executio praestita

104 „Mynsing. Cent. 6 obs. 81 ubi citat Alexand. cons. 60 et cons. 22 lib. 6“.

cautione de restituendo vorgehen, die ursachen aber pro restitutione abseits, und zu weiterer außführung facta executione verstattet werden.

4. Waß sonsten die außführung des puncti resti- [Bl. 147r] tutionis betrifft, ist es damit wie in außführung der Reuision und Nullität daroben verordtnet, zuhalten.

Tit. LXI
Von endtlicher Execution undt vollenstreckung der Urtheill.

1. Dieweill das fürnembste stück des Justitz wesens an der Execution gesprochener urtheill gelegen, und wir endtlich gemeint sein, der Justitz ihren stracken, richtigen, unbehinderten lauff zulassen, das recht in mügliche abhilffliche, und gedeiliche wege schleünig und außräglich zu beforderen, hirumb Ordtnen, setzen, und wollen wir, so ein Urtheill an unserm fürstlichen hoffgerichte abgesprochen, und ergangen, dauon innerhalb rechtlicher zeit nicht gebührlich appellirt, oder wo gleich appellirt, dannoch also gethaen were, daß darab nach dieser [Bl. 147v] unser und gemeiner Reichs, auch der gemeinen rechten Ordtnung und vorsehung keine Appellatio kont, oder mogte statt haben, oder wo Je dero deferirt, doch folgentz darauff renuncijrt, oder dieselb sonsten desert worden, daß in solchen fällen die triumphirende und obsiegende Parthey umb Execution und vollenziehung der Urtheill, bey unsern hoffrichter und Assessoren ansuchen, und Executorialen oder gebotsbrieffe außbringen, und erlangen müge.

2. Und damit man wissen könne in waß fellen der interponirten Appellation kein statt zugeben, sondern zu der Execution gestracks zuschreitten, so folgen dieselbe hernach

1. Erstlich wan nach eröffneter Urtheill zehen tage verflossen, und darnach erst appellirt worden.
2. Item, da die Partheyen auß freyer wilkühr nicht gedrungen, oder gezwungen fürhin gerichtlich angelobt nicht zu appelliren, oder sonst ausserhalb Gerichts sich dessen gütlich vergliechen und begeben. [Bl. 148r]
3. [105]Item in Interdictis Recuperandae, auch adipiscentae, et Retinendae Positionis, da allein in nudis Possessorijs, welche nicht plenum praeiudicium gebehren, sondern per petitorium reparirt werden können außgesprochen.
4. Item da erkandt ist daß der Kläger in krafft eines fürbrachten Testamentz das an schrifften und siegelen unuerletzt, in des abgestorbenen verlaßenschafft soll immittirt, und eingesetzet werden.
5. Item da außgesprochen, daß ein Testament geöffnet werden soll.

105 „Münsterische hoffgerichts Ordt. pag. 101.102.103".

6. Item da ab Executione quae fit iuxta Tenorem sententiae, quae transiuit in rem Judicatam, aut alias da Jure exsequenda est, wolte appellirt werden.
7. Item wan die geforderte schuldt gerichtlichen bekant, und darauff die bezahlung gerichtlichen beuohlen.
8. Item in sachen alimentorum, oder zuerkendten leibs nehrung.
9. Item von urtheilen des Reichs oder dieses stiffts stäuren, und Contributionen Item dätz, zoll, weggelt und dergleichen anlangendt [Bl. 148v]
10. Item da einer condemnirt wort pro Jure publico seu Fiscali.
11. Item wo einer tres conformes sententias erhalten.
12. Item wan ein Beambter untrew Verwaltung halber verdammet wirt.
13. Item wan auff einen Vertrag oder zusage, so mit einem leiblichen Eidt beschworen, oder mit handtgegebener trew an Eidts statt belobt und beuestiget erkandt ist.
14. Item da eine Parthey auff der anderen gerichtlich begeren geschworen, daß man Ihr schüldig, was sie gefordert oder zutaxirt, oder sonst waß von ihr gefordert, daß sie solches bezahlt hette.
15. Item wan Jemandt nach gethaner antwort, der sachen nicht abwarten, oder gebührlicher weiß citirt, nicht hatt erscheinen wollen, und darumb ex probatis des Kriegs ist nidergelegte.
16. Item von beuehlung einer pflech- oder vormünderschafft die auß erheblichen ursachen nicht recusirt, oder verwiddert [Bl. 149r] werden könte.
17. Item wan Jemandt gerichtlichen ist auff erlegt ichtwaß zu exhibiren, daß er klagen woll vindiciren.
18. Item da der Appellant innerhalb 30. tagen die Appellation nicht insinuirt,[106] noch Apostolos gebetten, oder an deren statt Actorum Communicationem nicht requirirt. Item wan der Appellans innerhalb 30. tagen â tempore interpositae appellationis pro praefigendo Termino ad praestandum Juramentum appellationis et videndum caueri de refundendis expensis, damno, et Judicatum soluendo nicht angesucht.
19. [107]Item wan Jemandt nach eröffneter Urthell zeit zur bezahlung, oder sonst der urtheill gnug zu thuen gebetten hatt.

3. Item wan in wechselsachen in dem § alß auch bey den handelßstätten 107. des Reichs abscheidts de anno 1654. enthaltener casus sich begebe.

4. Undt soll in obgeschriebenen fällen nicht allein die definitiuè, sondern auch interlocutoriè gesprochen, die Appellation refutirt, und nicht gestattet werden. [Bl. 149v]

106 „Reichs abscheidt de anno 1654 § Ober auch schon. nichtsdeweniger solle".

107 „Münsterische pag. 103".

5. Sonst in anderen fällen soll es mit der Execution vermög Keyserlichen Rechten, und dieser Ordtnung gehalten werden.

6. Wan dan die sache, also wie negst vorstehet, beschaffen, und der in der Urtheill, oder bey deren eröffnung angesetzter Terminus parendi sententiae, et docendi de paritione abgelauffen, deroselben aber kein begnügen geschehen, so soll auch auff anhalten der obsiegenden Parthey der niderliggender theill da es hoffrichter und Assessores also zu recht erkennen würden, in die straff erklert werden. Wo aber Vicus in Termino parendae sententiae ursache vorbringen, und die vor erheblich angesehen würden, soll dem gewinnendem Theill alßbalt auff die negste audientz sein begeren in einer schrifft dawieder vorzubringen vorbehalten sein, und ohne weitere schrifft oder mündtliche vortrage darauff ergehen und geschehen, was recht ist. Es hetten dan hoffrichter und Assessores auß befundenen, mercklichen und ehehafften ursachen mit einer gesetzten [Bl. 150r] forderlichsten maeß weiter zeit vor und einzubringen, nachgegeben. Würde nun des verlüstigen theilß eingewandte ursachen und einrede unerheblich befunden, soll wieder Ihnen alß ungehorsahmen (wo nicht innerhalb noch einer geringen darzu praefigirenden zeit die würckliche parition geleistet) mit der declaration der angedrowete poen, und ertheilung in die Gerichtskosten verfahren, und darauff nicht alleine zu erstattung, und erlegung der verwürckter pöen, sondern auch zu endtlicher willkührlicher vollenziehung der urthell verfahren werden.

7.[108] Zu welchem Ende dan alsßbalt Executoriales nit ad partem, wie biß dahero mehren theilß vergeblich geschehen, welche auch dahero gantz cassirt, und abgeschaffet sein sollen, sondern alßbalt Mandata Executorialia an unsere drosten, ambtleüthe, Rentmeister, Gogräffen, Richter, und vögte, da das guth darumb der streit gewesen, und darüber das Urtheill ergangen, oder die Person wider [Bl. 150v] welche geurtheilet, gesessen, angehalten, dieselbe auch von unserm hoffrichter und Assessoren decernirt und zugelassen worden.

8. Massen wir den Jenigen, auch welchen die Execution auffgetragen wirt, ernstlich beuohlen, daß sie dieselbige ohne weigerung, widerred oder verzug auch unangesehen einiger dawieder erreigter Disputation (alß, vor sie die Executoriales nicht gehörig) auch ohne ferner recht- oder güttlich verhör bey vermeidung unser ungnadt und straff, auch angetraweter pöen gestracks nachkommen, geleben, und gehorsamb leisten.

9.[109] Wir wollen auch, daß die Jenige, an welche solche Mandata Executorialia abgehen, bey ihrer gethanen ambts verpflichtung, auch verwirckung der pöen, den

108 „Lüneburgische Cantzley Ordt. pag. 115; Reichsabscheidt de anno 1654 § In welchem Termin. 160".

109 „Münst. pag. 104".

Executorialibus einuerleibt, ihre beschehene Executiones handthaben und daferne die condemnirte Parthey nach beschehener Execution sie wieder in die gütter darein Immissio geschehen, mit gewalt, oder gesuchten [Bl. 151r] practiken eingewürcket, dieselbe ohne fernere zwangbrieffe darauß wiedersetzet und im fall weiterer opposition gezimmende und gebührende hülffliche mittel von ambts wegen dagegen ohne ferneren verzugh vornemmen, und nichts de minder solche gewalt und freuell, an unß und unsere nachkommen zu gebührender straff gelangen lassen sollen, wie dan auch dem hoffgerichts Fiscall hirmitt beuohlen wirtt gegen solche freuelere ihres Excesses halber wie sich gebührt unnachleßig, und schleünig zu verfahren.

10.[110] Unß ist aber gleichwoll nicht zuentgegen, daß unser hoffrichter und Assessores dafern die bezahlende Sum hoch, also, daß der Debitor dieselbe auff einmahll kundtbahrlich nicht bezahlen könte, bey Jetzigen schweren zeitten, und wofern der Beklagter nicht albereit durch langwierige rechtfertigung und gebrauchte Tergiuersation ubrige Zeit gehabt, mit mügligstem fleiß versuchen, ob die Partheyen, welche ex Judicato, oder sonst Instrumento exequibili die [Bl. 151v] hülffe erlangt, zur gedult, und etwas fristgebung behandelt werden können nicht zweifelendt, ein Jeder werde sich dabey seines Christenthumbs erinneren, und mit seinem nähsten, so weit nur immer müglich vielmehr ein billiges mitleiden tragen, alß dieselben in gäntzliche ruin schleünig zusetzen gemeint sein.

11. So viell vollenstreckung der Execution an sich selbst anreichet, soll es damit nachfolgender massen gehalten werden, wan die urtheill in actione reali auff gütter, die der Kleger alß das seinig angesprochen ergangen, und der Condemnirter theill, inner darzu angesetzten 14. tagen dem Urthell nicht nachkommen würde sollen die Executores zu würcklicher vollenstreckung solch Guth, oder ding von dem Beklagten weg nemmen, und dem Klegere zugestellet, und eingegeben werden.

12. Undt wan in personali actione [Bl. 152r] vollenstreckung zuthuen, und Beklagter in ein gewiß ding condemnirt solche Execution auff dasselbe Guth, so weit und fern es vorhanden, vorgenommen, da aber der Beklagter in ein gewiß ding nicht verdammet, sondern nach gestalten sachen die Executio in andere seine gutter zu vollenstrecken were, sollen alßtan zu erst die fahrende gereide, und bewegliche haab, und wo die nicht so weit reichen könten, die liggende, und bewegliche gütter, auch andere so denen nach recht und gewohnheit äinlich und vergleichen würden, und den des Beklagten gestendige, und kendtliche Debitoren (es were dan daß zu rechte in sonderen fällen ein anders versehen) gepfandet, und angegriffen, auch solche pfande aestimirt, distrahirt, verkaufft, und umbgeschlagen oder dem Klegere in solutum angewiesen und eingegeben werden.

110 „lüneburg. pag. 116".

13. Damit aber bey solchem Actu aestimationis, distractionis, verkauff und umbschlag ein gewisser modus gehalten werde [Bl. 152v][111]so wollen wir, daß dabey diese bescheidenheit gebraucht werde, daß nit alsofort zu den Instrumentis Rusticis, Pferden, Ochsen, Schaffen, Saatkorn, getreide, und waß zum feldbaw nötig ist, oder auch denen sachen welcher ein Jeder zu seiner handtiehrung, und kunst gebrauchet, begriffen werde, dadruch die gütter dermassen zugrunde werden gerichtet, daß der schade hernach nit wieder zubringen, auch dem Debitori alle mittell sich zu widerholen, abgeschnitten werden. darumb solche sachen nicht eheer angegriffen werden sollen, es sey dan sonsten-von anderen fahrenden oder liggenden güttern so viell nicht vorhanden, daß Kleger darauß seine contentirung erlangen kan.

14. So viell aber Taxam, des Korns, Butter, Kayse, und dergleichen belangt, dessen an man durch den wochentlichen marckkauff, oder sonsten leichtlich vergewissert werden.

15.[112]Was andere fahrnüsse belangt [Bl. 153r] sollen die Executoren ein oder zwey unpartheysche, und der dingen erfahrne vorständige leüthe, mit dem Juramento aestimatorum beleggen, und in krafft dessen dieselbe werdiren lassen auch nach beschehener aestimation dem Klegere zu seiner satisfaction zuschlagen, oder wan dem Klegere dieselbe von das aestimatum nicht anständig zur subhastation schritten, und dem Jenigen, so das mehrist dauor bietet, hingeben, und das darauß gelösete gelt dem Klegern in abschlag seiner forderung folgen lassen.

16. Mit der subhastation der mobilien soll es auff solchem fall also gehalten werden, daß nemblich in dem Kirspell da die pfendung geschehen, und in dem negst angelegenen ein oder zwey Kirchen, auff den folgenden Son- oder feyertag vom predig stuell soll abgekündiget werden, daß etliche gepfändete, fahrende haab und bewegliche gütter mit anzeig, was es vor gütter sein zu verkauffen vorhanden, darzu wennig- [Bl. 153v] lich um die gewehrde zugelangen, daselbst ankommen möge. Zu dero behueff der Sambstag nachfolgent, so den nicht gebotten zu feiren, sonsten aber der negstfolgender werktag nach solcher abkündigung anzusetzen, undt man solche zeit ankommen sollen die pfandung von neun, biß um 3. uhren nachmittags durch die Ambts, oder Gerichts diener nach beuelch der Executorn offentlich zum kauff außgebotten, und mit der Kersen außgang denen gelassen werden, die am mehristen darumb gebotten doch daß in alle wege der gepfandeter deßelbigen tags mit baarem gelde den vorgang haben soll.

17. Die Gerichtsschreibere des Orts sollen dies Protocollum, und die ambts oder Gerichts diener, auff das verkauffen, und umbschlagen gute getrewe achtung geben,

111 „Lüneburg pag. 118; Braunschweig".

112 „Lünebürgische pag. 119".

und besten fleißes daran sein, daß kein betrug und hinleßigkeit auch gefehrliche practiken darunter gebraucht werden.

18. Würde sich aber zutragen [Bl. 154r] daß die güter auff den bestimbten tag nicht verkaufft werden können, so sollen sie dem Klegere vor das aestimatum praetium adiudicirt werden, die er also anzunehmen schüldig und verhafftet sein soll.

19. In vorberürter pfändung und vollenstreckung soll ferner diese bescheidenheit gebraucht werden, daß solche güter angegriffen, und umbgeschlagen werden so dem Beklagten und verliehrendem theill am weinigsten schaden bringen, und doch dem Klegere zu vollenziehung der urtheill gnug sey.

20. Demnach unß aber vorkommen, daß etliche morosi Debitores durch ihr böß verwünschen, traduciren und schmähen verursachte daß zu den abgepfandeten stücken kein Keüffer sich angeben will, dieselbe aber dardurch sich der Execution in effectu sehr widersetzen, so sollen die Executoren, und ihre dienere darauff fleißig acht haben, und da sie dauon etwas erfahren, unß und unseren successoren, oder dem hoffrichter zu gebührender [Bl. 154v] straffe bey ihren ambts pflichten gehorsamblich denuncijren.

21. Wofern aber so viell fahrnüß nicht vorhanden, daß der gläubigiber [sic!] dauon bezahlet werden konne, soll alßtan erst zu den liggenden guttern und anderen so n rechten denselben gleich gehalten werden, gegriffen und Klegern dieselbe eingethaen werden,[113]undt soll dem Kleger oder Creditori freystehen, ob er das liggende guth in causam pignoris besitze, und solang genießlich gebrauchen wolle, biß er auß der abnutzung seiner forderung befriediget werden möge. In welchen fällen sonderlich darauff geschehen werden solle, daß gleichwoll die gütter und das geholtz nicht verwüstet, sondern mit nicht wenigem fleiß, alß von einem Jeden bono et diligenti Patrefamilias das seinige bestellet, auch dem Schüldener Jährliche rechnung abgelegt, und iustificirt werde. In deren verweicherung aber ist ein Curator solchen Güttern ex officio zu praestirung dessen alles vorzusetzen. [Bl. 155r]

22.[114]Würde dan der Kleger bedenckenß tragen, das eingethane guth auff solche weiß zu besitzen, wie er dan wider seinen willen darzu nicht getrungen werden kan, so soll das verholffene Guth durch die Gerichte darunter es gelegen entweder umb baar gelt, oder auch auff tagezeit dem rechten und gemeinen werth nach , wie des orts die güter auff die zeit gültig, taxirt und darumb dem Creditori oder gewinnendem theill erb- und eigenthumblich zugeschlagen bey der Tax nur allein dahin gesehen werden, wie man die gütter ins gemein nach gelegenheit der zeit

113 „Lüneburg. pag. 109 et 110".

114 „ibid. pag. 121 et 122".

in genere zu kauffen, oder zu verkauffen flecht, nicht ber waß sie etwa und insonderheit die gebäwe von newen gekostet haben mögen.

23. Würde aber der gewinnender theill gerne sehen, daß darnach zu dem medio subhastationis geschritten würde sokan daßelbige auch geschehen, dero- [Bl. 155v] gestalt, daß das guth öffentlich angeschlagen feillgebotten, und auff einen darzu bestimbten tag bey der Kerßen verkaufft, und auff vorgehende Citation, dem Jenigen welcher das mehriste darauff gesetzet, hingelaßen, und dem Creditori das seinige dauon ad concurrentem quantitatem bezahlt, und abgeführet werden.

24. Da sich aber nach beschehener subhastation kein kauffmann finden will, soll es der Creditor pro pretio aestimato behalten, und anzunehmen schüldig sein.

25.[115]Endtlich wan die liggende gütter nicht zureichen soll sich der glaubiger an des Debitoris außstehende schülden zuhalten, und unter denselben die election zunehmen befuegt sein.

26. Wan sich begebe, daß Jemandt in puncto liquidationis erschiene, und das gepfandete guth vor sein äigen in zeit der pfandung, oder darnach ansprechen thätte so sollen die verordtnete Executores die [Bl. 156r] sachen an unsere hoffrichter und Assessores remittiren, und darüber derselben erkendtnuß und bescheidt erwartten.

27. Da die Executores gefährlicher affectionirter oder ander weiß, unzimblich in Executione modum excedirte mag von den beschwerden unsern hoffrichter und Assessoren solches vorbracht werden, welche darauff nach befindung rechtliches einsehen, und verhelffung thuen sollen, auch da solche der Executoren unzimbliche handtlung also kündtlich gemacht dieselbe in eine arbitrari geltbueß unserm Fisco, und dem beschwerten zuentrichten verwiesen werden.

28. Were das streitige guth oder die verlüstige Parthey frembder Jurisdiction, und gerichtbahrkeit unterworffen, sollen auff obsiegenden theilß begeren litterae mutui compassus seu Juris subsidiales wie recht und gewohnlich dahin erkandt, und mitgetheilet werden. [Bl. 156v]

Aydt der Jenigen so zu eines Dinges aestimation und wärdierung erfordert werden

Ihr sollet geloben, und einen Eidt schworen, daß ihr das Jenig waß euch zu wardiren vorgestellet, oder gezeiget werden wirtt so viell ihr dessen wisset, verstehet, und ermesset, den wahren äigentlichen werth vermelden, und darunter keinem etwas zuliebe oder zu leide, noch wegen gab, geschenck nutzen, gunst, haß, freündtschafft, feindtschafft, furcht oder anderß, wie das Menschen sinne erdencken mögen

115 „Lüneb. pag. 122“.

vorgehen lassen, besondern allein zur forderung der gerechtigkeit, die äigendtliche beschaffenheit berichten wollet, getrewlich und ohn gefehrde p.

Tit. LXII
Von den Gerichts Kosten [Bl. 157r] undt wie die begert, erkandt, furbracht, Taxirt, undt gemessiget werden sollen.

1. Die Expensae sollen ohne sonderbahr in den rechten wollgegründete Ursachen nicht compensirt, auch uff so garleiderliches wie viefaltig geschicht nicht moderirt, und herunter gezogen, sondern vielmehr dero gestalt angeschlagen werden, damit den sencksüchtigen Partheyen der pruritus litigandi etwas benommen, und gleichwoll der obsiegende theill sich seiner schweren außgaben, und kosten zimblich erhölen mögte, deßhalben wollen wir daß auch Extraiudiciales Expensae, so processum respicijren, und nohtwendig angewendet werden müsten, taxirt, und gemeßiget werden. Wir wollen auch wan der gewinnender theill von hauß ziehen, und vorm gerichte hette erscheinen mußen daß ihme vor eines Jeden tags zehrung 4. oder 5. groschen Paderbornisch taxirt werden, es were dan, daß er nicht ein [Bl. 157v] gemein Baur, oder handtwerckes Man, oder Bürger der zu fuß ginge, sondern in seinen selbst handtlungen, und äigenen geschefften so zu reiten, oder fahren ein gebrauch hette alßtan mögen denselben nach ansehen der Person und gestalt der sachen, woll ein höhers alß uff ein Man und pferdt tegliches von achtt biß zu zehen oder 12 groschen ungefehrlich gesprochen, und gemeßiget werden.

2. Wan nun ein oder Parthey neben der hauptsachen in die Unkosten und Expensen verdammet, und von dem gewinnendem theill darüber Taxation begert, sollen dieselbe kosten alle in einem Speciall zettull, und verzeignüß unterscheidtlich, wan, weme, wofur, und in was summa die außgeben, gerichtlich eingelegt, und dem gegen anwalt dauon Copey und kurtzer termin, ob er dawider zu Excipijren hette, auch da also Excipijrt, dem anderen theill abschrifft und geringe zeit darwieder per generalia zu beschließen, verstattet, folgentz solche Expens wie recht, durch unser hoffrichter und Assessores [Bl. 158r] fleißig ubersehen, taxirt, und gemessiget werden.

3.[116] Damit der Referens mehrer mühe benommen werde, wollen wir, daß derselb un verleßung der Acten die materien der Aduocaten, und Recessen der Procuratoren ob sie zur sachen dienlich und notturftig, auch fleißig eingestellet, und gehalten worden, oder nicht, fort miterwegen, und nach befindung, alßtan darauff, und waß sonsten mehr außerhalb der Partheyen designation zettull, auß der Protocoll

116 „Münsterische hoffg. Ordt. pag. 27".

und Actis incertis gerechnet werden könte ein Tax machen, und dauon uff zeit der Taxation in consilio sein bedencken und votum den anderen urhteiler [sic!] referiren, und demnach mit uff den producirten designation zettull eine gesambte Tax und messigung thuen.

4. Wan die summ der Expensen etwas groß, und sonst nicht so gar gewiß, oder außspendig gemacht, sollen sie dem obliggendem [Bl. 158v] theill, oder seinem darzu specialiter beuolmechtigten und informirtem anwaldt einen Eidt auffleggen und so die gewinnende Parthey selbst zu gegen, soll sie schweren einen Eidt zu Gott und auff das heilig Euangelium, daß sie in dieser sachen die Taxirte Summ der Gerichtskosten darob, und nicht darunter bezahlet, oder noch zu bezahlen, und außzugeben schüldig, der Procurator aber soll schweren in die Sehle seiner Partheyen, daß dieselb die Taxirte Gerichtskosten, außgeben, oder noch außßzugeben schüldig sey.

Tit. LXIII
Tax der Rentmeister, Gogreffen, Richter, Vogte, undt fronen salarien un Executiuis

[nicht ediert]

Tit. LXIIII
Tax der Gerichtlichen salarien und Belohnung der hoffgerichts Personen.

[nicht ediert]

Tit. LXIIIII
Von den Ferien unsers hoffgerichts

[Bl. 164v]

Die vacantz und Ferien sollen gehalten werden, an- und außgehen, wie nachfolgt:
Vom 20. Decembris biß auff das Festum Sancti Trium Regum.
Vom sontag esto mihi usque Inuocauit.
A Festo Palmorum biß auff sontag Exandi.
Von Pfinckstcn biß auf sontag Sancti Trinitatis.
Vom abent S. Jacobi, biß uff den 1. septembris allenthalben einschließlich.

Darzu alle feierliche fest zu Gottes und seiner heiligen, Ehr, gebannet durchs gantze Jahr.

Undt damit die Partheyen und ihre sachen Jeder zeit desto belter, ehe, und mehr befordert, sollen unser hoffrichter, und Assessores in zeit solcher Ferien, ider auch sonsten (doch außer denen sontag, und hohen Festen) [Bl. 165r] nicht alleine mit faßung urtheill, und bescheiden sich vertigen, sondern auch auff einkommende supplicationes, ladungen, und Processen erkennen, und außgehen lassen, doch Terminum comparitionis nicht anderst, dan nach außgang der Ferien anzeigen.

Tit. LXIIIIII
Von haltung dieser unser Ordnung und das in anderen hirin nicht aussgetrückten fällen, vermög gemeiner rechten soll verfahren werden.

1. Solches alles wie hiruor von Tittull zu Tittull, und von Articulen zu articulen vermeldet, angezeigt, und einuerleibt, stehen, statuiren, ordtnen und setzen Von Gottes Gnaden Wir Ferdinandt, Bischoff zu Paderborn, des heiligen, Römischen Reichs Fürst, und Graff zu Pyrmondt p. in der besten und bestendigsten form, weiß, und maaß, [Bl. 165v] alß wir in krafft, und macht unser hohen Landtfürstlichen, Regalien, Auctoriatät, Obrigkeit, und freyheit auch vor Rechts, undt gewohnheit wegen thuen sollen, konnen, und mogen Mandiren, beuehlen und gebieten, auch darauff nachmahlß bey vermeitung unser unnachleßiger straff ernstlich, und wollen, daß solche unsere satzung und Ordtnung in unserm Stifft und Fürstenthumb, stätt, uest, und unuerbrechlich soll gehalten, und dero durchauß von unserm hoffrichter und Assessoren, Secretarien, auch Aduocaten, Fisco, Procuratoren, Botten, Gerichtsverwandten personen, Partheyen, und allen unsern Unterthanen, in allen unterthänigsten gehorsamb gelebt, und anchgesetzet werden.

2. Wir wollen auch daß diese Ordtnung an unserm geistlichen hoffgerichte, die Matrimoniall, Beneficiall, und andere causas merè spirituales, in welchen antiquus Ordo zuhalten, außbescheiden, obseruirt, und gehalten werde, bißdahin [Bl. 166r] wir selbst eine andere besondere ordtnung machen lassen.

3. Doch thuen wir unß, und unseren nachkommen, hirein den freyen vorbehalt, diese unsere ordtnung zu Jeder zeit nach vorfallender gelegenheit, vermitz weiteren, reiffen, und zeittigen Raht zu änderen, zu mehren, zu mindern, und zu verbesseren, den Partheyen und Jedermenniglich unuerletzt an ihren rechten, auch zu Jeder nottiger zeit zu mehren handthabung derselben uber alle Gerichts Personen nottürfftige visitation vorzunehmen, die erspürte Mängell in personis et rebus zu corrigiren, reformiren, und gleichmessigkeit zu erhalten.

4. In anderen sachen und fällen aber, welche in unser Ordtnung des Gerichtlichen Proceß nicht sonderlich und außtrucklich begriffen stehen, soll es nach gemeinem beschriebenen rechten, Reichs Constitutionen, und Abscheiden gehalten, gehandelt [Bl. 166v] und verfahren werden. Zu bestendiger urkundt und nachrichtungen, haben diese unsere hoffgerichts Ordtnung mit unserm handtzeigen, und Insiegell bestättiget.

So geschehen, und geben den

IV. HOFGERICHTSORDNUNG 1720

Inhaltsübersicht

IV. Hofgerichtsordnung 1720

Des hochwürd[igsten]. und Durchl[auchtesten]. Fürsten und Herrn, Herrn Clemens August etc. Hochstifts Paderbörnische Hofgerichts-Ordnung von 1720

Von Gottes Gnaden Wir Clement August, Bischof zu Paderborn und Münster, Probst des Stifts Alten-Oettingen, in Ober- und Nieder-Bayeren, auch der Oberen-Pfalz Herzog, Pfalz-Graf bey Rhein, Land-Graf zu Leuchtenberg, Burg-Graf zum Stromberg, des Heil. Römischen Reichs Fürst, Graf zu Pyrmont, Herrn zu Borkeloh und Werth etc. Fügen jedermänniglichen zu wissen, demnach unser in Gott ruhender Vor-Herr, und Groß-Oheim Weyland Herr Ferdinandt, Erzbischof zu Cölln, und Churfürst etc. glorwürdigster Gedächtniß, nach angetrettener Fürstlich Paderbornischer Regierung, zu Beförderung der Gerechtigkeit, und ersprießlicher Wohlfahrt sothanen Hochstifts, und dessen Unterthanen eine besondere Hofgerichts-Ordnung, wie, und auf was Weise in Ertheilung der Justiz bey dem Weltlichen Hofgericht, *uti Judicio Provinciali* verfahren werden sollte, zwarn aufgerichtet, und *sub dato* den 7. *Maji* 1619. publiciren lassen, die eingefallene verderbliche, vieljährige Kriegs-Troublen, und Unruhe aber verursachet, daß nach erfolgten Frieden bey dem Reichs-Abschied *de Anno* 1654. für nöthig erachtet worden, die *Formam processus judiciarii* in ein, und anderen zu veränderen, und selbige aufs kürzeste einzuspannen, so hat zwarn nachgehends der Fürst Hermann Werner hochlöblichen Andenkens, in seiner auf der Paderbornischen Ritterschaft übergebene *Gravamina* den 18. *Octobris* 1700. ertheilter Erklärung denen Landständen die Versicherung zu einer verbesserten Ordnung gethan, indem aber sothanes heilsame Werk bishero zum Stande nicht gebracht worden, und dann nebst der Gottesfurcht, und wahren Glaubens Reinigkeit eines jeden Regiments Grundveste, und Wohlstand auf gleich durchtrettende unverzügliche Administration der Justiz hauptsächlich bestehet, und beruhet.

So seyn Wir zu Handhab- und Beförderung der Justiz sofort bey Anfang Unserer Regierung auf Mittel, und Wege bedacht gewesen, wie die in dem von Zeit der eingeführten, und errichteten alten Paderbornischen Hofgerichts-Ordnung, bis anhero verflossenen Jahrhundert eingerissene Mängel, und Unordnung geändert, und die Justiz ordentlicher, schleuniger, und ohne kostbare Wetläufigkeit einem jeden, welcher derselben benöthiget, und darum gebührlich anhält, nicht nur in processu cognitionis, sondern auch executionis ertheilet werden mögte, und haben zu dem Ende auf Unsers Würdigen Thum-Capituls, und übriger Stifts Paderbornischer Landstände unterthänigstes Ansuchen gegenwärtige erneuert- und verbesserte Hofgerichts-Ordnung zusammen tragen, und nach sorgfältiger Wohlerwegung zu mehrerer Facilitirung deren streitiger Sachen Decision, und Entscheidung, Abkürzung aller schädlichen Verweilungen, auch ernstlicher ungehemmter Fortsetzung der Execution, dasselbe, was darzu diensam, und jetzigen Bewandnissen nach erforderlich ist, hinzuthun lassen.

Weil dann Wir diese erneuert- und verbesserte Hofgerichts-Ordnung, wie viel es thuentlich gewesen, nach Inhalt ermeldten jüngsten Reichs-Abschieds, auch des Cameral Visitations-Receß de Anno 1713. und anderen von Unseren Herrn Vorfahren an der Paderbornischen Regierung inzwischen vor- und nach publicirten heilsamen Constitutionen, Verordnungen, und Edicten eingerichtet befunden, also daß nunmehr Unsere Untherthanen, wes Stands, und Condition die seyn, sowohl, als auch die Ausländer, oder Fremde, welche in diesem unserm Hochstift Recht zu suchen benöthiget seyn, eine beständige Regul vor sich haben.

So confirmiren, und bestättigen Wir sothane erneuert- und verbesserte Hofgerichts-Ordnung, so, wie sie hernach beschrieben ist, kraft tragenden Landsfürstlichen Oberkeitlichen Amts, Superiorität, Hochheit, und Gewalt, in allem ihrem Inhalt hiemit gnädigst, und wollen, daß dieselbe von nun an bey allen Unseren Stifts-Paderbornischen Ober-Gerichteren pro lege pragmatica, & provinciali solle gehalten, auch nach derselben durchgehends, und was die Unter-Gerichtere angehet, wie weit es daselbst wegen des hergebrachten summarischen Verfahrens practicabel ist, die Justiz, und Rechtshülf administrirt, und ertheilet werden solle.

Gleichwie Wir dann auch kraft dieses gnädigst verordnen, und wollen, daß nicht allein die Advocati, Notarii Judiciorum, Procuratores, Pedelli, und andere dergleichen Personen, bey denen Ober- Gerichteren, sonderen auch Unsere Drosten, Rentmeistere, Gogräfen, Richtere, und Actuarii, in denen Städten, die Gerichtshabere, und Gerichtshaltere auf dem Lande, auch andere gemeine Notarii, und Scribenten, welche einigerley weise zu dem Justizwesen, und dessen Execution adhibirt werden, diese Unsere erneuerte, und verbesserte Hofgerichts-Ordnung, als eine normam, und Richtschnur in Anstell- und Ausübung deren Processen, und Gerichts-Handelungen fleißig lesen, deren Inhalt erlernen, und sicher darnach richten sollen.

Gebieten, und befehlen auch allen Unseren Beamten, Gerichtshaberen, Gogräfen, Richteren, Vögten, und wie die sonst Namen haben, ernstlich, und bey Vermeidung Unserer Ungnade, auch denen gerichtlichen Mandatis, und Processen inserirter Straf, daß sie die von unserm Hofrichter, und Assessoren an sie abgegangene Executoriales, Mandata, Inhibitiones, und andere pro facienda executione abgehende Processus gebührend respectiren, und denenselben gehorsame Folge leisten, auch sich davon durch keinen abhalten lassen sollen, dieses ist Unser ernstlicher Befehl, Wille, und Meynung. Signatum auf Unserm Residenzschloß Neuhaus den 22. Junii 1720.

Clement August *(L. S.)*

Titulus I.
Von Besetzung Unsers Hofgerichts, auch des Hofrichtern und Beysitzeren Amt.

1. Anfänglich wollen Wir zu jeder Zeit Unser Weltliches Hofgericht mit einem redlichen verständigen Hofrichter, der eine Adeliche gelehrte, oder andere in denen Rechten graduirte Person seyn soll, auch mit dreyen Beysitzeren, welche Uns darzu von Unserem Würdigen Thum-Capitul, Adelicher Ritterschaft, und Stifts-Städten präsentirt, und darzu geschickt, und qualificirt befunden worden, auch alle und jede eines ehrbaren Wesens, und in denen gerichtlichen Sachen geübt und erfahren seyen, besetzen.

2. Dieselbe sollen bey ihren Eyden und Pflichten, so sie vor Anfang ihrer Verwaltung uns (immassen in nachfolgenden Titulo beschrieben stehet) leiblich leisten, alle und jede solche rechtliche Processen, und Handelungen im Gericht, und Rath, vermög folgender unser Ordnung dirigiren, richten die Partheyen zu Austrag, und Erörterung fürderen, und sonsten zum treulichsten aufsehen, daß dieser unser Ordnung durchaus in allen steif, und fest gemäß gelebet, und der entgegen nichts gehandelt, noch vorgenommen werde.

3. Und sollen dieserhalb die Hofgerichts ordentliche Audientien in der Woche einmal des Donnerstags, da alsdann kein Feyertäglich Fest, oder andere ehafte Verhinderung einfiele, auf Unserem Bischöflichen Hof in Paderborn vom Aprili bis ad Septembrem utrimque inclusivè Vormittags von acht, und zu übriger Winterzeit von neun Schlägen angefangen, und bis zu End gehalten, darinnen die begriffene Bescheide, und Urtelen eröffnet, sodann die Procuratores nach jedes Ordnung (darin gleichwohl Unser Fiscal in Unseren fiscalischen Sachen den vordristen Stand haben soll) in ihren Fürträgen, und Handelungen gebührlich gehört werden, auch da Unsere Hofrichter, und Assessores auf Supplicationes, und Submissiones ferner zu decretiren hätten, sollen dieselbe ihrer Gelegenheit nach sich unaufschieblich besammen thun, und denen Partheyen Urtheil, und Recht wiederfahren lassen.

4. Es sollen auch Unser Hofrichter und Beysitzere in allen, und jeden Rechtshängigen Sachen ihre Urthelen, Bescheide, und Erkänntniß auf die allgemeine beschriebene Rechte, Kayserliche, und des Heiligen Römischen Reichs Constitutiones, und Abschiede, gute, redliche, und beständige Statuta, und Gewohnheiten, wie imgleichen gemeine, und sonderbare Privilegien, Freyheiten, und Begnadungen (da die ihnen vorgebracht, und kund gemacht würden) vermöge ihrer Pflicht- und Eyds- stellen, fassen und aussprechen.

5. Solchem ihrem Amt treu, und redlich vor seyn, nach ihrer besten Verständniß Männiglichen hohes, und niedrigen Stands, gleich, und recht thuen, sich in nichts dagegen durch Lieb, oder Leid, Gunst, oder Ungunst, Gaab, Geschenk, Freund- oder Feindschaft, noch keinerley anders bewegen lassen, keiner Parthey unzuläßiger Weise Rath geben, oder Verwarnung thun, weniger in Sachen, so an

diesem unserm Hofgericht rechtshängig, oder auch nachgehends dahin devolubel, advocando bedienet seyn, so wenig ohne, als mit Dispensation, noch einige Heimlichkeit, und Rathschläge des Gerichts vor, oder nach der Urtheil jemanden offenbaren, auch die Sachen, und Urtheile aus böser, einseitiger, oder verdächtiger Meinung nicht verziehen, verlängeren, nich aufhalten; und sollen Uns hierzu Unser Hofrichter, und Assessores sonderlich gelobt, und geschworen haben.

Titulus II.
Des Hofrichters, und deren Beysitzer Eyd.

Unser verordneter Hofrichter, und Beysitzere sollen Uns, und Unsere Nachkommen am Stift Paderborn folgenden Eyd zu Gott, und auf das Heilige Evangelium schweren: daß sie an Unserem verordneten Hofgericht ihren Aemteren getreulich, fleißig, und redlich vorseyn, nach gemeinen beschriebenen Rechten, ehrbaren, und guten Ordnungen, Statuten, und Gewohnheiten, wie imgleichen gemeinen und sonderbaren Privilegien, Freyheiten, und Begnadigungen (da ihnen dieselbe vorgebracht, und kund gemacht würden) nach ihrer besten Verständniß Männiglichen Hohen, und Niedrigen Stands gleich urtheilen, und handelen, sich weder um Liebe oder Leyd, Freund- oder Feindschaft, noch keinerley Sachen dawider bewegen lassen, auch mit niemand einigerley Anhang, oder Zufall in Urtheilen gefährlicher weise suchen, noch machen, von denen Partheyen, so vor ihnen zu rechten, oder zu handelen haben, oder von ihrentwegen keinerley Geschenk, Gab, oder Nutzung durch sich selbst, oder andere nehmen lassen, in was Gestalt, oder Schein das geschehen mögte, keiner Parthey unzuläßiger weise Rath geben, oder Warnung thun, die Heimlichkeit, und Rathschläge des Gerichts den Partheyen, oder anderen, vor, und nach dem Urtheil nicht eröfnen, die Sachen und Urtheilen böser Meinung nicht verziehen, sondern dieser Unserer Ordnung in allen Puncten, und Clausulen sich gemäß verhalten, und alles andere thun, und lassen wollen, das einem frommen Richter, Beysitzer, und Urtheiler wohl anstehet und gebühret, alles getreulich, und ohne gefehrde.

Titulus III.
Von Unsers Hofgerichts Secretarien Amt, Obliegenheit, und Verrichtung.

1. Unsere *pro tempore* zu den Gerichtlichen Sachen bestellte und aufgenommene, auch vereydete Notarien, oder wen Wir neben ihnen hierzu mit-deputiren, und gebrauchen würden, sollen bey ihren Pflichten, und Eyden bey denen Richterlichen Audientien (wofern sie durch Leibs-Schwachheit nicht behindert) selbst

zugegen seyn, oder da sie sonsten wegen anderer ehehaften unvermeidentlichen Geschäften abseyn müsten, solches nicht anders, dann mit Unsers Hofrichters, oder bey dessen Abwesenheit ältesten *Assessoris* Wissen und Belieben thun, alle einkommende Handelung, Vorträge, und *Acta* treulich, und mit gutem Fleiß protocolliren, Briefe, Urkunden, Scheine, und dergleichen *Jura* bey Unsers Hofgerichts *Archivio*, wo wir dasselbe verordnen mögten, in getreuer Gewahrsam halten, auf die *Producta* Tag, Jahr, Platz, wann, und wo die eingegeben, notiren, und niemanden, dann nur denen Partheyen, die es selbst, als *Communia Jura*, angehet, von deme, was erkannt, oder sonsten eingebracht, ohne Unsers Hofrichters, und Assessoren Wissen Abschrift geben, und folgen lassen, noch sonsten, was heimlich, eröfnen, keiner Parthey wider die andere, in Sachen, darinnen er gerichtlicher *Notarius* ist, Warnung, oder Anreizung thun, Niemanden gefährlicher Weise aufhalten; sondern vielmehr ohne Geschenk, Gunst, oder Ungunst, Lieb, oder Leid, Freund- oder Feindschaft jedermänniglichen richtig, gleich, und recht begegenen, auch in keiner anderen an selbigem Unserm Hofgericht rechtshängiger sache *procurando, sollicitando, dirigendo, aliove modo, dirigendo, vel suadendo* dienen.

2. Wie dann auch, universaliter kein ander Notarius in Sachen, worinnen er, als Notarius von einer Parthey ersucht, und abhibirt worden, folgends sich oberwehnter massen procurando, oder sonsten gebrauchen lassen, und vice versâ, worinnen er anfänglich procurando, sollicitando, dirigendo, aliove modo suadendo, gebraucht worden, Notarii munus vertretten soll.

3. Wann der einer Hofgerichts-Notarius also, wie vor berührt, am Gericht nicht erscheinen kann, so soll er den anderen Unsers Hofgerichts Notarium substituiren, demselben sein Protocollum Judiciale zuschicken, und dieser gehalten seyn im Namen des Abwesenden, was in dessen Partheyen Sachen dasmal Gerichtlich gehandelt worden, oder sonsten vorfallen mögte, darinnen zu annotiren, und anzunehmen, solche Producta zu bemerken, und dem Abwesenden ans Haus zu schicken, oder dessen Mit-Mandatario zur ordentlichen Registratur zu behandreichen, und daraus durch des abwesenden Copiisten, oder sonsten darzu gewilligten dem Protocollo gemäß verfertigte Expeditiones in dessen Namen zu unterschreiben, die Gebühr aber dem Absenti völlig genießen zu lassen.

4. Es soll auch der Notarius zu Anfang einer jeden Sache in Protocollirung der Gerichtlichen Recessen, und Uebergebung der Producten die Partheyen mit Namen, und Zunamen, auch wo ein jeder wohnhaft, verzeichnen, und solche Intitulatur nicht ändern.

5. Wann einige Constitutiones partium, substitutiones, protestationes, oder andere Actus vor denen Notarien geschehen, sollen sie dieselbe entweder in solenni formâ, oder zum wenigsten Protocolsweise schriftlich verfassen, und nach deren Repetition, oder Production zu den anderen gerichtlichen Producten in ihre Ordnung legen und registriren.

6. Da auch die Procuratores, oder deren Principalen ex protocollo gern informirt seyn, oder anders, worauf die Sache beruhete, nachsehen wollten, soll er ihnen damit an die Hand gehen, und terminos protocollares zeigen, und lesen lassen, jedoch sich hüten, daß ihnen deren Referenten Hand, von denen die Bescheide verfasset seyn, nicht offenbar werde.

7. Und dieweil von Uns hiebey gnädigst ermessen worden, daß es zu der Partheyen merklicher Erleichterung, und Verschonung vieler Unkösten gereichen könne; So setzen, ordenen, und wollen Wir, daß Unser Hofrichter, und Assessores, da sie auf der, keine zulängliche Ursachen allegirender Partheyen begehren, oder sonsten aus erheblichn Bewegnissen die Acta conscribiren zu lassen, und an andere Rechtsgelehrte um Urthel-Fassung zu verschicken, nicht nöthig erachten, die Bescheide, Erkänntniß, und Urtheilen jederweil ex hinc inde partium productis, ac Protocollo, & terminis extractis fassen und begreifen, auch dabey jedem Theil über die Sachen instructivè, da sie wollen, zuschreiben, und ex jure zu informiren, auch zu deren Behuf die Ertheilung extractus protocolli, & terminorum zu begehren, frey lassen sollen, die Originalia Acta aber sollen nicht ausgefolget werden, sondern bey der Registratur verbleiben, und wann jemand, deme daran gelegen ist, deren Inspection verlangt, solche mit Vorwissen des Hofrichters in domo Notarii, und in dessen Anwesenheit verstattet werden.

8. Und obwohl in casu appellationis, & transmissionis actorum förmliche Acta, wie auch über der abgehörter Zeugen Aussage, rotuli nothwendig müssen geschrieben, und verfertiget werden; so wollen Wir doch, daß man darin aller unnöthiger, und überflüßigen Extension deren Titulen, Präfationen, Veränderung der Zeit, und dergleichen Undienlichkeit vermeiden, und möglicher Kürze sich befleissen, auch die gemeine gedruckte Vollmachten per verba: die Vollmacht ist in forma ordinationis annotiren solle.

9. Was aber deren Zeugen Aussage anbelanget, soll der Notarius derselben nichts ab- oder zuthun, sondern die eben mit denen Wörteren, wie der Zeuge deren in depositione sich gebraucht, verständlich protocolliren, auch Unser Hofrichter und Assessores die Maße dabey halten, daß denen Zeugen finito examine alsofort die annotirte Deposition oder Aussage deutlich vorgelesen, und was er alsdann für wahr bekennen wird, solches wie ers zum letztenmal gemeinet, und erklährt, vor seine Aussage gehalten, geschrieben, und ihme damit silentium eingebunden werden; auch soll nach erkannter Publication des Rotuli von dem Notario zu Erleichterung des Referenten derselbe fürdersamst disponirt, und conscribirt werden.

10. Die gewöhnliche Admonition des Zeugen-Eyds, und Warnung vor den Meineyd, wie diese in ausführlicher Form denen Zeugen vorgehalten ist, soll dem Rotulo der Länge nach nicht inserirt; sondern nur bey jedem Zeugen mit gar kurzen Worten de facta avisione gemeldet werden.

11. Wann Privilegia, Instrumenta, Commissiones, Libellen, Materien, Producta, Literaria documenta & Jura mehr dann einmal exhibirt, sollen sie doch nur einmal ad acta conscripta gebracht, und am anderen Ort mit kurzer Verzeichniß des darüber gehaltenen Receß der Leser an den Ort deren Acten, da sie zu finden, remittirt, auch in Beschreibung der gerichtlichen Acten, Attestationum, und anderer Handelungen, darzu geschickte, und vereydete Persohnen, welche solche zu richtiger verantwortlicher Gebühr ganz correct, wohl, und auf gut tauglich Papier schreiben, jedes Blat gebührlich erfüllen, und die Acta jederweil recht collationiren, gebraucht werden.

12. Und damit die Partheyen wegen des Schreibens zu queruliren keine Ursach haben, sollen die Notarii auf jedere Paginam deren Gerichts-Acten und Zeugen-Aussagen, sowohl in Originali, als deren Copeyen, sechs und zwanzig Linien, und in jeder Linie ungefehr zwölf Syllaben schreiben, und zu dessen besserer Effectuirung ein Lineal-Brett, so auf seine gebührende Breite, und Länge formirt, gebrauchen.

13. Wir wollen auch, daß die Notarii vor jeder Audienz specificam designationem deren Sachen, darin alsdann zu handelen, Terminus angesetzet ist, oder auch sonsten einfällt, vor Unsern Hofrichter und Assessores auf den Tisch legen, und diese Acht haben sollen, ob auch die Procuratores ihrem Amt, und Schuldigkeit ein Gnügen thun, da sich dann befindet, daß die Procuratores nicht gehandelt, auch keine contumaciam accusirt, so soll Notarius Causae solches ex Officio protocolliren, und weilen in tali casu die Sache nichts destoweniger pro submissa zu halten, wie darunter Tit. 23. §. 2. verordnet ist, demnächst terminos cum juribus präsentiren, damit fernere Handlung per decretum auferlegt, oder sonst daraus gesprochen werden könne, was rechtens.

14. Die Notarii sollen auch nicht allein die Exhibitia mit dem Protocollo fleißig conferiren, um, wann die Acta ad pronunciandum zu präsentiren seyn, dieselbe vollständig und complet befunden werden, sondern auch bey deren erforderter Conscribirung solche sorgfältig nachsehen, und mit eigener Hand unterschreiben, da aber die einkommende Producta, oder Vorträge an ihnen selbst unrichtig befunden würden, soll solcher Mangel von denen Notariis ad marginem an seinen Ort annotirt werden.

15. Da auch die ausgegangene Processen unfleißig ingroßirt, oder mit eingeflickter Interliniatur, zu- und beysetzen, auch Rasuren bemakelt wären, sollen die Partheyen, oder ihre Procuratores selbige nicht annehmen, noch der Hofrichter das Siegel darunter drucken lassen, sondern die Notarii auf ihre Kösten sie zu rescribiren schuldig seyn.

16. Weiter wird für nötig und dienlich ermessen, um desto mehrer bleiblicher, und nachrichtlicher Erinnerung willen, jederweil bey Unserem Hofgericht ein besonder Buch zu halten, und darin alle End- und Beyurtelen, so vim definitivae haben, auch Transactiones, und Verträge, was deren daselbsten aufgerichtet würden, einzuschreiben.

17. Die Notarii sollen auch schuldig seyn, wann die Audienz gehalten, alsobald selbigen oder folgenden Tags die Terminos Protocollares zu extrahiren, und daraus in jeder Sachen ein Special-Protocoll zu verfertigen, demselben auch alle Decreta, und Sententias, welche des Tags abgesprochen, so viel möglich, beyzuschreiben, und wann sie sehen, daß in einer Sache zum schlechten Decret, ratione termini, dilationis, responsionis, juramenti calumniae, & an querela, mandatum, exceptio, replica, vel similes materiae admittendae sint, submittirt ist, sollen sie solche Protocolla cum Juribus exhibitis, literis, vel numeris tam in Protocollo, quàm à tergo materiarum notatis dem Hofrichter, oder aus dessen Befehl deren Assessoren einem alsobald des nächstfolgenden Werktags zustellen, um daß darauf in primâ, vel secundâ audientiâ Bescheid erfolgen könne.

18. Damit dann von denen exhibirten Productis, und Beylagen nichts abkomme, sollen sie hinführo eingeheftet, foliirt, und wie sie nacheinander einkommen, registrirt, auch ein jedes Stück literis vel numeris bezeichnet werden, deshalben keine Schrift, sie sey auch so gering, als sie wolle, angenommen werden soll, die nicht auf ein ganz Folium, dergestalt, daß es mit eingeheftet werden könne, geschrieben.

19. Der Notarius soll auch in ein besonder Protocoll verzeichnen, was für Sachen ad Referendum aufgegeben, weme, und wann solches geschehen, wie dann auch beyden Partheyen, oder ihren Procuratoren freystehen soll, des nächstfolgenden, oder zweyten Werktags, bey dem Notario causae des Morgens um acht Uhr sich anzugeben, um zu sehen, daß die Termini und Producta inrotulirt werden, in Verbleibung dessen aber, soll mit der Präsentation gleichwohl verfahren werden.

20. Der Notarius soll pro annotatione, extractione, & praesentatione von jederen Termin Tit. 63. specificirte Gebührniß haben, nicht allein in denen Sachen, welche per sententiam decidirt; sondern auch per amicabilem compositionem beygelegt werden, oder auch sonsten unafterfolget liegen bleiben.

21. Sie sollen aber die Expedition wegen prätendirter Mißzahlung nicht aufhalten; sondern deren Entrichtung hernach gewärtig seyn, und wann sich dieselbe verweilen, und der Rückstand ad aliqualem summam ersteigen würde, sollen sie designationem in der Audienz exhibiren, und anhalten, dem Anwaldten zu befehlen, daß er seinen Principalen ad solutionem, intra 15. dies faciendam, sub poenâ executionis ermahne, und dafern solche Ermahnung nicht helfen würde, soll dem Procuratori nochmal per decretum anbefohlen werden, dem Principalen zu notificiren, wofern er annoch innerhalb 14 Tagen die Zahlung nicht verschaffete, daß jetzt alsdann, und dann als jetzt denen Fürstlichen Beamten oder Gerichtshaberen, darunter die Partheyen gesessen, die Executio anbefohlen werden solle.

22. Worauf auch Executoriales sub formâ, & poen*â*, wie darunter von Ungehorsam bey dem Mandato cogendi reos ad constituendum Procuratorem verordnet ist, abgehen, oder aber, da die Partheyen fremder Jurisdiction unterworfen, an deren Obrigkeit juris subsidiales erkannt werden sollen.

23. Wann dann endlich die Gerichtssachen per sententiam definitivam determinirt, oder durch einen gütlichen Vergleich abgethan seyn, sollen die Originalia producta cum terminis ex Protocollo extractis ad Archivum deponirt werden.

Titulus IV.
Deren Hofgerichts-Secretarien Eyd.

Unsers Hofgerichts *Notarii* sollen geloben, und schweren zu Gott, und auf das Heilige Evangelium: daß sie ihr Amt im Schreiben, und lesen mit getreuen Fleiß vertretten, der Partheyen Vorträge, und *Acta,* desgleichen alle Briefschaften, und anderes, so gerichtlich eingebracht wird, treulich protocolliren, auffschreiben, und verwahren, die niemanden, dann denen Partheyen, die sie selbst als *Communia Jura* angehen, ohne Erkänntniß mittheilen, oder Abschrift davon geben, noch sonsten, was heimlich, eröfnen, keinerley Parthey gegen die andere Warnung, oder Anreizung thun, auch von denen Partheyen keine andere Belohnung, oder Nutzbarkeit, dann diese Unsere Ordnung mitbringt, und zuläst, nehmen, noch erheben lassen, desgleichen denen gerichtlichen Audienzen selbst in eigener Person, sofern sie Leibs-Schwachheit halber nicht daran verhindert, oder aus erheblichen Ursachen von Unserm Hofrichter, und Assessoren darum nicht beurlaubet, beywohnen, die Partheyen gefährlicher weise nicht aufhalten, und sonsten alles anderes thun, und lassen wollen, was einem getreuen aufrichtigen *Notario* wohl anstehet, und diese Unsere Hofgerichts-Ordnung mit sich bringt, ohne gefehrde.

Deren Scribenten, und Copiisten Eyd.

Die sollen schweren einen Eyd zu Gott, und auf sein Heiliges Evangelium, daß sie in Beschreibung der gerichtlichen Acten, *Attestationum,* und anderer Handelungen ganz correct, und wohl schreiben, jedes Blat gebührlich erfüllen, auch nichts gefährlicher weise darin veränderen, oder auslassen, von geschehener Distribution deren Acten, auch vom Inhalt der Urtheilen *ante publicationem,* niemanden weder schriftlich, noch mündlich, *directè, vel indirectè* etwas offenbaren, keinen Fremden zu dem *Archivio* zulassen, oder den Schlüssel auslehnen, noch auch das geringste daraus ohne des Hofrichters, und *Assessorum* Erlaubniß ausfolgen lassen; was sie erfahren, daß aus ermeldtem *Archivio* verkommen seyen mögte, anzeigen, und von des Gerichts-Geheimnissen, auch nachdem sie ihrer Bedienung entlassen seyn werden, nichts offenbaren, und sonsten sich also aufführen wollen, wie einem ehrlichen aufrichtigen Scribenten und Copiisten gebühret, und wohl anstehet.

Titulus V.
Von denen Procuratoren, und ihrem Amt.

1. An Unserem Hofgericht soll niemand procuriren, er seye dann zuvor durch Uns darzu tauglich, und geschickt befunden, und angenommen, und habe den hernach-gesetzten Eyd darüber geschworen.

2. Wollte aber jemand seine eigene Sachen im Gericht vortragen, soll ihm solches vergönnet werden; er soll aber dieser Unser Ordnung sich gemäß verhalten.

3. Wann auch ein, oder ander Procurator nach seiner Annehmung verabsäumlich, träg, faul, und unfleißig, oder sonsten unrichtig gespühret würde, soll derselbe von seinem Amt abgesetzet, und ein anderer an dessen statt angestellet werden.

4. Bemeldte Procuratores sollen bey allen und jeden Terminen, und Gerichtstägen zu rechter verordneter Zeit persönlich erscheinen, auch bis zum Ende in der Audienz verharren, sich aller Ehrbarkeit, und Zucht befleissen, in ihren Vorträgen, und Recessen aller unnöthiger, undienlicher, und vergeblicher Extension; auch insonderheit unglimpflichen calumniirens, und anzapfens (alles bey Straf nach Ermessung) enthalten, dagegen aber durchaus der Kürze, und Bescheidenheit, mit sonderer Aufachtung sich gebrauchen, oder, wo sie der Weitläufigkeit halber also füglich, und in wenig Linien, oder Zeilen solches nicht thun könnten, das Receßiren in Schriften verrichten, jedoch daß in solcher Schrift, an statt mündlichen Recessen die Hauptsach, oder Hauptpuncten nicht berührt werden.

5. Sie sollen auch ihre Nothdurft bescheidentlich, und züchtig, mit gutem Verstand ganz deut- und begreiflich vorbringen, und handelen, zu dem Ende jederzeit ihre darüber zuvor begriffene beständige Protocolla bey handen haben, daraus derogestalt, daß alles von Wort zu Worten gemächlich könne protocollirt werden, dictiren, zu dem Ende sie dann an die Kayserliche Cammergerichts-Ordnung, und Processen, wie die im Druck ausgegangen seyn, zu ungefehrlicher Nachrichtung hiemit angewiesen werden.

6. Da sie aber bisweilen aus unvermeidlicher nothwendiger, und ehafter Hinderniß einen, oder mehr Terminen per substitutum respiciiren lassen müssen, das soll jederzeit nicht anderst, dann durch einen ihrer Collegen, und Mit-Procuratoren geschehen, solche substitutiones aber nicht kräftig seyn, sie thun dann die unter eigener Hand, oder vor Unserm Hofgerichts-Notario, der auch die alsbald ad Protocollum setzen soll.

7. Dieselbe Procuratores sollen zu Anfang jeder Sachen (wie hernach ferner verordnet ist) mit genugsamer, rechtmäßiger, und vollständiger Vollmacht unter ihrer Principalen eigener Hand oder des Gerichts, darunter sie gesessen, Siegel, oder auch vor Notarien und Zeugen aufgerichtet, die alle wesentliche nothwendige Requisita, und Substantial-Stücke in sich habe, nemlich wer, von wem, wann, in was Sachen, wider wen, und wie solcher Gewalt gegeben, mit anderen nöthigen

Clausulen, und Puncten mehr, so zu Forderung der Sachen dienlich, auch nicht verzüglich, noch ad unum actum allein, sondern zur ganzen Sache gestellt, sich legitimiren, und gefast seyn.

8. Oder da sie hingegen ohne solche Vollmacht in einigen Sachen, oder Substantial-Puncten submittiren, und beschliessen würden, soll wieder sie nach Ermäßigung Unsers Hofrichters, und Assessoren ex Officio darum unnachläßige Straf vorgenommen, auch sie dahero verursachete Kösten, und sumptus retardatae litis abzutragen, condemnirt werden.

9. Damit auch die Sachen so vieldemehr beschleuniget, und Unkösten vermieden werden, so sollen solche Mandata procuratoria also eingerichtet seyn, daß denenselben vermöge des Reichsschlusses de Anno 1654. zugleich der Partheyen Erben mit inserirt, und dem Constituto Procuratori jemand anders substituirt werde; damit nicht nöthig auf des Constituentis Principalis, oder des Constituti Procuratoris begebenden Todsfall citationes ad reassumendas causas abgehen zu lassen, gestalten in tali casu, die in constitutione mitbegriffene Erben den Proceß sine citatione continuiren, auch der Substitutus Procurator sofort die vices des abgegangenen Procuratoris vertretten kann, und soll.

10. Da des eingelegten Gewalts Ungnugsamkeit halber Zweifel einfiele, soll der Anwald Bestand, und Caution der Genehmhaltung thun, das ist, daß sein Principal, oder Hauptsacher, was durch ihnen gehandelt, ratificiren, und von ihm vollkommen- und gnugsame Gewalt vor weiterer Handlung, oder auf Zeit, so man ihm bestimmen würde, eingebracht werden solle.

11. Sie sollen auch ferner (ausserhalb Brieflicher Urkunden) alle und jede Producta, und Schriften deren Partheyen duplirt, ganz correct, gerecht, und gleichlautend, gut, und wohl geschrieben fürbringen, und damit destoweniger Mangel daran gespührt werde, solche duplirte Einlagen, sowohl mit ihren Händen unterschreiben, als auch von denen Advocaten, welche dieselbe entworfen haben, oder von denen Partheyen selbst, da diese der Rechten erfahren, unterschreiben lassen, auch was deren vom Gegentheil exhibirt, nicht hinter sich behalten; sondern denen Advocaten, oder Partheyen ohne Säumigkeit zustellen, oder in Erspührung des Widersinnes willkührlicher Straf unterworfen seyn.

12. Da aber wegen Kürze der Zeit die Schriften in duplo nicht verfertiget, und exhibirt werden könnten, soll der Procurator verpflichtet seyn, denselben Gerichtstag, oder, da die Handlung groß, und weitläuffig, den nachfolgenden Tag zum allerlängsten die Abschrift dem Gegen-Anwalden zuzustellen, und soll der Terminus zur Gegenhandelung von solcher Zeit der zugestelleter Copey, und nicht eher laufen, auch der producens zeitlicher zu contumaciiren keine Macht haben.

13. Würde er aber in einem, oder anderem Wege säumig seyn, oder dagegen handelen, soll er mit einer halben Mark gestraft, und selbige vom Procuratore fiscali fleißig exigirt werden.

14. Es soll auch kein Procurator dem anderen in seiner Ordnung vorgreifen, sondern nächst Unserem Fiscal jeder in seinem Stand vorgehen, und also nach einander, wie sie ordentlich stehen, ungeirret die Vorträge der Gebühr verhandelen.

15. Als auch zu Zeiten zu mercklicher Verhinderung, und Aufhalt unnöthige Submissiones geschehen, solchen vorzukommen, ordnen wir, daß forthin ein jeder Procurator bey Straf nach Ermäßigung sein Protocoll jederzeit mit Fleiß besichtiget haben, und für vergeblichen Recht-Sätzen sich hüten, auch Unser Hofrichter und Assessoren ein ernstliches Einsehen darauf thun sollen.

16. Und damit die Sachen destomehr befördert, fortgetrieben, und alle Ursache, und Verdacht des Aufhalts, so viel möglich, abgeschnitten, auch die Partheyen destoweniger beschwehrt werden, sollen die Procuratores hinführo von denen Partheyen kein Wartgeld, jährliche Bestallung, oder dergleichen (ausserhalb der Subarration, die zu der Partheyen Gefallen und Gunst stehet) forderen, und abnöthigen, auch nicht mehr nehmen, dann ihnen von Uns deputirt, und verordnet ist; sondern an dem Salario sich sättigen, und begnügen lassen bey Straf des Abweisens, einer Geldbuß, oder auch Entsetzung ihres Amts, nach Willkühr und Ermäßigung.

17. Es sollen auch die Procuratores mit ihren Partheyen um einen Theil der streitigen Sach, oder Guts kein Geding, noch Verspruch, pactum de quota litis remuneratorium genannt, machen, bey Straf, daß sonst solche Paciscentes ihres Amts entsetzet werden sollen, und infamiam juris auf sich laden; und da sie das übertretten würden, soll doch solch Pact, und Geding, wanns gleich hoch, und fest cautelirt, ja mit einem Endschwur betheuret, und verknüpfet wäre, kraftlos, und unbündig sein.

18. Und demnach sich ferner befindet, daß die Procuratores nach Verscheinung gegentheilischer gehabter Zeit, oftermalen gar nicht, oder unfleißig contumaciiren, sondern viel übrige Zeit mit Stillschweigen hinfliessen lassen; ja bisweilen mit selbsten nachgeben mehrer Dilation, conniviren, und colludiren, aus welchen Aufhalt dann denen Partheyen merklicher Beschwer entstehet, so wollen Wir, um solches abzuschneiden, daß ein jeder Procurator die angesetzte Terminen vermöge dieser Unser Ordnung mit guten aufachtsamen Fleiß halten, nicht vorüber gehen lassen, und keiner dem anderen darüber bey ernster willkührlicher Straf mehr Frist nachgeben soll.

19. Wann einer eine Sache procurando zu verwalten angenommen, soll er deren bis zum Ende auswarten, und sich davon ohne rechtliche ehafte Ursachen, und Richterliche Erkänntniß nicht abthun, sondern dabey verharren, vielweniger da er einer Parthey Grund und Heimlicheit erfahren hätte, dawider zu dienen sich annehmen lassen.

20. Da jemand deren Procuratoren an klagender, oder Beklagter seiten im Namen unmündiger Kinder, oder deren Curatoren ad litem in Recht erscheinen, und handelen wollte, der soll sein Actorium, und Gewalt, allermassen wie obstehet,

auch zugleich des Constituentis Curatorium beybringen, oder wo der Minorennis mit solchem Curatore noch nicht versehen wäre, derselbe ihme von Uns, Unserm Vice-Canzlaren und Räthen, oder Hofrichteren und Assessoren zu rechtlichen Sachen, und Geschäften gegeben, und darzu Vermitz leistung Pflicht, und Eyden bestättiget werden.

21. Und gleichwie man sowohl im schreiben als procuriren sich aller möglichen Kürze befleissen, und unnöthiger Extension enthalten soll, also sollen die Advocaten, als verständige Rechtsgelehrte, nicht weniger, als die Procuratores jedesmal in productis, & scriptis mit ebenmäßiger, wo nicht mehrer bescheidener Kürze, was nur nützlich, und nothwendig ist, vorstellen; unnöthiger, und überflüßiger Vergeblichkeit aber, Zusätzen, und Extensionen, sowohl bey denen Namen, Titulen, Repetition, Anfang, Mittel, und Ende, und was dessen mehr, (so allein zu Ergrösserung foliorum, & actorum, und denen Partheyen zu desto mehreren Beschwer gereichet) und sonderlich in denen Schriften, und des calumniirens, anzäpfens, verschimpfens, und dergleichen Ungebühr sich enthalten, und in diesen allen, wie auch sonsten gegen die Partheyen, denen sie patrociniren, in der Besoldung mit aller ziemlicher Maße und Bescheidenheit, und dergestalt sich verhalten, wie sie bey ihren Pflichten, und Gewissen, gegen Gott, und Uns solches sich getrauen zu verantworten.

22. Wir tragen auch zu ihnen die gnädigste Zuversicht, und befehlen hiemit, daß sie, wann, und so oft sie es diensam finden, bey Anfang, oder bey Verfolg der Sachen die Partheyen mehr zu Ablassung, oder zu gütlichen Wegen, als kostbaren verzögigen, muthwilligen, und ungegründeten Rechtspflegen, und dessen gefährlichen Ausgang treulich rathen, und sie in Unrechten nicht steifen, halsstärken, noch anreizen, vielweniger in solchen ungerechten Sachen bedienet seyn sollen.

23. Da nun ein oder ander Advocat oder Procurator wider obgefügte Puncten ein, oder mehrmalen wissentlich, und vorsetzlich handelen würde, soll der, oder dieselbe von Unseren Hofrichteren, und Assessoren nach Ermäßigung, auch wohl gar pro re natâ mit Suspension, oder nach an Uns abgestatteter Relation mit Entsetzung des Amts gestraft werden.

24. Endlich ordnen und wollen wir, daß die Procuratores, als Ehr-liebenden aufrichtigen Personen gebühret, ingemein sich in ihrem Amt aufführen, denen Rechten, Reichs-Abschieden, Cammer- und dieses Unsers Hofgerichts-Ordnung, durchaus gemäß leben, und deren verständig, und kündig seyn sollen.

25. Und soll, wann ein Procurator durch Untreu, Unfleiß, übersehen, und Fahrläßigkeit seine Partheyen im Rechten verabsaumen, verkürzen, oder in Schaden führen würde, derselbe solchen verursachten Schaden aus dem Seinigen nach Unsers Hofrichters, und Assessoren Erkänntniß zu erstatten schuldig, und gehalten seyn.

Titulus VI.
Der Procuratoren, und Redener Eyd.

Die Procuratoren sollen schweren einen Eyd zu Gott, und auf das Heilige Evangelium, daß sie die Partheyen, deren Sache sie auf- und angenommen, mit ganzen, und rechten treuen Herzen meynen, in deren Sache die Nothdurft nach ihrem besten Fleiß und Verstand produciren, fürbringen, schreiben, reden, und handelen, darin wissentlich keinerley falsch, oder Unrecht gebrauchen, keine gefährliche *Dilationes,* und Aufschub zu Verlängerung der Sachen suchen, und begehren, noch die Partheyen solches zu thun, oder zu suchen, unterweisen, Läster- und Schmähung vermeiden, mit denen Partheyen keinerley Geding, einen Theil von der Sachen zu haben, oder zu gewarten, *pactum de quota litis* genannt, machen oder aufrichten, der Partheyen Heimlichkeit, oder Behülf ihnen zum Nachtheil niemanden offenbaren, ehrbare, aufrichtige, und rechte Redlichkeit vor Gericht gebrauchen, über gebührliche, und ihnen von uns, und Unseren Hofrichter, und Assessoren vermachte, oder auch gerichtlich taxirte Belohnung die Parthey nicht beschweren, und wo sie darüber etwas empfangen, solches denenselben zurückzugeben, auch sich der Sachen, die sie einmal zu bedienen angenommen, ohne redliche Ursachen, und sonderliche rechtliche Erlaubniß nicht exoneriren, sondern bey derselben bis zu Ende verharren, und sonst alles andere thun, und lassen wollen, das einem getreuen Procuratoren von rechts wegen, und vermöge dieser Hofgerichts-Ordnung gebühret, treulich, und ohne gefehrde.

Titulus VII.
Von dem Fiscalen, und seinem Amt.

1. Es soll Unser Fiscal, den Wir, und Unsere Nachkommen jederzeit anordenen werden, mit allem getreuen Fleiß seinem Amt vor seyn, wieder die, so entweder an Unserem Hofgericht in Pöen erklärt, oder sonsten, als strafbar, und brücht-fällig anzuklagen befunden, getreulich, und fleißig nach Inhalt folgenden Eyds procediren, die Strafen zu rechter Zeit forderen, und einziehen, darüber beständig Register, und Protocoll halten, und Uns davon jährlichs aufrechte Rechnung thun, und soll der Fiscal nicht allein auf vorgehende Klag, sondern auch für sich selbst von Amts wegen in fiscalische Sachen, und Pöen-Fällen sich seines Amts gebrauchen, und dieselbe einbringen, darzu dann auch aller Gebührt ihme soll verholfen werden.

2. Er soll auch sein Amt, und den fiscalischen Proceß in Person auswarten, oder, da er wegen Leibs-Schwachheit, oder sonsten seiner Gelegenheit nach mit Unsers Hofrichters, und Assessoren Erlaubniß abseyn müste, durch einen geschwornen Hofgerichts-Procuratoren seine Nothdurft in scriptis verhandelen, in seinen mündlichen

Vorträgen sich der Kürze befleissen, und es sonsten alle wege der Ordnung gemäß, wie andere Procuratoren halten, in jeder Audienz zu rechter Zeit erscheinen, die Pöenfälle, und fiscalische Sachen in acht nehmen, und soll am ersten vor anderen mit seiner Proposition gehört, auch in hujusmodi fiscalibis Judicii summarii processus gehalten werden.

3. Was zu Verrichtung fiscalischer Proceß, und Sachen hin und wieder aufgehet, soll jederzeit von des Fisci Gefällen, wie auch Botten-Lohn, und andere nothwendige Gerichts-Ausgaben genommen, und entrichtet werden.

Titulus VIII.
Des *Fiscalis* Eyd.

Unser Fiscal soll schweren zu Gott, und auf das Heilige Evangelium, daß er die an Unserm Hofgericht erkannte, und vorgefallene Geldstraf treulich einforderen, was vor Sachen ihme, als *Fiscali* vorkommen, oder befohlen wird, und von Amts wegen zu verrichten gebührt, mit Fleiß verhandelen, und vollenziehen, seines Amts, und der fiscalischen Sachen halber von den Partheyen keine Gab, Geschenk, und Genuß noch einigen Vortheil selbst nehmen, noch durch jemand anders von seinentwegen erheben, sondern an seiner, ihme von Uns deputirter Besoldung sich begnügen lassen, dieser Ordnung, so viel ihn belangt, sich ganz gemäß verhalten, und in diesem, auch allen anderen alle unverweißliche, und richtige Gebühr erzeigen wolle, ohne gefehrde.

Titulus IX.
Von denen Botten, und derselben Amt.

1. Ferner setzen, und ordenen Wir, daß Unser Hofgericht mit einem, oder zweyen Botten, die ehrbar, und glaubhaft seyn, schreiben, und lesen können, versehen, und durch Unseren Hofrichter darzu angenommen werden sollen.

2. Welche Botten einer, oder beyde jederzeit bey denen Audienzien zugegen seyn, das Zimmer reinigen, eröfnen, und zuschliessen; die Procuratores, oder Partheyen, so verabladet seyn, oder etwas vorzubringen haben, anmelden, und was sonsten vorfällt, so in ihr Amt einschlägt, beobachten, auch wann sie in der Stadt seyn, täglich des Morgens früh bey dem Hofrichter sich angeben.

3. Die Proceß, so ihnen ad insinuandum aufgegeben worden, unsaumlich, damit über ihren Unfleiß Verkürzung beengen, und Nachtheil füglich niemand zu klagen habe, den Partheyen zu handen stellen, und damit solches ohne Auffschub expediirt werde, sollen die Notarii gehalten seyn, die Pedellen bey Extradirung der

Processen dahin anzuweisen, daß sie alsbald bey Verlust ihres Diensts, wann schon nur ein Proceß vorhanden, fortreisen, und die Insinuation verrichten, keinesweges aber, wie bishero vielfältig geschehen, auf fernere mehrere Proceß, und anders ihrer Gelegenheit nach, mit Aufhalt und Gefahr der Sachen warten, und sonsten in Executione sich verhalten sollen, wie hernach sub Titulo 15. verordnet ist.

Titulus X.
Der Botten Eyd.

Solche angenommene Botten, sollen angeloben, und schweren, ihres Botten Amts, und Befehls treulich, und mit Fleiß auszuwarten, die Gerichts-Briefe, so ihnen von Unserem Hofgericht zu verkünden, aufgeben, und befohlen wird, treulich, und fleißig denjenigen, daran sie stehen, und halten, in ihr eigen Person, da sie die betretten mögen, oder in ihr haußerliche Wohnung, auch sonsten nach Anweisung dieser Unser Hofgerichts-Ordnung, oder von Unserem Hofrichter, und Assessoren ihnen ertheilender Instruction ohne einig gefährliches Verziehen zu überantworten, und zu verkünden, Jahr, Tag, und Mahlplatz auf die Proceß zu schreiben, und dem Gericht glaubliche Relation einzubringen, die *Insinuanda* aber anderen, so darzu nicht intereßirt seyn, nicht vorzuzeigen, noch den Inhalt zu offenbaren, auch sonsten alles andere zu thun, und zu lassen, das einem redlichen, und getreuen Botten seines Amts halber zustehet, und sich nach Inhalt dieser Unser Ordnung gebühret, ohne alle gefehrde.

Titulus XI.
Von denen Armen-Partheyen, wie die mit Advocaten, und Procuratoren versehen werden sollen.

1. Damit Unsere Unterthanen, und andere nicht zu klagen haben mögen, daß sie Armuth halber ihren Rechten nicht könnten nachkommen, oder Rechtloß würden gelassen; So wollen wir, da Partheyen aus Armuth dem Advocaten, und Procuratoren, Botten, oder anderen Gerichts-Personen die Belohnung nicht zahlen können, und den Eyd der Armuth, wie der hernach folget, mit guten unverletzten Gewissen, auf vorhergehende ihrer kenntlicher Armuth glaubhaften, und unverdächtigen Schein des Gerichts, oder *Magistratus,* da sie seßhaft, schweren würden, daß sie alsdann zu solchen Eyd sollen gelassen, auch mit obbemeldten Personen gebührlich versehen werden.

2. Welche Armen-Sachen man doch unter die Advocaten, und Procuratoren nicht anders, als gleich, um darin zum Besten zu rathen, und zu dienen, austheilen, darin den einen vor den anderen nicht beschweren, auch denen also die Sachen

befohlen worden, die sollen bey Straf der Entsetzung solche ohne verweigeren anzunehmen, und darin mit nicht weniger Fleiß, als in anderen ihrer vermöglicher Partheyen-Sachen zu dienen, zu rathen, zu meynen, und zu schreiben schuldig seye.

3. Jedoch sollen Unser Hofrichter, und Assessores Achtung geben, ob die angegebene arme Partheyen justam causam litigandi haben, im widrigen ihnen die Befreyung nicht concediren, und da die Sache also bewand wäre, daß die gütliche Handelung zu erreichen seyn mögte, soll dem Gegentheil der Vergleichung halber möglichst zugeredet werden.

4. Und weil die Erfahrung lehret, daß dergleichen Armen-Sachen mehrentheils darum ins Strecken gerathen, weil, wann Insinuationes, oder Verschickungen deren Acten ad Extraneos geschehen, Augenscheine eingenommen, oder sonsten baare Gelder hergegeben werden müssen, darzu keine Mittele zum Vorschuß beym Gericht vorhanden seyn; so ordnen, und wollen wir, daß dieselbe hinführo aus denen vom Hofgericht andictirten, und beytreibenden Brüchten genommen, und damit wie in fiscalischen Sachen vorhin verordnet ist, verfahren werden solle.

Titulus XII.
Der Armen-Partheyen Eyd.

Die dann so arm, und unvermöglich seyn, und solches mit glaubhafter Urkund bescheinen, sollen schweren einen Eyd zu Gott, und auf das Heilige Evangelium, daß sie dermassen arm seyn, und an fahrenden, und liegenden Haab, und Güteren, oder Schulden, so viel nicht vermögen, die Advocaten, und Procuratoren, und des Gerichts Tax, oder Besoldung zu bezahlen, daß sie auch um Leistung dieses Eyds, von ihrem Gut, oder Haab nichts veräussert, oder anderen übergeben haben, und da sie in Rechten obsiegen, oder sonst zu Vermögen kommen würden, alsdann einem jeden seiner Gebühr ehrbare Ausrichtung thun wollen, daß sie auch glauben eine gerechte gute Sache zu haben, und zu diesem Proceß genöthiget, und nicht gmeynt, noch vorhabens seyn, den Gegentheil in unnöthige Unkösten zu führen.

Titulus XIII.
Wer für Unser Hofgericht geladen, auch was für Sachen an selbigem angenommen, und gerechtfertiget werden sollen, und mögen.

1. Setzen, ordenen, und wollen Wir, daß alle Unsere Ritter, und Edelleute, die den Beamten nicht unterworfen, auch Unsere weltliche Räthe, Drosten, Rentemeistere, Gogräfen, Amtleute, und Reichtere mit Weib, und Kinderen, so lange sie in ihren Diensten verharren, auch Städte, Wichbolden, Communen, Gemeinde,

und Gerichte, desgleichen alle andere Personen, so niemand zugethan, noch unter den Unter-Gerichteren sitzen, und wohnen, auch wann von einem Kläger andere Personen beklagt werden wollten, und *diversi fori* wären, sofern sie sonst durch besondere Privilegien, hergebrachte Gerechtigkeit, Gewohnheiten, Verträge, und die *Anno* 1700. von S[eine]r. Hochfürstlichen Gnaden *Hermanno Wernero* Hochseel[igen]. Gedächtniß auf die Ritterschaftliche *Gravamina* ertheilte Erklärung von Unserer, als Landsfürsten, und *supremi ordinarii* Jurisdiction in erster Instanz nicht eximirt, und befreyet, für dieses Unser Hofgericht sollen und mögen geladen, und daselbst gerechtfertiget werden.

2. Es sollen auch die Sachen die ohne Mittel vor Uns ordinariè gehörig (doch Geistliche, und Unsere Lehen, auch Criminal, und Unsere Regierung, Jurisdiction, und Cammer-Güter betreffende Sachen ausbeschieden) wie auch, wann unter denen Unter-Gerichteren gesessene Partheyen in erster Instanz für Unser Hofgericht zu kommen bewilligten, oder andere ausländische Personen solch Unser Hofgericht prorogirten, oder sich sonsten dahin veranlasseten, an diesem Unserm Hofgericht in erster Instanz angenommen, und dieser Ordnung nach rechtlich entschieden werden.

3. Desgleichen sollen allda ventilirt werden, alle, und jede fiscalische Sachen, in welchen Unser Fiscal vermöge der Rechten, und dieser Ordnung nach anzuklagen, und zu forderen Macht hat.

4. Item alle, und jede Appellations-Sachen, so von denen Untergerichteren an Uns, als ordentlichen Ober-Richteren von End- und Bey-Urtheilen, davon die Kaiserliche Rechte zu appelliren gestatten, geschehen, sollen an Unserem Hofgericht, doch wann die Appellatio alsobald, und in continenti nach Eröfnung derselben Urtheil, oder zum längsten innerhalb zehen Tagen in Schriften, und wann von einer Beyurtheil appellirt wird, mit Anzeig der Ursachen, bescheinlich und erfindlich interponirt wäre, angenommen, und darin laut dieser Ordnung verfahren werden.

5. Und ein jeder der also rechtmäßig appellirt, soll seine Appellation in zweyen Monaten, jeden zu 30. Tagen von Zeit der ordentlich interponirten Appellation anzurechnen, an vielgemeldtes Unser Hofgericht anhängig zu machen schuldig sein.

6. Sonsten aber, da das unterlassen, mag der Appellat um Execution bey dem Unter-Richter ansuchen, oder aber vor Unserm Hofgericht erscheinen, auf die Desertion procediren, und um Remißion ad exequendum bitten.

7. Es soll auch der Appellant innerhalb 30. Tagen (welche in dieser Unserer Ordnung durchgehends einen Monat ausmachen) nach eröfneter Urtheil, die ausserhalb Gerichts iterponirte Apellation dem Judici à quo insinuiren, und Apostolos bitten, da jedoch dasselbe wegen der Partheyen Einfältigkeit, oder Unvermögenheit unterlassen wäre, wollen Wir, damit sie in Anbringung ihrer Appellation nicht gefehrdet, noch unversehens die Appellation vor desert geachtet werde, daß Unser Hofrichter, und Assessores solche Apellation, da sie sonsten innerhalb gebührender

Zeit Rechtens interponirt, und in bestimmter Zeit angebracht wäre, jedoch aus erheblichen Ursachen, annehmen, und nicht vor erloschen halten sollen.

8. Da auch jemanden an einem Untergericht das Recht, und Gerechtigkeit kenntlich versaget, oder aber auf andermalig Ansuchen (welches nach Verfliessung eines Monats nach den ersten Suchen geschehen soll) noch über sechs Wochen dieselbe Rechtshülf verzogen würde, soll in solchem Fall, sowohl, als auch

9. Da sonsten die Richtere aus gnugsamer Anzeige partheyisch, oder aus anderen Ursachen das Recht allda nicht zu bekommen wäre, der Kläger bey Unserm Hofgericht um Ladung suppliciren mögen, doch dabeneben respectivè beglaubten Schein, und Urkund des versagten Rechtens zugleich beybringen, oder ad juramentum perhorrescentiae sich offeriren, worauf dann so gebettene Lahdung soll erkannt werden.

10. Und soll hierbey selbiger Supplicant, und Impetrant zuvor mit Bürgen gnugsame Caution leisten, daß er, da die Sache anders, als angebracht, sich befünde, seinem Gegentheil Kösten, und Schaden auf Unsers Hofrichters, und Assessoren Erkänntniß auszurichten schuldig seyn wolle, oder in Mangel solcher bürgerlicher Sicherheit die Eyds-Betheurung darüber zugelassen werden.

11. Ausserhalb diesen Fällen, sollen die Jurisdictiones nicht confundirt, noch einige Sache in prima instantia an diesem Unserm Hofgericht anderer gestalt, als per viam appellationis, revisionis, prorogationis, aut ex capite protractae, vel denegatae justitiae, oder wegen einfallenden Verdacht des Unter-Richters introducirt, und angenommen werden.

Titulus XIV.
Von Processen, so an dieses Hofgericht *in prima Instantia* gehören, und wie die Lahdung und Proceß ausgebracht werden sollen.

1. An diesem Unserm Hofgericht sollen keine Lahdung, oder andere Processen ausgehen, sie seyn dann zuvor durch Unserm Hofrichtern, und Beysitzere Gerichtlich *in Consilio,* oder *extrajudicialiter* vom Hofrichter, in wichtigen Sachen aber mit Vorwissen deren Beysitzer auf Ansuchen des *Principalis,* oder eines Hofgerichts geschwornen *Procuratoris,* der alsbald seinen Gewalt vorgelegt, oder *sub manu & Sigillo suo* schriftliche Caution *de rato,* denselben gewiß *in termino reproductionis* vorzubringen, oder da dasselbe nicht geschehen könnte, bey Zeiten um Prorogation zu bitten, geleistet, erkannt, und zu extrahiren anbefohlen worden.

2. Würde aber der Procurator solche Caution nicht einbringen, sondern in der Sache weiters verfahren, und sine mandato in einem Substantial-Puncten beschliessen, soll er expensas morae & retardatae litis, nec non damna judicio, & partibus illata von dem seinigen erstatten, und nach ermessen gestrafet werden.

3. Supplica pro processibus, wie auch alle Producta judicialia, und Schriften sollen gedoppelt, oder nach Anzahl der Beklagten mehrfach in offener Form mit beyder Partheyen übergeschriebenen Namen, eingerichtet, was es für Sachen, und Klagen concernirt, auch in welchen Puncten gehandelt wird, ob es nemlich eine Causa mandati, simplicis querelae, appellationis, injuriarum realium, & verbalium &c. sey, Item, ob es in puncto cautionis, legitimationis, aut responsionum beruhe, dabey verzeichnet, und da eine Parthey mehr Sachen hätte, eine von der anderen klar, und richtig unterschieden werden.

4. In fall auch Documenta, und Beylagen zugleich mit eingegeben werden, sollen dieselbe mit einer deutlichen kurzen Intitulatur überschrieben, und numerirt, oder mit Buchstaben notirt, sonsten aber nicht angenommen werden.

5. Desgleichen wollen Wir, daß die an Klägers Seiten zu Anfangs producirende Schriften, mit keinen anderen Inscriptionibus, oder Titulis, als, supplicatio pro citatione, mandato de solvendo &c. oder summarische Klage an Seiten des Beklagtens, und respectivè des Klägers in ipso processu aber Exceptiones, replicae, duplicae, oder da praecedente causae cognitione nach Anweisung Tit. 21. & 22. weitere Schriften zugelassen würden, triplicae, quadruplicae, oder Conclusiones nominirt werden, hingegen alle andere Titulaturen, als Anzeige, Gegen-Anzeige, Ablehnung, kurze Recapitulationes, oder wie es sonsten Namen haben mag, bey Straf der Verwerfung verbotten seyn sollen.

6. Es soll auch der Producent in der Ueberschrift, an wessen Seiten die Schrift übergeben, mit Namen melden, als wann der Kläger seine erste Schrift exhibirt, titulirt er dieselbe auf Maasse, wie obstehet, und setzet darneben ausdrücklich

A[nwa]ldts *N. N.* Klägers
Contra
N. N. Beklagten

Der Gegentheil, oder Beklagter inscribirt dargegen seine schriftliche Nothdurft

Exceptiones
N. N. Beklagten
In Sachen
N. N. Klägers
Contra
N. N. Beklagten

Und so fortan, welches in allen Sachen, bis zu gänzlicher Ausführung, sowohl in *primâ,* als *secundâ Instantiâ* unverändert gelassen werden soll, alles bey willkührlicher Straf dem *Procuratori* aufzulegen; es mögte sich dann *ratione rerum, & personarum* eine merkliche Veränderung begeben, alsdann kann solches, jedoch mit wenig Worten dabey gesetzet werden.

7. Es soll auch, wann die Klage, oder Supplication alsbald mit allen ihren Beylagen gedoppelt, oder mehrfach nach Vielheit der Citirten übergeben, solches alles dem Beklagten zugleich insinuirt werden, damit er sich in diesen allen woll ersehen, und reiflich bedenken könne, ob er diesfals weichen, oder in dem Proceß verfahren wolle.

8. Die Klage soll nicht articulirt, sondern allein summarischer weise verfasset seyn, und darein das Factum kurz, und nervosè, jedoch deutlich, und distinctè auch da dem Klägeren beliebet, oder der Sachen Weitläufigeit, und Umstände es forderen, puncten-weise narrirt werden, mit angehengter Conclusion, und Bitte, den Gegentheil nicht allein zu citiren, dafern dasselbe durch eine besondere Supplic nicht geschehen, sondern auch zu condemniren, und allezeit clausula salutaris subnectirt werden.

9. Wäre es auch eine Schuldsache, oder sonsten der Handel also beschaffen, daß mandata solvendi cum, vel sine clausula, oder andere remedia executiva von Rechtswegen erkannt werden könnten, so soll in der Supplic pro decernendis hujusmodi mandatis die Ursachen, warum solches also geschehen könnte, oder müste, deducirt, und ausgeführt werden.

10. Denen Citationibus soll die Erscheinigung peremtoriè, zu geschehen, einverleibt, und die darin bestimmte Zeit dermassen erlängert werden, daß der Geladener von seiner Behausung an das Gericht bequemlich erscheinen könne.

11. Wären aber mehr dann eine Person zu einer Sache verwandt, die nicht an einem Ort gesessen, nach denen allen eines Tages die Citation mögte überantwortet werden, alsdann soll eine nahmlich geraumere Zeit und Tag, auf welchem sie erscheinen mögen, von Unserm Hofgericht angesetzet, und benennet werden.

12. So dann ein Procurator von vieler Mit-Consorten wegen sich einlässet, soll er aus denen einen, sonderlich den ersten, jedoch mit dem Anhang, und anderen in der Lahdung bestimmter anzeigen, und folgends in dem Proceß bey solcher erster Intitulation, und Nomination verbleiben.

13. Würde er auch nicht wegen aller in citatione benennter erscheinen, soll er nur diejenige, davon er bestellet, zu bennen haben.

14. Ferners soll in allen Citationen, welchergestalt, oder in was Form, die ausgehen, zu Ende gesetzet werden, daß die geladene der Sachen, in allen ihren Terminen, und Gerichtstägen, bis nach endlichen Beschluß, und Urtheil auswarten sollen.

15. Item alle Compulsorial- Inhibition- Sequestration- Executorial- und andere dergleichen Mandata, sollen nach Gelegenheit der Sachen, und ziemlichen Ermessen Unsers Hofrichters, und Assoren [sic!] verpönet werden.

16. Und da einer dem ersten Gebott, oder Verbott nicht parirte, und auf seinen Ungehorsam arctiora mandata ausgiengen, so soll die Straf, darin er vermög voriger Mandaten, und Proceß gefallen, durch die Nachfolgende nicht aufgehoben,

sondern eine jegliche zu rechtfertigen, vorbehalten seyn, auch davon in folgenden Processen besondere Meldung geschehen.

17. Es mag auch von der Parthey, die solche erste Gebots-Briefe erlangt, neben den arctioribus, Lahdung wider den Ungehorsamen gebetten werden, zu erscheinen, um zu sehen, und anzuhören, sich, in die vorhin angedrohete Straf gefallen zu seyn, zu erklären, oder Ursache anzuzeigen, warum das nicht geschehen solle.

18. Solche Poena, und Buße eines jeden Processen soll völlig Unserm Fisco anfallen, und zugeschrieben, auch unerläßig beygefordert, und entrichtet werden.

19. Da von End-Urtheilen appellirt, soll dem Appellanti auf sein Anhalten neben der Lahdung, Inhibition, aber in Appellation von Bey-Urtheilen oder anderen Beschwerden, die ehe nicht ertheilt werden, es seye dann zuvor durch rechtliche Erkänntniß selbige Appellation-Sache dahin devolvirt, und erwachsen.

Titulus XV.

Wie und welcher Gestalt die ausgegangene, und erhaltene *Processus*, und Lahdung verkündiget, und exequirt werden sollen.

1. Wann nun selbige Proceß von Unserm Hofrichter, und Assessoren erkannt, und erhalten, sollen dieselbige durch einen geschwornen Hofgerichts-Boten gebührlich exequirt, und verkündiget werden, und sonderlich, da dieselbe gegen eine privat, und einzige Person ausgehen, soll der Bott an den Ort, da derjenige, gegen welchen der Proceß ausgangen, sein *Domicilium,* und Haushaltung hat, sich verfügen, und ihme getreulich nachfragen, und so er ihn persönlich haben mag, darab eine gleichlautende, durch Unsern Gerichts-*Notarium* unterschriebene Copey, nach Vorzeigung des *Originalis* überreichen, das Original aber wieder zum Gericht einbringen, oder dem, so es ausgewürket, oder auch dessen *Procuratori* zustellen, jedesmal auch auf die insinuirte Abschrift das *datum insinuationis* zu der Partheyen Nachricht notiren.

2. Soferne aber mehr Personen dem Proceß einverleibet, soll ihrer jeden, deme die Verkündigung geschicht, eine besondere Copey überantwortet, und ferner verfahren werden, wie in *§pho praecedenti* vorgeschrieben ist.

3. Wäre es aber Sache, daß der Botte ohne still-liegen bey die Parthey nicht kommen mögte, soll er die Proceß in der Partheyen gewöhnliche Behausung, doch nicht einem Kinde, sondern seiner Hausfrauen, oder einem andern beständigen Hausdiener zustellen, mit Befehl die aufs fürderlichste denen Citirten zu überantworten, oder nachzuschicken, um Kösten, und Schaden, so sonsten daraus erfolgen mögten, zu verhüten.

4. Begäbe sich nun, daß niemand solche Proceß von dem Boten annehmen wolte, soll er die in des citirten Hause liegen lassen, doch in Beyseyn eines aus dem

Hausgesinde, oder wo das Haus vor ihme geschlossen, und er nicht eingelassen werden, noch jemand zugegen seyn wolte, oder würde, soll der Botte ein, oder zwey der Nachbaren, sofern er dieselbe ungefehrlich haben mag, zu sich berufen, und die Proceß, in deren Beyseyn an das Haus kleben, oder anschlagen, oder auch, da solcher Zeugen in der Nähe bey dem Hause keiner zu bekommen, mag er ohne die Zeugen die Processen, wie jetzt gemeldet, an das Haus stechen, festen, und daselbst verlassen.

5. Und soll darauf der Bote solche seine gethane Execution auf das Original. an welchem Tage nemlich, Monath, und Jahr, auch ob die unter Augen des Citirten, oder in sein Hauß, und welchergestalt sonsten die geschehen, und wer die Processen von ihm empfangen, desgleichen seinen Namen, auch desjenigen, deme er die Verkündigung gethan, alles ordentlich, und aufs kürzeste aufschreiben, und davon, wie obstehet, Relation thuen.

6. Da einige Proceß wider Prälaten, Abten, Prälatinnen, Abtißinnen, und dergleichen Geistliche Personen ausgehen, soll der Bote denselben Prälaten, oder Prälatinnen suchen, und so er die einheimisch findet, ihnen alsdann solche Briefe, oder Proceß obgemeldter maßen unter Augen verkündigen, oder aber, wo der Prälat, oder die Prälatinne nicht vorhanden, oder der Bot selbst ohne still-liegen, persönlich zu ihnen nicht kommen könnte, die Briefe, oder Proceß dem Vorweseren, oder sonsten einer Befehlhabender, und keiner unachtsamen Personen überantworten, es wäre dann, daß dieselbe auch nicht beyhanden, oder solche Processen anzunehmen, weigeren würden, auf welchen Fall mag man die dem Pörtner geben, oder an das Thor stecken, oder davor augenscheinlich liegen lassen.

7. Würden nun die Processen wider Bürgermeister, und Rath einer Stadt, oder Flecken ausgehen, soll er sich dahin verfügen, und dafern er den Rath daselbst versammlet findet, die Proceß dem sitzenden Rath ostenso originali in Abschrift überantworten, wo aber der Rath nicht gleich versammlet, und dem Boten, allda zu verharren, ungelegen, soll er sich bey dem Bürgermeister, oder Vorweser des Amts angeben, mit Begehren den Rath, oder deren etliche zu ihm zu rufen, und so das geschicht, soll er dem Bürgermeister in Beysein derselben Raths-Freunden, die Verkündigung thun, würde es ihm aber abgeschlagen, das doch nicht seyn soll, so soll er die Proceß denen Bürgermeisteren, oder Vorweseren allein überantworten, oder wo die auch nicht wollen angenommen werden, die Proceß vor ihn legen, und davon gehen, jedoch ausserhalb der Stadt, ob er gleich den Bürgermeister, und etliche des Raths anträfe, soll der Bote die Proceß, oder Citation nicht verkündigen, sondern die Execution obberührter maßen in der Stadt, oder Flecken thun, und darauf die Execution mit Verzeichniß der Namen, und Zunamen des Bürgermeisters, oder Vorwesers, und des Raths, die er zu ihm gefordert, mit allen begegneten Umständen nach dieser Ordnung auf die Processen fleissig schreiben, und also alles in seine Execution, und Relation bringen.

8. Da wider eine ganze Gemeinde Proceß ausgehen, die sollen dem Bürgermeister, und Rath, wie oben gemeldet, verkündiget werden, und weilen in des Boten Macht nicht stehet, eine Gemeine zu berufen, auch nicht zuversichtig, daß dieselbe auf sein Begehren, sich versammlen werde, so soll der Bot die Proceß an das Rathhaus daselbst, oder wo des Orts keines vorhanden, an die Pfarrkirchen, oder sonsten an einem anderen offenen gemeinen Ort anschlagen, und darauf seine Relation, wie, und welchergestalt er solche Execution gethan, obermeldter maßen ordentlich einschreiben.

9. Wann sich auch begebe, daß einem Gerichte Processe, Mandata, oder dergleichen zu verkündigen wären, so soll der Bote, dieselbe dem ganzen Gerichte, sofern es bey einander wäre, an selbigem Ort verkündigen, wäre aber das Gericht nicht beyeinander, soll der Bot an dem Ort, da das Gericht gewöhnlich besessen, und gehalten wird, nach dem Richter, Rentmeister, Amtmann, Vorweseren, oder ältesten des Gerichts fragen, demselben anzeigen, daß er Briefe dem Gericht zu insinuiren hätte, mit Begehren zwey, oder drey des Gerichts zu ihme zu nehmen, und so das geschicht, soll er in deren Gegenwart die Verkündigung, wie obgemeldt, verrichten, wo ihm aber das abgeschlagen würde, alsdann dem Richter, Rentemeisteren, Amtmann, Vorweseren, oder ältesten des Gerichts dieselbe überantworten, oder da deren keiner die Processe annehmen wollte, die für ihnen legen, und davon gehen, aber die Execution wie er dieselbe dießfals verrichtet, verzeichnen, und damit handelen, wie obstehet.

10. Ferner, so einem ganzen Kirspel Processen zu verkündigen wären, soll die Verkündigung dem Pastorn, oder seinem Capellan geschehen, mit Anmahnung, auf den nächstfolgenden Sonntag, oder Feyrtag den Kirspels-Leuthen von der Canzel, Copey des ausgegangenen Processes, die er zu dem Ende bey ihme zu verlassen, öffentlich abzulesen, und zu verkündigen, um sich darnach wissen zu richten, und soll gleichwohl zu mehrer, und völliger Execution durch denselben Boten noch eine Copey an die Kirchthür solches Kirspels mit aufgeschriebener Execution angeschlagen werden.

11. Trüge es sich zu, daß Edicta, und offene Briefe zu verkündigen wären, wie geschicht, wann der Citirte keine eigene sonderbare Behausung, und Wohnung hat, nirgends bleiblich gesessen, oder in eigener Person nicht wohl, noch sicher ist anzutreffen, alsdann soll der Bote dieselbige an den Orten, die in solchen Edicten, und Briefen benennt, oder aber sonst, wie er durch Unsern Hofrichter, und Assessoren dessen beschieden würde, öffentlich anschlagen, und die Execution laut dieser Ordnung verzeichnen.

Titulus XVI.
Von Mandaten, und in was Fällen die ohne, oder mit der *Justificatori*-Clausul erkannt, und wie darin procedirt werden soll.

1. *Mandata cum Clausula seu Monitoria,* mögen erkannt werden in Sachen, belangend Reichs- oder sonsten Lands- und andere eingewilligte Steuren, und Schatzungen, Unsers *Fisci* Gefällen, auch wann um gedingt, und verdient Lohn, verschienene, und versessene Jahr Gulden, Zins, und Pfacht, *item* wegen geliehen Geld zu borg, und auf Handschriften, und dergleichen kenntliche Forderungen geschehen.

2. In diesen, und anderen klaren Mandat-Sachen cum clausula, wann Reus denselben kein Begnügen thut, soll mandatum secundum mit der Commination erkannt werden, daß sonsten die Klage vor bekannt anzunehmen, welchen zweyten Mandato citatio ad docendum de paritione zu annectiren, da dann Beklagter abermals ausbleibt, soll es in Sachen, die nicht über 20 Thaler sich betragen, bey dem Mandato gelassen, und auf dessen Commination endlich erkannt, in Sachen eines höheren Werths aber tertium mandatum vorher annoch ausgelassen werden.

3. Mandata sine clausula können erkannt werden, wann die Sache von ihr selbst von Recht, oder Gewohnheit wegen verbotten, und wo die begangen, auch ohne weitere Erkänntniß für straf- und unrechtmäßig zu halten, oder da dadurch dem anrufenden Theil eine solche Beschwerung zugefüget, die nach begangener That nicht wieder zu bringen sey, noch einigen Verzug zu erleiden haben mögten, oder da die Sache wider den gemeinen Nutzen wäre, in solchen, und anderen dergleichen Fällen, da vermög der gemeinen Rechten *à praecepto* ohne vorhergehende Erkänntniß angefangen werden mag, können Unser Hofrichter, und Assessores mandata sine clausula (doch nur gegen die, so Unserm Hofgericht immediatè unterworfen) erkennen, aber ehe, und bevor das geschicht, soll durch Schrift, oder duch andere glaubliche Anzeig der geklagter Handel in etwa, so viel gestalten Sachen nach möglich beschienen, und verificirt seyn, welchem dann ohne einige Wiederred, dafern keine sub- & obreptio mit Bestande dawieder beygebracht, ohne Verzug, und Weitläufigkeit, und zwarn nach Entlegenheit der Oerter intra triduum, oder anderen pro arbitrio judicis anberahmenden Terminum parirt, oder darauf wider die Verbrecher, Uebertretter, und Ungehorsame auf die comminirte Pön, wie sich dieser Ordnung, und den Rechten nach begühret, procedirt werden soll.

4. Es soll gleichwohl solche Parition keinem Theil zu Vortheil, oder Präjudiz ihres habenden Rechtens tam in possessorio, quàm petitorio gereichen, deswegen alle der Restitution untergesetzte Stücke beygehalten, nicht deteriorirt, noch in andere Hände gebracht, oder sonsten die rechtsförmige ordentliche Recuperation, und befugte Wieder-Erlangung praevi*â* causae cognitione, dem parirendem Theil schwer gemacht werden.

5. Dafern jedoch der Impetrant, oder jemand anders durch die geklagte That in Schaden gerathen wäre, soll Beklagter denselben cum omni causa, & interesse zu erstatten schuldig seyn, und der Beschädigter auf beygebrachte, und, so viel füglich geschehen kann, bescheinigte Designation, wann selbige durch den Hofrichter, und Assessoren nach Befinden taxirt, in odium facti nullo jure justificabilis ad juramentum in litem verstattet, und ihme darauf sothane Quantität adjudicirt, und executivè beygebracht werden.

6. Zu dem Ende, und damit keiner an seiner Indemnisation einiger gestalt durch Unvermögenheit, und sonsten anderer Hinderung halber verkürzet werde, soll jedwederen, sonderlich aber den geringen, und schlechten Leuten ihre Sachen dem Fisco anzutrauen, und demselben darzu Vollmacht zu ertheilen, frey stehen, er aber dieselbe anzunehmen, und sowohl zu der Partheyen, als eigenen Interesse zu treiben, und auszuüben gehalten seyn.

7. Wollte aber in angeregten Fall der Theil, gegen welchen solche Mandata ausgegangen, nach gleisteter Parition, oder da er ob Contumaciam in poenam erklärt, nach deren Abrichtung, und würksamer Vollenziehung dessen, was gebotten worden, dagegen etwas fürträglich einbringen, das solle ihme an Orten, da sichs ordentlicher Weise gebühret, zugelassen, der Wider-Part darüber gehört, und auf beyder Theil fübringen, was billig, und recht gehandelt, und erkannt werden.

8. Sollte sich dann bey solcher Cognition befinden, daß der Impetrant keine befugte Ursachen zu klagen gehabt, und seinem Gegentheile wider Recht vorsetzlichen Schaden, und Kösten aufgebürdet, der Beklagter aber daran kein Schuld hätte, soll derselbe in poenam temerè litigantium, und zu Erstattung aller Kösten, und Schadens verdammet, und angehalten werden.

9. Wann einer gegen seine ohnmittelbare Obrigkeit Klagten einführen würde, sollen Mandata sine clausula nicht leicht erkannt, sondern zuvordrist an die Obern um Bericht geschrieben werden.

10. Dafern aber Beklagter exceptiones sub- & obreptionis beständig einzuwenden hätte, soll er dieselbe in termino docendi de paritione mandato sine clausula annexo würklich einzubringen, schuldig seyn, und solche von Unserm Hofrichter, und Assessoren examinirt werden, wann dann dieselbe von dem Referenten unerheblich, und für frivol erkannt, also daß sie deswegen nicht anzunehmen, so soll zu Gegen-Handelung kein fernerer Terminus angesetzet, sondern der Beklagter ad parendum per sententiam angehalten werden, es wäre dann Sache, daß ihme in puncto paritionis ein nochmaliger Terminus angesetzet würde, auf welchen Fall vermög des letzten Reichsschlusses de Anno 1654. und Deputations-Abschieds de Anno 1600. alsbald der ersten paritoriae, nicht allein declaratio poenae eventualiter anzuhenken, sondern auch die arctiores wegen nicht beschehener parition ohne ferner anrufen ausgefolget werden sollen.

11. Auf den Gegenfall aber, da die Exceptiones vor erheblich, und relevant geachtet würden, soll darauf der Kläger ad replicandum per interlocutoriam zugelassen, oder auch ihme von Amts wegen, da er dazu keine Zeit gebetten, ein gewisser Termin, um mit der Probation zu verfahren, bestimmet, über die Replic aber keine fernere Schrift, oder Handelung, doch salvo Judicis arbitrio, verstattet werden.

Titulus XVII.
Wie der Kläger, oder sein Anwald, auch der Beklagter auf den angesetzten ersten Termin in Recht erscheinen, und handelen soll.

1. So viel demnach den ersten in ausgegangener Lahdung anbestimmten Tag belangt, soll darauf der Kläger selbst, oder durch einen aus den geschwornen Procuratoren erscheinen.

2. Und wann der Kläger selbst kommt, soll er zu Fundirung des Gerichtszwangs die ausgegangene Lahdung, Mandat, oder Proceß mit ihrer Execution einbringen, sich auf die übergebene Klage referiren, und des Citirten erscheinen, wie auch Handelung vernehmen.

3. Wann er auch selbst nicht, sondern durch einen Anwald allein erscheinet, soll derselbe Anwald sein Mandatum Procuratorium, wann es bey Ausziehung der Processen nicht exhibirt, neben obbestimmter Lahdungs-Execution einlegen, vorbringen, und daneben gleichmäßig, wie jetzt gesagt, verfahren.

4. Es soll auch Kläger alsdann die briefliche Documenta, und andere Probatorien, die er der Supplic pro processibus beygelegt, an statt des Beweises repetiren, und deren Documenten Recognition bitten.

5. Hätte aber der Kläger bey Ausziehung der Processen keine Documenta beygelegt, soll ihm dasselbe allnoch auf diesen Termin zu thun, oder sich sonsten in andere Wege mit dem Beweißthum gefast zu machen, freystehen, er kann auch solches alles, bis Beklagter mit seiner Verantwortung eingekommen, dahin auf den zweyten Termin verschieben.

6. Dagegen soll Beklagter, oder dessen mit gnugsamer Vollmacht erscheinender Procurator, wann er exceptionem fori declinatoriam beständig einzuwenden hätte, dieselbe abgesondert, übergeben, oder da selbe nicht vorhanden, sondern andere dilatoriae, oder peremptoriae exceptiones vorgebracht werden wollten, selbige praecisè alle sämtlich mit einander auf einmal schrift- oder mündlich vorbringen, mit dem Anhang, so jemand deren eine, oder mehr, oder sie alle unterlassen würde, daß ihm hernacher der Weg solches zu thun, oder vorzubringen benommen seyn solle.

7. Daneben soll Beklagter auch in eodem primo termino auf die Klage, vorgebrachter verzöglicher exceptionum ungeachtet, hauptsächliche Verantwortung denen Exceptionibus eventualiter annectiren, auch bey deren Exhibition oretenus litem ineuntem contestiren.

8. Es soll aber Beklagter, wann exceptio fori declinatoria eingewandt, vor Erörterung solchen puncti sich in der Hauptsache einzulassen nicht verbunden seyn.

9. Maßen dann auch solche eventual hauptsächliche Handelung, wann die Exceptiones erheblich befunden werden, ganz unnachtheilig seyn sollen.

10. Würde der Beklagter wegen Wichtig- und Weitläuftigkeit der Sachen über angewandte Mühe, und Fleiß mit der hauptsächlichen Handelung nicht fertig werden können, solle ihme solches zu entschuldigen, und prorogationem termini, doch ohne gefehrde zu bitten, erlaubt seyn, jedoch solchergestalt, daß er die Ursache solcher Prorogation nach Erkänntniß Unsers Hofrichters, und Assessoren eydlich zu betheuren, erbietig, und gefast sey.

11. Die Verantwortung in der Hauptsache soll kurz, nervosè, und deutlich, auch unterschiedlich, und klar, ob, und warum das Factum anders, als vom Kläger vorgebracht, und wie es sich eigentlich verhalte, specificè, und auf jeden Punct mit allen seinen Umständen vorgebracht werden, daß also nicht nöthig, articulos peremptoriales, elisivos, und andere dergleichen, als welche allerdings ausserhalb der Satz-Articulen, und Probatorialen in dem Reichs-Abschiede de Anno 1654. und dieser Unser Constitution wegen Aufhalt der Sachen, welcher dadurch vielfältig causirt wird, caßirt, und abgeschaffet seyn, zu übergeben.

12. Dafern Kläger in Extrahirung der Processen alsbald seine habende Documenta, Verträge, und letzten Willen, und andere Probatoria beygelegt, und dieselbe dem Beklagten in authentica Copia insinuirt, soll er auch auf dieselbe in diesem ersten Termin die Nothdurft zu verhandelen, schuldig seyn.

13. Wo aber Kläger solche Urkunden in hoc primo termino erst einbrächte, kann der Beklagter Abschrift, und Zeit dargegen zu handelen, bitten, soll gleichwohl auf die Klage zu antworten, schuldig seyn, auch in puncto regognitionis auf des Klägers erforderen, recognoscendo, vel diffitendo, unter gewöhnlichem Präjudiz, und Strafe sich vernehmen lassen.

14. Da auch Beklagter den Klägern zu reconveniiren gemeinet, soll er dasselbe in diesem Termin thun.

15. Was nun der Beklagter solchergestalt eingebracht, das soll dem Klägeren communicirt werden, um dargegen seine Nothdurft zu exhibiren.

Titulus XVIII.
Wie in der Hauptsache nach eingebrachtem Gegenbericht die Partheyen zum gütlichen Vergleich angemahnet werden sollen.

1. Wir setzen, ordenen, und wollen auch, daß Unser Hofrichter, und *Assessores* sobald Beklagter seinen Gegenbericht in der Hauptsache übergeben, nach Anleitung des Reichs-Schlusses *de Anno* 1654. § zweytens 110. zum gütlichen Vergleich einen Tag ansetzen, sonderlich wann es Sachen von keiner grossen Wichtigkeit seyn, oder dieselbe *pias Causas, injurias,* Wittiben, Weysen, und sonsten *miserabiles personas,* oder nahe Anverwandten betreffen, damit dadurch Zeit, Unkösten, Verbitterung, und andere Inconvenientien verhütet werden.

2. Damit auch Unser Hofrichter, und Assessores wissen, ob die Sachen also bedeuteter maßen beschaffen seyn, soll Notarius Causae die vom Beklagten übergebene Handelung cum terminis protocollaribus einem aus denselben alsobald des anderes Tages präsentiren, um dieselbe durchzusehen, und nach Befindung die Citation zum gütlichen Verhörs-Tage alsobald zu decerniren, den Terminum auch bis dahin auszusetzen, daß Kläger seine wider des Beklagten übergebene Verantwortung, und hauptsächlichen Gegen-Bericht habende Replic, und Gegen-Nothdurft verfertiget, damit dieselbe bey dem Vergleich auch beobachtet, und so viel debälder die Sache und Transaction ihren Fortgang haben könne.

3. Zu mehrerer Facilitirung des gütlichen Vergleichs, sollen die Partheyen beyderseits in Person neben ihren Advocaten, sich unfehlbar einstellen, damit nicht die Procuratores wegen eingeschränkter Vollmacht, oder Mangel nöthigen Berichts sich zu entschuldigen Anlaß nehmen, und dahero der Verhörs-Tag umsonsten angesetzet sey.

4. Da aber der Kläger durch Gottes Gewalt in Person zu erscheinen, verhindert würde, soll er durch genugsam instruirte Bevollmächtigte sich zu sistiren, und einzulassen, schuldig seyn.

5. Es sollen auch die Partheyen ihre zu Sachen dienliche briefliche Urkunden mit sich bringen, oder da es auf ein Zeugen-Verhör, oder Einnehmung des Augenscheins bestehen sollte, alsdann auch wenige und kurze bloß auf das Factum gerichtete Articul, bey der Hand haben, damit dieselbe auf bedürfenden Fall bey der Handelung können übergeben werden, und man sich wegen Anordnung des Zeugen-Verhörs, oder worauf der Augenschein eigentlich anzustellen, darnach zu richten haben möge.

6. Gleichergestalt, wann die streitige Sache, Gränzen, Hude, Trift, Weyde, Jagden, Fischerey, oder dergleichen betrift, so soll sowohl der Kläger als Beklagter schuldig seyn, einen deutlichen Abriß des streitigen Orts beyzubringen, auf daß man sich in facto eigentlich daraus informiren, und alsobald die Sache nach Befindung schleunig erörteren, oder die etwa nothwendig befindende Zeugen-Verhör, oder Einnehmung des Augenscheins darnach verordnen könne.

7. Damit auch Unser Hofrichter, und Assessores von der Sachen in termino nothdürftig informirt seyn, und so viel debesser dienliche Mittel und Wege, auch scheidliche Erinnerung vorschlagen können; So soll Notarius bey Vermeidung willkührlicher Strafe, alle Handelungen ein paar Tage vor angesetzten Termino Unserem Hofrichter wiederum präsentiren, oder denselben dessen errinneren, auch dafern Kläger auf des Beklagten hauptsächlichen Gegen-Bericht seine Replic übergeben, oder damit fertig wäre, dieselbe dabey fügen, daß sie wiederum durchgesehen werden können.

8. Und soll Notarius Causae die angesetzte Tag-Leistung allemal anschreiben, und davon zeitig avisiren.

9. Wann einer, oder ander Theil aus ehehaften Ursachen verhindert, und dadurch veranlasset würde, die angesetzte Diaetam abzuschreiben, so soll dasselbe so zeitig geschehen, daß es dem Gegentheil vorhin, und ehe er sich auf die Reise begiebt, insinuirt werden könne, welches dann auf des abschreibenden Theils Unkösten, und Beförderung geschehen soll.

10. Im Fall aber dasselbe verabsaumet wurde, soll er dem in termino erscheinenden Theil die verursachte Unkösten, jedoch auf Richterliche Ermäßigung alsofort, und vor einiger weiterer Handelung, auch ohne Remißion ad punctum expensarum, zu erstatten schuldig seyn.

11. Sollte aber die Güte bey den Partheyen nicht zu erhalten seyn, gleichwohl die Sache bey dem Verhör, und eingenommenen genugsamen Bericht in so klaren Terminis befunden werden, daß es keiner ferneren weitläuftigen Ausführung bedörfte, sondern durch einen rechtlichen Bescheid wohl erlediget werden könne; So sollen sich Unser Hofrichter, und Assessores darüber alsbald vergleichen, den Bescheid aufsetzen, und publiciren, aber vorher die Parthey nochmals vor sich forderen, und ihnen solches zu verstehen geben, und ferner die Güte versuchen, mit der Erklärung, da sie solche nicht annehmen wollten, daß in omnem eventum mit der Publication verfahren werden sollte, darüber sich auch keiner mit Fuge zu beschweren hat, weilen der Citation pro tentanda concordia diese Clausul annectirt werden soll, daß in Entstehung der Güte, nach Befindung rechtlicher Bescheid erfolgen solle.

12. Es sollen aber bey gütlichen Vergleichen Unser Hofrichter, und Assessores ihr Absehen dahin sorgfältig stellen, damit die, eine öffentlich ungerechte Sache führende Parthey zu demselben nicht gelassen, noch der Recht habender Theil damit beschwert, noch auch die Justiz wider des anderen Theils Willen verzogen werde.

13. Sie sollen auch die Vorsichtigkeit gebrauchen, damit nicht ein, oder ander Theil dabey zur Ungebühr übereilet werde, wie dann auch auf solche Maße nicht definitivè gesprochen werden soll, es seyn dann geringschätzige Sachen, oder richtige, und agnoscirte Siegel, und Briefe, Confessiones partium, oder sonsten dergleichen genugsame Ursachen vorhanden.

Titulus XIX.
Wie in Entstehung der Güte, im zweyten Termin Gerichtlich zu verfahren.

1. Wann die Partheyen zu der Gütigkeit nicht zu bewegen, oder auch kein gütlicher Verhörs-Tag angesetzet, soll der Kläger gegen des Beklagten eingebrachte *Exceptiones dilatorias,* und denselben angehengten eventual hauptsächlichen Gegen-Bericht, und andere vorhin übergebene Handelungen in diesem zweyten Termin seine Replic-Schrift , Gegen-Deduction, und Nothdurft exhibiren, und zu Beweisung dessen, was ihme von Beklagten negirt, so viel nöthig, bereit seyn.

2. Und wann er solchen Beweisthum mit brieflichen Documenten zu erstatten vorhabens, selbige aber vorhin bey Extrahirung der Processen, oder auch bey deren Reproduction nicht exhibirt wären, soll er dieselbe zugleich produciren, und deren Recognition bitten, auch sonsten der Sachen, und des Facti halber fernere schriftliche Ausführung thun.

3. Will er aber sein Intent mit des Beklagten eydlicher Antwort, und in eventum negationis mit lebendiger Kundschaft verificiren, und darthun, soll er etliche kurze Positional, oder Probatorial-Articulen ohne Ueberfluß, oder Weitläufigkeit, aus der Substanz des Klag-Libels gezogen, eingeben, und des Beklagten eydliche Antwort darüber praevia juratâ repetitione, oder proessus contra testes begehren.

4. Und im ersten Fall soll der Beklagter, oder Antworter einen jeden deroselben Articulen durchs Wort wahr, oder nicht wahr, so viel seine eigene Geschichte betrifft, so viel aber fremde Geschichte belanget, durch das Wort glaube wahr, oder nicht wahr, ohne allen Anhang, purè & simpliciter beantworten, sonsten die anders beantwortete Articulen für Gerichtlich gestanden, und die Responsiones pro puris angenommen werden, auch der ander Theil zu keinem ferneren Beweis gehalten seyn.

5. Es soll aber zu des Klägers Willkühr stehen, die Responsiones also zu erfoderen, oder alsobald zum Zeugen-Verhör zu schreiten.

6. In diesem Termin soll der Kläger auch auf die Gegen-Klage, da einige eingeführt, auf Weiß, und Manier, wie daroben von der Antwort auf die Klage gesetzet ist, seine Responsiones einbringen.

Titulus XX.
Was weiter im dritten Termin zu verhandelen.

1. Auf diesem dritten Termin soll der Beklagter *in puncto* der verzüglichen Einreden, und Eventual Gegen-Berichts in der Hautsache, und andere *in primo termino* übergebene Handelungen mit seiner Duplic-Schrift einkommen, und da ihme

dießfals etwas verneinet, gleichergestalt mit dem Beweisthum gefast erscheinen, und wann er denselben mit schriftlichen Documenten, Register, oder anderen Urkunden, oder auch mit des Klägers eydlicher Antwort, und lebendigen Zeugen zu erstatten gemeinet, gleichfals gewisse *Articulos* eingeben, und darauf procediren, und verfahren, wie vor des Klägers Beweisthum gesetzet, und verordnet ist.

2. Es soll auch der Beklagter in diesem dritten Termino in puncto reconventionis auf des Vorklägers eingekommenen Gegen-Bericht, und rechtliche Antwort seine Replic-Schrift, Beweisthum, und andere Gegen-Nothdurft exhibiren, und mit dem Beweisthum verfahren, wie des Klägers Beweisthums-halber erwehnet worden.

Titulus XXI.
Was im vierten Termin zu verhandelen.

1. *In puncto exceptionum dilatoriarum* soll ferner zu tripliciren, oder zu quadrupliciren nicht zugelassen, sondern alsobald vor weiterer Verfahrung darin Bescheid ertheilt werden.

2. Wann dann dem beklagten Theil solche Exceptiones dilatoriae, und dergleichen in Recht anerkannt [sic!], soll er in die aufgelaufenen Gerichts-Kösten verdammet werden, auch da bey Einwendung solcher seiner Einrede eine gar kenntliche, muthwillige, und vorsetzliche Unfuge, und Aufhalt befunden würde, derentwegen einer Geldbuß unterworfen, und darüber die Ermäßigung Unserm Hofrichtern, und Assessoren heimgestellet seyn.

3. Die Hauptsache belangend, wofern der Kläger sich zu keiner Beweisung erbotten, oder Hofrichter, und Beysitzer aus dem Proceß, und Vortrag befunden, daß keine Beweisung ferner vonnöthen, alsdann soll der Kläger auf des Antworters eingebrachte Handelung in diesem Termin seine Triplic, und Nachschrift einbringen, und damit beschliessen.

4. Da aber die Partheyen zur Beweisung admittirt, soll ihnen für Einbringung derselben Beweisung keine Schrift in Recht vorzuwenden, zugelassen werden, es wäre dann aus bewegenden driftigen Ursachen zuvor durch Unsers Hofrichters, und Beysitzeren Decret, und Erkänntniß verstattet.

Titulus XXII.
Was im fünften Termin zu verhandelen.

1. Es soll dem Beklagten vergönnet seyn, in dem Fall, da dem Klägern kein Beweis auferlegt, oder deshalben nicht vonnöthen, auf des Klägers Triplic, oder Nachschrft, und deroselben angehengte Submißion in diesem *Termino* seine schriftliche

Quadruplicas oder *Conclusiones* vorzubringen, und darauf beyde Theile, wo nicht in diesem, jedoch in nächstfolgendem Termin mündlich zu beschliessen schuldig seyn.

2. Wann aber Beklagter keine Exceptiones dilatorias, vel peremptorias in vim dilatoriarum vorzubringen hätte, so soll Beklagter in primo termino litem purè contestiren, oder er soll pro contestata gehalten seyn, und soll dabey auf die Klage hauptsächlich, jedoch kürzlich nervosè, und deutlich, wie vorhin von der eventual hauptsächlichen Antwort verordnet, respondiren, auch alsdann seine Gegenklage, da er dieselbe einzuwenden hätte, exhibiren.

3. Worauf die Partheyen zum gütlichen Verhör ermahnet, und in dessen Entstehung ferner procedirt werden solle, wie im zweyten, dritten, und folgenden Terminen vorgeschrieben stehet.

4. Wie weit aber die vorgesetzte Terminen von einander zu setzen, solches weiset nachfolgender Titulus aus.

Titulus XXIII.
Erklärung etlicher Handelungen, davon in vorigen Titulen, wie in Entstehung der Güte gerichtlich zu verfahren, und anfänglich Wie weit die Gerichtliche Terminen von einander zu setzen, und was dabey weiter zu handelen sey.

1. Vorgesetzte Terminen sollen vier Wochen von einander gesetzet werden, wie dann auch in anderen *Ordinarien*-Sachen von vier Wochen zu vier Wochen, wann es die Principal-Haupthandelung betrifft, zu handelen, in zufälligen Nebenpuncten aber, da man bälder, und eher gefast seyn könnte, sollen die *Termini* kürzer, und enger auf 8. oder 14. Tage, oder zum höchsten drey Wochen eingeschränkt werden, und keine andermalige Zeit-Bittung Platz haben, wie aber *in extraordinariis,* oder *summariis* zu verfahren, ist darunter *Tit.* 51. von *extraordinariis,* und summarischen Sachen zu sehen.

2. Und sollen diese Termini so strictè gehalten werden, daß auch, wann gleich nach Verscheinung der präfigirten, und erlangten Fristung gegen den nicht handelenden Theil keine contumacia accusirt würde, doch an sich selbsten der gestrittener Punct pro submisso zu halten seyn, und darauf fürderlich Bescheid erfolgen solle.

3. Und weilen dasselbe zu merklicher Beförderung der Sachen, die sonsten den Partheyen zum grossen Schaden, und Nachtheil, auch Unsers Hofgerichts merklicher Verkleinerung von einem Jahr ins andere unafterfolget liegen bleiben, gereichet. So soll Notarius Causae bey Straf einer halben Mark verbunden seyn, in denen Sachen, darinnen die Procuratoren zu handelen schuldig gewesen, aber nicht gehandelt, alsobald des anderen Tages nach gehaltenem Gerichte Unserm Hofrichtern terminos cum juribus zu präsentiren.

4. Es soll auch Unser Hofrichter, und Assessores Achtung haben, ob der Notarius dießfals sein Officium verrichte, welches sie ex specificâ designatione deren Sachen, darin zu handelen terminus constituirt, oder sonsten einfällt, so die Notarii im Anfang jeder Audienz vor dem Hofrichter juxta contenta Tit. 3 § Wir wollen auch 13. auf den Tischen legen sollen, alsbald vernehmen können.

5. Sollten gleichwohl solche Verhinderungen vorfallen, daß in dem präfigirten Termino jemand zu handelen nicht vermögte, und dann derselbe vor Ablauf des Termini seine Ursache vorbrächte, soll er das Impedimentum in continenti gebührend bescheinen, oder da er darzu sobald nicht gelangen könnte, solches in prorogato termino zu thun, oder eydlich zu erhalten schuldig seyn, widrigenfals so wenig die erlangte Prorogatio, als etwa post terminum eingereichte Schrift attendirt, sondern gleich, als wäre keine Dilatio verstattet, in contumaciam verfahren werden.

6. Wann wegen der gebettener Prorogation des angesetzten oder einfallenden Termini viso Protocollo interloquirt werden müste, und in dem darauf erfolgten Decreto ein sicher Terminus verstattet würde, soll derselbe von der Zeit, da die Prorogatio gebetten, angehen, und dafern vor Publication solchen Decreti der Termin schon zu Ende gelaufen, immittels aber nichts einkommen, soll die Sache für beschlossen gehalten seyn.

Titulus XXIV.
Form gemeinen Gewalts.

1. Dieweil in vorgehendem *V.* und *XVII. Titul* verordnet, daß ein genugsamer, und auf die ganze Hauptsache gestellter Gewalt soll eingelegt werden, und dann vielmals zu nicht geringen Aufzug bey diesem, und folgenden Termin, ob der Gewalt genugsam seye, oder nicht, Streit ereuget wird; So haben Wir zu Aufhebung aller hieraus entstehender Unrichtigkeit, Hinderniß, und verursachenden Submittirens nachfolgende gemeine Form zur Nachrichtung beydrucken lassen:

2. Ich Ends Unterschriebener bekenne hiermit, und thue kund allermänniglichen, vor mich, und meine Erben, demnach an dem Hochfürstlichen Paderbornischen Hofgericht meinen wider N. hangenden Rechtstreit in eigener Person aus- und abzuwarten, meine Gelegenheit nicht seyn will, daß ich mit gewöhnlicher Genehmhaltung aller bishero ergangener Acten, und Handelungen in der besten Form, Weis, und Gestalt, wie solches von Rechs- oder Gewohnheit wegen, und de Stylo geschehen soll, zu meinen, und nach meinem Tod, meiner Erben Anwalt, und Actorn, den N. und nach dessen tödtlichen Hintritt, oder Abstand, den N. gedachten Hofgerichts verordneten, und geschwornen Procuratorem geordnet, und gesetzet habe, ordene, und setze den auch hiermit also, und dergestalt, daß er bey meinem Leben, in meinen, und nach meinem Tod,

in meiner Erben Nahmen, und so oft es die Nothdurft erfordert, an gemeldten Hochfürstl. Hofgericht erscheinen, nothdürftige Proceß aus- und wieder einbringen, activè & passivè handelen, exceptiones dilatorias, declinatorias, non devolutionis, desertionis, und dergleichen Einreden fürwenden, auch darbey in der Hauptsache zugleich litem eventualiter, oder da keine verzügliche Einrede vorgebracht, purè contestiren, Antworten, Gegen-Klagen, darauf laut der Hofgerichts-Ordnung verfahren, juramentum calumniae, malitiae, veritatis dicendae, affectionis, aestimationis litis, vel rei, dandorum, respondendorum, suppletorium, Litis decisorium, purgationis, und in zutragenden Fällen juramentum dilationis, ejusdemque prorogationis cum solemnitate legali, item appellationis, expensarum, und einem jeden anderen mit Recht zuertheilten Eyd in mein, und respectivè meiner Erben Seel schweren, und vom Gegentheil derogleichen zu geschehen begehren, alle Substantial, und nöthige terminos halten, Contumaciam accusiren, und purgiren, dilationes purgandi bitten, Zeugen und Kundschaft führen, nothdürftige Behülf, und Beweisung vorbringen, dieselbe salviren, Siegel, Pittschaft, und Handschriften recognosciren, oder diffitiren, wider des Gegentheils geführte Zeugen-Beweisung, und alles ein- und fürbringen, excipiiren, und respectivè repliciren, dupliciren, zu Bey- und End-Urthel beschliessen, dieelbe aus erheblichen Ursachen zu revociren, und so vonnöthen, zu rescindiren bitten, und zu solchem allem nothwendige dilationes erlangen, um Bey- und End-Urthel anhalten, die acceptiren, oder wo die mir oder meinen Erben zugegen, darab, und von allen Beschwerden appelliren, die Appellation anbringen, und verfolgen, expens, und erlittene Kösten, und Schaden designiren, zu taxiren bitten, die Taxirte mit dem Eyd erhalten, dieselbige empfangen, und dafür quitiren, um Execution gesprochener Urthel, Executorialen und andere nothwendige Processen anhalten, und darin bis zu endlicher Effectuirung tam activè quàm passivè verfahren, einen, oder mehr After-Anwält an seine Statt setzen, die revociren, und sonsten insgemein alles anders thun und lassen solle, was die Gelegenheit, und Nothdurft der Sachen erfordert, und ich selbst zugegen, oder nach meinem Tod meine Erben thun solten, könnten, oder mögten, in Gewinn, Verlust, und allen Rechten; da auch gedachten meinen Anwalten, oder seinen Substituirten einige weitere Gewalt, dann hierin begriffen, nothwendig wäre, oder seyn würde, dieselbe will ich ihnen in meinen, und meiner Erben Nahmen jetzt alsdann, und dann als jetzt so vollkommentlich gegeben, und zugestellet haben, als ob die mit ausgedruckten Special-Clausulen hierin begriffen, und versehen wäre, gerede, und verspreche auch vor mich, und meine Erben, alles, was obgemeldter Anwalt, und seine Substituirte jeder Zeit handelen, thun, oder lassen werden, stät, fest, und unverbrüchlich zu halten, auch deswegen sie aller Bürden der Rechten, sonderlich aber der Caution, und Satisdation judicio sisti, & judicatum solvi zu entheben, und schadloß zu halten, bey Verpfändung aller meiner Haab und Güter, so viel hierzu jeder Zeit vonnöthen seyn wird, getreulich, und ohne Gefehrde, dessen zu mehrer Urkund, habe ich diesen Gewalts-Brief mit eigener Hand untergeschrieben, und mein Pittschaft aufgedrücket. Geben etc. etc.

Titulus XXV.
Von denen *Exceptionibus,* wie auch von der Caution, und Sicherheit.

1. Nachdem daroben verordnet, daß im ersten *termino,* vor Befestigung des Krieges alle *dilatoriae exceptiones* auf einmal zugleich vorgebracht, und die Partheyen damit darnach nicht gehört werden sollen, so hat es dabey sein Verbleiben.

2. Was aber exceptionem cautionis de judicio sisti, & judicatum solvi anbelanget, wann Beklagter dieselbe von Klägeren, da derselbe in diesem Hochstift nicht begütert ist, gefordert, soll er ihm die unverlängert, und alsbald, oder gewiß ad proximam audientiam mit Bürgen, oder Güteren, daran er genugsam verwahrt, zu stellen, und zu leisten.

3. Auch auf die Reconvention-Klage, wofern selbige wieder ihn erhoben seyn würde, sich an diesem Unsern Hofgerichte einzulassen, schuldig, gleichwohl Beklagter mit seiner obliegender Handelung, und Haltung des termini gefast seyn.

4. Desgleichen soll auch Beklagter auf Klägers Gegenbegehren sich in Recht zu stellen, und die Sachen auszuwarten, ebenmäßige Caution und Sicherheit zu thun, verbunden seyn, könnten aber Kläger, und Beklagter mittels Eyds betheuren, daß sie nach möglichen angewandtem Fleiß keine solche Caution, und Bürgschaft zu stellen wissen, soll juratoria cautio verstattet werden.

5. Wären aber Kläger, und Beklagter in Unserm Stift, und Fürstenthum mit liegenden, oder beweglichen Gütern zu des Gegen-Parts Erholung gnugsam habhaft gesessen, und versehen, sollen sie einem dem anderen zu gemeldter Caution und Vorstand nicht verpflichtet seyn.

6. Wer dann oberwehnter maßen mit der Reconvention dreuet, und deßfals auch Caution haben will, derselbe soll alsofort andeuten, aus was Ursachen, und Grunde Rechtens, er dieselbe anzustellen gemeynet, damit sofort zu erkennen sey, ob auch solches Puncts halber dieselbe mit Fuge gefordert werden könne.

7. Die Exceptiones peremtorias belangend, sollen auch zu ihrer Zeit gleichfals, wie vorhin in dilatoriis verordnet, mit und neben dem hauptsächlichen Gegen-Bericht, und Defension förmlich auf einmal, und in einer Schrift angeführt, darnach aber, ob gleich bey dem Gegen-Beweiß deren mehr angezogen werden wollen, dieselbe ferner nicht zugelassen werden, es wäre dann, daß solche Excèptiones dem Beklagten de novo vorkämen, davon er zur Zeit der Kriegs-Befestigung keine Nachricht gehabt, und solches auf Erforderen eydlich erhielte.

Formula Cautionis Juratoriae

Ihr sollet schweren einen Eyd zu Gott, daß ihr nach angewandten möglichen Fleiß die geforderte Caution in diesem Hochstift, mit Bürgen, Pfänden, oder Gütern nicht bestellen könnet, oder möget, und daß ihr den rechtlichen Streit nicht destoweniger durch euch selbst, oder euren rechtmäßigen Anwaldt bis zum Ende ausführen, und wann ihr in der Sache überwunden würdet, alle zuerkannte Unkösten, und Schaden entrichten wollet, getreulich, und ohne gefehrde.

Titulus XXVI.
Von Reconvention, oder Gegen-Klage, und wie in derselben procedirt werden soll.

1. Wann der Beklagter den Klägeren *in primo termino* nach geschehener seiner Verantwortung in der Hauptsache, wie daroben *Tit.* 17. angedeutet, reconveniirt, soll solche Reconvention, wofern sie sonsten erheblich, und zuläßig, von Unserm Hofrichter, und Assessoren angenommen, und darin neben der Hauptsache *simultaneo processu* (ein Termin um den andern) wie das die gemeine Rechten vermögen, verfahren, auch auf einmal, und zugleich *con- & reconventio* mit endlicher Urtheil entschieden und abgerichtet werden.

2. Da aber solche Gegenklage hernacher, jedoch für Beschluß der Sachen fürgebracht würde, so sollen beyde Klag- und Gegenklag vertheilet, und jede Sache separatim für sich selbst, und allein, vermöge dieser Ordnung, und gemeiner Rechten gehandelt, und ausgeübet werden.

3. Auf bekenntliche Siegel, und Briefe, und andere dergleichen Klagten aber, welche paratam executionem auf den Rücken tragen, soll keine Wieder-Klage statt finden, sondern dieselbe bis nach bezahlter Schuld verschoben bleiben, es stünde dann die Reconventio gleichfalls auf so klare Brief- und Siegelen, daß sie sonder protraction der angestellten Executions-Klage simultaneo processu mit ausgeführt werden könnte.

4. In anderen von der Hauptsache dependirenden, oder daraus neu entspringenden Sachen, soll es nach Verordnung der gemeinen Rechten gehalten werden.

Titulus XXVII.
Von der *Intervention.*

1. Wer bey einem Proceß sich interessirt befindet, demselben stehet frey, (gleichwohl, daß es, sobald er von der Sachen, daß sie im Recht befangen, Wissenschaft

hat, geschehe) sich beym Gericht anzumelden, und mit seiner Nothdurft wider Klägeren, oder Beklagten, oder auch als ein *Assistent* einzukommen, jedoch daß er sein angegebenes *Interesse* summarischer Weise *in Continenti* beybringe, welches dann, sobald examinirt, und ob es zuzulassen, erkannt werden soll.

2. Würde er aber, bis es schier zum Beschuß [sic!] der Sachen gekommen, damit zurück bleiben, soll er in illo judicio nicht gehöret werden, er bewiese dann, oder erhielte eydlich, daß solche de novo emergirt, oder selbe nicht ehender erfahren mögen, oder auch von der Klage vorhin keine Wissenschaft gehabt habe.

3. Sollte sich aber Verdacht eräugen, daß einige Gefährlichkeit darunter gesuchet, und etwa per Colusionem, zu eines, und andern theils Hinderung nur vergebliche Weitläuftigkeit veranlasset werden wollte, auf solchen Fall soll auch ex officio das Juramentum malitiae exigirt werden, und der Intervenient dasselbe ohweigerlich [sic!] schweren.

Titulus XXVIII.
Von der *Denuntiation* und *Auctoris Nomination.*

1. Es mag auch entweder vor, oder nach der *Litis Constation* [sic!] in denen Fällen, worinnen die *Litis denuntiatio* Statt findet, dieselbe der Gebühr gesuchet werden, und ist alsdann auf das Beklagten Anhalten der *Denunciat* zu der Sachen zu citiren, auch zugleich Copey desjenigen, so in der Sachen vorgegangen, demselben mit zu überschicken.

2. Da nun der Denunciat auf solche Citation erscheinet, und den Beklagten in Recht zu vertretten, gemeinet ist, soll derselbe in soweit zugelassen werden, daß er ihme Beystand leisten, oder als ein Defensor die Sache ausführen möge, es bleibt aber nichts destoweniger Beklagter in lite, und wird auch die etwa erfolgende widrige Urtheil gegen denselben exequirt und vollstrecket.

3. Wann aber der citirter Vertreter zurück bleibet, und nicht erscheinet, so ist Kläger keinesweges verbunden, sich darduch aufhalten zu lassen, sondern Beklagter dessen ungehindert schuldig, in der Sachen gebührend zu verfahren, und mag derselbe Kraft beschehener Denunciation seinen Regress an seinem Auctore demnächst suchen.

4. Im Fall aber der Beklagter dasjenige, warum er in Zuspruch wird genommen, nicht in seinem Namen, sondern für einen andern, als etwa ein Conductor, Commodatarius, oder Depositarius inne hat, so mag er seinen Auctorem, und rechten Herrn des Guts sofort benennen, und ihme den Krieg Rechtens anzukündigen, bitten, worauf der Kläger die Klage änderen, selbige wider den rechten Herrn einrichten, und der Beklagter ex lite gelassen werden soll.

Titulus XXIX.
Von der *Litis Contestation.*

1. Es wird aber der Krieg Rechtens alsdann befangen, und für befestiget gehalten, wann nach eingebracht- und übergebener Klage der Beklagter darauf durch nicht gestehen, oder Widersprechen Antwort giebt, und damit dießfalls Richtigkeit gebraucht werde; So ordnen, und wollen Wir, daß die Kriegsbefestigung nicht nur in Schriften, sondern auch durch die *Procuratores* mündlich mit ungefehr nachfolgenden Worten verrichtet werde, als nehmlich: In Sachen N. N. *contra* N. N. bin ich der Klage nicht geständig: Hingegen an des Klägers Seiten mit diesen Worten: In angeregter Sache wiederhohle ich meine Klage, und bitte ich Inhalts derselben, und soll mit diesen gebrauchten Worten der Krieg Rechtens, ob auch dessen sonsten keine Special-Meldung mehr geschehe, befestiget zu seyn, verstanden werden.

2. Würde aber Beklagter solche litis contestation nicht verrichten, soll Lis ob contumaciam ohne ferner Anrufen, oder Erkänntniß, vor befestiget erkannt, und gehalten, auch die Klage, dafern Beklagter einmal gerichtlich erschienen, und Litem contestirt hätte, aber mit der Antwort zurück bliebe, in contumaciam non respondentis für bekannt angenommen, und ferner darauf, wie recht, procedirt werden.

Titulus XXX.
Von denen *Articulis Positionalibus,* & *Probatorialibus,* auch eydlicher Antwort.

1. Die *Articuli Positionales, aut probatorii* sollen aus der eigentlichen Substanz der Klage, *Exception,* Gegenklage, oder *Intervention,* ohne überflüßige Weitläuftigkeit gezogen, auf das *Factum,* und dessen Umstände kurz, und deutlich eingerichtet, und in jedem *Articul* nur ein *membrum facti* begriffen, die *Parentheses* aber, als welche die Artikulen mannigmal verdunkelen, ausgelassen werden, damit einfältige Leute nicht irr gemacht, sondern der rechte Inhalt eingenommen und beständige Antwort *sine captione* gegeben werden könne.

2. Es sollen auch die Partheyen solche Articul auf einmal, und mit ausdrücklicher Abschneidung aller ferneren Peremptorialen, Superradditionalen, Correctorien, Reprobatorialen Reprobatorialium oder dergleichen andern Artikulen (es wäre dann, daß Gegentheil praestito juramento mit neuen vorhin unbewusten Exceptionibus noch zugelassen würde, in einer richtigen Ordnung abfassen, und einwenden lassen, darnach aber damit nicht gehöret werden.

3. Wann nun solche Articuli, als unzuläßig angefochten würden, soll darauf alsbald ohne Zulassung einer Replic per Decretum erkannt werden, ob, und was davon zu admittiren.

4. Da aber Kläger, Beklagter, oder Intervenient auf des Gegentheils eydliche Antwort drünge, soll er zum ersten juramentum dandorum leisten, und kraft dessen die Articulos repetiren, darnach soll Reus vermittels des Eyds respondendorum antworten.

Titulus XXXI.
Vom Eyd *dandorum*, & *respondendorum.*

1. Das *Juramentum dandorum, & respondendorum* betreffend, soll Klägeren zuerst der Eyd *dandorum* auferlegt, und von ihme, so er selbst zugegen, in seine eigene, aber von dem Anwaldt in selbigen seines Principalen Seel zu Gott, und auf das heilige Evangelium also geschworen werden, daß die eingebrachte *Articul,* so viel seine des Klägers eigene Geschicht, oder That berühren, wahr seyn, so fern die aber fremde, und andere Geschicht oder That belangten, daß er sie wahr glaube, und beweißlich zu seyn, ohne alle gefehrde.

2. Gleicher gestalt soll auch Beklagter oder sein Anwaldt den Eyd Respondendorum also leisten, daß er nämlich auf des Klägers Artikulen, so viel deren des Beklagtens eigene That und Geschicht belangt, mit sage wahr, oder nicht wahr, so viel sie aber fremde That berühren durch das Wort: glaube wahr, oder nicht wahr zu seyn, beantwortn wolle, ohne alle gefehrde.

3. Und soll allezeit, ehe, und bevor geantwortet wird, diese wirkliche Eydleistung fürhergehen, doch die Articulen, darauf man nach gemeinen beschriebenen Rechten, und dieser Ordnung zu antworten, nicht schuldig, damit nicht gemeynt seyn.

4. Es soll auch Unserm Hofrichter und Assessoren zugelassen seyn, den Partheyen diese Eyde, wann schon dieselbe von ihnen nicht gefordert, noch begehrt würden, von Amts wegen, im Fall es zu Zeiten nach Gestalt und Gelegenheit der Sachen und Personen für rathsam und nothwendig erachtet würde zu prästiren aufzulegen.

5. Würde dann die Partey, welcher Zeit ad respondendum articulis angesetzet, ohne erhebliche Entschuldigung nicht antworten, so sollen die Articuli pro Confessis angenommen, und gehalten werden, jedoch Unserm Hofrichter, und Assessoren unbenommen seyn, über das noch einen endlichen Termin, jedoch cum Comminatione Confessati, dem Antworter zu geben, und zuzulassen.

6. Diese Juramenta dandorum, & respondendorum sollen regulariter in eigen der Partheyen Personen, oder wann es Communen betrifft, durch diejenige aus ihren Mittel, welche die beste Wissenschaft von der Sache haben, abgestattet

werden, es wären dann solche Impedimenta, und Ursachen angeführt worden, daß die Unmöglichkeit des persönlichen Erscheinens darab zu erkennen, oder sonsten der Personen Gelegenheit, und der Sachen Umstände solches nicht erleiden könnten, alsdann soll bey Unsers Hofrichters, und Assessoren Ermäßigung stehen, ob vermittels eines specialen Gewalts durch einen Bevollmächtigten der Eyd abzuschweren.

7. Wann der Principal das Juramentum respondendorum durch einen Bevollmächtigten zu schweren zugelassen wird, soll derselbe, wann er Schreibens erfahren ist, die Responsiones unter seiner eigenen Hand, und Unterschrift, und mit dessen Pettschaft, oder des Richters, darunter er wohnet, Hand und Siegel bekräftiget, dem Procuratori zuschicken, und in Mandato ad jurandum caviren, daß es in seine Seele, und also, wie es in denen überschickten Responsionibus begriffen, schweren, und antworten solle.

8. Es soll gleichwohl Unserm Hofrichter, und Assessoren frey stehen, auf solchen Fall selbst in loco domicilii des Antworters Responsiones aufzunehmen, oder dieselbe von jemanden ex Assessoribus oder Notario Causae recipiiren zu lassen.

9. Und soll die Antwort ad articulos positionales ohne allen Anhang, lauter, und richtig geschehen, diejenige Artikulen aber, darauf mit Anhängen geantwortet, Einwendens ungehindert, für richtig gestanden, die Responsiones pro puris angenommen, und der ander Theil zu keinen ferneren Beweiß desfalls gehalten werden.

Titulus XXXII.
Vom Eyde für gefehrde *Juramentum Calumniae* genannt.

1. Wann der Eyd für gefehrde *Juramentum Calumniae* genannt, von einem, oder beyden Theilen gefordert wird, soll derselbe alsbald auf solch Erheischen bey Pön des Rechtens abgestattet werden, daß nämlich Beklagter, wann Kläger sochen Eyd abzustatten sich weigert, von der Klage absolvirt, und *Actor in expensas* condemnirt, hingegen aber, da die Verweigerung bey dem Beklagten sich findet, derselbe anders nicht, als wann er die Klage bekannt hätte, geachtet werden solle.

2. Dieser Eid vor gefehrde soll auch regulariter in eigener Person, oder wann es Communen betrifft auf maße, wie daroben bey denen juramentis dandorum & respondendorum verordnet, würklich abgestattet werden, wann er aber per Procuratorem gestalten Sachen nach zu prästiren zugelassen wird, soll derselbe in seine eigene, und der Principalen Seele in nachfolgender Form fürgestellet werden.

Formula Juramenti Calumniae.

3. Ihr werdet schweren einen Eyd zu Gott, und auf das heilige Evangelium, in eure, und eures Principalen Seele, daß ihr glaubet eine gute Sache zu haben, daß ihr keinen unnothdürftigen gefährlichen Aufschub, oder Aufzug der Sachen begehren, und so oft ihr in Rechten gefraget werdet, die Wahrheit nicht verhalten, sondern recht, und aufrichtig anzeigen, aussagen, und bekennen, auch in dieser Sachen niemand anders dann demjenigen, welchen das Recht zulässet, ichtwas geben, oder verheißen wollet, damit ihr die Urtheil erlangen, und erhalten möget, und sobald ihr aus denen Beweisthumeren, oder sonsten *in progressu causae* befindet würdet, daß ihr eine ungerechte Sache hättet, davon abstehen, und euch deren gänzlich entschlagen wollet, alles getreulich und ohne gefehrde.

4. Gleicher Gestalt soll von den Principalen der Eyd in selbiger Form auch geschworen werden.

5. Der Procuratoris Vollmacht soll dieser Eyd würklich inserirt werden, und soll dieselbe von dem Principalen, oder da er Schreibens unerfahren, in dessen Gegenwart auf sein Begehren, und in seinem Namen, mit ausdrücklicher dessen Vermeldung von der Obrigkeit des Amts daselbst, oder sonsten *à personâ* publica, und in Mangel derselben, durch zwey andere Männer unterschrieben werden.

Titulus XXXIII.
Vom Eyde der Bosheit *Juramentum Malitiae* genannt.

Unser Hofrichter, und *Assessores,* so oft es begehrt, oder bey einem nöthig zu seyn, erachtet wird, mögen eine oder beyde Partheyen, wo sie gefährliche Aufzüge zu suchen, oder einander unbillig umzutreiben sich unterstünden, den Eyd der Bosheit *Juramentum Malitiae* genannt, auflegen, und denselben entweder durch den Principalen, da er im Gericht zugegen, oder dessen Anwaldt, in nachfolgender Form *mutatis mutandis* prästiren lassen.

Formula Juramenti Malitiae.

Ihr werdet zu euer Partheyen und euere eigene Seel schweren einen Eyd zu Gott, und auf das heilige Evangelium, daß ihr das in euerem Gewissen thun möget, daß ihr dasjenige, waß ihr fürbringet, und begehret, nicht aus gefehrde, noch böser Meynung, noch zu Verlängerung der Sachen, sondern allein zur Nothdurft thuet, und daß ihr solches also zu thun von euer Parthey unterrichtet, und Gewalt empfangen habt.

Titulus XXXIV.
Von der Beweisung, so durch Zeugen geschicht, und erstlich von Kundschaft durch Zeugen, so vor Uebergebung einiger Klage oder Ausbringung ordentlicher Processen *ad perpetuam rei memoriam* aufgenommen werden.

1. Obwohl in dem Reichsschluß *de Anno* 1654. §. Beneben bleibt einem etc. zugelassen, gleich in Ausziehung der Processen, sich mit dem Zeugen-Verhör gefast zu machen, dieweilen sich aber vielmalen begiebt, daß vor Uebergebung einiger Klage, und ordentlicher Ausbringung der Processen Zeugniß *ad perpetuam rei memoriam* aus rechtlicher Zulassung, und erheblichen Ursachen mögen aufgenommen werden: als wann die Zeugen mit hohen Alter und sorglicher Krankheit beladen, oder sonsten in andere weit abgelegene Oerter zu verreisen, weg-fertig, oder wann in schweren sterblichen Läufen wären: *Item* so sich einer besorgte, daß er von jemand künftig möge besprochen werden, und Zeugen hätte, damit er die Klage widerlegen könnte, *Item* wann man vermuthet, daß die Zeugen ihre Gedächtniß, ehe dann der Kläger klagen könnte, ablegen möchten, in solchen, und dergleichen Fällen mögen Unser Hofrichter, *Assessores* auf Ansuchen des nöthig habenden Theils, und fürgebrachte solche Ursachen (die Wir dann in ihr Bedenken, und Ermessen wollen gestellet haben,) auch sonsten auf Uebergebung der Beweis-Artikul *cum annexa nominatione testium,* so alsobald bey dem Ansuchen geschehen soll, mit der Zeugen Annehmung, Vereydung, und Abhörung, wie sich gebühret, verfahren.

2. Jedoch daß der Gegentheil, gegen den diese Zeugniß künftig zu gebrauchen, hierzu vermits Verständigung solcher fürgebrachter Ursachen rechtmäßig citirt werde.

3. Es soll aber die Kundschaft bis ad terminum publicandi ordinarium (es wäre dann, daß beyde Partheyen ein anders bewilligten) verschlossen bleiben.

4. Und ist bey Verhörung dieser Zeugen der Unterschied zu vermerken, da der Zeugen-Führer die klagende Parthey wäre, und sich solcher abgehörter Kundschaft innerhalb Jahrs Frist nicht gebrauchte, noch die Verhörung dem Gegentheil zu wissen thun liesse, so erlöschet die Zeugniß, wird unkräftig, und fängt das Jahr an zu laufen, da der Antworter füglich mit Recht mag fürgenommen werden.

5. Hätte aber der Antworter also seine Kundschaft aufnehmen lassen, die kann in Jahrs Frist nicht erlöschen, sonderen bleibt für, und für bey Kräften, dann in Klägers freyer Macht, und Willkühr stehet, wann er will seinen Widertheil zu beklagen, der Antworter aber muß des Klägers erwarten, wann er vorhero besprochen und angeklagt würde, dienet also dem Antworter seine Kundschaft, die er in diesem Fall alleine vornimmt, darzu, daß er damit wider des Klägers Ansprach, und Klag sich sichern, und schützen möge, und sonst nicht weiter, & sic non valet ad agendum, sed solum ad repellendum.

6. Es solle auch solche Zeugen-Leitung ad perpetuam rei memoriam lite instituta, & pendente, eaque & non obstante, daß man hernach ordinaria vià zur Beweisung gelangen möge, zuläßig, und arbitrio Judicis, was hierinnen befundener Gestalt und Gelegenheit der Sachen nach zu erkennen, heimgestellet seyn.

Titulus XXXV.
Von Abhörung der Zeugen, welche bey Ausziehung der Processen, oder darnach benennet werden.

1. Was das ordinäre Zeugen-Verhör, so *lite introductâ* vorgenommen werden muß, anbelanget, solches soll, wann *Punctus responsionum* richtig gemacht, oder die *Responsiones* nicht gefordert, welches zu des beweisenden Theils Willkühr stehet, alsobald vorgenommen, und dem Klägern, und Beklagten, auch Intervenienten, wann sie Gegen-Beweis zu führen gemeinet seyn, worüber sie sich alsbald *sub poena praeclusionis* erklären sollen, zu Verificirung der Klage, Gegen-Klage, oder Intervention sechs Wochen, zu denen *Exceptionibus* aber vier Wochen präfigirt, und angesetzet werden.

2. Deme zufolge sie dann ihre Probatorial-Articul alsobald, oder innerhalb denen nächst 8. Tagen repetiren, und die Zeugen, da es vorhin nicht geschehen, una cum directorio benennen, auch anhalten sollen, daß sie auf einen bestimmten Tat citirt werden, und dem Widertheil, oder dessen Anwaldt, neben Ueberschickung der Zeugen Namen, Articulen, und Designation oder Directorii, wo das im Gericht zuvor nicht geschehen, zeitlich darzu verkündigen lassen, um zu sehen, und zu hören, daß die Zeugen geloben und schweren, auch ob er wolle, mäßige Interrogatoria beyzubringen, und solle darauf der Beweis, pari passu so viel möglich getrieben, mit dem Gegen Beweiß aber bis zu gänzlicher Vollenführung des ersten Beweises nicht mehr angestanden werden.

3. Und dieweil sich oftermalen begibt, auch die Erfahrniß bezeuget, daß viel überflüßige ungereimte, ja zum Verdruß oft repetirte, verwickelte, verkehrte, und verwirrliche Fragstücke, um die einfältige Zeugen, wie auch die Examinatores damit irre zu machen, und zu verführen, einkommen, darunter auch nicht geringe Ursachen zur Weitläuftigkeit, Cavillation und anderen Aufzügen gesucht werden, solche aber in denen Rechten hoch verbotten, und denen geleisteten Eyden ganz zuwider seyn, so wollen Wir daß solche, und dergleichen verbottene Interrogatoria, die nichts zur Sachen thun, an sich selbst unerheblich, und übermäßig seyn, hinführo sollen gänzlich vermieden, und ausgelassen, dagegen aber alleine, was zur Sachen dienlich, fugsam, und zu Ergründung der Wahrheit nützlich gefraget, auch darin richtige gute Maaß, und Ordnung gehalten, oder in Verspührung des Gegen-Sinns, dieselbe verworfen, und eine ernste Straf nach Ermäßigung infligirt werden.

4. Darum dann auch die Interrogatoria Specialia ante articulos, seu praeliminaria ad Causam (mit Vorbehalt, was die Partheyen post quemlibet articulum zu fragen nöthig befinden) gänzlich abgeschaffet seyn, und nicht angenommen werden, sondern an statt deren die Partheyen etwa Defensionales, oder Reprobatorios, so ohne dem dahin eigentlich gehören, übergeben, und darin, wie vorhin, bey den Articulis Probatoriis disponirt, observiren sollen, und bleibt alsdann dem Gegentheil seine Interrogatoria, wie sich zu Recht gebühret, darauf einzurichten bevor.

5. Weilen dann auch die Interrogatoria Specialia ad Articulos zu Zeiten nicht auf die Umstände des Facti, darüber die Articulen concipiirt, oder über die Causas scientiae, sondern auf dasjenige, was sonsten der Gegentheil beweisen müste, und also ad articulos reprobatorios gehöret, gesetzet seyn; So sollen die Zeugen auf die Interrogatoria circa articulos nicht vor, sonderen nach dem Articul, und dann ersten, wann der Zeuge selbigen bejahet, examiniret werden; Wann aber die Articul per negat, vel nescit, beantwortet werden, alsdann sollen die Interrogatoria desselben Articuli vorbey gegangen, und mit dem gewöhnlichen Wort (cessat) abgefertiget werden.

6. Derowegen dann gleichfalls die bey solchen Interrogatoriis bisweilen angemaßte Productiones documentorum, welche zum Gegen-Beweis gehören, hiemit aufgehoben seyn, und in Examine testium bey Seiten gesetzet werden sollen.

7. Und da schon bey diesen Fällen die Zeuen über solche ohnzuläßige Interrogatoria Praeliminaria seu specialia ante articulos examinirt, auch briefliche Urkunden bey solchen Fragstücken producirt wären, so sollen gleichwohl die darüber gegebene Responsiones in Verfassung der Urthel nicht attendirt, sondern übergangen werden.

8. Wann der denunciirter Gegentheil ungehorsamlich ausbleiben, oder keine Interrogatoria in anbestimter Zeit einbringen würde, soll eben wohl ohne Verzug mit der erscheinenden, und vorgestellten Zeugen-Vereydung, und Verhörung, wie sich zu Recht gebühret, verfahren, und die gemeine Fragstücke in Examine gebraucht werden, würde aber der Ausbleibender hernacher begehren die Zeugen, und deren Examen über seine erfolgte Fragstücke zu repetiren, soll solches auf seine Kösten bey deren Zeugen einmal ad totam causam gethanen Eyd, und Pflichten verstattet werden.

9. Hätte auch der, wider welchen der Beweiß geführet wird, Exceptiones contra Personas Testium anzuziehen, kann er nach dem Verhör damit einzukommen sich bedingen, es soll aber dadurch das Examen nicht aufgehalten werden, es wären dann solche Exceptiones wegen ein- oder anderen Zeugen von sonderbarer Erheblichkeit, sintemalen solchen falls zwarn mit der Beeyd- und Abhörung der übrigen Zeugen verfahren, mit denen Personen aber, so dergestalt angefochten werden, so lang, bis über solche Exceptiones erkannt, gezückt werden solle.

10. Maßen dann auch, wann ein, oder ander Zeuge aus vorgewandten Ursachen Zeugniß zu geben, sich selbsten verweigert, und solches zu Rechtlicher Erkenntniß

gestellet, es gleichergestalt soll gehalten, und die übrige Zeugen der Gebühr nach abgehöret, gleichwohl die Publication des Rotuli so lang eingestellet werden, bis dieser Incident-Punct erlediget, es wolle dann Producent die in Streit gezogene, oder sich verweigerende Zeugen vor sich selbst fallen lassen, auf welchen Fall billig mit der Publication verfahren wird.

Titulus XXXVI.
Ermehnung und Avisation, so vor dem Zeugen-Eyd geschehen, und *ante examen* repetirt werden solle.

1. Es soll Unser Hofrichter, oder dessen Commissarien mit entblösseten Haupt, und hohen Ernst den Zeugen, ehe, und bevor sie den Eyd thun, diese nachfolgende Erinnerung verständiglich vorlesen lassen, nemlich, da einer seinem Eyd nicht nachkommt, sonderen den falsch, und meineydig schweret, daß derselbig die Allmächtigkeit Gottes lastert, und schandet, auch sich dardurch beraubet aller Gnaden Gottes, und ladet auf sich alle die Straf, und Flüch, die Gott den Verfluchten auferlegt hat, darzu daß Gott ihme in allen seinen Sachen, und Nöthen nimmermehr zu Hülf, noch zu statten komme, sondern mit Leib, und Seele ewiglich verflucht seye, und nimmermehr Theil haben werde, an der Versprechung, die Gott den Christen gethan hat, und darum der Zeug sich wohl bedenken solle, alle Arglist, und Betrüglichkeit bey Seiten stellen, und die lautere Warheit, wie ihme die bewust, Gott zu Ehren, der Gerechtigkeit zu Steur, und zu Vermeidung seiner selbst eigenen Verdamniß sagen, und hieran kein Gab, oder Nutzbarkeit, Freundschaft, oder Feindschaft, oder ichtwas anders sich bewegen lassen, sondern vielmehr die Gerechtigkeit, die Warheit, und seine eigene Seligkeit betrachten, für Augen haben, und fürsetzen solle.

2. Diese vorstehende Erinnerung und Warnung soll, wie vor erwehnt, an Unserm Hofgerichte mit entdeckten Haupt, und hohen Ernst denen Zeugen, ehe, und bevor sie den Eyd thun, verständlich vorgelesen werden, gleichwohl mit dieser Linderung, wann die Zeugen Adelichen Standes, andere gelehrte oder erfahrne Personen wären, daß bei Producirung derselben die Warnung des Meineyds im Gerichte unterlassen, und von ihnen alleine der Zeugen-Eyd aufgenommen werden könne, es solle gleichwohl denselben vor der Examination solche Warnung, wie sich gebühret, ernstlich vorgehalten werden.

3. Diese Erinnerung des Meineydes soll, wie oben vermeldet, nicht allein bey den Zeugen, sondern auch in allen anderen Fällen, da jemand einen Eyd zu leisten willig oder schuldig ist, jedesmal geschehen und gehalten werden.

Der Zeugen Eyd.

4. Nach solcher Warnung, sollen die Zeugen, Mannes-Personen mit ausgestreckten, und erhobenen zweyen Fingeren ihrer vorderer Hand, die Weiber aber mit Auflegung ihrer rechten Hand auf die linkern Brust diese Wort sagen:

5. Als mir vorgehalten ist, und ich wohl verstanden habe, dem will ich also nachkommen, getreulich, und sonder gefehrde, so wahr helfe mir Gott, und das heilige Evangelium.

6. Wann aber den adelichen, gelehrten, und fürnehmen Personen solche Warnung im Gerichte nicht vorgehalten wird, wie vor berühret, so soll denselben nachbeschriebener Eyd zu verlesen gegeben, oder durch den Notarium Causae vorgelesen werden, und wann er dessen Inhalt wohl eingenommen, den Eyd in nachbemeldter Form abschweren.

7. Ich gelobe und schwere einen Eyd zu Gott, und auf das heilige Evangelium, daß ich in der ganzen Sach zwischen N. und N. wolle vor beyde Partheyen, keinem zu Liebe, noch zu Leid die Warheit sagen, was mit davon wissend, und ich gefraget werden, und das nicht unterlassen um Gunst, Gabe, Freund- oder Feindschaft, Haß noch anders, wie daß von Menschen Sinn erdacht werden mögte, alles getreulich, und ohne gefehrde, so wahr helfe mir Gott, und sein heilig Evangelium.

Titulus XXXVII.
Welchergestalt nach Vereydung der Zeugen das Examen vorgenommen werden, und geschehen solle.

1. So nun die Zeugen also geschwohren, sollen durch Unseren Hofrichter und *Assessores,* oder nach des Hofrichters Gutachten von ihrer einem, oder zweyen, in Beyseyn des *Notarii* die Articul denen Zeugen verständlich, und ein nach dem andern fürgelesen, dieselbe darüber und über die übergebene Fragstücke verhöret, ihre Aussage aus ihrem Mund fleißig und treulich aufgeschrieben, und bey den Acten heimlich bis zur Publication, und Ertheilung des *Rotuli,* oder Copeyen behalten werden.

2. Nachdem sich auch zu Zeiten zutragen kann, daß der Zeuge von den Examinatorn den rechten Inhalt nicht eigentlich verstanden, oder daß seine Kundschaft auf einen andern Sinn, als er es gemeint, eingenommen, oder daß aus einigen Zufall in einem, oder anderen Punct geirret werden, darum soll wie obangemeldet einem Zeugen nach beschehenen Verhör seine gethane Kundschaft, ob er deren also geständig, ordentlich nacheinander wieder fürgelesen werden, und wie er sich in seiner Antwort verhält, solches soll observirt, in acht genommen, und darnach

bey gethanen Eyd ihme das Stillschweigen, und biß nach Eröfnung alles in geheim zu halten, auferlegt, und befohlen werden.

3. Unsers Hofgerichts Notarien sollen nach vollendetem Zeugen-Verhör der Zeugen Aussage dergestalt disponiren, daß vermög letzten Reichs-Abschieds §. 52. Im übrigen verbleibts allerdings etc. vers. Sonsten aber etc. und dieser Unser Ordnung nach einem jedem Beweis-Articul, und Fragstücke, aller, und jeder Zeugen Aussage in ihrer Ordnung mit dem Wort, wie jeder Zeuge geredet, gleich ordentlich subnectirt, und wann also dem ersten Articul, und darbey übergebenen Interrogatoriis aller, und jeden Zeugen-Aussagen untergesetzet, folgends der ander Articul voran, und abermal demselben aller, und jeden Zeugen Depositiones wortlich, und ordentlich untergestellet, auch in solcher Ordnung durch alle Articul, wie auch bey den Interrogatoriis verfahren werden, damit der Richter aller Zeugen Aussage auf einen jeden Articul allezeit unter Augen haben könne, und des sonsten nothwendigen vielfältigen Aufsuchens, oder mühsamen Excerpirens überhoben bleibe.

4. Die Zeugen, so in diesem Unseren Stift und Fürstenthum gesessen, sollen bey Pön fünf Goldgulden zu der Zeugniß citirt, und abgeladen werden, und ob der Ausbleibender gleich in solche Pön eingefallen, und dieselbe erlegt, soll er sich doch damit von der Zeugniß nicht entledigen, sondern durch schärfere ernste Straf-Mittel nach Erkänntniß Unsers Hofrichters und Beysitzeren darzu compellirt werden, unterdessen dem Producenti bey solchem Ungehorsam, und Verzug die zur Beweisung statuirte Zeit nicht verläuft, es soll aber derselbe, um den Zwang der Zeugen bey dem Hofgericht unnachläßig anhalten, und von seinem Fleiß protestiren.

Titulus XXXVIII.
Von gemeinen Fragstücken.

1. Damit ein jeder wissen möge, was für gemeine Fragstücke, da die vom Gegenpart zu übergeben unterlassen, von Amts wegen den Zeugen fürzuhalten, so sollen hernacher etliche gesetzet werden, und

I. Was Alters, und Standes, auch Vermögens der Zeuge sey?

II. Wo er gebohren, erzogen, und seßhaft sey, auch wie lang er da gewohnet habe?

III. Ob er demjenigen, der ihn zum Zeugen führet, mit Blutfreundschaft, oder auch mit Schwäger- oder Gevatterschaft , besonderer Familiarität, oder in andere Wege verwand sey, welchergestalt, und wie nahe?

IV. Ob ihme ichtwas verehret, gegeben, nachgelassen, oder versprochen sey, um seine Kundschaft in diese Sache zu geben, und was?

V. Ob er einem Theil mehr günstig sey, als dem andern, und welchem, auch warum?

VI. Ob er Nutzen oder Schaden, da der führender Theil gewinne, zu hoffen, oder zu besorgen habe, welcherley gestalt, und was?

VII. Ob er von dem führendem Theil oder jemand anders seinentwegen unterrichtet, und erinnert sey, was er sagen, zeugen, und verschweigen solle?

VIII. Ob er sich mit seinen Mit-Zeugen auf die Sache unterredet, besprochen, und verglichen habe, wie und was sie auf einerley Sinn und Meinung zeugen, und kundschaften wollen?

IX. Ob er wisse, worzu ihn der abgestatteter Eyd verbinde, und festiglich glaube, da er selbigem nicht nachkomme, sondern fürsetzig und gefährlich widerleben würde, daß er sich alsdann aller Gnade, und Segen Gottes berauben, und Leib, und Seel selbst muthwillig in Gefahr der ewigen Verdammniß stürzen würde.

X. Ob er dann in allem, darum er wird gefraget werden, die rechte reine Wahrheit aufrichtig, und ohne allen Scheu berichten, und aussagen wolle.

2. Begäbe sichs aber, daß ein, oder mehr Zeugen so beschaffen wären, daß ihrer Person halber *in specie* etwas anders, als in vorgesetzten *Generalibus* enthalten, gefraget werden müßte, soll solches in zweyen, oder zum höchsten dreyen Fragstücken hinzu zu thun vergönnet, jedoch alle, und jede *Interrogatoria criminosa, & quae tupitudinem partis, vel testis* betreffen, ernstlich und bey Straf der Verwerfung, auch andern Einsehens verbotten seyn.

3. Immassen dann auch der Commissarius seiner Legalität nach ermessen wird, ob vorgesetzte Interrogatoria insgesammt zu gebrauchen, oder nach Beschaffenheit des Producenten, und der Zeugen, eines, oder mehr vorbey zu gehen.

4. Darnach, wo Zeuge der Probatorial-Articul ein- oder mehrere wahrsagen würde, soll derselbe um die Ursachen seines Wissens, wie, woher, und was gestalt ihm das bewust, auch um Zeit, Mahlstatt, und andere Umstände der Sachen gar eigentlich, und gründlich unterforschet, und gefraget werden.

Titulus XXXIX.
Von befohlener Zeugen-Verhörung.

1. Begäbe sichs auch, daß zu Zeiten aus fürfallenden Ursachen die Zeugen an Unserm Hofgericht nicht möchten verhöret werden, oder von der Partheyen aus erheblichen Ursachen darzu Kommissarien gebetten würden, so soll alsbald, oder in *Termino Probandi* solche Ursach in Schriften mit Angeben deren Kommissarien berichtet, und so die Anzeig, und Bitte erheblich befunden würde, der Gegentheil

aber darin nicht zu willigen hätte, alsdann von Amts wegen einer, oder mehr unargwöhnlichen tauglichen Personen das *Examen* befohlen, und Kommission vermitz beygethaner Verschliessung der Articulen *super quibus* dahin ertheilt, und gegeben werden.

2. Und so jemand, der Uns, und Unsern Hochstift verwand, und unterworfen, durch Kommission Zeugen zu verhören auferlegt, auf der Partheyen Ansuchen darin säumig, und widersamm wäre, soll derselbe bey ernster Pön (wo er sonsten dagegen keine erhebliche Ursachen, und Beschwehr vorzuwenden hätte) darzu gezwungen, und angehalten werden.

3. Wären aber Zeugen zu führen, so Unserm Gerichtszwang nicht unterworfen, mögen zu dero Behuf juris subsidial- und Compaß Briefe an die Obrigkeit, darunter die Zeugen gesessen, zu erkennen, begehret werden, bey denen dann also ertheilten, und ausgehenden Processen die designirte Artikulen, und Fragstücke (wofern dieselbe auch übergeben) der angezeigter Obrigkeit verschlossen zugeschicket werden sollen, gestalt zu Beförderung des Rechtens, und Ergründung der Wahrheit, die Zeugen für sich rechtlich zu forderen, und zu beyden, dem Widertheil, um solche Vereydung zu sehen, und zu hören, Interrogatoria (da nicht zuvor einkommen und beygeschicket,) in mäßige Wege zu gebrauchen, und was mehr zuläßig, zu verrichten, solches zeitlich vorhin zu verkünden, und folgends einen jeden Zeugen auf solche Articul, und Fragstücke nächst vorhergehender ernster Verwarnung des Meyneyds fleißig zu verhören, ihre Kundschaft mit getreuen Fleiß aufzuschreiben, und sonsten nach Ordnung der Rechten zu verfahren, und daß sie das alles, was also für ihnen ergangen, und bekundschaftet, Uns oder Unserm Hofgericht verschlossen zuschicken möchten.

4. Damit das Examen desto schleuniger befördert werde, soll certus terminus pro expeditione ejusdem denen Commissionibus an Einländische solchergestalt einverleibt werden, daß im widrigen Fall entweder die Commissarii, oder der Producent, an welchem die Mora haftet, nach Befindung in poenas arbitrarias, oder retardae litis condemnirt werden, und dannoch nichts destoweniger die Commissio, bevorab, wann die Beförderung, und Beschleunigung ganz, oder zum Theil an den Partheyen haftet, nach Ablaufung des präfigirten termini ipso jure erloschen seyn, auch ehe, und bevor vorbemeldte Pön erlegt, oder wichtige Ursachen des Verzugs sattsam beygebracht, nicht renoviret, und erneuert werden, darum der Zeugen-Führer unverzüglich, und zum längsten innerhalb 14 Tagen unfehlbar die Kommission ablösen, und dem Commissario, oder sonsten gehörigen Orts alsofort insinuiren, und um Expedition gebührend ansuchen solle.

5. Wobey dann auch die Commissarii erinnert werden, die Partheyen nicht aufzuhalten, sondern die Kommission, sobald möglich, werkstellig zu machen, und den gefertigten Rotulum gegen ziemliche Belohnung verschlossen fordersamst denen Producenten ausfolgen zu lassen.

Titulus XL.
Von Zeit der Beweisung, und Zeugen-Führung.

1. Was die *Dilationes Probandi* antrifft, sollen die *Procuratores* hinfürter in oberwehnter erkennten *Dilation* und Frist, ihrer Partheyen Beweisung der Gebühr ausgeführt, und dießfalls keine Saumniß, oder Fahrläßigkeit begangen werde, und obwohl Wir, wie oben verordnet, dem Producenten geraume Zeit zu Beweisung der Klage, oder Gegen-Klage nachgegeben, so können Wir doch aus Billigkeit in dem Fall wo der producirender Theil aus erheblichen Ursachen in solchen angesetzten Termin an Vollenführung seiner Beweisung nothwendig verhindert wäre, gnädigst verstatten, und zulassen, daß alsdann *secunda,* oder auch da nöthig *tertia dilatio probandi* ertheilt, indulgirt, und gegeben werde, doch also, daß man vor Ausgang des statuirten Termins, darum bey Unserm Hofrichter, und Assessoren ansuchen, und die über möglichen Fleiß zugestossene und angezeigte Behinderung glaubwürdig bescheinen soll, dann hinführo die *Procuratores in petendis dilationibus ulterius probandi* jederweil Schein der Verhinderung einzubringen, schuldig seyn, und ohne dessen fürlegen weitere *Dilation ad probandum* nicht gegeben werden, vielweniger bey denen Procuratoren stehen soll, solche *Dilationes* sich einander selbsten zuzulassen, oder nachzugeben.

2. Die dritte Dilation aber soll ohne Solennität der Rechten nicht gegeben werden, das ist: ehe, und bevor der begehrender Theil, daß er die Zeugen, so er zu führen hat, zeitlicher nicht überkommen mögen, daß er auch der Zeugen Aussagen, so er zuvor vielleicht geführet, nicht besichtiget, oder erlernet, und die dritte Dilation nicht aus einigen Betrug, Verzug, oder Gefehrde begehre, eydlich betheure.

3. Und solle dazu ein Special-Gewalt ad jurandum beygebracht, oder sonsten der Recess verworfen werden.

4. So wird auch jedem Theil frey gelassen, bey dem Examine Notarium legalem zu adjungiren, doch daß derselbe in denen Sachen zuvor nicht soll bedienet gewesen, noch sonsten verdächtig seyn, auch darüber und zu Haltung obliegenden geheimen Verschweigens, Fidelität, und gebührlicher erzeigender Bescheidenheit einen leiblichen Eyd geschworen habe.

Des adjungirten *Notarii* Eyd.

Ihr sollet geloben, und schweren, daß ihr alles, was bey diesem vorwesenden Zeugen-Verhör vorfällt, und ihr dabey erfahret, in euer *Protocoll* mit allem Fleiß verzeichnen, dasselbe mit des Gerichts-*Notarii Protocoll* fleißig conferiren, und davon weder den Partheyen selbst, noch denen Advocaten und Procuratoren, oder sonsten jemanden, wer der auch sey, bis zu der Zeugen Aussage beschehener gerichtlichen Eröffnung nichts offenbahren, auch sonsten hiebey alles verrichten wollet, was einem ehrlichen Manne, und getreuen *Notario* eigenet, und gebühret, getreulich, und ohne Gefehrde.

Titulus XLI.
Von Fürbringung schriftlicher Urkunden, Briefen, und anderen Beweisthumeren.

1. Wann Kläger, Beklagter oder *Intervenient* ihre Klage oder Gegenwehr durch *Instrumenta,* Briefe, und Siegel, Saalbücher, Register, und andere schriftliche Urkunden, und Scheine beweisen wollen, und solche zu Behaubtung ihres Intents vorzubringen hätten, so sollen dieselbe im ersten, oder zweyten, oder zum längsten dritten Termin *ad agnoscendum vel diffitendum* beygebracht werden, wie daroben verordnet ist, nicht aber solche Production bis zum Zeugen-Verhör anstehen bleiben, sondern der Producent *in Expensas temerè dilatae litis* alsobald condemnirt werden, es wäre dann Sache, daß er eydlich betheuren könnte, daß er von solchen Briefschaften vorhin nicht gewust, oder solche damal nicht einbringen können, oder einzubringen für dienlich, oder nöthig erachtet, nunmehr aber dafür halte, daß dieselbe zu Erhaltung seines Rechtens dienlich, und nothwendig seyn.

2. Post Conclusionem Causae aber sollen keine schriftliche Documenta, und andere Urkunden zugelassen werden, als nur in denen Fällen, darin nach Inhalt gemeiner Rechten Instrumenta post conclusionem Causae einzubringen zuläßig, welche Casus hierin ausgenommen seyn sollen.

3. Und damit solche briefliche Urkunden, als daran den Partheyen hoch- und viel gelegen, nicht mögen verletzt, und verlohren, auch an anderen nöthigen Orten gebraucht werden, soll die Gegenparthey selbige alsobald zwischen, oder in dem nächstfolgenden Gericht, ob sie dawider Einrede, sichbaren Argwohn, Defect, oder Mangel an Siegel, und Signeten, oder Schriften, oder dergleichen hätte, besichtigen, darauf vor Unseren Hofrichter, und Assessoren dieselbe agnosciren, oder eydlich diffitiren, und wann solche Recognitio fürgegangen, darauf solche Briefe, und Schriften dem beweisenden Theil auf sein Begehren unverlängt wieder zugestellet, doch glaubwürdige Copey durch Unseren Hofgerichts Notarium auscultirt und unterschrieben, bey dem Protocoll gelassen, auch dem begehrenden Gegentheil davon Copey verstattet werden.

4. Wäre aber der Principal im Gerichte nicht gegenwärtig, soll der Procurator denselben zum nächsten Gerichte ohne fernere absonderliche Citation stellen, und alsdann die Agnition, oder Diffession vermittels eines körperlichen Eyds thun, und verrichten, oder es soll die Recognitio pro facta, und die Urkunden pro recognitis gehalten und angenommen werden.

5. Würde jemand gegen producirte briefliche Urkunden einwenden, daß ihme die darunter befindliche Hand, und Siegel nicht bekannt, und solches juratò erhalten, ist dasselbe vor eine eydliche Difession zu achten.

6. In welchem Fall jedoch dem Producenten frey stehet, ob er anstatt der beschehener eydlichen Diffession per comparationem litterarum, auch recognitionem

testium die Urkunden behaubten wolle, alsdann etliche Artikulen, so nicht auf die Contenta solcher brieflichen Urkunden, sondern allein auf deren Hand, und Siegel gerichtet, neben der Zeugen Nahmen mag übergeben, wogegen dem Wider-Part seine Nothdurft mit geziemenden Interrogatoriis zu beobachten frey, und bevor bleibt.

7. So auch eine Parthey im Rechten erweißlich anzeigt, daß bey seinem Gegentheil Instrumenta Communia vorhanden, so ist dieser schuldig vermittels Eyds dieselbe ins Gerichte zu bringen, sie besichtigen und verlesen zu lassen, jedoch mit dieser Bescheidenheit, dafern die angegebene Urkunden so weitläufig, und der Beschaffenheit wären, daß sie zu etwas anders, als zu der in lite befangenen Sache gehörig, und etwa geheime Dinge in sich hielten, daß alsdann mit Fleiß die Puncten, welche gemein seyn, von denen dazu sonderlich verordneten Gerichts-Personen aus dem Original gezogen, solcher Extract demjenigen, so solche Nachricht gebetten, ausgeantwortet, und sothanem Auszug so viel glauben, als dem Original selbst, gegeben werden solle.

8. Würde dann der Gegentheil mit solchen Extracten sich noch nicht begnügen lassen, sondern integras Copias haben wollen, so soll er zuvor durch einen leiblichen Eyd erhalten, daß er solches nicht aus gefährlicher, noch arglistiger Meynung suche, sondern daß solches seine hohe Nothdurft erfordere, und darauf ihme solche ganze Copey auf seine Unkösten abgefolget, demjenigen auch, welchem diese Abcopeyung anbefohlen, und anvertrauet wird, auferlegt werden, den ganzen, und sonsten übrigen, in solchen Instrumentis befindlichen Inhalt bey sich verschwiegen zu behalten, und niemanden zu Gefahr, oder Schaden davon einige Nachricht weder schrift- noch mündlich zu geben.

9. Würde es auch der Sachen Wichtigkeit erforderen, soll er auf des partis instrumenta edentis Begehren, nach Befinden mit einem Eyde deshalben belegt werden.

Titulus XLII.
Von Eyden so zu Ergänzung vorgeleisteter Kundschaft vollenführt werden.

1. Da jemand sein Intent, und Fürbringen *semiplenè,* und nicht genugsam hätte bewiesen, so wird der Eyd *in supplementum,* das ist: zu Erfüllung der vollenkommenen Beweisung ertheilt, und entweder auf der Partheyen Anhalten, oder *ex Officio* in Recht einem zuerkannt, ob aber, auch wie, und welcher Parthey solcher Eyd zu deferiren, oder auch ob das *Juramentum Purgationis* vielmehr zu erkennen, stehet zu Unsers Hofrichtern, und Assessoren Ermessen, welche die Sachen mit allen Umständen, Anzeigen, und Vermuthung, besonderen Fleisses sollen erwegen, in was Ansehen, Ehr und Tapferkeit jede Parthey sey, und wer der Sachen am

besten Wissenschaft habe, oder was jeder Theil vor dem anderen erwiesen, auch derhalben stärkere und bessere Vermuthungen vor sich habe, alsdann mag aus erst erzehlten, auch andern dergleichen Bewegnissen, nach rechtlicher Erkenntniß dieser Eyd durch den Principalen in eigener Person, oder sonsten auf desselbe erhebliche Verhinderung, ehehafter Geschäften, oder Schwachheit halber durch seinen darzu genugsam und *in specie* bevollmächtigten Anwald zu erstatten wohl auferlegt werden.

2. Es stehet auch sonsten einem jeglichen Theile frey, seinem Widerpart das Gewissen zu rühren, und das Juramentum Judiciale demselben zu deferiren, welcher dann auch regulariter solchen Eyd bey Verlust der Sachen zu schweren, oder zu referiren, schuldig seyn soll.

3. Es kann aber derjenige, dem diß Juramentum Judiciale deferirt wird, so er will das Juramentum Calumniae vorhero *à deferente* begehren, und soll, ehe solcher Eyd ist abgestattet, der ander in der Hauptsache zu schweren, nicht angehalten werden.

4. Da auch ein Ding, darum gestritten wird, nicht mehr vorhanden, oder sonsten dolo Adversarii nicht restituirt, oder edirt werden will, so folget das Juramentum in litem, und zwar nach Beschaffenheit der Sachen, das Juramentum aestimationis, sive veritatis, oder auch affectionis, deren Formulen, wie auch auf was Art die Vormünder vor ihre Unmündige oder Minderjährige solchen Eyd abschweren sollen, hernach folgen.

5. Welche Eyde, wann, und in was Vorfällen, und zu welcher Zeit sie zu erkennen, stehet wegen vielfältigen Unterscheids der vorkommenden Sachen nicht wohl zu determiniren, sondern wird billig des Richters Discretion, und Ermäßigung anheim gestellet.

Formula Juramenti Suppletorii.

6. Ihr sollet geloben, und schweren einen Eyd zu Gott, und auf das heilige Evangelium, daß euch gründlich, und eurer eigener, leiblicher Sinnen halber wohl bewust sey, daß dasjenige, so on der Sache *N. N.* ihr zu beweisen euch bemühet habt, und euch zu beweisen, mit Recht auferlegt worden, angegebener maßen wahr sey, ohne gefehrde.

Formula Juramenti Litis Decisorii.

7. Ihr sollet schweren einen Eyd zu Gott, und auf das heilige Evangelium, daß eure Klage (Verantwortung) oder dasjenige, so in Sachen *N. N.* euch von eurem Gegentheil auf euer Gewissen heimgeschoben ist, wahr, und gerecht, und euch solches eurer eigener begreiflicher Sinne halber wissend sey, ohne Vermischung einiges Falschen, sonder gefehrde.

Formula Juramenti, das ein Handelsmann über seine Bücher, oder Register schweret.

8. Ihr sollet geloben, und schweren einen Eyd zu Gott, und auf das heilige Evangelium, daß dasjenige, so in euren jetzt producirten Handels-Bücheren verzeichnet, auch mit denen bey den *Actis* vorhandenen Rechnungen collationirt, und die wider *N. N.* daraus bishero angestellet- und gerichtlich geklagte Schuld-Forderung betrifft, sich in Wahrheit also verhalte, und richtig eingeschrieben, auch darin einig Arglist, oder Gefehrde nicht begangen sey, so wahr euch Gott hilft, und sein heiliges Evangelium.

Formula Juramenti purgationis.

9. Ihr sollet geloben, und schweren einen Eyd zu Gott, daß ihr an der beschuldigten That (so *specificè* benennet werden muß) unschuldig seyet, oder daß ihr von der Sachen, deren ihr beschuldiget, nemlich: das, und das, so nach der Länge erzählet werden muß, nichts wisset, selber nicht gethan, auch anderen keinen Rath, oder Beystand darzu gegeben habt, oder daß ihr klagenden Theil das, und das *(enumeretur)* nicht zugesagt, versprochen, oder verheissen habt, getreulich, und ohne gefehrde.

Juramentum Aestimationis, veritatis genannt.

10. Ihr sollet geloben, und schweren einen Eyd zu Gott, daß die geklagte Stücke so hoch, wie sie in eurer Klage specificirt, austragen, getreulich, und ohne gefehrde.

Juramentum Affectionis.

11. Ihr sollet geloben, und schweren einen Eyd zu Gott, daß ihr lieber so viel, und so hoch an Gelde, wie in der Klage benennet, verlieren, als der beklagten Stücke entbehren wollet, getreulich und ohne gefehrde.

Wie die *Tutores*, oder *Curatores* solche Eyde schwerden sollen.

12. Ihr sollet geloben, und schweren einen Eyd zu Gott, daß, wann ihr an euren unmündigen, und verpflegten Stelle, und deren Condition wäret, des geklagten Dings so hoch, und nicht geringer entrathen wollet, als solches in der Klage ästimirt, und angeschlagen ist, getreulich, und ohne gefehrde.

Eyd derjenigen, so einige Kunst, oder Handwerk gelernet, oder darin erfahren seyn, zu latein *peritorum in arte* genannt.

13. Ihr sollet geloben, und einen Eyd zu Gott schweren, daß ihr in dieser Sachen, darum ihr gefordert, so viel ihr das aus der Erfahrung erlernet, und mit euren leiblichen Sinnen erkündiget habt, keinem zu Liebe, oder zu Leide, noch wegen Gabe, Geschenk, Nutzen, Gunst, Haß, Freundschaft, Feindschaft, Forcht, oder anders, wie das Menschen Sinne erdenken mögen, sonderen allein zu Beforderung der Gerechtigkeit, wie ihr die Gestalt der Sachen befinden werdet, die Wahrheit sagen wollet, und daß ihr glaubt dem also zu seyn, alles getreulich, und ohne gefehrde.

Eyd derjenigen, so zu eines Dings Aestimation und Werdirung erfordert werden.

14. Ihr sollet geloben, und einen Eyd schweren, daß ihr desjenigen, das euch zu werdiren vorgestellet, oder gezeiget werden wird, so viel ihr dessen wisset, verstehet, und ermesset, den wahren eigentlichen Werth vermelden, und darunter keinem etwas zu Liebe, oder Leide, noch wegen Gabe, Geschenk, Nutzen, Gunst, Haß, Freundschaft, Furcht, oder anders, wie das Menschen Sinne erdenken mögen, vorgehen lassen, besonderen allein zur Beförderung der Gerechtigkeit, die eigentliche Beschaffenheit berichten wollet, getreulich, und ohne gefehrde.

Der Wund-Arzen Eyd, welche eine Leibs-Beschädigung besichtigen.

15. Ihr sollet geloben, und einen Eyd zu Gott schweren, daß ihr des *N. N.* empfangene Leibs-Beschädigung mit Fleiß besichtigen, und so viel ihr aus der Erfahrung eurer Kunst erlernet, und mit euren leiblichen Sinnen erkennen möget, anzeigen wollet, ob solche zugefügte Leibs-Beschädigung, beinbrüchig, eine Lähme, groß oder klein, desgleichen, ob eine Schwindung, oder sonst eine Müde des verletzten Glieds, dem Beschädigten in seiner Handthirung und Nahrung, und wie hoch nachtheilig zu befahren, ob ihme wieder zu helfen, oder nicht, und was der Wundartz, der ihn geheilet, ungefehr verdienet, ob er auch durch denselben nicht recht geheilet, sonder verwahrloset sey, alles getreulich und ohne gefehrde.

Der Juden Eyd.

16. Wann einem Juden ein Eyd Auferlegt wird, so soll er zuvor, ehe er den Eyd thuet, vor Handen und Augen haben ein Buch, darinn die Gebotte Gottes, die dem *Moyse* auf dem Berg *Sinai* von Gott geschrieben, gegeben seyn, und man darauf den Juden bereden und beschweren mit den nachfolgenden Worten:

Jude, ich beschwere dich bey dem einigen lebendigen Gott, Schöpfer der Himmel, und des Erdreichs, und bey dem Torach, und Gesetze, das er gab seinem Knechte Moyses auf dem Berg Sinai, daß du wollest wahrlich sagen und verjahren, ob dieß gegenwärthige Buch seye das Buch, darauf ein Jude einem Christen, oder einem Juden einen recht gebührlichen Eyd thun, und vollenführen möge, und solle.

So dann der Jude auf solche Beschwerung bekennet, und saget, daß es dasselbige Buch sey, so mag ihn der Christ, der den Eyd von ihm erfordert, oder an seiner Statt, der ihm den Eyd giebt, fürhalten, und fürlesen, die nachfolgende Frage, und Vermahnung, nemlich:

Jud, ich verkündige dir wahrhaftiglich, daß wir Christen anbeten den einigen allmächtigen, und lebendigen Gott, der Himmel, und Erden, und alle Dinge erschaffen hat, und daß wir ausserhalb dessen keinen anderen Gott haben, ehren, noch anbeten, das sage ich dir darum, und aus der Ursache, daß du nicht meinest, du wärest entschuldiget vor Gott eines falschen Eyds, indem daß du meynen und halten möchtest, daß wir Christen eines unrechten Glaubens wären, und fremde Götter anbeteten, das doch nicht ist; und daß du darum, daß die Nesie, oder Hauptleute der Kinder Israel schuldig gewesen seyn, das zu halten, das sie geschwohren hatten, den Männeren von Giffan, oder Gibea, die doch dieneten den fremden Götteren, viel mehr schuldig bist, uns Christen, als denen, die einen lebendigen, und allmächtigen Gott anbeten, einen wahrhaftigen, und unbetrieglichen Eyd zu schweren, und zu halten.

Darum Jud frage ich dich, ob du das glaubest, daß einer schändet und lästert den allmächtigen Gott, indem er schweret einen falschen, und unwahrhaftigen Eyd, So spreche der Jud Ja.

So spricht der Christe: Jude, ich frage dich ferner, ob du aus vollbedachtem Muth, und ohne Arglist, und Betrieglichkeit den einigen lebendigen und Allmächtigen Gott wollest anrufen zu einem Zeugen der Wahrheit, daß du in dieser Sache, darum dir ein Eyd auferlegt ist, keinerley Unwahrheit, Falsch- oder Betrieglichkeit reden, oder gebrauchen wollest, in einigerley Weise? So spreche der Jude Ja.

So das alles geschehen ist, so soll der Jude seine rechte Hand bis an die Knorren legen in das vorgemeldte Buch, nehmlich auf die Worte des Gesetzes, und Gebotten Gottes, welche Wort und Gebott in Häbräisch also lauten:

Losissa, Etschen, Adonay, Eloëcha, Laschaff, Kilo, renaqqe, Adonay, Etascherlissa, Etchemo, Laschoff.

Zu teutsch: Nicht erhebe den Nahmen des Herrn deines Gottes unnützlich, dann nicht wird unschuldig, oder ungestraft lassen der Herr den, der erhebt seinen Namen unnützlich.

Alsdann, und darauf, und ehe der Jude den Eyd vollenführt, soll der Jude dem Christen, dem er den Eyd thun soll, oder an dessen Statt dem, der ihm den Eyd aufgiebt, diese Worte nachsprechen:

Adonay, Ewiger Allmächtiger Gott, ein Herr über alle Malachim, ein einiger Gott meiner Vätter, der du uns die heilige Torach gegeben hast, ich rufe dich, und deinen heiligen Nahmen Adonay, und deine Allmächtigkeit an, daß du mir helfest bestättigen meinen Eyd, den ich jetzo thun soll, und wo ich unrecht, oder betrieglich schweren werde, so sey ich beraubt aller Gnaden des ewigen Gottes, und mir werden auferlegt alle die Strafen, und Flüche, die Gott den verfluchten Juden auferlegt hat, und meine Seele, und Leib haben nicht mehr einig Theil an der Versprechung, die uns Gott gethan hat, und ich soll auch nicht Theil haben an Messias, noch am versprochenen Erdreich des heiligen seligen Landes; Ich verspreche auch, und bezeuge bey dem einigen gütigen Gott Adonay, daß ich nicht will begehren, bitten, oder aufnehmen einige Erklärung, Auslegung, Abnehmung, oder Vergebung von einem Juden, noch anderen Menschen, wo ich mit diesem meinem Eyd, so ich jetzt thun werde, einige Menschen betriege, Amen.

Darnach so schwere der Jude, und spreche dem Christen nach diesen Eyd:

Adonay, ein Schöpfer der Himmel, und des Erdreichs, und aller Dinge, auch mein, und derer Menschen, die hie stehen, ich rufe dich an, durch deinen Heiligen Nahmen auf diese Zeit zu der Wahrheit als der N. mir zugesprochen hat, um den, oder den Handel, so bin ich darum, oder daran ihm ganz nicht schuldig, oder pflichtig, und habe auch in diesem Handel keinerley Falschheit, oder Unwahrheit gebrauchet, sondern wie es verlautet hat, um Haubtsache, Schuld, oder sonst was die Sache ist, also ists wahr ohn alle Gefehrde, Arglist, und Verborglichkeit, also bitte ich mir auch Adonay zu helfen, und zu bestättigen, die Wahrheit, wo ich aber nicht Recht habe in dieser Sache, sondern einige Unwahrheit, Falsch- oder Betrieglichkeit darinnen gebrauchet, so seye ich Heram, und verflucht ewiglich, wo ich auch nicht wahr, und Recht habe in dieser Sache, daß mich dann übergehe, und verzehre das Feuer, das Sodoma, und Gomorra übergieng, und alle die Flüche, die an der Torach geschrieben stehen, und daß mir auch der wahre Gott, der Laub, und Graß, und alle Dinge erschaffen hat, nimmer mehr zu Hülfe, noch zu staten komme in einigen meinen Sachen, und Nöthen, wo ich aber wahr, und Recht habe in dieser Sache, also helfe mit der wahre Gott Adonay.

Titulus XLIII.
Von Beweisung durch den Augenschein.

1. Beweisung durch augenscheinliche Besichtigung mag vor, oder auch, wann es *ante conclusionem* begehrt ist, nach Beschluß der Sachen, oder auch, da es gleich von keiner Partheyen begehrt, von Unsern Hofrichter, und Assessoren aus richterlichem Amt, und erheischender Nothdurft, doch vermittels vorgehender rechtlicher Verkündigung und Beförderung zugelassen, und eingenommen werden.

2. Und wann es um Gränzen, Weggänge, Jagden, oder anderer dergleichen Jura, und Gerechtsamkeiten zu thun und deshalben dem Augenschein einzunehmen vonnöthen, soll zu Unsers Hofrichters, und Assessoren besserer Information eine jede Parthey einen Abriß zu produciren schuldig seyn.

Titulus XLIV.
Von Publikation der Zeugniß, und wie darnach ferner bis zum Beschluß der Sachen gehandelt werden soll.

1. Nach Verscheinung der Zeit, so zur Beweisung gegeben, und derselben sowohl in *puncto pro-* als *reprobationis* erfolgter Vollenführung, soll alsobald auf Ansuchen der Partheyen der Zeugen Aussage und Kundschaft auch andere eingebrachte Beweisung publicirt, dem Producenten *communicatio desuper expediti Rotuli,* und seinem Gegentheil davon abschrift ertheilt, auch da er wider dieselbe Aussagen, und alles anders etwas einzubringen, zu reden und zu handelen hätte, vier Wochen, oder nach Gelegenheit, und Gestalt der *Attestationum,* und der Sachen Wichtigkeit, sechs wochen Frist zugelassen werden, oder wollte die Gegen-Parthey dawider alsbald, und nur durch gemeine Einrede mit Begebung weiterer schriftlicher Handelung schliessen, soll sie solches auf diesen, oder nächstfolgenden Termin zu thun Macht haben.

2. Wie wir dann auch hiemit statuiren, auch wollen, daß hinführo in Causis summariis, privilegiatis, und Mandatorum, wann die nicht von großer Importanz seyn, einige Deductiones nicht mehr verstattet, sondern nach publicirten Attestationibus in der Sachen unverlängt definitivè erkannt werden soll.

3. Wäre sonsten der Gegen-Beweiß nicht gerad auf das Wiederspiel gerichtet, oder wollte wider der Zeugen-Person eingeredet, und die angefochten werden, so mag solcher anmassender Theil nichts destoweniger nach Eröffnung der Zeugensagen, seinen nothdürftigen Gegen-Beweiß, und weitere Zeugen, die in Rechten genennt werden: Reprobatorii probatoriorum führen, in welchem Fall dann dem Gegentheil, wider solche Reprobatorios auch Zeugen fürzustellen, erlaubt, reprobatorii reprobatoriorum genannt, darüber dann weiter keine Zeugen wider der Zeugen Person zuläßig seyn sollen.

4. Da aber producirender Theil seiner Zeugen Aussage gesehen, erlernet, und erfahren, wird ihm in der Hauptsach fernere Zeugen-Führung um gefährliche Subornation zu vermieten [sic!], nicht zugelassen, es wären dann merkliche im Recht begründete, und zuläßige Ursachen vorhanden, die Unser Hofrichter, und Assessoren darzu erheblich finden, und bewegen mögten.

5. Es mögen auch zu Zeiten die vorhin abgehörte Zeugen von wegen unlauterer, und zweifelhafter Aussage, so daß Unser Hofrichter, und Assessores für nothwendig

ansehen, ex officio reexaminirt, jedoch soll hiebey guter Fleiß gethan werden, damit kein verdächtiger Unterricht, oder Anstiftung mit denselben Zeugen gebraucht, sondern alle Gefährlichkeit verhütet werde, welches auch in Appellations-Sachen statt haben soll.

6. Desgleichen wo die Kundschaften bey dem Gericht verlegt, oder verlohren, mag man auch in solchen Fall, wie oben vermeldet, die verhörten Zeugen repetiren, und examiniren, doch auf Kösten dessen, durch wessen Fahrlosigkeit, und Saumniß die Verlierung verursacht, und hergeflossen ist.

7. Wann auch die Zeugen auf etliche nothwendige Interrogatoria ad causam facientia, oder auch Articul nicht verhört worden, so mögen sie sumptibus negligentis nochmals, auch auf dieselbe repetirt, und examinirt werden.

8. So nun also die gerichtlich vollenführte, und eingebrachte Beweisung eröfnet, Rotul, und Copey darauf zu handelen mitgetheilet, will dann Producent seine Probation- oder Salvation-Schrift einbringen, soll er darzu Zeit von vier, oder zum höchsten sechs Wochen, und dagegen sein Widertheil Exception, und Gegenschrift in einer gleichen Zeit zu übergeben haben.

9. Auf solche Exception soll dem andern Theil hinwieder seine Replic, und Gegenschrift, auch sonsten alles zu produciren, zugelassen, und darzu gleichergestalt vier, oder sechs Wochen, so dann der Gegen-Parthey zu Einbringung seiner Duplic-Schrift, und in deroselben alles zu produciren, eben selbige Zeit hiemit gegen einander gesetzt seyn.

10. Damit dann zugleich ad definitivam purè submittirt, oder in dessen Verbleiben nichts deweniger die Sache ohne fernere Erkenntniß aus richterlichen Amt vor beschlossen aufgenommen, und darauf denen Partheyen etwas weiters in Recht vorzubringen, oder einigen Beweiß mehr zu thun nicht verstattet werden soll.

11. So aber etwas Neues nach der Sachen Beschluß vorfiele, und solches der begehrender Theil vermitts Eyds betheuren mögte, soll ihm Rescissionem conclusionis zu bitten, und solch weiter Fürbringen, einzuwenden vorbehalten, und unbenommen seyn, auch darein rechtliche Erkänntniß erfolgen.

12. Es mögen auch Unser Hofrichter, und Assessores jederzeit vor sich selbst von Amts wegen der Sachen Gelegenheit, und Nothdurft nach den Beschluß rescindiren, und im Handel fürnehmen, was sie in deme dienlich erachten.

13. So hat auch jede Parthey Macht, wann seines Bedünkens durch den Gegentheil nichts neues, oder erhebliches fürgebracht, alsobald mündlich zu beschliessen, und da das geschicht, soll Gegentheil auch gleichergestalt mündlich zu concludiren, ohne weitere Termin, und Zeitgebung gehalten, und verbunden seyn, es wäre dann etwas Neues, so er mit seinem Eyd betheuren mögte, fürgefallen.

14. So aber sonsten eine Parthey die andere mit schleuniger verfänglicher Beschliessung übereilen wolte, das soll nicht gestattet, sondern hierin dieser Ordnung richtig nachgegangen, und gelebt werden.

15. Deme allen nach sollen auf Eröffnung der Zeugen Sagen mehr Schriften, als obstehet, nicht zuläßig seyn, es wäre dann, daß der Sachen Wichtigkeit, und der Partheyen unumgängliche Nothdurft ein anders, als hinc inde triplicando, & quadruplicando respectivè zu handelen, und dann endlich zu concludiren, erforderte, welches doch ohne große ehehafte, und rechtmäßige Ursache nicht, auch jederweil mit vorgehender Unsers Hofrichters, und Assessoren Erkänntniß geschehen soll.

16. Dieweil sich auch befindet, daß die Advocaten bisweilen in solchen nächstobberührten hauptsächlichen Handelungen entweder aus Aufhalt, oder daß sie sonsten wegen Vielheit überladener Geschäften in gebührendem, und gehaltenen Termin nicht fertig werden, noch weiter Schriften gebrauchen können, oder dieselbe sonsten unachtsam, und verabsaumlich hintreiben lassen, auf excogitirte Neben-Puncten einen Absprung machen, und zu Stellung der Hauptsachen damit absonderliche Proceß, und Disputationes causiren, dadurch dann die Sachen merklich aufgehalten, auch die Partheyen in vergebliche Kösten, und Schaden geführt werden, solchem vorzukommen, wollen wir, daß man die Nothdurften nicht separatim, sondern neben, und mit der Haupt-Handelung zugleich einbringen, das alles Unser Hofrichter, und Assessoren in gute Aufachtung nehmen, und ein widriges nicht einschleichen lassen sollen.

Titulus XLV.
Von Contumacien, und Ungehorsam des nicht erscheinenden Klägers, oder Beklagtens in erster Instanz.

1. Wann eine Parthey aus rechtlichen Auflagen, oder sonst vermöge dieser Ordnung zu handelen schuldig, darin aber verzüglich, oder ungehorsam, soll *ob Contumaciam* zusamt der Pön gemeiner Rechten, der andere Theil zu fernerer Handlung, und in der Sachen zu procediren, zugelassen, der Ungehorsamer in Kösten und Schaden ertheilt, und so er die nach Ermäßigung des Gerichts entrichtet, dann erst in den Stand, wie die Sache, und Proceß sich befinden, fürter zu handelen, hergestellet werden.

2. Und erstlich, was den Klägeren belangt, so der, oder dessen Anwald auf bestimten Rechtstage nicht erschiene, soll Beklagter aus nachfolgenden Mittelen eins nach selbsten Willkühr an Hand zu nehmen Macht haben, nemlich, es kann derselbe, daß wider den Klägeren die Gerichtskösten abzulegen, erkannt, auch Beklagter von der Ladung absolvirt werden möge, begehren, doch daß durch solche Erkänntniß dem Kläger nach Abrichtung des ertheilten Schadens seine Sachen wiederum rechtlich fürzunehmen, und Beklagten von neuen citiren zu lassen, unbenommen sey.

3. Wo aber Beklagter vermerket, daß Kläger ihn ohne rechtmäßige Forderung umzutreiben, oder ungebührliche Verlängerung, und Aufenthalt zu suchen vorhätte, mag er auch dem Kläger eine raumliche Zeit zu Fortsetzung seiner Klage anzusetzen, oder wo er das nicht thäte, ihm ein ewig Stillschweigen aufzulegen, bitten, welches ihme also wiederfahren soll.

4. Wäre sonst die Sache mit Klag, und Antwort, auch nothdürftiger Beweisung instruirt, so mögen Unsere Hofrichter, und Assessoren in contumaciam lassen verfahren, und für den Kläger, oder Beklagten nach Gestalt des Handels urtheilen, jedoch soll in solchem Fall der gehorsame Theil, ob gleich wider ihn gesprochen würde, die Gerichtskösten abzulegen, nicht schuldig seyn.

5. Was Beklagtens Ungehorsam belangt, so dann derselbe auf einigen Termin ausbliebe, kann der Kläger wider ihn in der Hauptsache procediren, und sein Recht, und Fuge fürbringen.

6. Demselben soll alsdann auch erlaubt seyn in actione reali sequestrationem fructuum zu bitten, in actione verò personali auf Pfandung des Absehen zu schlagen, und soll in Unsern Hofrichters, und Assessoren Arbitrio stehen, mit welchem Remedio den Klägeren dießfals am besten zu helfen.

7. Es soll auch Klägeren erlaubt seyn, auf seines Gegentheils erkannten Ungehorsam von Unserm Hofgericht poenale monitorium, vel praeceptum auszubringen, und darin geboten werden, nochmals auf einen bestimten Tag bey Vermeidung angedroheter Pön in Recht zu erscheinen, und zu handelen, oder im Fall längeren Ausbleibens zusehen, ihn in poenam zu declariren, und zu deren Execution, auch eben wohl in andere schärfere Wege wider ihn zu procediren.

8. Damit auch der Kläger gegen den Ungehorsam ausbleibenden Beklagten destomehr, und überflüßigere Wege habe, gegen dessen Ungehorsam zu handelen, so wollen wir über vorige angeordnete Wege auch diesen gesetzt haben, nemlich, daß Kläger um ein Mandatum ad purgandum Contumaciam & respondendum sub poena Confessati anhalten, und solches erkannt werden möge.

Titulus XLVI.
Von Proceß, und Termin in zweyter Instanz, und erstlich, wie Appellant auf den in der Ladung bestimten Termin erscheinen, und handelen soll.

1. Obwohl die Terminen, und Processen in zweyter Instanz, und Apellations-Sachen fast nach Art, und Ordnung der ersten Instanz seyn zu halten, dieweilen jedoch bey dieser Instanz zu Zeiten allerhand Sachen, so in erster Rechtfertigung nicht einkomme, sich zutragen, auch oft die eine Appellations-Sache anders, als die

andere beschaffen, als werden auch die Terminen bisweilen ungleich, und anders müssen gehalten werden.

2. So nun jemand in- oder ausserhalb Gerichts gravirt, mag derselbe intra decendium coram Notario & Testibus schriftlich, oder vor dem Richter voriger Instanz in continenti stante pede, & vivâ voce appelliren, oder auch sonsten einen Appellations-Zettul Unserm Hofrichter, und Assessoren inner solcher Frist überreichen, und wann also rechtmäßige Berufung geschehen, soll selbige Appellatio bey Unserm Hofgericht in Zeit zweyer Monaten, von Zeit der interponirten Appellation anzurechnen, wie oben verordnet, angebracht, eingeführt, Ladung, Compulsoriales, auch wo nöth- und zuläßig, Inhibition erkannt, und auf des Appellanten, oder seines Macht-habenden, oder de rato cavirenden Anwaldts Anhalten, dem Appellaten, und vorigen Richter gebührlich, wie in Sachen erster Instanz angezeiget, verkündet werden.

3. Und soll Appellantis Procurator in dem ersten Citationis praefixo termino, neben Einbringung seines Gewalts, die abgegangene Proceß Ladung, Inhibition, und Compulsorialen mit ihrer aufgezeichneten Insinuation zu Fundirung dieses Gerichts-Zwangs, und darneben pro justificatione formalium instrumentum appellationis reproduciren, solche Gewalt, und Appellation ex adversò agnosciren lassen, so dann Acta voriger Instanz, und damit zugleich, und alsbald die Appellations-Klage, oder Gravamina Punctsweise laut des Reichs-Abschieds de Anno 1654. vorbringen, darin die Formalia Appellationis unterschiedlich anzeigen, die der Gebühr, und rechtlicher Ordnung gemäß verificiren, und damit zugleich litem affirmativè contestiren.

4. Und zu mehrerer Beförderung der Sachen, soll Appellant schuldig seyn, es wären Reverentiales, oder Apostoli Refutatorii, oder deren keine gegeben, unter 30 Tagen nach beschehener Appellation, bey dem vorigen Richter, um Fertigung der Acten anzusuchen, darauf auch der Richter die unverzüglich soll verfertigen lassen, und um ziemliche Belohnung mittheilen, damit Appellant an förderlicher ausführung seiner Appellation nicht behindert werde.

5. Wie Wir dann hiemit Unsern Untergerichten insgemein mit ernsten Befehl auflegen, den Appellanten an Ausbringung, und Mittheilung der Acten gefährlich nicht aufzuhalten, sondern auf sein, oder seines Macht-Boten Ansuchen ohne allen Mangel, und säumen, mit gänzlicher Inserirung alles und jedes, sowohl, was vor der Urtheil, als darunter, und darnach eingebracht, erkennet, gehandelt, oder vorgenommen, gegen ziemliche Belohnung ediren, und sonderlich den Tag der Appellation, und ob bey sitzendem Gerichte, oder nicht, oder welcher maßen appellirt, eigentlich auszudrücken, und unter ihren Siegel ausfolgen zu lassen, desgleichen ihre Schreibere anzuhalten, der Partheyen Vorträge, und alle Handelung, sonderlich in Sachen, davon apellirt werden möchte, eigentlich aufzuschreiben.

6. Und ob die Compulsoriales gleich zu Anfang neben, und mit der Ladung nicht ausgiengen, soll doch appellirender Theil aufs längste in hoc primo termino dieselbe zu nehmen schuldig seyn, oder wo das unterlassen, und verabsaumet würde, der Appellat auf sein Anhalten von der ausgegangenen Ladung absolvirt werden.

7. Würden aber vom Richter voriger Instanz auf ausgegangene, und verkündigte Compulsoriales die Acta vollkommentlich, und der Gebühr zu ediren, verweigert, oder verzogen, mag Appellant, und Unser Fiscal auf die angedrohete Pön procediren, darinn auch Unser Hofrichter, und Assessoren demselben mit gebührender Declaration, und Einziehung solcher Pön, wie sich vermög der Rechten gebührt, ohne Weitläufigkeit verhelfen sollen, neben dem auch voriger Instanz ungehorsamer Richter der Parthey den Schaden und Kösten, darin sie durch solcher Acten Verweigerung, und Aufhalt geführt, nach Erkänntniß Unsers Hofrichters, und Assessoren abzulegen schuldig seyn.

8. So aber die Acta vor den ersten Termin von dem Unter-Richter appellanti zugestellet, sollen dieselbe neben der Appellations-Klage, wie obstehet, in diesem ersten Termin eingebracht, oder ob die verschlossen edirt, alsobald so verschlossen Unsern Hofrichter, und Assessoren eingehändiget, und von denen in Beyseyn des Hofgerichts Notarii, ohne Verletzung der Siegel eröffnet, und Appellanti gestalt in primo termino gefaßt zu seyn, communicirt, sonsten vor solcher Einbringung der Acten, wieder Appellanten, so lang es an seinen möglichen Fleiß nicht ermangelt, um nachbleibenden, und hindersamen libellirens willen nicht angerufen werden.

9. Ferner da neben der Ladung Inhibitio ergangen und verkündiget, soll der Appellant auf diesen Termin die auch reproduciren, und daferne dagegen etwas attendirt, und vorgenommen, auf die Pön, wie obstehet, geklagt, und verfahren werden, oder da keine Inhibitio ausgegangen, und demnächst attentirt, solcher Invocation halber in Schriften zu handelen, und deren Revocation zu begehren, frey stehen, und zugelassen seyn.

10. In welchem Puncto attentatorum, da die Abschaffung der Neuerung, wie imgleichen in puncto inhibitionis, da poena declaratio gebeten, kein ordentlicher zeitlicher Proceß soll geführt, sondern nur Judicis officio implorato die Attentata, und Contraventio Puncten-Weise vorgebracht, und darauf dem Gegentheil, wie sich zu Rechte gebühret, Einrede, und Antwort zu thun, Monats-Frist angesetzt, auch solche Puncten, da die verneint würden, sonsten aber pertinentes, verträglich, und zuläßig wären, auf klagender Parthey Begehren in sicherer Zeit zu beweisen, zugelassen, und mit solcher Probation, und dieses Puncts Beschluß zum schleunigsten verfahren werden.

11. Inhibitiones in appellationibus belangend, wollen Wir, wann *à definitiva, vel vim definitivae habente* appellirt, der Richter *à quo* habe der Appellation deferirt, oder nicht, daß indistinctè die gebetene Inhibition soll erkannt werden, ausserhalb folgenden Fällen, nämlich in possessorio retinendae, da der Appellat in Besitz,

oder wann man der Jurisdiction halber noch im Zweifel stünde, oder sonsten Jure Communi die Appellatio verboten wäre.

12. Wann aber von einem gemeinen Interlocuto, das doch appellabel ist, appellirt würde, (welches schriftlich geschehen muß) soll nach Inhalt gemeiner beschriebener Rechten, es wäre dann evidens periculum in mora, oder daß daraus damnum irreparabile folgen müßte, welches jedoch zuvor soll beschienen werden, vor der Kriegs-Befestigung, oder zum wenigsten, ehe der Gegentheil darüber gehört, keine Inhibitio erkannt werden.

Titulus XLVII.
Von den andern und nachfolgenden Terminen in zweyter Instanz, wie auch, was in denenselben gehandelt werden soll.

1. Hätte der Appellat *contra formalia appellationis,* oder *devolutionem* einzureden, oder sonsten andere verzügliche *Exceptiones* vorzuwenden, die soll man in diesem angesetzten Termin sämmtlich, und in Schriften Puncten-weis vorbringen, darauf ferner *replicando, & duplicando,* handelen, und verfahren, wie daroben *in dilatoriis* verordnet.

2. Hätte aber Appellat mit dergleichen Exceptionibus die Appellation nicht anzufechten, auch Appellant die Formalia durch Einbringung der Gerichts-Acten, Appellations-Instrumenten, oder sonsten der Gebühr justificirt, soll Appellat in diesem Termin auf vorgebrachte Beschwehrniß, und Klag-Puncta zu antworten, und den Krieg in gemeiner Weise mit wenig Worten zu befestigen, auch Juramentum Calumniae, so das beyde, oder eine Parthey begehrte, zu leisten, schuldig seyn.

3. Der Appellant soll nach sothaner Antwort, und Kriegs-Befestigung, da er nichts anders, dann was in voriger Instanz & libello appellatorio vorgebracht, zu beweisen, und einzubringen hätte, alsbald mündlich beschliessen, oder ihm auf sein Begehren terminus producendi omnia, & concludendi auf Zeit eines Monats angesetzet, darauf Appellato ein solches gleichergestalt, alsobald oder in solcher Frist zu thun auferlegt, und weitere Schriften nicht zugelassen werden.

4. Hätte aber appellant, oder Appellat etwas neues, oder weiters, dann in voriger Instanz eingekommen, (welche neue Klag, doch der in erster Instanz eingebrachten Klage, soll gemäß, und daraus gezogen, aber auf andere Sachen, darum zuvor nicht geklagt und gehandelt, nicht gestellet seyn) eingebracht, und dasselbe von neuen, oder weiter zu thun, und zu probiren, soll in diesem Termin, die Klage repetirt, und darauf ferner mit Beweisung, und anderen Terminen bis zum beschluß und Ende der Appellations-Sachen procedirt werden, aller maßen, wie oben bey denen Terminen erster Instanz ist angezeigt, und verordnet worden.

5. Item, da die Gegen-Parthey peremptorias, oder andere Exceptiones von neuen einbringen, und beweisen wollte, ist es damit zu halten, wie in denen Terminen, und sonsten oben in denen peremptoriis angezeigt worden.

6. Da von Beschwerden, und Bey-Urtheilen die nicht Kraft einer End-Urtheil hätten, appellirt, ist unnöthig obgemeldte Terminen zu halten, sondern mag Appellant Instrumentum, vel scedulam an statt appellationis mündlich, oder in Schriften repetiren, und darauf mit wenig Worten begehren zu erkennen, daß nichtig und übel geurtheilet, und wohl appellirt seye.

7. Darauf dem Widertheil, wo er dann mit Antwort ungefast, auf sein Begehren Monats-Frist zu solcher Antwortung angesetzet, und wo alsdann auf dessen Verneinung dem Appellanten noth wäre, zu beweisen, das soll ihme zugelassen, und es damit, wie oben gemeldet, gehalten werden.

8. Wann in dieser Sache ad definitivam beschlossen, soll alsdann des Appellanten Anwald die Acta voriger Instanz in termino conclusionis, oder darnach ad proximam zu reproduciren schuldig, damit dieselbe denen Protocollis und Actis, so vor Unserm Hofgericht ergangen, beygelegt, und ad referendum aufgegeben werden können.

9. Wäre aber des Appellanten Anwald hierin säumig, so mag des Appellaten Anwald alsdann anhalten, dem Gegentheil solchen Terminum ad producendum acta sub poena absolutionis ab instantia, sive remissionis causae, anzusetzen.

Titulus XLVIII.
Von Nullität, und Nichtigkeit der Urtheilen, und welchergestalt darin procedirt werden soll.

1. So jemand ein gesprochen Urtheil aus Grund der Nullität *incidenter,* und nicht *principaliter* anfechten wollte, soll er das samt der Klage auf die Iniquität, Beschwerden, und Ungerechtigkeit derselben Urtheil *alternativè,* und mit einander *specifice* einzubringen, und damit *simultaneo processu,* und zugleich auf alle hieroben in Appellations-Sachen gesetzte Terminen zu Verhütung zweyfacher Rechtfertigung, und gefährlicher Erlängerung zu procediren schuldig seyn, es wäre dann, daß *in Actis prioris instantiae* eine so öffentliche Nullität begangen, und befunden, daß Unser Hofrichter und Assessoren auch *ante litis contestationem, & ex Officio* darüber sprechen, und erkennen könnten.

2. Wo aber von Urtheilen innerhalb 10. Tagen nicht appellirt, sondern auf die Nullität principaliter, und alleinig geklagt werden wollte, soll solches anderster nicht, als nach Inhalt des Reichs-Abschieds de Anno 1654. verstattet, noch hoc casu exceptioni nullitatis wider die gebetene Execution Platz gegeben werden.

3. Würde sich aber befinden, daß die Nullität muthwillig getrieben, und fürgeschützet worden, soll die daran schuldige Parthey Unserm Fisco mit einer Pön nach Gelegenheit, und Wichtigkeit der Sachen, und Unsers Hofrichters, und Beysitzeren Erkenntniß verfallen, auch dem Gegentheil alle dadurch verursachte, und aufgedrungene Kösten zu erstatten schuldig seyn.

Titulus XLIX.
Welchergestalt obgemeldte Terminen in erster Instanz gehalten, oder gemäßiget, auch wie die nicht gehaltene Terminen gebessert, und erhohlet werden sollen.

1. Dieweil fast allenthalben über Aufhalt, und langweilig Umtreiben von den im Rechtsprechenden, und klagenden Partheyen querulirt wird, damit dann dießfals solches alles, so viel möglich abgewendet, und Männiglichen zu förderlichen gleich und rechten gedeylich, und austräglich verholfen werde; So ordnen, und wollen Wir, daß ein jeder *Procurator* in Fürbringung, und Ausführung der Sachen, obgemeldter maßen mit Haltung der Terminen, sowohl erster als zweyter Instanz bey Unser ernster willkührlicher Geld- und ander, oder auch Straf der Remotion sich Unserer Ordnung durchaus gemäß verhalten, deren in allem geleben, nachkommen, und ihrer keiner dem anderen *tacitè, vel expressè* längere, und mehrere Frist, dann obstehet, gestatten, noch verhängen, sonsten aber die Terminen zu anticipiren, oder zu präveniiren Macht haben soll.

2. Wäre sonsten der Sachen Gering- oder Wichtigkeit also gestaltet, daß die Dilationes, und Terminen etwa gekürtzet, eingezogen, und abgeschnitten, oder auch weitere, und längere (so doch ohne sonder grosse, wahre, und erfindliche unumgängliche ehehafte Noth nicht leicht geschehen soll) müsten gegeben werden, so sollen Unser Hofrichter, und Assessores Macht haben, (auf bittlich Anrufen, oder ex Officio[)] nach Gestalt, und Gelegenheit der Sachen, Handel, und Partheyen, die bestimte Terminen zu mäßigen, mehr, oder weniger zu geben, auch weitere Schriften über die Ordnung, als triplicas, quadruplicas, und dergleichen (doch in gewisser Anzahl und beyden Theilen gleich) zuzulassen, und denen Partheyen darüber, daß solches ihre hohe Nothdurft also, und nicht anders erforderte, die vorgehende Eyds-Betheurung aufzulegen.

3. Ferner begebe sich, daß die Procuratores an Haltung der Terminen, wie sie vermög der Rechten, und dieser Ordnung zu thun, schuldig, säumig, und unterläßig wärn, oder sonsten auch unförmlich gehandelt hätten, solches dann zu verbesseren, sollen sie nicht thun mit Wiedervorbringung voriger Schriften, sonderen mit wenig Worten die Termin so nicht recht, oder gar nicht gehalten, von neuen, den Rechten, und dieser Ordnung gemäß halten, und alsdann darauf, was sonsten

hernach durch sie förmlich gehandelt, und fürgebracht mit schlechten Worten repetiren, erneueren, bewilligen, und bekräftigen, darauf dann die Sachen, wie sich gebühret, concludiren.

4. Letztlich, da unter der Procuratoren, um ein, oder mehr Terminen Streit einfiele, sollen Unser Hofrichter, und Assessores darüber in eadem audientia mündlichen Bescheid geben, und den Termin, nach Gestalt der Sachen mäßigen.

Titulus L.
Von Contumacien, und Ungehorsam des nicht erscheinenden Appellanten, oder Appellaten in zweyter Instanz.

1. Was oben von den Terminen in zweyter Instanz geordnet, soll verstanden werden, in Sachen da beyde Theile zugegen seyn, so aber ein Theil, und erstlich der Appellant nach ausgegangener Ladung ausbliebe, oder da er einmal erschienen, und vor, oder nach der Krieges-Befestigung ungehorsam seyn würde, soll dem Appellaten zugelassen seyn, sich der Wege, wie oben von des Klägers Ungehorsam in erster Instanz gesetzt, gegen ihn zu gebrauchen. Neben dem soll dem Appellaten, so er sich der Appellation mit bedienen wollte, gegen den ungehorsamen Appellanten, so in Recht erschienen, zu libelliren, und darauf, wie sich zu recht gebühret, zu procediren, zugelassen seyn; Doch soll in diesem Fall der Appellat, so auf Ungehorsam des anderen Theils also handelen wollte, zufordrist *formalia appellationis,* zu Begründung der Jurisdiction beweisen, und darnach allererst seine Meinung und Begehren, wie obstehet, darzu *Acta* erster Instanz fürbringen, und so er nichts Neues einzuwenden, auf vorige *Acta* zu beschliessen, Fug, und Macht haben, sonsten wo *Appellatus* etwas Neues einzulegen, oder zu beweisen hätte, soll ihm das zugelassen, und es damit, wie oben versehen, gehalten werden.

2. So aber der Appellat aus Ungehorsam nicht erschiene, soll gleichfals dem Appellanten deren von des Beklagten Ungehorsam oben gesetzten Wegen einen fürzunehmen, und darin zu handelen, zuläßig seyn, und sonderlich, so er die Hauptsache vollenführen wollte, vor allen Dingen Formalia appellationis bewiesen, und rechtfertigen, darnach sein Libell, oder klag der Beschwerung vorwenden, und in Sachen procediren, wie oben ausgedrückt.

3. Würde nun der ungehorsame Appellant, oder Appellat nochmals erscheinen, es wäre nach einem, mehr, oder allen Terminen, soll er in dem Stande, wie er die Sache, und Proceß findet, ferner zu handelen, zugelassen, und gehört werden, doch zuvor dem gehorsamen Theil aller Kösten, und Schadens, so dieser seines Ungehorsams halber erlitten, nach gerichtlichen Ermessen ohne allen Verzug, und Aufenthalt Erstattung thun.

4. Würde aber die Parthey, wider welche in Contumaciam, sowohl in Causis simplicis querelae, als appellationis procediret, folgends erscheinen, und Ursachen fürbringen, warum sie nicht ungehorsam wäre, noch erkannt werden könnte, und dahero einige Kösten, und Schaden zu bekehren nicht schuldig sey, auch daß dasjenige, so auf solchen Ungehorsam gefolget, nichtig erkannt, abgethan, und revocirt werden mögte, begehren, darin sollen Unsere Hofrichter, und Assessores denselben anmassenden Theil, so viel recht ist, hören, und zulassen.

Titulus LI.
Von extraordinären und summarischen Sachen, und wie in denselben procedirt werden soll.

1. *Pro Extraordinariis seu Sumariis Causis* sollen gehalten werden:

I. So eine Parthey begehret Leib-Nahrung oder Unterhaltung.

II. Da dasjenige, darum der Streit ist, aus Verzug, und Langwierigkeit der ordentlichen Rechtfertigung möchte verderben.

III. Sachen Interdicti recuperandae possessionis, Item interdictorum, retinanedae & adipiscendae possessionis, ubi agitur de possessione momentanea, vel mero possessorio, quod per definitivam in petitorio reparari potest.

IV. Der Tutoren, oder Curatoren Gebung, oder Bestättigung.

V. Da wegen Wuchers geklaget würde.

VI. Wann nach Auflösung der Ehe der Frauen angebraches Heurath-Gut gefordert wird.

VII. Sachen dereren [sic!] Reichs-Steuren, Schatzung, Zöllen, und anderer Gefällen Unserm Fisco gehörend.

VIII. Wann ein Legatarius von des abgestorbenen Erbgenahmen Bürgschaft begehret für das, so der Abgestorbener ihm legirt, und vermacht hat.

IX. Wann einer begehrt Zeugen ad perpetuam rei memoriam fürzustellen.

X. Wann die Sache geringschätzig, und nicht über zwanzig Rthlr. Haubt-Guts werth ist.

XI. Wann die Sache Wittwen, und Weysen angehet, so nicht über vier hundert Rthlr. Haubt-Guts reich seyn.

XII. Sachen so Kauf-Leute Gewerb, oder Kaufmannschaft angehen.

XIII. Insgemein alle Sachen, in denen begehrt wird, Decreti interpositio.

XIV. Sachen erlittenen Schiff-Bruchs, und da man sich beklagt, daß ex Jactu etwas entfremdet.

XV. Wann bedingt, oder verdient Lohn gefordert wird.

XVI. Da verschiedene, und versessene Jahr-Gülden, Pension, Pfacht- und auf Handschrift, oder Borg geliehen Geld gefordert wird.

XVII. Pön-Fälle in Sachen die vor Unser Hofgericht Vermög dieser Ordnung gehören.
XVIII. Insinuationes donationum, Exemplationes privilegiorum, novi operis nunciationes, Cautiones damni infecti.
XIX. Da vertragen ist, aus eigener Authorität oder zu eines Wohlgefallen, des anderen Haab, und Güter anzugreifen, oder deren Possession anzunehmen.
XX. Alle Executions-Sachen tam sententiarum quam Instrumentorum.
XXI. Und wann ein tertius kommt pro suo interesse ad impediendam Executionem.

2. So viel nun aus vor specificirten, die *Insinuationes donationum, exemplationes privilegiorum, novi operis nunciationes, cautiones damni infecti, item interpositiones decreti,* und dergleichen andere summarische Sachen belanget, welche keinen gleichen Proceß haben, auch derselbe eigentlich nicht vorgeschrieben werden mag, so soll es darin gehalten werden, wie recht ist.

3. In Contribution, und andern das gemeine Wesen Concernirenden, Item Armen, und privilegiirten Sachen, soll nur substantialia Processus, videlicet simplex facti narratio, vel petitio, Citatio, Summaria Causae cognitio, Juramentum Calumniae à parte exactum probationes, & Sententia, ein mehres aber nicht erfordert, oder gestattet werden.

4. Anlangend die Sachen der gerichtlichen, oder vor Notarien, und Zeugen geschehenen bekenntlichen Schulden, soll Kläger die Bekanntniß übergeben, und dann mit kurzen Worten pro monitorio solvendi suppliciren, worauf dasselbe erkannt werden soll, und wann Reus demselben nicht parirt, noch in termino erscheinet, soll Mandatum secundum mit der Commination decernirt werden, daß sonsten die Klage vor bekannt anzunehmen, welchem zweyten Mandato citatio ad docendum de paritione zu annectiren.

5. Und da alsdann der Beklagter abermal ausbliebe, soll er demnächst zu keiner anderen Defension zugelassen werden, als wann er, daß die Solutio zum Theil, oder völlig geschehen seye, oder daß er die Bekanntniß gethan zu haben nicht geständig wäre, vorwenden würde, auf diesen Fall soll er refusis expensis contumacialibus gehört, und der ein, und andere Theil zu Beweisung seines Intents gestattet werden.

6. Die Handschriften, oder versiegelte Briefe, oder glaubwürdige Register von wegen besitzlicher, oder berechtiger jährlichen Pension betreffend, soll der Kläger gleichfalls seine Nothdurft summarischer Weise supplicando eingeben, und zu Bewährung seines Intents die Handschriften, Briefe, und Siegel, Register, oder glaubhafte Extracten, an statt der Klage mit überreichen, und darauf monitorium solvendi cum annexa Citatione ad videndum produci hujusmodi literas, & registra ad agnoscendum vel jurato diffitendum manus, & Sigilla, begehren, und darauf dann erkennen lassen, was rechtens.

7. Und sollen in obbeschriebenen Fällen der Klägeren Anwälde im ersten Termino des Monitorii, & Citationis, narrata deroselben repetiren, darauf ihre habende Handschriften, Brief und Siegel, oder die glaubwürdigen Registra vorbringen, und da beklagte Partheyen erschienen, dieselbe agnosciren, oder diffitiren, oder ihres ungehorsamen Ausbleibens Ursache summariè alsobald verificiren lassen, und darauf, was recht, endlich zu erkennen, bitten.

8. Und so Beklagte im Fall ihres Erscheinens gegen das Vorbringen nichts erhebliches, und ansehnliches excipiiren, oder auch ungehorsamlich ausbleiben würden, sollen Hofrichter, und Beysitzer schleunig was recht, und billig, ergehen lassen.

9. Da aber beständige Exception, oder Defension vorgebracht, auf den Fall, soll der Proceß gehalten werden, wie daroben von den Causis ordinariis geschrieben stehet, ausserhalb, daß die Terminen von 14 Tagen zu 14 Tagen gehalten, die Termini probandi über 6 Wochen nicht erstrecket, auch keine Prorogation, noch die zweyte, noch mehr Dilationes zugelassen werden sollen, es seye dann, daß Fälle sich zutragen, durch welche der beweisender Theil nothwendig gehindert, daß ihm keinesweges möglich gewesen, die Beweisung in angeregter Zeit zu vollenführen, und dasselbe also bey seinem Eyd erhalten würde, auf welchen Fall noch ein Termin ad probandum peremptoriè soll angesetzet werden.

10. Wäre also der Beweis zu allen Theilen geführet, eingebracht, und publicirt, und würden die Examinatores aus dem Verhör der Zeugen vernehmen, wie sie thun können, daß ohne fernere Deduction daraus die Urtheile zu formiren, und abzufassen, so soll alles fleißig ponderirt, erwogen, und daraus ein rechtmäßig Urtheil gefället werden.

11. Sonsten soll einer jeden Parthey noch ein Termin zugelassen seyn, ad excipiendum contra factas probationes, & ad producendum omnia, und darauf ohne ferner Termin und Aufschub die Sache vor beschlossen geachtet, und gehalten, und darüber Urtheil, und Recht förderlich gefället, und exequirt werden.

12. Würde sonsten Beklagter im erst- oder anderen Termin nicht der Gebühr erscheinen, soll, und mag der Kläger auf solchen Ungehorsam in der Haubt-Sache, oder sonsten nach dieser Ordnung procediren, und würde dann hernacher Beklagter erscheinen, soll er zur Sachen allein in dem Stande, wie die befunden, gelassen und ihm zu den verflossenen Terminen kein Regreß oder Zutritt gestattet werden.

13. Solcher Proceß soll auch in interdicto recuperandae, & adipiscendae possessionis gehalten werden, was aber das Possessorium retinendae, da die Possession strittig ist, und die sache zur Weiterung angesehen wird, betrifft, darin soll, wie nachfolget, verfahren werden.

14. Und sollen die Procuratores jedesmal in ihren Recessen, ob es Causa ordinaria, oder Summaria sey, exprimiren.

Eines Vormünderen, oder Curatoren Eyd.

15. Ihr werdet schweren einen Eyd zu Gott, und auf das heilige *Evangelium,* daß ihr alles, und jedes, was denen *N. N.* welcher Vormundschaft ihr angenommen, gut, und nützlich ist, thun, und handelen; was unnützlich, und schädlich ist, vermeyden, unterlassen, und verhüten, derselben Person, und Güter zu ihren Nutzen in gutem Glauben, und treu vertreten, und im beßten versehen, ihre Haab, und Güter, liegend, und fahrend, Schulden, und Gegen-Schulden, auch alle zustehende Sprüch, und Forderungen mit gutem Fleiß alsobald erkündigen, und das alles eigentlich, und unterschiedlich in ein *Inventarium* bringen, euerer Administration, und Handelung zu gebührlicher und rechter Zeit Rechnung thun, mit vollenkommener Ueberlieferung alles des, so der Vormundschaft, oder Pfleg-Befohlenen zustehet, auch ihr ihnen schuldig bleiben werdet, und sonsten alles das thun wollet, was einem getreuen Vormünder, und Pfleger zugehört, bey Verpfändung euerer Haab und Güter, alles ohne Gefehrde.

Juramentum Curatoris ad litem.

16. Ihr werdet schweren einen Eyd zu Gott, und auf das heilige *Evangelium,* daß ihr alles, und jedes, so *N. N.* denen ihr zum Curatoren der Sachen gegeben seyd, gut, und nützlich ist, nach beßten Verständniß getreulich, und mit Fleiß handelen, vorbingen, und üben, euch der Wahrheit ohne Falsch- und Gefehrde gebrauchen, was ihnen unnütz- und schädlich ist, vermeyden, und alles, was in der Sachen zu eueren Handen kommt, den gedachten *N. N.* gänzlich zustellen, und sonst alles das thun, und lassen wollet, was einem getreuen *Curatori* zustehet, ohne Gefehrde.

Titulus LII.
Wie in Sachen streitiger Posseßion Hofrichter, und Beysitzer erkennen mögen, und sich zu verhalten haben.

1. Wann zwischen Unterthanen dieses Unsers Stifts, besonders denen vom Adel, und Communen Irrungen, und zu Zeiten schädliche Weiterungen wegen streitiger Posseßion, und Gegenwehr entstehen, oder ferner zu besorgen seyn, und solche Unterthanen ohne Mittel dem Hofgericht unterworfen, oder da das auch nicht wäre, dannoch die Güter, und Gerechtigkeiten ohne Mittel, unter des Hofgerichts Jurisdiction gelegen, und um Einhaben, und Besitz derselben Streit wäre, also, daß sich ein jeder für einen Besitzer desselben Guts, oder Gerechtigkeit hielte, und des ziemliche, und redliche Anzeige hätte, und solche Hofrichteren, und Beysitzeren glaublich beygebracht, und dargethan würden, alsdann sollen Hofrichter, und

Assessores auf eines, oder des anderen Theils anrufen, oder auch für sich selbsten *ex Officio* die Posseßion *Rerum Corporalium* sequestriren, wegen der *quasi possession rerum incorporalium* von Gerechtigkeit, Servitut, und dergleichen aber an statt der Sequestration beyden Theilen bey ernsthafter, und nahmhafter Pön *sine clausula* gebieten, sich derselben zu enthalten, darauf alsdann *summariè*, welchem Theil die Posseßion *vel quasi* einzugeben, oder zu inhibiren seye, wie hierunten folget, procedirt, und erkannt werden soll.

2. Und obwohl nach Verschiedenheit der Fälle, und Sachen keine eigentliche Maaß, oder Ziel zu setzen, wie solche Sequestrationes, oder Inhibitiones geschehen sollen, so mögten dannoch diese nachfolgende Stück darin förmlich observirt werden, für erst, daß die Narrata supplicationis, so auf diesen Proceß streitiger Possession qualificirt, dem Mandat inserirt würden, darauf dann Expeditio Mandati ferner diesergestalt eingerichtet werden mag; Nachdem aus angeführten Narratis so viel befunden worden, daß die angezogene Possessio, vel quasi zweifelich, und zu besorgen, oder zu vermuthen, daß in Handhabung derselben allerhand thätliche Handelung, und Unruhe zwischen beyden Partheyen erfolgen mögten, und dann die Hofgerichts-Ordnung ihnen Hofrichter und Beysitzeren auferlegt, in solchen, und dergleichen Fällen auf der Partheyen Anrufen, und für sich selbst ex Officio gebührlich, und rechtlich Einsehen zu thuen, so hätten demnach sie nach nothdürftigen Erwegen, und Ermessen, zu Verhütung thätlicher Handelung ferneren Unraths, und Widerwillens, auch der Hofgerichts-Ordnung nachzusehen, vermög Rechtens, gegen beyde Partheyen von Gerichts- und Amts-wegen, nemlich wo es eine Posseßion-Sache, Mandatum sequestrationis, und was dem anhängt, und darauf gebühret; Aber da es eine quasi Posseßion-Sache Mandatum Inhibitionis an statt der Sequestration mit angehengter Ladung zu erkennen Ursach gefunden.

3. Und sollen darauf beyden Theilen, unter einer ansehenlichen Poena, welche allein des Hofgerichts Fisco zu appliciren, gebieten, sich sämtlich, und sonderlich der Posseßion vel quasi bis zu fernerer des Hofgerichts Erkänntniß ganz und gar zu enthalten, auch derhalben mit- oder gegen einander zu thätlicher Handelung, und Weiterung nicht zu kommen.

4. Und soll solchem Mandat sofort eine Citation angehengt seyn, darin beyde Partheyen auf einen bestimmten, und eigentlichen, doch geraumen Termin ungefehr von vier Wochen, oder mehr Zeit, nach Gelegenheit der Sachen, und Partheyen, permeptoriè citirt werden, ihre unterschiedliche angemaßte Gerechtigkeit berührter Posseßion, vel quasi in Articulen gestellet, auch Namen der Zeugen, samt Specification der Articul, darauf ein jeder Zeuge zu verhören, fürzubringen, und ferner zu sehen, und zu hören, daß summariè ohne weiteren gerichtlichen Proceß, oder anderer weitläufiger Ausführung der Sachen erkannt werde, welchem Theil die Posseßion, vel quasi einzugeben, oder ferner zu inhibiren seye, und unterdeß derselben, wie gerührt ist, bis zu endlichen Austrag des ordentlichen Rechtens

in pleno possessorio, vel petitorio, sich zu enthalten, und solcher Sachen, biß zu ganzer summarischer Erörterung auszuwarten.

5. Wann nun der Termin verkündigter Citation seyn wird, soll das exequirte Mandat, und Citation durch die Parthey, auf deren Anrufen dieselbe ausgegangen, reproducirt, darauf die articulirte Gerechtigkeit der Poseßion, vel quasi samt der Zeugen Namen, und Specification, auf welche Articul dieselbe zu verhören, fürgebracht, und da der andere Theil, wie sich gebühret, erschiene, dergleichen zu thun von ihm erwartet, darauf sofort zum Verhör der Zeugen Commißion, und eine ziemlich geraume Dilation ohngefehr ein Monat, oder zum längsten 6. Wochen gebeten, erkannt, angesetzet, und zugelassen, oder auch die Zeugen am Hofgericht selbst zu erscheinen, citirt, und abgehört, und dem Gegentheil mit Zuschickung, oder Mittheilung der Zeugen Namen, ob er auf, oder gegen ihre Personen Interrogatoria geben lassen wolle, denunciirt werden.

6. Da aber der andere Theil nicht erscheinen würde, mag der erscheinender Theil dessen Ungehorsam beklagen, und wie vorgemeldt, fortfahren.

7. Hiebey sollen aber Hofrichter, und Beysitzere von Amts-wegen, Macht, und Gewalt haben, da die Partheyen zu dieser Sachen Momentaneae possessionis eine undienliche, und übermässige Zahl der Zeugen nahmhaft machen würden, dieselbe nach Gelegenheit zu minderen.

8. Sollte aber einige erscheinende Parthey aus erheblichen Ursachen, in gebührlichen Termin mit seiner articulirten Gerechtigkeit, oder auch in angesetzter Dilation probandi mit seiner Beweisung nicht gefast seyn können, mögen Hofrichter, und Beysitzere dieselbe Termin, und Dilation einmal bescheidentlich etwas prorogiren, und keine weitere gestatten.

9. Dann sonsten wegen des einen Theils Verzüg, nicht Handel- oder Beweisung mag und soll gleichwohl der ander Theil fürderlich fortfahren, und daran keinesweges aufgehalten werden.

10. Und weil, wie gemeldet, diese streitige Poseßion-Sachen für anderen gemeinen possessoriis judiciis summarissimè expediirt werden sollen, so ist zu wissen, daß deren hinc inde fürgebrachten, und articulirten Gerechtigkeit, lebendiger, oder schriftlicher Beweisung, oder auch anderer Producten keinem Theil Copeyen ausserhalb der Zeugen Namen, darauf Generalia interrogatoria zustellen, zuerkannt, noch dargegen zu excipiiren, oder zu handelen, zugelassen werden solle.

11. Und ob vielleicht einiger Theil etwas schriftlich, oder mündlich Hofrichter, und Beysitzeren fürbringen, oder begehren würde, so mag dawider der andere Theil per generalia beschliessen, und es zu rechtlicher Erkänntniß setzen, und deren so viel nöthig gewarten, oder seines Theil fortfahren.

12. Nach vollenführter Beweisung, und eingebrachten Rotulo aber, sofern dann alsobald die Partheyen für sich selbst keine weitere schriftliche Documenta, oder Urkunden zu Beweisung streitiger Poseßion dienlich fürbrinen würden, oder so

dieselben fürgebracht, und doch nicht agnoscirt wären, sollen Hofrichter, und Beysitzere von Amts-wegen einen ziemlichen Termin beyden, oder einer Parthey nach Gelegenheit der Handelung ansetzen, die noch fürhabende Urkunden, ob sie wollen, zu produciren, und fürgebrachte Siegele zu agnosciren, oder diffitiren, darauf auch sofort in der Sachen zu beschliessen.

13. Im Fall aber hierin ein, oder die andere Parthey säumig, sollen, und mögen Hofrichter, und Beysitzere von Amts-wegen die Urkunden pro agnitis, und darauf die Sache für beschlossen annehmen, und zum fürderlichsten darüber endlich erkennen.

14. Und was also erkannt, solches soll, hindangesetzet aller Appellation, an Stund exequirt, und dem obsiegenden Theil die streitige Posseßion eingethan, und dabey gehandhabet werden, doch beyden Partheyen das plenum possessorium, oder petitorium ferner zu deduciren, und auszuführen, jederzeit fürbehalten seyn.

Titulus LIII.
Von Arrest-Sachen, und Sequestrationen, wie darin zu verfahren, auch in welchen Fällen dieselbe zugelassen seyn sollen.

1. Nachdem auch *Causa arresti pro Causa summaria, seu extraordinaria* billig zu halten, sintemalen die verarrestirte Güter, und Sachen aus Langweiligkeit der ordentlichen Rechtfertigung oftermalen verderben können; So ordnen, und wollen Wir, daß hinführo in diesem Unserm Hochstift keiner den anderen, weder an seinem Leib, noch Gut bekümmeren, und in Verbot, oder Arrest beschlagen lasse, sondern, wer den andern zu besprechen hat, soll er das mit ordentlichen Recht thun, es sey dann Sache, daß der Arrest in solchem Fall zu Rechte justificirlich, auf welchen Fall dann *summariè* procedirt, und dem Arrestirten alsobald der Arrest, und Kummer gebührlich denunciirt, um dagegen seine Nothdurft zu bestimter Zeit gerichtlich vorzubringen, und ehe solches geschehen, nichts verfängliches mit den Gütern, vorgenommen werden solle.

2. Da dann hierauf der Principal erscheinen würde, solle gleichwohl solcher Arrest nicht abgethan werden, es geschehe dann zuvor genugsame Caution durch Bürgen, oder andere Güter, den Rechten auszuwarten, und was erkannt, solchem gebührende Folge zu leisten.

3. Bliebe aber der Denunciirter aus, und seine Nothdurft nicht vorgebracht würde, so mag durch Unseren Hofrichteren, und Assessoren, oder andere Unsere Richtere auf übergebene erwiesene Klage erkennet, und darauf in solche Güter alsobald schleunige würkliche Execution verhänget werden.

4. Wollte auch Verkläger in Contumaciam prucediren, darzu soll er nach Anweisung dieser Unser Hofgerichts-Ordnung zugelassen werden.

5. Würde aber der Principal selbst verarrestirt, und bekümmert, so soll er nicht entweichen, er habe dann den Kläger befriediget, oder obberührte Caution geleistet.

6. Damit aber ein jeder wissen könne, in welchen Sachen in diesem Unseren Hochstifte der Arrest, und Kummer Platz habe, so werden dieselbe hernach gesetzet.

Erstlich wann einer Weg-fertig, oder flüchtig wäre in ein ander Gerichte zu ziehen, und nicht so viel an liegenden, oder sonsten gewissen Güteren hinter sich verliesse, daß sich der Kläger daran zu erhohlen hätte.

Zweytens, wann ein ausländischer in diesem Unserem Hochstifte nicht gesessen, mit Unseren Unterthanen in berührtem Unsern Stifte contrahirt, oder bey Handwerks-Leuten etwas machen lassen, und nicht bezahlt hätte.

Drittens, wann ein Fremder Unseren Unterthanen etwas schuldig wäre, und ihm in dem Ort, da der Beklagter, oder Fremder gesessen, auf gebührliches Ansuchen Rechtens nicht gestattet, oder verholfen wäre.

Vors vierte, da es eine Erbschaft, oder fahrende Haab belangte, die vermuthlich vom Inhaber verrücket, oder alienirt werden möchte.

Vors fünfte, so einer an einem Orte etwas verwürket hätte, oder vom Gerichte hingienge in Sachen die noch nicht entschieden wären.

Sechstens, mag ein Gast, um schuldige Zehrung, und ein Zinß-Mann, der hinweg ziehen will, um versessene Zins von einem Haus, Hof, Acker, Wiesen, oder anderen Güteren wohl bekümmert werden.

7. Ausserhalb jetzt erzehlten Fällen aber soll keiner den anderen arrestiren, bekümmern, oder aufhalten, es wäre dann, daß solches durch Uns selbsten, oder durch Unsern Hofrichter, und Assessoren aus rechtmäßigen beweglichen Ursachen gestattet, und zugelassen würde.

8. Weilen auch zu Zeiten vom klagenden Theile gesucht wird, dem Beklagten die streitige Güter nehmen, von Gerichts wegen sequestriren, oder die darauf gewachsene Früchte jährlichs bis zu Austrag der Sachen an einen dritten Ort führen, oder bey den Meyer-Leuten arrestiren zu lassen, soll dasselbe keines weges gehört, noch jemand seines inhabenden Besitzes ohne erlangten Rechten entsetzet werden, es könne dann der Kläger gnugsam in Rechten gegründete Ursachen sobald anzeigen, und beybringen, warum die Sequestratio geschehen möge, und solle; Als: da der Beklagter die Güter, darum die Klage erhoben, augenscheinlich in Abfall kommen, und ungebraucht liegen liesse, und zu besorgen stünde, daß er bey hangendem Recht solches noch mehr thun werde, oder wann der Beklagter ein Verschwender ist, und jährlich, was ihm wächset, aufgehen lässet, oder verschwendet, oder wann sonsten zu besorgen, daß er die jährliche Früchte im Fall sich die Rechtfertigung in erster, oder zweyter Instanz in die Länge, und auf etliche Jahr verweilet, zuletzt dem Kläger, so er gleich das Recht endlich erhielte, nicht vermögen würde, zu restituiren, Item, da er unvermöglicher an seiner Nahrung wäre, dann daß er in jetzt erzählten Fällen solcher

Vorsorgen halber gebührliche und gnugsame Caution und Sicherheit dem Kläger thun möchte, und was dergleichen Ursachen mehr, so in den Rechten gegründet, seyn, dadurch Unsere Hofrichter, und Assessoren die begehrte Sequestration zu willigen, beweget werden möchten, dann in solchen Fällen dieselbe zu gestatten, ihnen zugelassen seyn, die Früchte aber doch bey den Meyer-Leuten nicht gelassen, sondern von den Beamten eingemahnet, und dem obsiegenden Theil zum Beßten so gut und hoch, als möglich, verkauft und das daraus gemachte Geld ins Gericht hinterlegt werden soll.

Titulus LIV.
Vom Discussions-Proceß.

1. Weilen leyder die Erfahrung bezeugt, daß durch das langsame procediren in den Discussions-Processen denen Creditoren großer Schade, und Nachtheil zugefüget wird, indem dadurch die Güter, welche discutiirt, und sonderlich die Häuser, und Gebäude bey hängendem Proceß nicht beobachtet werden, sondern oftermahlen ganzerdings herunter fallen, die Ländereyen öde, und wüste liegen bleiben, und dahero von den Meyerstättschen Güteren die Pfächte nicht bezahlet, und also dem Guts-Herrn zur Caducität der Weg eröffnet, die Städte, und andere Oerter auch deformirt, und an Contribution, Schatzung und anderen gemeinen Lasten, wie imgleichen an bürgerlichen Personen Abbruch leyden, und dann auch unterdessen die *Debitores* zu Zeiten in den Gütern sitzen bleiben, und was noch übrig ist, decoquiren, und verzehren.

2. damit dann diesem Uebel, so viel möglich vorgebauet, und alles unordentliches Verfahren, so bey solchem Proceß eingeschlichen, abgeschaffet werde, so ist Unser gnädigster Wille, und Befehl, daß in diesem Processu summariè verfahren, und nachfolgende Ordnung gehalten werden solle.

3. Es soll ad instituendum hunc processum discussionis niemand zugelassen werden, er erscheine dann vor Unserm Hofrichter, und Assessoren in Person, oder durch einen gnugsam Bevollmächtigten, und cavire Stipulata manu, daß er denselben nicht calumniosè anfange, sondern darzu darum verursachet werde, weil Debitor, und Dominus bonorum in discussionem trahendorum dieselbe verlassen habe, oder wegen Armuth, und vieler Schulden, untergehen, und verfallen lasse, oder daß er, der Impetrant auf andere Wege zu dem Seinigen nicht zu gelangen wisse, oder verhoffe.

4. Darnach soll derselbe vorher Unserm Hofrichter, und Assessoren supplicam pro monitorio solvendi sub poenâ instituendi processum discussionis einreichen, und darin debiti sui quantitatem & bona super quibus, und aus was Ursachen er diesen Proceß anfangen müßen, ausdrücklich anzeigen, auch seine Verschreibung, da er einige hat, deroselben beylegen.

5. Worauf das begehrte Monitorium, wann die in Supplica angezogene Ursachen vor gültig, und erheblich angesehen worden, erkannt werden kann.

6. Würde dann der Debitor in termino hujusmodi monitorii erhebliche und in den Rechten begründete Exceptiones vorbringen, warum der anbedroheter Proceß nicht anzustellen wäre, soll dem Creditori zugelassen werden, dagegen zu repliciren, oder da er wolle, alsbald per generalia zu concludiren.

7. Worauf dann förderlichst interloquirt, und statuirt werden solle, was rechtens.

8. Würde aber der Debitor auf das sub poena discussionis bonorum abgegangenes Monitorium nicht erscheinen, und dociren, daß er demselben parirt, so soll ipso non amplius exspectato mit der Discussion verfahren werden, jedoch, daß zufordrist der Impetrant, was er vorhin stipulatò de non calumniosè hunc processum instiduendo angelobet, eydlich auch repetiren, und dabey anloben müße, daß er seinem beßten Fleiß, und Möglichkeit nach urgiren, und treiben wolle, daß der Proceß zum Ende befördert werde.

9. In diesem Termino soll auch Citatio wider den Discussum sowohl, als Creditores ad videndum confici inventarium an des Discussi Haus decernirt werden, um zu sehen, was allda für Mobilia so discutiirt werden können, übrig, und noch vorhanden seyn.

10. In Causis majoribus, da super universitate bonorum, als Adeliche, und andere große weitläufige Güter, der Proceß angestellet, soll neben vorgedachter Citation, auch Citatio contra Debitorem ad juratò designandum omnia bona sua, eorundemque qualitatem, nec non omnes, & singulos suos Creditores aperiendum, & indicandum unà cum inhibitione tam contra Debitorem, quam ejusdem Familiam de non alienando, subtrahendo & subducendo bona mobilia quovis modo, erkannt werden.

11. Wann dann darauf die Inventarisatio also werkstellig gemacht, so soll hingegen der Discussus vor Unsern Hofrichtern, und Assessoren sich eydlich verbinden, daß alles dem Inventario einverleibt, nichts gefährlich verbracht oder verschwiegen sey.

12. Diesem nun allem vorgegangen, soll die erste Citatio gegen alle, und jede Creditoren, welche zu den distrahirenden Güteren Spruch, und Forderung zu haben vermeinen, decernirt, und erkannt werden, auf einen gewissen Tag durch sich selbsten, oder einen gewissen Bevollmächtigten zu erscheinen, ihr Jus, und Interesse zu proponiren, und vorzubringen, die zu deren Beweisthum habende Documenta, Literas, Instrumenta, und andere Probationes realiter bey Straf eines ewigen Stillschweigens gerichtlich zu exhibiren, und wahr zu machen, welche Citation per Edictum publicum an die Kirchthür der hohen Thumkirchen allhier in Paderborn, und anderen gewöhnlichen Orten, damit sie zu Männigliches Wissen gelangen könne, und da nöthig, in denen benachbarten ausserhalb dieses Stifts gelegenen Städten, und Oerteren per juris subsidiales in locis publicis ad

hunc finem destinatis angeschlagen, und darnach cum executo inscripto wieder zurück gesandt, und ad acta gebracht werden soll.

13. Dafern nun nach abgegangener vorgedachter Citation ad videndum fieri inventarium contra discussum, und erster Citation contra omnes, & singulos Creditores ad proponendum interesse, sich befinden würde, daß etliche Güter verhanden, die annoch kein Creditor legitimè einbekommen, sollen solche viso protocollo denen senioribus, & potioribus Creditoribus praestitâ Cautione de perceptis fructibus, & obventionibus rationes reddendi untergethan, und inhibirt werden, daß keine Juniores, oder clancularii Creditores praesertim personales die Mobilia, so ad Inventarium gebracht, unter keinen Prätext denen älteren päripiiren, und wegnehmen, sonderen sollen dieselbe aestimatione per judices locorum adhibitis ad hoc juratis personis praeviâ distrahirt, und das pretium erforderter Sachen Nothdurft nach in usum Creditorum salvâ eorundem praerogativâ convertirt, und verwendet werden.

14. Es soll auch in majoribus Causis mandatum de evacuando contra discussum, habitatione tamen ei liberâ cum utensilibus necessariis, & pro qualitate personae alimentis congruis relicta, decernirt werden, es wäre dann, daß derselbe ex feudis den Unterhalt haben könnte.

15. Diesemnach soll die 2te 3te und da Unsere Hofrichter, und Assessores es für gut erachten würden, noch die 4te Citation decernirt, und exequirt werden.

16. Sollte dann ex Confessione discussi, oder sonsten ex Actis bekannt seyn, daß ein, oder ander Creditor annoch nicht erschienen wäre, darüber ist Notarius Causae Unsern Hofrichter, und Assessores fleißig zu erinneren, schuldig, um da nöthig, dieselbe annoch specialiter zu citiren, damit sie darnach keine Ignorantiam prätendiren können.

17. Nach der dritten, oder vierten rechtmäßig insinuirt- und reproducirten Citation, soll denen ausgebliebenen Creditoren per sententiam perpetuum silentium imponirt werden, und sollen demnächst Unser Hofrichter, und Assessores die Handelungen mit gebührendem Fleiß durchlesen, und die Ordnung also abfassen, daß derjeniger welcher potior in jure ist, die Präferenz habe, und sollen die gesamte Capitalia deren Hypothecariorum vorhero, nach diesem aber erst, die sowohl vor- als nach excitiren Concurs verschienene Pensiones gesetzet, auch es demnächst mit denen Chyrographariis eben so gehalten werden.

18. Es soll gleichwohl jedem Creditori zugelassen seyn, da einer dem anderen aus rechtmäßigen Ursachen präferirt zu werden, vermeinen will, solche Ursachen innerhalb denen nächsten vier Wochen, die ihm darzu peremptoriè präfigirt seyn sollen, cum deductione facti, & juris vorzubringen.

19. Und wann dann unter etlichen wegen der Prälation Streit vorfällt, derselbe soll summariè decidirt, und darin ultra duplicam nicht procedirt werden.

20. Da aber der Streit wegen der Prälation nicht vorfiele, und vier Wochen *à termino publicati ordinis* verlaufen wären, so soll zu der Aestimation der discutiirten Güter geschritten, und dieselbe den Fürstlichen Beamten, Richtern, oder Gerichtshabern des Orts, wo die Güter gelegen, committirt, und befohlen werden, gestalt die ungesaumt ins Werk richten zu lassen, und darüber Documenta factae aestimationis ad Acta einzuschicken.

21. Es soll aber bey der Tax dahin gesehen werden, wie man die Güter insgemein der Zeit und Gelegenheit nach, in genere zu verkaufen pfleget, nicht aber, was sie etwa, und insonderheit die Gebäu, von neuen gekostet haben mögen.

22. Und sollen dabey von den Aestimatoren die Umstände fleißig ponderirt, und sonderlich ihre Qualität, und Gelegenheit, ob sie nahe bey den Städten, oder weit davon abgelegen, beobachtet, Item soll die Condition der Ländereyen, Wiesen, Kämpen, Weyden, Gehölzen, Jagden, Fischereyen, Teichen, und dergleichen Güter, und andere zu Ergründung des rechten Werths dienliche Sachen examinirt werden, darzu dann die benachbarte, verständige, und glaubhafte, erfahrne Mannspersonen, auch wohl Edelleute, denen der Güter Qualität, und Werth bekannt ist, interpellirt, und gebrauchet werden sollen.

23. Die Aestimatoren sollen Theils vom Discusso, und Theils von den Creditoren benennet, und da sie in deren Election nicht einig werden können, etliche darzu ex Officio assumirt, und berufen werden.

24. Würden der Discussus, oder die Creditores erhebliche Ursachen haben, warum solche Aestimation nicht gut zu heissen, so sollen sie dieselbe innerhalb 4 Wochen darnach gerichtlich vorbringen, und praeviâ causae cognitione zugelassen werden, pro nova aestimatione anzuhalten, und worauf es dann gesetzet, dabey soll es sein Verbleiben haben, und fürter zur Subhastation, Distraction, und Adjudication procedirt werden.

25. Gleichergestalt soll Notarius Causae alle Credita an Capital, und Zinsen, absonderlich secundum quemlibet gradum in eine Summam computiren, und gerichtlich übergeben, auch dagegen das aestimatum pretium setzen, wann dann Unser Hofrichter, und Assessores, factâ hinc inde collatione, daraus vernehmen, daß ein jeder Creditor zu seiner Zahlung gelangen könne, sollen sie befehlen, daß sie öffentlich subhastirt, und feil geboten, und demjenigen, welcher mehr dafür, als sie werdirt seyn, offeriren, und bieten, auch Anfangs der Subhastation, daß er für sich selbsten kaufe, eydlich erhalten, oder seinen Mandanten manifestiren würde, zugeschlagen, und das Geld, so daraus kommt, judicialiter präsentirt, und deponirt werden.

26. Solch Geld soll Unser Hofrichter, und Assessores unter die Creditores vertheilen, und den Anfang *à primo grad*u, so weit sich dessen quantitas erstrecket, machen, und in welchem gradu das baare Geld deficiirt, und abnimmt, da sollen die Güter, welche bey der Subhastation sub auctione nicht verkauft werden können,

unter die folgende Creditores vertheilet werden, also, daß cujusque gradus interesse, & è regione gesetztes pretium, darauf dieß, oder jenes Stück ästimirt, gegen einander computirt, und einen, zweyen, dreyen, vieren, fünfen, oder mehreren, nachdem es eines jeden Creditoris Interesse, und das Pretium eines jeden Stücks geben wird, vor das Pretium, dafür es publicè ästimirt, und da die Aestimatio zweymal geschehen, zum letztenmal angeschlagen, an Bezahlung addicirt, und angethan werden, welche auch dieselbe in solutum anzunehmen schuldig; Daferne aber vorgemeldte Theilung aus erheblich Ursachen verschoben werden müste, soll der Preiß, wann es die Creditores, oder der Curator begehren würde, bis zu Austrag der Sachen, an einen sicheren Ort cum consensu & periculo petentium auf Zinsen belegt, oder auch ad sistendum cursum usurarum, denen Creditoribus potioribus erga sufficientem cautionem ausgezahlt werden.

27. Und soll solches also in den nächstfolgenden Gradibus, bis zum Ende gleichergestalt observirt, und gehalten werden.

28. Und wann dann also ein jeder Creditor, entweder mit baarem Geld, oder Güteren seine Bezahlung erlangt, so soll das übrige, wann davon noch etwas vorhanden, dem Debitori discusso, oder dessen Haeredibus restituirt, und wiedergegeben werden.

29. Es soll auch in minoribus discussionum Causis, als da über ein Haus, oder Garten, oder Hof, oder Kampf der Proceß allein angestellet ist, nur ein Proclama ergehen, vorhero aber dem Creditori in ordine primo frey gelassen werden, das Stück Guts zu acceptiren, und dem nächstfolgenden Creditori zu offeriren, welcher dann demselben sein Interesse wiederzugeben, oder seinem Juri sub poena perpetui silentii zu renunciiren schuldig seyn solle.

30. Es wäre dann Sache, daß ein Creditor die Mittel nicht hätte, daß er praecendentes in ordine Creditores ablegen könte, und gleichwohl seines etwa geringen Interesse ungerne cariren, und daraus renunciiren wollte, so soll das Haus, Hof, Garte, oder Kampf einem, zweyen, oder mehreren Creditoren pro ratâ quantitatis interesse cuilibet competentis zugleich, wie vorhin in majoribus causis cavirt ist, aßignirt, bis dahin ein Käufer gefunden werde, der solche Stück annimt, und einen jeden, deme daran sein Part aßignirt, contentirt, und abfindet.

31. Der Accpetans soll hoc casu in eigener Person, oder durch einem, mit genugsamer Vollmacht erscheinenden Procuratoren einen leiblichen Eyd schweren, (es wäre dann, daß aller Verdacht ceßirte) daß das von ihme vorgebrachtes Debitum richtig, und nicht mehr deshalben gefordert sey, als ihme der Debitor wahrhaftig schuldig ist, damit aller Betrug, der sich in diesem Fall pfleget zu begeben, verhütet werde.

32. Auf den Fall aber Unser Hofrichter, und Assessoren ex computatione universorum debitorum, & pretio universorum bonorum vermerkten, daß die Schulden den Werth der Güter übertreffen, und also ein jeder seine Bezahlung nicht

erlangen könne, so setzen, und wollen Wir, daß denen posterioribus Creditoribus 4 Wochen Zeit indulgirt werden solle, sich zu bedenken, ob sie alle, oder etliche von ihnen, oder auch einer alleine ein mehreres vor die Güter, als sie werdirt, seyn, geben, und also dieselbe acceptiren, und an sich bringen wolle, damit sie ihre eigene Interesse retten.

33. Wann sie sich dann darzu willig erklären, so sollen sie darzu gelassen, und ein gewisser Tag pro publica venditione, servatâ gradus praerogativâ präfigirt, und angesetzt werden.

34. Wann dann auch auf solche Weise die ganze Güter höher, als sie werdirt, nicht verkauft werden können, so mag ad singulorum bonorum publicam distractionem procedirt werden, dabey denen posterioribus Creditoribus zugelassen seyn soll, ein Stück Guts per auctionem an sich zu bringen, und zu ihrem Nutzen zu behalten.

35. Wann res aliqua immobilis sub auctione verkauft ist, soll der Käufer dessen plenus Dominus werden, und kein näher Kauf demnächst statt haben, was aber den Creditoribus in solutum adjudicirt ist, das sollen die Debitores, und ihre Erben innerhalb Jahres Frist, nach Abzahlung der Summen, dafür es ihnen adjudicirt, und Erstattung dero deshalben angewandten Unkösten zu recuperiren, berechtiget seyn, darnach aber sollen sie damit weiter nicht gehöret werden.

36. Zu meherer Beschleunigung dieses Discussions-Processes setzen, und ordnen Wir auch, daß ein jeder Creditor pro annotatione, & extractione terminorum, die derselbe, oder sein Procurator in seinem Nahmen hält, dem Notario die Gebühr aus dem Seinigen entrichten, und deren Zahlung nicht ad distractionem bonorum, die bisweilen sobald nicht erfolgen kann, hinweisen solle.

37. Damit auch die Partheyen, und ihre Procuratores wegen Mangel der Acten, um daraus die Nothdurft zu verfertigen, sich in termino praefixo nicht zu beklagen haben, so soll Notarius dieselbe einmal conschribiren, und so oft der Discussus, oder einer von denen Creditoren deren nöthig hat, soll er dieselbe vom Notario entlehnen, und innerhalb 6. Tagen integra & illaesa demselben bey Straf einer Mark restituiren.

38. Zu welchen Ende der Notarius den Tag, an dem sie einem oder andern extradirt, und respectivè restituirt, cum Anno & Mense in sein Rapiarium zu verzeichnen schuldig seyn soll, damit andere Interessenten deren Communication halber nicht defraudirt werden, und darüber zu klagen haben.

39. Wie viel aber jeder Creditor, und Interessent zu den Conscriptions-Kösten der Acten contribuiren soll, daselbe wird Unsers Hofrichters, und Assessoren arbitrio anheim gestellet.

40. Damit auch die Notarii wegen der übrigen Kösten, so denselben ratione extractionis citationum, und anderer Processen gebühren, item die Pedelli wegen Affixion, und Defixion, auch Insinuation der Processen, und wegen der Reisen, und anderer Gebühr gesichert seyn, item die Aestimatores bonorum ihre Gebühr

ohne Beschwehrung haben können, wie dann auch, woher die sportulae zu nehmen, darüber sollen Unsere Hofrichter, und Assessores consultiren, und rathschlagen, ob sie ex venditione rerum mobilium, vel ex obventionibus rerum immobilium, oder anders woher zu redigiren, und zu bezahlen, allezeit aber dahin sehen, daß wegen solcher Kösten der Processus nicht gehemmet werde, weniger ins stecken gerathe.

Juramentum Curatoris bonorum.

41. Ihr sollet loben, und schweren einen Eyd zu Gott, und auf das heilige *Evangelium*, daß ihr *N. N.* Erb- und Verlassenschaft mit getreuem Fleiß administriren, und verwalten, euch dersoselben wie, und wo sie seyn, auch alle dessen Schulden, und Gegen-Schulden mit Fleiß erkündigen, dieselbe zu Behuf der gemeinen Creditoren getreulich einbringen, und *activè, & passivè* deswegen zu recht vertreten, auch in der Erbschaft beßte, und wie das mit Urtheil, und Recht erkannt, und was deswegen zu eueren Händen kommt, vermöge *Inventarii* kehren, und von euerer Administration richtige Rechnung, und *Reliqua,* auch sonsten alles das thun wollet, was einem ehrlichen aufrichtigen *Curatori bonorum* gebühret, und wohl anstehet, alles bey Verpfändung euerer Haab, und Güter, ohne Gefehrde.

Titulus LV.
Von deren Urtheilen Verfaß- und Eröffnung.

1. Sobald nun *inordin*äre- oder *extraordin*äre Sachen *definitivè, vel interlocutoriè,* erster, oder zweyter Instanz beschlossen, damit dann die Partheyen nicht lang aufgehalten, die Urtheil, oder Bescheide desto schleuniger, und abhilflicher ihre Expedition, und gedeylichen Ausschlag gewinnen, so ordnen, und wollen Wir, daß erstlich auf geringe, und schlechte *submissiones,* als *ratione termini, dilationis, litis contestationis, responsionis, juramenti calumniae, Item* ob die Klag, Gewalt, Exception, replic, duplic, und dergleichen zuläßig, alsbald, oder *ad proximam, vel secundam audientiam ex Judiciali Protocollo, & productis* Bescheid soll gegeben werden.

2. Wo aber zu Fällung eines wichtigen Interlocuti und Definitiv-Urtheil, nicht allein des Protocolls, sondern auch der vielen Producten, oder sowohl der Assertori- als probatori-Acten Verlesung vonnöthen, so soll das interlocutum, wie bald als möglich, jedoch längst in einem Monat, und das End- oder Definitiv-Urtheil in zwey Monaten abgesprochen, und die Partheyen darüber nicht verzogen, noch aufgehalten werden.

3. Und sollen Unsere Hofrichter, und Beysitzer die Urtheil, und Bescheide auf ihr Gütdünken, eigen, und denen Rechten ungemäß informirtes Gewissen, sondern auf die allgemeine beschriebene Rechten, Reichs-Constitutionen, und

dieses Unseres Hoch-Stifts, und Fürstenthums löbliche rechtmäßige Ordnungen auch ehrbahre redliche Gewohnheiten (da sie für sie gebracht) alles vermöge ihres Eyds, wie obstehet, fassen, und aussprechen.

4. Vor, und zu solcher Verfassung, sollen sie alle Acta, und Handlungen, auch alle Einlagen, Kundschaften, schriftliche Urkunden, und was gerichtlich mehr eingebracht, ganz eigentlich, und zum allerfleißigsten ersehen, und durchlesen, ob auch besage der Rechten die Ladung, nothdürftige Legitimation, und Befestigung des Krieges, und alle andere wesentliche Stücke, und Terminen (wie oben angezeiget) nach jeder Sachen Gelegenheit richtig geschehen, und fürgegangen, observirt, und in acht gehalten worden.

5. So nun der Proceß, und Handel dermaßen rechtmäßig gestellet befunden, soll weiter, sonderlich was der Kläger in seiner Klage fürgebracht, und erwiesen, was darwider excipiirt, und sonsten fürgewendet, auch ferner alles das, so von beyden Theilen von Anfang bis zum End-Beschluß der Sachen, dem Haubt-Handel dienlich einkommen, inacht genommen, und nach Unser Hofrichters, und Assessoren beßten Verständniß reiflich ponderirt, und erwogen werden.

6. Wann nun obbeschriebener maßen Unser Hofrichter, und Assessores der Sachen guten, völligen, und gnugsamen Verstand, und Bericht eingenommen, soll ein jeder unter ihnen seine Meynung, was er darin zurecht spreche, auch aus was beständigen gegründeten red- und rechtlichen Ursachen, Grund, und Motiven er solches also zu erkennen, bewegt werde, (welches doch bey ihren Uns gethanen Eyden, und Pflichten, in gutem Geheim soll gehalten, und niemand offenbahret werden) kürzlich und verständlich, ohne alle gefährliche Singularität, und Auflehnung anzeigen, und vermelden, auch was sie dann also alle, oder der mehreste Theil unter ihnen nach genugsamer Umfrag beschliessen, und erkennen, solches soll in Form eines Urtheils concipiirt, und folgendes im sitzenden Hofgericht publicirt, und durch Unseren Notarium abgelesen werden.

7. Hieran sollen Unser Hofrichter, und Assessores sich weder Furcht, Dreue, Gewalt, Befelch, Geschäffte, noch einige andere Sachen, oder Bewegniß, von weme, wie, oder in was Namen, oder Schein, das ihnen geschehen mögte, verhinderen lassen, sondern Männiglichen hohes, oder niedern Stands, ohne einige Affection, bey ihren Eyden, und Pflichten, gleichmäßig Recht sprechen, und urtheilen.

8. Begäbe sich dann, daß sie in votis, & decisionibus zweyspaltig, auf jeglichen Theil gleich stünden, und der Urtheil nicht könnten einig werden, oder sonsten aus erheblichen Ursachen selbst darin zu sprechen, Bedenkens trügen, oder, da auch die Partheyen solches selbst also begehren, und darüber zulängliche Ursachen anzeigen würden, so können, und mögen die Acta an eine unverdächtige Universität, oder andere bewehrte unpartheysche Rechts-Gelehrte, um Rechts-Belehrung auf der Partheyen Kösten verschickt, und die Urtheil also eingeholet werden.

9. Jedoch daß die Verschickung, wann super competentia fori gesprochen werden sollte, nicht leichtlich zugelassen, und wann die Decisio der Sachen aus Unsern Landtages-Abschieden, Statuten, Ordnungen, Gebräuchen, und Herkommen zu nehmen, oder eine Parthey mit dem in dieser Ordnung zu des Processes Abkürzung gemachten modo procedendi nicht friedlich seyn, und man sonsten wahrnehmen würde, daß lieber die Sache, und deren Decision auf unkündige Referenten zu stellen, und nur Weitläufigkeit veranlasset werden wolle, nicht verstattet werden solle.

10. Würde aber ein Theil die Verschickung sonderlich, der ander aber nicht begehren, sondern wegen der Zulage zu diesem Behuf Beschwer tragen, so soll die Verschickung nicht destoweniger für sich gehen, aber der suchender Theil das Viaticum, und was darzu weiter nöthig allein bezahlen.

11. Wann aber Hofrichter, und Assessores, wie nächst oben gemeldet vor sich selbsten eine Nothdurft zu sein, erachten, die Acta also zu verschicken, sollen, wie billig, beyde Theile alle aufgehende Kösten, und Beylagen zugleich tragen.

12. Und damit solcher Kösten halber die Justitia nicht remorirt werde, soll derjenige, welcher transmissionem suchet, die Jura conscriptionis actorum bezahlen, und Behuf der Verschickung nach Ermessen Unsers Hofrichters die vom Notario Causae designirende Gelder innerhalb 14 Tagen, nachdem die Acta conscribirt seyn, und dem Procuratori die Designatio zugestellet worden, auf Rechnung einlieferen, sonsten aber die Verschickung wieder caßirt, und abgethaen, und durch Unsern Hofrichter, und Assessores in der Sachen gesprochen werden.

13. Es soll aber transmissio actorum bey der Conclusion-Schrift mündlich sub poena praeclusionis gebeten, und darauf facta hinc inde conclusione terminus inrotulandi alsobald angesetzet, und post inrotulationem die Acta in allerseits Partheyen Gegenwart von Unserm Hofrichter versiegelt, auch innerhalb denen nächsten 8 oder 14 Tagen post inrotulationem verschicket, und sobald dieselbe wieder einkommen, die Urtheil publicirt werden.

14. So viel den modum referendi, & votandi belangt, soll folgender, als der am best- und sichersten ist, gehalten werden, und darnach die Austheilung der Acten geschehen, nemlich: daß in allen Sachen darin sowohl interlocutoriè, als definitivè beschlossen, der Hofrichter das extrahirte Protocollum, und dabey gehörige Originalia producta nach befinden selbst lesen, oder einem von denen Beysitzern austheilen, welcher dieselbe bey sich privatim verlesen, nothdürftiglich erwegen, und da es nöthig, und die Weitläufigkeit, oder Wichtigkeit der Sachen, oder Vielheit deren Puncten erforderte, (wann gleich auch allein ad interlocutoriam beschlossen) die substantiam actorum extrahiren, und darnach allererst in Consilio den anderen Mit-Urtheileren ordentlich die Nothdurft referiren, und dabey sein Votum eröffnen soll, welche auch, wann die Puncten wichtig, und reiflichen Nachdenkens seyn, solche Relation summariè protocolliren, und da

quaestio difficilis, oder gravis fürfallen würde, daß dieselbe alsobald nicht könnte expediirt werden, daß sie alsdann die Sache in Bedenken nehmen, den Bücheren, und Rechten nachsehen, und demnach mit gutem Vorbedacht, darüber einer rechtlichen Meinung sich sämtlich vergleichen, oder zum Bescheid, oder Urtheil schliessen sollen, damit also alle Sachen klein, und groß, mit guten reifen Rath abgehandelt, und wegen Eilfertigkeit, oder ungenugsamer Erwegung keine Parthey vernachtheiliget werde.

15. So soll auch denen Sententiis jedesmal ein gewisser Terminus ad parendum einverleibet, und dadurch die ad partes bishero mehrentheils vergeblich gerichtete Executoriales ganz abgeschaffet, und an deren statt Mandata Executorialia sofort erkennt, und ausgefertiget werden, und dafern bey Ausstellung deren Acten solcher Terminus von denen fremden Referenten, der Urtheil nicht annectirt, sollen Unser Hofrichter, und Assessores bey der Publication selbigen ansetzen.

16. Wohin die Acta einmal verschickt gewesen, an den Ort sollen sie zum andernmal nicht wiederkommen, es wäre dann, daß eine Declaratio voriger Urtheil eingeholet werden müste.

17. Da auch die Partheyen bey erlaubter Verschickung der Acten einige Juristen-Facultäten auf denen Academien eximiren wollen, soll ihnen nicht mehr, als jedem zum höchsten zwey Academien, zu Verhütung allerhand hoher Unkösten, Ungelegenheit, und Aufenthalt der Sachen zu eximiren vergönnet seyn.

18. Und da sich ein, oder ander Theil mehrere Facultäten auszunehmen gelüsten lassen würde, soll nichts deweniger Unserm Hofrichter, und Assessoren frey stehen, die Acta auf die über die obbemeldte Zahl eximirte Academien nach Belieben zu verschicken, und von dannen die Sentenz einholen zu lassen.

19. Solte auch von einem, oder beyden Theilen begehret werden, sich bey der Inrotulation zu erklären, von was hohen Schulen sie Informationes haben einholen lassen, soll solches aufrichtig ein jeder zu entdecken, verbunden seyn, allermassen dann auch dem an die Facultät abgehendem Schreiben ausdrücklich einzurücken, daß dafern sie in dieser Sache vorhin consultirt wären, alsdann die Acta ohne Abfassung des Rechts-Spruchs lediglich zurück geschicket werden mögten, auf welchen Fall dann derjenige, so die eingeholte Belehrung verschwiegen, die vergeblich verursachte Kösten unverzüglich herbey tragen soll.

20. Weil auch hiebevorn die Partheyen, oder deren Advocaten, und Procuratores sich unterstanden, bey solchen Verschickungs-Fällen, oder auch in casu appellationis, aut revisionis die Acta conscripta mit allerhand notis marginalibus, oder Glossen anzufüllen, so soll solches, wie vorhin schon geschehen ist, hiemit nochmal, und zwarn bey willkührlicher Straf verboten seyn.

Titulus LVI.
Von Appellationen, so von Unserem Hofgericht geschehen.

1. Wann jemand durch von Unsern Hofrichtern, und Assessoren ausgesprochenen End- oder Bey-Urtheile also beschwert sich befindet, daß er appelliren wollte, das soll ihme ohnbehindert zu thun frey stehen, es wäre dann vermög allgemeiner Rechten, und dero im Reich ausgegangener, und publicirter Cammergerichts- auch dieser Unserer Ordnung das appelliren nicht zuläßig, wie die Casus hierunter *Titulo* 60. von endlicher Execution exprimirt seyn.

2. In welchen Fällen Unser Hofrichter, und Assessores erkennen, thun, und geschehen lassen sollen, was sich nach Inhalt der Rechten, Reichs-Abschieden, und dieser Ordnung gebühret.

3. Dieweil aber zu Zeiten etliche Partheyen mehr aus Muthwill, Frevel, und zu ausflüchtigen Aufhalt, oder Verhinderung, und Entfliehung der wohl gesprochener Urtheil Execution, auch damit sie etwa ihren Gegentheilen desto länger umtreiben, ausmatten, und zu endlichen Verderb, oder Verlassung der Sachen, oder zu ungebührlichen, nachtheiligen, und beschwerlichen Verträgen dringen, oder desto länger in Niessung der Güter sitzen, und bleiben mögen, als aus Nothdurft, und um besseren verhoften Rechten appelliren, solchem so viel möglich bey diesen unfriedsamen, unruhigen, und gefährlichen Läuften zu begegnen; ordnen, und wollen Wir, daß von Unserem Hofrichter, und Assessoren keine Appellatio, wie obstehet, soll zugelassen, noch deren statt gethan werden, der Appellant würde dann in der Person erst, und ehe er seine Appellation zu prosequiren fürnimmt, einen Eyd zu Gott, und auf das heilige Evangelium schweren, und geloben, daß er gänzlich glaube, und dafür halte, wider Recht beschwert, und ihme appellirens Noth zu seyn, auch daß er besser Recht zu überkommen verhoffe, daß er auch solche Appellation nicht aus Frevel, noch zu Aufhalt, oder Verlängerung der Sachen gebrauche.

4. Er soll auch alsobald dem Appellaten alle seine, in Unserm Stifte, oder anderswo vorhandene unbewegliche, und gereide Güter, welche in specie designirt werden sollen, obligiren, oder wo die ungenugsam, oder daran Mangel wäre, sonsten mit annehmlichen Bürgen, oder Pfanden genugsame Caution, und Sicherheit, oder wo er die nicht hätte, oder haben könnte, Juratoriam cautionem thun, und leisten, daß da er des Rechens verlustig, und niederfällig würde, dem Appellanten nicht allein Kösten, und Schaden, nach rechtlichen Ermessen, sondern auch der Sachen Erkänntnissen vergnügen, entrichten, und gut machen wolle.

5. Und soll Appellans innerhalb 30 Tagen, *à die interpositae appellationis* um Ansetzung eines Termini zu solcher Eydes-Leistung, Caution und Sicherheit anhalten, in Verbleibung dessen aber, soll die Appellatio pro desertà geachtet, und alsobald Executorialien gebeten, erkannt, und die Urtheil würklich exequirt werden.

6. Das Behufs dann, und um allem Unterschleif vorzukommen, ist in denen Fällen, worin Appellatio ad Aulam Caesaream, vel Cameram Imperialem statt findet, bey Insinuirung der Proceßen dem Kaiserlichen Hof-Raths, oder Kammer-Gerichts Boten, in seiner Relation zu verzeichnen, anzudeuten, daß zwar der Kaiserlichen Majestät zu unterthänigsten Ehren die begehrte Acta ausgefolget werden, die appellirende Theile aber mit Abstattung des Appellations-Eyds, und Leistung gnugsamer Caution ein volles Gnügen bey diesem Gericht hätten thun sollen.

7. Wann aber die Appellatio gebührlich, entweder judicialiter oder sonsten coram Judice, vel Notario extrajudicialiter interponirt, und geschehen, dieselbe auch in den Rechten zuläßig, und Unserm Hofrichter, und Assessoren insinuirt, in recht gebührender Zeit Apostoli gebeten, oder an deren statt Communicatio Actorum gebührlich requirirt, und darauf die vorgedachte Eyds-Leistung, und Caution prästirt, so solle die Appellatio zugelassen, und dem Appellanti Acta, sowohl assertoria, als probatoria, inrotula ganz, integrè, vollständig, und nicht offen, sondern verschlossen, und versiegelt, edirt, und ausgefolget werden.

Deren Appellanten Eyd

8. Die Appellanten sollen einen Eyd zu Gott, und auf das heilige *Evangelium* schweren, und geloben, daß sie gänzlich glauben, und dafür halten, wider Recht beschwert, und ihnen des Appellirens nöthig zu seyn, daß sie auch solche Appellation nicht aus Frevel, noch Aufhalt, oder Verlängerung der Sachen gebrauchen, ohne Gefehrde.

Titulus LVII.
Von dem *Beneficio trium instantiarum*, und Communication der *rationum decidendi.*

1. Damit auch Unsere geliebte Unterthanen das *Beneficium trium instantiarum* zu geniessen haben, und nicht durch dessen Abschneidung üereilet [sic!], in Schaden gerathen mögen, ordnen, und wollen Wir, daß da eine Sache in erster Instanz bey diesem Unserem weltlichen Hofgericht decidirt ist, es belaufe sich die Summa über, oder unter 400 Thaler für erst an Unsere Canzley appellirt, und allda *in secunda instantia* ausgeübet werden solle.

2. Wäre aber die Sache bey Unserm Hofgericht in secunda instantia rechtshängig gewesen, und die Summa über 400 Thaler, soll dem Gravato freystehen, an ein Reichs-Obergericht, oder per modum revisionis an ermeldte Canzley zu provociren, in summis minoribus aber hat alsdann nur die Revisio statt, und soll in dem ersten Falle das Juramentum appellationis beym weltlichen Hofgericht, in dem letzteren

aber das Juramentum revisionis bey unserer Hof-Canzley abgestattet, und Caution geleistet, im übrigen aber darin nach der Revisions-Ordnung verfahren werden.

3. Weilen auch Unser nächster Herr Vorfahr an der Regierung, um damit die niederfällige Parthey nach Ersehung deren rationum decidendi überlegen könne, ob sie acquiesciren, oder weiter appelliren wolle, nachgegeben hat, daß selbige auf Begehren communicirt werden sollen, so lassen Wir es noch zur Zeit, und bis zu anderwerter Verordnung dabey jedoch dergestalt bewenden:

4. Daß indem die Erfahrung ergiebt, daß die Procuratores selbige indistinctè, auch bey einem jeden interlocuto zu begehren, sich, und zwarn darum unterstehen, damit sie entweder aus dem stylo den Referenten, oder dessen motum quoad puncta nondum decisa erkennen mögen, sothane communicatio nur de casibus, & punctis, welche definitive abgethan seyn, oder worinnen einigerley Beweisthum injungirt wird, und weiter nicht zu verstehen seyn solle.

5. Es sollen aber diese rationes nach Anweisung Tit. LV. dergestalt von dem Referenten eingerichtet werden, daß eine aus denen Actis ausgezogene summarische Species facti prämittirt, und demnächst die rationes dubitandi, & decidendi darunter gesetzt seyn.

6. Indem auch bey dieser erlaubter Communication seither der Misbrauch eingeschlichen ist, daß zuweilen die Advocaten eine Profeßion daraus machen, daß sie dieselbe specialiter refutiren, und den Referenten mit allerhand Anzäpfungen, und verächtlichen connotatis angreifen, so soll dieses bey willkührlicher hoher Strafe gänzlich inhibirt seyn, und nur dasjenige, was der Appellant in facto, & jure weiter vorzustellen nöthig erachtet, ganz bescheidentlich, ohne von dem gewesenen Referenten Meldung zu thun, vorgetragen, und deducirt werden.

7. Es soll auch derjenige, welcher die Communication verlangt, nicht nur dieserthalben hernach Tit. 61. specificirte Gebührniß, sondern auch die rückständige Sportulen, und übrige Gerichts-Gebührnissen salvoregressu vorher entrichten und abführen.

Titulus LVIII.
Wie die Nullität, wann dieselbe von Unserm Hofgericht an die Canzley devolvirt wird, ausgeführt werden soll.

1. Was anbelanget den *Punctum nullitatis,* weil daroben *Tit.* 48. verordnet ist, daß *nullitatis sanabilis* anderer gestalt nicht, als *per modum appellationis,* und also *incidenter* zu deduciren, und auszuführen, zugelassen seyn solle; So lassen Wir es dabey, und wollen, daß zu Verhütung unnöthigen Gezanks das *fatale introducendae,* gleich wie in den Fällen, da *à sententiâ iniquâ* appellirt wird, das *decendium strictè* observirt werden solle.

2. Bey denjenigen Nullitäten aber, welche insanabilem defectum aus der Person des Richters, der Parthey aus denen Substantialibus des Processus nach sich führen, oder auch da die Urtheil aus falscher Zeugniß, oder falschen Instrumenten ergangen, bleibts bey der gemeinen Rechten disposition.

3. Wann dann *à sententiâ tanquam nulla intra decendium* appellirt, und der Kläger nullitatem in casibus sanabilium nullitatum incidenter zu deduciren vorhabens, soll er das Juramentum de non frivolè nullitando, wie in puncto appellationis daroben verordnet, gleichfalls schweren, die Appellation, oder Nullität in zwey Monaten an Unsere Fürstliche Canzley bey Straf der Desertion anbringen, und justificiren, auch zu dem Ende die Gravamina der Nichtigkeit halber in forma supra scripta cum copia sententiae, documento appellationis interpositae, & petitionis actorum primae instantiae, item praestiti juramenti appellationis exhibiren, damit Unser Vice-Canzlar und Räthe sehen können, ob der Appellation in puncto nullitatis zu derferiren, oder nicht, und dann ferner verfahren, wie in Ausführung der Appellation verordnet ist.

4. Wollte aber der Nullitant nullitates insanabiles corâm superiori aut in eodem judicio principaliter deduciren, und ausführen, so soll er alsdann ebenwohl intra decendium à die latae sententiae davon protestiren, und nullitiren, und dann ferners auch innerhalb 4 Wochen darnach das Juramentum calumniae den non frivolè nullitando vorgeschriebener maßen ablegen, auch die nullitates ex actis remonstriren, wann dessen ein oder anders nicht geschehen, soll der eingewandten Nullität ohnerachtet zur Execution der Urtheil geschritten, und demnächst weiter verfahren werden.

Titulus LIX.
Von der Restitution *in integrum*

1. Wollte einer *contra obtentam sententiam remedium restitutionis in integrum* vorwenden, so soll das zwarn zugelassen, aber die Ursachen kurz und deutlich, und dann deren mehr, und verschiedene vorhanden, Punctsweise aufgesetzet werden, damit sich die *Judices* darnach richten, und wahrnehmen können, ob dieselbe zur Gegen-Handelung zu communiciren, oder nicht, und sollen dabey Unser Hofrichter, und *Assessores* ein fleißiges Aufsehen haben, daß die gebetene Restitution nicht *calumniosè,* oder gefährlicher Weise, oder auch aus denen vormals im Gerichte angezogenen, und deducirten, oder sonsten aufs neu unrechtmäßigen, und unerheblichen Ursachen zu der gewinnender Parthey Schaden begehrt werde, dann solchen falls *executio sententiae* nicht gehemmet, sondern gesuchter Restitution ungehindert vollstrecket werden soll.

2. Wir wollen jedoch, daß alsdann der gewinnender Theil cautionem de restituendo, dafern es bey Verfolg der Sachen anders erkannt würde, prästiren solle.

3. Würde sich dann auch befinden, daß die Restitutio in integrum, ehe und bevor die Executio sententiae gesucht, nicht gebeten, und die pro restitutione vorgebrachte Ursachen altiorem indaginem erforderten, so soll gleichfalls Executio praestitâ cautione de restituendo vorgehen, die Ursachen aber pro restitutione abseits gesetzet, und zu weiterer Ausführung facta executione verstattet werden.

Titulus LX.
Von endlicher Execution und Vollenstreckung der Urtheile.

1. Dieweil das fürnehmste Stück des Justitz-Wesens an der Execution gesprochener Urtheil gelegen, und Wir gemeint seyn, der Justitz ihren starken richtigen, und unbehinderten Lauf zu lassen, das Recht in mögliche abhelfliche, und gedeyliche Wege schleunig, und austräglich zu beförderen, hierum ordnen, setzen und wollen Wir, da eine Urtheil an Unserem Hofgericht abgesprochen, und ergangen, davon innerhalb rechtlicher Zeit nicht gebührlich appellirt, oder, wo gleich appellirt, die Sache also dannoch gethan wäre, daß darab nach dieser Unser, und gemeiner Reichs- auch der gemeinen Rechten Ordnung und Versehung, keine Appellation könnte, oder mögte statt haben, oder wo ja der deferirt, doch folgends darauf renunciirt, oder dieselbe sonsten desert worden, daß in solchen Fällen die triumphirende, und obsiegende Parthey um Execution, und Vollenziehung der Urtheil bey Unseren Hof-Richter, und Assessoren Ansuchen, und *Executoriales,* oder Gebots-Briefe ausbringen, und erlangen möge.

2. Und damit man wissen könne, in was Fällen der interponirten Appellation kein statt zu geben, sondern zu der Execution gestracks zu schreiten, so folgen dieselbe hernach:

I. Wann nach eröfneter, oder verkündeter Urtheil zehn Tage verflossen, und darnach erst appellirt worden.

II. Da die Partheyen aus freyer Willkühr, nicht gedrungen, noch gezwungen, fürhin gerichtlich angelobet, nicht zu appelliren, oder sonst ausserhalb Gerichts sich dessen gütlich verglichen, und begeben hätten.

III. In *interdictis recuperandae, aut adipiscendae, & retinendae possessionis,* da allein *in nudo possessorio momentaneo,* als welches nicht *plenum praejudicium* gebähret, sondern *per ordinarium possessorium,* oder *petitorium* reparirt werden kann, ausgesprochen.

IV. Da erkannt ist, daß der Kläger in kraft eines fürgebrachten Testaments, das in Schriften , und Siegelen unverletzet, in des abgestorbenen Verlassenschaft soll immittirt, und eingesetzet werden.

V. Da ausgesprochen, daß ein Testament eröffnet werden soll.

VI. Da *ab executione, quae fit juxta tenorem sententiae, quae transivit in rem judicatam, aut alias de jure exequenda est,* wollte appellirt werden.

VII. Wann die geforderte Schuld gerichtlich bekannt, und darauf die Bezahlung gerichtlich befohlen worden.

VIII. In Sachen *alimentorum,* oder zuerkannter Leibs-Nahrung.

IX. Von Urtheilen des Reichs, oder dieses Hochstifts Steuren, und Contributionen, *Item* Zoll, Weggeld, und dergleichen anlangend.

X. Da einer condemnirt wird *pro iure publico, seu fiscali.*

XI. Wo einer *tres conformes sententias* erhalten.

XII. Wann ein Beamter untreuer Verwaltung halber verdammet wird.

XIII. Wann auf einem Vertrag, oder Zusage, so mit einem leiblichen Eyd beschworen, oder mit Hand gegebener Treu an Eyds statt belobt, und befestigt, erkannt ist.

XIV. Da eine Parthey auf der anderen gerichtlich Begehren, geschworen, daß man ihr schuldig, was sie gefordert, oder taxirt, oder sonsten, was von ihr gefordert, daß sie solches bezahlt hätte.

XV. Wann jemand nach gethaner Antwort der Sachen nicht abwarten, oder gebührlicher weise citirt, nicht hat erscheinen wollen, und darum *ex probatis* des Kriegs ist niedergelegen.

XVI. Von Befehlung einer Pfleg- oder Vormünderschaft, die aus erheblichen Ursachen nicht recusirt, oder verweigert werden könnte.

XVII. Wann jemand gerichtlichen ist auferlegt, etwas zu exhibiren, daß der Kläger will vindiciren.

XVIII. Wann der Appellant innerhalb 30 Tagen die Appellation nicht insinuirt, noch *apostolos* gebeten, oder an deren statt *acta, vel actorum communicationem* requirirt hat.

XIX. Wann der *Appellans* innerhalb 30 Tagen *à tempore interpositae appellationis pro praefigendo termino ad praestandum juramentum appellationis & videndum caveri de refundendis expensis, damno, & judicatum solvendo* nicht supplicirt.

XX. Wann jemand nach eröfneter Urtheil Zeit zur Bezahlung, oder sonst der Urtheil genug zu thun, gebeten hat.

XXI. Wann in Wechsel-Sachen in dem *§pho,* als auch bey denen Handels-Städten etc. 107. des *R. I. de Anno* 1654. enthaltener *Casus* sich begeben.

3. In obbeschriebenen Fällen, da nicht allein *definitivè,* sondern auch da *interlocutoriè* gesprochen, soll die Appellation refutirt, und nicht gestattet werden.

4. Sonsten in anderen Fällen soll es mit der Execution nach denen Kaiserlichen Rechten, und dieser Ordnung gehalten werden.

5. Wann dann die Sache also, wie nächst vorstehet, beschaffen, und der in der Urtheil, oder bey deren Eröfnung angesetzter Terminus parendi sententiae, & docendi de paritione abgelaufen, so sollen auf der obsiegender Parthey Anhalten, alsbald Mandata Executorialia, an Unsere Drosten, Amtleute, Rentmeister, Gografen, Richter, und Vögte, oder Gerichtshabere, da das Guth, darum der Streit gewesen, und darüber das Urtheil ergangen, gelegen, oder die Person, wider welche geurtheilet, gesessen, angehalten, dieselbe auch von Unserm Hofrichter, und Assessoren decernirt, und zugelassen werden.

6. Maßen Wir auch denenjenigen, welchen die Execution aufgetragen wird, ernstlich befehlen, daß sie dieselbige ohne Weigerung, Widerred, und Verzug, auch unangesehen einiger darwider ereugter Disputation (als wann vor sie die Executio nicht gehörig) auch ohne ferner recht- oder gütlich Verhör bey Vermeidung Unserer Ungnad, und angedroheter Pön gestracks nachkommen, geleben, und Gehorsam leisten sollen.

7. Wir wollen auch, daß diejenige, an welche solche Mandata Executorialia abgehen, bey ihrer gethaner Amts-Verpflichtung, auch Verwirkung Pön, so denen Executorialibus einverleibt, ihre beschehene Executiones handhaben, und dafern die condemnirte Parthey nach beschehener Execution sich wieder in die Güter, darin Immissio geschehen, mit Gewalt, oder gesuchten Practiquen eingewürket, dieselbe ohne fernere Zwang-Briefe wieder daraus setzen, und im Fall weiterer Opposition, geziemende und gebührende hülfliche Mittel von Amts-wegen dagegen ohne ferneren Verzug vornehmen, und nichts deminder solche Gewalt, und Frevel an Uns, und Unsere Nachkommen zu gebührender Straf gelangen lassen sollen, wie dann auch dem Hofgerichts-Fiscal hiermit befohlen wird, gegen solche Frevelere ihres Excessus halben, wie sich gebühret, unnachläßig, und schleunig zu verfahren.

8. Uns ist gleichwohl nicht zu entgegen, daß Unser Hofrichter, und Assessores, dafern die bezahlende Summe hoch, also, daß der Debitor dieselbe auf einmal kundbarlich nicht bezahlen könnte, bey jetzigen schweren Zeiten, und wofern der Beklagter nicht allbereits durch langwierige Rechtfertigung, und gebrauchte Tergiversation übrige Zeit gehabt, mit möglichsten Fleiß versuchen, ob die Partheyen, welche ex judicato, oder sonst instrumento exequibili die Hülfe erlangt, zur Geduld, und etwas Fristgebung behandelt werden können, nicht zweifelend, ein jeder werde sich dabey seines Christenthums erinneren, und mit seinen Nächsten, so weit nur immer möglich, vielmehr ein billiges Mitleiden tragen, als denselben in gänzliche Ruin schleunig zu setzen, gemeint seyn.

9. So viel die Vollenstreckung der Execution an sich selbst anreicht, soll es damit folgender maßen gehalten werden, wann die Urtheil in actione reali auf Güter, die der Kläger, als das Seinig angesprochen, ergangen, und der condemnirter Teil in denen darzu angesetzten 14 Tagen, der Urtheil nicht nachkommen würde, sollen

die Executores zu würklicher Vollenstreckung solch Gut, oder Ding von dem Beklagten wegnehmen, und dem Klägeren zugestellt, und eingegeben werden.

10. Und wann in personali actione Vollenstreckung zu thun, und Beklagter in ein gewiß Ding condemnirt, soll auch solche Execution auf dasselbe Gut, so weit- und fern es vorhanden, vorgenommen, da aber Beklagter, in ein gewiß Ding nicht verdammet, sondern nach gestalten Sachen die Executio in andere seine Güter zu vollenstrecken wäre, sollen alsdann zuerst die fahrende Gereide, und bewegliche Haab, und, wo die nicht so weit reichen könnten, die liegende, und unbewegliche Güter, auch andere, so denen nach Recht, und Gewohnheit ähnlich, und verglichen werden, und dann des Beklagten geständige, und kenntliche Debitoren (es wäre dann, daß zu Rechte in sonderen Fällen ein anders versehen) gepfändet, und angegriffen, auch solche Pfande ästimirt, distrahirt, verkauft, und umgeschlagen, oder da sich kein Käufer finden würde, dem Klägern in solutum angewiesen, und eingegeben werden.

11. Damit aber bey solchem Actu aestimationis, distractionis, Verkauf, und Umschlag ein gewisser Modus gehalten werde, so wollen Wir, daß dabey diese Bescheidenheit gebraucht werde, daß nicht alsofort zu den Instrumentis rusticis, Pferde, Ochsen, Schaafe, Saatkorn, Getreide, und was zum Feldbau nöthig ist, oder auch denen Sachen, welche ein jeder zu seiner Handthierung, und Kunst gebrauchet, gegriffen werde, dardurch die Succumbentes dermaßen zu Grunde gerichtet werden, daß der Schade hernach nicht wiederzubringen, auch dem Debitori alle Mittel, sich zu erholen, abgeschnitten werden, darum solche Sachen nicht eher angegriffen werden sollen, es seye dann sonst von anderen fahrenden, oder liegenden Güteren so viel nicht vorhanden, daß Kläger daraus seine Contentirung erlangen könne.

12. So viel aber Taxam des Korns, Butter, Käse, und dergleichen belangt, dessen kann man durch den wochentlichen Mark-Kauf, oder sonsten leichtlich vergewissert werden.

13. Was andere Fahrniß betrifft, sollen die Executoren ein, oder zwey unpartheysche, und der Dingen erfahrne, verständige Leute mit dem Juramento aestimatorum belegen, und in kraft dessen dieselbe werdiren lassen, auch nach beschehener Aestimation den Klägern zu seiner Satisfaction zu schlagen, oder wann dem Klägern dieselbe vor das aestimatum nicht anständig, zur Subhastation schreiten, und demjenigen, so das mehrste davor biethet, hingeben, und das daraus gelösete Geld dem Klägern in Abschlag seiner Forderung abfolgen lassen.

14. Mit der Subhastation der Mobilien soll es auf solchen Fall also gehalten werden, daß nämlich in dem Kirchspiel da die Pfändung geschehen, und in den nächst angelegenen ein oder zwey Kirchen auf den folgenden Sonn- oder Feyertag vom Predigtstuhl soll abgekündiget werden, daß etliche gepfändete fahrende Haab, oder bewegliche Güter mit Anzeig, was es vor Güter seyn, zu verkaufen, vorhanden, darzu männiglich um die gewehrde zu gelangen, daselbst ankommen möge, zu

dero Behuf der Samstag nachfolgend, so der nicht geboten zu feyeren, sonst aber der nächstfolgender Werktag, nach solcher Abkündigung anzusetzen und wann solche Zeit ankommen, sollen die Pfändung von 9 bis um 3 Uhren Nachmittags durch die Amts- oder Gerichts-Diener, nach Befehl der Executoren öffentlich zum Kauf ausgeboten, und mit der Kerzen Ausgang denen gelassen werden, die am mehrsten darum geboten, doch daß in alle Wege der gepfändeter desselbigen Tages mit baaren Geld den Vorgang haben soll.

15. Die Gerichts-Schreibere des Orts sollen dieses protocolliren, und die Amts- oder Gerichts-Diener auf das Verkaufen, und Umschlagen, gute treue Achung geben, und besten Fleißes daran seyn, daß kein Betrug, und Hinterlistigkeit, auch gefährliche Practiken darunter gebrauchet werden.

16. Würde sich aber zutragen, daß die Güter auf den bestimmten Tag nicht verkauft werden können, so sollen sie dem Kläger vor das aestimatum pretium adjudicirt werden, die er also anzunehmen schuldig seyn soll.

17. In Vorberührter Pfändung, und Vollenstreckung soll ferner diese Bescheidenheit gebraucht werden, daß solche Güter angegriffen, und umgeschlagen werden, so dem beklagten und verlierenden Theil am wenigsten Schaden bringen, und doch dem Klägeren zu Vollenziehung der Urtheil gnug seyn.

18. Demnach uns aber vorgekommen, daß etliche morosi Debitores, durch ihr böses Verwünschen, traduciren, und schmähen verursachen, daß zu den abgepfändeten Stücken kein Kaufer sich angeben will, dieselbe aber dadurch sich der Execution in effectu sehr widersetzen, so sollen die Executoren, und ihre Diener darauf fleißig acht haben, und da sie davon etwas erfahren, Uns, und Unseren Successoren, oder dem Hofgericht zu gebührender Straf bey ihren Amts-Pflichten gehorsamlich denunciiren.

19. Wofern aber so viel Fahrniß nicht vorhanden, daß der Glaubiger davon bezahlt werden könne, soll alsdann erst zu den liegenden Güteren, und anderen so in Rechten denselben gleich gehalten werden, gegriffen, und Klägeren dieselbe eingethan werden, und soll dem Klägeren, oder Creditori frey stehen, ob er das liegende Gut in causam pignoris besitzen, und so lang genießlich gebrauchen wolle, bis er aus der Abnutzung seiner Forderung befriediget werden möge, in welchen Fällen sonderlich darauf gesehen werden solle daß gleichwohl die Güter, und das Gehölz nicht verwüstet, sondern mit nicht wenigern Fleiß, als von einem jeden bono, & diligenti Patrefamilias das Seinige bestellet, auch dem Schuldener jährliche Rechnung abgelegt, und justificirt werde, in deren Verweigerung aber ist ein Curator solchen Güteren ex Officio zu prästirung dessen alles vorzusetzen.

20. Würde dann der Kläger Bedenkens tragen, daß eingetragene Gut auf solche Weise zu besitzen, wie er dann wider seinen Willen darzu nicht gedrungen werden kann, so soll das verholfene Gut durch die Gerichte darunter es gelegen, entweder um baar Geld, oder auch auf Tage-Zeit dem rechten, und gemeinen Werth nach,

wie des Orts die Güter auf die Zeit gültig, taxirt, und darum verkauft, oder dem Creditori, oder gewinnenden Theil erb- und eigenthümlich zugeschlagen, bey der Tax aber, wie vorberühret, nur allein dahin gesehen werden, wie man die Güter insgemein, nach Gelegenheit der Zeit in genere zu kaufen, und zu verkaufen pflegt, nicht aber, was sie etwa, und insonderheit die Gebäude als neu gekostet haben mögen.

21. Würde aber der gewinnender Theil gerne sehen, daß darnach zu dem medio subhastationis geschritten würde, so kann dasselbige auch geschehen, dergestalt, daß das Gut öffentlich angeschlagen, feil geboten, und auf darzu bestimmten Tag bey den Kerzen verkauft, und auf vorgehende Licitation demjenigen, welcher das mehrste darauf gesetzet, hingelassen, und dem Creditori davon das seinige ad concurrentem quantitatem bezahlt, und abgefürt werde.

22. Da sich aber nach geschehener Subhastation kein Kaufmann finden will, soll es gehalten werden, wie oben Art. 16. der beweglichen Güter halber verordnet ist.

23. Endlich wann die liegende Güter nicht zureichen, soll sich der Gläubiger an des Debitoris ausstehende Schulden zu halten, und unter denselben die Election zu nehmen befugt seyn.

24. Wann sich begäbe, daß jemand in puncto executionis erschiene, und das gepfändete Gut vor sein eigen in Zeit der Verpfändung, oder darnach ansprechen würde, so sollen die verordnete Executores die Sachen an Unsern Hofrichter, und Asessoren remittiren, und darüber derselben Erkanntniß, und Bescheid erwarten.

25. Da die Executores gefährlicher, affectionirter, oder anderer Weis unziemlich in executione modum excedirten, mag Unsern Hofrichtern, und Assessoren solches vorgebracht werden, welche darauf nach Befindung rechtliches Einsehen, und Verhelfung thun sollen, auch da solche der Executoren unziemliche Handelung also kundlich gemacht, dieselbe in eine arbiträre Geld-Buße Unserm Fisco zu entrichten, verwiesen werden.

26. Wäre das steitige Gut, oder die verlüstige Parthey fremder Jurisdiction, und Gerichtsbarkeit unterworfen, sollen auf obsiegenden Theils begehren Litterae mutui compassus, seu juris subsidiales, wie recht und gewöhnlich dahin erkannt, und mitgetheilet werden.

Titulus LXI.
Von Appellationen in brüchtfälligen Sachen.

1. Nachdemalen Unser Herr Vorfahr am Stift Weyland Herman Werner hochseligen Andenkens aus erheblichen Ursachen, durch ein öffentliches Edict *sub dato* den 16. Februarii 1693. heilsamlich verordnet hat, daß zu Conservation dero Lands-Fürstlichen *Regalis quoad compendia mulctarum,* und zu Beybehaltung guter Policey in denen Brüchtfällen, welche zu der Landesherrlichen Kammer

gehören, bey denen Ober-Gerichtern keine *Appellationes, quaerelae nullitatis,* oder andere *Recursus,* wie die Nahmen haben mögen, zugelassen, angenommen, oder denen einiger gestalt *ad effectum devolutivum* deferirt werden solle, es habe dann vorhero der in Brüchten declarirter (1.) die ihme andictirte Brüchten bey der Hochfürstlichen Kammer deponirt, und darüber einen beglaubten Schein vorgebracht, (2.) Bey Verpfändung seiner Haab, und Güter, oder sonsten gnugsame Caution geleistet, *in casum succumbentiae* die deponirte Straf, oder Büchte noch einmal *in simplo* zu entrichten, und (3.) den in gegenwärtiger Hofgerichts Ordnung *Tit.* 56. befindlichen Appellations-Eyd in eigener Person vor demjenigen Gericht, oder Beamten, von welchen er beschwehrt zu seyn vermeinet, ausgeschworen haben wird, gestalten dann diese drey *Requisita* längst innerhalb dreysig Tagen nach andictirter Straf, oder Brüchten wirklich *copulativè* adimplirt, oder in Entstehung dessen die Brüchten exequiret, und dargegen keine *Remedia suspensiva,* oder *devolutiva* mehr statt haben, noch zugelassen werden sollen.

2. Mithin in der Erklärung auf die Ritterschaftlichen Gravamina vom 18. Octobris 1700. ferner declarirt, und nachgegeben ist, daß auch die Appellationes, und Recursus von denen durch die Adeliche zur Ritter-Stube, und Land-Tag qualificirliche Gerichtshabere, oder bey deren Gerichteren andictirte Brüchten, nach Inhalt vorgemeldten Edicti quo ad observationem solennium regulirt, und die darinnen vorgeschriebene Requisita sub poenis inibi expressis gleichmäßig observirt, und daß solche Recurs-Sachen nach deren Introduction schleunigst erledigt werden sollen, jedoch mit der ausdrücklicher Erklärung, dafern die andictirte Geldstrafen über fünf Goldgülden sich erstrecken solten, daß solchenfals von demjenigen Quanto, welches über jetzt berührte fünf Goldgülden angesetzet worden, nur ein dritter Theil nebst den fünf Goldgülden deponirt werden solle, damit jetzt berührten Adelichen Gerichtshaberen, und insonderheit ihren Bedienten aller Anlaß benommen werde, durch Ansetzung übermäßiger Brüchten, dero Brücht-fälligen Hintersassen von Vorstellung ihres erlittenen gravaminis, und Prosequirung nöthiger Defension aus Unvermögenheit, und Abgang erforderter baarer Geldmittelen, nach Gefallen impunè abzuschrecken, und zu behinderen, oder auch modum, & quantitatem mulctae zur Ungebühr excessivè zu mißbrauchen.

3. So lassen Wir es zwarn dabey gnädigst bewenden, wollen aber, und verordnen hiemit, daß in denen § 1. enthaltenen Casibus, wann die Formalia richtig, und die Appellatio angenommen worden, damit die Sachen nicht ins stecken gerathen, der Libellus gravaminum demjenigen Beamten, oder Gericht, von welchen die Brüchten dictirt seyn, communicirt werden soll, mit dem Befehl, Unseren Fiscalen von der Sache umständlich zu informiren, welcher dann demnächst dieselbe anzunehmen, und auszuführen schuldig seyn soll.

4. Es sollen auch vorbeschriebene Formalia in denen Fällen, da nur die Brüchten annex seyn, als in causis injuriarum realium, & verbalium, oder dergleichen, observirt, und die Hauptsache davon nicht separirt werden.

5. Weilen auch verschiedentlich wahrgenommen worden, daß in causis praetactis das Interesse Fiscale hindan gesetzet, und nur über die Satisfaction, so der beleidigter Theil prätendirt, geurtheilt worden, so soll solches hinkünftig weiter nicht geschehen, sondern allemal ex officio die Bestrafung der Urtheil mitinserirt werden.

6. Weniger nicht soll, wann die klagend- oder appelirende Parthey ihres Interesse sich begeben, mit dem Beklagten, oder Appellato sich vergleichen, oder den Proceß unafertfolget liegen lassen würde, Unser Fiscalis excitirt werden, um in puncto interesse Fiscalis die Sache fortzusetzen.

7. In denen Fällen aber, worin bey Unseren jährlichen freyen Stuls- und Gogerichten ohne vorhergegangenen förmlichen Proceß summariè & de plano solâ facti veritate inspect*à*, verfahren, und die Brüchten dictirt werden, sollen nach Inhalt des Fürstlichen Rescripti vom 16. Novembris 1705. die Appellationes, und Recursus nirgend, als bey der Hochfürstlichen Cammer angenommen, und von Unseren anderen Ober-Gerichteren dahin verwiesen, darinnen jedoch vorbeschriebene Formalia ebenfals observirt werden.

Titulus LXII.
Von den Gerichts-Kösten, und wie die begehrt, erkannt, vorgebracht, taxirt, und gemäßiget werden sollen.

1. Die *Expensae* sollen ohne sonderbahre in den Rechten wohl gegründete Ursachen nicht compensirt, auch auf ein so gar liederliches, wie vielfältig geschicht, nicht moderirt, und herunter gezogen, sondern vielmehr dergestalt angeschlagen werden, damit den Zanksüchtigen Partheyen der *pruritus litigandi* benommen, und gleichwohl der obsiegender Theil sich seiner schweren Ausgabe, und Kösten ziemlich erholen möge.

2. Wann nun ein, oder andere Partheyen in die Unkösten, und Expensen neben der Hauptsachen verdammet, und von dem gewinnenden Theil darüber Taxation begehrt wird, sollen dieselbe Kösten alle in einem Special-Zettul, und Verzeichniß unterschiedlich, wann, weme, wofür, und in welcher Summa die ausgegeben, gerichtlich eingelegt, und dem Gegen-Anwald davon Copey, und kurzer Termin ad 8 oder 14 Tage, ob er dawider zu excipiiren hätte, verstattet, folgends solche Expensen, wie recht, durch Unsern Hofrichter, und Assessores fleißig übersehen, taxirt, und gemäßiget werden.

3. Damit auch der Referens mehrerer Mühe benommen werde, wollen Wir, daß derselbe in Verlesung der Acten, die Materien deren Advocaten, und Recessen deren

Procuratorn, ob sie zur Sachen dienlich, und nothdürftig, auch fleißig eingestellet, und gehalten worden, oder nicht, sofort mit erwegen, und nach Befindung, alsdann darauf, und was sonsten mehr ausserhalb der Partheyen Designation-Zettul aus dem Protocoll, und Actis gerechnet werden könnte, eine Tax machen, und davon zu Zeit der Taxation in Consilio sein Bedenken, und Votum den anderen Urtheileren referiren, und demnach mit denenselben auf den producirten Designation-Zettul eine gesamte Tax und Mäßigung verfügen.

4. Wann die Summe der Expensen in etwas groß, und 30. Rthl. übersteigt, oder sonsten nicht so gar gewiß ausfündig gemacht, sollen sie dem obsiegendem Theil, oder seinem darzu specialiter bevollmächtigten, und informirten Anwald einen Eyd auflegen, genannt Juramentum taxatorium expensarum.

5. Und so die gewinnende Parthey selbst zugegen, soll sie schweren einen Eyd zu Gott, und auf das heilige Evangelium, daß sie in dieser Sachen die taxirte Summe der Gerichts-Kösten, darüber, und nicht darunter bezahlt, oder noch zu bezahlen, oder auszugeben schuldig, der Procurator aber soll schweren in die Seel seiner Partheyen, daß sie die taxirte Gerichts-Kösten ausgegeben, oder noch auszugeben schuldig sey.

Titulus LXIII.
Von den Ferien Unsers Hofgerichts.

1. Die Vacanz, und Ferien solen gehalten werden, an- und ausgehen, wie folget:
Vom 20. *Decembris,* bis auf das Fest *SSum Trium Regum.*
Vom Sonntag *Esto mihi, usque Invocavit.*
à Festo Palmarum, bis auf Sonntag *Quasimodogeniti.*
Von Pfingsten, bis auf Sonntag *SSmae Trinitatis.*
Vom Abend *S. Jacobi,* bis auf den ersten *Septembris* allenthalben einschließlich.
Darzu alle feyerliche Fest zu Gottes, und seiner heiligen Ehr durchs ganze Jahr.

2. Und damit die Partheyen, und ihre Sachen jederzeit desto bälder, ehe, und mehr befördert werden, sollen Unser Hofrichter, und *Assessores* in zeit solcher Ferien, oder auch sonsten (doch ausser den Sonntägen, und hohen Festen) nicht allein mit Fassung der Urtheil, und Bescheiden sich fertigen, sondern auch auf einkommende *Supplicationes,* Ladung, und Processen erkennen, und ausgehen lassen, doch *terminum comparitionis* nicht anders, dann nach Ausgang der Ferien ansetzen.

Titulus LXIV.
Tax der gerichtlichen Salarien, und Belohnung deren Hofgerichts-Personen.

[nicht ediert]

Titulus LXV.
Ordnung und Tax deren Gerichts-Gefällen, wie dieselbe bey denen Unter-Gerichtern ohne Unterschied in denen Städten, und auf dem Lande bezahlt, und erhoben werden sollen.

[nicht ediert]

Titulus LXVI.
Von Haltung dieser Ordnung, und wie es in anderen hierinnen nicht exprimirten Fällen solle gehalten werden.

Solches alles, wie es oben von Titul zu Titul, und von Articul zu Articul vermeldet, angezeiget, und beschrieben stehet, statuiren, ordenen, und setzen Wir in der besten beständigsten Form, Weiß, und Maaß, als Wir in Kraft, und Macht Unserer hohen Lands-Fürstlichen Regalien, Authorität, Obrigkeit, und Privilegien, auch von Rechts- und Gewohnheits wegen dasselbe thun sollen, können, oder mögen. Befehlen, und gebieten auch nochmals bey Vermeydung unnachläßiger Straf ernstlich, und wollen, daß solche Unsere Satz- und Ordnung in hiesigem Unserm Hochstift und Fürstenthum Paderborn, stet, vest, und unverbrüchlich gehalten, und derselben durchaus von Unsern Ober- und Unter-Gerichteren anfangs berührter maßen, wie auch denen Advocaten, *Fisco*, Procuratoren, Boten, und allen übrigen Gerichts-Verwandten, und Partheyen, sodann allen Unsern Unterthanen, in allerunterthänigstem Gehorsam gelebt, und nachgesetzet werden solle.

Doch behalten Wir Uns, und Unseren Nachkommen gnädigst bevor, diese Unsere Ordnung zu jederzeit nach vorfallender Gelegenheit vermitts reifen, und zeitlichen Raths zu änderen, zu mehren, zu minderen, und zu verbesseren, den Partheyen, und jedermänniglichen unverletzt an ihren Rechten, auch zu jeder nöthiger Zeit zu mehrer Handhabung derselben über alle Gerichts-Personen nothdürftige Visitation vorzunehmen, die verspührte Mängel in personis, & rebus zu corrigiren, zu reformiren, zu besseren, und alles in guter Richtig- und Gleichmäßigkeit zu erhalten.

In anderen Sachen, und Fällen aber, welche in dieser Unserer Verordnung, wegen des gerichtlichen Proceßes nicht besonders, und namentlich ausgedrücket seyn, soll es nach gemeinen beschriebenen Rechten, Reichs-Constitutionen, und Abschieden, auch der Kayserlichen Cammer-Ordnung, und Visitations-Recessen, oder was sonsten Unsere Herren Vorfahren an der Regierung statuirt haben, und in vorstehender neuer Ordnung nicht geändert ist, gehalten, darnach gehandelt, und verfahren werden; Zu dessen beständiger Urkund, und Nachrichtung haben Wir diese Unsere erneuert- und verbesserte Hofgerichts-Ordnung mit Unserem Handzeichen, und Secret-Insiegel bekräftiget, und damit niemand der Unwissenheit halber sich zu entschuldigen habe, soll dieselbe durch öffentlichen Druck publicirt werden. Signatum auf Unserm Residenz-Schloß Neuhaus, den 22. Junii Anno 1720.

Clemens August *(L. S.)*

E. Bibliographie

Quellenverzeichnis

Ungedruckte Quellen

Aufgeführt werden nur die in der Arbeit zitierten Archivalien.

1. Landesarchiv Nordrhein-Westfalen, Abteilung Westfalen [LAW]

Bestand Reichskammergericht [RKG]: B 17; B 233; B 428; B 1118; B 2144; B 2156; C 32; C 33; D 16; D 648; F 718; J 292; K 65; K 81; K 187; K 209; K 953; L 893; M 879; N 474; N 479; N 485; O 313; O 315; O 340; P 138; P 423; R 373; R 433; R 1184; S 1507; S 1934; S 1953; S 1955; S 1956; S 2006; W 845; W 848; W 857; W 1010; W 1037.

Bestand Kriegs- und Domänenkammer Minden betreffend Verwaltung von Paderborn [KDK Minden]: Nr. 167.

Bestand Fürstentum Paderborn, Herrschaft Büren: Nr. 173.

Bestand Fürstentum Paderborn, Domkapitel: Nr. 48.11; 48.20; 49.35; 93.5; 93.6; 93.7; 93.8; 93.15; 93.16; 93.18; 93.19A; 93.19D; 93.21; 93.28; 93.34; 93.38; 93.43; 93.45; 170.13; 171.4; 261.1; 261.2; 1378.46; 1378.50; 1489; 1954.

Bestand Fürstentum Paderborn, Landstände: Nr. 108; 109; 111, 113; 117; 118.

Bestand Fürstentum Paderborn, Gerichte, weltliches Hofgericht: Nr. 1–79; 81.

Bestand Spezialorganisationskommission Paderborn: Nr. 5.

Bildersammlung: Nr. 29.

2. Archiv des Vereins für Geschichte und Altertumskunde Westfalens, Abteilung Paderborn [AAV]

Codices: Nr. 82; 182; 283; 288; 289.

Acta: Nr. 1; 6; 22; 25.

3. Stadtarchiv Warburg

Collectio Rosenmeyer: Nr. II.1.

4. Archiv der Familie von Brenken, Haus Erpernburg, Büren [AErp]

Akten: Nr. 60.

5. Rechtshistorische Bibliothek Münster [RHB]

GER I E 161 [angeheftet].

Gedruckte und edierte Quellen

Bachmann, Alexius, Abdruck aller zur Ehrenrettung des Hochfürstlich Paderbornschen Regierungs-Advokaten nunmehr [...] nebst Anlagen, Wetzlar 1790.

Bruns, Alfred (Hg.), Die Tagebücher Kaspars von Fürstenberg, 2 Bände, 2. Auflage, Münster 1987.

Dethlefs, Gerd/Kloosterhuis, Jürgen (Hg.), Auf kritischer Wallfahrt zwischen Rhein und Weser – Justus Gruners Schriften in den Umbruchsjahren 1801–1803, Köln 2009.

Eisenhardt, Ulrich (Hg.), Die kaiserlichen privilegia de non appellando, Köln 1980.

Hubatsch, Walther (Hg.), Freiherr vom Stein – Briefe und amtliche Schriften, Band 1, Stuttgart 1957.

Hufeld, Ulrich (Hg.), Der Reichsdeputationshauptschluss von 1803, Köln 2003.

[IPO, 1648], Instrumentum Pacis Osnabrugensis, zitiert nach: Arno Buschmann (Hg.), Kaiser und Reich, 2. Auflage, Teil 2, Baden-Baden 1994, S. 15–106.

[JRA 1654], Jüngster Reichsabschied, zitiert nach: Arno Buschmann (Hg.), Kaiser und Reich, 2. Auflage, Teil 2, Baden-Baden 1994, S. 180–273.

Laufs, Adolf (Hg.), Die Reichskammergerichtsordnung von 1555, Köln 1976.

Ludolf, Georg Melchior v., Corpus Iuris Cameralis [...], Frankfurt 1724.

Lünig, Johann Christian, Europäische Staats-Consilia [...], 2 Bände, Leipzig 1715.

Meiern, Johann Gottfried v., Acta Comitialia Ratisbonensia Publica [...], 2 Teile, Leipzig 1738–1740.

Mevius, David, Der Herzogthümer Mecklenburg entworffenes Land-Recht, in: Ernst Joachim v. Westphalen (Hg.), Monumenta inedita rerum Germanicarum praecipue Cimbricarum et Megapolensiu, Teil 1, Leipzig 1739, S. 651–859 [zitiert: Mev. Landr.].

[RKGO 1495] zitiert nach: Arno Buschmann (Hg.), Kaiser und Reich, 2. Auflage, Teil 1, Baden-Baden 1994, S. 172–187.

Schroeder, Friedrich-Christian (Hg.), Die Peinliche Gerichtsordnung Kaiser Karls V. und des Heiligen Römischen Reichs von 1532, Stuttgart 2000.

Schröer, Alois (Hg.), Vatikanische Dokumente zur Geschichte der Reformation und der Katholischen Erneuerung in Westfalen 1547–1683, Münster 1993.

Senckenberg, Heinrich Christian v., Neue und vollständigere Sammlung der Reichs-Abschiede Welche von den Zeiten [...] Freyheiten, 4 Teile, Frankfurt 1747 [zitiert: NSRA].

Wohlmuth, Joseph (Hg.), Conciliorum oecumenicorum decreta, Band 3, Paderborn 2002.

[1516, Mainz] o. V., Deß Ertzstiffts Meyntz Hofgerichts Ordnung de Anno 1516 [...] confirmirt Anno 1521, zitiert nach: Abraham Saur, Fascicvlvs Ivdiciarii Ordinis Singvlaris [...], Frankfurt 1589.

[1571, Münster] o. V., Unnsers Johans Von Gotts gnaden [...] Bestettigte Münsterische Hoffgerichtsordnung, Münster 1571 [zitiert nach dem Exemplar RHB Münster GER I E 161].

[1619, Paderborn] o. V., Hochf[ürst]l[ich] Paderbornische Hoff-Gerichts-Ordnung / Wie dieselbe Im Jahr 1619. auffgerichtet / und vest zu halten gebotten worden. [...], Paderborn 1702 [zitiert nach dem Exemplar Universitätsbibliothek Göttingen, Signatur: 8 J STAT IV, 5690].

[1695, Paderborn], o. V., Des Hochwürdigst-Hochgebohrnen Fürsten und Herrn [...] Erklahrung, welcher gestalt die von denen, an dero Weltlichen Hoffgericht [...] an deroselben Hoff-Cantzley introducirt werden sollen [...], Paderborn 1695.

[1696, Paderborn], o. V., Ordnung Des Hochwürdigst-Hochgebohrnen Fürsten und Herrn, Herrn Herman Wernern [...] wie und von welchem litigirenden Theil die Sportul- Diaet- und

termin-Gelder […] abgeführt, So dann wie die an außwertige Juristen-Facultäten […] verschickende Acta inrotuliert […] werden sollen, Paderborn 1696.
[1728, Münster] o. V., New-Verbesserte Discussions-Ordnung, Münster 1728 [zitiert nach dem Exemplar RHB Münster GER IV F 19].
[1791, Preußen] o. V., Allgemeines Gesetzbuch für die preußischen Staaten, Berlin 1791 (zitiert nach dem Nachdruck 1985 in vier Teilen].
[1794, Preußen] o. V., Allgemeines Landrecht für die preußischen Staaten, Berlin 1794 [zitiert nach der Ausgabe von Hugo Rehbein/Otto Reincke, 5. Auflage, Berlin 1894].
O. V., Hochfürstlich-Paderbörnische Landes-Verordnungen mit gnädiger Erlaubniß […] herausgegeben, 4 Teile, Paderborn 1785–1788.
O. V., Unterthänigste Exceptiones Sub- Et Obreptionis Anwaldts S[eine]r. Hochfürstl[ichen]. Gnaden zu Paderborn etc. In Sachen Doctoris Bachmann […] 1792, Wetzlar 1792.

Literaturverzeichnis

Ahrens, Martin, Prozessreform und einheitlicher Zivilprozess, Tübingen 2007.
Albrecht, Joseph Ambrosius Michael v., Die Ausbildung des Eventualprincips im Gemeinen Civilprocess, Marburg 1837.
Amend-Traut, Anja, Wechselverbindlichkeiten vor dem Reichskammergericht, Köln 2009.
Dies., Wie Prozesse enden können – alternative Formen der Beendigung reichskammergerichtlicher Zivilverfahren im 17. und 18. Jahrhundert, in: Albrecht Cordes (Hg.), Mit Freundschaft oder mit Recht?, Köln 2015.
Dies., Zivilverfahren vor dem Reichskammergericht, in: Friedrich Battenberg/Bernd Schildt (Hg.), Das Reichskammergericht im Spiegel seiner Prozessakten, Köln 2010, S. 125–155.
Andermann, Kurt, Die geistlichen Staaten am Ende des Alten Reiches, in: Historische Zeitschrift 271 (2000), S. 593–619.
Andermann, Ulrich, Säkularisationen vor der Säkularisation, in: Kurt Andermann, Die geistlichen Staaten am Ende des Alten Reiches, Epfendorf 2004, S. 13–29.
Arndt, Johannes, Der Dreißigjährige Krieg 1618–1648, Stuttgart 2009.
Aubin, Hermann, Die Verwaltungsorganisation des Füstbistums Paderborn im Mittelalter, Berlin 1911.
Bader, Karl, Klerikernotare des Spätmittelalters in Gebieten nördlich der Alpen, in: Hans Lenze/Inge Gampl (Hg.), Speculum iuris et ecclesiarum, Wien 1967, S. 1–15.
Ders., Vorsprecher und Anwalt in den fürstenbergischen Gerichtsordnungen und verwandten Rechtsquellen, Freiburg 1931.
Battenberg, Friedrich, Artikel: Acht, in: Albrecht Cordes/Heiner Lück/Dieter Werkmüller/Ruth Schmidt-Wiegand (Hg.), Handwörterbuch zur Deutschen Rechtsgeschichte, 2. Auflage, Band 1, Berlin 2008, Sp. 59–65.
Ders., Artikel: Juden, in: Albrecht Cordes/Heiner Lück/Dieter Werkmüller/Ruth Schmidt-Wiegand (Hg.), Handwörterbuch zur Deutschen Rechtsgeschichte, 2. Auflage, Band 2, Berlin 2012, Sp. 1403–1409.

Ders., Artikel: Schöffen, Schöffengericht, in: Adalbert Erler/Ekkehard Kaufmann/Ruth Schmidt-Wiegand (Hg.), Handwörterbuch zur Deutschen Rechtsgeschichte, 1. Auflage, Band 4, Berlin 1990, Sp. 1463–1469.

Ders., Das Hofgerichtssiegel der deutschen Kaiser und Könige, 1235–1451, Köln 1979.

Bauer, Volker, Repertorium territorialer Amtskalender und Amtshandbücher im Alten Reich, Band 1, Frankfurt 1997.

Bauermann, Johannes, Vier westfälische Regierungsordnungen des 16. Jahrhunderts, in: Westfälische Forschungen 30 (1980), S. 107–123.

Baumann, Anette, Advokaten und Prokuratoren, Köln 2006.

Becker, Christoph, Artikel: Konkurs, in: Albrecht Cordes/Hans-Peter Haferkamp/Heiner Lück/Dieter Werkmüller/Christa Bertelsmeier-Kierst (Hg.), Handwörterbuch zur Deutschen Rechtsgeschichte, 2. Auflage, 17. Lieferung, Sp. 99–104.

Becker, Hans-Jürgen, Senatus episcopi. Die rechtliche Stellung der Domkapitel in Geschichte und Gegenwart, in: Jahres- und Tagungsbericht der Görres-Gesellschaft 1989, S. 33–54.

Ders., Artikel: Visitation, in: Adalbert Erler/Ekkehard Kaufmann/Dieter Werkmüller/Ruth Schmidt-Wiegand (Hg.), Handwörterbuch zur Deutschen Rechtsgeschichte, 1. Auflage, Band 5, Berlin 1998, Sp. 927–928.

Bessen, Georg Joseph, Geschichte des Bisthums Paderborn, Band 2, Paderborn 1820.

Blell, Carl, Artikel: Hofgericht, in: Adalbert Erler/Ekkehard Kaufmann/Ruth Schmidt-Wiegand (Hg.), Handwörterbuch zur Deutschen Rechtsgeschichte, 1. Auflage, Band 2, Berlin 1978, Sp. 206–209.

Bodelschwingh, Ernst v., Leben des Oberpräsidenten Freiherrn von Vincke, Band 1, Berlin 1853.

Bönisch-Brednich, Brigitte, Reiseberichte – Zum Arbeiten mit publizierten historischen Quellen des 18. und 19. Jahrhunderts, in: Silke Göttsch/Albrecht Lehmann (Hg.), Methoden der Volkskunde, 2. Auflage, Berlin 2007, S. 125–139.

Brandt, Hans Jürgen/Hengst, Karl, Das Bistum Paderborn, Band 2, Paderborn 2007.

Dies., Der erste Pastor im Bistum bin ich! Die geistlichen Zentralbehörden unter Ferdinand von Fürstenberg, in: Norbert Börste/Jörg Ernesti (Hg.), Friedensfürst und Guter Hirte, Paderborn 2004.

Dies., Die Bischöfe und Erzbischöfe von Paderborn, Paderborn 1984.

Braun, Bettina, Paderborn nach 1604, in: Frank Göttmann/Karl Hüser/Jörg Jarnut (Hg.), Paderborn. Geschichte der Stadt in ihrer Region, Band 2, Paderborn 1999, S. 149–200.

Dies., Paderborn im dreißigjährigen Krieg, in: Frank Göttmann/Karl Hüser/Jörg Jarnut (Hg.), Paderborn. Geschichte der Stadt in ihrer Region, Band 2, Paderborn 1999, S. 201–266.

Brinkmann, Rudolf, Aus dem Deutschen Rechtsleben, Kiel 1862.

Briegleb, Hans Karl, Einleitung in die Theorie der summarischen Processe, Leipzig 1859.

Broß, Siegrid, Untersuchungen zu den Appellationsbestimmungen der Reichskammergerichtsordnung von 1495, Berlin 1973.

Buchda, Gerhard, Artikel: Artikelprozeß, in: Adalbert Erler/Ekkehard Kaufmann/Wolfgang Stammler (Hg.), Handwörterbuch zur Deutschen Rechtsgeschichte, 1. Auflage, Band 1, Berlin 1971, Sp. 233–235.

Ders., Artikel: Beweisinterlokut, in: Adalbert Erler/Ekkehard Kaufmann/Wolfgang Stammler (Hg.), Handwörterbuch zur Deutschen Rechtsgeschichte, 1. Auflage, Band 1, Berlin 1971, Sp. 408–411.

Buchda, Gerhard/Cordes, Albrecht, Artikel: Anwalt, in: Albrecht Cordes/Heiner Lück/Dieter Werkmüller/Ruth Schmidt-Wiegand, Handwörterbuch zur Deutschen Rechtsgeschichte, 2. Auflage, Band 1, Berlin 2008, Sp. 255–263.

Campe, Joachim Heinrich, Sammlung interessanter und durchgängig zweckmäßig abgefaßter Reisebeschreibungen für die Jugend, 8. Theil, Braunschweig 1790.

Christ, Günter, Selbstverständnis und Rolle der Domkapitel in den geistlichen Territorien des alten deutschen Reiches in der Frühneuzeit, in: Zeitschrift für Historische Forschung 16 (1989), S. 257–328.

Cordes, Albrecht, Die Helfer vor Gericht in der deutschen Rechtsgeschichte, in: l'assistance dans la résolution des conflits (Recueils de la Société Jean Bodin pour l'histoire comparative des Institutions, Band 65), Brüssel 1998, S. 177–195.

Ders., Artikel: Fiskal, in: ders./Heiner Lück/Dieter Werkmüller/Ruth Schmidt-Wiegand (Hg.), Handwörterbuch zur Deutschen Rechtsgeschichte, 2. Auflage, Band 2, Berlin 2008, Sp. 1584–1585.

Costa, Pietro, Iurisdictio – Semantica del potere politico nella pubblicistica medievale (1100–1433), Mailand 1969.

Danz, Wilhelm August Friedrich, Grundsätze der summarischen Prozesse, 2. Auflage, Stuttgart 1798.

Ders., Grundsätze des gemeinen, ordentlichen bürgerlichen Processes, 3. Auflage, Stuttgart 1800.

Decker, Rainer, Der Kampf um Paderborn, Paderborn 1991.

Ders., Ein Verzeichnis Paderborner Gelehrter und Offiziere der frühen Neuzeit, in: Westfälische Zeitschrift 126/127 (1978), S. 289–327.

Demel, Jaroslav, Geschichte des Fiskalamtes in den böhmischen Ländern, Teil 1, Innsbruck 1909.

Dethlefs, Gerd/Kloosterhuis, Jürgen, Auf kritischer Wallfahrt zwischen Rhein und Weser – Justus Gruners Schriften in den Umbruchsjahren 1801–1803, Köln 2009.

Depping, André, Zur Bedeutung regionaler Rechtsgeschichte im Zeitalter der Europäisierung am Beispiel des Projekts „Niedersächsische Juristen", in: Adrian Schmidt-Recla/Eva Schumann/Frank Theisen (Hg.), Sachsen im Spiegel des Rechts, Köln 2001, S. 293–307.

Deutsch, Andreas, Artikel: Freibrief, in: Albrecht Cordes/Heiner Lück/Dieter Werkmüller/Ruth Schmidt-Wiegand (Hg.), Handwörterbuch zur Deutschen Rechtsgeschichte, 2. Auflage, Band 1, Berlin 2004, Sp. 1719–1721.

Dick, Bettina, Die Entwicklung des Kameralprozesses nach den Ordnungen von 1495 bis 1555, Köln 1981.

Diestelkamp, Bernhard, Das Reichskammergericht im Rechtsleben des 16. Jahrhunderts, in: ders., Recht und Gericht im Heiligen Römischen Reich, Frankfurt 1999, S. 213–262.

Ders., Das Reichskammergericht im Rechtsleben des Heiligen Römischen Reiches Deutscher Nation, Wetzlar 1985.

Ders., Ein Kampf um Freiheit und Recht, Köln 2012.

Ders., Reichskammergerichtsprozesse als historische Quelle, in: ders./Ingrid Scheurmann (Hg.), Friedenssicherung und Rechtsgewährung, Bonn/Wetzlar 1997, S. 103–116.

Ders., Vom einstufigen Gericht zur obersten Rechtsmittelinstanz, Köln 2014.

Ders., Von der Arbeit des Reichskammergerichts, in: ders., Recht und Gericht im Heiligen Römischen Reich, Frankfurt 1999, S. 283–308.

Dipper, Christof, Probleme einer Wirtschafts- und Sozialgeschichte der Säkularisation in Deutschland (1803–1813), in: Armgard von Reden-Dohna (Hg.), Deutschland und Italien im Zeitalter Napoleons, Wiesbaden 1979, S. 123–170.

Döhring, Erich, Geschichte der deutschen Rechtspflege seit 1500, Berlin 1953.

Dölemeyer, Barbara, Artikel: Justiz, in: Friedrich Jaeger (Hg.), Enzyklopädie der Neuzeit, Band 6, Stuttgart 2007, Sp. 203–226.

Dolezalek, Gero, Artikel: Suppliken, in: Adalbert Erler/Ekkehard Kaufmann/Dieter Werkmüller/Ruth Schmidt-Wiegand (Hg.), Handwörterbuch zur Deutschen Rechtsgeschichte, 1. Auflage, Band 5, Berlin 1998, Sp. 94–97.

Ders./Konow, Karl-Otto, Artikel: Notar, Notariat, in: Adalbert Erler/Ekkehard Kaufmann/Ruth Schmidt-Wiegand (Hg.), Handwörterbuch zur Deutschen Rechtsgeschichte, 1. Auflage, Band 3, Berlin 1984, Sp. 1043–1049.

Droege, Georg, Die Westfälischen Gebiete und Friesland westlich der Weser, in: Kurt Jeserich/Hans Pohl/Georg-Christoph von Unruh (Hg.), Deutsche Verwaltungsgeschichte, Band 1, Stuttgart 1983, S. 720–741.

Droste, Josef, Die Bischöfliche Behörde im Erzbistum Paderborn, Würzburg 1955 (unv. Diss.).

Duchhardt, Heinz, Deutsche Verfassungsgeschichte 1495–1806, Stuttgart 1991.

Duve, Thomas, Sonderrecht in der frühen Neuzeit, Frankfurt 2008.

Eck, Werner, Artikel: procurator, in: Hubert Cancik/Helmuth Schneider (Hg.), Der Neue Pauly, Band 10, Stuttgart 2001, Sp. 366–369.

Ehrenpreis, Stefan/Horstkemper, Gregor, Paderborn im Zeitalter der frühmodernen Landesherrschaft und der Konfessionalisierung, in: Frank Göttmann/Karl Hüser/Jörg Jarnut (Hg.), Paderborn. Geschichte der Stadt in ihrer Region, Band 2, Paderborn 1999, S. 61–148.

Eisenhardt, Ulrich, Die kaiserlichen privilegia de non appellando, Köln 1980.

Endemann, Wilhelm, Civilprozessverfahren nach der kanonistischen Lehre, in: Zeitschrift für Deutschen Civilprozess 15 (1891), S. 177–326.

Ders., Das deutsche Zivilprozessrecht, Heidelberg 1868.

Ders, Die Beweislehre des Civilprozesses, Heidelberg 1860.

Erler, Adalbert, Artikel: Armenrecht, in: ders./Ekkehard Kaufmann (Hg.), Handwörterbuch zur Deutschen Rechtsgeschichte, 1. Auflage, Band 1, Berlin 1971, Sp. 228–229.

Ders., Artikel: Rechtsverweigerung, in: Adalbert Erler/Ekkehard Kaufmann/Wolfgang Stammler (Hg.), Handwörterbuch zur Deutschen Rechtsgeschichte, 1. Auflage, Band 4, Sp. 415–417.

Erwin, Holger, Machtsprüche, Köln 2009.

Falk, Ulrich, Consilia, Frankfurt 2006.

Feine, Hans Erich, Die Besetzung der Reichsbistümer vom Westfälischen Frieden bis zur Säkularisation 1648–1803, Stuttgart 1905.

Flaskamp, Franz, Ignaz Philipp Rosenmeyer (1764–1830), Wiedenbrück 1966.

Forster, Wolfgang, Artikel: Gant, in: Albrecht Cordes/Heiner Lück/Dieter Werkmüller/Ruth Schmidt-Wiegand, Handwörterbuch zur Deutschen Rechtsgeschichte, 2. Auflage, Band 1, Berlin 2008, Sp. 1932–1934.

Ders., Konkurs als Verfahren, Köln 2009.

Fournier, Paul, Conflits de Juridiction entre l'Eglise et le pouvoir séculier de 1180 à 1328, in: Revue des Questions Historique 27 (1880), S. 432–464.

Fuchs, Ralf-Peter, Mit Wissen und Willen der Obrigkeit…, in: Anette Baumann/Peter Oestmann/Stephan Wendehorst/Siegrid Westphal (Hg.), Reichspersonal, Köln 2003, S. 247–264.

Gail, Andreas, Practicarum Observationum, tam ad processum iudiciarium, praesertim imperialis camerae […], Köln 1626.

Gatz, Erwin, Ferdinand Herzog von Bayern, in: ders. (Hg.), Die Bischöfe des Heiligen Römischen Reiches, Band 3, Berlin 1990, S. 107–111.

Gensler, Johann Caspar, Bruchstücke aus der Lehre von der Eintheilung, Benennung und Wirkung, der Decrete, der Fristen, und des Ungehorsams, in dem bürgerlichen Proceß, in: Archiv für die civilistische Praxis 4 (1829), S. 190–206.

Gersmann, Gudrun, Konflikte, Krisen, Provokationen im Fürstbistum Münster, in: Andreas Blauert (Hg.), Kriminalitätsgeschichte, Konstanz 2000, S. 423–446.

Gilissen, John, La preuve en Europe du XVIe au début du XIXe siècle, in: La preuve (Recueils de la Société Jean Bodin pour l'histoire comparative des Institutions, Band 17) Brüssel 1965, S. 755–833.

Gillner, Bastian, Unkatholischer Stiftsadel, Münster 2006.

Glück, Christian Friedrich, Ausführliche Erläuterungen der Pandecten [...], Band 6, Erlangen 1800.

Gönner, Nikolaus Thaddäus v., Handbuch des deutschen gemeinen Prozesses, Bände 1–4, Erlangen 1804.

Gorges, Max, Beiträge zur Geschichte des ehemaligen Hochstiftes Paderborn im 17. Jahrhundert unter Dietrich Adolf von der Reck, in: Westfälische Zeitschrift 50 (1892), S. 1–113.

Götte, Heide-Marie, Der Jüngste Reichsabschied und die Reform des Reichskammergerichts, München 1998.

Göttmann, Frank, Der nordwestdeutsche geistliche Staat als Forschungsaufgabe, in: Bettina Braun/ders./Michael Ströhmer, Geistliche Staaten im Nordwesten des Alten Reiches, Paderborn 2003, S. 9–57.

Ders./Braun, Bettina, Der geistliche Staat der frühen Neuzeit. Einblicke in Stand und Tendenzen der Forschung, in: dies./Michael Ströhmer (Hg.), Geistliche Staaten im Nordwesten des Alten Reiches, Paderborn 2003, S. 59–86.

Gruner, Justus, Meine Wallfahrt zur Ruhe und Hoffnung oder Schilderung des sittlichen und bürgerlichen Zustandes Westphalens am Ende des achtzehnten Jahrhunderts, Band 1, Frankfurt 1802.

Haferkamp, Hans-Peter, Fortwirkungen des Kameralprozesses im gemeinen Zivilprozess des 19. Jahrhunderts, in: Peter Oestmann (Hg.), Zwischen Formstrenge und Billigkeit, Köln 2009, S. 293–310.

Hanschmidt, Alwin, Ferdinand von Fürstenberg als Landesherr des Fürstbistums Münster, in: Norbert Börste/Jörg Ernesti (Hg.), Friedensfürst und guter Hirte, Paderborn 2004, S. 273–291.

Härter, Karl, Reichstag und Revolution 1789–1806, Göttingen 1992.

Harbsmeier, Michael, Reisebeschreibungen als mentalitätsgeschichtliche Quellen: Überlegungen zu einer historisch-anthropologischen Untersuchung frühneuzeitlicher deutscher Reisebeschreibungen, in: Antoni Maczak/Hans Jürgen Teuteberg (Hg.), Reiseberichte als Quellen europäischer Kulturgeschichte, Wolfenbüttel 1982, S. 1–31.

Hausmann, Gottfried, Artikel: Campe, Joachim Heinrich, in: NDB, Band 3, S. 110–111.

Heggen, Alfred, Ein bislang unbekannter Reisebericht über Paderborn aus dem Jahre 1794, in: Westfälische Zeitschrift 133 (1983), S. 44–77.

Ders., Paderborn in der Publizistik des 18. Jahrhunderts – Ein Nachtrag, in: Westfälische Zeitschrift 126/127 (1978), S. 450–453.

Ders., Staat und Wirtschaft im Fürstentum Paderborn im 18. Jahrhundert, Paderborn 1978.

Heimbach, Carl Wilhelm Ernst, Artikel: Einrede, in: Julius Weiske, Rechtslexikon für Juristen aller teutschen Staaten [...], Band 3, Leipzig 1841, S. 673–809.

Ders., Artikel: Provocation und Provocationsproceß, in: Julius Weiske, Rechtslexikon für Juristen aller teutschen Staaten [...], Band 8, Leipzig 1854, S. 531–569.

Ders., Artikel: Widerklage, in: Julius Weiske, Rechtslexikon für Juristen aller teutschen Staaten [...], Band 14, Leipzig 1860, S. 566–637.

Ders., Artikel: Zeugen, in: Julius Weiske, Rechtslexikon für Juristen aller teutschen Staaten [...], Band 15, Leipzig 1861, S. 231–389.

Hengst, Karl, Artikel: Reck, Dietrich Adolf von der, in: Erwin Gatz (Hg.), Die Bischöfe des Heiligen Römischen Reiches, Band 3, Berlin 1990, S. 363–364.

Ders., Kirchliche Reformen im Fürstbistum Paderborn unter Dietrich von Fürstenberg (1585–1618), München 1974.

Ders., Artikel: Wolff gen. Metternich zur Gracht, Hermann Werner, in: Erwin Gatz (Hg.), Die Bischöfe des Heiligen Römischen Reiches, Band 3, Berlin 1990, S. 571–572.

Henning, Friedrich-Wilhelm, Herrschaft und Bauernuntertänigkeit, Würzburg 1964.

Herquet, Lothar, Die Nichtigkeitsklage in bürgerlichen Rechtsstreitigkeiten, Fulda 1838.

Hersche, Peter, Intendierte Rückständigkeit. Zur Charakteristik des geistlichen Staates im Alten Reich, in: Georg Schmidt (Hg.), Stände und Gesellschaft im Alten Reich, Stuttgart 1989, S. 133–149.

Hinz, Manfred, Artikel: Mandatsprozeß, in: Adalbert Erler/Ekkehard Kaufmann/Ruth Schmidt-Wiegand (Hg.), Handwörterbuch zur Deutschen Rechtsgeschichte, 1. Auflage, Band 3, Berlin 1984, Sp. 232–240.

Hirschfeld, Otto, Die kaiserlichen Verwaltungsbeamten bis auf Diocletian, Berlin 1905.

Hocks, Stephan, Gerichtsgeheimnis und Begründungszwang. Zur Publizität der Entscheidungsgründe im Ancien Régime und im frühen 19. Jahrhundert, Frankfurt 2002.

Hoedt, Käte, Die Anfänge der Hofbuchdruckerei des Fürstbischofs von Paderborn in Neuhaus, in: Westfälische Zeitschrift 105 (1955), S. 219–238.

Hofmeister, Philipp, Die christlichen Eidesformen, München 1957.

Holtz, Sabine, Die geistlichen Staaten im Spiegel der Historiographie, in: Kurt Andermann (Hg.), Die geistlichen Staaten am Ende des Alten Reiches, Epfendorf 2004, S. 31–53.

Holzhauer, Heinz, Artikel: Instanzentbindung, in: Albrecht Cordes/Heiner Lück/Dieter Werkmüller/Christa Bertelsmeier-Kierst (Hg.), Handwörterbuch zur Deutschen Rechtsgeschichte, 2. Auflage, Band 2, Berlin 2012, Sp. 1261–1263.

Hoppe, Ursula, Die Paderborner Domfreiheit, München 1975.

Hubatsch, Walther, Freiherr vom Stein. Briefe und amtliche Schriften, Band 1, Stuttgart 1957.

Hughes, Michael, Law and Politics in 18th-Century Germany: The Imperial Aulic Council in the Reign of Charles VI, Bury St. Edmunds, 1988.

Hülle, Werner, Artikel: Supplikation, in: Adalbert Erler/Ekkehard Kaufmann/Dieter Werkmüller/Ruth Schmidt-Wiegand (Hg.), Handwörterbuch zur Deutschen Rechtsgeschichte, 1. Auflage, Band 5, Berlin 1998, Sp. 91–92.

Ders., Das Supplikenwesen in Rechtssachen, in: Zeitschrift der Savigny-Stiftung für Rechtsgeschichte (Germanistische Abteilung) 90 (1973), S. 194–212.

Hufeld, Ulrich, Der Reichsdeputationshauptschluss von 1803, Köln 2003.

Ignor, Alexander, Artikel: Urkundenbeweis, in: Adalbert Erler/Ekkehard Kaufmann/Dieter Werkmüller/Ruth Schmidt-Wiegand (Hg.), Handwörterbuch zur Deutschen Rechtsgeschichte, 1. Auflage, Band 5, Berlin 1998, Sp. 577–581.

Immel, Gerhard, Typologie der Gesetzgebung des Privatrechts und Prozeßrechts, in: Helmut Coing (Hg.), Handbuch der Quellen und Literatur der neueren europäischen Privatrechtsgeschichte, 2. Band, 2. Teilband, München 1976, S. 3–96.

Jacobs, Friedrich, Die Paderborner Landstände im 17. und 18. Jahrhundert, in: Westfälische Zeitschrift 93 (1937), S. 42–112.

Jacobson, Heinrich Friedrich, Artikel: Eid, in: Julius Weiske (Hg.), Rechtslexikon für Juristen aller teutschen Staaten [...], Band 3, Leipzig 1841, S. 632–668.

Jahns, Sigrid, Das Reichskammergericht und seine Richter, Band 1, Köln 2011.

Jakobi, Franz-Josef, Reformer in Zeiten des Umbruchs. Fürstbischof Johann von Hoya (1566–1574), Domdechant Gottfried von Raesfeld (1569–1586) und das Fürstbistum Münster in nachtridentinischer Zeit, in: Westfalen 83 (2005), S. 137–151.

Jansen, Nils, Artikel: Ius Commune, in: Jürgen Basedow/Klaus Hopt/Reinhard Zimmermann (Hg.), Handwörterbuch des Europäischen Privatrechts, Band 1, Tübingen 2009.

Jessen, Peter, Der Einfluß von Reichshofrat und Reichskammergericht auf die Entstehung und Entwicklung des Oberappellationsgerichts Celle, Aalen 1986.

Jordan, Stefan, Theorien und Methoden der Geschichtswissenschaft, Stuttgart 2008.

Jordan, Sylvester, Artikel: Appellation, in: Julius Weiske (Hg.), Rechtslexikon für Juristen aller teutschen Staaten [...], Band 1, Leipzig 1839, S. 351–422.

Kaas, Ludwig, Die geistliche Gerichtsbarkeit der katholischen Kirche in Preussen in Vergangenheit und Gegenwart, Band 1, Stuttgart 1915.

Kalde, Franz, Die Wiederherstellung der kirchlichen Gerichtsbarkeit im Bistum Paderborn durch Bischof Konrad Martin im Jahr 1857, in: Jahrbuch für mitteldeutsche Kirchen- und Ordensgeschichte 3 (2007), S. 177–192.

Kaser, Max/Hackl, Karl, Das römische Zivilprozessrecht, 2. Auflage, München 1996.

Kaser, Max/Knütel, Rolf, Römisches Privatrecht, 20. Auflage, München 2014.

Kaspar, Fred, Das Justizgebäude, in: Westfalen 88 (2010), S. 523–527.

Keinemann, Friedrich, Das Hochstift Paderborn am Ausgang des 18. Jahrhunderts, 3 Bände, Bochum 1996.

Ders., Zeitgenössische Ansichten über die Entwicklung von Wirtschaft, Gesellschaft und Kultur in den westfälischen Territorien in der zweiten Hälfte des 18. Jahrhunderts, in: Westfälische Zeitschrift 120 (1970), S. 399–454.

Keller, Ludwig, Die Gegenreformation in Westfalen und am Niederrhein, Bände 1–3, Leipzig 1881–1895.

Kern, Bernd-Rüdiger, Die Gerichtsordnungen des kurpfälzer Landesrechts von 1582, Köln 1991.

Kißener, Michael, Unterm Krummstab ist gut leben?, in: Zeitschrift der Savigny-Stiftung für Rechtsgeschichte (Kanonistische Abteilung) 80 (1994), S. 281–300.

Klass, Andreas, Standes- oder Leistungselite?, Frankfurt 2002.

Kleinfeller, Georg, Deutsche Partikulargesetzgebung über Civilprozess seit Rezeption der fremden Rechte und bis zum Ausgang des 18. Jahrhunderts, in: Festgabe zum Doctor-Jubiläum des Herrn Geheimen Raths und Professors Dr. Joh. Jul. Wilh. v. Planck, München 1887, S. 273–305.

Kloosterhuis, Elisabeth, Fürstbischof Johann von Hoya und das Eindringen der Reichsjustiz in den Fürstentümern Münster, Osnabrück und Paderborn zwischen 1566 und 1574, in: Westfälische Zeitschrift 142 (1992), S. 57–117.

Knemeyer, Franz-Ludwig, Das Notariat im Fürstbistum Münster, in: Westfälische Zeitschrift 114 (1964), S. 1–142.

Knolle, Ulrich, Studien zum Ursprung und zur Geschichte des Reichsfiskalats im 15. Jahrhundert, Freiburg 1965.

Köbler, Gerhard, Richten-Richter-Gericht, in: Zeitschrift der Savigny-Stiftung für Rechtsgeschichte (Germanistische Abteilung) 87 (1970), S. 57–113.

Kochendörffer, Heinrich, Territorialentwicklung und Behördenverfassung von Westfalen 1802–1813, in: Westfälische Zeitschrift 86 (1929), S. 97–218.

Kocher, Gernot, Artikel: Prozeßvertretung, in: Adalbert Erler/Ekkehard Kaufmann/Wolfgang Stammler (Hg.), Handwörterbuch zur Deutschen Rechtsgeschichte, 1. Auflage, Band 4, Berlin 1990, Sp. 71–74.

Ders., Artikel: Richter, in: Adalbert Erler/Ekkehard Kaufmann/Wolfgang Stammler (Hg.), Handwörterbuch zur Deutschen Rechtsgeschichte, 1. Auflage, Band 4, Berlin 1990, Sp. 1033–1040.

Kohl, Wilhelm, Die Diözese, Berlin 2004 [Germania Sacra, Das Bistum Münster].

Kornblum, Uwe, Artikel: Beweis, in: Adalbert Erler/Ekkehard Kaufmann/Wolfgang Stammler (Hg.), Handwörterbuch zur Deutschen Rechtsgeschichte, 1. Auflage, Band 1, Berlin 1971, Sp. 401–408.

Kraayvanger, Theodor, Die Organisation der preussischen Justiz und Verwaltung im Fürstentum Paderborn 1802–1806, Paderborn 1904.

Kroeschell, Karl/Cordes, Albrecht/Nehlsen-von Stryk, Karin, Deutsche Rechtsgeschichte, Band 2, 9. Auflage, Köln 2008.

Kunkel, Wolfgang/Schermaier, Martin Joseph, Römische Rechtsgeschichte, 14. Auflage, Köln 2012.

Laufs, Adolf, Die Reichskammergerichtsordnung von 1555, Köln 1976.

Ders., Artikel: Jüngster Reichsabschied, in: Adalbert Erler/Ekkehard Kaufmann/Ruth Schmidt-Wiegand (Hg.), Handwörterbuch zur Deutschen Rechtsgeschichte, 1. Auflage, Band 2, Berlin 1978, Sp. 468–472.

Leiser, Wolfgang, Der gemeine Zivilprozeß in den Badischen Markgrafschaften, Stuttgart 1961.

Lenel, Paul, Scheidung von Richter und Urteilern in der deutschen Gerichtsverfassung seit der Rezeption der fremden Rechte, in: Zeitschrift der Savigny-Stiftung für Rechtsgeschichte (Germanistische Abteilung) 34 (1913), S. 440–447.

Lepsius, Susanne, Dixit male iudicatum esse per dominos iudices. Zur Praxis der städtischen Appellationsgerichtsbarkeit im Lucca des 14. Jahrhunderts, in: Franz-Joseph Arlinghaus/Ingrid Baumgärtner/Vincenzo Colli/Susanne Lepsius/Thomas Wetzstein (Hg.), Praxis der Gerichtsbarkeit in europäischen Städten des Spätmittelalters, Frankfurt 2006, S. 189–269.

Liebe, Friedrich August Gottlob v., Artikel: Execution, Executionsverfahren, in: Julius Weiske (Hg.), Rechtslexikon für Juristen aller teutschen Staaten […], Band 4, Leipzig 1843, S. 97–119.

Linde, Justin Timotheus Balthasar, Handbuch über die Lehre von den Rechtsmitteln, 2 Teile, Gießen 1831–1840.

Ders., Lehrbuch des deutschen gemeinen Civilprocesses, 7. Auflage, Bonn 1850.

Lißner, Birigt, In der Zelle des Bischofs, in: Archäologie in Ostwestfalen 10 (2008), S. 79–84.

Loewenich, Maria v., Amt und Prestige. Die Kammerrichter zwischen Gericht und ständischer Ökonomie, in: Anette Baumann/Alexander Jendorff (Hg.), Adel, Recht und Gerichtsbarkeit im frühneuzeitlichen Europa, München 2014, S. 409–429.

Dies., Visualisierung des Reichskammergerichts, in: Anja Amend-Traut/Anette Baumann/Stephan Wendehorst/Steffen Wunderlich (Hg.), Die höchsten Reichsgerichte als mediales Ereignis, München 2012, S. 45–68.

Lotterer, Jürgen, Gegenreformation als Kampf um die Landesherrschaft, Paderborn 2003.

Lück, Heiner, Die kursächsische Gerichtsverfassung 1423–1550, Köln 1997.

Ders., Artikel: Gerichtsverfassung, in: Albrecht Cordes/Heiner Lück/Dieter Werkmüller/Christa Bertelsmeier-Kierst (Hg.), Handwörterbuch zur Deutschen Rechtsgeschichte, 2. Auflage, Band 2, Berlin 2012, Sp. 192–219.

Ders., Artikel: Gericht, in: Albrecht Cordes/Heiner Lück/Dieter Werkmüller/Christa Bertelsmeier-Kierst (Hg.), Handwörterbuch zur Deutschen Rechtsgeschichte, 2. Auflage, Band 2, Berlin 2012, Sp. 131–143.

Ludolff, Georg Melchior, Variarum Observationum Forensium, Band 1, Wetzlar 1730.

Ludovici, Jacob Friederich, Einleitung zum Civil-Proceß […], 10. Auflage, Halle 1732.

Luig, Klaus, Artikel: Gemeines Recht, in: Albrecht Cordes/Heiner Lück/Dieter Werkmüller/Christa Bertelsmeier-Kierst (Hg.), Handwörterbuch zur Deutschen Rechtsgeschichte, 2. Auflage, Band 2, Berlin 2012.

Ders., Universales Recht und partikulares Recht in den „Meditationes ad Pandectas“ von Augustin Leyser, in: ders. (Hg.), Römisches Recht – Naturrecht – Nationales Recht, Goldbach 1998, S. 109–130.

Maaß, Paul, Die Zivilprozeßreform des jüngsten Reichsabschiedes, Rudolstadt 1925

Manz, Eva/Spiong, Sven, Das Fragment als Dokument – neue Untersuchungen am Land- und Amtsgericht, in: Martin Kroker/Sven Spiong (Hg.), Archäologie als Quelle der Stadtgeschichte, München 2009.

Marquordt, Gerhard, Vier rheinische Prozeßordnungen aus dem 16. Jahrhundert, Bonn 1938.

Maurer, Georg Ludwig v., Geschichte des altgermanischen und namentlich altbairischen oeffentlich-muendlichen Gerichtsverfahrens […], Heidelberg 1824.

Maurer, Julia, Der „Lahrer Prozess“ 1773–1806, Köln 1996.

Meier, Johannes, Westfalen und die Säkularisation. Reflexionen über 1803 im Jahre 2003, in: Westfälische Zeitschrift 153 (2003), S. 277–300.

Meiners, Christoph, Beschreibung des Bisthums Paderborn, in: Göttingisches Historisches Magazin, Band 6, 4. Stück (1790), S. 738–747.

Mencke, Klaus, Die Visitationen am Reichskammergericht im 16. Jahrhundert, Köln 1984.

Merzbacher, Friedrich, Artikel: Apostelbrief, in: Adalbert Erler/Ekkehard Kaufmann/Wolfgang Stammler (Hg.), Handwörterbuch zur Deutschen Rechtsgeschichte, 1. Auflage, Band 1, Sp. 195–196.

Meyer, Tim, Gefahr vor Gericht, Köln 2009.

Miele, Jürgen, Das Lippische Hofgericht 1593–1743, Göttingen 1984.

Mitteis, Heinrich, Studien zur Geschichte des Versäumnisurteils, besonders im französischen Recht, in: Zeitschrift der Savigny-Stiftung für Rechtsgeschichte (Germanistische Abteilung) 42 (1921), S. 137–239.

Mittermaier, Carl Joseph Anton, Beiträge zur Lehre vom Gegenbeweise, in: Archiv für die civilistische Praxis 6 (1831), S. 342–374.

Mohnhaupt, Heinz, Artikel: Privileg, in: Friedrich Jaeger (Hg.), Enzyklopädie der Neuzeit, Band 10, Stuttgart 2009, Sp. 391–401.

Ders., Artikel: Privileg, neuzeitlich, in: Adalbert Erler/Ekkehard Kaufmann/Ruth Schmidt-Wiegand (Hg.), Handwörterbuch zur Deutschen Rechtsgeschichte, 1. Auflage, Band 3, Berlin 1984, Sp. 2005–2011.

Mommsen, Theodor, Römisches Staatsrecht, 3. Auflage, Band 2, 2. Abteilung, Leipzig 1887.

Moser, Johann Jacob, Von der Landeshoheit in Cameral-Sachen [...], Frankfurt 1773.

Ders., Von der Teutschen Justiz-Verfassung, Erster Theil, Frankfurt 1774.

Müller, Hans, Oberhof und neuzeitlicher Territorialstaat, Aalen 1978.

Mürmann, Franz, Das Militärwesen des ehemaligen Hochstiftes Paderborn seit dem Ausgange des Dreißigjährigen Krieges, Münster 1938.

Mynsinger von Frundeck, Joachim, Singularium Observationum Imperii Camerae, Wittenberg 1615.

Neusser, Gerold, Artikel: Fiskus, in: Albrecht Cordes/Heiner Lück/Dieter Werkmüller/Ruth Schmidt-Wiegand (Hg.), Handwörterbuch zur Deutschen Rechtsgeschichte, 2. Auflage, Band 1, Sp. 1585–1590.

Neurode, Severin Theodor, Gegenwärtige Verfassung [...] oder Pragmatische Erläuterung des jüngern Reichs-Abschieds [...], Jena 1752.

Neutsch, Cornelius, Reisen um 1800. Reiseliteratur über Rheinland und Westfalen als Quelle einer sozial- und wirtschaftsgeschichtlichen Reiseforschung, St. Katharinen 1990.

Nordhoff, Josef Bernhard, Artikel: Fürstenberg, Caspar von, in: ADB, Band 8, S. 245–256.

Nörr, Knut Wolfgang, Ein Kapitel aus der Geschichte der Rechtsprechung: Die Rota Romana, in: Ius Commune 5 (1975), S. 192–209.

Oberländer, Samuel, Lexicon Juridicum Romano-Teutonicum, Nürnberg 1753.

Ders., Theatrum iuridicum theoretico-practicum, Nürnberg 1740.

Obersteiner, Gernot Peter, Das Reichshoffiskalat 1596 bis 1806. Bausteine zu seiner Geschichte aus Wiener Archiven, in: Anette Baumann/Peter Oestmann/Stephan Wendehorst/Siegrid Westphal (Hg.), Reichspersonal, Köln 2003, S. 89–164.

Oer, Rudolfine v., Landständische Verfassungen in den geistlichen Fürstentümern Nordwestdeutschlands, in: Dietrich Gerhard (Hg.), Ständische Vertretungen in Europa im 17. und 18. Jahrhundert, 2. Auflage, Göttingen 1974, S. 94–119.

Oestmann, Peter, Artikel: Aktenversendung, in: Albrecht Cordes/Heiner Lück/Dieter Werkmüller/Ruth Schmidt-Wiegand (Hg.), Handwörterbuch zur Deutschen Rechtsgeschichte, 2. Auflage, Band 1, Sp. 128–132.

Ders., Artikel: Artikelprozess, in: Albrecht Cordes/Heiner Lück/Dieter Werkmüller/Ruth Schmidt-Wiegand (Hg.), Handwörterbuch zur Deutschen Rechtsgeschichte, 2. Auflage, Band 1, Berlin 2008, Sp. 313–314.

Ders., Artikel: Beweis, in: Friedrich Jaeger (Hg.), Enzyklopädie der Neuzeit, Band 2, Stuttgart 2005, Sp. 122–127.

Ders., Der vergessliche Fürsprecher. Fallstudie zur spätmittelalterlichen Gerichtsbarkeit, in: Ulrich Falk/Michele Luminati/Matthias Schmoeckel (Hg.), Fälle aus der Rechtsgeschichte, München 2008, S. 147–163.

Ders., Ein Zivilprozeß am Reichskammergericht, Köln 2009.

Ders., Artikel: Extrajudizialappellation, in: Albrecht Cordes/Heiner Lück/Dieter Werkmüller/Ruth Schmidt-Wiegand (Hg.), Handwörterbuch zur Deutschen Rechtsgeschichte, 2. Auflage, Band 1, Berlin 2008, Sp. 1457–1458.

Ders., Artikel: Fürsprecher, in: Albrecht Cordes/Heiner Lück/Dieter Werkmüller/Ruth Schmidt-Wiegand (Hg.), Handwörterbuch zur Deutschen Rechtsgeschichte, 2. Auflage, Band 1, Berlin 2004, Sp. 1883–1887.

Ders., Geistliche und weltliche Gerichte im Alten Reich, Köln 2012.

Ders., Gemeine Bescheide, Band 1, Köln 2013.

Ders., Artikel: Hofgerichte, in: Albrecht Cordes/Heiner Lück/Dieter Werkmüller/Christa Bertelsmeier-Kierst (Hg.), Handwörterbuch zur Deutschen Rechtsgeschichte, 2. Auflage, Band 2, Berlin 2012, Sp. 1087–1091.

Ders., Artikel: Hofgerichtsbarkeit, in: Werner Paravicini (Hg.), Höfe und Residenzen im spätmittelalterlichen Reich, Band 1, Ostfildern 2005, S. 162–166.

Ders., Menschenrechte und ihre Durchsetzung im Alten Reich, in: Georg Schmidt-von Rhein/Albrecht Cordes (Hg.), Altes Reich und Neues Recht, Wetzlar 2006.

Ders., Rechtsverweigerung im Alten Reich, in: Zeitschrift der Savigny-Stiftung für Rechtsgeschichte (Germanistische Abteilung) 127 (2010), S. 51–141.

Ders., Rechtsvielfalt vor Gericht, Frankfurt 2002.

Ders., Streit um Anwaltskosten in der frühen Neuzeit. Teil 1: Methodische Grundlegung, Anwaltsverträge und Bezahlungsarten; Teil 2: Gerichtszuständigkeit und Verfahrensarten, in: Zeitschrift der Savigny-Stiftung für Rechtsgeschichte (Germanistische Abteilung) 132 (2015), S. 152–218 und 133 (2016), S. 191–295.

Ders. (Hg.), Vom Missbrauch der Appellation, Köln 2012.

Ders., Wege zur Rechtsgeschichte: Gerichtsbarkeit und Verfahren, Köln 2015.

Ortloff, Hermann, Die öffentliche Anklage in Deutschland mit besonderer Berücksichtigung des Fiscalates, in: Zeitschrift für deutsches Recht und deutsche Rechtswissenschaft 16 (1856), S. 254–316.

Ossenbühl, Fritz, Maßhalten mit dem Übermaßverbot, in: Peter Badura/Rupert Scholz (Hg.), Wege und Verfahren des Verfassungslebens, München 1993, S. 151–164.

Otto, Albert, Die Mainzer Hofgerichtsordnung von 1516/1521 und die Gesetzgebung auf dem Gebiet der Zivilgerichtsbarkeit im 16. Jahrhundert, Mainz 1964.

Paulus, Christoph, Artikel: advocatus, in: Hubert Cancik/Helmuth Schneider (Hg.), Der Neue Pauly, Band 1, Stuttgart 1996, Sp. 136–137.

Perels, Kurt, Die Justizverweigerung im alten Reiche seit 1495, in: Zeitschrift der Savigny-Stiftung für Rechtsgeschichte (Germanistische Abteilung) 25 (1904), S. 1–51.

Planck, Johann Julius Wilhelm v., Das deutsche Gerichtsverfahren im Mittelalter, Band 1, Braunschweig 1879.

Ders., Die Lehre von dem Beweisurtheil, Göttingen 1848.

Probst, Paul, Westfalen in der Kritik des XVIII. Jahrhunderts, Köln 1912.

Rautenberg, Björn Alexander, Der Fiskal am Reichskammergericht, Frankfurt 2008.

Recker, Gabriele, Gemalt, gezeichnet und kopiert. Karten in den Akten des Reichskammergerichts, Wetzlar 2004.

Reinhard, Wolfgang, Geschichte der Staatsgewalt, 3. Auflage, München 2002.

Rempe, Heinrich, Paderborner Gerichtswesen und Juristen im neunzehnten Jahrhundert, Paderborn 1970.

Repgen, Tilman, Qui dicet probare debet – Studien zur Beweis(führungs)last im Zeitalter des Usus modernus, in: Zeitschrift der Savigny-Stiftung für Rechtsgeschichte (Germanistische Abteilung) 129 (2012), S. 76–108.

Richter, Wilhelm, Geschichte der Stadt Paderborn, Band 2, Paderborn 1903.

Rosenkranz, Georg Josef, Die Verfassung des ehemaligen Hochstifts Paderborn in älterer und späterer Zeit, in: Westfälische Zeitschrift 12 (1851), S. 1–162.

Rosenmeyer, Ignatz Philipp, Von den beträchtlichsten Mängeln und Gebrechen im Bisthume Paderborn, in: Magazin für Westfalen 1797, S. 532–564 und 1798, S. 246–269.

Rosenthal, Eduard, Geschichte des Gerichtswesens und der Verwaltungsorganisation Baierns, Band 1, Würzburg 1889.

Rudloff, Wilhelm August, Abhandlung von der Aehnlichkeit der teutschen Hofgerichte mit dem Kayserl[ichen] und Reichs-Cammergerichte, Bützow 1769.

Rudolph, Harriet, Mildes Regiment? Strafrecht und Strafpraxis im geistlichen Staat, in: Bettina Braun/Mareike Menne/Michael Ströhmer (Hg.), Geistliche Fürsten und geistliche Staaten in der Spätphase des Alten Reiches, S. 103–124.

Sagebiel, Martin/Schütte, Leopold, Territorialarchive von Paderborn, Corvey, Reckenberg, Rheda und Rietberg, Münster 1983.

Sartorius, Johann Baptist, Die Lehre von der Widerklage nach dem gemeinen teutschen Civilprozesse, Erlangen 1838.

Ders., Erörterung der contumacia, der Contumacial-Principien, und Contumacial-Folgen, in: Zeitschrift für Civilrecht und Prozeß 17 (1842), S. 1–106.

Schenk, Tobias, Reichsgeschichte als Landesgeschichte. Eine Einführung in die Akten des kaiserlichen Reichshofrats, in: Westfalen 90 (2012), S. 107–161.

Schick, Matthäus Joseph, Über das Reichsständische Instanzen-Recht […], Gießen 1802.

Schlinker, Steffen, Litis Contestatio, Frankfurt 2008.

Ders., Die Litis Contestatio im Kameralprozess, in: Peter Oestmann (Hg.), Zwischen Formstrenge und Billigkeit, Köln 2009, S. 139–164.

Schlosser, Hans, Spätmittelalterlicher Zivilprozess nach bayerischen Quellen, Köln 1971.

Schmelzer, Friedrich August, Contumacialproceß der höchsten Reichsgerichte, Göttingen 1792.

Schmidt, Eberhard, Fiskalat und Strafprozeß, München 1921.

Schmidt, Georg, Das frühneuzeitliche Reich – Sonderweg und Modell für Europa oder Staat der deutschen Nation?, in: Matthias Schnettger (Hg.), Imperium Romanum – irregulare corpus – Teutscher Reichs-Staat, Mainz 2002, S. 247–277.

Schmidt, Johann Ludewig/Weber, Adolph Dietrich, praktisches Lehrbuch von gerichtlichen Klagen und Einreden, 7. Auflage, Jena 1813.

Schmoeckel, Mathias, Dokumentalität. Der Urkundsbeweis als heimliche „regina probationum" im Gemeinen Recht, in: Zeitschrift der Savigny-Stiftung für Rechtsgeschichte (Kanonistische Abteilung) 96 (2010), S. 186–225.

Schneider, Hans, Zur Verhältnismäßigkeits-Kontrolle insbesondere bei Gesetzen, in : Christian Starck (Hg.), Bundesverfassungsgericht und Grundgesetz, Tübingen 1976, S. 390–404.

Schneider, Helmuth, Artikel: fiscus, in: Hubert Cancik/Helmuth Schneider (Hg.), Der Neue Pauly, Band 4, Stuttgart 1998.

Schnettker, Matthias, Artikel: Jüngster Reichsabschied, in: Albrecht Cordes/Heiner Lück/Dieter Werkmüller/Christa Bertelsmeier-Kierst (Hg.), Handwörterbuch zur Deutschen Rechtsgeschichte, 2. Auflage, Band 2, Berlin 2012, Sp. 1422–1424.

Schormann, Gerhard, Der Krieg gegen die Hexen, Göttingen 1991.

Schott, Clausdieter, Ein Zeuge, kein Zeuge, in: Louis Carlen/Friedrich Ebel (Hg.), Festschrift für Ferdinand Elsener, Sigmaringen 1977, S. 222–232.

Schröder, Richard, Horcher und Warner, in: Zeitschrift der Savigny-Stiftung für Rechtsgeschichte (Germanistische Abteilung) 7 (1887), S. 118–119.

Schröder, Richard/Künßberg, Eberhard v., Lehrbuch der deutschen Rechtsgeschichte, 6. Auflage, Berlin 1922.

Schubert, Ernst, Fürstliche Herrschaft und Territorium im späten Mittelalter, 2. Auflage, München 2006.

Schulze, Wolfgang, Die Gerichtsbarkeit in Westfalen im 18. Jahrhundert und die Entstehung der Oberlandesgerichte zu Beginn des 19. Jahrhunderts, in: Rechtspflege zwischen Rhein und Weser, Hamm 1970, S. 193–205.

Schumacher, Stefan, Das Rechtssystem im Stift Münster in der frühen Neuzeit unter Berücksichtigung der Reformen des Fürstbischofs Johann von Hoya (1529–1574) von 1571, Münster 2004.

Schumann, Eva, Artikel: Geldstrafe, in: Albrecht Cordes/Heiner Lück/Dieter Werkmüller/Ruth Schmidt-Wiegand (Hg.), Handwörterbuch zur Deutschen Rechtsgeschichte, 2. Auflage, Band 2, Berlin 2012, Sp. 18–23.

Schwartz, Johann Christoph, Vierhundert Jahre deutscher Civilproceß-Gesetzgebung, Berlin 1898.

Schwerhoff, Gerd, Historische Kriminalitätsforschung, Frankfurt 2011.

Sedatis, Lutz, Artikel: Summarischer Prozeß, in: Adalbert Erler/Ekkehard Kaufmann/Dieter Werkmüller/Ruth Schmidt-Wiegand (Hg.), Handwörterbuch zur Deutschen Rechtsgeschichte, 1. Auflage, Band 5, Berlin 1998, Sp. 79–80.

Seeger, Tilmann, Die Extrajudizialappellation, Köln 1992.

Sellert, Wolfgang, Die Ladung des Beklagten vor das Reichskammergericht, in: Zeitschrift der Savigny-Stiftung für Rechtsgeschichte (Germanistische Abteilung) 84 (1967), S. 202–235.

Ders., Artikel: Kalumnieneid, in: Adalbert Erler/Ekkehard Kaufmann/Ruth Schmidt-Wiegand (Hg.), Handwörterbuch zur Deutschen Rechtsgeschichte, 1. Auflage, Band 2, Berlin 1978, Sp. 566–570.

Ders., Artikel: Ladung, in: Adalbert Erler/Ekkehard Kaufmann/Ruth Schmidt-Wiegand (Hg.), Handwörterbuch zur Deutschen Rechtsgeschichte, 1. Auflage, Band 2, Berlin 1978, Sp. 1336–1350.

Ders., Artikel: Litis contestatio, in: Adalbert Erler/Ekkehard Kaufmann/Ruth Schmidt-Wiegand (Hg.), Handwörterbuch zur Deutschen Rechtsgeschichte, 1. Auflage, Band 3, Berlin 1984, Sp. 14–20.

Ders., Artikel: missio in bona, in: Adalbert Erler/Ekkehard Kaufmann/Ruth Schmidt-Wiegand (Hg.), Handwörterbuch zur Deutschen Rechtsgeschichte, 1. Auflage, Band 3, Berlin 1984, Sp. 607–609.

Ders., Artikel: Prokurator, in: Adalbert Erler/Ekkehard Kaufmann/Ruth Schmidt-Wiegand (Hg.), Handwörterbuch zur Deutschen Rechtsgeschichte, 1. Auflage, Band 3, Berlin 1984, Sp. 2032–2034.

Ders., Prozeßgrundsätze und Stilus Curiae am Reichshofrat, Aalen 1973.

Ders., Artikel: Vollstreckung, Vollstreckungsverfahren, in: Adalbert Erler/Ekkehard Kaufmann/Dieter Werkmüller/Ruth Schmidt-Wiegand (Hg.), Handwörterbuch zur Deutschen Rechtsgeschichte, 1. Auflage, Band 5, Berlin 1998, Sp. 1027–1031.

Ders., Zur Geschichte der rationalen Urteilsbegründung gegenüber den Parteien insbesondere am Beispiel des Reichshofrats und des Reichskammergerichts, in: Gerhard Dilcher/Bernhard Diestelkamp (Hg.), Recht, Gericht, Genossenschaft und Policey. Studien zu Grundbegriffen der germanistischen Rechtshistorie, Berlin 1986, S. 97–113.

Sieber, Jacob Gottlieb, Die Nutzbarkeit der Erlernung des cammergerichtlichen Processes aus verschiedenen Hoff- und Gerichtsordnungen gezeiget, Göttingen 1761.

Simon, Thomas, Artikel: Gerichtsbarkeit, in: Enzyklopädie der Neuzeit, Band 4, Stuttgart 2006, Sp. 524–528.

Skalweit, Stephan, Artikel: Gruner, Justus Karl v., in: NDB, Band 7, S. 227–229.

Skedl, Arthur, Das Mahnverfahren, Leipzig 1891.

Ders., Die Nichtigkeitsbeschwerde in ihrer geschichtlichen Entwicklung, Leipzig 1886.

Smend, Rudolf, Das Reichskammergericht, Weimar 1911.

Sohm, Rudolf, Die litis contestatio in ihrer Entwicklung vom frühen Mittelalter bis zur Gegenwart, München 1914.

Spangenberg, Ernst Peter Johann, Ueber das beneficium non deducta deducendi et non probata probandi, in: Archiv für die civilistische Praxis 9 (1826), S. 52–70.

Spangenberg, Hans, Die Entstehung des Reichskammergerichts und die Anfänge der Reichsverwaltung, in: Zeitschrift der Savigny-Stiftung für Rechtsgeschichte (Germanistische Abteilung) 49 (1926), S. 231–289.

Sprung, Rainer, Die Entwicklung der zivilgerichtlichen Begründungspflicht, in: ders./Bernhard König, Die Entscheidungsbegründung in europäischen Verfahrensrechten und im Verfahren vor internationalen Gerichten, Wien 1974, S. 43–62.

Stern, Alfred, Artikel: Stein, Heinrich Friedrich Karl, in ADB, Band 35, S. 614–641.

Stern, Klaus, Zur Entstehung und Ableitung des Übermaßverbots, in: Peter Badura/Rupert Scholz (Hg.), Wege und Verfahren des Verfassungslebens, München 1993, S. 165–175.

Stintzing, Johann August Roderich v., Geschichte der deutschen Rechtswissenschaft, Band 1, München 1880.

Stölzel, Adolf, Die Entwicklung des gelehrten Richterthums in deutschen Territorien, Band 1, Stuttgart 1872.

Stodolkowitz, Stefan Andreas, Das Oberappellationsgericht Celle und seine Rechtsprechung im 18. Jahrhundert, Köln 2011.

Ders., Rechtsverweigerung und Territorialjustiz, in: Zeitschrift der Savigny-Stiftung für Rechtsgeschichte (Germanistische Abteilung) 131 (2014), S. 128–181.

Stollberg-Rilinger, Barbara, Des Kaisers Alte Kleider. Verfassungsgeschichte und Symbolsprache des Alten Reiches, München 2008.

Strippelmann, Friedrich Georg Lebrecht, Der Gerichts-Eid, Band 3, Kassel 1857.

Ströhmer, Michael, Fürstbischöfliche Justizreformen – ein Modernisierungsparadoxon, in: Bettina Braun/Mareike Menne/Michael Ströhmer (Hg.), Geistliche Fürsten und Geistliche Staaten in der Spätphase des Alten Reiches, Epfendorf 2008, S. 125–161.

Ders., Jurisdiktionsökonomie im Fürstbistum Paderborn, Münster 2013.

Süß, Thorsten, Die Paderborner Kanzleiordnungen Ferdinands von Bayern, in: Westfälische Zeitschrift 162 (2012), S. 329–339.

Ders., Das beneficium trium instantiarum – Eine Streitschrift aus Paderborn am Reichskammergericht, in: Zeitschrift der Savigny-Stiftung für Rechtsgeschichte (Germanistische Abteilung) 130 (2013), S. 381–405.

Thauer, Jenny, Gerichtspraxis in der ländlichen Gesellschaft, Berlin 2001.

Theuerkauf, Gerhard, Kaspar v. Fürstenberg, in: Helmut Lahrkamp/Helmut Richtering/Manfred Schöne/Gerhard Theuerkauf, Fürstenbergsche Geschichte, Band 3, Münster 1971, S. 1–28.

Thomsch, Astrid, David Mevius und der (Prozess-)Vergleich im usus modernus pandectarum, Hamburg 2014.

Thudichum, Friedrich, Das vormalige Reichskammergericht und seine Schicksale, in: Zeitschrift für deutsches Recht und deutsche Rechtswissenschaft 20 (1861), S. 148–222.

Ders., Geschichte des Eides, Tübingen 1911.

Tirtasana, Nora, Der gelehrte Gerichtshof, Köln 2012.

Trusen, Winfried, Anfänge des gelehrten Rechts in Deutschland, Wiesbaden 1962.

Ders., Das Notariat und die Anfänge der rechtlichen Urkundenlehre in Deutschland, in: ders., Gelehrtes Recht im Mittelalter und in der frühen Neuzeit, Goldbach 1997.

Ders., Die gelehrte Gerichtsbarkeit der Kirche, in: Helmut Coing (Hg.), Handbuch der Quellen und Literatur der neueren europäischen Privatrechtsgeschichte, Band 1, München 1973, S. 467–504.

Ders., Römisches und partikuläres Recht in der Rezeptionszeit, in: Kurt Kuchinke (Hg.), Rechtsbewahrung und Rechtsentwicklung, München 1970, S. 97–120.

Uhlhorn, Manfred, Der Mandatsprozess sine clausula des Reichshofrats, Köln 1990.

Uhrig, Hermann, Die Vereinbarkeit von Art. VII des Friedens von Lunéville mit der Reichsverfassung, 5 Bände, Nordhausen 2014.

Vieweg, G., Das Fürstenthum Paderborn, in: Gemeinnützige Unterhaltungen Halberstadt, Band 50 (1802), S. 377–392.

Voß, Anton, Patrimonialgerichte im Paderborner Lande, in: Westfalen 21 (1936), S. 106–115.

Walter, Gerhard, Freie Beweiswürdigung, Tübingen 1979.

Wehler, Hans-Ulrich, Deutsche Gesellschaftsgeschichte, Band 1, München 1987.

Weißler, Adolf, Geschichte der Rechtsanwaltschaft, Leipzig 1905.

Weitzel, Jürgen, Anwälte am Reichskammergericht, in: Friedrich Battenberg/Filippo Ranieri (Hg.), Geschichte der Zentraljustiz in Mitteleuropa, Weimar 1994, S. 253–269.

Ders., Artikel: Appellation, in: Albrecht Cordes/Heiner Lück/Dieter Werkmüller/Ruth Schmidt-Wiegand (Hg.), Handwörterbuch zur Deutschen Rechtsgeschichte, 2. Auflage, Band 1, Berlin 2008, Sp. 268–271.

Ders., Der Kampf um die Appellation ans Reichskammergericht, Köln 1976.

Ders., Wege zu einer hierarchisch strukturierten Gerichtsverfassung im 15. und 16. Jahrhundert, in: Dieter Simon (Hg.), Akten des 26. Deutschen Rechtshistorikertages, Frankfurt 1987, S. 333–345.

Ders., Artikel: Zuständigkeit der Gerichte, in: Adalbert Erler/Ekkehard Kaufmann/Dieter Werkmüller/Ruth Schmidt-Wiegand (Hg.), Handwörterbuch zur Deutschen Rechtsgeschichte, 1. Auflage, Band 5, Sp. 1815–1817.

Werkmüller, Dieter, Artikel: Urteilsbegründung, in: Adalbert Erler/Ekkehard Kaufmann/ Dieter Werkmüller/Ruth Schmidt-Wiegand (Hg.), Handwörterbuch zur Deutschen Rechtsgeschichte, 1. Auflage, Band 5, Berlin 1998, Sp. 611–614.

Ders., Artikel: Wiedereinsetzung in den vorigen Stand, in: Adalbert Erler/Ekkehard Kaufmann/ Dieter Werkmüller/Ruth Schmidt-Wiegand, Handwörterbuch zur Deutschen Rechtsgeschichte, 1. Auflage, Band 5, Berlin 1998, Sp. 1366–1368.

Wessel, Gerhard, Das Strafrecht in der Herrschaft Brenken zwischen 1537 und 1802 unter Einschluß der in Fürstenberg im 17. Jahrhundert durchgeführten Hexenprozesse, Köln 1959.

Westphal, Siegrid/Ehrenpreis, Stefan, Stand und Tendenzen der Reichsgerichtsforschung, in: Anette Baumann/Siegrid Westphal/Stephan Wendehorst/Stefan Ehrenpreis, Prozessakten als Quelle, Köln 2001, S. 1–13.

Wetzell, Georg Wilhelm, System des ordentlichen Civilprocesses, 3. Auflage, Leipzig 1878.

Wetzstein, Thomas, Tam inter clericos quam laicos? Die Kompetenz des Konstanzer geistlichen Gerichts im Spiegel der archivalischen Überlieferung, in: Franz-Josef Arlinghaus/Ingrid Baumgärtner/Vincenzo Colli/Susanne Lepsius/Thomas Wetzstein (Hg.), Praxis der Gerichtsbarkeit in europäischen Städten des Spätmittelalters, Frankfurt 2006, S. 47–81.

Wieacker, Franz, Privatrechtsgeschichte der Neuzeit, 2. Auflage, Göttingen 1967.

Ders., Geschichtliche Wurzeln des Prinzips der verhältnismäßigen Rechtsanwendung, in: Marcus Lutter/Walter Stimpel/Herbert Wiedemann (Hg.), Festschrift für Robert Fischer, Berlin 1979, S. 867–881.

Wiegand, Wolfgang, Studien zur Rechtsanwendungslehre der Rezeptionszeit, Ebelsbach 1977.

Wigand, Paul, Die Provinzialrechte der Fürstenthümer Paderborn und Corvey in Westphalen, Band 2, Leipzig 1832.

Wiggenhorn, Heinrich, Der Reichskammergerichtsprozeß am Ende des alten Reiches, Münster 1966.

Willoweit, Dietmar, Allgemeine Merkmale der Verwaltungsorganisation in den Territorien, in: Kurt Jeserich/Hans Pohl/Georg-Christoph von Unruh (Hg.), Deutsche Verwaltungsgeschichte, Band 1, Stuttgart 1983, S. 289–346.

Ders., Die Entwicklung und Verwaltung der spätmittelalterlichen Landesherrschaft, in: Kurt Jeserich/Hans Pohl/Georg-Christoph von Unruh (Hg.), Deutsche Verwaltungsgeschichte, Band 1, Stuttgart 1983, S. 66–143.

Ders., Deutsche Verfassungsgeschichte, 6. Auflage, München 2009.

Ders., Rechtsgrundlagen der Territorialgewalt, Köln 1975.

Wolf, Manfred, Das 17. Jahrhundert, in: Wilhelm Kohl (Hg.), Westfälische Geschichte, Band 1, Düsseldorf 1983, S. 537–604.

Wolgast, Eike, Die Sicht des Alten Reiches bei Treitschke und Erdmannsdörffer, in: Matthias Schnettger (Hg.), Imperium Romanum – irregulare corpus – Teutscher Reichs-Staat, Mainz 2002, S. 169–188.

Zedler, Johann Heinrich, Grosses vollständiges Universal-Lexicon aller Wissenschaften und Künste [...] , 64 Bände, Halle/Leipzig 1732–1750.